東洋史研究叢刊之七十九

八旗制度の研究

谷井 陽子 著

京都大学学術出版会

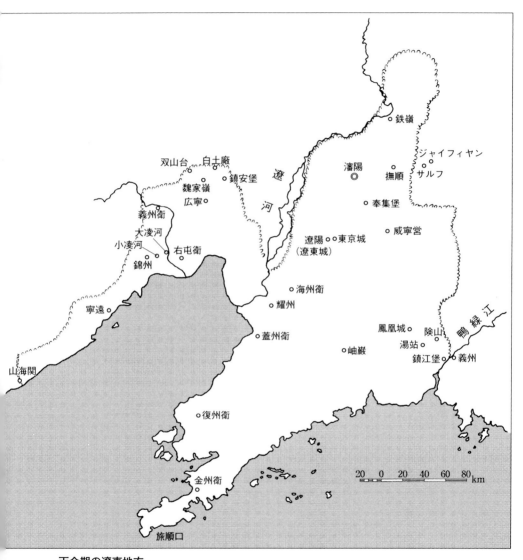

天命期の遼東地方

譚其驤『中国歴史地図集』第七冊（地図出版社、1982年）に基づき作成

八旗制度の研究

目　次

凡　例　iv

序　章　連旗制論批判 …………………………………………………… 1

序　1
1　連旗制論的理解の論拠の検証　5
2　連旗制論と矛盾する諸事象　19
3　連旗制論を支えてきたもの　27
小結　34

第1章　経済的背景 …………………………………………………… 49

序　49
1　「天が諸々の国人を養うようにと任じた聡明なるハン」　50
2　遼東征服後の苦闘と挫折　57
3　入関前清朝の経済的限界　70
小結　76

第2章　財政構造 ……………………………………………………… 89

序　89
1　「家 boo」の経営　91
2　「公 siden」の財政　103
3　「養う ujimbi」ことの必要性　110
4　「八家均分」の意味するもの　117
小結　126

第3章　ニルの構成と運営 ………………………………………… 147

序　147
1　八旗と八家　149

i

2　「家のニル booi niru」の構成と運営　156
　　　3　「外ニル tulergi niru」の構成と運営　168
　　　小結　187

第4章　軍事的背景と戦略 ……………………………… 203
　　序　203
　　1　ヌルハチの自立から遼東征服まで　205
　　2　遼東進出から山海関攻撃の挫折まで　212
　　3　華北侵入の成功から内モンゴル・朝鮮の服属まで　217
　　4　入関までの対明戦　229
　　小結　238

第5章　軍隊の編制と指揮・管理 ………………………… 253
　　序　253
　　1　兵制と兵種　255
　　2　戦時編制と指揮・管理　266
　　3　軍規と賞罰　275
　　小結　290

第6章　政治構造とエートス ……………………………… 303
　　序　303
　　1　ヌルハチ即位以前の女真政権の問題点　304
　　2　合議による集権体制の成立　311
　　3　諸王の政治的基盤の不在　321
　　4　満洲政権を支えたエートス　330
　　小結　342

第7章　新しい秩序の創出 ………………………………… 353
　　序　353
　　1　「出自を見るな」「系統を見るな」　355
　　2　「功」を上げる義務　365
　　3　「法度」による支配　377
　　結語　386

目　次

附論1　入関後における八旗制度の変化………………………397
　　序　397
　　1　議政のゆくえ　398
　　2　八旗の組織と役割の変化　412
　　3　新しい経済的基盤の設定　420
　　結語　428

附論2　清朝入関以前のハン権力と官位（hergen）制‥437
　　序　437
　　1　官位の体系とその特質　439
　　2　分配の基準　450
　　3　政権の責務　458
　　結語　465

附論3　清朝入関以前における漢人官僚の対政治的影響
　　………………………………………………………477
　　序　477
　　1　ヌルハチ期における漢官の役割　478
　　2　ホンタイジの漢官に対する方針　486
　　3　入関以前の政治に対する漢官の影響　492
　　結語　498

参考文献　507

あとがき　517

中文提要　521

索引（人名、地名・国gurun名・事項）　527

凡　　例

○満洲語の原語の引用は、P. G. von Möllendorff の方式に従ってローマ字に改めたものを用いる。
○引用文の翻訳は、できる限り逐語訳を行ない、文意を補う必要がある場合は〔　〕内に適当な語を入れて補い、文中の語に説明が必要な場合は（　）内に注記する。省略部分は「……」によって表わす。
○『満文老档』は『老档』と略称し、満文老档研究会訳注『満文老档』（東洋文庫、1955〜1963年）太祖・太宗の別と頁数を記す。『老档』の原本である『満文原档』を『原档』と略称し、故宮博物院刊『満文原档』（台湾故宮博物院、2006年）の冊数・頁数を、例えば〔『原档』 1冊100頁〕のごとく〔　〕内に入れて『老档』頁数の後に附す。『原档』よりも『老档』、しかも訳注本を優先して引用するのは、専ら参照の容易さを重視してのことである。『原档』は加筆訂正が多く、『老档』と若干の異同もあるので、原文を引用する場合、および引用の趣旨に関わる場合はその都度明記するが、そうでない場合は一々言及しない。
○天聡九年分の満文档案は、神田信夫・松村潤・岡田英弘訳注『旧満洲档　天聡九年』（東洋文庫、1975年）の頁数を記し、故宮博物院刊『満文原档』第9冊の頁数を〔『原档』 9冊100頁〕のごとく〔　〕内に附す。訳注本を優先する理由は上記に同じ。
○『満洲実録』の引用は巻数および年月日を記し、今西春秋訳『満和蒙和対訳満洲実録』（刀水書房、1992年）の頁数を（　）内に附す。
○『内国史院档』の引用は年月日を記し、天聡七・八年分については、東洋文庫清代史研究委員会訳注『内国史院档　天聡七年』（東洋文庫、2003年）、同『内国史院档　天聡八年』（東洋文庫、2009年）、崇徳二・三年分については、河内良弘訳註・編著『中国第一歴史档案館蔵内国史院満文

档案訳注　崇徳二・三年分』（松香堂書店、2010年）の頁数を（　）内に附す。
○『盛京原档』については、中国人民大学清史研究所・中国第一歴史档案館訳『盛京刑部原档』（群衆出版社、1985年）の頁数を（　）内に附す。
○『盛京内務府順治年間档冊』については、満洲帝国国立中央図書館籌備処刊行の複製本および訳注本の頁数を（　）内に附す。
○以上の史料の引用に際しては、訳注を参照しながらも、訳語の統一などの都合上、拙訳を用いた。
○『太宗実録』は、特に断らない限り、順治版満文本を利用した。
○『瀋陽状啓』の引用は年月日を記し、藤田亮策・田川孝三校訂『瀋陽状啓』（京城帝国大学法文学部、1935年、後に台聯国風出版社より影印出版）の頁数を（　）内に附す。
○申忠一『建州紀程図録』については、台湾国風出版社刊行の影印本の頁数を（　）内に附す。

序　章

連旗制論批判

序

　満洲族による国家建設の中核となった八旗制度については、清朝史が歴史研究の対象となって以来、研究が積み重ねられている。八旗制度の最も基本的な性格は、ニル niru から旗（グサ gūsa）に至る組織編成であるが、これは満洲族自身による史料にも明記されており、異とすべき点はない。20世紀に入って、八旗は制度史研究の対象となったが、たとえば『清国行政法』に見られるように[1]、当初は専ら軍制として捉えられていた。

　八旗の政治的・社会的制度としての性格を、早い時点で明確に指摘したのが、孟森である。孟森は、八旗制とは旗が宗室の諸王に分封されたものであり、各旗が独立性の高い組織をなして、ハンの下に統合されるとした。旗を領する王は各々旗を背景とした相拮抗する実力をもち、ハンといえども旗主たる王の一人に過ぎなかったため、ハンの権力は超越的なものではなかったというのである。孟森は、論考「八旗制度考実」においてこの体制を「連旗制」と呼び、ヌルハチからホンタイジを経てハン権力が強化され、最終的に雍正帝によって中央集権体制が完成するとの流れを示した[2]。

序章　連旗制論批判

　清朝史研究を全体的に見れば、八旗制度研究は、八旗成立に至る過程を明らかにしようとしたものや、八旗に編成された人々の社会階層を解明しようとしたものが多く、八旗制度そのものの性格づけは必ずしも中心的な課題ではなかった。それに対して孟森は、1936年という早い段階で八旗制度全体の性格づけを試みたのであって、このことは高く評価されねばならない。

　八旗が政治的・経済的・軍事的に自立性の高い組織であって、旗主たる王がその旗の属人たちを支配し、旗を勢力基盤として連合体的な政権を形成するという「連旗制」論的な理解は、この後の主要な研究に受け継がれている。たとえば細谷良夫は、孟森説に修正を加えながら、後金国時代の八旗制度を「謂わば族制的性格を付有する封建的支配機構」と位置づけ、これが世祖朝より推移して「官僚的支配機構」に転換する過程を提示した[3]。周遠廉も孟森の議論を補足しつつ、旗主による「共治国政」の出現を生産関係の発展から論じるという形で展開させている[4]。近年の杜家驥の研究も、旗ごとに「主属君臣の分」があり、各旗が相対的に独立した政治的・経済的権力をもつとする「八分」体制を論じている[5]。

　このような理解は、現在では通説化しており、八旗制度を、ひいては清朝初期史を研究する上で基本的な枠組みをなしている。たとえば、杉山清彦は2001年の時点で、孟森のいう連旗制・杜家驥のいう八分体制を「いまも揺らぐことなき」枠組みと確認した上で、ハンや「旗王」の「領旗支配の解明」を課題として掲げている[6]。

　これに対して、全く別の理解を示しているのが、安部健夫「八旗満洲ニルの研究」である[7]。安部は「八旗生計の経済的基礎の変遷に対する精神史的な考察」をテーマとして掲げ、基本単位となるニルの経済が、

　　或は旗ごと或はニル毎に各自私的な原理と権利との介入を謂わば当然のこととして許容する、封建国家的な個別経済の集合としてあったのではなく、却って原理的・権利的には公的なものを以て一つに貫かるべき官

僚国家的な一個の綜合経済としてあった。

とする[8]。さらにこの一文に注記して、「国家経済即ち財政の部面」だけでなく、「行政部面をも司法部面をも含めた総じて謂わゆる秩序なるもの」が同じく公的なものによって貫かれているとし、満洲国家の「官僚国家」としての性格を根拠づけていることから、八旗制に基づく国家体制を、封建的・分権的体制としてではなく、官僚制的・一元的支配体制と捉えていたことがわかる。

　安部論文は未完であって、重要な意義をもつはずであった数章と最終的な結論を欠いているが、発表された部分だけでも非常に大部であり、少なくともヌルハチ時代のニル制については論じ尽くされたものと見られる。しかし、いずれにせよこの論文に対する評価は、一般に否定的である。実際のところ、主要な論点の実証的根拠が、阿南惟敬・石橋秀雄・三田村泰助らによって完膚なきまでに論破されており[9]、行論全体が支えを失っている。文章・構成ともに極端にわかりにくいという難点とも相俟って、大家の手に成る労作という理由から、参考文献の一つとして名ばかり引用されることはあっても、議論の内容は黙殺されているというのが現状である。

　歴史学の論文として、実証的根拠が成り立っていないのは致命的であり、安部論文に対する現在の評価はやむを得ない。筆者も、これまでに指摘された安部説の実証上の誤りは、異論の余地がないと考える。

　それにもかかわらず、通説の対案となる安部論文の枠組みを、筆者は大筋で正しいとみなし、それを立証するために経済的基盤の分析を糸口にして、制度全体の構造を明らかにするという方法は有効であると考える。

　安部は自説を述べるに急であり、八旗制を封建的体制と見る通説的理解に対して、実証的な批判をほとんど行なっていない。安部以外の批判的論者は皆無に近いのであるから、連旗制論的理解は批判的検証にさらされてきたわけではないのである。筆者の見るところ、その論拠は説得力を欠いているか、少なくとも他の解釈を許すものばかりである。さらに、連旗制

序章　連旗制論批判

論的理解によっては説明し難い事象も指摘できる。杜家驥は、自身の説く「八分体制」の封建的・分権的性格と矛盾する諸事実が存在することを、すでに端的に認めている。結論として、「宗室分封制下の金（清）政権は、一つの矛盾した統一体であった」とするのであるが[10]、筆者はこれらの諸事実を「分封制」という枠組みの中に包摂することは、無理があると考える。要するに、連旗制論は批判的見地から再検討する必要があると思うのである。

批判する以上は当然のことであるが、それに替わる別の見方を提示するのが、本研究の目的である。筆者は安部論文の枠組みと方法を評価するが、その議論自体は根本的な見込み違いを含んでいるので、追跡するのは無意味であると考える。そこで、安部論文の最初の立脚点に立ち戻って、八旗制度の性格に対する理解を再構築していくことを企図した。

筆者の構想は、経済的基盤を始めとする諸基盤を検討することによって、八旗制度の基本的性格を再考するというものである。最終的には、八旗制度が分封制的性格をもつものでなく、一貫して集権的体制をなすものであったことを論証し、そうした制度が成立した理由と歴史的意義を示すつもりである。本章はまず、従来の通説であった連旗制論的理解に対する批判的検討を行なう。

以下、第1節では、連旗制論的理解の論拠を検証し、これらが当該議論を証明するに至っていないことを明らかにする。第2節では、連旗制論的理解と矛盾する諸事象を取り上げ、これらは連旗制論的な枠組みの中で理解できないことを述べる。第3節では、そうした難点をもつ連旗制論的理解が、これまで通説として受け容れられてきた理由について考察する。本章の結論として、連旗制論的理解は成り立たず、八旗制度は別の形で理解すべきであることを述べる。

1　連旗制論的理解の論拠の検証

孟森が「連旗制」を提示した一節は、次のようなものである[11]。

> 八旗とは、太祖が定めた国体である。一国が尽く八旗に所属し、八和碩貝勒を旗主として、旗下の人はこれを属人と言い、属人は旗主に対して君臣の分があった。八貝勒は国を分治して、定まった君主はなく、八家から一人を推挙して首長となし、もし八家の意思に合わないところがあれば、ただちに取り替えることができた。これは太祖が口ずから定めた根本法（太祖之口定憲法）である。その国体は言葉を借りて名づければ「連邦制」と言えようが、実は「連旗制」なのである。

ここでは二つの重要な論点が示されている。すなわち、（1）八旗は和碩貝勒 hošoi beile を長とし、彼らとその属人の間には君臣関係が結ばれていて、各旗は彼らがそれぞれ治めている。（2）国全体の首長は彼らの推挙によって選ばれ、彼らの意向に反した場合は退位を余儀なくされる。（2）は「旗主」の連合政権としての政権の性格、（1）は「旗主」の権力基盤となる八旗の独立性の問題として、後続研究で敷衍されてきた。論証の都合上、まず（2）から検討したい。

孟森が（2）について論述している部分を見ると、その主たる史料的根拠は、天命七年（1622）三月初三日に太祖ヌルハチ Nurhaci が諸子に述べたという言葉であることがわかる。当時の史料状況から、孟森は『太祖武皇帝実録』を引用しているが、より原史料に近い『満文老档』（及びその原本たる『満文原档』）も基本的に同じ内容を記載しており、その後の連旗制論的理解においては、この史料が必ずと言ってよいほど根拠として取り上げられる。『満文老档』の該当部分は、次のように始まる[12]。

序章　連旗制論批判

　　（天命七年）三月初三日、八人の子らが一緒に父なるハンに、「天が与えた政道をどのように定めるか、どのようにすれば天の福がとこしえになるか」と尋ねたので、ハンが言うには、「父を継いで国人の主とするには、有力で強壮な人を主とするな。有力で強壮な人が国人の主となれば、その力を恃んで暮し、天に非とされるのではなかろうか。一人がいくら聡明でも、衆人の議に及ぼうか。汝ら八人の子らは八王となれ。八王が議を一にして暮せば、失敗せずにいられよう。汝ら八王の言葉を拒まない人を見て、汝らは父を継いで国人の主とならせよ。汝らの言葉を取らず、よい道を行なわなければ、汝ら八王の任じたハンを汝らが替え、汝らの言葉を拒まないよい人を選んで任ぜよ。……」

　この史料は、当時の政治体制を示す決定的な根拠とみなされてきた形跡がある。細谷良夫は、ヌルハチと八旗制度に関する安部健夫の説に対して、直接には反論し得ないとしつつ、「ここでは氏の結論と全く対立する資料を提出しよう」として、前掲史料を引用し、「ここに云う王権は独裁君主権ではなく、かえって推戴王権であり、官僚機構は独裁君主権の下に収束するものとは認め難い」と結論づけている[13]。
　ここでまず確認しておく必要があるのは、前掲史料はヌルハチが自分の死後の体制について指示した言葉だということである。既存の体制について述べたものではなく、自分の存命中に実践させるつもりの発言でもない。さらに、この史料だけではヌルハチ死後にこの体制が実現したという証拠にもならない。
　マンジュ国—清初の旗主共治体制を主張する論者でも、ヌルハチ時代は除外して述べることが多い。周遠廉は「共治国政」体制をヌルハチ死後に限って論じ、新ハンもそれなりに大きな権力をもってはいたが「"汗父"ヌルハチのように八和碩貝勒の上に高く居て、後金国の軍政の大権を独占することはできなかったというだけのことだ」としている[14]。つまり、ヌルハチ自身は独裁権力を握っていたということである。杜家驥も、ヌルハ

1　連旗制論的理解の論拠の検証

チは「大家長の身分と至尊の権威」によって「中央およびハンの八旗に対する集権を体現した」とする[15]。実際、ヌルハチ即位時には、政権内には明らかな目下である子姪以上の有力者が存在しなかったので、同等の資格のある者から推戴されて即位したとは到底言えない。ヌルハチが衆人の意見に抗して断行した事柄は少なからず記録されているが、退位の要求はおろか抗議や不服従さえ伝えられていない。ヌルハチ時代に旗主共治の体制が事実として成り立っていたとするのは無理があるし、またその点を積極的に主張する論者はいない。

　ヌルハチがハンとして即位する以前、女真族の政治的統一は金朝まで遡ることになる。ヌルハチの時代には、金朝との政治的連続性は断絶しているので、女真社会の中に統一政権を運営する政治的伝統が存在したと見るのは無理がある[16]。ヌルハチ政権は、新たに統一国家の体制を創始する立場にあった。そのヌルハチ政権の初期の段階で、弟シュルガチ Šurgaci（および長子チュエン Cuyeng）との相対的に拮抗する力関係の下での連立体制が、後の体制の原型として示されることがあるが[17]、現にシュルガチは（チュエンも）失脚し、ヌルハチを一員とする連立体制は確立に至っていない。ハンとして即位する以前のヌルハチ政権の形態は、政権確立に至るまでの過渡的状態と見るべきであろう。いずれにせよ、ヌルハチの即位から在位期間に関しては、彼の個人的威信または家父長的権威に基づく独裁体制であったというのが、史料的にも従来の研究の大勢からも妥当であると考えられる。

　従って、旗主共治体制の存在が問題になるのは、ヌルハチの死後についてということになる。まず、ホンタイジ Hong Taiji の即位に関しては、ヌルハチの指名がなかった以上、実際に諸王の合議による推戴であったと認めることができる。ヌルハチの長い遺訓が国家の記録に留められているのは、それが然るべく重視されていたことを示していよう。即位当初のホンタイジが、兄であるダイシャン Daišan らに対して、儀礼の場で横並びに坐すなど甚だ低姿勢であったことも事実である。少なくとも即位後しばら

序章　連旗制論批判

くは、ヌルハチの遺訓に従って、ハンと諸王が比較的対等な立場で政権を担おうとしていたことは間違いあるまい。

しかし、多くの先行研究は、天聡九年（1635）頃にはホンタイジの諸王に対する絶対的優位が確定し、崇徳期に入ると明確な君臣関係が生じるとする[18]。これに従えば、ハンと旗主たる諸王の共治体制なるものは、最大限に長く見積もっても10年も続かなかったことになる。筆者は、ホンタイジ即位後のせいぜい数年間しか存在しえなかった体制を、八旗制に基づく政治体制の一般的な姿とみなすことにそもそも無理を感じる。

しかも、この10年以内でさえ、諸王に対するハンの権力がそれほど弱体であったかどうかは検討を要する。この時期のハン権力については、「ハンといえども旗主の一人に過ぎなかった」という低い位置づけから、ヌルハチほどの超越的権威と独裁権力をもっていなかっただけとする相対的に高い位置づけまで、連旗制論的理解を支持する論者の中でも評価に幅がある。実際のところ、重要な意思決定において、諸王の意見がハンの意向を抑えた実例を示す史料は皆無と言ってよいし、アミン Amin・マングルタイ Manggūltai・ダイシャンと、有力諸王が失脚または権威失墜を被る過程でも、目立った抵抗は生じていない。現実に諸王によってハンの決定権が脅かされた場面はほとんど見られない。

唯一それに近い場面として指摘できるのが、天聡三年冬に大挙して内モンゴルに入り込み、そこから長城を越えて明の領内に侵入すべきか、それとも引き返すべきかが問題になった時であろう。この時には、退却を主張するダイシャンとマングルタイの意見に、ホンタイジも一旦折れようとしたという。結局、ホンタイジはヨト Yoto らの支援によって思いなおし、進軍の決断を下す[19]。筆者の見るところ、この決断が結果的に遠征を成功に導いたことで、ホンタイジの政治的権威が確立したのであるが、ここで注目すべきは、このように重大な局面で意見が分かれた時でさえ、ホンタイジの決定に全員が従っていることである。全員が従った、あるいは従わざるを得なかった具体的事情については、後に論じることにする[20]。筆者

1 連旗制論的理解の論拠の検証

がここで指摘したいのは、事実として諸王がハンの権力に掣肘を加えた例が見られないということである。

事実としての政治的経緯は重要でなく、何が保証されていたかという制度的基盤が問題であるという考え方もあり得る。ハンと旗主らの間に深刻な対立が生じなかった理由を、外的状況や、ホンタイジの政治的手腕や、旗主らの協力的態度といった幸運な政治的要因に帰し、潜在的には旗主らがハン権力を抑制できるだけの制度的裏づけがあったとする見方も可能であろう。むしろ、連旗制論的理解は、そうした見方に基づいていると思われる。しかし、そうした見方が成り立つか否かは、ひとえにそのような制度的裏づけが存したかどうかに懸かっている。

ハンと旗主の連立体制を裏づける基盤とされてきたのは、八旗の独立性と諸王による各旗領有である。すなわち、先に挙げた（1）の論点の当否が（2）の論点の妥当性を定めることになろう。もしも（1）が成り立っていないならば、（2）は天聰期の数年間だけ、ヌルハチの遺訓とホンタイジの政治的権威の未確立というごく政治的な理由によって一時的に生じた体制、という以上の評価を行なうことは困難であろう。

（1）の論点、すなわち旗主たる諸王が各旗を領有し、その権力基盤としているということについて、最も基本的な根拠とされてきたのは、ヌルハチが自ら鑲黄・正黄の両旗を領有するとともに、子姪らに他の旗を領有させたという点である。これは各旗を分封したことに他ならないというのが、従来広く受け容れられてきた認識であり、それ以上の説明を要しないと見る向きさえ感じられる。まず、この点を検討してみたい。

現在知られている史料には、ヌルハチが八旗を分封したという記述はなく[21]、そもそも旗という集団が1つの単位として諸王に分け与えられ、支配を認められたとする史料の根拠がない。天聰初の記録に、「アジゲ゠アゲ Ajige Age・ドルゴン゠アゲ Dorgon Age・ドド゠アゲ Dodo Age は、みな父ハンが全旗を専らにさせた gulhun gūsa be salibuha 子らであるぞ[22]」という言葉があることから、アジゲ・ドルゴン・ドドの3人は各々1旗を領

序章　連旗制論批判

有したと解釈されることがあるが[23]、崇徳期のホンタイジの言葉によって、これはヌルハチが彼自身の両黄旗に属する全ニルを 3 子に分け与えたという意味だとわかる[24]。ヌルハチは生前、彼自身と 3 子に各々15ニルずつ分配し、ヌルハチの死後、ホンタイジが父の持ち分を末子のドドに付与したのだという[25]。

　ヌルハチ時代から、有力諸王はヌルハチと同様にその子らや弟と 1 旗のニルを分け合っていることが多く、 1 旗の全ニルを 1 人の王が独占していることは稀であった[26]。この点はこれまでにも知られていなかったはずはないが、従来の研究は、むしろ逆に 1 人の王が 1 旗を有するのを原則として捉えてきた傾向にある。ここで正確を期して言い直すと、ヌルハチはその近親者に「旗を領有させた」のではなく、「不定数のニルを専らにさせた salibuha」のであり、これをもって分封体制とみなし得るかどうかが問題になるのである。

　何をもって「分封」とみなすかは定義次第であるから、「専らにさせた」という表現をもって直ちに「分封が行なわれた」と称することも不可能ではない。しかし、そのような名目だけを問題にしても、得る所は少なかろう。この際重要なのは、「専らにした」王らがその集団を自らの権力基盤とすることができたかどうかであって、「専らにする」ことの具体的な意味が明らかにならなければ、その点を論じることはできない[27]。

　しかし、「旗の領有」といった言葉が当たり前のように用いられる割には、その具体的な意味を論じた研究は意外に少ない。杜家驥の研究はこの点を最も明確に説明しているので、その議論に従いつつ、他の論者の指摘も合わせて検討していきたい。筆者の見るところ、諸王が各旗を権力基盤としたことに関する論拠は、大きく 2 つに分けられる。 1 つは、旗やニルの領有を認められた王（杜家驥は彼らを「管主」「属主」と呼び、そのうち全旗を領する者を「旗主」と呼ぶ[28]）とその属人の間には、主従関係ないし私的隷属（私属）関係が成り立っていたということ、もう 1 つは、旗主が各旗を独立した組織として運営していたということである。まず、前者の方か

1　連旗制論的理解の論拠の検証

ら、論点を列挙して検討する。

①旗人の娘は管主が取って侍女や妾にすることがあり、家長がそれに逆らうのは重罪となったということ[29]。

　管主が属人の娘を侍女や妾にすることはあったろうし、家長が立場上拒否しにくかったことも想像できるが、家長が逆らうのが罪になったとするのは、実証上問題がある。杜家驥が実例として挙げる2つの事件のうち、石廷柱の件は、妻の前夫の子で祖母に育てられた娘を「自分の子として訴えた」ことが指弾されているのであるし[30]、賽木哈（サイムハ Saimuha）の件では、孫女を王の家に取られたのは、彼がその孫女を戸部に対して隠匿していたことに対する処分である[31]。この2件をもって、管主が属人の娘を随意に取り上げることができ、拒否したり不満を表明したりするのが厳罰の対象となった証拠とするのは無理がある。むしろ石廷柱の「我の等級の官人の子らを、諸王の家に連れて行ったこともない」という言葉によれば、高位の官人の娘については、王といえども軽々しく取り上げることができなかったことを示唆していよう。

　なお、旗人の娘や寡婦を嫁がせる時には、まず戸部に告げ、戸部から各王に問うて許可を得る必要があったことも、併せて指摘されている。このことは確かに規則として公布されているが、これがそのまま属人の管主に対する隷属関係の証とされるのは納得できない。この規則では、旗人の婚姻は戸部が管理主体となっているので[32]、全体としては中央政府が統制していたと見るべきであろう。そもそも有力な王の婚姻でさえ諸王の同意、最終的にはハンの許可が必要であったように、婚姻は政治的行為の側面があり、家長の一存で行なえる類のものではない[33]。管主はむしろ中央の方針に沿って、自らの属下に対する監督責任を負わされたと見るべきであろう。

②旗人が罪を犯して籍没・為奴の処分を受けた場合、管主の家に与えら

れたということ[34]。

　杜家驥は「これも人身隷属関係の一種の表われである」とするが、筆者はそのように解するべき理由はないと考える。そうした処分は、すべて中央政府で審議された上、最終的にハンの判断により決定・命令されたものである。杜家驥はおそらく中央政府が旗の「人身隷属関係」を尊重して同旗内部で接収されるよう図ったものと解するのであろうが、そのように解するべき根拠もない。旗人の管主個人に対する人身隷属関係を設定しなくても、旗人は基本的にその旗、あるいはニルに属するものと認識されていたというだけで、十分に説明可能であろう。議論は先走るが、筆者は、ハン自身の旗も含めて八旗の人的・物的資源を均等に保つということが、中央レベルでの八旗制度運営の基本構想であったと考えている。この問題自体は後の章で論じるが[35]、ここで１点だけ指摘すれば、新たに得た人員を八旗に配分する際、均分の原則に従わず、数の足りない旗に補充することがあったという事実がある[36]。処罰に伴う人や物の帰属の移動をなるべく同じ旗の内部で処理しようとするのは、ごく自然な発想であろう。

　③旗人が管主を謗った場合、誅殺を含む厳罰の対象となったこと[37]。

　実例として挙げられるのは、王の非をハンの御前で訴えた件と、同じく王を「妄告」した件であるが、いずれも例証として不適当である。公然と不当な訴えを行なった場合は、相手が誰であろうが罰せられる。逆に、管主の罪を訴えても、その訴えが正当であれば、管主の方が罰せられ、訴えた者は保護される[38]。杜家驥が例示した２つの事件も、ハンによって訴えの当否が判定されており、決して管主を謗ったこと自体が罪せられているわけではない。従って、この点をもって隷属関係の証左とするのは不当である。

　④旗人が管主個人やその家のために強制的に役使されたこと[39]。

1　連旗制論的理解の論拠の検証

　杜家驥が例示する宴会に侍るという行為は、現代人の目から見れば私的なことかもしれないが、当時の満洲人にとってそうであったとは言えない。頻繁に催され、史料にも逐一記される宴会は、むしろ政治的意義をもつものであった。管主に命じられながら出て来なかったのは、公務における不服従とみなされたと考えられる。「狩猟・採集・家畜の飼育・商売」などは管主の「家務」かもしれないが、杜家驥自身も指摘するように、国家が額を定めて、国家の徭役を免除する代わりに管主の家の役使に供したものである[40]。護衛についても同様で、採用された者は兵役・労役を免除された。そのため、諸王が定額を超えて護衛を採用することは禁止され、違反は譴責の対象となっている[41]。これらはいずれも国家が人数と業務内容を定めて使役を認めたものであり、使役される者は謂わば国家からその対価を得ていた。国家行政の一環として設定されていたのであり、管主による強制的な役使とは言えない[42]。

　また時代を下って雍正期に、弓匠が諸王の「私的な使役に追われて」いたとして、下五旗が「実質的には旗王の統属下に」あったとする指摘もあるが[43]、これも不適切である。根拠とされる史料では、下五旗の弓匠は兵部に納める弓を製造するほかに「在該王公門下、当差行走」のため、上三旗の弓匠と違って実際に弓を製造できる者が少ないというのであるが、王公の下での「当差行走」を「私的な使役」と解する理由がわからない。同じ奏疏の中で、上三旗の新人弓匠は弓匠頭目に委ねられ「在伊家内学習、当差行走」とされているように[44]、これは下五旗弓匠に対する正規の課役と見るべきであろう。

　⑤旗人が管主に経済的に依存していたこと[45]。

　杜家驥は、戦利品が「八家に分給され」、貧しい旗人に分与するよう命じられたという史料を引いて、旗主たる王に代表される八旗を「家」の語を用いて表現していることが「その旗の財物・人口に対するある種の私有性」の表われであるとするが、これは不適切である。本書第2・3章で述

べるように、「八家」を「八旗」と同一視するのは誤りだからである。もっとも、この指摘のより重要な点は、そうした分配も含めて、旗人が管主の「恩養」を受ける対象であったということである。養い養われるという関係が入関前の満洲の社会・経済において重要な意味をもったということは、筆者も同意する。しかし、本書第2章において述べるように、それは国内の裕福な者と貧しい者との間に義務づけられた関係であり、旗人と管主の間に限られたものではない。しかも「養われる」のは新たに降った者など特に生活に苦しむ者だけであった。杜家驥が引用する胡貢明の奏疏[46]に記されているのは、満洲の大臣に分配された投降漢人の状況であるが、彼らの待遇はあまりに劣悪で弊害が出たため、その後、別に1旗を立てるという形で改善が図られた[47]。謂わば旗人として特殊な人々の一時的な状況であって、一般に敷衍することはできない。さらに言えば、「養う」主体は最終的にはハンであり、管主が養うべき属下の衣食に不足を生じさせれば罪となった[48]。

　要するに、旗人が管主から経済的恩恵を受けるという事態はあり得るが、あくまでも限定的なものであった。一般に、旗人は自ら耕作し家畜を飼い、戦利品などを分配され、それで生計を立てていたのである。

　⑥八旗の官には必ずその旗の人員が充当されていること[49]。

　この点も、別に管主との「私隷関係」など想定しなくても、旗が旗人の生活に結びついた行政単位であるということだけで、旗分を越えた人事を行なう不都合は説明できよう。まして、八旗官の人事はその旗の王が行なうのでなく、中央政府で行なわれるのである。八旗官に同じ旗の人が充当されることは、旗人とその旗の結びつきを示すとは言えても、旗人とその管主の私的関係を示すとは言い難い。

　杜家驥の言う「主属私隷関係」あるいは「人身隷属関係」とは、管主が旗人に対して、より高次の権力を介在させることなしに、支配―従属関係を成り立たせていることを指すと思われる。しかし、上記の①〜⑥のすべ

てについて、そのような関係が証明されているとは言えない[50]。むしろ、管主と属人の間の重要な関係は、すべて中央政府が規定・管理しており、王といえども属下に対して行使できる権力はごく限られていたと見ることができる。

次に、旗が独立した組織として運営されていたということに関しては、以下のような点が根拠として指摘されている。

①旗主がその旗に対して、行政上の管理権・軍事的統率権を有していたこと[51]。

ここで例示される行政上の業務、すなわち属下の狩猟・貿易の取締りや婚姻・分居の管理、旗の者の財産の処理などは、いずれも中央の政策に基づいて、その旗の王が管理責任を負わされたものである。自由に運営する権利を積極的に認められた例はなく、管理権というよりは、むしろ職責とみなすべきである[52]。属下の不法行為を監督・検挙することも同じであるが、これについては杜家驥も「旗主の権力であり、また管理旗務の職責でもある」と言うように、職責としての性格が一層顕著であり、怠った場合は罪となった。

軍事行動の際、旗主が各自の旗を率いるということは、分封制の表われとして最も容易に予測されるが、第5章で詳しく述べるように、臨時に任命される司令官以外の王が自分で動かせる兵はごく限られていた。従来の研究でも、少なくとも中小規模の遠征や作戦では、部将たちは自分の旗の兵を率いて行くのではなく、各旗各ニルから何人という形で選び出した兵の混成軍を率いるのが普通であったことが明らかにされている[53]。大規模な戦いの場合は、確かに旗を単位として動いているが、その場合、旗の兵を率いるのはグサイエジェンの役目であった。

また、命じられた軍事行動以外で兵を動かすことは厳禁されていたと考えられ、実際にそのような例は皆無である。天聰九年には、ダイシャンが勝手に本旗の人を率いて狩猟に出たことで、「汝らは旗を率いて勝手に

序章　連旗制論批判

（encu）行き勝手に止ま」ったと譴責を受けている[54]。これはダイシャンを抑圧しようとする政治的動きの一環かもしれないが、旗主が自分の旗を動かすのが当然であれば、責める理由にすることもできないはずである。

なお細谷良夫は、雍正期にも諸王が多くの兵丁を掌握していたとし、「皇帝にとっては少なからぬ脅威」であったろうとするが[55]、引用史料の全体を読む限り、そのようには解せない。それらの兵丁は康熙朝に便宜上親王らの「看守の役に供」されたのが、低位の宗室にまで先例として援用されるようになったことが問題とされ、限りある兵丁と財源を今後どのように遣り繰りしていくかが議論されている[56]。諸王を「看守」する兵丁の必要については別に疑いもされず、軍事的脅威として警戒された様子は窺えない。

②管主が自らの領するニルを子孫に分与することができたこと[57]。

この点は、杜家驥が１点だけ史料的根拠を挙げて主張している。天聰六年にマングルタイが自分と弟デゲレイ Degelei の領する10ニルを息子と甥に分与したというのであるが、この時マングルタイは然るべき理由があってハンに提案したのであり、決定したのはハンである[58]。附け加えて言えば、天命五年にダイシャンは自分の子らへの隷民の分与が不公平であるとして、父ヌルハチから叱責され、交換を命じられている[59]。管主のみの判断で分与できたとは言えず、ハンの承認を要したと言うべきである。

③各旗が旗を単位とした対外活動を行なっていること[60]。

杜家驥がこの点について例示するのは、宴会・貿易・盟誓であるが、いずれも旗の独立性を示すものとはみなし難い。そこで引用されている史料からすでに明らかなように、宴会は各旗が独自の判断で適宜行なうのではなく、ハンの命令によって、同じ機会に順次行なっている。貿易についても同じであって、むしろ機会の平等を保障する措置と見るべきである。盟誓について言えば、確かに諸王が名前を出しているが、八旗の長として

はなく「執政の王ら doro jafaha beise」として、つまり政府首脳の一員として名を連ねているのだから、「本旗を単位として対外活動に参与している」とは言えない。朝鮮世子の随行員の記録に見えるように、諸王が外国の要人と個別に接触することは、逆に厳しく禁じられていた[61]。

④八旗が経済的な分配の単位となっていること。

この点については孟森が、財物の八家均分を命じたヌルハチの訓言を取り上げて、「八家分権」を命じ「一家集権」を深く戒めたものだと評している[62]。だが、その根拠となる史料は、かつて祖先や隣国が財貨を争って自らの首を絞める羽目に陥ったことに鑑みて、あらゆる財物を八家で均分し、均分した財物以外は勝手に取ってはならないと定めたものである。つまり、公正な分配を保証する代わりに、一切の財物取得はその分配に従うことを命じているのである。分配する主体はもちろんハンを戴く中央政府である。従って、ここで定められた八家均分の原則は、「一家」への集権を防ぐものではあろうが、中央政府への集権を前提としなければ成り立たないのであるから、八旗の「分権」を示すとはとても言えないはずである。

また細谷良夫は、ホンタイジが兵士らに布告した言葉に[63]、戦時の掠奪品の中のよい物を「各々の王ら beise に与えよ」とあるのを取り上げて、所属のニルの者の得た物が直接諸王の「富の配分」になると解し、ニル所有が諸王の経済基盤となっていたとする[64]。掠奪物の分配については第2章で詳述するが、一般に掠奪した物は諸王とグサイエジェンのもとに集め、金銀など上物はハンに献上してから再分配することになっていた。この時の戦いでは、「遠く出征して来たので各々得たまま取るように」と、特に寛容に取らせているのであるが、この時でさえ諸王は「戦で得た獲物と財貨」をハンに献上している[65]。上記のホンタイジの言葉を根拠に、ニルを諸王の経済基盤とみなすのは無理がある。

以上のように、諸王がその旗を自らの勢力基盤とすることができるほど、属下に対する独占的な権力も、旗を単位とする独立した活動も、存在した

序章　連旗制論批判

ことは証明されていない。

　杉山清彦の最近の研究は、ハンや「旗王」の「権力基盤とされる領旗支配の解明」を「喫緊の課題」としている[66]。それは当該問題が八旗制理解の鍵でありながら未解明であるとの認識を示しており、本研究で取り上げている問題と意識的に取り組もうとしているように見える。だが、その結果として実証されているのは、各旗を構成する旗人の出自・履歴・姻戚関係といった「属人的諸関係」にどのような特徴が見出せるかという点に止まる。仮にある旗に由緒ある家系・有力な閥閲をもつ人員が多く見られたとしても、それが各王の権力基盤として意味をもつためには、各王とその属人たちとの間に排他的主従関係があったことを証明しなければならない。そうでなければ、属人たちの個人的属性が王に有利に働く理由がない。そのような主従関係あるいは隷属関係は依然として実証されていないのだから、「領旗支配」なるものは、その実態を解明するどころか、いまだに実在さえ証明されていないのである。

　おそらく、八旗制度に対する従来の一般的な理解は、諸王とその属人の間には排他的な主従関係が存在するということを、自明の前提として疑わなかったのであろう。たとえば石橋崇雄は、ハンと諸王の権力関係を論じる際に、「各グサの者がそれぞれの所属するグサの王だけに忠誠を尽くすという八旗制独特の構造」と、特に論拠も参考文献も示すことなく述べている[67]。おそらくこれが各旗とその旗の王との関係についての通念なのであろうが、以上述べてきたように、いまだに論証されていない。のみならず、逆にこうした通念に反する事実が存在し、すでに指摘されてさえいるのである。この問題について、次に検討する。

2　連旗制論と矛盾する諸事象

　杜家驥の研究の際立った特徴は、前節で紹介したような連旗制論的理解を基本としつつ、これと相反する諸事象の存在を積極的に示していることである。

　杜家驥は、まず前置きとして、「分封」された王に領地が与えられておらず、みな京城に居住させられて、藩国を形成していないことを指摘する[68]。本来的に王以下が「ハン及び中央の直接監督の下に」あったことを言明し、中央の「八旗旗下に対する統一管理」の表われとして、以下の三点を挙げる[69]。

　①中央は八旗旗人の戸口を管理し、披甲・壮丁の統一的な徴用を行なう。旗下の壮丁は、ボーイニルや管主のために服務する一部の人丁を除いて、国家の徭役に服する。管主が定額を超えて役使することは、厳禁されている。課役の基礎となる戸籍は国家が作成・管理し、壮丁の隠匿およびボーイニル内への編入は禁止されている。

　②中央は旗下の財物の統一的な徴用を行なう。中央財政は、商税・手工業・官荘・官牧場・籍没・戦利品・貢物・貿易品などを収入源とするほか、八旗の人丁にも課税する。また、各旗や管主からも徴用を行なう。帰附した人々を八旗に分配し、財物を与えて養わせる形を取ることもある。

　①②を合わせて、八旗は経済的に中央の直接管理下にあったことを示している。

　③中央は旗下の案件を審理する。この点について、杜家驥の記述は不十分である。八和碩貝勒の「共治国政」確定後は、八審事官・八大臣を経て八和碩貝勒に報告され、八和碩貝勒が「終審判決」をなすようになったとするが、これは天命七年三月初三日のヌルハチの遺訓をそのまま引き写し

序章　連旗制論批判

たに過ぎない。天聡五年には六部ができて、借財や家畜をめぐる紛争といった比較的軽微な案件はニルイエジェン nirui ejen が即決し、それ以上の案件は刑部で審理するよう命じられている[70]。刑部の擬罪を受けてハンが裁定を下すのであるが、それ以前から、諸王・大臣の擬罪を受けてハンが最終的な判定を行なっている様子は史料に窺える[71]。いずれにせよ、ここで重要なのは、王には自らの旗に対する裁判権が認められていないということである。それどころか、旗下の者と同列に審問を受け、不利な審判を下されることもあった[72]。

これらの点から、杜家驥は八旗の諸王について「領主ではあるが、決して完全に独立しているわけではない」とし、旗下の属人について「私隷性はあるが、同時に金（清）国家の臣民でもある」とする。その上で、「宗室分封制下の金（清）政権は、一つの矛盾した統一体であった」と述べている。政権内部には「分権と集権の矛盾性」があり、共治国政制も「旗主らを制約する集権的要素を含んで」いたため、ホンタイジはそうした有利な条件を利用して、中央集権とハン権強化を行なったというのである[73]。

杜家驥は、全体としては初期の満洲国家を「分封制」の枠組みの下に括ろうとしているようであるが、この部分の議論による限り、むしろ「分権」と「集権」のせめぎ合う体制と捉えているように見える。少なくとも、上記のような「集権」的要素が本来「分権」体制と異質なものであり、「分権」体制を崩壊に導くものと捉えていることは間違いあるまい。

筆者の見るところ、こうした「集権」的要素は、杜家驥が挙げる上記の各点に止まらない。まず、八旗制とは全く別の階層的秩序としての官位（世職）制がある。ここで筆者が「官位」と呼ぶのは、満洲語の「hergen」のことである。初めは、総兵官―副将―参将―遊撃―備禦を中心とする序列で、天聡八年四月以降、アンバジャンギン amba janggin からニルイジャンギン nirui janggin に至る満洲語の名称に改められ、清朝の「世職」につながっていく。この官位の問題については附論2で取り上げるので詳細は省くが、要点だけ挙げれば官位制には以下のような特質がある[74]。

20

①官位はハンが対象者に直接与え、ハンのみが与え得る。
②官位は原則として功績によって与えられ、その理由が明示される。一度与えられた後でも、功績と罪過によって、さらに昇格されたり逆に降格・剥奪されたりする。
③官位は国家における公式の格づけとして機能し、服飾や朝会の席次に表わされる。
④官位は経済的利得の基準となる。

つまり、官位は個人の働きによって与えられ、上下させられるものであり、その位階が個人の格づけ・収入に対応するという重要なものである。それがハンによって一元的に運営されたのであるから、少なくとも官位保持者にとっては、自身の社会的・経済的利得の基準がハンによって直接定められることになる。官位を手に入れる可能性まで視野に入れれば、一兵卒でも潜在的にこの体系に関わっていたと言える。また、官位とは別に、一般兵士の戦場での功績などに対しては、中央で定めた一律の基準によって、中央から直接恩賞が与えられた。これも八旗の分権体制を想定した場合、そぐわない事象であろう。

さらに、前節の末で取り上げた通念に反して、旗人たちのうち少なくとも官職をもつ者は、「所属するグサの王だけに忠誠を尽くす」どころか、旗の王を跳び越えて、ハンに直接忠誠を誓っている。『満文老档』太祖巻七十五～七十八[75]に載録された諸官の誓詞は、天命年間の末頃に提出されたものと考えられるが[76]、ハンの旗である鑲黄旗のバドゥリ Baduri・ソーハイ Soohai、正黄旗のトゥルゲイ Turgei・アサン Asan らのほか、正紅旗のトボホイ Tobohoi・モーバリ Moobari・タングダイ Tanggūdai・アンガラ Anggara、鑲紅旗のハハナ Hahana・オボホイ Obohoi、鑲藍旗のフシブ Hūsibu・シリン Sirin・ムンタン Mungtan・ムンガン Munggan、正藍旗のエクシンゲ Eksingge・イキナ Ikina・バンス Bangsu・セレ Sele・ニカリ Nikari・ヤムブル Yambulu、鑲白旗のイェグデ Yegude・ナンジラン Nanjilan・フク

チャ Fukca・フンニヤカ Hūngniyaka、正白旗のヤフ Yahū・バキラン Bakiran らの名前が見える。

いずれもハンたるヌルハチに対して差し出されたものであるが、たとえばナンジランの誓詞を見ると[77]、

> ハンが愛しみ養うのに対し、我ナンジランはハンの命じた職務 jurgan に背かない。ハンの与える賞・家で飼った家畜・作った穀物だけで、賊盗奸悪なく正しく暮そう。

とある。ナンジランはヌルハチ直属の旗の人員ではないが、ハンの愛しみ・養いのゆえに、ハンの命じた職務に尽くし、ハンが与える物と自ら作った物だけで生活しようと誓っている。トボホイやアンガラの誓詞に「ハンが愛しみ与えた官位 hergen の賞だけで」とあるように[78]、「ハンの与える賞」とは官位に従って与えられる物のことである。職務の内容は明記されていないものが多く、明記されている場合は、裁判とか礼の職務といった中央官としての任務が多い。だが、たとえばセレの場合[79]、

> セレ遊撃はハンの牌を受けて、我が管轄する一ジャランの五ニルの兵をもって副将から離れない。副将から離れた時には、我セレを殺すがよい。離れなければ、副将は「離れなかった」と上なるハンに告げよ。……

とあるように、ジャランの兵を率いるという旗の内部での職務の遂行を、ハンに対して誓っている。旗の中での職務でさえ、ハンに命じられたとの認識の下に、その旗の王ではなくハンに対して誓約を立てているのである。

ホンタイジの代になっても、事情は変わらない。天聡三年二月には、諸官 geren hafasa が「ハンの命じた職務の事を、正しく勤めて心を尽くさないならば、天が咎めて、ハンに非を見られて、罪を得るがよい、我が身は死ぬがよい」と、天地に誓約している[80]。そこで列挙された罪過には、小民の財貨や食糧を騙し取ること、戦の俘虜や狩の獲物を取り分以外に隠匿することと並んで、「狩や戦で下の者 fejergi niyalma の盗みや罪悪を査察

2 連旗制論と矛盾する諸事象

しない」ことも含まれている。属人を取り締まるのも、ハンに対して責任を負う職務なのである。

こうした点からすれば、八旗所属の人員は、どの旗に属するかにかかわらず、皆ハンから直接恩を受け、ハンに直接忠誠を尽くす「臣民」に他ならない。それに対して、旗人たちがその旗の王と特別な主従関係を結ぶべき原理はどこにあるのか。満洲八旗は、自然発生的にできた集団ではなく、様々な出自の個人や小集団を人為的に再編成して配分し、ヌルハチとその子姪を長に据えたものである。従って、大部分の旗人とその旗の王の間には、八旗編成以前に由来する主従関係があったとは考えられない[81]。しかも、八旗編成とともに、両者の間に他者を媒介しない主従関係が新たに生じたと見るべき根拠もない。

同じ旗の上下の者が睦まじくすること自体は、一般論として奨励されており、天聡三年十一月初八日にホンタイジが下した書は、「グサイエジェンなどの官人たち」に対して、「各々の旗の人」をよく管理し、教え愛しめと諭している。「条理を悟るまで教え、弟や子のように愛しむならば、旗の人は汝を父母のように思い、教えた言葉を忘れず記憶して、戦になれば、また汝の前で死のうと言うし、法に背かず行なうぞ」という理由からである[82]。

しかし、一般旗人の所属の王ないしは旗に対する個人的忠誠や、王の属下に対する個人的庇護が、個別の事例として史料に現われることは少ない。それに類する事例が現われても、直属の管理者としての王に対する属人の気兼ねや迎合、あるいは同じ旗に属する人々に対する依怙贔屓といった形で言及されたものであり、ほぼ例外なく否定的な評価を伴っている。たとえば、天聡九年にダイシャンが譴責を受けた際の罪過の一つとして「正紅の王らは、功のある者を昇格させたり罪のある者を降格させたりする時、直ちに〔その〕旗の方に与する」ことが挙げられていたり[83]、ホンタイジがイングルダイ Inggūldai を評して「強情で〔自分の〕旗の方にやや肩入れする haršambi」ところがあるが、完璧な人間というのは少ないし他の

序章　連旗制論批判

長所がそれを補っていると述べていたりする[84]。

　旗の内部に上下の統属関係がある以上、あらゆる階層的組織と同様に、私的な権力関係が生じるのは避け難かったろうし、同じ旗に所属して活動を共にすることで、自然な情誼や身内意識が生まれたことは当然であろう。従って、旗を単位とした排他的な感情の存在自体は、必ずしも否定できない。だが、それが積極的な価値をもって評価されていた形跡は、全くと言ってよいほど見られない。

　前掲のヌルハチに対する誓詞の中には、「悪いか善いかについて顔を立てず dere banirakū、親戚であっても庇い立てせず haršarakū、仇敵であっても抑えつけず、善を善、悪を悪とハンに告げる」という一節が、常套句として繰り返し現われる[85]。「顔を立てる dere banimbi（または dere gaimbi）」「庇い立てする haršambi」というのは、情実を非難する表現として、審判結果などにもしばしば見られる。崇徳三年正月に、アバタイ Abatai の二人の側近（グチュ gucu）が、アバタイの主張に口裏を合わせたことを「汝らの王を庇った haršaha」として罪せられているように[86]、グチュのような特別の位置にある者が直属の王のために行なった場合でも、容認されるものではなかった[87]。直接の統属関係に左右されず、ハンに対して公正であるのが正しい行動なのである。これに対して、何があっても管主たる王らに忠誠を尽くすことを正当化する言辞は一切見られない。

　もちろん、現存する史料はハンの立場によって書かれたものであるから、満洲人一般の考えを示すものではないとの見方もあるかもしれない。だが、一般の満洲人に共有されていた価値観が、全く反映されないというのは不自然であろう。

　そこで、今一度考えてみるべきは、分権的な政治体制を明示するものとして掲げられてきたヌルハチの遺訓の意味である。すでに述べたように、この遺訓によって確実にわかるのは、ヌルハチ個人が自分の死後の政治体制をどのように構想していたかということだけであるから、ここではヌルハチの個人的構想として考察する。ヌルハチは、ハンが八王によって推戴

2 連旗制論と矛盾する諸事象

され、もし八王が否認すれば廃立できるという制度を構想し、実施するよう命じた。この点は、従来繰り返し強調されているところである。ただし、それは「一人がいくら聡明でも、衆人の議に及ぼうか」「八王が議を一にして暮せば、失敗せずにいられよう」という理由から、つまり1人の判断より多数の判断の方が信用できるからというに過ぎず、八王の独立性を重んじたがゆえではない。次の一節に注目すれば、八王の政治参加の資格さえ、無条件に認められてはいないことがわかる[88]。

> 汝ら八王のうちで、何事によらず国の政ごとを治める時には、一人が思いついて言えば、他の七人はそれを発展させよ。物が分らず、分からないままでおり、他人のわかったことを発展もさせず、徒らに黙っていれば、その者を替えて、下の弟や養った子を王とせよ。

周遠廉は、この一節を、新ハンが恣意的に八王の交替を行なえないようにするため、その権限を八王集議に付与したものと評価している[89]。だが、ヌルハチの言によれば、そもそも新ハンは「汝らの言葉を拒まない人」でなければならないのだから、集議に反して王の地位を奪うなど論外のはずである。この一節は、文字どおり「汝ら八王」が国政を担う地位に止まるための条件を示したものと見るべきである。八王についてはさらに、次のように命じられている[90]。

> 八旗の王らの誰が罪を犯しても、我が罪を告げるなと言う者、汝は邪な者であるぞ。一人の罪を告げ、〔別の〕一人の罪を告げないことができるか。戦で闘ったのを、八旗の王らが、汝の旗・他人の旗と〔区別して〕言って、何事であれ皆で審理して告げずに一人で告げることをするな。一人で告げれば、争い合うぞ。皆で審理して告げれば、恨みはないぞ。王らが自ら楽しもうと鷹を放って狩猟するのに、皆に諮ることなく行なうな。誰か条理を誤った行ないをする人を知った時には、見過ごさず言う。一人が覚って責め、責めて言う人の言葉が正しければ、皆が一緒に責めよ。……父ハンの定めた八分で得るだけで、勝手に一物でも隠し貪って一度

序章　連旗制論批判

隠せば、一度得る分から外す。二度隠せば、二度得る分から外す。三度隠せば、得る分から永久に外す。……

　従来、ヌルハチの遺訓は、ハンが八王の制約の下に置かれるという面のみ強調されてきたが、こうした訓示に注目すれば、八王は一層厳しい相互制約の下にあるよう構想されていると言える。ハンと他の王らの許可なくして狩猟ひとつ行なうこともできず、一物も勝手に取ることはできない。過ちは直ちに糾弾されねばならず、庇うことさえ認められない。このような八王の「共治」体制は、中国的君主独裁体制のような形の集権制とは異なるかもしれないが、「分権的」と評することはできない。むしろ、集議による統一的な意思決定が常に揺るぎないことを前提にした上で、個々の王を厳しく統制しようとしている点では、実に「集権的」と言えるのではないか。

　そのように都合のよい円満な意思決定が常に行なわれるというのは現実味を欠いているかもしれないが、これはあくまでもヌルハチの理想であるから、現実的である必要はない。ここで筆者が言いたいのは、満洲国家のあるべき政治体制を明確に描いたために従来とりわけ注目されてきたヌルハチの遺訓も、八王の独立性を前提として協議による統治を命じたものではなく、むしろ決して分裂しない統一意思の存在を前提とした中央集権を構想したものと考えられるということである[91]。ヌルハチの遺訓も含めて、当時の満洲国家に「分権」を正当化する論理があったことは認められず、逆に政権の求心力を損なう動きは尽く否定的に見られていると言うべきである。そうであれば、「分権」を支えるはずの旗内の排他的主従関係が確認されないのは、全く自然なことである。

　以上のように見てくると、杜家驥の言う「集権的な要素」は、「分権」的体制の中に紛れていた夾雑物のようなものではなく、むしろ正統的な体制観が具現したものと捉えられる。本節で取り上げた連旗制論的理解に反する諸々の事象は、当時の満洲国家の集権的体制の端的な表われと解する

べきである。それらは体制の性格の根幹に関わるものであるから、分封体制内の矛盾として処理することは不適切である。

3 連旗制論を支えてきたもの

　それでは、これほど実証的根拠に乏しく、反証になる事実さえすでに示されている連旗制論的理解が、今日に至るまで支持されてきたのはなぜであろうか。従来の研究を見ると、以下のような論述上の問題点が、少なからぬ論者に共通して見られる。

　まず、皇帝独裁体制の未確立が、分権体制の存在と同一視されやすいことが挙げられる。即位当初のホンタイジが諸王を一方的に従わせるだけの権威を欠いており、彼の権力が相対的に弱体であったことは、衆目の一致するところである。しかし、遅くとも天聡末までには政治的権威を確立し、事実上の独裁体制に移行していくことも、細部の認識に差はあっても大半の論者が認めるところである。従来の研究では、ホンタイジによる独裁化が、そのままハンによる集権化とみなされることが多い。たとえば杜家驥は、ホンタイジが「明王朝式の君主専制と中央集権性を具有する政権」の樹立を目指したとし、六部の設置などによって「ハン権の拡大・強化」が行なわれたとする[92]。この説が妥当かどうかは別に検討するが、ホンタイジが「中央集権化」を行なったとする見解は、このようにごく一般的なものである。「集権」化した以上、それ以前の段階は「分権」的であったとみなすことは、図式としてわかりやすい。集権化の前段階を分権的体制とみなした場合、分権の基盤となる単位は八旗以外に考えられないから、連旗制論的理解は整合性をもつことになる。

　また、六部など中国風の官庁を設置したという程度の指摘だけで、ホンタイジが「明王朝式の」政権を目指したと断定する杜家驥の議論に見られ

るように、集権的体制と言えば中国的皇帝独裁体制のみを想定しているのではないかと疑われる論者も珍しくない。仮にハンと諸王による集団統治体制が確立していたとしても、それが分権的体制であるか、合議制を採る政府の下での一元的集権体制であるかは、俄かに決められないはずである。

　分権体制が成立するためには、各王が独自に統治権を行使できる領分が必要であり、そうでなければ分権体制とは言えない。だが、すでに述べたように、そのような領分の存在は実証されておらず、これまでのところ大半の論者が実証しようとさえしていない。そうした点がまともに検討されていないのは、宗室諸王が政権に参画するという体制は中国的皇帝独裁体制とは程遠いから、中央集権制の対極にあるはずという思い込みが働いたためではないのか。

　実際に「集権」が行なわれたからには対概念である「分権」体制が存在したのは自明であるとか、中国的皇帝独裁制でないから分権的であるとか、正面切って論じている研究があるというわけではない。しかし、ハン一人に権力が集中する以前の体制を、支配関係の実態をろくに検討することもなく、単に複数の有力者が意思決定に参与するというだけで「分権的」と決めて疑わない議論が通ってきたことは確かである。実態が明らかでない割に「分権」の語が広く用いられているのは、ホンタイジによる「集権」に対する諸王の「分権」という図式のわかりやすさと無関係ではあるまい。

　次に、ハン自ら2旗（後に上三旗）を領するということが、ハンも基本的に旗主たる王と同列の存在に過ぎないとの直感的印象を与えていると思われる。たとえば三田村泰助は、ヌルハチ政権の初期にハンが4タタンを領し、八旗制成立後に「黄旗の支配者」であったことを称して「これらの事実は、結局氏族社会にみられる種族共同体制の現われとみるべきであって、たとえばシナ社会においてみられるように、君主が絶対者として、独り万民に超出するといった性格のものではなかった」としている[93]。最近の研究でも、八旗の並列体制下においては「ハンもまた全体に超越するものではなく、グルン全体の長たると同時に、ヌルハチ自身がいわば一旗王

として正黄・鑲黄の二旗を直接支配していたのである」といった一文が、前提となる事実として提示されているように[94]、ハンも自ら旗を領するということが、「全体に超越するものではない」といった評価としばしば直結させられる。

　旗を領する地位にある者を「旗王」と称するならば、ハンも一「旗王」であるというのは間違いではない。しかし、だからと言って、ハンも他の「旗王」も実質的に同列の存在であることにはならない。ハン自身も直接旗を領した上で超越的な存在であり得るのは、後の清朝皇帝を見れば明らかである。ハンと他の「旗王」が実質的に同格であったと言うためには、すでに述べたように、「旗王」が各旗を排他的に支配していたことを証明しなければならない。もし「旗王」にとっての各旗が、管理分担の単位・財物分配の単位に過ぎなかったならば、ハンも一「旗王」であるということは、国政におけるハンの地位を規定する上で別段の意味をもたないからである。

　「ハンも旗王の一人に過ぎない」といった言い回しは一種の常套句として多用されており、何に基づいているのか明示されないことが多いが、杜家驥は天聡六年九月の胡貢明の奏疏を引用しており、それにはホンタイジについて「一汗の虚名ありと雖も、実に整黄旗一貝勒に異なる無し」とある[95]。これは同時代人の記述として、当時のハンの地位を証する根拠になると思われるかもしれない。しかし、この引用箇所を、前後の文脈や上奏の目的、上奏者の置かれた境遇などの脈絡の中で捉えると、額面どおりに受け取ることは到底できない。

　胡貢明は、前節で一度触れたが、鑲紅の王に分配されて養われる境遇に不満をもち、ハンに苦痛を訴えていた新附の漢人書生である。彼は同年正月二十九日付の奏疏でも「好人が反って人を養うのを楽しまぬ主に遇って苦しむ」弊害を述べ、得た人をみな一箇所で養うことを請うている[96]。九月の奏疏も、馬を養う場合を例に引いて、「養人」を貝勒に任せるべきでないことを長々と説く。上記の引用箇所は、彼ら新人が各旗に分配されて

いる現状を述べた部分の始めにあり、「人があれば必ず八家で分けて養い、土地があれば必ず八家で分けて拠り、たとえ一人・尺土であっても、貝勒は皇上に譲らず、皇上も貝勒に譲らず、事々に掣肘し」という文に続いて現れる。つまり、ここで問題にしているのは、国家が新たに得た人や財、特に人を八家で分配していることであり、「整黄旗一貝勒に異なる無し」というのは、専ら獲得物の分配に関して述べられたものなのである。

　獲得物を所定の分以外に取らないことは、権力を確立した後でさえ、ホンタイジ自ら事あるたびに吹聴し、むしろ自身の正当性の根拠にさえしていることで、ハン権力の強弱とは関係がない。それをここまで強い表現で述べるのは、胡貢明自身にとっては切実な利害に関わる問題であり、しかも一身上の利害ではなく国家のために進言するという建前は堅持しなければならず、なおかつ志を得ないまま「狂瞽を避けず、五たびその言を進む」立場にある者として、是非ともハンの関心を惹く必要があったからであろう。従って、この史料も同時期のハンの政治的地位を示すものとはみなし難いのである。それにもかかわらず、「ハンも一旗王に過ぎない」ことが繰り返し言及されるのは、これが「ハンも旗を領する（謂わば一「旗王」である）」という紛れもない事実に基づいて、分権体制の存在を論証過程抜きで示唆できる便利な表現だからではないかと推測される。

　第三に、これは主として中国の研究者に多く見られるが、唯物史観の観点から、清初には封建制が成立していたはずであるという考え方がある。たとえば周遠廉は、女真が16世紀後半に奴隷制社会に入り、1620年代から40年代にかけて封建社会に移行するという過程を、主として生産関係に拠って論じている。「旗主貝勒がその旗の大臣・ジュシェン jušen・アハ aha を統治する八旗制度」の下、満漢の兵民はハンや貝勒の「封建依附農民」となったと位置づけられている[97]。

　奴隷制から封建制へといった発展段階を人類史に普遍的なものとみなす考え方が、あくまでも仮説に過ぎず、特に中国史の分野では根本的な再検討が行なわれて久しいことは[98]、今日では殊更に論じるまでもなかろう。

3 連旗制論を支えてきたもの

だが、奴隷制から封建制へという枠組みを不動のものと想定した場合に、宗室有力者が並列的に大集団の長となる八旗制は、封建制を措定するために好都合であることは間違いあるまい。封建的支配関係の存在を見出しにくい明朝などと比べれば、満洲国家の八旗制は、もし「旗主貝勒がその旗の大臣・ジュシェン・アハを統治する」と仮定するならば、封建制として説明することが容易である。唯物史観の立場をとる場合、17世紀前半の女真—満洲社会の大変革期を封建制成立期と捉え、八旗制を封建的支配関係の単位とみなす傾向が生じるのは、無理のないところであろう。

　第四に、八旗制が旧来の部落あるいは部族を基礎にして成立した以上、旧来の支配従属関係が保持されているはずであり、その上に新しい支配集団が重なれば封建的な支配従属関係をなすとの見込みが生じやすいことが考えられる。八旗制研究において、満洲国家に統合された諸集団が、どのような形で八旗に組み込まれたかという問題は、早くから注目されてきた。旗田巍は、ヌルハチ以前の女真の基本的社会単位であったガシャン gašan・ウクスン uksun が、いくつか合体してニルに編成されたとし[99]、三田村泰助は、来帰した有力者の率いる部衆が、そのまま1～2のニルに編成されたことを示し、「やはりニルにおける氏族制の規制は存したのであった」としている[100]。劉小萌は、ニルの編成とその由来を詳細に分析し、抵抗した末に吸収された部落は解体されて既存のニルに分散編入され、招降に応じた部落はその組織を維持したままニルに編成された上、ニルイエジェンにも酋長やその子孫が充当されたことを示す[101]。

　八旗を構成するニルの編成が、旧来の血縁もしくは地縁集団を基礎にしていること、ニルイエジェンも主にそれらの集団の長が任命されたことは、すでに実証されていると言えよう。しかし、そうした事柄は、新ニルイエジェンがニルに対してどれだけの権力をもったか、ニルイエジェンとジャランやグサのエジェン、旗の王らとの関係がどのようなものであったかという問題に、自動的に答を与えるものではない。それにもかかわらず、そうした問題が追究されず、ニルや旗における階層的な「主従関係」の存在

序章　連旗制論批判

が当然のように受け容れられているのは、部落・部族の封建的再編成という見通しが、一種の常套的な図式を提供しているからではないかと思われる。

　最後に、モンゴル史からの類推、敢えて言えばモンゴルとの混同が考えられる。満洲人がモンゴルの文化的影響を多分に受けていることは、研究史のごく早い段階から強調されており、そのこと自体は否定するべくもない。しかし同時に、モンゴルからの類推が不用意な議論を数々生んできたことも確かである。原義のはっきりしない満洲語の語源を安易にモンゴル語に求めるといったこと[102]から始まって、実態の明らかでない満洲の諸制度を、一見よく似たモンゴルの制度からの類推で論じた研究も少なくない。たとえば三田村泰助は、女真のグチュとモンゴルの「ネケル」の「酷似性」を指摘し、ネケルに供与された遊牧アイルに相当するものが女真社会においてはタタンであったとして、「ムクン・タタン制の性格を明らかにするため」に「モンゴル社会制度についての叙述」を縷々行なっている[103]。細谷良夫は、八旗制を「族制的性格を付有する封建的支配機構」として提示するに際して、「北方民族に特徴的な」と冠しているが[104]、これは同じ「北方民族」である以上、類似の特徴をもつはずという暗黙の前提に基づいていると考えられる。

　東アジア史研究において、中心的なモデルを提供してきたのが中国史であり、次いでモンゴルに代表される遊牧国家の歴史であったことを思えば、モデル形成の遅れた女真─満洲史を研究する際に、風俗習慣の上でより親縁性の高いモンゴルの歴史モデルが援用されることは故なしとしないし、場合によっては有効でもあろう。だが、モデルを援用することによって、実証の如何と無関係に、モデルに引きつけられた像が形成されていくことも否めない。たとえば石橋崇雄は、八旗制を8つの旗からなる「部族連合ともいうべき性格」であったと表現している[105]。従来の実証研究によって周知のとおり、八旗は血縁関係ばかりか言語や伝統・風俗習慣まで違う様々な由来をもつ集団から混成されたもので、その上に各々ヌルハチの一

３　連旗制論を支えてきたもの

族を戴いているという構成を取るのであるから、「部族」に擬えることはいかにも不適切である。おそらく「部族連合」という言葉は、「部族」に重きを置いたのではなく、単に並列的な集団の緩やかな結合を表現するために用いられたに過ぎないのであろう。だが、そこで「部族連合」という内陸アジア遊牧国家に顕著な政治統合の形態が引き合いに出されたことは、幾分かにせよ遊牧国家のイメージに引きずられたためであろうと推測されるし[106]、結果的に一層遊牧国家的なイメージを固定することになっていると思われる。

　八旗の独立性・旗内における排他的主従関係といった実証的根拠の薄弱な説が抵抗なく受け容れられてきたのは、実はモンゴル史のモデルに依拠してきたことが最大の原因ではないかと筆者は考える。近年においても、八旗の分封・ヌルハチ一族による分有支配といった点について、「われわれは、ここにモンゴル帝国に代表される中央ユーラシア諸国家に通有の組織原理を見出すことができるであろう」といった発言がなされている[107]。実証的検証を行なう前に、モンゴル史モデルとの一致を見出してしまうことで議論の妥当性に確信をもち、ますますモンゴル史モデルに引きつけた満洲史像が補強されているのではないか。筆者には、そのような構造が感じられる。

　以上のように、連旗制論的理解が通説として受け容れられてきた背景には、議論を構築する上でのいくつかの常套的な枠組みの存在が推察される。連旗制論的理解において、根幹をなす論点の大半がほとんど根拠を問われることさえなく今日に至ったのは、こうした枠組みが輻輳して、論証の必要さえ忘れさせるほど堅固な仮説を夙に作り上げてしまったからではないか。上述のような枠組みは、それ自体議論の陰に隠れて検討の対象となりにくいために、一層それから逃れることが困難なのではないかと思われる。

序章　連旗制論批判

小　結

　八旗制に対する連旗制論的理解は、八旗が各々独立した存在であることと、各旗の王を頂点とする排他的主従関係が成り立っていることを前提としており、この前提が証明されなければ成立しない。本章では、これらの前提が全く証明されていないことを指摘してきた。さらに、これらの前提と根本的に対立する事実を挙げ、八旗の組織も人員も、むしろハンの下で集中管理される性格のものであったことを示した。

　実証面において大きな問題を抱える連旗制論を支えてきたのは、筆者の見るところ、分権体制から集権体制への移行という発展モデルであり、氏族制から封建制へという発展段階論であり、部族連合や一族分封といった「中央ユーラシア的」遊牧国家のモデルである。すべて満洲史の実証的研究から導き出されたものではないが、そもそも満洲史の実証的研究から明確な歴史像を描き出せなかったことが、如上のモデルに依拠せざるを得なかった理由ではないかと推測する。

　満洲史は、事実上16世紀の末から始まる研究対象である。その前段階である女真史は、史料が乏しい上にヌルハチ以降の満洲史との連続性を捉えにくく、1644年の入関以降は、中国史の中に解消して捉えられやすく満洲史としての展開を追いにくい。限られた対象分野に明快な歴史的文脈を見出し、さらに同時代史の流れの中に位置づけるのは、困難と言うべきである。敢えてそれを行なおうとするならば、手掛かりになるのは既成のモデルではなく、基礎的な事実の検証作業に戻ることしかあるまい。

　これをもって、従来の研究に対する検討を終了し、次章からは八旗制の制度的基盤に関する研究を始めることにする[108]。

附　記

　本章のもとになった論考「八旗制度再考（一）―連旗制論批判―」（『天理大学学報』第208輯）が公刊されたのは、2005年2月のことである。2014年9月現在、本研究に対する本格的な批判は、いまだなされていない。ただ、本研究の主張するところに反対する旨を表明した言説はいくつか現われたので、これらに対して筆者の所見を述べておく。

　本研究に批判的な言説は、概ね2種類に分けられる。1つは、本研究を直接批判することなく、また本研究が「実証されていない」とした「連旗制論」的理解を論証するでもなく、「連旗制論」的理解を証明すると信じるらしい2、3の史料を提示することで論証に代えるものである。

　まず、鈴木真［2007］は、「旗王・旗人の主従に対する一般的な理解は、収奪者と被収奪者としての関係であろう」として、地方官に就任した旗人が所属の旗の都統・参領から王に至るまでの「勒索」「勒取」を受けていたとする雍正帝の上諭を取り上げている（19〜20頁）。筆者の見るところ、旗人と所属の王の間の経済的関係に対する従来の一般的な理解は、「収奪者と被収奪者としての関係」と「扶養者と被扶養者としての関係」の両方があって整理されていないが、それはともかく、この史料が「主従」の関係を示すものとは到底みなせない。この史料で言及されているのは公式に認められない不当搾取であり、むしろ正当な根拠をもつ収取関係がなかったことを証明すると言ってよい。このような不当搾取は、旗人に限らず当時の官制上の上下関係にある者の間ではごく普通に行なわれていたことであり、これをもって主従関係の証左と見るのであれば、当時の清朝治下の官僚制はすべて主従関係によって成り立っていたことになる。

　また、雍正元年八月十七日の監察御史ハンギル Hanggilu の奏疏を引用して「雍正朝において皇帝の一元的支配が八旗全体に及んでおらず、旗王による旗人支配が弊害を生み出していたことが確認できる（20頁）」とす

るが、その根拠は、旗人が特定の王に所属すること自体によって「掣肘を受けたり、力を分散させられること」があり、「上三旗・下五旗と区別」されていることが「旗王による旗人支配」を示しているからであるという。組織上の上下関係によって「掣肘を受けたり、力を分散させられること」を「支配」と称するのであれば、「旗王」に限らず官制上の上下関係にある者は、すべて上位者が下位者を「支配」していたことになる。このような次元の権力関係が、「旗王による旗人支配」などという政治史的に意味のある問題と関係があるとは、筆者にはとても思えない。

なお、楠木賢道［2006］は鈴木真［2001］を取り上げて、「旗王が麾下の旗人に対して有する排他的支配権が存在し、それが清朝における財政上の懸案となっていたことを実証している（8〜9頁）」とするが、鈴木当該論文は戸部に勤める旗人官僚あるいはその家人が地位を利用して横領を行なった事件を取り上げ、「主従関係を利用した旗王による不当な強取（79頁）」があったと推測したものに過ぎない。仮に王が「不当な強取」を行なっていたとしても、やはり立場を利用した不当搾取に過ぎず、「主従関係」の証拠にはならない。「排他的支配権」の実証に至っては、鈴木自身も主張しておらず、おそらく何かの誤解であろう。いずれにせよ、すべての旗人が直接皇帝の命令に従っていた以上、「旗王が麾下の旗人に対して有する排他的支配権」を実証することなど不可能である。

次に、杉山清彦［2007］は、本研究について「ここでは本格的な検討は差し控えるが、以下に展開する八旗制度像それ自体が、一つの反論の根拠となるであろう（115頁注3）」としているが、ここで示される「八旗制度像」は全く従来の八旗制度研究の域を出るものではなく、どこが「反論の根拠」になるのか筆者にはわからない。強いて新しい点を探すとすれば、「(ⅲ) 八旗制下の主従関係」と題された節に引用されるイエズス会士の史料ぐらいであるから、これについて述べる。

まず、1725年（雍正三年）7月20日のパランナン Parennin の書簡に、宗室スヌ Sunu の奉公人 domestiques に 2 種類あり、一方は奴隷で、他方は

奴隷ではないが奴隷と同様に主人の命令に従うと記されていることについて、「ここに、八旗制下の主従関係が明瞭に述べられている」とされているのは、この「奉公人」を一般の旗下の者（旗下ニル所属の者）と誤解したことによる誤りである。雍正二年五月十四日、スヌは雍正帝から罪せられて貝勒の爵を剥奪されるとともに、「その属下のニルは回収を命じ、公に置くこととする。ただ彼の家のニルだけを留める」との処分を受けたので[109]、配所に送られたスヌに旗下ニルは存在しなかった。彼に残されたのは、「家のニル booi niru」に所属する者だけだったのであるから、ここに見える「奉公人」は「家の奴隷 booi aha」や「家の人 booi niyalma」を指すことになる。実際、史料の該当箇所では、奴隷以外の「奉公人」は「家門の人 les gens de sa porte」と呼ばれているとされ、これは「booi niyalma」の訳語と見て間違いなかろう。同じパランナンの書簡で言及される「奉公人」が、主人の土地・家屋から上がる所得を徴収したり、主人の住居を用意したりするなど、いずれも家政に属することに携わっているのも、まさに「家のニル」所属の者にふさわしい。要するに、この史料は宗室の「家」の中の関係を述べているに過ぎないのである。

　また、康熙朝において、キリスト教が迫害された際、「宗室の第一級の王子の１人」が山東巡撫の兄弟に命令して巡撫に手紙を書かせ、これによって迫害が止んだという記事を取り上げて、「天子に代わって地方を統治しているはずの巡撫が自らの旗王の命令に絶対的に服従していることが、ここに明記されている」とされるのは、さらに不可解な誤りである。「王子」は「巡撫の兄弟」に対して「手紙を書くこと」を「命令」したのであり、巡撫には何も命令していない。このような行為は「命令」ではなく「請託」と言う。当時の清朝領内全域において、旗人に限らず、権限をもった高官と個人的な関係をもつ者は、広く同様の行為を行なっていたはずである。この史料によって「巡撫が自らの旗王の命令に絶対的に服従している」と言えるのであれば、親族・座主・同郷の高官など、およそ巡撫に対して個人的圧力をかけ得る者は、すべて巡撫に「命令」できたことに

序章　連旗制論批判

なってしまう。

　最後に、1660年代のグレロン Greslon の記述を引いて、八旗に属する者が「絶対服従の見返りとして、属下には主による保護と、官としての出仕が約束されていた」とされるのについて言えば、そもそもグレロンの八旗制度についての説明全体が、極めて信頼性に乏しく依拠するに足りない。引用部分の直前でも、八旗が黄旗の他に八つあるとか、その旗色が藍・白・紅・黒であるとか、「十六人の宗室の王子たち」が「二人で一旗を指揮する」とか、間違いが連発されている。また、引用部分の半ばで「(中略)」として省略された箇所には、「兵士の妻や子供たち、およびすべての子孫はかれが登録された旗を指揮する王子たちの奴隷だと永久にみなされている。王子たちは好きな時にかれらを都に呼び、かれらに自分たちの気に入る一切の奉仕をやらせる権利がある」とあるが、この記述は「家の人」に限ってさえ不正確と言わざるを得ず、一般旗人に関する記述としては明らかな誤りである[110]。自説に都合のよい部分だけを切り貼りして、史料の表現を右から左にそのまま認定するというのは、学術論文における論証の水準に照らして如何なものかと思われる[111]。

　以上は、本研究に反対する立場を表明しつつ、2、3の史料引用から直ちに「連旗制論」的理解に与する結論に至ったものである。いずれも史料の解釈や扱い自体が誤っていたり、今日のパワーハラスメントに類する矮小な権力関係を国家体制の問題に直結させていたりするなど初歩的な問題点を含んでおり、反論の根拠とはなり得ないと考えられる。

　本研究に対する批判的言説として見られるもう1種類のものは、本研究が従来の通説と両立するように言いなして、本研究への具体的反論を避けるものである。

　たとえば、楠木賢道［2006］は「分権制か集権制かという二者択一の問題ではなく、分権的な要素と集権的な要素がどのように組み合わさって、八旗体制と清朝支配が成立しているのかという問題なのである」とし、同様に杉山清彦［2008］は「同じ八旗体制のうちに、旗王―旗人の主従関係

など慣習法的な諸規範が存在すること（＝分権）と、一方で皇帝に対する明確な輪郭をもった固有の権利や領域が臣下の側に存在しないこと（＝集権）とを、なにを前提に考え、どう評価するかによって、分岐が生まれているのではあるまいか」としている。あたかも「分権的な要素」が存在することには異論の余地がないかのように述べているが、その「分権的な要素」が問題にならないほど薄弱なものだというのが本章（発表時は『天理大学学報』連載の第１回分）の主要な論点の１つであることを思えば、実に不可解である。

　こうした議論は、あるいは「諸王がニルを領有する」という具体的内容の定かでない事実そのものを、直ちに「分権的な要素」とみなす考えに基づいているのかもしれない。たとえば、前掲の鈴木真［2007］では、雍正帝が「旗王のニル領有自体には正当性を認めている（20頁）」ということを、何かを証明するかのように強調している。筆者の見るところ、諸王による「ニル領有自体」は、当初から全く明らかなことである。問題は、「ニル領有」が具体的に何を意味するのかということである。「ニル領有」によって正当に行使し得る権力の内容が一向に検証されないまま、「ニル領有」ひいては旗の領有という概念が独り歩きした挙句、分権的国家体制像が成立してしまったことこそ、本研究が最も問題視するところである。

　本研究の発表当初から筆者が主張しているのは、そもそも八旗制度においては従来主張されてきた分権的な性格が実は全くと言ってよいほど証明されておらず、逆に集権的な性格が当初から強力かつ実体的なものであったこと、それにもかかわらず正反対の重みをもって論じられてきたことが、八旗制度と清朝初期の国家体制に対する不適切な理解を生んでいるということである。「分権的な要素と集権的な要素」の両立といった主張を本気で考えているのであれば、まず「集権的な要素」と同列に論じられるほどの「分権的な要素」が存在したことを実証しなければならない。

　さらに言えば、筆者が集権的な性格について強調するのは、それがマンジュ国—清朝の国政を理解し、ひいては当時の東アジア世界の構造を考え

序章　連旗制論批判

る上で根本的な意義をもつと考えるからであり、「分権制か集権制かという二者択一」を迫るためなどではない。筆者の考える八旗制度の歴史的位置づけについては、本書第7章において一応の展望を示しておいた。

　本研究の発表を始めてから新たに公表された批判的言説は以上のようなものであり、本研究の議論に影響する点はないと筆者は考える。従って、本章も以下の各章も、雑誌論文として公表した時点から、議論において変更した部分はない。

注
1) 臨時台湾旧慣調査会編［1914］第二編第一章。
2) 孟森［1936］（後に孟森［1959］に収録。本稿での引用は後者による）。なお、同時期に発表された中山八郎［1935］は、大まかな概観ではあるが「八固山貝勒」を封建王族と捉え、八旗将士を率領するものとの見通しを示している。
3) 細谷良夫［1968］。また、三田村泰助［1941］［1942］や陳文石［1991］423〜525頁も、太宗朝の政治史を論じつつ同様の構図を示している。
4) 周遠廉［1980］［1981］。
5) 杜家驥［1998］。
6) 杉山清彦［2001-1］。ここで「領旗支配の解明」がなされていないことを認めながら、「領旗支配」が清初の体制の枠組みとして「揺らぐことなき」ものであると確信している点に、従来の研究の問題点が如実に表われていよう。なお、日本の一部研究者によって用いられる「旗王」という語は、ニルを有する宗室を指すようであるが（本書第6章注57）参照）、史料に表われない概念であり、また史料に見える「旗の王 gūsai beile」と紛らわしいので、本書では用いない。
7) 安部健夫［1942-1］［1942-2］［1951］。後に排列を改めて、安部健夫［1971］に収録。本書での引用は後者による。
8) 安部健夫［1971］111頁。
9) 阿南惟敬［1961］［1962］、石橋秀雄［1964-1］［1964-2］、三田村泰助［1963・1964］など。
10) 杜家驥［1998］95頁。
11) 孟森［1959］218頁。
12) 『老档』太祖554頁〔『原档』2冊475〜477頁〕。
13) 細谷良夫［1968］4〜5頁。

14) 周遠廉［1980］254頁。
15) 杜家驥［1998］95頁。
16) 統一政権にまで至らない段階で、いくつかの部落が連合して軍事行動などを起す際に、部落長の「会議」によって決定していたことが指摘されている（劉小萌［2001］75頁）。こうした素朴な合議の習慣がヌルハチの政権構想に影響を与えた可能性は当然考えられるが、これはあくまでも臨時に糾合した諸部落の意見調整の手段であり、国家運営の伝統とはみなし難い。
17) 鴛淵一・戸田茂喜［1939］とこれを発展させた三田村泰助［1963・1964］、および旗田巍［1940］など。
18) 孟森［1936］は夙に、ダイシャンが罪を得、マングルタイの遺した正藍旗が接収される天聰九年を一つの画期として描いており、他の論者も概ねそれを踏襲している。たとえば姚念慈［2008］は、「天聰一朝十年近くの闘争を経て、ホンタイジはついに八王共治制を終わらせ、君主集権制に向う過程を始めた（125頁）」とする。
19) 『太宗実録』天聰三年十月二十日条。
20) 本書338〜340頁。
21) 杜家驥［1998］は、前掲のヌルハチの訓話を、彼の死後の政治体制を設計するとともに「八旗の八旗主形式を確定した」ものとするが（30頁）、その根拠はわかりにくい。ヌルハチの言う「八和碩貝勒」という称呼が「八旗の八旗主」を指すものであろうと言うのであるが、なぜそう言えるのかわからない。そもそも「八和碩貝勒」という語は、『満洲実録』の該当箇所には出てくるが、『老档』（『原档』）には見えないから、この語に基づいて議論するのは問題がある。また、『満洲実録』巻八・天命十一年六月二十四日条が「八旗主が四人の大貝勒・四人の小貝勒から成ることを明確に説明する（同31頁）」とするが、これはおそらく漢文版に「爾八固山四大王・四小王」とあるのに拠ったものであり、満文版では「四人の大貝勒・四人の小貝勒・八人の貝勒」とあるのみで八旗には全く言及していないので、やはり根拠とするのは問題がある。
22) 『老档』太宗110頁〔『原档』6冊153頁〕。
23) 神田信夫［2005］43〜44頁。
24) 本書322頁参照。
25) 結果的にドドは1旗全体に相当するニルを有することになったが、これは15ニルずつ分け与えられた結果であり、1旗を全体として与えられたわけではない。
26) たとえば、天命五年の時点でダイシャンはヨト・ショトを始めとする自分の子らに民を分け与えていたことがわかっている（岡田英弘［1972］）。
27) 周遠廉［1980］は「salibumbi」の表現をもって、旗主と属人の間に「君臣

序章　連旗制論批判

(民)関係」があった証拠の1つとするが(246頁)、具体的内容を論じていない以上、従い難い。同じ箇所で「主ejen」の表現を証拠の1つとしているのも同様である。
28) 杜家驥［1998］27〜28頁。
29) 杜家驥［1998］81〜82頁。
30) 『旧満洲档　天聰九年』226頁〔『原档』9冊303〜304頁〕。
31) 『太宗実録』崇徳二年五月二十八日条。Saimuhaは自分のニルの2女を戸部の官人に見せず隠していたことを暴かれ、1女は彼の孫の嫁としていたが別のニルの人に与えられ、1女は彼の孫であって旗の王の家に取ったとされている。従って、Saimuhaの孫女は隠匿された人口として没収されたと解するべきである。
32) これは「ハンの旨にて戸部の和碩貝勒が言」った規則であり、嫁すべき女たちは「部の者が各々の王らに問うて与える」としている(『旧満洲档　天聰九年』86〜87頁〔『原档』9冊109頁〕)。
33) 張晋藩・郭成康［1988］487〜488頁。
34) 杜家驥［1998］82頁。
35) 本書第3章。
36) 『内国史院档』天聰八年九月二十一日条(301〜303頁)に、ワルカWarka遠征で得た俘虜を均分せず「男hahaの不足した旗」に補充し、また八旗のニル数が一定になるよう、30ニルを越えた旗から余分を取って不足の旗に回すようにしたこと、以後は俘虜を不足の旗に補うようにしたことが見える。
37) 杜家驥［1998］82〜83頁。
38) 張晋藩・郭成康［1988］576〜577頁。また、本書326頁。
39) 杜家驥［1998］83頁。
40) 同上。また、本書95〜98頁。
41) 本書122〜123頁。
42) この点については、本書第2・3章において詳述する。
43) 細谷良夫［1968］37〜38頁。なお、同35〜36頁に『上諭八旗』を引用して、諸王が佐領(ニル)を任意に使役したり処罰したりしていたとするが、当該上諭はその点を「殊属違制」としているのだから、実際にそうしたことがあったとしても、明らかな違法行為だったのであり、諸王とニルとの正常な関係を示す例とすることはできない。
44) 『上諭旗務議覆』雍正八年二月十六日奉旨条。
45) 杜家驥［1998］83〜86頁。
46) 『天聰朝臣工奏議』胡貢明請用才納諫奏。なお、胡貢明の奏疏の性格については附論3において述べる。

注

47) この上奏の9箇月後の伝論は、漢人の待遇の悪さから生じる弊害に鑑みて、別に1旗を立てた結果、状況が改善されたとする（『太宗実録』天聡八年正月十六日条）。
48) たとえば、天聡九年のダイシャン譴責の理由の1つに、彼が養うべき者が衣食の不足をハンに訴えたことが挙げられている（『旧満洲档　天聡九年』291頁〔『原档』9冊377頁〕）。なお、本書110～117頁を参照。
49) 杜家驥［1998］71～72頁。
50) なお、杜家驥［1998］はさらに異姓功臣とその専管ニルも管主との間に主属関係があったとするが（86～88頁）、その例証はいずれも不適当である。Turgei の件は、「汝は我に背こうとしていると聞いた」とのアジゲの発言を Turgei が訴え、アジゲに非ありとされて Turgei の離脱が認められたことに注目すれば、むしろ従属関係の薄弱さを示すと言うべきである。Cergei の件は、直接被害を受けたのは Cergei なのに、アジゲが欺かれようとしたとみなされているとするが、前述のように属下の娘の婚姻は管主が許可するのだから、Cergei の娘の婚姻をめぐって不正が行なわれたなら、当然アジゲも巻き込まれたはずである。ホンタイジが Cergei をアジゲの「臣」「所属大臣」と称するのを「隷属為僕之義」とするのは、漢語訳に引きずられた誤りというべきである。「臣」は原語で amban であり、アジゲ所属の amban であるというのは、アジゲの下に配属された大臣を言うに過ぎず、主僕関係を表わすとは言えない。Hūnta の件では、単にドルゴンを「本貝勒」「本管貝勒」と称していることだけを取り上げて「主属関係の用語」とするのは強引である。最後にホンタイジがドルゴンに彼を誅殺させたのも、「主君の利益を擁護」することによったと断定するのは問題である。現に Turgei の件のように王の側の非を認めることもあるのだから、ここでは純粋に Hūnta に非があったとみなしたと見るべきであろう。
51) 杜家驥［1998］71～72頁。
52) 張晋藩・郭成康［1988］も「主旗貝勒の根本的な権利は旗下のニルに対する占有権である」等としつつ（167頁）、その「職責」「義務」についても述べている（172～176頁）。
53) 阿南惟敬［1961］187～188頁。
54) 『内国史院档』天聡九年九月十日条。なお『太宗実録』は二十四日条に置く。『原档』の該当部分にはこの文は見えないが、前後の文との関係を考えれば、やはり二十四日に当て嵌めると思われる。
55) 細谷良夫［1968］36頁。
56) 『上諭旗務議覆』雍正二年八月初八日奉旨条。
57) 杜家驥［1998］35頁。

序章　連旗制論批判

58)　マングルタイが2人の者を遣わしてハンに提案したところ、「ハンが言うに『これはそのようにすればよい』とて定めた」とある(『老档』太宗714〜715頁〔『原档』8冊122〜123頁〕)。
59)　『原档』5冊511頁(上半分)と505頁(下半分)。岡田英弘[1972]所引。
60)　杜家驥[1998]72〜73頁。
61)　『瀋陽状啓』己卯年六月十五日条(180頁)に「諸王輩畏国法、不敢私相与交」とあり、唯一密かに接触してくるアジゲも「私交之禁甚厳、不可使人知之」と言っていたという。
62)　孟森[1959]235〜237頁。
63)　『太宗実録』天聡八年六月二十三日条。『内国史院档』天聡八年同日条(181頁)にも見える。
64)　細谷良夫[1968]。なお、同論文では、この略奪物の問題と、戦で敗走した王のニルが取り上げられて他旗の王に与えられるという規則(この規則については、本書第3章注114)にて述べる)を併せて、「旗王の佐領領有は旗王の経済基盤、存立基盤、更には権力基盤として存在していたと推定されるのである(6頁)」とするが、以下で述べるように、筆者の見るところ「経済基盤」とみなすにも無理があり、「存立基盤」「権力基盤」と敷衍する根拠はさらにない。
65)　『内国史院档』天聡八年七月二十六日条(日付は『太宗実録』による)。
66)　杉山清彦[2001-1]13頁。
67)　石橋崇雄[1988]24頁。
68)　杜家驥[1998]89〜90頁。
69)　杜家驥[1998]91〜95頁。
70)　『太宗実録』天聡五年七月二十一日条。
71)　たとえば天聡二年六月にAdahaiの罪を断じた際、「ハンが諸王に諮って」決定している(『老档』太宗137頁〔『原档』6冊261頁〕)。
72)　たとえば注50)に引くアジゲとTurgeiの件など。
73)　杜家驥[1998]94〜95頁。
74)　本書附論2参照。
75)　『老档』太祖1109〜1172頁〔『原档』5冊299〜492頁〕。
76)　この4巻の中に2件の誓詞が見られる人物があり、その中にはTanggūdaiのように2件の誓詞で官位が異なる者もいるので、ある程度提出時期が前後していることは確かである。Munggatuの誓詞(『老档』太祖1121頁〔『原档』5冊336頁〕)に「戌年(天命七年)十一月に誓った」とあるのが唯一の日付であるが、天命十一年五月条に載せる勅書に対応する官位を称している者が多く(20件)、同勅書と異なる官位を称している者も、三等副将と参将(Yekšu)、備禦と遊撃(Arai)

等、大半がごく近いので、大まかに言って天命末頃提出のものと推測される。なお、本文に示す各人の旗属は、ほぼ同時期と思われる『老档』天命八年二月初七日条（太祖651～652頁〔『原档』3冊211～212頁〕）に従ったが、時期により多少の異動はあり得る。

77）『老档』太祖1114頁〔『原档』5冊316頁〕。
78）『老档』太祖1118～1119頁〔『原档』5冊330～331頁〕。
79）『老档』太祖1133頁〔『原档』5冊369頁〕。
80）『太宗実録』天聰三年二月十日条。
81）杉山清彦［1998］は、八旗編成の際に「氏族・通婚など従前の結合関係に基づいて各集団を編成し、諸子姪の中からそのそれぞれと関係の深い者を選んで旗王に封じていった（28頁）」とするが、そこで示されているのは「旗王」と属人の縁故であって主従関係ではないし、新たに主従関係が結ばれたとみなす根拠もない。
82）『老档』太宗251頁〔『原档』6冊343～345頁〕。天聰四年二月初六日にも同様の発言が見られる（『老档』太宗312～313頁〔『原档』6冊410～412頁〕）。
83）『旧満洲档　天聰九年』288頁〔『原档』9冊374頁〕。
84）『内国史院档』天聰七年十月十日条（166～167頁）。
85）たとえば『老档』太祖1161頁〔『原档』5冊458頁〕に見える Sirin Taiji の誓詞など。
86）『内国史院档』崇徳三年正月二十日条（201～204頁）。
87）逆に、Busan の誓詞に「交わったグチュによく迎合しない guculehe gucu de saikan ici acaburakū」とあるように（『満文老档』太祖1111頁〔『原档』5冊304頁〕）、自分のグチュを特に庇護することも良くないこととみなされていた。
88）『老档』太祖554～555頁〔『原档』2冊477～478頁〕。
89）周遠廉［1980］253頁。
90）『老档』太祖556～558頁（『原档』では2冊481頁において、『老档』太祖556頁7行目「gaisu」の後に「beisei gisurehe gisunbe arambi」とあるのみで、すぐに同558頁13行目に続き、ここで引用した部分を欠いている）。
91）この点については、本書第6章で詳述する。
92）杜家驥［1998］95～106頁。
93）三田村泰助［1965］209～210頁。
94）杉山清彦［2001-1］13頁。
95）杜家驥［1998］70～71頁。引用は『天聰朝臣工奏議』胡貢明五進狂瞽奏。
96）『天聰朝臣工奏議』胡貢明陳言図報奏。
97）周遠廉［1981］281頁。

序章　連旗制論批判

98）生産様式に基づく中国史の研究視角の再検討に関しては、中国史研究会［1983］第一部総論を参照。
99）旗田巍［1940］。
100）三田村泰助［1965］307頁。
101）劉小萌［2001］166～177頁。
102）たとえば三田村泰助［1965］290～293頁で批判される「hošo」の語源に関する論議など。
103）三田村泰助［1965］211～212頁。三田村は「建州国の統治形態がモンゴル社会の影響下に形成されたことを予想」することから出発したと自ら述べている（212頁）。
104）細谷良夫［1968］2頁。
105）石橋崇雄［1997］303頁。
106）推測の根拠として、前注の石橋論文が「征服王朝」としての清朝の性格を「部族社会・遊牧社会に立脚する王朝」としている（286頁）ことが挙げられる。清朝は一部遊牧社会を取り込んではいるが、中核となる満洲族は遊牧民ではなく、遊牧社会に「立脚する」とは言い難いはずである。それを「遊牧社会」で代表させるのは、モンゴル社会のイメージが女真—満洲社会のそれを凌駕してしまっているためとしか考えられない。
107）杉山清彦［2001-2］76～77頁。
108）なお、八旗制の性格とその歴史的役割を明らかにするため、本論では八旗制が満洲人による国家の根幹を成した入関以前を中心として扱う。入関以後の八旗制については、附論1で概観する。
109）『世宗実録』雍正二年五月丙辰条。原文「蘇努不可留在京師煽惑衆心。著革去貝勒、其属下佐領、著撤回、存貯公所、止留伊府佐領」。なお、「伊府佐領」とは、康熙『大清会典』巻八十一・兵部・八旗甲兵に見える「内府及王貝勒貝子公等府佐領」に当り、皇帝および王・宗室の「家のニル」を指す（本書第3章注14）参照）。
110）P. Adrien Greslon; *Histoire de la Chine sous la domination des Tartares. Ou l'on verra les choses les plus remarquables qui sont arrivées dans ce grant Empire, depuis l'année 1651, qu'ils ont acheve de le conquerir, jusqu'en 1669*. Paris, 1671. 訳文は矢沢利彦訳『東西暦法の対立—清朝初期中国史—』（平河出版社、1986年）による。なお、ここで引用した部分に描かれている八旗の民と「王子たち」の関係を誤りとする根拠については、本書第3章参照。
111）もちろん、間違いだらけの史料であっても、何らかの事実を反映していないとは言えない。筆者の見るところ、この史料が何らかの事実に基づいた可能性と

して考えられるのは、彼らが「旗籍に入る（杉山論文が引く前掲矢沢訳本の訳文による。原文では単に「engage（契約する）」である（Greslon 前掲書 p.119））」のをうれしいことだと考えているという表現から、入関後に大挙して「旗籍に入」った漢人の「投充」を指して言ったということである。投充した漢人は、確かに保護と出仕を期待して旗下に入ったのであろうし、その結果、一般漢人と比べれば恩恵に与かることは多かった。しかし、これは一般旗人について論じる場合、何の関係もないことである。

第1章

経済的背景

序

　八旗制度の性格を解明する上で、まず取り上げなければならないのは、八旗制度成立の経済的背景である。一般論として、あらゆる制度は何らかの形で経済的条件に規定されていると言えようが、八旗制度の成立・発展にはとりわけ当時の経済状況が大きく反映していると考えられるからである。

　ヌルハチ台頭の背景として、毛皮・人参などの貿易による女真人の経済力上昇があったことはよく知られている。他の女真有力者との抗争を勝ち抜き、李成梁ら遼東の高官と結託して富を貯えていたヌルハチが、明の遼東政策の転換によって経済的苦境に追い込まれ、自立を余儀なくされることになった経緯は、三田村泰助が詳細に述べるところである[1]。明との戦いに勝利し領域を拡大していく中で、遼東征服とその地の経営失敗が1つの転機となったことも、夙に指摘されている[2]。八旗制度そのものと関連しては、主として旗地の研究という形で、当時の経済政策が論じられてきた[3]。マンジュ国成立当初の政治的動きと経済の間に密接な関係があった

ことは、様々な局面に即して解明されていると言えよう。

　本章では、こうした先行研究に依拠しつつ、八旗制度が成立したヌルハチ・ホンタイジ期のマンジュ国—清朝の経済的特質を明らかにしたい。その上で次章において、そうした経済的特質がいかに八旗の財政基盤形成を規定するものであったか述べていきたい。言うまでもなく、当時のマンジュ国—清朝の経済は、中国・朝鮮からモンゴルまでも含む東アジア全体の、見方によってはさらに広い世界の動きの中にあった。しかし、この時期には、地域的特質と政治状況に局限された、領域内のみの特殊な問題が顕著であり、これが八旗の財政基盤形成に、より直接的な影響を与えたと考えられる。従って、本章で扱う当該時期・地域の経済状況は、地理的・政治的条件に規定された面に注目したものとなる。

　以下、第1節では、ヌルハチ即位前後の領域内の経済体制について概説し、小国としての弱点を補うための人口移入と、それらの人口を養うための食糧調達が、政権の基本的指針であったことを明らかにする。第2節では、そうした指針が遼東征服後に受け継がれ、大規模かつ強引に実施された結果、破綻を来たすに至る経緯を跡づける。第3節では、ホンタイジ即位後の困難な経済状況と、それに対処するための努力について述べ、当該時期を通じて慢性的な食糧不足が解消されない状態にあったことを示す。本章の結論としては、ヌルハチ・ホンタイジ期を通して、人口増加を必要としながらも、それを支えるだけの経済的条件は余裕のある水準まで改善されることがなく、改善できる見通しも立たなかったことを述べ、そうした状況を八旗制度成立の経済的背景として提示する。

1　「天が諸々の国人を養うようにと任じた聡明なるハン」

　モンゴル人が「家畜を飼い肉を食べて暮す」のに対して、「我が国人は

1　「天が諸々の国人を養うようにと任じた聡明なるハン」

田に種蒔き穀物を食べて暮す」と称しているように[4]、女真—満洲人[5]の主要な食糧は穀物であった。16世紀末までの女真社会における農業の発達は夙に指摘されているし[6]、食糧を遠方からの輸入に頼っていたわけでもないので[7]、自給的な穀物生産が食糧供給の中心であったことは間違いあるまい。その上でいくらかの家畜を飼い、小動物を狩り、漁撈を行なうなどして、食糧を補っていたのである。毛皮や人参は女真人の経済力上昇の主因として知られるが、その見返りとして輸入されたものが耕牛や鉄製農具であったことからすれば[8]、彼らの求める豊かさは、まず十分な食糧生産にあったと見てよかろう。

ヌルハチの即位以前から、彼やその子弟を始め、部将から兵士を出す民人層に至るまで、各々自給的農業を行なって生計の基礎としていた。後に官人たちがヌルハチに献じた誓詞の決まり文句に、「ハンの与える賞、家で飼った家畜、作った穀物だけで」生活するという言い回し[9]があるように、基本的には「家 boo」で生産したものによって生計を成り立たせるのが普通であったと考えられる。

一般に「家」の語は、上はハンから下は民人に至るまで、家計単位を指して用いられることが多い。ハンや諸王を含む裕福な「家」の生産は、多分に「家の奴隷 booi aha」によって担われていた。ヌルハチ以前の女真社会では、奴隷 aha の使役は富裕者に限られたと見られている[10]。マンジュ国成立以後も、奴隷が生産の主要な担い手であったとまでは考え難い。だが、征服戦争で俘虜 olji とされた者は、功労者に与えられて奴隷とされることが多かったので、ヌルハチの勢力拡大に伴う俘虜の増加が、生産の場における奴隷の使用を増大したことは考えられる[11]。朝鮮の李民寏が「奴酋及び諸子より下、卒胡に至るまで皆奴婢・農庄あり、奴婢は耕作して以て其の主に輸(おく)り、軍卒は則ち但だ刀剣を礪(と)ぎて、農畝を事とする者なし[12]」と述べたのは、サルフの戦いの後の状況であるから、一般兵士層まで奴隷を使用することがあったのも不自然ではない。

しかし、すでに知られているように、俘虜のすべてが奴隷にされるわけ

第 1 章　経済的背景

ではなかった。初期の満文史料には、攻められて降った住民について、「五百戸を追い立てて連れてきた」、あるいは「千の俘虜を得た。二百戸をなして連れてきた」「万の俘虜を得た。五百戸をなした」など[13]、「戸 boigon」をなして「連れてきた」という記述がしばしば見られる。反乱の起こった土地で、叛いた者は俘虜に、叛かなかった者は戸となすという区分が行なわれたり[14]、敗残の民だけでなく自発的に投帰した民も戸として連れて来られたりしているように[15]、「戸」とすることは、単に俘虜として扱うよりはずっとよい待遇であった。特に「戸を動揺させず、父子・兄弟を分けず、親戚を離さず、完全にすべて連れてきた[16]」と言うように家族を離散させなかった場合は、とりわけ恩恵を施した表われとして記録されている[17]。「戸」をなした人々は、「家の奴隷」とは違って、戸ごとに独立した生計を営むことになったと考えられる。

　ハダ Hada・ホイファ Hoifa・ウラ Ula・イェヘ Yehe などの敗残の民や、ワルカ Warka・フルハ Hūrha など服属に応じた民は、多くがこのように「戸」としてヌルハチの領内に移住させられた。松浦茂は、こうした移住の強制・勧誘が同一の目的の下に行なわれたことを指摘し、一括して「徙民政策」と呼んでいる[18]。松浦によれば、ヌルハチが徙民政策を取ったのは、都城とその周辺に家臣や兵士を集住させるという基本政策を取っていたため、統治する（つまり動員対象となる）一般人民も都城から数日行程の範囲に住まわせる必要があったからである。集住政策が取られたのは、厳しい軍事状況の中で、軍事力を集中しておく必要があったからだという。

　このような基本構造の分析には、筆者も異論はない。ただ、徙民を要した理由としては、さらに即物的な問題が存したことを確認しておきたい。ウラのブジャンタイ Bujantai は、捕虜となって解放された後、「〔ヌルハチの〕属下のフルハ国を二度襲って〔住民を〕連れて行った」という[19]。また、イェヘが滅んだ後、ヌルハチは、現地に残った民をジャルト Jarut の者が「殺す者は殺し、連れ去る者は連れ去る」と聞いて、「イェヘの留まり残った者を尽く取りに行け」と命じている[20]。一旦支配下に入った民も、

1 「天が諸々の国人を養うようにと任じた聡明なるハン」

隙あらば他の勢力が侵害したり連れ去ったりすることがあったのである。ブジャンタイは、丁未年（1607）にヌルハチが東海ワルカの民を移す際にも、出兵して妨害しようとしている[21]。癸丑年（1613）、ヌルハチの攻撃を知ったイェヘの者は、予め「ジャン Jang・ギダンガ Gidangga 地方〔の住民〕をみな保護して連れ去った」という[22]。また、フルハのボジリ Bojiri が叛いた後、ヌルハチは、冬まで待てばみな逃げてしまうだろうが、夏の間に攻めに行けば「この時期に大軍が行くことはできないと、彼らはぶらぶらとしているだろう。今行ったならば、みな手に入る。少々逃れても、穀物はみな我らが手に入れる。その逃れた者はまた何を食べるのか」と言って攻撃を決めたという[23]。民は争奪の対象であり、選択の余地があれば自発的に逃げていく可能性があるものでもあった。民が逃げたり奪われたりするのを防ぎ、統治対象として確保するためには、軍事力の及ぶ範囲、ないしは少なくとも敵対勢力の軍事力の及ばない範囲に住まわせる必要があったのである。

「スレ゠クンドゥレン゠ハン Sure Kundulen Han の集めた多くの国人 gurun をみな均しく整え数えて」男300人を１ニルとしたと記されるように[24]、こうして「集めた」民は、元々ヌルハチの支配下にあった民とともに、ニルに編成され八旗を形成することになる。ニルに編成された民は、基本的に各々農耕によって生計を立てながら、時としてハンや特定の王・大臣または国家に一定の財物・労力を提供させられた。個別に家計を営んでいる以上、彼らがもつ資産や経済状態はまちまちで、同じニルの中でも常に豊かな者と貧しい者がいたことは史料の随所に見える。前述したように、ある程度豊かな者は奴隷を使用したと思われるが、彼らの多くは、少なくとも農繁期には、実際に農耕に携わっていたようである[25]。

ニルに編成された民は、農業生産に従事するばかりでなく、兵士として軍事力を担うことにもなった。服属した民は新たな生産力となり、軍事力となることが期待されていた。そして、新たな軍事力は更なる生産手段の獲得に繋がるのである。人口の少なさはマンジュ国の弱点であり、人口増

第1章　経済的背景

加は常に渇望されていた。若き日のヌルハチが兵の少なさに苦しんだことはよく知られている。敵の侵入者を捕えたものの、兵が少なく戦を起こすわけにいかないので、事を荒立てないため「牛泥棒」として釈放したこともあれば、兵の少なさを知られたら確実に壊滅させられるので、ヌルハチ自ら殿軍を務めて余裕があるかのごとくみせかけたこともあったという[26]。女真統一後も、チャハル Cahar が「四十万モンゴル」に対して「水の三万女真」と「侮る」書簡をよこした[27]ことに強く反発している。後を継いだホンタイジも、「我は金・銀・緞子・財貨を多く得たとて喜ばない。人を多く得たと言えば喜ぶ。……一人二人を得ても、みな国人の同類〔となり〕、それに生れた子らは、みな我らの隷民 jušen となるぞ」と言ったという[28]。民を集め増やすことは、ヌルハチ・ホンタイジ期を通じて国是であったと言えよう。

しかし、新たな服属民に強制移住を課すという政策を取る限り、その都度、一時的ではあっても確実な生産低下に陥ることを免れない。20世紀に入っても生産性が低いと言われた東北の地には[29]、元来余剰を生じるだけの食糧生産力はなかった。『満文老档』癸丑年（1613）条には、次のように記されている[30]。

> 国人から穀物の公課を取れば、国人が苦しむとて、一ニルから十人の男と四頭の牛を出させて空いた所で田地を耕作し始めた。それ以来国人から穀物の公課を取らないので、国人も苦しまなくなった。穀物も豊かになった。それ以来穀物の倉（＝庫 ku）が充ちた。それ以前には穀物の倉がなかった。

作物を徴収するより労働力を徴発する方が民にとって楽だというのは、全般的に穀物の余剰がなかったことを示していよう。それでも「空いた所で田地を耕作」させることができたのは、労働人口に対して土地は余っていたことを意味するから、移住者が耕すべき土地はあり、彼らが生産を再開すれば落ち着くことはできたのである。この史料の後半部分は、食糧が

1　「天が諸々の国人を養うようにと任じた聡明なるハン」

豊富になったように述べるが、「それ以前には穀物の倉がなかった」のであるから、この頃に初めて国家として食糧の備蓄が始められ、穀物の集積が生じたことを示すに過ぎないと思われる[31]。上掲史料と同じ内容は、『満文老档』乙卯年（1615）条に再度記されているが[32]、そこには「その倉の穀物を記録して取り、分配して与える、十六大臣 amban・八バクシ baksi を任じた」とある。つまり、ここに至って「分配して与える」ことを前提に食糧を集積・管理する必要が認められ、実施されたのである。

　その背景として、強制移住の継続に伴う慢性的な食糧不足が存在したのは疑いないところである。乙卯年、ヌルハチは明を討とうと主張する王や大臣らに対して、次のように言って開戦を肯んじなかったという[33]。

> 我らが今明を討てば、我らが是であるので天は我らを愛しむぞ。天が愛しめば我らはおそらく〔獲物を〕得るぞ。得たとて、その［それほど］得た［俘虜の］人や家畜に何を食べさせるのか。我らには穀物の倉がないぞ。討って得たとて、得た人や家畜に食べさせるどころか、我らの旧附の人さえみな死ぬぞ。この暇に、我らの国人をまず収めたい。領土を固守したい。境界の関所を作りたい。田地を耕して穀物の倉が満ちるように取りたい。

　当時にあって「よく飢渇に耐える」と言われた[34] 女真人が飢え死にしかねないというのは、よほどの窮乏状態である。人が増えることは何より望ましいことであるのに、獲得した人口を再生産のサイクルに乗せるまでに必要な余剰食糧がないという事態が、すでに生じていたのである。天命四年（1619）にイェヘを滅ぼして残余の民を移した後も、モンゴル人に対して、イェヘの故地に入って穀物を持って行ったならば敵対行為とみなす、もしも味方として来るならば食糧となる家畜を追いながら来るようにと伝えている。「今我らは一人の食べる穀物を十人で食べる。馬一頭に食べさせる糧を十頭に食べさせる」状態だからというのである[35]。

　従って、人を増やすことも考えなしに行なうわけにはいかない。戦で降

第 1 章　経済的背景

した者を殺すかどうか決める際にも、名聞や政治的影響、経済的価値を考えれば、殺さない方が得策だというのは一般論としてはわかりきったことであり、現にそうした点を考慮して殺さないようにしている。だが、実際問題として、殺さなかった以上は生きていけるようにしてやらねばならなかった。満文史料において、殺さず助命することは「養う」という意味をもつ「ujimbi」の語で表わされるが、助命した以上は「養う」必要が実質的に生じていた。天命元年（1616）正月、ヌルハチがハンとして即位した際には、諸王以下衆人が、「貧しく苦しむ」国人を愛しむ賢者であり「養う」巧者であるハンに、称号を奉ることを決めたという[36]。この時彼に奉られた尊称は「天が諸々の国人を養うように ujikini と任じた聡明なるハン[37]」であった。貧苦する国人を養うことこそ、最もハンに期待された役割だったのである。

　養うことの基本は、当然ながら食べさせていくことである。ヌルハチは若い頃、「食べる穀物がなくなれば、我らの隷民はみな叛くぞ。隷民がみな叛けば、我らの身ばかりとなった後、城を囲まれた時にどのようにして防ぐのか」と言ったという[38]。明の圧力で再興したハダは、イェヘに掠められて「穀物がなく飢えて」、民は「子・妻・家の奴隷・馬・牛を売って穀物を得て食べ」る状態になり[39]、再びヌルハチの支配下に入った。民に食べさせる食糧を確保することが、政権の生命線であり、ハンの務めであった。

　その点を考えれば、徙民政策は常に危険を伴っていた。だが、前述のモンゴル人に対して「一年田地に種を蒔き、蒔いた穀物を収穫した後、また汝らを招きに行って連れ帰るだろう」と言い添えている[40]ように、移住させた後、基本的に 1 年乗り切れば何とか生産を回復することが見込まれた。その 1 年間の食い扶持に当てるのは、敵や移住民自身の埋蔵していた穀物であり、前述のように民に納めさせた「倉」の備蓄であり、場合によってはハンや諸王の家計からの支出であった。つまり、あるだけの方法で掻き集めた食糧をあてがったのであり、その甲斐あって遼東征服までは

破綻を来たさずにいた。従って、対明戦争の好調な始まりによって短期間で遼河以東を占領した後も、ヌルハチはそれまでと同様に、大規模な強制移住政策を取ることをためらわなかった。

2 遼東征服後の苦闘と挫折

　遼東征服後の強制移住政策については、旗地の問題と絡んで夙に研究が進められてきた。周藤吉之の古典的な研究において、基本的な事実関係は明らかにされているし、ヌルハチの遼東統治の失敗と密接に結びつける視点も踏襲されてきている。近年の趙令志の研究は、当該時期の遼東政策の強引さとその悲惨な帰結を明快に描き出している[41]。本節では、このように従来の研究で取り上げられてきた事実を重ねて取り上げ、そこで示された因果連関を多分になぞることになる。敢えてそれを行なうのは、この時期の経済状況がヌルハチの極端な統治政策によって規定されたものであり、そうした政策の由来と目的を明らかにするためには、周知の事柄も含めて詳細な事実とその連関を、今一度確認していく必要があるからである。

　天命六年（1621）三月に遼東城（遼陽）を占領すると、ヌルハチはここに居を移し、従来どおり諸王・諸将も集めて住まわせた。それに従って、配下の兵士とその家族も遼陽近辺に移住させられることになった[42]。ヌルハチはそれまでも居城移転を繰り返しており、特に対明開戦後は、天命四年にジャイフィヤン Jaifiyan、五年にサルフ Sarhū と、進軍に応じて移転を続けていたので、その延長線上にある決定であったと見てよかろう。ただし、今回は遼東の中心地に当たる人口稠密な場所に大々的に移り住むことになったため、原住の漢人たちを立ち退かせることが問題となった。

　七月初六日に下された「ハンの書」は、「東西南北へ戸として移り行く漢人たち」について、彼らの穀物を輸送すれば牛が消耗するので、穀物の

第1章　経済的背景

量を量ってムンガトゥ Munggatu に委ね、移住先の倉で穀物を償いに受け取るよう命じている[43]。この時点では、漢人たちを四方に向って、組織的に移住させる計画が進んでいたことがわかる。同じ月の十四日に出されたのが、夙に議論の的になってきた「海州地方に十万晌（inenggi＝日）、遼東地方に二十万晌、すべて三十万晌の田地を取って、我らのここにいる兵馬に与えたい」に始まる布告である[44]。

『満文老档』に載録されたこの布告文は、30万晌の田地を徴発した後、誰に分配するのか不明確なところから、解釈の異同を生じていた[45]。だが、原文に当たる『満文原档』の該当部分を見ると、この布告文の前半と後半は、「そこで足りなければ境を出て播種せよ tede isirakūci jase tucime tari」と「昔汝ら漢人の国の裕福な者は julge suweni nikan gurun bayan niyalma」の間で、圏をもってはっきり区切られており、元来別々の布告文であったことがわかる。また、後半部分はより不完全な形の重複する記録が『満文原档』に残っており、前日の同月十三日の日付を附されているが[46]、これは『満文老档』には載録されていない。『満文原档』の方に従えば、後半部分の方がむしろ先に出されたことになる。

従って、後半部分（十三日の布告）から先に取り上げて言うと、「汝ら漢人の国」とあるように漢人を対象として、「我は今、田地を数えて……均しく分けて与える。汝らは男を隠すな。男を隠せば田地を得られないぞ。これ以後は乞食に乞食をさせない。乞食にも和尚にもみな田地を与える」と言うのだから、無産者や僧まで含めた「汝ら」漢人に均しく田地を与えると言っているのは間違いあるまい。前半部分（十四日の布告）も、「汝らの遼東地方の諸王・諸大臣・富者らが田地を棄てたのは多いぞ。その田地を入れて、我らの取る三十万晌の田地をこの周囲で得ればそれで終わりである」という一文の「汝ら」「我ら」の対照からすれば、「汝ら」は明の支配下にあった漢人、それに対する「我ら」は満洲人としか解し得ないし、そうであれば「三十万晌の田地」を得るのは「汝ら」ではなく満洲人に違いない。つまり、漢人に漏れなく田地を分け与えるという多分に宣伝効果

を狙った布告と、満洲人のために田地を取るという現実的な必要にかられた布告が相前後して出されたのであり、それぞれの布告の中に不明瞭な点はない。

　従来の説でも、30万晌の田地は満洲兵民のために確保し、残りを遼東の漢人に分与すると解釈する説が出されており[47]、結果的には妥当と考えられる。上記二種類の布告を整合的に理解しようとすれば、他に解釈の余地はあるまい。とはいえ、10万晌・20万晌という面積に現実的根拠がなかったことは夙に指摘されているし、それまでのヌルハチ政権に土地政策を行なった経験が皆無であった[48]と見られることからしても、実効性のある緻密な計画が立てられていたとは考え難い。要するに、新しい都に近いよい土地を没収して旧附の移住者に与える必要はあるものの、せっかく手に入れた国家の資産である漢人たちも失いたくないので、どこかで土地を与えて生活できるようにしようという意図の表明と見るべきであろう。

　実際に遼陽近辺の土地が没収されて、移住してきた満洲人たちに分与されたことは、翌天命七年二月に、遼西に赴いた兵士の3分の2に遼東に戻って耕作するよう命じ、駐留する兵士の田地は同じニルの者が耕すとしていること[49]から明らかである。かねて指摘されているように、移動させられるはずであった漢人たちは、六年十一月のムンガトゥの上言により、移すのをやめて満洲人と混住することになった[50]。十二月には「遼東の周囲」の漢人の居残りは既定事実とされている[51]。だが、同時に海州などの漢人の一部が、耀州など周辺地域に移されたことは確かであり[52]、遼東の漢人を原住地に残すという政策も、一律に適用されたわけではないことがわかる。

　ムンガトゥは「村々の漢人たちは皆同じハンの民 irgen であるぞ。穀物は合わせて食べたい。家は合わせて住みたい。我らをなぜ移すのか」という嘆願を伝え、「聞けばその言葉も尤もである」と認められたことになっている[53]。無理に移さなくても何とかなるという判断があったには違いなかろうが、漢人全体の強制移住があまりに困難であったため、楽観的

第 1 章　経済的背景

な見通しに縋って、遼陽近辺の漢人の居残りを認めたとも解釈できる。

　機械的に考えた場合、サルフやそれ以前の居住地から多数の満洲人が遼東に移住してきたのなら、立ち退かせた漢人をその空いた場所に送り込んで、人口の入れ替えをすれば収まるはずである。しかし、現実に今よりも遥かに自然条件の悪い土地へ、長距離の移動を強いるとなれば、抵抗に遭うことは確実であろう。漢人をサルフに移すことは、同じ頃に実際に行なわれているが、これは反乱を起こした鎮江など沿江地方の漢人に対する事後処理としてである[54]。しかも、その実施に際しては「汝らの駆り立てた戸を、実行する力を考えて、人を出してサルフに送れ。戸の人が仮にも我らの送る人を殺さないように。よい注意深い者を頭 ejen として送れ[55]」という指示がなされているように、細心の注意が払われている。多数の被征服民を追い立てるのは、労力を要する上に危険でもあったのである[56]。

　敢えて移住させるに当っては、移住先で生きていけるように、最低限の配慮をしなければならない。サルフに移される漢人たちについても、一応の対策は講じられている。これらの漢人たちは、遼東に移住した満洲人が放棄した家に住み、空いた土地を耕せばよい。望むならば、威寧営や奉集堡のようなもう少し西南の地に住んでもよい。そこで穀物を分け合って食べさせ、足りなければハンの倉から出して食べさせる。「穀物も食べるに足り、田地も種蒔くに足りるように計ってある」と布告している[57]。移動中の糧米が足りないと言えば、沿道の村々で徴発し[58]、移住先から穀物を携えて出迎えさせ、また瀋陽の倉からも送らせる[59]としている。

　一方、満洲人と漢人が混住するようになった地域では、早速食糧が足りなくなったので、そちらにも対応しなければならなかった。満洲人には漢人を掠奪せぬよう、漢人には穀物を隠さず所蔵量を申告するよう命じ、一緒に穀物貯蔵窖の口を開いて分配することとした[60]。最初は満洲人の口数に応じて量り取り、残りは持ち主の漢人に与えるとしていたが、次いで漢人も同じく口数によって所定の量を量り取って食べるよう命じている[61]。貯蔵食糧を完全に統制下に置こうとしたわけであるが、それでも足りない

2　遼東征服後の苦闘と挫折

ので、混住しなかった地の漢人からも取り立てて補うことにした[62]。同じ頃、蓋州・復州・金州といった遼東半島西岸では、混住が行なわれていないことを理由に、穀物・銀などの公課が厳しく督促されている[63]。混住地域では「草が尽きている」ので、「穀物を取り立てていない、満洲人が到らなかった所の穀草を取って融通しなければ、軍馬に何を食べさせよう」という状態になっていた[64]。

　天命七年正月十八日、ヌルハチは遼西に向って出征し、二十四日に広寧を占領したほか、相前後して周辺の城堡を次々に降していった。正月末の時点では、遼東地方から河西に来ていたり遼東に親戚がいたりする漢人には、田地・家・穀物を与えるから遼東に戻れと命じているものの[65]、鎮静堡・鎮安堡など新たに降した城では、「汝らの妻子・住んだ家など何物も全く動かさなかった。尽くあるだろう。これでよかろう」と布告しており[66]、移動させようとした様子はない。

　だが、なお山海関に向って進軍していた二月初三日、明側の焦土戦術に遭ったことを知ると、ヌルハチは急遽方針を改める。二月初四日、都堂に下したハンの書は、軍の撤退を知らせた上で、遼西の漢人住民を遼河の東に送るよう命じている[67]。具体的には、①錦州の２衛を遼東に、②右屯衛を金州・復州に、③義州の１衛を蓋州に、④義州の他の１衛を咸寧営に、⑤広寧の１衛を奉集堡に、⑥広寧の他の３衛を瀋陽に、と定められた。つまり、遼西の住民を遼東各地に分散移住させようという計画である（口絵地図を参照）。このうち、右屯衛・義州・広寧およびその属下の住民は、直ちに駆り立てられて遼河以東に移動させられた[68]。錦州２衛と、白土廠など辺境地帯の住民は、「田地を耕す時期に遅れるかもしれない」というので、一旦広寧に移されて田地を分配されたらしいが[69]、翌年三月の広寧城放棄までには、やはり遼河以東に移動させられたと見られる[70]。

　このように大小の城堡の住民を計画的に移送した上、広寧から山海関までの地の住民には、家・食糧・田地を与えるから遼東に移れと呼びかけ[71]、あまつさえ山狩りまで行なって[72]、余さず人を掻き集め、流い込むよう努

第1章　経済的背景

めている。当然ながら抵抗は起こっているが[73]、問題になるほどの勢力にはなっていない。漢人たちに遼東移住を呼びかけた布告は、義州で移住を肯んじなかった3,000人ばかりを殺したという例を挙げて「汝らが指示した所に早く行かなければ、またそのように殺すぞ」と脅しており[74]、義州や左屯衛、鎮安堡などには実際に戸を駆り立てるために軍隊を派遣したことが記録されている[75]。移動させられた人口の総数は不明であるが、錦州衛の人口が20,550人、右屯衛の城内・城外および属下から追い立てられた人口が合わせて17,728人、白土廠・魏家嶺・双台から広寧へ連れて行った人口が合わせて35,000人、白土廠・鎮安堡の人口が21,150人といった断片的な数字から推して[76]、少なくとも10万は下らなかったろう。さらに、撤退に伴って出征兵士の3分の2が遼東帰還を命じられたので、天命七年二月から約1年以内に、遼河の西から東へ人口の大移動が行なわれたことになる。

　遼西住民の移送が、決定後直ちに実施に移されるほど急がれたのは、ちょうど春先に当って、播種に間に合わせる必要があったからである[77]。従って、移送だけではなく、移った先で直ちに生産を開始できるよう、田地・家・当座の食糧の分配も速やかに行なわねばならなかった。住民を指示された場所に連れて行き、田地を検分し、家や穀物を与える仕事は、佟養性（Si Uli Efu）・劉興祚（Aita）・李永芳（Fusi Efu）の3人の漢官が責任者として担当させられたが[78]、「汝ら自身は苦しむなら苦しむがよい」と言われているように[79]、並々ならぬ困難が伴うことは明らかであった。遼東各地に分散するよう設定したとはいえ、もとより大雑把な計画に過ぎず、実際に移住させた漢人らをどのように定着させられるかは、やってみなければわからなかった。七年二月十八日付の「ハンの書」は[80]、移送した戸を受け取るよう任じられたムンガトゥ[81]に対して、「汝は送った戸が指示した所に入りきるかどうかを見て住まわせよ。入りきらなければ、彼方へ次々と駅伝いに、奉集堡から始めて足りるかどうかを見ながら、境を出るまで送り監視して住まわせ、ビ＝イェン Bi Yen・シャンギャン＝ハダ

2 遼東征服後の苦闘と挫折

Šanggiyan Hada・ドゥン Dung に至るまで住まわせよ」と命じている。要するに、具体的な措置は現場任せであった。

　この「ハンの書」も認めているように、指示した土地に十分な可耕地があるとは限らず、実を言えばその周囲にも確実にあるという保証はなかったのであるが、耕地不足への認識は低かった。「田地が甚だ少ない、耕すのに足りない、土地が狭いと言う者は、瀋陽・蒲河・懿路・范河に、撫西に田地が豊かにある。新附・旧附の誰でも欲する者はそこに耕しに行け」「田地の足りない者は、境に沿って内外を任意に耕せ」といった布告は[82]、結局のところ、探せばあるはずという程度の認識しかなかったことを示している。労働力より土地の方が不足するという事態は経験がなくて予測がつかなかったのか、あるいは「豊かな遼東の地[83]」の潜在的経済力を過大に見積っていたのかもしれない。

　すでに述べたように、満洲人が移住しなかった蓋州・復州・金州は、そのことを理由に経済的負担を求められ、しかも六年七月には、金州から旅順口に至る遼東半島南端の住民が毛文龍勢力との提携を恐れて内陸部に引き揚げられており[84]、その皺寄せを受ける羽目になっていた。すでに倉穀の貸与を受けるほど余裕のない状態になっていたのに[85]、遼西からの移民の受け入れまで余儀なくされたのである。「南の四衛と一緒になった河西の戸」は、「大きい家 boo に大戸、小さい家に小戸を一緒にさせて、家を合わせて住め。穀物を合わせて食べよ。田地を合わせて耕せ」と命じられている[86]。つまり「南の四衛（蓋州・復州・金州および海州）」の住民は、食糧と田産を移民と分け合うことを強いられたのである。

　しかも、この頃には漢人だけでなく、逃げて来るモンゴル人を食べさせていくことも問題となっていた。モンゴルからの逃来は、それ以前から散発的に記録されているが、七年正月には「モンゴル人が頻りに来る」、二月には「また毎日モンゴルから十、二十家が常に逃げて来る」とされ[87]、恒常的な現象となっていたことがわかる。彼らが来帰することも、政権は基本的に歓迎しており、六月十九日付の「ハンの書」は、「ハンは国人を

第 1 章　経済的背景

よく養うと言って、モンゴルから〔庇護を〕求めて来た者に、使う奴隷・耕す牛・乗る馬・立派な衣服をハンは賞し与える」としている[88]。実際にどこまで優遇したかはともかく、少なくとも当座の食糧を支給する方針を取ったことは確かであり、調達すべき食糧は確実に増えた。七年正月には、モンゴル人に与えるため「持ち主のない穀草を、捕えた者に送らせよ」としていたのが[89]、八年五月には、佟養性と劉興祚に対して「汝らが得た限りの穀物」を、蓋州・復州で選び取った塩とともに「穀物のないモンゴル人に分配するがよい」としている[90]。

ヌルハチ政権としても、苦労して囲い込んだ移民を生き長らえさせるために、移住して最初の収穫を得るまでの 1 年間は、相応の支援をする必要があることはわかっていた。移住させる漢人には食糧を支給すると布告し、実際に倉の穀物を送るなどの手配をしている[91]。もとより食糧は十分にないので、食糧を得る機会があれば、極力逃さぬよう努力している。天命七年に遼西から撤退するに及んでは、北はモンゴルとの境界から、南は錦州・小凌河・大凌河に至るまでの穀物を掻き集めて広寧の倉に集積し[92]、1 ニルから 20 人ずつ出した兵士と、海州・蓋州・金州・復州から徴発した牛車を使って、陸路を遼河岸まで運ばせている[93]。運搬のため遼河を渡った公課の牛は、1,530 頭に上ったという[94]。それ以外に、右屯衛に屯積した穀物を船で輸送するよう命じてもいる[95]。

だが、労力に見合うだけの食糧が確保できたのかどうかは不明である。少なくとも天命八年の春には、国内の食糧は明らかに不足していた。二月には、各ニルの 300 男に穀物 200 斛を課して、瀋陽・海州・遼東の倉に運び、満洲官人の管轄下の漢人に課した穀物も、同じ 3 箇所の倉に運ぶよう命じている[96]。これらの命令は、期限を切り、違反した官を処罰するとの警告を附した厳しいものである。つまり、八旗の成員や原住の漢人が全体として、移住させられた漢人を間接的に養う役割を担わされているのである。三月の広寧放棄に当たっては、「兵士はみな広寧の城の内外に何か埋めた窖を求めて掘れ」と命じ、実質的に何でも見つけた者が取ってよいことにし

て、「穀物を得れば、得た者が売るがよい」と布告している[97]。広寧の穀物は、最後に4,000人の兵士を交互に使って運ばせることにしているが、「運んだ穀物は取らない。各々運んだ者が売るか食べるか、当人の任意にさせよ」としている[98]。「穀物の値は高く、一升の穀物が一両の銀に値するぞ[99]」という状況であれば、ともかく食糧を領内に入れて、消費できる状態にしておくことが重要とみなされたのであろう。

　問題は財貨全般ではなく、ひたすら食糧であった。金銀の産地では農繁期に耕作せず採掘することを禁じ、「来年、穀物がないと言っても与えない」としているし[100]、海州や瀋陽の倉では、官人が銀を受け取って穀物の現物を徴収せず、穀物が足りなくなることが憂慮されている。「取った穀物は保存せず、今与える」必要があるからである[101]。移住しなかった漢人に対しては、余剰穀物をハンに差し出すか安く売るよう命じ、隠していて告発されれば没収する旨を、三月、四月、五月と繰り返し布告している[102]。その上で、「移住させた地方の者も、そのまま住まわせた地方の者も、いずれも全く穀物が尽きた者は、境外に穀物を取りに行け。満洲人が率いて取りに行くがよい」「境外から入らせた穀物のない漢人に、古い穀物の豊かな者や大麦を蒔いた者から穀物や大麦を取って与えよ。人が死なないように」といった[103]、さらに差し迫った命令も出されている。実際、蓋州の近辺では、六月の時点で「餓死する者が多く、村々には余った穀物が少ない」と明言されている[104]。九月には「外の諸地方の穀物のない漢人ら」に、東京・海州・耀州・蓋州の倉穀を売り出すとしているが、「大枡で一升につき一両の銀を取る」というのでは[105]、窮民の救済に役立つものではなかったろう。

　移民の定着自体も、順調とは言い難かった。天命八年四月には、「南の境界の外から〔住民を〕収めて境界の内に連れて来て住まわせた〔が〕、〔彼らは〕田地・穀物を得ずにいる」との訴えに、蓋州の遊撃が厳しく叱責されている[106]。六月二十一日付の書簡では、「去年、新しい境界の外から境界の内へ〔漢人を〕移して処理した。官人らが田地・家・穀物を明白

第1章　経済的背景

に処理して与えなかったので苦しんだ」と認めている[107]。この時期になると、ようやく耕地の不足を認識したらしく、ヌルハチ自ら先頭に立って、辺境地帯で田地を開墾しようと努めている[108]。だが、そうした未開拓地は当然ながら自然条件が悪く、成果を上げることはできなかった。

　その間にも、憂慮すべき状況が各地から絶えず伝えられていた。禁止しているにもかかわらず、満洲人の漢人に対する侵害はしばしば史料に現われるし[109]、その反動として、少人数で公課の徴収などに行った満洲人が漢人に殺されるという事件もよく起ったので、厳重に注意するよう命じる通達が頻りに下されている[110]。被征服民の逃亡は常に問題であったが、被征服民が急増した結果、逃亡事件も規模・発生頻度とも増加するようになった[111]。「百人余りが叛く」「七村の者が逃げて行く」といった集団逃亡[112]、それも「田地は耕していない。穀物はみな売っている。銀を衣服に縫い込んでいる[113]」など耕作を放棄して計画的に逃げるといった事態には、相応の対策が必要であった。八年四月には、漢人に向けた次のような布告を持たせて、李永芳を復州・蓋州に送っている[114]。

　　南の処々の者よ。汝らはなぜ叛くのか。満洲 Jušen のハンの善し悪しを、汝らはまだ悟っていないぞ。漢人の万暦帝のように高太監を任じて、箸で刺すように銀を取らずにいる。遼東を得た後、各々住んだ家、耕した田地を全く動かさず住んでいさせた。……この移した一年は苦しむだろう〔が〕、また毎年苦しむ道理があるか。

同様の宣伝は何度も行なわれている。だが、移住政策によって漢人たちが現に「苦しむ」ことになっているのは粉飾のしようがなかった。明のように附加税を取らないと公言しても、移住しなかった漢人から「旧例」どおりの公課を取り立てることは、当初から厳重に命じられている[115]。築城などの労役賦課も重ねていることを思えば[116]、むしろ明朝統治期より負担が増していたと見るべきであろう。

　六月初九日には、復州地方の者が叛くとの報を受けて、2万の軍隊が鎮

2　遼東征服後の苦闘と挫折

圧に向っている。その結果、「復州地方の民を区別して多く殺した」が[117]、殺さずに俘虜とした者・戸となった者・耕した田地はニルごとに分配し、「我らの兵士」と共に住まわせることとした[118]。収穫前の穀物は蓋州・耀州・海州の漢人たちを連れて行って刈り取らせ、家畜は没収して再分配させている[119]。こうした措置を受けた復州地方は、当該地方を「散らしたfacabuha」と表現されている[120]。同月にやはり叛いたとされる岫巖地方の者も、同じく「散らした」とされ、残した穀物を処分されている[121]。おそらくは懲罰と再発防止を兼ねて、住民を分散させ、生活基盤を破壊する措置を取ったものである[122]。

　同じ頃、遼河沿いの村々についても「乱れた村ならば殺せ」と命じているが[123]、一方で漢人有力者を放置して敵方と通じさせ、殺す羽目になったならば「我らのものが減るぞ」と言っているように[124]、たとえ心服していない民でも、殺すのは損だから殺したくないという考えが窺われる。だが、占領地の安定と移住民の定着が進まない状況を背景に、少なくともヌルハチ個人の中では、自ら登用した漢官を含む漢人全体に対する不信が増大していった。李永芳のような比較的早期に附した漢官でさえ誠意を疑われ、「明に心を寄せている」のではないかと難詰され、ほとんど反逆者に近い扱いまで受けている[125]。大臣らに対しても、漢人を信用するなと言い切っている[126]。

　天命七年から八年にかけて、ヌルハチは「この一年は苦しむであろう」と繰り返していた。しかし、その期限を超えて九年に入っても、食糧不足と漢人社会の動揺は収まらなかった。ここに至って、それまで曲がりなりにも漢人住民を保護する方針を示していたヌルハチの政策に変化が生じる。正月初五日には、すべての漢人を調べ、穀物のない者を区別して数を報告するよう命じ[127]、十二日には穀物のない者を縛って留置するよう命じている[128]。「穀物のない者を仇敵と思うように」というヌルハチの言葉は、この時に発せられたものである[129]。村の漢人たちは、1口につき穀物が5升以上あるか、3〜4升しかなくても牛・驢馬がいる者は「穀物のある者」

第1章　経済的背景

に入れ、そうでない者は「穀物のない者」に分類するという具体的な基準が立てられ、区別された[130]。「穀物のない者」は奴隷にせよとの命令もあるが[131]、正月二十七日には「処々で選んで送った穀物のない漢人を殺した」と明確に記録されている[132]。

　趙令志は、ヌルハチが穀物のない者を殺した理由を「土地があって耕さない者は食糧がなく、食糧がない人は帰順する心がなくて、ひたすら反乱を起こそうとする者」とみなしたからと解説している[133]。確かに、正月二十一日には「穀物のない生業に励まない乞食・ならず者ら」は見つけ次第捕えよと賞金附きで布告を出しており[134]、これは「遼東を得た後、漢人が落ち着かず常に逃げて行き、間諜を行ない、田地をよく勤めて耕作しないので、怒りを発して言ったこと」と記されていて、穀物がないことと働く意欲がないこと・反抗的であることとは結びつけて考えられている。だが、農耕に勤めない者を排除したいのなら、食糧をどれだけ持っているかではなく、実際に耕作しているかどうかを基準にするべきではないのか[135]。また、穀物は定量を満たしていなくても、牛・驢馬がいる者は「穀物のない者」にされない点を考えれば、耕作への意欲は二次的な問題で、現実に生産が見込めない者は抹殺しようという冷酷な意思が存在したことも否定できない。漢人を駆り立てて強制移住させてまで積極的に集め、生産が安定するまで「養う」こととした政策は、すでに綻びが露わになっていた。このことが漢人社会に恐怖を与え、益々動揺させることになったのは、容易に推測できることである。

　天命十年十月の漢人虐殺は、こうした悪循環の帰結であり、ヌルハチの遼東経営の失敗を明らかにするものであった。ヌルハチは総兵官から備禦に至る各官に対して、各々管轄する村に行き、通達された「区別する例」に従って整然と、「おもだった」漢人を殺していくよう命じた[136]。八王を始めとする満洲人の家に入った漢人奴隷も、同様に殺すこととした。漢人たちが「棍棒を用意する」など反抗的行動を止めないことが表向きの理由とされているが、多くの漢人が「巻き添えで殺される」ことは政権として

も公然と認めている[137]。満洲支配下に入った漢人全体を網にかけ、潜在的に危険とみなされた存在を片端から抹殺するという、計画的かつ組織的な大量殺戮であったことは否定し難い。

　この当時の政権内部に、ヌルハチの決定に逆らえる者が1人もいなかったことは確実である。誰であれ、表立って反対した形跡は見られない。だが、さすがにこれが正当化し難い暴挙であったことは、満洲人でさえ密かに認めていたようである。翌年ヌルハチが死ぬと、数年のうちに、政権の中枢にいた和碩貝勒 Yoto ヨトの口から「遼東の民を殺したことは、先のハンの罪」であるとか、「先に殺したことをいかに巧みに語ったとて信じないので」、これから漢人を優遇して、その後で「我らの罪」を解き語れば信じるであろうとかいった発言が公然と行なわれている[138]。また、ホンタイジが自分への上書について、「差し出す書に、必ず先の事の非・過失を書く」と言い、国のすべてを打ち立てた「ハンなる父」の業績を非難することをたしなめているのも[139]、逆に言えばホンタイジ期には「ハンなる父」に対して批判的な言説が一般的であったことを示していよう。実際、漢人の大量殺戮に終わる遼東統治の失敗は、名聞の上でも国外勢力に対する信用の上でも大きな損失になったが、何よりも国内の政治・経済そして人心の上に深刻な荒廃をもたらしたことは間違いあるまい[140]。

　次代のホンタイジ政権は、ヌルハチ晩年の強引な統治による負の遺産を受け継ぎ、清算していくことから始めなければならなかった。それだけでも十分に困難であったに違いないが、より根本的な問題は、これほどの失敗にもかかわらず、ヌルハチが採った方針を基本的には継承せざるを得ないことであった。すなわち、戦力と生産力のもとになる人口を増やし、それを支える食糧を確保していかなければならないのである。これができなければ、国家体制そのものを維持していくことができない。ホンタイジの治世は、この課題を遂行するため、極めて不利な状況下に始まることとなった。

第 1 章　経済的背景

3　入関前清朝の経済的限界

　ホンタイジが即位して直ちに行なったのは、ヌルハチ最晩年の過酷な統治政策を和らげることであった。即位した天命十一年（1626）九月のうちに、まず漢人に対して、準備をしただけで重罪であった逃亡の罪を、今後は未遂なら罪に問わないと布告した[141]。次いで新しく土木工事を興さないようにすること、裁判や労役賦課の際に満・漢で差別をさせないこと、王・大臣らに属下の民を搾取させないことなどを宣言して[142]、民生の安定を図った。さらに、天命十年の漢人殺戮の後、生き残った男13人を1トクソ tokso に編成して満洲の諸王や官人たちに分配していたものを、1トクソにつき男8人のみ留めて、残りは民とするよう命じた[143]。ヌルハチ政権の公式見解によれば、殺さなかった漢人をすべて満洲人の「奴隷」としたのは、「助命した者が公 siden にいれば、満洲人が侵害する」恐れがあったので[144]、彼らを保護するためであった。だが、後にホンタイジ自身が、遼東の地の民について、殺す者は殺し「各々思うがまま奴隷にする者は奴隷にしたのだ」と述べ、それを「憐れんで」、「出して民 irgen とした」と言明しているように[145]、不当で抑圧的な待遇であることは蔽い難かった。また、王・大臣属下の者が、漢人から家畜や什器を無理取りしたり押し買いしたりすることを禁じている[146]。これらは、いずれも漢人たちを不当に抑圧してきたことを事実上認め、彼らを懐柔しつつ生活を立て直させていこうとする姿勢の表われである。
　だが、これらは要するに行き過ぎた政策の是正に過ぎず、効果が出るには時間がかかる。翌天聰元年（1627）は、

　　国人が飢えるようになって、一升の穀物に八両の銀が値していた。民は

人肉をも食べた。その折には国に銀は豊富であったが、商売する所がないので、銀の値は安く、財貨諸々の値は高かった。

と言われるひどい飢饉・物不足に陥り、「盗賊が起り、馬・牛を盗み、人が殺し合う乱となった[147]」。それでも「穀物が足りなかった罪は我らにある。民にはない」と言って、その年は盗みに対する刑を緩め、庫の銀を出して民に分配したという[148]。ホンタイジは満洲人に対しても耕作状況・穀物の有無を調査するよう命じ、穀物のない者は兄弟あるいは同じニルの富裕者と家計を合わせるよう指示している[149]。モンゴル人に対しては、食糧難が深刻になった天命九年の時点で、新たに逃来した者以外は食糧給付を停止するので、田地を耕して自活するよう命じていた[150]。その他、牛・馬・牝豚は妄りに殺すことを禁じる[151]など、内政においても精一杯の対策は講じているが、より積極的な現状打開策としては、やはり外征しかなかったようである。

ホンタイジ即位直後にカルカ Kalka 遠征を行なったように、外征自体は通常の国家業務として継続的に遂行されているが、経済的に意義のあった外征としては、まず天聰元年正月に始まる第一次朝鮮遠征が挙げられる。この遠征は、留守の兵が少ないため、残ったハン以下が遼河沿いに駐営して威を示す必要があった[152]ほど、多大な兵力を割いて行なわれた。それが奏功したのか、後のアミン失脚につながる内紛の危機を擁したものの、出征後数日で義州を攻略し、三箇月足らずで講和に至るという順調な経過を辿った。遠征の目的は、毛文龍勢力の後援を断つという戦略的な意味も大きかったが、戦勝による経済的利益も当然狙いのうちに入っていた。とはいえ、「駆り立てても収めても追いつかず満ち足りた[153]」というほど得た俘虜は、「我らの傷を受けた兵士に賞した」のみであり、降った民は返還することとして[154]、ヌルハチの遼西撤退時のように強引な人口獲得は求めていない[155]。朝鮮に対して期待したのは、むしろ物資の供給であった。

天聰元年十二月、満洲側は朝鮮に対して、まず穀物の売却を強要する。

第 1 章　経済的背景

「今年、我が国の穀物は、我らだけが食べれば足りた」としつつ、「モンゴルのハンは悪いと言って」逃げて来るモンゴル人が後を断たず、彼らを養うため食糧が必要なのだとして、「故なく持って来いとは言わない。今年だけ買いたい。穀物を出せ。この差し迫った時に助ければ、それこそ両国が兄弟となった益であるぞ」と要求した[156]。朝鮮側が瀋陽に遣わした使節は、「糧米を交易することは、彼らが非常に渇望しており、今回満洲の使者が出向いたのも、専らこのことのため」であったと報告している[157]。朝鮮政府は、我が国も食糧難であると抗弁しつつ、やむなく3,000石を調達し、2,000石を無償で、1,000石を交易用に差し出すことにした[158]。また市に赴く朝鮮人にも、「米石」のみを持って行かせるよう命じている[159]。満洲側は、その後も折に触れて、臨時の食糧供出を求めている[160]。

　定期的に互市を開くことには、満洲側は非常に意欲的であった[161]。講和以来、毎年決った額の金・銀・織物・紙などの礼物を課し、それも後に増額していたが[162]、薬材など特に購入したいものもあり[163]、必要な物資を円滑に入手するためにも、交易に期待をかけていたようである。ただ、朝鮮側の見解では、満洲人の付け値は「奪掠に異なる無」く[164]、満洲人一行の滞在中の食糧や運搬用の牛馬まで当然のごとく要求された[165]。朝鮮商人は喜んでは赴かず[166]、互市の不調は満洲側にも不満を抱かせるようになった。

　一方で、この間、マンジュ国は明やモンゴルにも同時に対応しなければならなかった。天命末年から天聡初年にかけて、明は遼西の地を一部回復し、城を修復するなど防衛体制を再建していた[167]。朝鮮遠征の直後、ホンタイジは錦州攻めを行なって失敗し、多くの兵を失っている[168]。天聡二年に企図したチャハル遠征も、あまり成果を上げることなく終った。だが、三年に再度総力を挙げて挑んだチャハル遠征が、途中で対明遠征に転じ、しかもそれが予想外の成果を上げたことから、マンジュ国とホンタイジ政権の形勢は俄然有利になる。明への転進を決断したホンタイジは権威を確立し、従軍した兵士は財貨や俘虜を「可能な限り載せて駆り立て、得ただけ持って来た」ため、兵士たちの士気は上がり、軍の交替に際しては「皆

3　入関前清朝の経済的限界

行きたいと互いに争ってハンに跪き訴え」る状態であったという[169]。こうした大規模な遠征ではなくても、明の領内への掠奪はしばしば行なわれている[170]。

しかし、掠奪による経済効果は一時的なものであり、しかも掠奪にせよ交易にせよ、得た富は軍備に投資し続ける必要があった。天聰五年七月二十八日のホンタイジの訓示に「明を討って得た財貨、朝鮮と交易した財貨で、モンゴルで馬を買い集めて」遠征に出たとあるのは、この点を端的に表現したものである[171]。

全体としての経済水準、特に食糧事情はその後もあまり改善された様子がない。俘虜は「よく養えばみな我らの力ぞ[172]」という観点から相変わらず求められたので、人口の流入は、多くはなくとも継続的であったが、生産力は劇的に向上するはずもなかった。天聰六年正月二十二日の佟養性の上奏によれば、「土地が少なく人が多い」ために耕地が不足し、「豊年大作に当れば官府・民間すべての一年の用に足りるが、凶作の年には各家が飢えを凌ぐにも足りず、人を救う余裕などない」のが基本状況であった[173]。七年正月、満洲側の高圧的な要求を受けた朝鮮の宮廷では、「虜中飢饉、頗る甚だし。今の恐喝、必ず貨物を求索するの意より出るに似たり」との観測が示されている[174]。同年六月の満洲側の書簡は、「我が国旧年登らずと云うと雖も、亦た飢餒に至らず」と、飢餓こそ否定しているものの余裕はないことを示唆し、結局のところ辺境駐屯軍への糧食供出を求めている[175]。

この間、モンゴル諸部との関係は有利に展開し、天聰九年にはチャハルを降して、内モンゴルを平定するに至った。だが、モンゴルの服属は、経済的にはあまり利益をもたらすものでなかった。孔有徳・耿仲明・尚可喜ら明の部将が軍団を率いて投降して来るのも、短期的には逆に経済的負担を増すものであった[176]。崇徳元年（1636）十月には、天命末期と同様に、穀物の余剰がある者は直ちにすべて市場に売り出すよう命じる布告が出されている[177]。

第1章　経済的背景

　崇徳元年末から二年にかけての第二次朝鮮遠征で朝鮮が完全に服属すると、米10,000包を含む多額の歳幣を定めた上、対明戦争への援軍と兵餉を要求した。応じるだけの余力も意欲もない朝鮮政府と瀋陽の世子館に対して、満洲側の督促は執拗を極め、人質の世子に遠征随行を強要する、俘虜の買い戻しを禁じるなど、あらゆる手段で圧力をかけた[178]。崇徳四年からは、本格的に取り組み始めた錦州包囲戦のため、特に現地への兵餉輸送を強く求めている。この運糧問題については、朝鮮側も「その辞意を観るに、虚喝に非ざるに似たり[179]」と受け止めざるを得ないほどの恫喝を行なう一方で、10,000包の歳幣米を9割減の1,000包に改めるとの決定も同時にしている[180]。無理な講和条件を一部緩めることで若干の懐柔を図り、目前の要求を実施させようとしたのであろう。遼西への食糧輸送は戦略上必須であったが、それ自体の費えに加えて輸送負担も甚大であったため、満洲側としては、本国の負担を軽減するために是非とも朝鮮に求めたいものだったのであろう。

　崇徳七年三月に錦州は陥落するが、この時には守将の祖大寿が士卒とともに投降したので、今度は彼らに与える食糧が必要になった。満洲側は朝鮮に対して、向こう5年分の歳幣米計5,000包を一度に送るよう命じた上、額は定めないから「好意をもって助けろ」と、「扶助米」を出すことまで要求している[181]。朝鮮側は、米種は問わないという条件で、何とか夏までに歳幣米5,000石と扶助米2,000石を調達したようである[182]。この時にも満洲側は、それまで以上に厳しく催促する一方で[183]、「もし扶助をなさば、則ち日後必ず好事あらん」と見返りを示唆してもいる[184]。

　このように、服属後の朝鮮への要求は、臨時の大きな需用に当てるものが中心であり、あらゆる手段を尽くして辛うじて供出させていた。つまり、清朝国家を窮地に陥れかねない莫大な出費を補うものではあっても、恒常的な経済的ゆとりをもたらすものではなかったのである。

　実際、崇徳年間を通して、清の国内経済の状況は、全般的に好転した気配がない。崇徳二年に朝鮮世子を瀋陽に送る時点で、「虜中飢荒」を理由

3　入関前清朝の経済的限界

に従官の削減が論じられており[185]、満洲側の史料も、閏四月には皮島で得た米穀を東京に運んで、「貧しく苦しむ穀物のない者に与える」必要があったことを記している[186]。七年には「この地は今年凶作で、穀物は高く市価が日ごとに騰貴している」ことが伝えられた[187]。軍事的成果にもかかわらず、飢饉が珍しくない状況に変化はなかった。なおかつ、そのままでは根本的な改善はありえないということも、おそらくホンタイジ以下、政権中枢に位置する人々の自覚するところであった。

　崇徳五年正月二十日、都察院参政の祖可法・張存仁、理事官の馬国忠・雷興らが上した奏疏は、国家の大計を論じて3つの提言をしているが、そのうちの1つは明との講和を不可とするものである。講和は明に体勢を立て直す機会を与え、我が国に安逸の風をもたらすことになるとした上で、次のように指摘する[188]。

> のみならず、討伐を止めたならば、富むための道も少なくなります。関所の商売〔で得た〕財貨は、一国の民を富ませるに足りましょうか。いくら力を尽くして田地を耕作したとて、年ごとに水旱に備えたなら足りません。

　概して満洲に投帰した漢官は、明に対する主戦論を積極的に上奏する傾向があった[189]。そうした上奏には、お世辞まじりの無責任な楽観論が少なくないのだが、この提言はそうではない。領内の食糧生産は凶作に遭えば不足し、交易による利益も限られている。現状では自給的農業と交易によって経済的に自立することができないという、厳しい現実に目を向けることを主張しているのである。これまで述べてきたホンタイジ期の経済状況に照らして考えれば、おそらくこの主張は正鵠を射たものであった。

　ホンタイジの治世は、荒廃と飢餓の中で始まり、軍事的・政治的には目覚しい成果を上げたものの、経済的には謂わば自転車操業を続けていた。ホンタイジの死の前年、崇徳七年の瀋陽が、「この地は飢荒が甚だしく、穀価が騰貴し、一斗の価格が大米は二両、田米は一両半である[190]」という

第 1 章　経済的背景

状況に見舞われているのは、少なくとも食糧事情に関して言えば、ホンタイジ期の末に至っても全く不安定であったことを示している。

小　結

　八旗制度は、以上のような経済的背景の下に形成され、運営された。ヌルハチが自立した時点で、マンジュ国は三方を敵対勢力に囲まれていたため、人口が乏しく生産力が低いままに、領域内部での自給自足を余儀なくされた。敵対勢力を打ち破り、生産力を高めるためには、外部からの強制移住による人口増加が必要であったが、新附の民が領内に定着して生産を軌道に乗せるまで食糧が続くかどうかは、常に際どいところであった。ひとつ間違えば悲惨な事態に陥りかねず、現に陥った時期もあった。最終的に国家の崩壊には至らなかったものの、2世代に亘り、慢性的な食糧不足を伴う経済的困窮が続いていたことは間違いない。この状況を辛うじて救っていたのは、掠奪的な富の獲得であり、実際これだけが困窮の突破口であった。当然ながら、そうした形で継続的に富を得ることは困難であったが、ヌルハチの対明開戦以来、それ以外の道は事実上閉ざされてしまっていた。従って、ホンタイジの治世を通じて、同じ困難な道を歩み続けるよりなく、勢力拡大には成功していたものの、経済的には危うい平衡を保つ状態を脱することができずにいた。しかも、入関に至るまで、この状態を脱する具体的な見通しは立たなかったのである。

　このような経済状況にあっては、複数の有力者が国を分割し、各々の領分について独立した財政運営を行なうのは極めて非効率であり、国家全体の運営に甚大な不利益をもたらしかねない。マンジュ国成立の段階で、ヌルハチはそのことを明確に認識し、厳密な中央統制による徴収と分配の体系を構想していた。八旗の財政基盤は、この体系を実現するべく設定・運

営された。次章では、この点を実証的に明らかにする。

注

注―――――
1) 三田村泰助［1963・1964］。
2) 周藤吉之［1944］、北村敬直［1949］、石橋秀雄［1961-1］［1961-2］など。
3) 周藤吉之［1944］、劉家駒［1964］、烏廷玉・衣保中・陳玉峰・李帆［1992］、趙令志［2001］、王鍾翰［2004］588〜608頁など。
4)『老档』太祖202頁〔『原档』1冊308頁〕。
5) 周知のように、満文档案では、自分たちと言語・生活習慣を同じくする人々を、当初は「Jušen」、後に「Manju」の固有名詞で呼ぶが、本書では、ヌルハチの即位以後については原則として「満洲（人）」の語に統一して用いることとする。
6) 河内良弘［1992］625〜637頁。
7) 河内良弘［1992］は、朝鮮の成宗十五年（1484）に「野人」が「飢饉」のために穀物の購入を求めて来たという史料を引用し（621〜622頁）、『満洲実録』巻三・辛丑年正月条（86〜87頁）は、イェへに掠められたハダが飢えて明の開原に穀物を請うたが得られなかったとする。このように、飢饉にあった場合などは明や朝鮮に食糧を仰ぐこともなかったと言えないが、基本的には女真人が明・朝鮮から輸入したのは、一貫して牛と鉄製品であったという（河内良弘［1992］596〜637頁）。
8) 前注参照。
9) 例えば、本書22頁で引用したNanjilanの誓詞（『老档』太祖1114頁〔『原档』5冊316頁〕）など。この語句は『老档』太祖巻七十五所収の誓詞（太祖1109〜1129頁〔『原档』5冊299〜358頁〕）に一種の常套句として頻出する。
10) 周遠廉［1981］のように「奴隷社会」の存在を主張する研究でさえ、この時期には「ahaを占有する人は少なく、ahaは多くなかった（32頁）」としており、大方の意見が一致している。
11) 松浦茂［1986］は、oljiを女子供のみと推測する。実際にoljiとされた者に女子供が多かったのはおそらく事実であろうし、彼らが主要な労働力となったわけではないとする見解も妥当と思われるが、oljiが女子供に限られたとするのは疑問である。「城の人も兵も皆一緒に我らの俘虜となるhecen i niyalma cooha gemu suwaliyame minde olji ombi（『老档』太祖44頁〔『原档』1冊48頁〕）」「抵抗した者を俘虜となし、投降した者を助命して戸となしたいiselehe be olji araki, dahahangge be ujifi boigon araki（『内国史院档』天聰七年六月二十七日条（93

第 1 章　経済的背景

頁))」といった用例を見れば、兵となり武力による抵抗の主体となるはずの成人男子も olji となり得ることが前提とされていたと考えざるを得ないからである。
12）李民寏『建州聞見録』。
13）『老档』太祖16、40、50頁〔『原档』1 冊17～18、44、53および115頁〕。また『老档』太祖78頁〔『原档』1 冊155頁〕にも同様の記事がある。
14）『老档』太祖364頁〔『原档』2 冊167頁〕。
15）松浦茂［1986］。
16）『老档』太祖188頁〔『原档』1 冊292頁〕。また『老档』太祖100頁〔『原档』1 冊184頁〕にも同様の記事がある。
17）天命四年六月にフルハの余民が移住して来た際、おもだった人々には奴隷・家畜・衣料などが賜与され、「戸の人 boigon i niyalma」にも生活必需品が与えられた（『老档』太祖147～148頁〔『原档』1 冊243～244頁〕）というように、自発的に投帰した戸はさらに優待されていることがある。逆に戸の人が逃げた場合は「俘虜 olji となして奴隷とする（『老档』太祖622頁〔『原档』3 冊163～164頁〕）」というように俘虜に、結果として奴隷に格下げされることがあった。
18）松浦茂［1984］および［1986］。
19）『老档』太祖17頁〔『原档』1 冊18頁〕。
20）『老档』太祖193～194頁〔『原档』1 冊298頁〕。
21）『満洲実録』巻三・丁未年条（94頁）、『老档』太祖 1 ～ 2 頁〔『原档』1 冊 2 ～ 4 頁〕。
22）『老档』太祖35頁〔『原档』1 冊39頁〕。
23）『老档』太祖71～72頁〔『原档』1 冊146頁〕。
24）『老档』太祖55頁〔『原档』1 冊60および122頁〕。
25）これらの点については、第 2・3 章で詳述する。
26）前者は『満洲実録』巻一・甲申年四月条（34～35頁）、後者は同巻二・乙酉年二月条（44～46頁）。
27）『老档』太祖209頁〔『原档』1 冊319頁〕。
28）『老档』太宗373頁〔『原档』7 冊195～196頁〕。なお、史料的根拠は乏しいものの、傅克東・陳佳華［1988-1］は、建国当初の満洲族総人口を35万と見積っている。
29）天野元之助［1979］によれば、20世紀前半の中国東北部の在来農法は「華北から来た農民」によってよく工夫されていたものの、気候条件によって一年一作に止まり、作物の種類も限定されていた（19～20頁）。
30）『老档』太祖27頁〔『原档』1 冊29頁〕。
31）申忠一は、万暦二十四年（1596）初頭の時点で「糧餉、奴酋等各処部落、例置

屯田、使其部酋長掌治畊獲、因置其部而臨時取用、不於城中積置云」と言う。これによれば、「糧餉」を得るための田地の設定はかなり早い段階で行なわれていたが、倉に集めず必要時に取っていたようである。女真人は、収穫した穀物を田地に埋蔵する習慣があったという（『建州紀程図録』23、24頁）。
32) 『老档』太祖55〜56頁〔『原档』1冊61および124頁〕。
33) 『老档』太祖47〜48頁〔『原档』1冊50頁〕。なお訳文［　］内は『原档』に「tere <u>uttala</u> baha <u>olji</u> niyalma」とあるのに従い、下線部を補って訳した。
34) 李民寏『建州聞見録』には「胡性能耐飢渇、行軍出入、以米末少許、調水而飲、六七日間、不過喫四五升」とある。
35) 『老档』太祖189〜190頁〔『原档』1冊293頁〕。
36) 『老档』太祖67頁〔『原档』1冊140頁〕。
37) 原語「abka geren gurun be ujikini seme sindaha genggiyen han」（『老档』太祖67頁〔『原档』1冊141頁〕）。
38) 『満洲実録』巻一・甲申年五月条（36頁）。
39) 『満洲実録』巻三・辛丑年正月条（87頁）。
40) 『老档』太祖190頁〔『原档』1冊294頁〕。
41) 本章注2）所引論文および趙令志［2001］。
42) ただし、遼陽は城が老朽化している上に大き過ぎるとの理由で、同年八月には太子河の対岸に東京城の建設を始め（『老档』太祖384〜385頁〔『原档』2冊199〜201頁〕）、翌年三月に移転している（『満洲実録』巻七・天命七年三月是月条（296頁））。
43) 『老档』太祖350頁〔『原档』2冊139〜140頁〕。
44) 『老档』太祖355〜357頁〔『原档』2冊151〜155頁〕。
45) この問題に関する学説整理と議論については、趙令志［2001］31〜38頁参照。
46) 『原档』2冊149〜150。余白に「書くな ume arara」と注記されており、内容重複と文章が不完全であることから不載録になったものと考えられる。
47) 趙令志［2001］37〜38頁。
48) 趙令志［2001］27頁。
49) 『老档』太祖515頁〔『原档』2冊418頁〕。
50) 『老档』太祖407〜408頁〔『原档』2冊234頁〕。
51) 『老档』太祖449頁〔『原档』2冊306頁〕。
52) 六年十一月には「海州の者が移って耀州に行っている（『老档』太祖410頁〔『原档』2冊239頁〕）」「耀州から北の村々の子供等女等を海州に入らせよ。耀州から南の村の子供等女等を蓋州に収めよ。……我が国の兵士の戸が移った。また家を造る暇がない。そのために汝らを北へ移す（『老档』太祖419頁〔『原档』2冊252

第 1 章　経済的背景

頁〕)」といった指示が出されている。
53)　注50)に同じ。
54)　鎮江・湯站・険山の三城は、天命六年七月二十日に毛文龍に寝返ったが、直ちに満洲軍に制圧され(『老档』太祖361〜364頁〔『原档』2冊161〜167頁〕)、十一月にはその一帯の住民をサルフなど北方に移す命令が出されている(『老档』太祖422頁〔『原档』2冊256〜258頁〕)。
55)　『老档』太祖468頁〔『原档』2冊342頁〕。
56)　駆り立てを待たずに350人の男を率いて自発的に移動した漢人が、それを功績として守堡の官位 hergen を与えられ、男たちも公課を減免されたとの例(『老档』太祖691頁〔『原档』3冊272〜273頁〕)からも、住民を駆り立てて移動させるのは困難な作業であったことがわかる。
57)　『老档』太祖424頁〔『原档』2冊261〜263頁〕。
58)　『老档』太祖433〜434頁〔『原档』2冊282頁〕。
59)　『老档』太祖436〜437頁〔『原档』2冊287〜289頁〕。
60)　『老档』太祖422〜423、435頁〔『原档』2冊258〜260、284頁〕。
61)　『老档』太祖435頁〔『原档』2-284頁〕、『老档』465頁(故宮博物院刊『旧満洲档』(台湾故宮博物院、1969年)909頁に影印されているが、『原档』ではこの頁が入るべき2冊337頁に2冊367頁と同じ頁が影印されている。おそらく印刷の誤りであろう)。
62)　『老档』太祖465〜466頁(『原档』の該当箇所は前注に同じ)。
63)　『老档』太祖441〜442、475〜476頁〔『原档』2冊296〜297、356頁〕。なお、混住地域の漢人は、数年間の公課免除が布告されている(『老档』435〜436頁〔『原档』2冊285〜286頁〕)。
64)　『老档』太祖449頁〔『原档』2冊306頁〕。
65)　『老档』太祖501頁〔『原档』2冊396頁〕。
66)　『老档』太祖504頁〔『原档』2冊400頁〕。
67)　『老档』太祖511〜512頁〔『原档』2冊410〜412頁〕。
68)　『老档』太祖508頁〔『原档』2冊408頁〕。軍を派遣して住民を駆り立てたことは、『老档』太祖513〜514頁〔『原档』2冊414〜415頁〕。
69)　『老档』太祖523、576頁〔『原档』2冊431〜432、509〜510頁〕。
70)　これらの漢人たちを広寧に集めたのは、当初から暫定的な措置であった(『老档』太祖523頁〔『原档』2冊431〜432頁〕)。その後、再移住を実施したことを明確に示す史料は見られないが、七年二月二十一日に錦州2衛の者を岫巌等の地に入れよとの命令が出されていたり(『老档』太祖540頁〔『原档』2冊457頁〕)、八年二月には蒲河等の地方に「新たに移しに遣った漢人」について言及されている

（『老档』太祖659頁〔『原档』3冊226頁〕）など、断片的な史料から見て、順次移送されたものと推測される。広寧撤退に際しては、食糧を根こそぎ運び出した上、城を破壊し家屋を焼き尽くしてから去るようにしているので（『老档』太祖705頁〔『原档』3冊291頁〕）、住民を残すことはなかったと考えられる。

71）『老档』太祖508〜509頁〔『原档』2冊407〜408頁〕。
72）『老档』太祖517、530頁〔『原档』2冊420、441頁〕など。「山狩り」の訳語は満文老档研究会の訳注に従ったが、原語は「崖を打ち破りに hada gidame」であり、城堡以外の辺鄙な居住地に掠奪に行ったことを指すと思われる。目的は人ではなく物資であった可能性もあるが、七年二月初五日には「八十の olji（『老档』太祖517頁〔『原档』2冊420頁〕」、十二日には、2度の不首尾の後でさらに多数の兵を出し、600余りの olji を得ている（『老档』530頁〔『原档』2冊441〜442頁〕）ことから、当時最も熱心に行なわれていた住民移送政策の一環として、獲物の最たるものである人の獲得を狙った挙と見るべきであろう。
73）天命七年二月、鎮安堡の参将から、石河の戸に移住を促しに行った者が抵抗に遭ったと報告されている（『老档』太祖528〜529頁〔『原档』2冊439〜440頁〕）。
74）『老档』太祖509頁〔『原档』2冊408〜409頁〕。なお、抵抗した義州の者を殺したことは、『老档』太祖519頁〔『原档』2冊423〜424頁〕に見える。
75）『老档』太祖513〜514、532頁〔『原档』2冊414〜415、444頁〕。
76）以上、各々『老档』太祖536、521、526、537〜538頁〔『原档』2冊450〜451、427〜428、435〜436、452頁〕。
77）天命七年二月初三日の遼西の者への布告には「各々指示した所に早く行け。田地に種蒔くことが遅れるぞ」とある（『老档』太祖509頁〔『原档』2冊408頁〕）。
78）注67）に同じ。
79）『老档』天命七年二月初六日条に見えるハンの書（『老档』太祖516頁〔『原档』2冊419頁〕）。『老档』では兵士らに下した書と一続きになっているが、『原档』では「fusi efu」の前に圏が入り、李永芳ら3漢官に対する命令は別の文書であったことがわかる。
80）『老档』太祖537頁〔『原档』2冊451頁〕。
81）前日の二月十七日に、八旗の遊撃が連れて行った戸をムンガトゥに引き渡すよう命じられている（『老档』太祖535〜536頁〔『原档』2冊450頁〕）。
82）『老档』太祖565、679頁〔『原档』2冊493、3冊259頁〕。なお、『老档』太祖523頁〔『原档』2冊431頁〕にも同様の命令が載録されている。
83）天命六年十一月十日に下したハンの書は、毎朝ハン・諸王に朝した後、酒食を振舞う礼を「この遼東の豊かな所で」なぜやめたのかと言い、再開を命じている（『老档』太祖404〜405頁〔『原档』2冊228頁〕）。同年四月に遼東居住を定めた際

第 1 章　経済的背景

にも、ヌルハチは諸王・大臣に「我が国人の家の奴隷らが逃げたのは、皆塩を食べられないので逃げるのだ。今は塩を食べられる。遼河から此方、すべての地方が皆従っている。これを棄てて我らがなぜ行きたいと言うのか」と説いており（『老档』太祖312頁〔『原档』 2 冊79頁〕）、遼東の豊かさへの期待が窺われる。

84）『老档』太祖367～368頁〔『原档』 2 冊175～176頁〕。「毛文龍の唆す言葉に陥って」叛くからであるという理由は、八年四月の李永芳の布告に見える（『老档』太祖717頁〔『原档』 3 冊308頁〕）。

85）六年九月には「金州・復州の戸の者を、蓋州の者と合わせて、柴草を馬の食べる糧として貸し与えて食べさせよ。人の食べるものは、倉ts'angの穀物を貸し与えよ」と命じている（『老档』太祖379頁〔『原档』 2 冊192～193頁〕）。

86）『老档』太祖559頁〔『原档』 2 冊481～482頁〕。

87）『老档』太祖502、520頁〔『原档』 2 冊397、426頁〕。

88）『老档』太祖616頁〔『原档』 3 冊149頁〕。

89）『老档』太祖502頁〔『原档』 2 冊397～398頁〕。

90）『老档』太祖775頁〔『原档』 3 冊337頁〕。

91）『老档』太祖659～660頁〔『原档』 3 冊226～227頁〕。

92）『老档』太祖548頁〔『原档』 2 冊468～469頁〕。

93）『老档』太祖544～546頁〔『原档』 2 冊462～466頁〕。なお、陸路による食糧輸送については、『老档』太祖543～544、562、691～692頁〔『原档』 2 冊461～462、487～488、 3 冊273頁〕などにも見える。

94）『老档』太祖574頁〔『原档』 2 冊506頁〕。

95）『老档』太祖543、586（1224頁を挿入）頁〔『原档』 2 冊461、526～528頁〕。

96）『老档』太祖660～661頁〔『原档』 3 冊227～228頁〕。

97）『老档』太祖678頁〔『原档』 3 冊258頁〕。なお、正確には金銀や絹織物は多く得れば一部乃至半分を差し出し、残りを得たものに与えるとしている。

98）『老档』太祖691～692頁〔『原档』 3 冊273～274頁〕。

99）『老档』太祖692頁〔『原档』 3 冊274頁〕。前注所引史料の末尾。

100）『老档』太祖679頁〔『原档』 3 冊258～259頁〕。

101）『老档』太祖706頁〔『原档』 3 冊293頁〕。

102）『老档』太祖696～697、727～728、770～771頁〔『原档』 3 冊282、322～323、372頁〕。

103）『老档』太祖728、805頁〔『原档』 3 冊323、 4 冊31頁〕。

104）『老档』太祖794頁〔『原档』 4 冊16頁〕。

105）『老档』太祖866頁〔『原档』 5 冊72頁〕。

106）『老档』太祖740～741頁〔『原档』 3 冊340～342頁〕。

注

107)『老档』太祖810頁〔『原档』4冊39頁〕。
108)『老档』太祖628、667、722頁〔『原档』3冊172、238、315頁〕。うち、『老档』667頁〔『原档』3冊238頁〕においては「場所が悪くて田地を耕せない」と明記している。
109)『老档』太祖624、687、733、817、858頁〔『原档』3冊166、329～330頁、4冊49、96頁〕など。
110) こうした事件の報告および警戒を命じた指令は、『老档』太祖569、706～707、718、726、821、886、910頁〔『原档』2冊498～499頁、3冊293～294、309～310、320～321頁、4冊54、185、231頁〕などに見える。
111) 以下の本文に引用した事件の外、『老档』太祖584～585、622、814、882（原注）、892～893頁〔『原档』2冊523～524頁、3冊163頁、4冊44、179、200頁〕などにも漢人の逃亡に関する記事がある。
112)『老档』太祖728、813頁〔『原档』3冊324、4冊43頁〕。
113)『老档』太祖742頁〔『原档』3冊344頁〕。
114)『老档』太祖717～718頁〔『原档』3冊308～309頁〕。
115)『老档』太祖440、441～442、444、449、475～476頁〔『原档』2冊293、296～297、301、306、356頁〕など。
116) 天命七年正月初四日には、海州以下4衛属下に対して、築城の際には男10人につき1人を出させるよう命じている（『老档』太祖469～470頁〔『原档』2冊345～346頁〕）。この時期、築城は頻繁であり、他にも「塩を煮る（『老档』太祖853頁〔『原档』2冊463～464頁〕）」など臨時の労役もあった。
117)『老档』太祖786頁〔『原档』4冊12～13頁〕。他に『老档』太祖798～799、806、819～820頁〔『原档』4冊23～24、32～33、52頁〕などにも関連記事がある。
118)『老档』太祖795頁〔『原档』4冊18頁〕。
119) 穀物刈り取りについては『老档』太祖820頁〔『原档』4冊53頁〕。家畜については『老档』太祖795～796頁〔『原档』4冊19頁〕。
120)「golo be facabuha（『老档』太祖786頁原注〔『原档』4冊13頁〕）」「Fu Jeo i harangga facabuha gašan（『老档』太祖820頁〔『原档』4冊53頁〕）」などと表現されている。
121) 岫巌地方の反乱鎮圧については『老档』太祖812～813頁〔『原档』4冊42頁〕。鎮圧後の処理については『老档』太祖817～818頁〔『原档』4冊50頁〕。ここでは「facabuha niyalma」と、「散らした」対象が地方でなく人になっている。なお、それ以前の同年正月にも金州地方の1,000の戸の者がやはり「散らした」とされ、彼らの豚220頭が処分されている（『老档』太祖639～640頁〔『原档』3冊193頁〕）。
122) 同年七月十三日には、「復州・岫巌の散らした所 facabuha ba」から出て戸と

第 1 章　経済的背景

なした者が東京城や海州に住んでいることを取り上げ、彼らに対する食糧配給などの措置を講じている（『老档』太祖850～851頁〔『原档』4 冊86～87頁〕）。なお、「facabumbi」の語は、イェヘに掠められ、明の援助も受けられなかったハダの民が、妻子・奴隷・家畜を売って食糧を買う羽目に陥ったことを指して、ヌルハチが「mini baha gurun be ainu facabumbi」と言ったとする用例が『満洲実録』にある（注39）に同じ）。故意になされるかどうかはともかく、住民を離散させ、生活の基盤を失わせることを「facabumbi」と称したと解される。

123)　六月二十三日、娘娘宮地方に送った Dobi Ecike らに命じた言（『老档』太祖815頁〔『原档』4 冊46頁〕）。
124)　同じく六月二十三日、地方に駐する遊撃らに下したハンの書（『老档』太祖815頁〔『原档』4 冊47頁〕）。
125)　『老档』太祖759～761、770頁〔『原档』5 冊4～6、7頁〕。『老档』太祖740～741頁〔『原档』3 冊340～342頁〕にも同様の記事が見える。
126)　『老档』太祖773頁〔『原档』3 冊375頁〕。
127)　『老档』太祖886～888頁〔『原档』4 冊187～191頁〕。
128)　『老档』太祖897～898、898～899頁〔『原档』4 冊204、207頁〕。
129)　前注の命令に次いで十三日に出されたハンの命令にある（『老档』太祖899頁〔『原档』4 冊208頁〕）。
130)　『老档』太祖903～904頁〔『原档』4 冊225～226頁〕。
131)　『老档』太祖905～906頁〔『原档』4 冊227頁〕。
132)　『老档』太祖911頁〔『原档』4 冊233頁〕。
133)　趙令志［2001］57頁。
134)　『老档』太祖908頁〔『原档』4 冊224頁〕。
135)　これ以前には、むしろ漢人が田地を耕しているかどうか調べるよう命じている（『老档』太祖733～734、735～736頁〔『原档』3 冊330、334頁〕など）。
136)　『老档』太祖989～991頁〔『原档』4 冊324～327頁〕。
137)　『老档』太祖991～993頁〔『原档』4 冊328～332頁〕。
138)　『老档』太宗583、630～633頁〔『原档』7 冊506頁、8 冊58頁〕。
139)　『老档』太宗687～688頁〔『原档』8 冊100頁〕。
140)　『内国史院档』天聡七年六月初二日条（71～72頁）のホンタイジの言葉に、「我が国の官・民たる汝らは、先に遼東の漢人らを掠奪し〔たので〕、その罪を今に至るまで訴え論じることが止まないぞ」とある。
141)　『太宗実録』天命十一年九月初五日条。
142)　『太宗実録』天命十一年九月初七日条。
143)　『太宗実録』天命十一年九月初八日条。

144)『老档』太祖993頁〔『原档』4冊332頁〕。なお、「奴隷 aha」の語は前注『太宗実録』および次注『内国史院档』の表現による。
145)『内国史院档』崇徳三年正月十五日条(192頁)。
146) 注143)に同じ。
147) 以上、『老档』太宗87頁〔『原档』6冊125頁〕。
148)『老档』太宗88頁〔『原档』6冊126頁〕。
149)『老档』太宗86頁〔『原档』6冊124頁〕。
150)『老档』太祖900〜901頁〔『原档』4冊210〜211頁〕。
151)『老档』太宗103〜104頁〔『原档』6冊143〜145頁〕。
152)『老档』太宗53頁〔『原档』6冊79頁〕。
153) 朝鮮からの帰還を提案するヨトの言に見える(『老档』太宗49頁〔『原档』6冊73頁〕)。
154)『老档』太宗53〜54頁〔『原档』6冊79頁〕。
155) 逃亡した俘虜の返還にはあくまでも妥協しないが、個別交渉による俘虜の買い戻しは認めている(『老档』太宗96〜97頁〔『原档』6冊138頁〕)。
156)『老档』太宗111〜112頁〔『原档』6冊155頁〕。
157)『朝鮮王朝実録』仁祖五年十二月乙卯条。
158)『老档』太宗121頁〔『原档』6冊237頁〕、『朝鮮王朝実録』仁祖六年正月丁卯条。なお、単位の「石」は朝鮮史料により、満洲史料では「hule(漢訳では「斛」)」を用いる。
159)『朝鮮王朝実録』仁祖六年正月己巳条。
160) 例えば、仁祖九年(天聰五年)には満洲側の「借米」の意が伝えられ(『朝鮮王朝実録』仁祖九年二月丙午条)、十一年(天聰七年)にも満洲側から食糧の「借助」を求める書簡がもたらされている(同・仁祖十一年六月丙子条)。
161) 満洲側は当初、春・夏・秋の三季開市を求めるなど、非常に意欲的であった(『朝鮮王朝実録』仁祖六年四月壬寅条)。その後も、互市に積極的な満洲側と消極的な朝鮮側の交渉の様子が、双方の史料に見える。
162)『朝鮮王朝実録』仁祖九年六月丙寅条には、「原礼単所贈外、別単之数亦多」として、青布一千匹・白綿紬一百匹・白木綿三百匹以下の礼物増額が記される。なお、仁祖十二年の時点での礼物の額は、同・仁祖十二年正月乙未条に見える。
163)『朝鮮王朝実録』仁祖九年三月辛巳条に、満洲側の「求貿各種薬材」について見え、十二年十二月辛亥条にも「持来銀子九百余両、欲貿諸色錦段及黍皮紙地各様彩色・各種薬物、必須預先分付」との「金差」の要求が見える。
164)『朝鮮王朝実録』仁祖九年四月丙申条。
165) 食糧については『朝鮮王朝実録』仁祖十年三月乙丑条、牛馬については同じ

第1章　経済的背景

く仁祖九年五月癸未条。
166)『朝鮮王朝実録』仁祖十一年十一月戊午条に見えるホンタイジ宛の国王書簡に、「蓋地之所産、各有貴賤、苟能平価交易、以有易無、則此実両国之人所同欲者。而本国商賈無一人肯赴湾中、此実事勢之有所不便也」とある。
167)『老档』太宗68頁〔『原档』6冊100頁〕に「〔我々が〕棄てた錦州・大凌河・小凌河を〔明が〕修理する、田地を耕すと聞いて」出兵したとの記述がある。
168)『老档』太宗84頁〔『原档』6冊121頁〕には「その攻撃で、兵士が多く死んだ」と明記されている。
169)『老档』太宗338～339頁〔『原档』6冊438～439頁〕。
170) 天聡七年九月十二日、明領内に掠奪に行った諸王・大臣に対して、ホンタイジは「中に入って兵馬を休ませず、兵士に米穀を取らせず慌ててなぜすぐに帰ったのか」と叱責している(『内国史院档』天聡七年同日条(139頁))。
171)『老档』太宗525頁〔『原档』7冊408頁〕。
172)『老档』太宗380頁〔『原档』7冊200頁〕。
173)『天聡朝臣工奏議』佟養性謹陳末議奏。しかも、彼の示す対策は開墾奨励に止まる。
174)『朝鮮王朝実録』仁祖十一年正月庚申条。
175)『朝鮮王朝実録』仁祖十一年六月丙子条。
176) 例えば、天聡八年正月に尚可喜が部下を率いて来帰した際には、八王の家から4,000斛の穀物を供出し、なお不足する分を余剰のある家から出すよう、満・漢・蒙諸大臣を集めて命じている(『内国史院档』天聡八年正月二十八日条(50頁))。
177)『老档』太宗1362頁〔『原档』10冊551～552頁〕。
178) 世子の遠征随行については『瀋陽状啓』戊寅年八月初八日条(98頁)に「蓋出於移怒」とあり、俘虜の買い戻し停止については同九月初八日条(110頁)に「近以軍兵之故、事事生怒、至於贖還、亦〔不〕為禁断(直後に「此後則雖有願贖之人、知委不送宜当」とあることから「不」字はおそらく衍字)」とある。
179)『瀋陽状啓』庚辰年九月十六日条(241頁)。
180)『太宗実録』崇徳五年十一月朔条および『朝鮮王朝実録』仁祖十八年十一月庚寅条。
181) 順に『瀋陽状啓』壬午年三月十九日条(420頁)、三月二十九日条(425頁)。
182) 米種については『瀋陽状啓』壬午年三月十九日条(420頁)、扶助米完納については同六月二十六日条(462頁)。扶助米額決定の過程は『備辺司謄録』仁祖二十年四月二十日条に見える。
183)『瀋陽状啓』に再三記されるほか、『朝鮮王朝実録』仁祖二十年五月辛卯条に

も「清人索米甚急、似乎異常矣」とあり、「曾聞彼中失稔甚於前年云、其所以趣之者、或以此也」との観測が示されている。

184)『瀋陽状啓』壬午年三月二十九日条（426頁）。
185)『朝鮮王朝実録』仁祖十五年二月乙亥条。
186)『太宗実録』崇徳二年閏四月初二日条。
187)『瀋陽状啓』壬午年三月初三日条（415頁）。
188)『太宗実録』崇徳五年正月二十日条。
189) 例えば『天聰朝臣工奏議』張弘謨等請乗時進取奏・王文奎条陳時事奏など。
190)『瀋陽状啓』壬午年五月初十日条（451頁）。

第 2 章

財政構造

序

　入関前のマンジュ国—清朝においても、税や労役を徴し、戦利品を分配するといった財政運営が行なわれていたことは明らかである。だが、国の財政が全体としてどのように構成されていたかは、ほとんど議論されてきていない。旗地や人丁の付与など部分的に財政に関わる問題は研究されていても、財政の全体像を示した研究は、管見の限り皆無に近い。強いて言えば、八旗がハンと諸王の経済的基盤を成し、彼らの下で独立した財政を営んでいたとする「連旗制」的理解に基づく見方があるが、これは具体的事実に即して実証されていない[1]。当時の国家財政の構造には、誰もまともに注意を払って来なかったのであり、結果として、八旗制度が国家財政上どのような位置を占めていたのかも明らかになっていない。

　筆者の見るところ、国家財政の問題は、八旗制度の基本的性格を考える上で、さらには入関前の満洲国家の発展を考える上で、とりわけ重要である。前章で論じたように、入関前のマンジュ国—清朝は、慢性的な食糧不足を伴う経済的困窮に悩まされていた。その状況を改善するためには、外

第 2 章　財政構造

征による人口と物資の移入が必須であったが、入関以前には全般的な困窮状態を脱することがなかった。そのため、しばしば飢餓線上にあった領域内の人口を支えつつ、可能な限りの人的・物的資源を動員して外征を成功に導いていくことが、常に最大の課題であった。

筆者の見解によれば、当時の国家財政はこうした根本課題に対応するべく構成・運営されていた。国内官民の生活をどのように支え、国家が必要とする物資と労働力をどのように調達していたのか。本章は、こうした視点から当時の国家財政の構造を解明し、その中で八旗制度が果たした役割を位置づけようとするものである。

従来の研究では、八旗を諸王の経済基盤とする見地から、ハンや諸王の個別家計が彼らの属する旗の財政と混同されることがある。また、国家財政とは彼らの家計の総体なのか、ハンの家計の延長線上にあるのか、あるいは独立した存在なのか、曖昧にされていることも多い。筆者は、こうした財政の輪郭を明確にすることが、まず必要であると考える。

そこで第 1 節では、ハン・諸王から一般官民に至るまで、経済活動の基本単位であった「家 boo」の経営形態を分析し、ハン・諸王の「家」も民の「家」も経済的には相互に独立しており、王や官人と一般旗人の間に階層的な収取関係、すなわち封建的な経済関係は成り立っていなかったことを示す。結果として、余剰物資や労働力の徴収・分配を行なう財政運営の主体は、原則として中央政府のみであったことを明らかにする。

その上で、国家による財政運営がどのように営まれていたかを解明するため、第 2 節では、中央政府が独立した収支を行なう「公 siden」の財政が成立していたことを述べる。だが、そうした「公」の財政は、国家が必要とする業務の一部を賄うに過ぎなかったので、政府の命令で、重要な業務を国内の比較的富裕な者に代行させることが行なわれた。第 3 節では、その中でも特に重要な貧者の生活保障の問題を取り上げ、一般官民だけでなく、ハンや諸王も重い経済的負担を免れなかったことを示す。国全体の経済基盤が薄弱であったため、政府の財政運営は、余裕のあるところに漏

れなく賦課する方針を採らざるを得なかったからである。

　政治的有力者の利益が彼ら自身によって制限されるという、ある意味で不自然な事態が起こり得たのは、ひとえに厳しい経済状況が共通認識となっていたことによる。新興の満洲国家は、一貫して経済的危機にさらされていたので、国家を支えるためには、何人といえども個人的利益を追求することが許されなかった。総員に重い経済的負担を強いる体制を維持していく以上、その負担が公平であることは何より重要であった。第4節では、国家的な利得と負担がいかに周到に公平を期して配分されていたかを述べ、有名な「八家均分」の原則とは、そうした公平さを端的に表明するものであったことを示す。財政的見地からすれば、八旗やニルも、諸王の家計の総体である「八家」も、国家による分配・分担の単位であり、その公平を保証する手段に他ならなかったのである。

　最後に、こうした財政構造は、ヌルハチ政権の初期段階から、国家を取り巻く状況に鑑みて設計されたものであり、入関以前の時期を通して発展させられていったことを示す。それによって、本章で示す国家財政の構造が、明確な政策的意図をもって設定・運営されたものであり、八旗制度もそうした意図に基づいて機能させられていたことを明らかにする。

1　「家 boo」の経営

　入関以前には、ハンや諸王から一般の民に至るまで、生計を支えるための経済活動は、「家 boo」を単位として行なわれていた[2]。「家」は往々にして複数の、時には多数の家族を含む大規模なものとなったが、全体が家の主人[3]の下で1つの経営体をなしていた。以下、この「家」の経営形態を、（1）一般の民の家、（2）官人の家、（3）諸王の家、（4）「八家」の4類型に分けて示す。

第 2 章　財政構造

（1）一般の民の家

　一般の民の場合、家の主人（軍務に服していない場合）と家族、「奴隷aha」がいれば奴隷の労働によって、穀物を作り家畜を飼って自給自足し[4]、時に戦利品の分配や特別の賞与によって臨時の収入を得ていた。

　彼らは原則として、兵役以外に「公課alban」の①穀物と②労役を課されていた。①穀物の公課は、ヌルハチの即位前に廃されたとの記録もあるが、遼東征服後の史料にはまた度々見える。特殊な課税を受ける者がいるなど、すべての民に同様に課されたわけではないが、崇徳二年には「八旗の31,889男」から穀物を徴した記録がある[5]。官人らに配属された者など、公課免除の対象が相当数に上ったことを考えれば、広範に課されたものと推測される。賦課額は、男1人につき1斛 hule、3人につき2斛、1人につき3斗 sinといった数字[6]が史料に断片的に見えるものの、どの程度の負担を意味したのかは判断し難い。ただし、後述するように穀物を徴収する目的が限定的なものであったことや、公課免除の際に穀物が労役に先んじて免じられたことなどから、穀物の公課は主要な課税ではなかったと考えられる。

　それに対して、②公課の労役は、民の主要な負担とみなされていた。実際、自家の耕地とは別に労役として割り当てられた田地耕作もあり[7]、城工・物資輸送などの苦役も度々課されるなど、負担の重いものであった[8]。天聡八年にホンタイジが数え上げたところでは、満洲人の民は兵役のほかに、1ニルにつき見張り台への駐屯8人・砂鉄を採る男3人・鉄匠6人・銀匠5人・牧群に4人・旗の雑役に2人、また女3人を出すことになっており、それ以外に築城・巡視・見張り・運搬など種々雑多な労役を課せられていた[9]。また、穀物と労役以外にも、臨時に家畜や物資の供出が命じられることがあった[10]。以上の公課は、家単位ではなく成人男子（「男haha」）を単位としてかかるので、家の奴隷にも課されたと見られる[11]。

　公課の穀物は「穀物の倉」に納められたが、後述するように、これは政府が管理・運営する倉庫であり、国家が政策上必要とする用途に当てられ

た。所属する王に直接納めた形跡は、史料上皆無である。労役については所属の王にも供する場合があったが、やはり後述するように、ごく限られたものであり、かつ人数と用途に制限が設けられていた。つまり、原則として公課は国家に直接供するものであり、所属の王に供する分も国家によって統制されていたのである。

（2）官人および官人に準じる者の家

官人たちのハンに対する誓詞の常套句に「ハンが与えた賞、家で作った穀物、飼った家畜だけで暮す[12]」とあるように、一般の民と同様、官人たちの家も、ハンから与えられるものと自分の家で作った農畜産物によって成り立っていた。多くの官人が特にこの点を誓約していることから、官人が他の手段で物を得るのは容認されていなかったとわかる[13]。

ただし、官人たちは「官位 hergen」に応じて「男 haha」を「与える bumbi」あるいは「配属する holbombi」という措置を受け、それによって家の生産を増やすことができた。これは一律に「ハン」が与えたとされ[14]、明のように俸禄を支給できない代わりに官人に与える報酬とみなされていた[15]。これについては多くの先行研究があるので[16]、ここでは詳細を省く。概要を述べると、遼東征服後の天命七年正月、征服地の漢人の男を、都堂・総兵官から備禦に至る官人に、官位に応じて分配したことに始まり、天命十年の漢人殺戮を経て、生き残った漢人の男13人を牛7頭とともに1トクソ tokso に編成して、1備禦につき1トクソを与えた[17]。翌年のホンタイジ即位後、13人から5人を析出して「民 irgen」としたので、1備禦につき8人の漢人が与えられたことになる。この数は崇徳期にも引き継がれ、ニルイジャンギンから超品一等公までの官人に、8人から48人までの男が与えられることになった。与えられた男の自然増について言及した史料があることから[18]、これらの男たちには妻子も附随していたと考えられる。

彼らは、少なくともトクソ編成以降は「奴隷」として捉えられている

が[19]、天聰八年のホンタイジの言によれば[20]、等級に照らして与えたはずの（従って、与えられた分だけなら48人以下のはずの）「官人の家の奴隷」数は、漢官の場合、多い者で800〜1,000男、少ない者でも100男を下らなかった（漢官ら自身の言によれば、少ない者で20男以上）。満官の場合、「1,000男も有する者はない」というが、それではやはり数百人の奴隷の所有は珍しくなかったことになる。官人たちは概ね多数の奴隷を有しており、官位に応じて与えられたのは、その一部に過ぎなかったと見られる。

しかし、官位に応じて与えられた男たちは、当初から穀物の公課を免じられ、初め免じられていなかった労役も、崇徳元年のホンタイジ再即位に際して免じられた[21]。一般に公課は重いとみなされていたので、一部とはいえ公課を免じることは恩恵になったはずである。何人かの男を与えてその人数分の公課を免じる措置が、しばしば「何人の男を免じる」とのみ表現されるように、働き手を与えるより彼らの公課を免除することこそ、俸給に代わる優遇措置だったのであろう[22]。

この他に、官位とは無関係に男を「与える」「配属する」措置が取られた場合がある。天命八年、蟒緞・繻子を織り金糸を作る者たちに対して、「田地を耕して穀物を与えるがよい、燃やす草木を与えるがよい」と、各3男から5男の「余丁 ioi ding を与えた」という[23]。耕したり薪を採ったりは一般に家の奴隷の仕事であり、「余丁」はあまり用例を見ないが、明の用例から類推すれば課役の対象外になった者である。即ち、トクソでなく個人単位であるものの、官人に「与え」られた男たちと同じ性格のものと考えられる。また、ホンタイジ即位後、漢人秀才を考取して、各2男を「配属して」公課を免じて以来[24]、秀才に対しては2男の配属・公課免除が慣例として定着したようである[25]。天聰八年には、官位のない宗室に対して2〜3男の公課を免じ、挙人を考取して各4男の公課を免じている[26]。崇徳元年には、官人以外に、官位なくして旗や六部で職務に服している者から、甲士・工匠などに至るまで「みな等級 jergi を計り男を配属して」公課を免じたという[27]。

つまり、官人や官人に準じる待遇を受ける人々は、国家から公課を免除された働き手を与えられ、家の経営に取り込んでいたのである[28]。官人らはこうした形で国家から報いられていたが、所属する王からは、第3節で述べるような新附の人や貧者を除いて、生計を支えるための支給を受けていた形跡はない。経済的側面において、彼らが所属する王に依存する存在でなかったことは明らかである。

（3）諸王および諸王に準じる宗室・一部功臣の家

以上のような官民と別格の大規模な家を営むのが、諸王とそれに並ぶ待遇を受ける宗室および一部の功臣である。これらの階層の家計がどのように支えられていたかは、天聡九年に事実上全財産没収の処分を受けたワクダ Wakda の財産内訳が参考になる[29]。ワクダはこの時点で王 beile の称号をもたないが、ハンの兄ダイシャン Daišan の子で、諸王なみの待遇を受けていた宗室である[30]。

ワクダが没収されたのは、①23トクソとこれに属する漢人199男、②「バイタンガ baitangga」の漢人304男、①②合わせて503男の戸 boigon 全体と、③家の奴隷の満洲158男とこれに属する漢人奴隷186男、④モンゴル20男とこれに属する漢人10男、⑤騸馬137頭、牝馬155頭（これらとは別にさらに馬10頭）、駱駝13頭、牛20頭、羊320頭、⑥庫の財貨、⑦外の満洲・モンゴル・漢人のニルである[31]。

①「トクソ tokso」は「荘」と訳されることがあり、人だけでなく土地や耕牛を含めた農場を指した。天命末年の漢人殺戮の後、残った漢人は男13人を1トクソに編成され、諸王・大臣に分配されたが[32]、ホンタイジ即位後に13人中5人が解放されて1トクソは男8人となった。ワクダのトクソに属する漢人は1トクソ平均約8.65人であり、天聡初に設定された規模にほぼ相当する[33]。従って、ここに言うトクソは天命末に分配されたものと見てよかろう。

②バイタンガとは、当時の用例によれば、宴会に使役される者、ラッパ

やサルナを吹く者、工匠、豚を飼う者、刺繍工、蟒緞・繻子を織り、金糸を作り、紙を漉き、閃緞や椀・皿を作る者などを指している[34]ことから、農耕以外の労働に従事する者、特に職人など何らかの技能をもつ者を意味すると考えられる。ある程度裕福な官人も職人を抱えた可能性はあるが、諸王の階層の家では特に多くの職人を有したようである[35]。ただ、後述するように外ニルから徴用するバイタンガは職人と区別されており、同じ史料の漢文本では単に「供役」あるいは「使令」などと翻訳されている[36]。要するに、バイタンガとは雑多な用途に用いられる使用人ということであろう。トクソとバイタンガの漢人は、「戸全体」が没収対象になっていることから、各々家族を有しており、家族ぐるみで所有者の家に属していたとわかる。

③④一般に「家の奴隷 booi aha」の仕事は、農耕を行なったり薪を取ったり[37]という様々な家内の雑務であるが、諸王の階層では、それ以上に採取や交易、狩猟や漁撈[38]といった特別な仕事のために多数の人が必要であった。また、ある種の公務のために動員されることもよくあった。こうした仕事については後述する。

⑤馬は軍事に不可欠であり、数を要した。牛の頭数は、トクソの耕牛を除くと見られる。

⑥「庫 ku」とは、穀物・織物・衣類・金銀などを保管する倉庫のことであり、「庫の財貨」とは、これに蓄えられる類の動産のことである。

以上①〜⑥は、富裕な官人なら、数量は劣っても同じく有していたと見られる。

⑦ニルだけは有する者が限られる。ここに挙げられたニルは、「外ニル tulergi niru」であることが明記されている。

一般に、ニルは外ニルと「家のニル（ボーイニル）booi niru」とに大別される[39]。家のニルは、そのニルを有するハンや王の奴隷から成るというのが通説である[40]。実際、家のニルの成員の増加理由として想定されているのが購買人口と新成人であることから[41]、少なくとも家のニルの明らか

な来源の一つが奴隷であることは確実である。また、家のニルの別称（あるいは一種）とされる「シンジェクニル sin jeku niru[42]」は、「定期的に支給される口糧を食む奴隷で組織されたニル」を意味し、「穀物を生産せず、別の生産物やサービスを提供する代わりに食糧を与えられる人々から成るニル」とみなされている[43]。そうであれば、その家から食糧を支給されて、その家のために働く存在であり、謂わばその家の経営の下に活動していたことになる。こうした点を総合すると、「家のニル」所属の人々はハンや諸王の家の経営下にあって、その働きがハンや諸王の直接的な収入源となるものであったとみなすことができる[44]。

「家の」ニルとの対照関係から、外ニルは所属する王の家の経営下になかったと予想できる。史料において、家のニルと外ニルの区別が初めて明瞭に示されるのは、天聰四年の編審（「男を数える haha toloro」）の際[45]、諸王に対して外ニルの者を家のニルに移すのを禁じた規定である。禁止の理由は、従来から指摘されているように、外ニルは国家に対する公課を課せられ、家のニルは免除されていたからというのが妥当であろう[46]。即ち、（1）（2）で扱ったような一般官民の家の構成員から成るのが、外ニルであったと考えられる。

すでに述べたように、公課の負担は重かったので、外ニルの人々が公課を供した上で、さらに所属する王のために生産物や労働力を提供する余地は、ほとんどなかったと考えられる。実際、外ニルの民から所属の王への財物の貢納は、史料上全く見られない。労役負担については、天聰四年編審時のハンの諭旨によれば、外ニルから諸王の家へ入らせるのは１ニル４人のバイタンガに限られていた[47]。この諭旨には「先に丙寅年九月朔日以降に〔諸王の家に〕入らせた〔外ニルの〕者であれば、もとどおりニルに帰らせよ」とあるので、おそらくこの規定は天命十一年九月朔日、すなわちホンタイジの即位を機に定められたものである。そうであれば、これ以前はもっと多かった可能性もあるが、この時点で諸王の重要な経済的利権が大幅に削減されたとは考え難いので、元々諸王に供する分はこの程度で

第 2 章　財政構造

あったと見るべきであろう。

　ほぼ10年後の崇徳六年五月十九日の上諭では[48]、それまで諸王が[49] 1ニルにつき「バイタンガの人を各四、銀匠を各五」取っていたとした上で、バイタンガ2人・銀匠4人をニルに返してバイタンガ2人と銀匠1人のみに止め、さらに諸王の家の漢人を銀匠に仕立てて、3年後にはニルの銀匠をやめさせるとしている。また、現状で各ニルに6人の鉄匠がいるうち、1人を「王・ベイレ」が取り、1人をやめさせ、4人の鉄匠がニルにいるようにせよと言う。この命令が実現されれば、諸王が使用できるのは1ニルにつきバイタンガ2人と鉄匠1人ということになる。

　このように多少の増減はあるものの、外ニルを有する王がそのニルから直接得られる経済的利益は、その程度のごく限られたものであった。つまり外ニルは、ハンや諸王の直接的収入源としては取るに足りなかったと言える。なお、公課の労役と同様、所属の王に対しても上記のような通常の負担以外に臨時の課役があったことは考えられるが、諸王が民に仕事をさせるには「ハンの例 kooli を見ることになっていた」というので[50]、勝手に課すことはできなかった。

　もとより外ニルはハンや諸王がみな有しており[51]、それを取り上げることが処罰になったことから、有することに何らかの利点があったのは確実である。経済的側面において、直接的収入源にならない外ニルを所有する利点は、ニルの所有が「八分 jakūn ubu」の分配に与る資格または根拠となったという点以外に考えられない[52]。八分が「八家 jakūn boo」の間の分配原則であることは通説であり、筆者も同意する[53]。外ニルの所有は、八家の分配に与るために必要であったと考えられる。

　（4）ハンの家を含む「八家」は、国内最大級の「家」であり、一般の家とは異なる特殊な性格をもっていた。八家とは何か、八家と八分・八旗はどのような関係にあるのか。これらは基本的な問題でありながら、研究者の間でも必ずしも見解が一致していない。筆者の見るところ、従来の研

1 「家 boo」の経営

究の中では、張晋藩・郭成康によるもの[54]が最も適切である。ただし、彼らの著書では史料的根拠が十分に示されていないことがあり、部分的に筆者の見解と異なる、あるいは不十分な点もあるので、本書ではすべて史料的根拠を明らかにして、筆者なりにまとめ直した結果を提示する。

すなわち、①八家は八旗とは別概念であり、八旗に各々割り振られた諸王の家計単位である。②八家の各家は、1人の王の家計単位とは限らず、むしろ同じ旗に属する複数の王・宗室の家計を含むのが普通であった。③八家は八分の分配の単位となり、八家に等分された分け前は、さらに各家の「入八分」の資格をもつ王・宗室の間で分配される。④各家の中で分配する割合を決めるのが、入八分の者の持ち分となったニルの数である。以下、そのように考えるべき根拠を示す。

①獲物を分ける際、「八家」がまず取って、残りをニルに分配するといった表現が史料に間々見えることから[55]、八家と八旗が同じものを指さないことは明らかである。「八王の家」を「八家」と呼び替えていたり[56]、八家の分配を王の家計の問題として扱ったりした用例[57]などから、八家は諸王の家計単位を指すとわかる。一方で、八家がしばしば各旗と結びつけて表現されることから、八家が各々八旗に対応しているのも確かである。

②ヌルハチの晩年には、彼の「八人の子」たる「八王 wang」あるいは「八人の王ら beise」と呼ばれる特別な地位にある王が存在した[58]。天命八年にヌルハチが「汝ら八人の王は各々の旗の諸王・諸大臣を集めて」見るようにと書を下している[59]ことから、その八王は八旗に各々対応しており、各旗には八王以外の王もまた属していたことがわかる[60]。八家は元来これら八王の家を指したのであろうが、その後、有力諸王の失脚や死去、果てはホンタイジの正藍旗接収のような事態を経ても、八家の8という定数は不変である。きっかり8人の有力な王が、入れ替わりつつ常時並び立って八家を成していたと見るのは無理がある。天聰九年の時点を取ると、ホショイベイレ hošoi beile の称号をもつ王が確かに8人いるが[61]、彼らは1旗に1人が対応しておらず、彼ら8人の家を八家とみなすことはできない。

第2章　財政構造

　また、同年に諸王の結納の額を定めた際、ハン・大ベイレ（すなわちダイシャン）・八ホショイベイレ・議政諸王に次ぐ身分として「八分に入ったタイジ taiji ら」が挙げられていることから[62]、八家と対応する「八分」に与る資格をもつ者が、8人より多かったことは確実である。そうした事情を考慮すれば、八家は各旗に属する王の家であり、一家一王の場合もあり得るが、複数の王の家を合わせて一家とみなした場合が多かったと解するのが、最も整合的であろう。

　実際に、同じ旗に属する複数の王が家計を共にしたとする例は史料に見られる。天命九年四月二十二日のヌルハチの言として、次のようなものがある[63]。

> ドド（ドゥドゥ？[64]）Dodo（Dudu?）＝アゲ、汝にニカン Nikan ＝アゲの財貨などいろいろなものを一緒に合わせたこと acabuhangge は、八家のものを何でも出したり、与えたり、取ったりする所に遇った者が知らずに分け隔てをしないようにと合わせてあるのだ。汝の家の中で使ったり、着たり、食べたりする時、その財貨を一緒にして浪費させないように。管理したり監視したりするのを一緒にせよ。

　この発言は、八家の分担・分配に間違いなく与るようにとの配慮から、2人の王（または王と同等待遇の宗室）の家産を「合わせる acabumbi」場合があったことを意味する。ここでは、ドド（あるいはドゥドゥ）とニカンは共に八家の負担に応じ、利益に与ることになっている。同じように諸王を「合する acambi」ことは、他にも例がある。天命五年九月、罪を得て監禁されていたジャイサング Jaisanggū とショト Šoto が釈放される際、ジャイサングは兄アミン Amin に「合して暮す」か、あるいは「彼の欲する他の兄に合して同じ旗になっているがよい」、ショトは「彼の父に合するのであれば合するがよい。彼の父に合しなければ、祖父なる我と共にいるがよい」と言われた[65]。父や兄など近い関係にある者と「合する」のは自然な措置であり、それは同時に「同じ旗になっている」ことを伴うものであっ

たとわかる。ヌルハチ自身も2旗を有していたが、年少の3子とニルの持ち分を分け合っていたことから、ヌルハチと3子は「合して」おり、おそらく家計を共にしていたと考えられる[66]。

おもだった諸王は、一般に独立した家産を有しているので、彼らがみな旗ごとに生計を共にしていたとまでは考え難い。しかし、1旗の諸王が一般に父子・同母兄弟など近い関係にあったことからすれば、同旗の諸王を一家とみなすのも不自然ではなかったと思われる。筆者は、このように1旗の諸王および諸王待遇の宗室の家を形式的に合わせて一家とみなし、全部で八家として、八分の単位としていたと考える。

③八家の分配・分担は、具体的な数字が挙げられる場合、常に各家に同数量か、あるいは総数として8の倍数が記されるかどちらかなので[67]、八分が八家で8等分を意味することは疑いない。つまり、各旗に等分された後で、各「八分に入った」者に再分配されることになるが、「八分に入った」者がすべて同等の取り分を得たと見るべき根拠はどこにもない。それでは、彼らはどのような割合で分配に与るのか。

④張晋藩・郭成康が指摘するように、天聰六年、マングルタイ Manggūltai が罪せられた時、5ニルの隷民を取り上げた上、「ニルによって得る分 niru be dahame bahara ubu もやめさせた」とある[68]のは、ニルがそれを有する者の「得る分」に対応していたことを示している。さらに附け加えれば、後に財産を返還されたマングルタイは、「ダルハン゠エフ Darhan Efu の旗（鑲黄旗）にいる我ら（正藍旗）の分管の10ニル」を、エビルン Ebilun に5ニル、デンシク Dengsiku に5ニル与え、「得たり出したりする分 bahara tucire ubu については、その〔所属の〕旗で取るように」と、ハンに願い出て認められた[69]。その際、

> エビルンの5ニルというのは、彼自身の3ニル、マイダリ Maidari ＝アゲの1ニル、グワングン Guwanggun ＝アゲの1ニル。出すところにはエビルン＝アゲと共に行なう。得る分はエビルン＝アゲが取る。他のいろいろ

第2章　財政構造

な労役はもとの主人たる王 beile が取る。

と定められた。「出す tucimbi」ことは、例えば家畜を「我らの八家が出す」というように、割り当て分を供出することについてよく用いられる言葉である[70]。「得る分」は逆に、分配されて手に入れる分とみなすことができる[71]。「分 ubu」の語は、本来狩猟の獲物を分け合う時の分配の単位であったといい[72]、「八分」だけでなく、他の分配においても分け前の単位としてよく用いられる。なお「もとの主人たる王」とは、各ニルを有するエビルン・マイダリ・グワングンの3人を指すのではないかと思われる。

この史料によれば、「労役 hūsun[73]」の他に「出す」「得る」分については、そのニルを有する者が与ったことがわかる。このようにニルが所有者の「得る分」に対応していたのであれば、八家に分配されたものは、有するニル数に応じて再分配されたと見るべきであろう[74]。

なお、エビルンはマングルタイの第5子、マイダリ・グワングンは同じく第1子・2子である。この史料によれば、エビルン自身のニルは3ニルだけであり、他は彼の2人の兄のものであったが、エビルンが5ニル分の分配に与ったことになる[75]。つまり、ニルを有したからといって直ちに八分に与ることができたのではなく、「八分に入った」と認定された者だけが、「八分に入った」と認められない者の分も自らの持ち分として、分配に与ったのだと考えられる[76]。

要するに、八家に属するハンや諸王・宗室は、外ニルの所有によって、それに応じた「分」の分け前を得るという特別な収入があったと考えられるのである。ただし、「得る」だけでなく「出す」分もあるように、八家には特別に課される負担もあった。

（1）～（4）で示したように、一般の民からハンや諸王に至るまで、家の規模や構成要素には格段の差があったものの、各家は農業経営を主体とした生業を営み、国家から分配されるものを加えて生計を立てていた。トクソやバイタンガの漢人など、家族ともども諸王や官人の家に入ってい

る者はあり、それらの者は主人に対して経済的隷属関係にあったろう。だが、独立した家をなす官民については、定められた僅かな労役以外、所属する王に対して経済的義務を負った形跡がない[77]。また、働き手のような生活手段を国家から得ることはあっても、所属する王からは得ていない。彼らはハンや諸王に貢納する者ではなく、後述するような「養われる」べき新附の人や貧者でない限り、逆にハンや諸王個人から経済的恩恵を受けることもなかった。つまり、独立した大小様々な家が並立する状態にあったのであり、一般旗人がその旗の王に対して経済的に従属していたとは言えない。従って、従来仮定されていたように、諸王とその属下の間に封建的な経済関係が成り立っていたと考えることはできない。

　財貨や労力を賦課されて納めたり、逆に財貨や人を配分されて受け取ったりするのは、国家と個人（特別な場合のみ八家のような「家」）の間で直接的に行なわれた。従って、財政を営む主体は、国家すなわち中央政府以外には考えられない。つまり、国家財政は八家を始めとする有力者の家計とは別の、独立したものと捉えなければならない。

　中央政府が営む財政には、公課や他の国家収益によって運営されるものと、国家にとって必要な業務を個人や家に直接割り振るものとがあった。まず前者について、次節で述べる。

2　「公 siden」の財政

　入関前の満文档案には、「siden の庫」「siden の財貨」というように、「siden」の語を冠した財の範疇がしばしば現われる。一般に「siden」の語は「公」と訳されることが多いが、原義は「中間」である。「天地の間」「二国の中間[78]」など、空間的にどの一方にもつかない状態を指すが、当事者が「siden の人」の身となって冷静に判断する、自分のことも他人の

第2章　財政構造

ことも同様に「衆人でsidenに置いて語る」、兵士に特定の長を立てず「衆人のsidenで使う」など[79]、特定の何者かに附さない中立的な状態を指すのにも広く使われる。分配する前の戦利品を「geren i siden i olji ulin[80]」などと呼ぶ用例は、誰のものでもなく、かつ誰も勝手に手をつけてはならないという意味で、すでに「公の」財と訳してよい意味合いをもっている。以下、こうした意味で用いられている場合、筆者も「siden」を「公」と訳すことにする。

ヌルハチの即位に先立つ癸丑年（1613）、穀物の公課を取る代わりに、各ニルから10男4牛を「公に出してsiden de tucibufi」空地を耕作させ、その結果「穀物の倉」が豊かになったという[81]。この「公に出して」の具体的意味は不明瞭であるが、生産物の一部を徴収する代わりに労働力を徴発し、耕作させて得た穀物を「穀物の倉」に蓄えたことは間違いあるまい。遼東征服後、明らかに徴収されている公課の穀物も[82]、多くは単に「ku（＝庫）」と呼ばれる倉庫に納められている。

公課を納める穀物倉庫は、「ハンの倉」「ハンの庫」と呼ばれていることがあるが[83]、文字どおりハン個人に属するのか、実は独立した国家財政に属するのか、直接示す証拠はない。ただ、ヌルハチが「穀物の倉」を新附の人に食べさせることと関連づけているように[84]、「倉の穀物」には元々新人を養うための備蓄という役割が付与されていた。その点からすれば、倉の穀物は最初から公共の財としての性格をもっていたと見ることができる[85]。史料に表われる使途を見ても、新附の者や強制移住させた者など絶対的に食糧を欠く人々に与えるというのが大部分であり[86]、それ以外では兵餉・貸与・公用旅行者の食用といったところである[87]。少なくとも諸王・官人に分け与えた記録は皆無であり[88]、権力者の間で分配する性格のものではなかった。

また、「その倉の穀物を記し取り分け与える十六人の大臣と八人のバクシbaksiを任じた」とあるように[89]、穀物の倉は当初から官人が任じられて管理していた。この「倉の穀物を記し取り分け与える」仕事は、天命七

2 「公 siden」の財政

年六月、「国人の様々な罪を断じる」以下の各種の仕事に官人を任じた際、「新たに来た人口を数える、家・田地を与える、場所を移す」ことと共に「一類 jurgan」の仕事として、ムンガトゥ Munggatu ら8人に委ねられている[90]。これらの仕事は後の戸部・工部につながる国政上の仕事であって、ハンの家政に属するものではない[91]。少なくとも実質的には、穀物の倉は国家の倉として運営されたと見られる。従って、そこに納められた公課の穀物も、ハンの家計とは別枠の会計に帰せられたと見るべきであろう。

　独立した公的財産の存在が確実に認められるのは、天命八年二月のことである[92]。朝鮮の官人が持って来た財貨を、両国間の交渉が決着するまで受け取らずにいたが、交渉が実質上決裂したので、それらの財貨を「公の庫 siden i ku」に入れたという[93]。同様の例として、天聰四年には、使者として送った大臣らが先方で貰って帰った緞子を3分の1だけ「公に取」った[94]ことが見える。同五年には、アル Aru から来た者への送別に「公の庫」の彭緞などを与えている[95]。六年正月には、ヨト Yoto が漢人優遇策を献じた際、漢官に諸王・諸大臣の娘を与えるようにし、諸王の娘には諸王の財を与え、「諸大臣の娘には公の財を与えたい」と建議している[96]。同十二月には、2大臣の病没に際して、初めて「公の庫」の紙などを与え、以後例としたという[97]。八年・九年には、コルチン Korcin のトゥシエトゥ゠ジノン Tusiyetu Jinong やチャハル Cahar から投帰した者に、やはり「公の庫」から贈与したという記録が見える[98]。

　この場合、「公の庫」が誰のものでもない、つまりハン以下どの家計にも属さない庫であることは、「公」の財とハンの個人財産を区別した記載があることから明らかである[99]。天聰五年正月、コルチンのトゥシエトゥ゠エフと公主が来朝した際、ハンと諸王・諸大臣が集まって選んで与えた物のほか、「ハンの家から与えた物」が別に記されている[100]。九年正月にも、同じく「ハンの与えた物」と「公の庫の財」から与えた物が区別されており[101]、崇徳元年の再即位の礼としてモンゴルの諸王に賜与した物も、単に「賞した物」と「家の庫の財」から賞した物が分けて記されている[102]。

105

第2章　財政構造

宴会の時に「ハンの家の」牛や羊を殺したとか、葬儀に「彼（ハン）の家の」紙銭を供したとか明記されていることもある[103]。こうした用例からすれば、「公の庫」に関する記載の出現は、どの家計にも属さない国家の財が恒常的に存在していたことを示すと見てよかろう。

　公の財の出所は、上記のように外国から得た物をそのまま取りおくというのもあるが、他にもいくつか考えられる。例えば、遅くとも天命六年六月以降、人・家畜には商税が課されているが[104]、九年正月の規定では、税銀の「三分の二は税を取る者が取れ。三分の一はニルのエジェン・代子・ジャンギンが取れ」とし、漢人・モンゴル人についても、3分の2はやはり「税を取る者」が取ることとなっている[105]。「橋で交易させる[106]、税を取る」仕事は、上述の「倉の穀物」の管理と同じ官人に委ねられていることから、やはり国政上の仕事であったと思われるし、天聰六年二月に、橋で売買した税を「公に納めず」私用に供した者が告発されている[107]ことからも、商税は公の財に帰せられたと推測される[108]。

　罪過を犯した者に科せられた罰銀や没収された財貨も、ある時期以降は確かに公に入ったと考えられる。天命三年九月、任務を怠った哨探の者の家産を3分し、1分を「法の者 šajin i niyalma」が取ったとあるのを始め[109]、「šajin に取った」あるいは「法 fafun に取った」という表現は度々見られる[110]。「法の者」が罪を断じる大臣らであることは用例から明らかであるが[111]、罰銀や没収した財が罪を断じた大臣の私有に帰すというのは、役得としてあまりに過大であるし[112]、一般に特定の人物に与える場合は、誰それに与えたと明記してある。従って、何らかの公的な財に帰されたことが予測される[113]。崇徳三年正月、刑部が送ってきた金・銀・真珠を接収した戸部の官人らが、その一部を着服しようとしたとして訴えられている[114]。刑部が得た財物と言えば、刑罰あるいは贖罪として徴収されたり没収されたりしたもの以外考えられない。このことから、「法」あるいは「法の者」が取るというのは、裁判担当官（この時期は刑部官だが、当初は断事官であろう）が職務において取り上げたということであり、取り上げた

2 「公 siden」の財政

物は国家の財として、財務管理部門（この時期には戸部）に保管されたと見ることができる。

　六部設置後には、「法に取った」物に限らず、公の財は主として戸部が管理していたと見られる。天聰九年にワクダから取り上げたトクソとバイタンガの漢人計503人は、とりあえず戸部承政らに委ねられている[115]。崇徳元年の公文書用語確定の際には、「あらゆる所に用いる家畜を戸部の飼う牧群と言う」と定めている[116]ことなどから、戸部は公用の家畜を管理していたこともわかる[117]。崇徳四年十月には、熊島へ逃去を企てた者たちの家の漢人と家畜が没収されて戸部に引き渡されており、七年九月には、懐順王耿仲明を訴えた属下の代表者が離主を認められ、戸部に委ねられている[118]。

　公の庫からの支出は、外国の諸王や国内の官人らに与える臨時の賞与が多いが、これらは個人家計から出すとすれば、ハンあるいはハンと諸王が共同して出すべきものである。共同して出す場合、「八家の公の当番で出す」馬のように[119]、出す必要が生じる度に割り当てるのが本来のやり方であったろう。だが、それでは不便なので、いずれ出すべき財をあらかじめ備蓄しておくというのが、こうした公の財の起源ではなかったかと筆者は考える。少なくとも、公の財に対する当時の常識的な見方は、天聰九年六月に戸部の王デゲレイ Degelei がホンタイジと交わしたという以下の対話に表われている[120]。

　　ホショのデゲレイ＝ベイレがハンに問うに、「公の家畜を監視するのに頭 ejen として任じた者が無能である。彼を替えて他の有能な者を任じたい。これをおろそかに思うことはできない。我らの八家が出すのに代って出す家畜であるぞ」と問うと、ハンが言うに、「汝のその言葉は非である。我らの八家の出すものに代るとなぜ言う。そのようであれば、国はまた誰のものなのか。汝の心中では我ら自身から出すものならば謹み、国のためとなればやはり怠るのか」と言うと、デゲレイ＝ベイレは大いに恥じた。

第 2 章　財政構造

　ホンタイジの言に即して考えれば、公の家畜は国全体のものというのが正当な見解だったのであろうが、諸王の立場からすれば、彼らの八家の支出を代替するものというのが自然な見方だったのである。こうした見方は、得た物は一片まで分けるのが本来の原則であったはずの満洲人の政府で、公の財政が早くから一定の発展を遂げた理由を窺わせる。公の財政に属する物は、諸王ら有力者が得るはずの物を貯えておいて、彼らがいずれ出す必要のある支出に当てるものであり、決して彼らの個人的利害と無関係ではなかったのである。

　これら中央政府の下で保管される公の財とは別に、旗やニルにも公の財が存していた。天聰六年六月、明の殺胡堡の官人から得た財貨のうち、5分の4を「八旗に分けて公に保管した」といい[121]、八年二月には、大凌河で降った漢官らに賞与を行ない、余った人・牛を「八旗に留めて公で様々に働く使用人 baitangga の所に置いた」という[122]。また、ニルには、天命六年九月に余った牛馬を「みなニルに尽く分けて、暫く飼え、死ねば償わせると言って分け与えた」というように[123]、ニルに謂わば委託された財があったことがわかる。天聰期には、中央政府がニルごとに漢人の男女1対と牛1頭を取り、取った人と牛は「ニルの公で」償うよう提案されている[124]。旗やニルの公の財は、グサイエジェンやニルイエジェンら官人が管理したと見られるが[125]、彼らの裁量で使用された形跡はなく、史料に見える限り中央の指示で使用されている。

　同じく史料に現われる限り、旗やニルの公の財は、いずれも余った財貨を取り置いたものであり、属下の人々から徴収したものではない。旗やニルが定期的に一定の財物を徴収するという制度は、おそらく存在しなかった。ただし、旗もニルも、軍器の準備などを政府から臨時に課されることは多かったので、その都度、所属する人々から代価・材料などを集める必要があったはずである。余分な財があれば、次回の割り当てに備えて貯えておくのが合理的であるから、自然にこうした公の財が生じたのであろう。

　満洲国家における公の財は、君主の私的所有物の延長として生じてはい

2 「公 siden」の財政

ない。国家的な支出、つまり八家や旗・ニルが賄うべき支出を前提として、それらを代替するため生じたと見られる。ハン以下、諸王・官人の生計は基本的に各自の家で成り立たせているので、公的財政は専ら国家的事業において必要とされる支出に対して存在した。それらの支出は事ある度に一々割り当てて行なうのが基本形態であったが、その煩雑さを一部なりとも緩和するため、こうした公の財政が生まれ、成長していったのだと筆者は考える。

　崇徳年間には、公の財政はかなりの規模をもつようになっている。崇徳二年には、八旗の31,889男から穀物9,566斛7斗・草637,780束 fulmiyen を収め、八旗の公課の労役によって収めた穀物6,000斛、八旗の布匹を納める漢民4,742男から布9,484匹、さらに国有のトクソ（alban i tokso）から穀物計4,913斛、棉10,200斤、塩45,000斤と、豚1,410頭を始めとする家畜・家禽その他の品々を徴収したという[126]。これに加えて、上述の商税・罰銀・没収品や外国からの貢納などがあり、本来すべて分配するのが原則であったと見られる掠奪品なども、かなりの部分を公の庫に置くようになった形跡がある[127]。公の財の起源が僅かな余剰物の保管にあったとしても、その規模は漸次拡大して、国家の支出の一定部分を満たせるようになっていったと考えられる。

　しかし、入関前の段階では、こうした公の財だけで国家が必要とする業務をすべて賄うことはできなかった。国家を支えるための業務の多くは、政府の配分によって、国内の人々が財貨や労力を直接提供する形で行なわれた[128]。当時の満洲国家にとって最も重要な二つの事業、すなわち対外戦争と領内の人口を支えることは、共にこうした形で賄われている。

　このうち対外戦争の方は、兵役を負担する者が見返りとして一定の利益を期待できたので、負担自体が大きな問題になることはなかった[129]。それに対して、全般的な困窮状態の中で新附の人々や貧しい人々が生きていけるよう扶助することは、そのことで直接的利益が得られるわけではないため、負担を課すには困難があった。それでも、人口の少なさが弱点であっ

第2章　財政構造

た入関前の満洲国家にとって、戦争捕虜や投降受入れによって得た人口を維持することは至上命令であった。そのため、新附の人々を始めとする貧者を「養う ujimbi」ことは、政権によって強力に推進され、相対的に余裕のある層はすべて負担を免れることができなかった。

3　「養う ujimbi」ことの必要性

　追い詰められて降ったにせよ、自ら来帰したにせよ、国内に移住してきた新附の人々は、それまでの生活基盤を失っているので、当面の生活を扶助する必要があった。
　遼東征服後に強制移住させた漢人は、田地や家、穀物を与えられることになっていたが、実際に分配するのは難航した。倉の穀物を出して与えよとの命令も史料に見えるが、それは移住途中に食糧が尽きたとか、移住先で「穀物を一緒に食べ」て、なおかつ不足したとかいった非常事態に対処する場合が主である[130]。漢人移住民に関する限り、倉の穀物の配給は特別な場合に限られたと見られる。
　遼西から大規模な強制移住が行なわれると、当面は移住先の先住漢人が実質的な扶助を命じられるようになった。「大きな家には大きな戸、小さな家には小さな戸を合わせて、家は一緒に住め、穀物は一緒に食べよ、田地は一緒に耕せ」[131] というのは、移住者側も労働力を提供する代わりに、先住者側は住居と食糧を分けてやれということである[132]。移住民以外でも、食糧がなく生活に窮した者を兄弟や同じニル内の富者と一緒にせよと命じた例があるように[133]、少しでも余裕のある者と世帯を合わせて生計を共にさせるのは、貧者を救う一般的な方法であった[134]。
　その後、三々五々降ったり捕えられたりした漢人は、適当な者（多くは漢官）を選んで「養えと与えた uji seme buhe」とされている[135]。天聰年間

3 「養う ujimbi」ことの必要性

には、尚陽堡や静安堡に「住まわせに送った」という記録が増えるが[136]、「メイレンイジャンギン孫得功に委ねて静安堡の民と一緒にしてよく養えと与えた[137]」といった表現から、やはり誰かに「養えと与え」る措置であったことがわかる。「尚陽堡に民として送らせた」というように「民として」扱うよう命じていることもあるが[138]、「尚陽堡の民を管理する官人孫得功に二十二男を委ねて、尚陽堡の富民で人をよく養う者に確かに奴隷として与えよ、妻を与えて愛しみ養え」というように「奴隷として」与えると明記されることもある[139]。「養えと与えた」という言葉は、罪を得て財産の大半を没収された者の待遇としても用いられていることから[140]、いずれにせよ養われた者が厚遇されたとは想像し難い。しかし、「養えと与えた」漢人を売り飛ばした漢官が罪に問われているように[141]、たとえ奴隷としてであれ、どのように処分してもよい私財として与えたのではないので[142]、きちんと衣食を給していく必要があった。この点は、戦功によって得た俘虜の場合、売りたければ自由に売ってよいのと[143] 全く異なる。

　天聰五年に大凌河を降した際には、多数の漢人官兵が投降したため、特に対策を講じる必要があった。翌六年二月、大凌河の官人らは、「公に養えば官人らが苦しむ」として、八旗に均等に分けられた[144]。「公に養えば苦しむ」から八旗に分属させたというのは、独立して生計を立てさせるのはまだ難しく、しかし公的財政で援助するのは困難なので、各旗で分担して扶助するようにしたということであろう。具体的には、各旗の王が「養う」責任を負わされることになった[145]。その際、これらの官人には、等級に応じて大凌河の漢人50男から10男が与えられた[146]。これらの男たちも、投降した新附の者である以上、生計基盤をもたない点は同じなので、当面は官人ともども各旗の王に養われる身となったのであろう。大凌河の漢人の残りは、旧附の漢人の民4男ごとに1男を合わせて「愛しみ養えと委ねた」。なお残った漢人は、満洲の富人・官人に各1男から5男ずつ与えて養わせ、「天が愛しんで将来事が成れば、代わりに償いを与えよう。事が成らなければ、養ったことにより汝らのものとするがよい」としている[147]。

111

第 2 章　財政構造

　ほとんどの漢人が戦争で捕えられたりやむなく投降したりした者であるのに対して、モンゴル人は多くが自発的に来帰した者であったため、概して漢人よりは優遇されている[148]。天命六年十二月、ヌルハチは諸王を集めて、八旗の諸王は財貨を惜しまず「新たに〔庇護を〕求めて来た国人に均しく〔衣服を〕着せよ」と命じ、都堂・総兵官から備禦に至る官人にも各々新附のモンゴル人に与える衣服を作るよう指示している[149]。さらに倉の穀物や銀を配給することも命じているが[150]、それだけで生活させたわけではなく、やはり誰かが面倒を見るよう計らっている。天命七年六月十九日付のハンの書には、次のようにある[151]。

> ハンは国人を養うのがよいと、モンゴルから求めて来た者に、使う奴隷、耕す牛、乗る馬、立派な衣服をハンは賞与する。我らの大臣らに養えと委ねてある。そのように養えと委ねたモンゴル人に、ニルの者が祭祀をする時に連れて行って食べさせよ。焼酒・黄酒があれば飲ませよ。瓜・茄子・葱・苣など菜園の食物を一緒に食べよ。布衫や褲を新しいのに替えれば古いのを与えよ。モンゴル人に与えた奴隷を一緒にした家の奴隷とともに合わせて、食物を作るにも薪を取りに行くにも共に働かせよ。逃がしたりなくしたりしたら汝が償え。モンゴル人を養えと委ねたのである。汝は甚だしく苦しめないだろう。モンゴル人の方も、ハンが養えと委ねてあるからとて甚だしく〔労を〕惜しむな。力を出して使われて暮せ。〔養い方が〕よいならばよい、悪ければ悪いと告げよ。

　つまり、ひととおりの生活資材をハンが与えた上で、大臣ら ambasa に「養え uji」と命じていたのである[152]。
　ここに示されているのは、「養い方」の理想的な形と見てよかろう。食糧・衣料を与え、ある程度ゆとりのある生活をさせよというが、養われる側にも奴隷ともども一緒になった家のために働くことを求めている。なお、フルハなどの新満洲も、投帰した場合は同じように生活資材を与えられており、同様の待遇を受けたと考えられる[153]。

3 「養う ujimbi」ことの必要性

　しかし、新附の人々も半永久的に養われるわけではなく、いずれは自活を余儀なくされる。天命九年正月には、復州・蓋州に住むモンゴル人に対して、今年は穀物を与えないから自ら耕作するようにと通告している。エンゲデル゠エフ Enggeder Efu の兄弟を始めモンゴル人が新たに続々と来るので、「ハンの倉の穀物をその新たに来た者に与える」からというのである[154]。漢人についても、旧附の漢官が新たに「大凌河の者を養えと与え」られたため、その前に養うことになっていた者を養えなくなったという訴えが見られる[155]。基本的に、服属した翌年には耕作を始めることになっていたらしいので[156]、その経営が安定して生計が成り立つようになるまでが、養うべき期間であったろう。最初の数年間公課を免除するという措置もあり、ウラ Ula のトゥメイ Tumei ニルは、4年目になった時点で公課の労役を課せられている[157]。少々優遇すべき理由があるからといって、決していつまでも面倒を見たわけでないのは、人質の朝鮮世子に対してさえ、5年目以降は土地を与えるから耕して自活するように言い渡していることでもわかる[158]。「養う」ことは、基本的に新附の人や貧者に対する暫時の措置であり、半永久的な措置ではないのである。

　新附の人々もやがては自活するようになるとはいえ、それを追い駆けるように、新たな服属者は次々と現われた。これは一面では国家が順調に拡大している証拠であるから、その都度歓迎されてはいる。だが、一面ではいつまでも養うべき対象が絶えないことを意味した。養われる人々もただ養われるのではなく、一定の労力を提供させられたのは間違いないが、そもそも自活できないからこそ養うのであって、食糧が常時不足がちであったことを思えば、養う側の負担は利益より遥かに大きかったはずである。

　当然、養われる立場は厳しいものにならざるを得ず、特に新附の漢人にとっては耐え難かったようである。天聰六年八月には、大凌河の漢人の逃亡の多さが問題になっている[159]。従来「一汗の虚名ありと雖も、実に整黄旗一貝勒に異なる無し」の一節のみ注目されてきた新附の漢人胡貢明の奏疏は、この状況にあって書かれたものである[160]。鑲紅旗に配属された彼は、

「人を養うのを楽しまぬ主に遇って苦し」んでいると思っており、王の下から離れて生計を立てる計らいを嘆願した。彼の奏疏は一顧だにされていないが[161]、大凌河の漢官の苦労は、その後ホンタイジ自身の目にも止まり、「おそらく諸王が愛しみ養わないのでそうなのだろう」と言って、十分に養うよう諸王に命じている[162]。

　民が順調に養われていないことは、誰しも否定し難いところであった。天聰九年七月の馬光遠の上奏は[163]、「諸堡の民の逃げた者は二百のものもあり、一百のものもあり、八十、九十のものもある。それは天災・病患の故ではあっても、また衆官人らがその時に養うことを解せず放っておいたので逃げたものは逃げ、死んだものは死んだのであるぞ」と言う。こうした状況に対して、政府は管民官を民がどれだけ増えたか減ったかで評価し、賞罰を与えることにより対応している[164]。だが、馬光遠によれば、官人らは確かに責めを免れ難いとはいえ、それに対するハンと刑部の処分はあまりに厳しかった。彼は「今忽ち俄かに人を養うことを解せぬために官位を革めて民とするので、衆人は心中にみな訝り驚いている」として、より寛大な処分を請うている。

　官人たちに対する要求も厳しかったが、彼らの責任を追及するハンと諸王も、自ら人を養っている以上、よく養うことについて範を示す必要があった。ホンタイジ自身は、自分の旗の貧者を養った[165]上、毎日自分の家に新旧の人々を入れて、客の待遇で飲食させていたという[166]。天聰八年には、「ハンと諸王は国が小さく民が少ないので家の財を尽くして人を養い苦しむ[167]」と言われている。

　諸王について言えば、「よく愛しみ養う」というのは、謂わば努力目標であり、官人たちのように考課を受けるわけではない。しかし、ハンを始め、国を挙げて民を養わねばならない状況にあって、諸王が「各自の家の生活を思って財貨・穀物・家畜を集め、民を愛しまない」のは、責められて当然のことであり[168]、場合によっては処罰の理由になった。天聰九年にダイシャンが罪せられた時は、他にも様々な理由が挙げられているが、

3 「養う ujimbi」ことの必要性

「得た国民を愛しみ養えと言っても養わず、かえって我を怨む」ことも理由の１つで、具体的には「〔ダイシャンに〕養えと与えたビラシ＝エフ Birasi Efu が常に『我は暮すことができない。着るもの食べるものを得ない』と我に数度訴えに来るので、我はひそかに着るもの食べるものを与えて送った。またそれから小者が養ってもらえないと訴えたのは数え切れない」ことが指摘された[169]。崇徳三年には、アバタイ Abatai が自分の養うべきモンゴル人から、牛馬や衣服を横取りした上、家と１箇月分の食糧もまだ与えていないと訴えられ、罰贖を科せられている[170]。アバタイはその後も養うべき者から同様の訴えを起こされており、四年には「饒餘貝勒 Bayan Beile（アバタイ）は貝勒の身でありながら貧者を養おうとせず、かえって貧民の懐胎牛をなぜ宴会用に殺したのか。〔このようなことは〕国中に例がない」と、その牛群を尽く奪われ[171]、七年には「〔養うべき者を〕養わず」、馬や紬や紡糸も奪ったとして、奪ったものを返還した上に罰銀500両を科せられている[172]。

ヌルハチの時代から、「諸王が与えるには、各自の旗の者に与えよ。隷民が求めるには、各自の旗の主である王に求めよ」と命じられていたように[173]、各旗の者に対しては、その旗の王が必要なものを与える責務を課せられていた[174]。理論上は、こうした責務を利用して、諸王が旗下の者を手厚く養って恩恵を施し、諸王に個人的忠誠心をもつ私党を築くことも可能であったと考えられよう。だが、私恩を売ることに対して極めて警戒心の強い当時の政権にあって、そうしたことは全く問題になっていない。史料に見える限り、養いの恩は専らハンに帰せられ、衣食を給した諸王に帰せられた例は皆無である[175]。天命六年、ジャイサング Jaisanggū・ジルガラン Jirgalang・ショトの３人がダルハン＝ヒヤ Darhan Hiya に財貨を与えて処罰を受けた時、ボルジン＝ヒヤ Borjin Hiya は３人を面罵した上、ショトに向かって「汝は別の旗のヒヤ＝アゲに与えるよりは、汝のもとにいる我ボルジンに端布一枚でも与えているか」と言って辱めたという[176]。ボルジン＝ヒヤの暴言はさすがに罪せられているが、この発言によって、諸王が自分

第 2 章　財政構造

の旗の者に与えるのは、恩恵というよりはむしろ当然の義務という感覚で受け止められていたことがわかる[177]。

その点を考えれば、罪によって没収された旗の者の財産をその旗の王に与えることがあるのは[178]、王の私物に帰するというよりは、いずれその旗の者のために使うことを前提とした一種の委託と理解することもできる。実際、崇徳年間には、罪せられた旗人から没収した財産を、その旗の王が見計らって、旗の貧窮者に与えるように命じていることがある[179]。新附・旧附を問わず、貧窮者の救済は政権が積極的に進めており[180]、その責任は最終的に旗を単位として、その王と官人に帰せられている[181]。旗の貧者救済に用いることは、没収した財を有効利用する方法の最たるものであり、直接命令されなくても、そのような利用が期待されていたはずである。

すでに引用したように、諸王の養いが悪い場合はハンに訴えることができ、ハンはその王を咎めることができた。まして、養うべき人を搾取した場合には、厳しい処罰が下された。「養えと与え」られた人は、恣意的に利用するべく与えられたのではなく、国全体のため役立つよう支えていくために委ねられたのだからである。ホンタイジは、「このように〔新附の人を〕愛しみ養う王・貝勒・貝子・公らは、我も国政のためを思いよく養うと思う。人を養わない王・貝勒・貝子・公らは、我もそれを国政のためを思うと思わない。そのような人はただ一家だけが富めばと思う田舎に住む単なる一富人と同じであるぞ[182]」と諭している。突き詰めて言えば、「その民が暮らし得ず、苦しんで叛いたり逃げたり、国民が減ったりすれば、聖ハンたる父の意に違い、孝順を損ない、敵の国を助けたと同じであるぞ[183]」ということである。仮にもこうした論理が通用している以上、国全体の利益を差し措いて一家の利益を守ることなど、何の正当性も主張できるものではなかった[184]。

新附の人々や貧者を養っていくことは、国家を支えていくために必要であり、それにはハン・諸王から一般の民に至る相対的に富裕な家の直接負担を要した。こうした負担は、負担する側の直接的利益を生むものではな

く、できることなら忌避したいものであった。負担が広く官民に配分された上、最終的に各旗の王と官人が責任を課せられているのは、そのためであろう。旗ごとに責任を分担させることによって、養いが悪い場合に追及するべき対象が確定できるからである。追及は厳しく、諸王や官人らは相応の負担を免れなかった。しかも後述するように、彼らが負うべき負担は、新附の人や貧者を養うことに限られてはいなかった。だからこそ、課せられる負担も、逆に与えられる人や財の分配も、関係者すべてが納得できる公平なものでなければならなかった。「八家均分」とは、そのために設定された規準を代表するものに他ならない。

4 「八家均分」の意味するもの

　当時、国家が得た富は、八家が最優先で分け前に与った。しかし、八家だけが得たわけでもなく、八家が得るもの自体も厳格に統制されていた。以下、主な利権・利益について述べていきたい[185]。
　毛皮・真珠・人参などの捕猟・採取の利に与る者は、早くから国家によって限定されていた[186]。一部の官人たちにも認められていたが、最も多く利を得たのが八家であるのは間違いない。毛皮や真珠などは、天命七年以前には「八王家で各百男を放って、得たものを各々取っていた」が、それでは無秩序になるからと言って、この年に採取したものはみな「八分で均しく分けた」という[187]。単に条件を均等にするだけでなく、取ったもの全体を均分したのである。しかも、

> 八王の家で捕獲した真珠・貂皮……鳥の羽・食べる果実を始め、八家に入るものは、みな各々採取した頭 ejen の名、得たものの数を書いて送って来るように。それを汝ら一王につき各四人の書を首に掛けた大臣は迎

117

第2章　財政構造

えて受け取り、善し悪しを見て、値を定め終わった後、八家に同じく分け与えよ。王らを与らせるな。汝らの意で処理せよ。

と命じられているように[188]、利害が関わる諸王に直接関与させず、ハンが任じた大臣に分配を一任するという念の入れようである。こうした形で行なえば、八家のどの家も他の家を出し抜いて多くを得ることはできない。官人らについても、一定数の男を放って勝手に採らせていたのを、一度すべて集めてから、官位に応じて分配するよう改めている[189]。つまり、こうした捕猟・採取の利は、完全な国家統制下にあり、八家と高位の官人が独占したにせよ、何人も定められた以上の量を得ることはできなかったのである。

次に、こうして分配された品の売却を含む他国との交易が挙げられる。ヌルハチ以前の時代から、交易は重要な利権として激しい争奪の対象となっていたが[190]、明との開戦以降、交易の機会は益々減少したので、交易参加には厳しい条件が課せられた。明・朝鮮との交易が中断していた天命八年九月、交易に来たモンゴル人から牛・羊・織物などを買い取る際には、各品目についてあらかじめ値段を定め、

この値を定めたのに背いて値を余分に与えてひそかに取るな。値を余分に与えてひそかに取れば、与えた値をみな取り、罪とする。まず一度満洲・モンゴル・漢人の官人らが備禦で計って尽く取るように。それに次いで千総で計って尽く取るように。それに次いで衆人が取るように。先に取った者が順番が回ってくる前に再び取れば罪。

と布告している[191]。その前年に、都堂・総兵官から備禦まで各1匹の割り当てであった蟒緞を余分に買ったヤスン Yasun が厳罰に処せられた時に言われたように、財貨があるからと余分に買い取れば「他人に何が足りようか[192]」と思われていたからである。朝鮮との互市が開始されてからも、「八家とジャランイジャンギン以上の官人ら」に限って人を送る[193]、モン

4 「八家均分」の意味するもの

ゴルに交易に行くにも「八家の一家につき各三人、旗ごとに各一モンゴル人を率いて、一家につき各一千両の銀を持って行」くなど、参加者や資金が統制されている[194]。多くの場合、八家が主体となって人を派遣しているが[195]、必ず参加条件が統一されている。もちろん、誰であれ勝手に交易するのは厳禁され[196]、実際、私貿易により「賊の罪」に当てられて官位を革められた者もいる[197]。

以上のような平時に得られる富を凌駕するのが、戦利品による利益である。戦利品は戦に参加したすべての者が分け前に与るべきもので、総員の士気に関わるので、分配は公正でなければならなかった。公正に分配するためには、まず将兵が各々得たものを差し出させる必要がある。ヌルハチ期の官人らは「得た獲物 olji はみな衆人に合わせ送ろう。衆人がみな得れば同じように、得なくても同じように、正しく取ろう。この言に背き、一小物でも勝手に encu 隠匿して取れば、天が非として罪が及んで死ぬように」と誓わされている[198]。隠匿を防止するため、戦利品を「少ししかもたらさなかったニルには獲物を与えない」と布告した上、2旗が互いに隠した獲物を捜索するよう命じた記録もある[199]。場合によってはかなり大目に見ることもあったようであるが[200]、遅くとも天聰期までには、「針・糸以上は合わせてから分ける」との原則も示されている[201]。

戦利品を隠匿した者はもちろん処罰されるが[202]、部下が取ったものを将帥が勝手に人に与えることも厳禁された。天命四年、出先で得た獲物を勝手に分配したフィオンドン＝ジャルグチ Fiongdon Jargūci が処罰されたのは、

> ハン自身ならばよいが、〔ハンの〕身に生まれた執政諸王も衆人の公の獲物・財貨を他人に勝手に与えないぞ。

という理由による[203]。戦利品の分配はハン自ら行なうことであり、それ以外は誰であれ勝手に行なってはならなかったのである[204]。

分配の基準は、元来「ハン以下釜をもった者以上が、みな各々均しく neigen 分け取ることになっていた[205]」というが、これはおそらく全員が

公正に分け前に与るようにということであり、ハン以下全員が等分の分け
前を得たわけではない。どのように分けるかは、基本的にその都度決めて
いたと見られるが、獲物を分配する際にまず「献上品 deji」を取ることは、
遅くとも天命六年には行なわれている[206]。天聡七年頃までには、家畜や衣
服など通常の戦利品は各ニルで合わせてから分け[207]、特によいものは献上
品としてハンに差し出すという慣例が成立している[208]。崇徳元年までには、
金銀・真珠・高級織物などよい物はすべてグサイエジェンのもとへ送れと
の命令が下されていた[209]。グサイエジェンはそれぞれ誰が得たものと記録
して、部下に命じて保管させ、持って帰って献上すべきだとされている[210]。

　八家は旗とは別に、家の者に戦利品を集めさせていたので[211]、グサイエ
ジェンの管理に服したわけではないと考えられる。しかし、八家も旗と同
様、献上品を差し出す必要があった[212]。崇徳期の史料によれば、凱旋後、
諸王とグサイエジェンは、陳列した献上品の前で旗ごとに、ハンに目録を
進呈している[213]。献上品は、金銀など貴重品ばかりでなく、馬を始めとす
る家畜など、様々なものが含まれている。

　一般に献上品は、まずハンが一部を取り、それから八家に分配し、功労
者に賞与する[214]。それ以外は、多くの場合、官人・兵士に「備禦で計っ
て」「甲を計って」、あるいは「分に応じて」分配された[215]。ここで「分」
に応じて分けるというのは、「八分」とは別で、「衆兵に与えて分を置いて
分けた[216]」とあるように、一定の基準に従って末端の兵士にまで分けるこ
とを指す。一般兵士にも、ニルで合わせてから分配したものや、勝手に取
ることを黙認された些細なもの以外に、さらに分け前が考慮されているの
である。

　八家だけに分配したとする例はごく少ないが、八家の取り分は常に特別
扱いである。例えば、金銀は八家だけが取ることが、単独の事例としては
天命四年にすでに現われ[217]、崇徳末には定例として言及されている[218]。
「八王らがまず各三馬・二駱駝を取った」「羊は八王らが取った」「手を加
えていない緞子・よい緞子の衣服は八家が分け取った」[219] など一部を優

4 「八家均分」の意味するもの

先的に取った記録は度々見える[220]。

ただし、八家だけが取ると言っても、そのまま八家で消費または蓄積されることを意味するわけではない。天命四年の事例でも、八家だけが得た金銀は「外の得なかった大臣ら」に再分配するのに用いられているし、官兵の論功行賞では常に大量の銀が分け与えられている。むしろ「八旗が得た色々な財貨を、ハンのもとに集めて、衆で分ければ足りないので、八家で分け取って、各々の旗の貧窮する者に与えようと八家だけで分け取った[221]」というように、八家が取ったものは貧者を養うために用いられることが当然視されていた。前節で見たように、八家はその旗の貧者を養う責任が課せられていたからである。八家均分というのは、あくまでも八家の間の分配原則であり、八家による排他的な分配を意味するわけではない。

全体として、命をかけて戦った将兵をねぎらい、士気を鼓舞するため、戦功を立てた者を特に厚く賞する以外は、できるだけ広く取り分が行き渡るよう配慮されている。ヌルハチは元来、獲物が多いときは均分し、少ない時は一物ももたない者1人に与えたと記されている[222]。分配において最も重要なことは、有力者の間で山分けすることではなく、功労者に報い、不足している者に補ってやることなのである。

しかも、八家は八家だけの特別な取り分があるだけでなく、八家だけの特別な負担もあった。モンゴルの諸王に対する贈答や宴会はその最たるものである。要人の来朝があった時には、ハンが主催する宴会のほか、八家が日替わりで宴会を催すのが慣例になっていた[223]。投帰した者に食糧・家畜・妻などを与える時にも、往々にして八家は一般官民とは別枠で供出を課せられているし[224]、遠征中に足りなくなった車の補いにも「八家のトクソの騾馬・駑馬・モンゴル車」が動員されている[225]。また、江華島を攻める際には造船のため八家から頭1人・木匠5人ずつを、瀋陽から遼河に至る大路を修理する際には八家の甲士を、各ニルとは別に出すよう定められている[226]。その他、八家から一定の人数を出させて、金銀採掘の監督、来使の供応、味方の出迎え、使者として遣わす、兵に仕立てて砲を運ばせる、

第2章　財政構造

砲を撃たせる[227]といった諸々の雑用に当てている。こうした場合には、必ず八家に均等の割り当てがなされ、取る分と同様、出す分にも均分を図っている。「八家均分」は、利益を得る場合だけではなく、負担する場合にも適用されるのである。

　八家の利得は均分原則によって制約され、均等に課される負担は逃れようがなかった。それだけでなく、国全体の慢性的な窮乏状態に鑑みて、ハン以下総員が節約に励み、財貨であれ労働力であれ、限りある資源をすり減らさぬ必要があった。ヌルハチは、自分が物惜しみするのは衆人のためであると称し、諸子に対しては豊かになっても浪費するな、余裕があれば貧民に分け与えよと諭していたという[228]。ホンタイジも、家畜をむやみに屠るな、金が無駄になる鍍金はするな、着るものは節約せよ等、倹約を呼びかけている[229]。

　国力を損なうということは、諸王の行動を制約する十分な理由になった。「八王の家は何事にもハンの例を見ることになっていた」というが、これは一部の王が民に仕事をさせる時、「我の例を見ず、余分に仕事させ、民を苦しめる」とハンが非難する根拠になっている[230]。狩猟は、馬を疲弊させ民を苦しめるとの理由から、勝手に行なうことを禁止されていた[231]。崇徳二年、ダイシャンは定額を12人も超過して護衛hiyaを採用していたことで罪せられている。むやみに護衛を増やされては、兵役やニルの労役に応じる者がいなくなってしまうという理由で、諸王の護衛は1旗につき20人との額が設定されていたのである。その際、ダイシャンがハンも余分に採用していると言い逃れたことについて、ホンタイジは諸王・官人を前にして大々的な反論を行なっている。彼は、そのようなことがなかったのは両黄旗の帳簿を調べてみればわかると言い、自身の左右の侍衛hiya40人を前に立たせて、

　　「我のこの四十人の侍衛というものは、元々太祖の時に公課を免じられた叔父の子ら、兄長の子ら、モンゴルの諸王の子ら、官人の子ら、我が家

の子ら〔といった〕公課のない者ばかりである。公課の者の子らは採用したことがない」と言って、一々数えて見せると余分はなく、不足している〔ほどであった〕。聖ハンは旨を下し、「汝ら衆人はわかったか。余分に〔採用した〕というのはどこにある。かえって不足しているぞ。……」と言った[232]。

　人数制限を守っているだけでなく、免役特権をもつ者ばかり採用することによって、国家が本来徴用できない労働力を有効利用し、国家のために使用できる労働力を無駄遣いしない。実に俊しい議論であるが、自分も規則を守っているだけでなく、さらに細かい配慮をしていると誇示することで、諸王が旗下の者を任意に使うことを禁止し、違反を罪することを正当化できるのである。
　実際、収入面でも支出面でも事々に制約を加えられる状況にあっては、有力な諸王でさえも、特別に富を得る機会はほとんどなかった。他に考えられるのは、経済的に有利な婚姻関係を結ぶことぐらいであるが、周知のように、婚姻については階層ごとにみな上部の許可が必要であり、王はハンと他の諸王の同意を要した[233]。婚姻に絡む思惑について厳しい目を向けられているのは、政治的な面ではなく常に経済的な面である。アミンは「家畜を得ようと思って」無断で娘の婚姻を決めたことを罪に数えられ、ダイシャンもハンから娶れと言われたチャハルの夫人 fujin を、彼女は「財貨・家畜がない」から自分は「どうして養うことができるか」と拒否し、家畜の群を多くもつ別の夫人を娶りたがったことで貪欲を咎められている[234]。特定の王が意図して豊かになる手段は、実質的に皆無であったと考えられる。
　以上述べてきた諸点を考慮すれば、「八家均分」の原則なるものは、従来強調されてきたように八家に同等の強力な経済的特権を賦与したものとは評価し難い。むしろ、八家に同等の取り分を保証する代わりに同等の取り分に甘んじることを強要し、かつ同等の負担にも応じさせるという、極

めて制約的な性格をもつと見るべきである。

　しかも、そのような「八家均分」原則の基本的性格は、その生成の段階から明示されていたのである。ヌルハチが晩年に諸王を諭した次の言葉は、「八家均分」の原則を記した史料として夙に知られている[235]。

> 昔、我らの〔祖先の〕ニングタ Ningguta の諸王・ドンゴ Donggo・ワンギヤ Wanggiya・ハダ Hada・イェヘ Yehe・ウラ Ula・ホイファ Hoifa・モンゴルの国人は、みな財貨を渇望して正しさを軽んじ、邪に貪ることを重んじ、兄弟の間で財貨を争って殺し合い敗れたのであるぞ。我が教えるまでもなく、汝らにも目や耳があろう。汝らはまさに見聞きしたぞ。父なる我はそれを見て、八家が一つの物を得れば、均しく分けて着よう食べようと先に定めて、八家は均等に得るだけで、勝手に取ってはならない、隷民の美女・良馬を諸王が取るならば〔対価として〕財貨を過分なほどに与えて取れ、軍隊が諸々の地で得た物を皆の前に出して分けず隠して取ってはならない、財貨を貪るな、正しさを貪れと教えてあった。……

　筆者がここで注意を喚起したいことは2点ある。第1に、ヌルハチが八家均分を自ら意図的に定めて、諸子に命じたとしていることである。八家均分は、決して従来の習慣から自然発生的に成立したのではない。明瞭な政策的意図によって生まれたのである。第2に、その理由が明記されていることである。自分たちの祖先も含めて、女真やモンゴルの人々は、これまで欲に目が眩んで「兄弟の間で財貨を争って殺し合い」自滅した。そのように身内で争って墓穴を掘るのを避けるための方法が、八家均分なのである。この文脈からは、従来解釈されてきたように、八家の特権の不可侵性を保証しているとは読み取り難い。むしろ、八家が同等の取り分で満足し、それ以上を争わないよう制限したと解するべきであろう。八家均分の制限的な性格は、ヌルハチの諸子が保証し合った書に「ハンなる父の定めた八分で得るだけ」で、一物も勝手に取らないと表現されていることからもわかる[236]。そして、こうした制限を守ることが、「正しさ」の最たるも

のなのである。

　この原則は、もちろんハンをも制約するものであるが、前掲の護衛の例のように、ハンが率先して守っていたならば、諸王が些かでも逸脱することは著しく困難であったはずである。八家の財産・利権にはハンといえども手出しができなかったと、従来しばしば主張されてきた。しかし実際には、八家は八家すべて均等にという条件の下に、財貨獲得の機会・獲得物の数量を制限され、財貨・労働力の負担を強制され、新人の扶養を割り当てられ、貧者に与えることを強く勧告されている。これらは事実上拒否できないものであり、実際にささやかな違反によって諸王が追及された例は少なくない。つまり、均等という条件の下で、八家の財産・利権はいくらでも削り取ることができたのである。

　特に飢饉など困難な時期には、ハンと諸王は率先して食糧や財貨を供出しなければならなかった。天聰八年に尚可喜が降った際には、八王家が4,000石の穀物を提供し[237]、崇徳元年・二年の食糧難に当っては、八家が先頭に立って余剰穀物を売却した[238]。このように足並みを揃えて私財を擲つからこそ、余裕のある「グルン公主・ホショ公主・ホショ格格・大臣・官員・富人・民」がそれに倣うよう呼びかけることもできた[239]。こうした私財提供は、命令ではなくとも、実質的に強要であった。天聰九年、モンゴルやフルハからの来帰者が増えて食糧不足になった時、ホンタイジは諸王・大臣らに向って、「衆大臣らはみな穀物を援助し与えたのに、ドルジ＝エフ Dorji Efu は穀物を援助しなかった」ことを名指しで非難している[240]。

　ハン自身も同じ原則に従う必要があるとはいえ、国全体の窮乏が最大の問題という状況にあって、ハンの個人財産のみ太らせても、大局的には徒らに国力を損ない、国人の離反を招くだけである。このことは、諸王についても同じである。史料に表われる限り、度重なる経済的圧迫に対して、諸王の表立った反発は、全くと言ってよいほど見られない。政権に参加する八家の諸王が、自らの利得を制限された上、多大な経済的負担を余儀なくされ、なおかつそれに甘んじていたのも、ヌルハチの遺訓であるからと

いうだけでなく、国全体の慢性的な窮乏という危機意識を共有していたからに違いない。

満洲のハンと諸王のこうした自己規制あるいは相互規制に対して、しばしば引き合いに出されるのが、チャハルのリンダン゠ハン Lingdan Han（リグダン゠ハーン Ligdan Qayan）の愚かな貪欲である。一個の兜と引き換えにトゥシエトゥ゠エフの名馬を奪い取ったとか、アルのジノンに1,000頭の馬を要求し、実際に500頭を取ったとかいった話[241]が、どの程度事実を反映していたかは問題ではない。重要なのは、それらがコルチンやアルの離反を招いたと信じられていたことである[242]。一般にモンゴル人は「父子兄弟とて区別」する弊があり、「互いに盗み合って家畜がみな尽き、国人が貧しくなった」とみなされており[243]、コルチンが衰弱したのも、「兄弟の内で財貨・家畜を争い乱れて苦しんだ」ためと思われていた[244]。こうした愚かさに陥らぬよう考え出された分配・分担の方法を代表するのが、「八家均分」なのである。八家均分は、有力者の一族が各自の利益を争うことで乏しい資源をさらにすり減らし、全体として衰弱するという通弊を乗り越える方法であった。そうしなければどうなるかという実例は、ヌルハチの言葉どおり、モンゴル人が目の当たりに示してくれていたのである。

小　結

入関前の満洲国家において、ハンや八家の諸王ら政治的有力者は、当然のごとく一定の経済的特権を有していた。しかし、彼らを始めとする富裕層は、一貫して利益の獲得に制限を加えられ、経済的負担を課せられていた。反面、新附の人々を始めとする貧困層は、できる限り扶助を受けられるよう留意されていた。言うまでもなく、このことは貧困層の利益を富裕層より優先させたことを意味しない。貧困層を支えていかなければ、富裕

小結

層も立ち行かなくなることが明らかだったからである。この点を、諸王以下みな理解し、制約に甘んじたからこそ、国家が存続し、発展していくことが可能だったのである。

　ヌルハチは子姪ら諸王の利得を、「八家均分」という形で制約するよう命じた。実際、八家均分は、諸王の利益と負担を配分する際、原則として適用されていると言える。八旗は八家に対応しており、諸王への労役供出が一部認められているように、本来的に八家の利権の一部を成していた可能性がある。しかし、実際にはヌルハチ即位の前後から、八旗が供出できる余剰生産・余剰労働力は、大部分が国家のために利用され、諸王が利用できる分は限られていた。逆に八旗において不足する分は、各旗の王らが補填することを義務づけられていた。少なくとも入関前の大部分の時期において、八旗は八家の収入源ではなく、むしろ責任分担の単位であった。

　とはいえ、八旗に所属する官民は基本的に自ら生計を立てていたので、諸王が補うのは限られた部分だけであった。一般官民に対して、八旗はやはり利益と負担を公平に配分する単位として機能している。戦利品や特別賞与の分配、あるいは物資や労役の負担割り当てなど、一般官民への給付と賦課は様々な基準に従って行なわれ、必ずしも旗やニルを単位とはしない。しかし、旗やニルがそうした基準として用いられることは多く、また旗やニルが所属の官民に対して、経済的側面において果たした役割はそれ以外にない。

　入関前の国家財政に関する記録は、その構成員に対する利益と負担の適切な分配について、ハン以下政権担当者らが腐心し続けた跡を示している。配分を誤って無理を生じさせることはできず、また不公平があって不満や諍いを生じさせることもできない。適切な配分のため、あらゆる基準が用いられた。元来、均等な人数によって編成された旗やニルは、公平な分配の基礎となる均分の単位として適当であり、そのように利用されたのである。

127

第 2 章　財政構造

注

1) 本書13～14および35頁参照。「旗主」「旗王」の下での独立した財政を想定しているらしい先行研究では、王が旗人を養っているという見方と王が旗人を搾取しているという見方が同時に示され、どのように整合的に捉えているのか不明である。
2) 「家 boo」は単に住居（「住む家 tere boo」）を意味することもあるが、「Yegude の家を三分して、二分を持ち主に与えた。一分を法の者が取った（『老档』太祖110頁〔『原档』1冊197頁〕）」など家産の意味で、また「漢人二人を隠して、彼の家で田地を耕作させた（『老档』太祖332頁〔『原档』2冊106頁〕）」など経営体の意味で用いられることが多い。
3) 家長に当る者を指す特別な用語はないが、「家の主人 booi ejen」という語をそれに相当する意味で用いた例はあり（『老档』太祖883頁〔『原档』4冊182頁〕）、家内で奴隷 aha に相対する地位にあるのは「主人 ejen」である（『老档』太祖640頁〔『原档』3冊193頁〕など）。
4) 天聰三～四年の徴兵の際、兵士を交替させるのに「兄弟のない奴隷のいない孤貧の者を留めるな。このような者を留めて田地を耕し得ず、後で暮すに苦しめば、グサイエジェン、ジャランイエジェン、ニルイエジェンに罪がある」としている（『老档』太宗349～350頁〔『原档』7冊82頁〕）。
5) 『内国史院档』崇徳三年五月初八日条（361頁）。
6) 『老档』太祖637～638、660頁〔『原档』3冊190、227～228頁〕、『内国史院档』崇徳三年五月初八日条（361頁）。
7) ヌルハチの即位以前に、穀物の公課をやめる代わりに1ニルから男10人・牛4頭を出して耕作させることにしたというが（『老档』太祖27頁〔『原档』1冊29頁〕）、天命七年二月、遼東城建設の中止を命じると同時に「公課の田地を耕させることもやめた」と言った（『老档』太祖530頁〔『原档』2冊442頁〕）ことから、公課としての田地耕作は続けられていたことがわかる。また崇徳期にも八旗に割り当てた耕作に関する記録がある（『内国史院档』崇徳三年五月初八日条（361頁））。
8) ヌルハチが旧附の満洲人は「城を作るため公課に苦しんだ」と言明している（『老档』太祖399頁〔『原档』2冊220～221頁〕）ように、一般に民の負担と言えば労役を指す。
9) 『太宗実録』天聰八年正月十六日条。「雑役」と訳した「baitannga」については後述する。
10) 運搬用の牛（遼東全域に広く、また満洲人にも漢人にも課せられたことが『老档』太祖544～545および574頁〔『原档』2冊462～463および506頁〕に見える）・

車を供出する（『老档』太祖548頁〔『原档』2冊468頁〕）など。前注所引のホンタイジの言にも、多くの臨時の賦課が挙げられている。なお、製塩・冶金など特殊産業従事者への公課はまた別である（『老档』太祖655、818頁〔『原档』3冊218～219頁、4冊51頁〕など）。
11) 天聡四年の編審の際、男を隠せば「男の主人」に罰贖を課すとしていることから（康熙版『太宗実録』天聡四年十月十六日条）、原則として奴隷もニルの成員であったと考えられる。ヌルハチは、「男を数えず、門を数えて」公課を課す明の制度を不合理と批判し、「貧者も富者もみな均しく男を数えて」課すると宣言している（『老档』太祖414～415および427～428頁〔『原档』2冊247および268～269頁〕）。
12) 本書22頁で引用した Nanjilan の誓詞など。
13) ヌルハチは、官人が自分の管轄する漢人から受けてよい贈り物として「魚・雉・野鴨・果実」のみを挙げ、家畜や財貨・銀・穀物などは禁止している（『老档』太祖707頁〔『原档』3冊295頁〕）。つまり、手土産程度ならよいが、生計の足しになるほど高価な物は許されないのである。
14) 官人たちは、「ハンの与える賞だけで、漢人の送ってくるものを受け取るなと、ハンは官位を計って男を与えている。その男を放って捕って食べよ」と言われていた（『老档』太祖665～666頁〔『原档』3冊236頁〕）。
15) 「我々の国は小さく民は少ないので、明のように官位を計って俸禄を与えようにも得られない」ので、「財を得たら功・官位を計って賞した。土地を得たら功・官位を計って男を専らにさせた」と称している（『内国史院档』天聡八年正月十六日条（30～31頁））。
16) 趙令之［2001］、劉小萌［2001］、専論として上田裕之［2003］など。なお、「holbombi」を「配属する」とする解釈は、上田論文に従った。
17) 備禦を単位とする分配については、本書441～442頁で詳述する。
18) 『太宗実録』天聡八年正月十六日条に、漢官らの奴隷の数が分配数に対して過多であることについて、「もし新たに幼少者が生まれたというのなら、どうしてそれほど成長が速いのか」とある。
19) ホンタイジ即位後も1トクソ当り5人を民として出した残りであるから、やはり奴隷と見るべきであろう。張晋藩・郭成康［1988］は、官人に対して公課を免じられたのは「自由民身分の壮丁」であるとするが（480頁）、根拠は示されていない。なお、同書もトクソに編せられた者は「奴僕」とする（481頁）。
20) 『内国史院档』天聡八年正月十六日条（31頁）および『太宗実録』同日条。
21) 『老档』太宗1061～1062頁〔『原档』10冊199頁〕。それまで労役が免じられていなかったことは『内国史院档』天聡八年正月十六日条（21～22頁）でも言及され

第 2 章　財政構造

ている。
22)「兄弟の男二十人」を連れて広寧から降った漢人が、「我が兄弟二十男を我に合わせる acabure べきであったか」と上奏したのに対し、「十男を与え、その十男の公課を免じた」(『老档』太祖869頁〔『原档』5 冊79頁〕) といった例によれば、新規に与えるのではなく、すでに家内にいる男を与える形にして、公課を免じる場合もあったと見られる。なお、モンゴル人は公課を免じられており (『老档』太祖900〜901頁〔『原档』4 冊210〜211頁〕)、一部の特別な来帰者に従って来た人々も公課免除の特権を与えられている (『老档』太祖996、1014〜1015、1054〜1064頁〔『原档』4 冊338〜339、372、414〜426〕)。哨兵の馬が死んだ時、ニル内の富人に買補させ、代わりに４男の公課を免じるという例もあるように (『内国史院档』天聡八年二月十一日条 (71〜72頁))、公課免除は直接的恩恵となった。
23)『老档』太祖705〜706頁〔『原档』3 冊292頁〕。
24)『老档』太祖994頁〔『原档』4 冊334頁〕。同じことについて、２男を「合わせる kamcibumbi」と表現されることもある (『太宗実録』天聡三年九月朔条。『老档』太宗630、861頁〔『原档』8 冊57〜58、265頁〕)。
25)『老档』太宗850、860〜861頁〔『原档』8 冊253、264〜265頁〕。なお、秀才に対して本人を含めて３男分の公課を免じるとした例もある (『老档』太宗1149、1159頁〔『原档』10冊291、307頁〕)。
26)『内国史院档』天聡八年正月初六日条、同四月二十六日条 (13〜17、128〜129頁)。
27)『老档』太宗1062頁〔『原档』10冊199頁〕。なお、『内国史院档』崇徳三年九月十八日条 (611〜612頁) に補足規定がある。
28)１男２男というささやかな人数の配属と公課免除は、それを受ける階層にとっては切実な意味をもったらしい。自分の功績や生活の窮状を述べ立て、嘆願した末に認められていることもある (『老档』太宗630、860〜861、1159頁〔『原档』8 冊57〜58、264〜265頁、10冊307頁〕)。「公課を免ずれば、官を与えたより上であるぞ」(『老档』太宗1148頁〔『原档』10冊291頁〕) と嘆願した例もある。
29)『旧満洲档　天聡九年』302〜304頁〔『原档』9 冊389〜390頁〕。ワクダ夫妻には婢と仕立てられた衣服だけが与えられ、残りは没収された。
30)　天聡二年にワクダがコルチン Korcin の娘を娶りに行く時、ホンタイジが「我が国の諸王がモンゴルの国人の所に妻を娶りに行ったことは未だなかった。これは最初に行くのだから」と鳴り物入りで行かせたという (『老档』太宗138頁〔『原档』6 冊262〜263頁〕)。これにより、ワクダが「諸王」と同列にみなされていたことがわかる。
31)　これらを要するに、奴隷・家畜・財貨・隷民 (ニル) ということになり、天聡

注

四年にアミンが没収された財産(『老档』太宗416頁〔『原档』7冊283頁〕)の大雑把な内訳とも一致する。

32)『老档』太祖993頁〔『原档』4冊332頁〕。

33)趙令志[2001](84頁)がbaitanggaの漢人を計算に入れてトクソの規模を過大に見積もるのは不適切である。

34)『老档』太祖60、298、350、472頁〔『原档』1冊66頁、2冊61、140、349～350頁〕。「baitangga faksi」という用例もある(『老档』太祖350、太宗774頁〔『原档』2冊140頁、8冊174頁〕)。なお、俘虜のうち「baitakū niyalma」を殺し「baitangga niyalma」を連れて来い(『老档』太祖547頁〔『原档』2冊467頁〕)とあるように、本来の意味は「有用な」「役に立つ」である。

35)こうした職人には漢人が多いが、彼らは農業に従事する漢人とは区別されており、天命末の虐殺の後は、トクソに編入されたのではなく、多くが諸王ら有力者の家に入ったのではないかと考えられる。また「諸王の引き寄せた」工匠と「旗の」工匠が区別されている例があり(『老档』太祖391頁〔『原档』2冊208頁〕)、工匠には諸王の家にいる者と旗に所属する者があったとわかる。

36)順治版漢文本『太宗実録』天聰四年十月十六日条および崇徳六年五月十九日条。

37)『老档』太祖616頁〔『原档』3冊149～150頁〕(本章112頁所引)に言及されている。

38)採取・交易については後述。漁撈については『老档』太祖900頁〔『原档』4冊209頁〕。

39)郭成康[1985]25頁。

40)郭成康[1985]26頁、また劉小萌[2001]355頁など。

41)康熙版『太宗実録』天聰四年十月十六日条。

42)郭成康[1985]は家のニルの別称とするが(26頁)、その一種に過ぎなかった可能性もあろう。「八王の家のシンイジェクイニル(『老档』太祖420頁〔『原档』2冊254頁〕)」「八家の八大臣がシンイジェクの徒歩の者を率いて(『老档』太宗624頁〔『原档』8冊53～54頁〕)」といった用例から、基本的に後述する八家に属し、八家の直接管理下にあったことが窺える。

43)郭成康[1985]26頁。また、ショトが罪を得た際に「外の一ニルとシンイジェクイニルの奴隷」のみ給するとされた(康熙版『太宗実録』天聰四年六月初七日条)ように奴隷から成り、遼東で得たバイタンガの漢人を「シンジェクニルに新たに得る五百男のうちに入れるように取れ」と命じている(『老档』太祖472頁〔『原档』2冊349～350頁〕)ように、非農業従事者から組織されていたことが窺える。

44)家のニルのジャンギンが「王に与える豆を6斗 hiyase 隠した」ことで訴えられ

第 2 章　財政構造

た例がある（『老档』太宗962頁〔『原档』10冊82～83頁〕）。家のニルについて、詳しくは本書第3章で述べる。

45) 康熙版『太宗実録』天聰四年十月十六日条。
46) 郭成康［1985］26頁など。史料的根拠は『盛京原档』228号（181～182頁）。ショト公の罪を「外ニルに与えた男を公課を脱れるようにと家のニルの档子に書いた簾で tulergi nirude buha haha be alban guwenkini seme booi nirui dangse de araha turgun de…」と論じている。
47) 『太宗実録』天聰四年十月十六日条。満文本（康熙版）は「beilei booi babi dosimbuha be, duite baitangga ci fulu gaihangge be gemu geterembume baicafi…」とあり、何について「各4」のバイタンガなのか明記されていないが、漢文本（順治版）では「毎牛彔止許四人供役」と表現されている。また次注所引の史料に「emu niru de baitangga niyalma duite」とあることからも、「1ニルにつき4人」と解して間違いなかろう。
48) 『太宗実録』崇徳六年五月十九日条。
49) 正確に言えば原文では「八家が」であるが、八家の説明は後段で行なうので、わかりやすいように「諸王が」と表現した。
50) 『旧満洲档　天聰九年』187頁〔『原档』9冊246頁〕。
51) 『老档』太祖863頁〔『原档』5冊65頁〕、注43) 所引のショトの例。
52) 張晋藩・郭成康［1988］170頁。劉小萌［2001］44、351～359頁。
53) 例えば張晋藩・郭成康［1988］166頁では、八分とは「八家所享有的法定権利」であり「応分得之数」であるとする。実際、「八王家」が獲る真珠・毛皮などを「八分」で分けたというように（『老档』太祖644頁〔『原档』3冊200頁〕）、史料上の用例から見て間違いないと思われる。
54) 張晋藩・郭成康［1988］。
55) 『老档』太祖807～808頁〔『原档』4冊35頁〕など。
56) 『老档』太祖653～654頁〔『原档』3冊215～216頁〕など。
57) 注63) 所引史料。
58) 「ハンと八王 beile（『老档』太祖425頁〔『原档』2冊264頁〕）」、「汝ら八人の子は八王 wang となれ（『老档』太祖554頁〔『原档』2冊476頁〕）」、「八王ら」に各1、計8档子を設置した（『老档』太祖754頁〔『原档』3冊355頁〕）など、「八王」については処々に記されている。
59) 『老档』太祖771頁〔『原档』3冊455頁〕。
60) 「八旗の王ら jakūn gūsai beise」という表現（『老档』太祖145頁〔『原档』1冊240頁〕など）は、各旗1人の王よりも、八旗に属する諸王すべてを指すと考えた方がふさわしい場合が多い。また、「Amba Beile と七旗の王」がハンのため宴

を催したなどという表現（『内国史院档』天聰八年十月二十九日条（334頁）。ただし「nadan gūsai」は後から「geren」と書き換えられている）は、そう考えなければ解せない。

61）ダイシャン・サハリイェン・ヨト・デゲレイ・ジルガラン・ドルゴン・ドド・ホーゲ（『旧満洲档　天聰九年』〔『原档』9冊〕による）。ダイシャンとサハリイェンは共に正紅旗である。

62）『旧満洲档　天聰九年』15〜16頁〔『原档』9冊17〜19頁〕。なお、ここでは大ベイレと八ホショイベイレが区別されているが、ダイシャンはこの時点で大ベイレであり、かつホショイベイレでもあった（『旧満洲档　天聰九年』296頁〔『原档』9冊382頁〕参照）。

63）『老档』太祖912頁〔『原档』5冊26頁〕。

64）『老档』では「Dodo」となっているが、『原档』の該当部分はまだ満洲語の正書法が確立していない時期のものであり、該当条の冒頭の「duin biya」の「du」を始め、「du」と「do」の表記が混同されている。ここではニカンとの関係から推して、ドドよりも異母兄であるドゥドゥと解するべきかと思われる。

65）『老档』太祖256頁〔『原档』1冊375頁〕。ジャイサングは元々アミンに衣食を給されて養われる身であった（『老档』太祖251頁〔『原档』1冊370頁〕）。

66）『太宗実録』崇徳四年五月二十五日条によれば、ヌルハチは2旗に相当する60ニルをアジゲ・ドルゴン・ドドの3子に各15ニル、自身に15ニルを振り分けて持ち分としていたという（本書322頁を参照）。また、ホンタイジの言によれば、父ハンはマングルタイには「何ものも専らにさせずsalibuhakūにいた」が、後に「末子デゲレイの戸に……入れて養った」という（『老档』太宗541頁〔『原档』7冊433頁〕）。ヌルハチ在世中から、マングルタイが独立した家計を有していたことは間違いないが、同じ旗にいたマングルタイとデゲレイが何らかの形で家計を一にしていると見られた時期があった（またはそのような見方が成り立ち得た）と考えられる。

67）そうでなければ、「八家の全体でuheri 4人送れ（『老档』太宗573頁〔『原档』7冊490頁〕）」といった表現がなされている。

68）『老档』太宗579頁〔『原档』7冊500頁〕。張晋藩・郭成康［1988］所引。

69）『老档』太宗714〜715頁〔『原档』8冊122〜123頁〕。

70）本章107頁所引のデゲレイの言など。

71）ヌルハチの諸子が誓い合った言葉に「ハンなる父の定めた八分で得るだけ」とし、勝手に取れば「得る分」から外すとあるように（『老档』太祖557〜558頁〔『原档』では2冊481頁に「beisei gisurehe gisun be arambi」とあるのみ］）、一定の取り分を得ることを意味する。

第 2 章　財政構造

72) 劉小萌［2001］44頁。なお、Yarna ニルの自ら来帰した者は「公課なく暮す分 ubu」を有していた（『老档』太祖950頁〔『原档』4 冊174頁〕）、逃人を取り逃がした者の罰として「賞の分を削った」（『老档』太宗850頁〔『原档』8 冊253頁〕）といった用例と考え合わせて、「ubu」とは人や集団に認められた一定の権益を指すと見ることができる。

73)「hūsun」は直訳すれば「力」であるが、用途の特定されない各ニル 4 人のバイタンガのほか、護衛などニルの者が担当する用務を指すと思われる。

74) 天命六年十二月、ヌルハチは「八家の者」を集めて、一度分配した漢人を「分に応じて」再分配し、同時に各王は「木を採る牛」に「ニルの数で草・穀物を取って食べさせよ」としている（『老档』太祖442〜443頁〔『原档』2 冊298頁〕）。

75) エビルンはマングルタイの死後断罪に連坐して処刑されたが、失脚前にはホショイベイレに準じる待遇を受けていた形跡があり（『旧満洲档　天聰九年』105頁〔『原档』9 冊136頁〕）、マングルタイの諸子の中で最も有力な地位にあったと見られる。

76) 天命八年に、千総となった Cangju が「〔三等遊撃となった〕Bada の得る分から、ニルの四千総の上のもう一人の千総として取れ」と言われているように（『老档』太祖643頁〔『原档』3 冊199頁〕）、誰かの「得る分」から、さらに下位の者に分与する習慣は実在したことがわかる。

77) ヌルハチが遼東の漢人に「我が元々暮した条理 jurgan では、諸王・諸大臣に下の者から財を取らせない」と布告したことは（『老档』太祖415および427頁〔『原档』2 冊247および269頁〕）無視すべきでない。

78) 前者は『老档』太祖243頁〔『原档』1 冊361頁〕、後者は『老档』太祖 6 頁〔『原档』1 冊 8 頁〕。後者は「汝ら二国の中間 siden に生きよう」と言って中立を表わした用例である。

79)『老档』太祖46、652、665頁〔『原档』1 冊49頁、3 冊212、236頁〕。

80)『老档』太祖172頁〔『原档』1 冊273頁〕。

81)『老档』太祖27および55頁〔『原档』1 冊29および61頁〕。引用は後者による。

82) 遼東征服後、満洲人と混住しなかった地域の漢人には「旧例で取る穀物・銀・炭・鉄・塩の公課」が課せられていた（『老档』太祖441〜442頁〔『原档』2 冊296頁〕、他に『老档』369、389頁〔『原档』2 冊179、203〜204頁〕にも同様の表現）。

83)『老档』太祖424、440頁〔『原档』2 冊263、293頁〕。同じく「ハンの公課の穀物」という表現もある（『老档』太祖891頁〔『原档』4 冊196頁〕）。

84) 乙卯年（1615）、対明開戦を延ばす理由として、たとえ俘虜を得ても「我らに穀物の倉がない」ので食べさせていけないことを挙げている（『老档』太祖48頁

注

〔『原档』1冊112頁〕)。
85) ヌルハチが「殺した者の穀物は倉の穀物ぞ」と言って、きちんと管理するよう指示した例(『老档』太祖904頁〔『原档』4冊225頁〕)などからも、庫・倉の穀物の公共財としての性格が窺える。
86) 『老档』太祖424、659〜660、737頁〔『原档』2冊262〜263頁、3冊226、337頁〕。
87) 天命六年八月の記録に、「ニルに貸して取る穀物12,000斛」と、「フェアラの公課の穀物は17,417斛であった。これを申年(天命五年)八月以降、酉年(同六年)閏三月以前、新附の人口に与えたのが、3,306斛。四月以降、八月以前、遼東の穀物をモンゴル人・漢人の人口、ニルの甲士に与えたのが、25,056斛3升。……遼東の穀物を貸したのが、841斛」といった内訳が見え(『老档』太祖1223および372〜373頁〔『原档』2冊184〜185頁〕)、主要な用途がわかる。兵餉・貸与については他に『老档』太祖379、720頁〔『原档』2冊192〜193頁、3冊312頁〕にも見える。なお、「公の債務ある者(『老档』太祖391頁〔『原档』2冊207頁〕)」というのは、こうした貸与を受けた者を指すのかもしれない。また、特に認められた旅行者は「庫の銀」を携帯したり(『老档』太祖449頁〔『原档』2冊307頁〕)、「公課の乾糧 alban i jefeliyen」を食べる許可を得たりしている(『旧満洲档　天聰九年』14頁〔『原档』9冊16頁〕)。また、フェアラに居城があった時代から、ヌルハチは見張り台に詰める者には「糧餉」を支給しており、「糧餉」は各処に設置した「屯田」で作らせ、必要時に取っていたというから(『建州紀程図録』24頁)、「穀物の倉」ができてからは、これも「倉」から支出されたことであろう。
88) モンゴルの Enggeder Efu に特別に与えた公課の銀と穀物(『老档』太祖477頁〔『原档』2冊359頁〕)を除いて、公課の穀物や銀が特定の有力者の家計に入ったことを示す史料は皆無である。
89) 『老档』太祖55〜56頁〔『原档』1冊61頁〕。
90) 『老档』太祖607頁〔『原档』3冊114〜115頁〕。ほぼ同じ「一類」の仕事は、『老档』太祖690頁〔『原档』3冊270頁〕にも見える。なお、ムンガトゥ以下8人の旗色はばらばらであり、ハンの家や旗にのみ属する者ではない。
91) 天命六年、副将の Gaha と Munggu を罪した際、Munggu は軍事に与らせず「国の田地・穀物を処理する」ことに任じ、Gaha は「国の仕事に与らせず、王の家のトクソを領催し家畜を見る仕事に任じた」という(『老档』太祖273頁〔『原档』2冊22〜23頁〕)。この記載から、穀物も含めた「国の」仕事と王の家政とが別の範疇のものと認識されていたことがわかる。
92) ただし、それ以前の天命六年五月、逃来したモンゴル貴人に「八旗の公で」与えたという記録があり(『老档』太祖326頁〔『原档』2冊96〜97頁〕)、「公」の財がすでに存在していた可能性はある。同年十一月の記録に見える「銀庫」(『老

第 2 章　財政構造

档』太祖408頁〔『原档』2 冊235～236頁〕）も、用途からして「公の庫」と見られる。
93)『老档』太祖647～648頁〔『原档』3 冊205頁〕。
94)『老档』太宗433～434頁〔『原档』8 冊32頁〕。
95)『老档』太宗516頁〔『原档』7 冊366頁〕。
96)『老档』太宗631頁〔『原档』8 冊58頁〕。
97)『老档』太宗830頁〔『原档』8 冊228頁〕。
98)『内国史院档』天聰八年正月十九日条（41～42頁。なお本条は後から塗抹されている）、『旧満洲档　天聰九年』9、11頁〔『原档』9 冊10、12～13頁〕。他に、大凌河の官人に妻を与える代価を公庫から出した（『老档』太宗1355頁〔『原档』10冊540頁〕）といった例もある。
99) 張晋藩・郭成康［1988］171頁は「国庫 siden i ku」とハン家の「内庫 dorgi ku」の別を指摘する。
100)『老档』太宗467～469頁〔『原档』7 冊316～320頁〕。
101)『旧満洲档　天聰九年』11頁〔『原档』9 冊12～13頁〕。
102)『老档』太宗1016頁〔『原档』10冊144頁〕と、『老档』太宗1018頁〔『原档』10冊146頁〕。
103) 前者については『老档』太宗502、509、711頁〔『原档』7 冊353、360頁、8 冊119頁〕。後者については『老档』太宗215頁〔『原档』6 冊300～301頁〕。
104)『老档』太祖338頁〔『原档』2 冊119頁〕。
105)『老档』太祖883頁〔『原档』4 冊182頁〕。十一年八月にもほぼ同様の布告がある（『老档』太祖1086～1087頁〔『原档』5 冊58頁〕）。
106) 崇徳元年六月に「橋 kiyoo を商売の処 hūda i ba……と言う」と名称変更されているように（『老档』太宗1110頁〔『原档』10冊253頁〕）、橋は交易の場として定められていたらしい。
107)『老档』太宗705～706頁〔『原档』8 冊114頁〕。この「公」は後述の「八旗の公」であった可能性もある。
108)「八つの市 jakūn hūdai ba」の税銀が集計されていること（『内国史院档』崇徳三年十二月初十日条（704頁））も、根拠として考えられる。同一機関に集められたのでなければ、集計することはないだろうからである。
109)『老档』太祖110頁〔『原档』1 冊197頁〕。
110)『旧満洲档　天聰九年』207頁〔『原档』9 冊275頁〕、『老档』太宗1033～1034、1315頁〔『原档』10冊165、489頁〕。奸細の財物の 3 分の 2 を fafun（šajin を塗抹）で取った（『内国史院档』天聰七年十一月十九日条（184頁））など。
111)「法の者は審理せよ」「šajin i beise ambasa に衆人にて審理せよと審理させて」

といった用例（『老档』太祖207、311頁〔『原档』1冊318頁、2冊77頁〕）がある。

112) もっとも、ハンの旨により罪人と「同等の大臣・部下の法の者 šajin i niyalma が分け取れ」として「šajin i ambasa に与えた」という例もある（『老档』太祖173頁〔『原档』1冊379頁〕）。

113) 実際、天聡四年に華北の占領地において「〔身分の〕よい者が杖刑の代わりに贖罪銀を差し出せば、公に取れ」と命じた（『老档』太宗372頁〔『原档』7冊104頁〕）、アミンの旗が境界を越えて耕作していたのを罪して「耕した穀物をみな公に取った」（『老档』太宗408頁〔『原档』7冊260～261頁〕）といった例はある。

114) 『内国史院档』崇徳三年正月三十日条（226～229頁）。

115) 『旧満洲档　天聡九年』303頁〔『原档』9冊390頁〕。なお、捕えた漢人11人を「戸部の衙門に委ね、尚陽堡に九人を送った。二人を鮑承先に与えた」（『老档』太宗965頁〔『原档』10冊84頁〕）というように、人などは戸部が保管しておくのではなく、処分が定まるまで一時的に預かっていたらしい。

116) 『老档』太宗1110頁〔『原档』10冊253頁〕。

117) 実際に崇徳三年のある宴では、「戸部の豚一頭・焼酒一瓶」が用いられている（『内国史院档』崇徳三年十二月十五日条（707頁））。

118) 前者は『内国史院档』崇徳四年十月初六日条、後者は同七年九月初二日条。

119) 『旧満洲档　天聡九年』14頁〔『原档』9冊15頁〕。また、チャハルの来降者に「八家の公で」与えた物の記録もある（『旧満洲档　天聡九年』8頁〔『原档』9冊10頁〕）。

120) 『旧満洲档　天聡九年』179頁〔『原档』9冊234～235頁〕。

121) 『老档』太宗785～786頁〔『原档』8冊184頁〕。

122) 『内国史院档』天聡八年二月初八日条（66頁。ただし該当部分は後から塗抹されている）。また、八旗の公の石炭を焼かせる（『老档』太祖781頁〔『原档』4冊5頁〕）、漢人兵士に「八旗の公にて」狩猟の獲物を出し与えた（『老档』太宗769頁〔『原档』8冊169頁〕）、戦利品を分ける際に「八旗の公に」羊1,000頭を取った（『老档』太宗781頁〔『原档』8冊180頁〕）といった例もある。

123) 『老档』太祖391頁〔『原档』2冊207頁〕。その後、十二月に「ニルに飼えと言って分けた牛」のうち2頭を殺して食べてよいという許可が出ている（『老档』太祖445頁〔『原档』2冊303頁〕）。

124) 『老档』太宗632頁〔『原档』8冊59頁〕。

125) ニルに分配した炭をニルイエジェンに保管させた例がある（『老档』太祖456頁〔『原档』2冊321頁〕）。

126) 『内国史院档』崇徳三年五月初八日条（361～365頁）。

127) 『内国史院档』崇徳四年四月二十五日条に、ハンが受け取った金銀などの献上

第2章　財政構造

品を「庫に置いた」とあり、『太宗実録』崇徳八年六月十七日条には、ハンが受け取った献上品を賞与に当てたほか、「新附の人、貧しい民を養いたい、国のために用いたいと外庫 tulergi ku に置いた」と明記されている。

128) 官人の俸給の代わりに「男」を配属したこと（本章93～95頁）などは、その典型である。

129) ニルイジャンギンやグサイエジェンが兵器製造に責任を負わされているように（本書174頁および270頁）、軍備などは多く旗やニルを単位として割り当てた。

130) 『老档』太祖424、437頁〔『原档』2冊262～263、288頁〕など。

131) 天命七年三月初四日の都堂の書（『老档』太祖559頁〔『原档』2冊482頁〕）。初九日に確認（『老档』564～565頁〔『原档』2冊492～493頁〕）。

132) 天命八年四月には、先住の男100人につき移住した男10～20人を合して、穀物と耕した田地を与えよと命じている（『老档』太祖730頁〔『原档』3冊325～326頁〕）。

133) 『老档』太宗86頁〔『原档』6冊124頁〕。

134) 天命八年五月には、復州のモンゴル人にも同様に、牛馬のある者とない者を合わせて kamcibufi、運んだ穀物を食べさせる措置が取られている（『老档』太祖768頁〔『原档』3冊369頁〕）。

135) 『老档』太祖280頁、太宗344、532、539、545、578、667、1159頁〔『原档』2冊34頁、6冊442～443頁、7-421、430、442、499頁、8冊84頁、10冊307頁〕など。

136) 『老档』太宗344、625、943、1178、1222、1305頁〔『原档』6冊442頁、8冊54頁、10冊61、330、371～372、475頁〕、『旧満洲档　天聰九年』116～117、334、352頁〔『原档』9冊150、429、453頁〕。

137) 『旧満洲档　天聰九年』141頁〔『原档』9冊186頁〕。

138) 『内国史院档』天聰七年八月初九日条（120頁）。同十八日条（126頁）にも同様の表現。妻・奴隷・家畜などを与えた上で、孫メイレンイジャンギンに委ねて尚陽堡に送ったという例もある（『老档』太宗1305頁〔『原档』10冊475頁〕）。29人を捕えて「二十人のよい者を尚陽堡に住まわせに送った。他の九人を捕えた者に与えた（『老档』太宗625頁〔『原档』8冊54頁〕）」というように、俘虜の処遇としてはよい方と解せられる例もある。

139) 『老档』太宗1222頁〔『原档』10冊371～372頁〕。また「八人を八家に取って尚陽堡のトクソに送った（『老档』太宗344頁〔『原档』6冊442頁〕）」というように、八家のトクソに編入された例もある。

140) Nacin 備禦がショトに与えられた例（『老档』太祖668頁〔『原档』3冊239～240頁〕）など。

141) 『旧満洲档　天聰九年』206～207頁〔『原档』9冊274～275頁〕。

142) 「ハンが与えた五十対の奴隷をみな蕩尽した」ことを罪に数えられた例がある（『内国史院档』天聡八年十二月二十八日条（408～409頁））。
143) 漢官らが俘虜となった良人の婦女を娼家に売るのを禁止せよと奏請したのに対して、ホンタイジは、兵士が命がけで戦って得た俘虜を高く売りたいのであれば、禁止することはできないと明言している（『内国史院档』崇徳三年七月十六日条（444頁））。なお、「殺しても養っても売っても」構わないと断って与えた例もある（『老档』太宗693頁〔『原档』8冊106頁〕）。
144) 『老档』太宗670頁〔『原档』8冊85頁〕。
145) 後に漢人らが十分に養われなかったとして、諸王に責任が帰せられている（後述）。
146) すでに旧附の官人らに民として与えていた大凌河の漢人を、半分取って大凌河の官人らに与えた（『老档』太宗670～672頁〔『原档』8冊85～87頁〕）。
147) 『老档』太宗713～714頁〔『原档』8冊121～122頁〕。なお、以上の全漢人に妻を与えるよう指示した。
148) 漢人でも自ら来帰した場合、相応に優遇された（『老档』太祖164～165頁〔『原档』1冊266～267頁〕など）。
149) 『老档』太祖456頁〔『原档』2冊320～321頁〕。
150) 『老档』太祖456～457、458、529、737、775頁〔『原档』2冊322、326、441頁、3冊336、377頁〕。
151) 『老档』太祖616頁〔『原档』3冊149～150頁〕。
152) 天命七年三月には、漢官劉興祚にモンゴル人200人を「養えと与え」、衣服や馬、武器なども付与している（『老档』太祖576頁〔『原档』2冊509頁〕）。
153) フルハについては『老档』太祖112～113、147～148頁〔『原档』2冊200～202頁、1冊243～244頁〕、旧満洲档 天聡九年』133～134頁〔『原档』9冊173～174頁〕。グワルチャについては『老档』太祖984頁〔『原档』4冊315～316頁〕。漢人も場合によっては同様の扱いを受けた（『老档』太宗667頁〔『原档』8冊84頁〕など）。
154) 『老档』太祖900～901頁〔『原档』4冊210～211頁〕。
155) 『老档』太宗630頁〔『原档』8冊57～58頁〕。
156) 『瀋陽状啓』辛巳年十二月二十三日条（390頁）に「蒙古及漢人之来帰者、則不過期年、使之自耕」とある。
157) 『老档』太祖944頁〔『原档』4冊164頁〕。
158) 『瀋陽状啓』辛巳年三月初八日条（274頁）。
159) 『老档』太宗830～832頁〔『原档』8冊228～229頁〕。
160) 『天聡朝臣工奏議』胡貢明陳言図報奏・胡貢明五進狂瞽奏・胡貢明請用才納諫

139

第2章　財政構造

奏。彼の立場と奏疏の性格については、序章第3節参照。

161) 胡貢明はホンタイジからバクシを介して、「貝勒養活不好、何妨径告窮苦」と叱責されたという（『天聰朝臣工奏議』胡貢明請用才納諫奏）。

162) 『旧満洲档　天聰九年』51～52頁〔『原档』9冊65頁〕。

163) 『旧満洲档　天聰九年』221～223頁〔『原档』9冊296～298頁〕。

164) 民が増えて褒賞された例として『旧満洲档　天聰九年』319～320頁〔『原档』9冊409～411頁〕など。

165) 鑲黄旗の漢人で奴隷・家畜・衣食を与えて官人に委ねていた者が「貧窮して暮すことができない」と訴えてきたので、人・牛・布を与えた（『旧満洲档　天聰九年』328頁〔『原档』9冊422頁〕）という記録がある。

166) 『旧満洲档　天聰九年』7頁〔『原档』9冊8頁〕には、ハンは「下の輩 fejergi urse」を1日3度家に入れて食べさせる、『旧満洲档　天聰九年』142頁〔『原档』9冊186頁〕には、降ってきたモンゴル人を1班、フルハを2班に編じて毎日招いて飲食させるとある。

167) 『内国史院档』天聰八年正月十六日条（30頁）。

168) 『旧満洲档　天聰九年』206頁〔『原档』9冊273～274頁〕。

169) 『旧満洲档　天聰九年』288および291頁〔『原档』9冊374および377頁〕。

170) 『内国史院档』崇徳三年正月十一日条（183～184頁）。アバタイはこの処分に不服の意を示したため切責され、彼の子Boloや議政大臣も「諫めなかった」ことを叱責された。

171) 『内国史院档』崇徳四年十一月初五日条。

172) 『内国史院档』崇徳七年九月初二日条。

173) 『老档』太祖749～750頁〔『原档』3冊350頁〕。

174) 張晋藩・郭成康［1988］は「本旗下に均分された人口を自費で養うのは、八家の義務であった」と述べる（175頁）。

175) ハン直属でない旗人でも「ハンが愛しみ養う」のに対して忠誠を誓っていることについては、本書22頁参照。

176) 『老档』太祖413～414頁〔『原档』2冊244～246頁〕。

177) 逆に他旗の者に与えた場合、「別の旗であるのに家を与えて唆し」人を告発させたというように（『老档』太宗1355頁〔『原档』10冊541頁〕）、一種の買収行為とみなされる傾向があった。

178) 『内国史院档』天聰八年十月初九日条（322、323頁。本条は大部分が後から塗抹されている）など。

179) 『老档』太宗1114、1117、1119、1356頁〔『原档』10冊258、260～261、263、542頁〕。

注

180) ヌルハチは「求めない者に全く与えないならば、その者はまたどうして得〔ることができ〕ようか」と、積極的に無一物の貧者を調べて与えていたという(『老档』太祖65頁〔『原档』1冊137～138頁〕)。
181) 天聡六年には、グサイエジェンが各旗所属の地方の貧窮者を調べに派遣されている(『老档』太宗841頁〔『原档』8冊244頁〕)。
182) 『内国史院档』崇徳七年九月初六日条。
183) 『旧満洲档　天聡九年』187頁〔『原档』9冊246頁〕。
184) ホンタイジは、出征後の献上品は諸王・官人への褒賞と貧者救済に当て、内庫 dorgi ku の物も賞与に当てるという自分自身の行為を引き合いに出して、一部諸王の不心得を叱責し、新旧の貧者をよく養うよう重ねて命じている(『太宗実録』崇徳八年六月十七日条)。
185) 張晋藩・郭成康［1988］168～169頁には、八家の経済的特権が列挙されている。
186) この問題については、上田裕之［2002］、増井寛也［2006］が詳しく扱う。ただし、筆者はこの問題を「専管権」なるものと結びつける考えには賛成できない。この点については、次章で取り上げる。
187) 『老档』太祖644頁〔『原档』3冊200頁〕。
188) 『老档』太祖653～654頁〔『原档』3冊215～216頁〕。
189) 『老档』太祖645～646頁〔『原档』3冊202～203頁〕。
190) 三田村泰助［1963・1964］。
191) 『老档』太祖877～878頁〔『原档』5冊91頁〕。なお、備禦を単位とする計り方については、本書441～442頁を参照。
192) 『老档』太祖484頁〔『原档』2冊370頁〕。
193) 『旧満洲档　天聡九年』169頁〔『原档』9冊222頁〕。
194) 引用文は『老档』太宗1140頁〔『原档』10冊282頁〕。他に『内国史院档』崇徳三年二月初十日条(254～255頁)など。またカラチン Karacin の者に贈り物や交易をする額を減じようとして、「八家は互いに例を見て与えよ」と命じたように(『老档』太宗245頁〔『原档』6冊339頁〕)、必ず統一を図っている。
195) 明の辺官と取引きするのに、「公の庫の銀」を出した(『老档』太宗1045頁〔『原档』10冊179頁〕)、あるいは単に「庫の銀」を出した(『旧満洲档　天聡九年』279頁〔『原档』9冊364頁〕)とする例もある。また、「庫の銀を朝鮮に持って行って毛青布・財貨を得る」のに、荷を担ぐのは満洲の民の労役とされた(『太宗実録』天聡八年正月十六日条)。これらのことから、「公」の資金を出し公課の労役を使って、つまり国家が主体となって交易を行なうこともあったとわかる。
196) 私貿易に関する禁令については、張晋藩・郭成康［1988］502～503頁参照。また、外国で勝手に財物を受け取るのも禁止され、帰った者は部の者が検査する

第 2 章　財政構造

制度があった（『内国史院档』天聰七年二月十七日条（20頁））。
197）『旧満洲档　天聰九年』323頁〔『原档』9 冊414頁〕など。
198）『老档』太祖164頁〔『原档』1 冊265～266頁〕。なお、誓いの主体は原文「衆人 geren」であるが、その前の部分が一等大臣から村の領催 gašan bošokū に至る官人らの誓いの言なので、これも「衆官人」の誓いと解した。
199）『老档』太祖153～155頁〔『原档』1 冊250～253頁〕。タタンごとに差し出させ、2 旗がタタンで対になって捜索するようにさせたという。
200）例えば、天聰三～四年の対明遠征では、「兵士が苦しんだ〔ので〕、彼の得たままに取るようにと〔荷物を〕捜索しなかった」という（『老档』太宗394頁〔『原档』7 冊222頁〕）。
201）ヌルハチに対する Sintai の誓詞に「衆人の力で得た糸・針以上」は決して隠さないとあり（『老档』太祖1111頁〔『原档』5 冊307頁〕）、天聰六年、九年にも同様の布告が出されている（『老档』太宗763頁〔『原档』8 冊164頁〕、『旧満洲档　天聰九年』312頁〔『原档』9 冊400頁〕）。
202）枚挙に耐えないが、例えば宗室の Babutai とその子 Gabula（『内国史院档』天聰八年十一月十六日条（366～368頁））、正藍旗グサイエジェン Dalai（『老档』太宗1388頁〔『原档』10冊582頁〕）らも戦利品隠匿により罪せられている。
203）『老档』太祖172頁〔『原档』1 冊272～273頁〕。実際、崇徳元年に武英郡王アジゲも「賞する理でないのに」衆に諮らず自分の旗の者に賞与したとして罪せられている（『老档』太宗1382頁〔『原档』10冊576頁〕）。
204）前注のほか、『老档』太祖845～846頁、太宗847頁〔『原档』4 冊81頁、8 冊249～250頁〕、『内国史院档』天聰七年五月二十日条（56頁）など。なお、勝手に分配してよい時は「欲する者に賞せよ」（『老档』太祖1221頁〔『原档』2 冊170頁〕）などと特に許可されている。
205）『老档』太祖489頁〔『原档』2 冊379頁〕。
206）『老档』太祖368頁〔『原档』2 冊176頁〕。
207）ニルごとに分ける分け方については、『老档』太宗1090頁〔『原档』10冊233頁〕に見える。
208）天聰七年六月二十七日条の Yangguri の上奏に「得た獲物をニルに割り当て献上品を取ろう」とある（『内国史院档』天聰七年六月二十七日条（93～94頁））。金・銀・財貨等をハンのもとへ送れとの命令は『老档』天聰六年六月二日条（太宗775頁〔『原档』8 冊174頁〕）にもある。「ハン・諸王の献上品」という表現もあるが（『老档』太宗781頁〔『原档』8 冊180頁〕）、ともかく一度「ハンのもとに集めた（『老档』太宗779頁〔『原档』8 冊179頁〕）」らしい。
209）『老档』太宗1090、1310～1311頁〔『原档』10冊234、481～482頁〕。後者によ

れば「真珠・東珠・金・銀・閃緞・蟒緞・よい緞子などあらゆるよいもので、上納すべきものを、各々グサイエジェンに送って来い。……それ以外に、そのようなものを得れば、得た者が取れ」と布告していたというが、上記のもの以外は各兵士が自由に取ってよいということではなく、旗なりニルなりで分け取れということであったと思われる。

210)『老档』太宗1310～1311頁〔『原档』10冊481～482頁〕。なお、グサイエジェンが献上品確保を怠って叱責されたことが、『老档』太宗1307頁〔『原档』10冊477～478頁〕に見える。グサイエジェン以外でも献上品が悪かったと罪せられた官人もいるので（『老档』太宗1376～1377頁〔『原档』10冊570頁〕）、献上品確保は重要であった。

211) 正紅旗グサイエジェン Yekšu が正紅旗のダイシャンら「二王の家の者が得た店」を奪い取ったということ（『老档』太宗1379頁〔『原档』10冊573頁〕）などから、旗と王家は別枠で戦利品を確保しており、むしろ競合する関係にあったことがわかる。崇徳末の出征後に、ホンタイジは一部諸王・宗室の家人（booi niyalma）が得た金銀等が多く、旗の官人や兵士が得た金銀等が少なかったことを指摘し、これはグサイエジェンらが旗の諸王に遠慮して献上品を疎かにした結果と決めつけている（『太宗実録』崇徳八年六月十七日条）。

212) 例えば、崇徳元年の征明後、アジゲとアバタイが旗とは別に献上している（『老档』太宗1308頁〔『原档』10冊478頁〕）。

213)『内国史院档』崇徳四年四月二十五日条。旗ごとに獲た人と家畜の総計が記され、その後に献上品として取った馬の数が記された例がある（『老档』太宗1267～1274頁〔『原档』10冊430～438頁〕）。

214) 天命六年六月に鎮江で得た獲物を分配する際、「二千牛を献上品として取り、官位のある者に賞した」（『老档』太祖368頁〔『原档』2冊176頁〕）というように、献上品はハンや諸王の私腹を肥やすのでなく、賞与に用いられるのが正当であったと思われる。他に、ハンが取った後、居合わせたモンゴルの諸王に賞与してから八家に分けた（『内国史院档』天聡七年八月二十一日条（128頁））、八家に分けた後、功労者に賞与する分は兵部に委ねた（『旧満洲档　天聡九年』272頁〔『原档』9冊355頁〕）といった記録がある。崇徳元年のワルカ遠征後には、人・家畜・毛皮・人参の獲得数が列挙された後、「これを受け取って処理し終わった後、兵士に各銀八両を賞した」という（『老档』太宗1036～1037頁〔『原档』10冊169～170頁〕）。また、献上品の一部を公庫に置き、後日の使用に備えることもあった（注127）参照）。

215) 例えば、天聡三年十二月に明領内で掠奪した家畜は、馬・騾馬・牛を「一甲につき」いくらと割り当て、残りを「分に応じて」分け、羊は八王が取り、山羊

第 2 章　財政構造

は「備禦で計って」与えたという（『老档』太宗266頁〔『原档』 6 冊370〜371頁〕）。また、「等級に応じて jergi bodome」（『内国史院档』天聰七年正月二十三日条（14頁））という分け方もある。

216) 『旧満洲档　天聰九年』175頁〔『原档』 9 冊229頁〕。
217) 『老档』太祖158頁〔『原档』 1 冊259頁〕。
218) 中国第一歴史档案館蔵『満文国史院档』巻号038・冊号 3 に、「六月十七日」の日付で、「あらゆる戦で八家以外に金銀を取って来る例はないのであった yaya dain de jakūn boo ci tulgiyen aisin menggun gajire kooli akū bihe」との記述がある。祖大寿の家人に対する諭旨であり、また直前の記事から、崇徳八年六月十七日のことと見られる。
219) 『老档』太宗263、266、275頁〔『原档』 6 冊365、370、386頁〕。他に『老档』太宗811頁〔『原档』 8 冊207頁〕にも同様の例がある。
220) ただし、天聰三年末に北京城外で大勝を得た際、ハンが 1 頭の悪い馬を献上品として取っただけで、残りはすべて将兵に賞与した（『老档』太宗273〜274頁〔『原档』 6 冊383頁〕）というように、ことさらに八家の取り分を設けないこともある。
221) 『老档』太宗779〜780頁〔『原档』 8 冊179頁〕。
222) 『老档』太祖64頁〔『原档』 1 冊137頁〕。
223) 例えば『老档』太宗427〜428頁〔『原档』 8 冊26頁〕等、枚挙に堪えない。
224) 前述の食糧提供、大凌河で降った漢官に「諸王の完全なトクソ各一」を与える（『老档』太宗632頁〔『原档』 8 冊58〜59頁〕）、来帰した沈志祥の部下に婦女を与える（『内国史院档』崇徳三年八月初五日条（514頁））など。
225) 『老档』太宗564頁〔『原档』 7 冊474頁〕。
226) 『内国史院档』崇徳二年正月十六日条（37頁）、同崇徳三年五月十一日条（369頁）。また大凌河攻撃中に兵士の衣服を取り寄せる際には、「一王の各二人」をやはりニルとは別に出している（『老档』太宗561〜562頁〔『原档』 7 冊469頁〕）。
227) 『老档』太祖711頁、太宗425〜426、573、700頁〔『原档』 3 冊300〜301頁、 8 冊23頁、 7 冊489〜490頁、 8 冊111頁〕、『内国史院档』天聰八年六月初四日条（163頁）、『旧満洲档　天聰九年』219頁〔『原档』 9 冊292頁〕。
228) 『老档』太祖58、61頁〔『原档』 1 冊63、67〜68頁〕。
229) 『老档』太宗103〜104、1309頁〔『原档』 6 冊143〜144頁、10冊481頁〕。ホンタイジは、自分がよく人を養うのと引き比べて、「我らの国の諸王以下、姑ら、公主らはみな財貨に貪欲な者が多い」とみなしていた（『旧満洲档　天聰九年』62〜63頁〔『原档』 9 冊75〜77頁〕）。
230) 『旧満洲档　天聰九年』187頁〔『原档』 9 冊246頁〕。

231）ヌルハチの訓言により諸王が保証し合った書では、「自ら楽しみたいと」「衆人に諮らず」狩猟することを禁じている（『老档』太祖557頁〔『原档』該当箇所については注71）参照〕）。ダイシャン譴責の際、「正紅旗の馬は狩猟してみな痩せたので」戦に出せなかったことも挙げられている（『旧満洲档　天聰九年』288～289頁〔『原档』9冊375頁〕）。
232）『太宗実録』崇徳二年七月初五日条。
233）婚姻に関する規定については、例えば張晋藩・郭成康［1988］487～489頁など。また、本書11頁を参照。
234）前者は『老档』太宗407頁〔『原档』7冊257～259頁〕。後者は『旧満洲档　天聰九年』211および290頁〔『原档』9冊281および376頁〕。ダイシャンはチャハルのハンの妹タイスン Taisun 公主が「裕福だと聞いて」娶ることにしたとも書かれている（『旧満洲档　天聰九年』275頁〔『原档』9冊358頁〕）。
235）『満洲実録』巻八・天命十一年六月二十四日条（354頁）。
236）『老档』太祖557～558頁〔『原档』該当箇所については注71）参照〕。
237）『内国史院档』天聰八年正月二十八日条（50頁）。
238）崇徳元年には「穀物のある者が穀物を出して売らなくならないように、八家の各百斛を出して市場で売らせる」（『老档』太宗1363頁〔『原档』10冊552頁〕）と言った。崇徳二年にも同趣旨の布告がある（『内国史院档』崇徳二年二月二十三日条（136頁））。
239）『内国史院档』崇徳二年二月二十三日条（136頁）。実際に官人たちも資力に応じて供出させられたことについては、崇徳六年の飢饉に際して、朝鮮通訳の鄭命寿が「〔帝〕使群下扶助、吾亦納米二十一石」と述べたという例がある（『瀋陽状啓』辛巳年十二月二十三日条（393頁））。
240）『旧満洲档　天聰九年』197～198頁〔『原档』9冊258頁〕。
241）『老档』太宗1178～1179頁〔『原档』10冊331頁〕。
242）天命十年五月、コルチンの Ooba に和平の使者を送った際の口上では、チャハルが「彼らを天の子として、我らを馬・牛のように思い凌ぎ慣らせるのに耐えられない」ことを両国の和平の理由としている（『老档』太祖971頁〔『原档』4冊283～284頁〕）。他に「チャハルのハンは兄弟を殺し、国人を養わず悪い（『老档』太宗129頁〔『原档』6冊247頁〕）」といった評が見える。
243）『老档』太祖588～589頁〔『原档』2冊532～533頁〕。
244）『老档』太祖775～776頁〔『原档』3冊456頁〕。

第 3 章

ニルの構成と運営

序

　八旗の組織は「ニル niru」を基本単位とし、ニルは個人の所属単位として、また軍事編制や行政運営の単位として、当時の史料に頻見される。その国家運営における重要性は明らかであったため、ニルの研究は八旗制度研究の中でも早くから手掛けられてきた。

　従来の研究では、まずニルの編成過程が注目され、地縁・血縁に基づく社会集団がニルの母体となり、多くの場合、旧来の集団の首長がニルの管理を委ねられ、世襲さえ認められたことが指摘された[1]。このことについては、旧首長層の属下に対する支配権をある程度認めたものとの理解が示されている[2]。一方で、ニルがハンや諸王・宗室に所属し、功罪に応じて与えられたり奪われたりしている事実は、彼らが所属のニルとの間に個別の主従関係を結んでいるという推測を生み、ニルをハンや諸王の家臣団とみなす仮説を支えることになった。ニルの編成過程や所属に関する如上の事柄は、単純に類推すれば、八旗制を封建制的制度と捉える見方によく適合するからである。

第3章　ニルの構成と運営

　しかし、諸王や官人らのニルに対する支配権なるものの実態は、具体的事実に即して明らかにされることがなく、図式的理解のみが繰り返されてきた[3]。筆者の見るところ、ニルの運営に関して史料に現われる具体的事実は、如上の仮説には合致せず、逆に相反することが多い。従って、諸王や特権的な官人らによるニル支配の実態が一向に解明されないのは、むしろ当然であると考える。

　筆者は、こうした従来の見解から離れ、ニルがどのように統治されていたのか、史料に基づいて実態を明らかにしたい。そのために、まず前提条件として、ニルがどのような人々によって構成されていたかを明確にし、その上で、それぞれのニルが誰によってどのように運営されていたかを検討する。これらの点を解明することによって、ニルの運営が誰にとってどのように役立つものであったかが明らかになり、従来の見解に替わる支配モデルを提示することができると考える。

　ニルの運営は、主として軍事と非軍事の２つの面において行なわれる。軍事面においては、多くの場合、ニルという単位を離れた組織運営が行なわれるため、別に第５章にて扱うこととし、本章ではまず軍事を除いた面におけるニルの運営について扱いたい。非軍事面におけるニルの運営は、行政運営と若干の司法的業務を含む。

　以下、第１節では、そもそもニルというものが、ハンや諸王・宗室の家計単位の集合体である八家に属するニルと、一般官民によって編成される大部分のニルとに区分され、両者は性格が異なるばかりでなく、全く別系統の組織をなしていたことを示す。すなわち、諸王・宗室の直接的管理の下にあったのは八家所属のニルだけであり、ニルイエジェンが管理する一般のニルは八家と利益が競合する場合さえあったことを明らかにする。第２節では、八家所属のニルの構成と運営を取り上げ、この種のニルが基本的に諸王・宗室の利益のために活動するものであったこと、しかし、八家所属の人々も、最終的には国法によって保護され、八家の王や宗室より国家に対して忠実であることを要求されたため、諸王・宗室が任意に動かせ

るのは、使用者としての範囲に止まったことを述べる。第3節では、一般のニルの構成と運営を取り上げ、この種のニルはあくまでも国家の利益を最優先し、次にニル自体の維持を優先するよう運営され、ニルを管理する者の恣意的利用を阻むよう規制されていたことを述べる。

以上のようなことから、ハン以下、諸王・宗室の直接管理下にあったニルは、八旗全体の中で限られた小部分に過ぎず、そうしたニルさえ国家の利益に抵触することがないよう規制されていたこと、八旗組織の大部分をなす一般のニルは、国家が任命する官人によって管理されたが、そうした官人たちの権限は厳しく制限され、専ら国家の利益に適う運営を義務づけられていたことを示す。それによって、ニルは封建的支配体制を形成する単位ではなく、全体として国家による一元的統制下にあったことを明らかにする。

1 八旗と八家

ニルが「外ニル tulergi niru」と「家のニル（ボーイニル）booi niru」の2種類に大きく区分されることは定説になっており、史料の記載に即しても、この点はまず問題ない[4]。

乾隆朝に編纂された『八旗通志初集』旗分志では、八旗所属の全ニルが旗ごとに各々「都統」所属のニルと「包衣」ニルとに分けて記されている[5]。前者が圧倒的多数を占める一般のニルであり、後者は少数派である。雍正朝の『上諭旗務議覆』などでしばしば対比されている「旗下（旗分）佐領 gūsai niru」と「包衣佐領 booi niru」が[6]、この両区分に相当することは疑いない。この二大区分が史料に明瞭に現われるのは、天聰期前半が最初である。天聰三年八月に犯罪告発者のいわゆる「離主」を定めた上諭の中で[7]、「八王の家の定額の斗の穀物のニルの人 jakūn beisei booi ton i

第3章　ニルの構成と運営

sin i jekui nirui niyalma[8]・家の奴隷」と「外ニルの人・ニルの人の家の奴隷」を区分し、四年十月の編審の際に「諸王の家のニル」に「外ニル」の人口を入れないように命じていることから[9]、遅くともこの時期までに「外ニル」と「家のニル（ボーイニル）」の区分が成立していたことは間違いない。

「諸王の家の」ニルに対する言及は、それ以前から見られる。『満文老档』天命六年十一月条には、「八王の家のシンジェクニル jakūn beise i booi sin jeku niru」、同七年三月条には「八家のデルヘトゥニル jakūn booi delhetu niru」とあり[10]、これらのニルは後に外ニルと区別されているので、「家のニル」の範疇が天聰期に入って突然生まれたものでなかったことはわかる。しかし、「家のニル」と熟した用語が天聰期後半になって初めて一般的に用いられることや、初期の用例が「八王の家のシンジェクニル」「八家のデルヘトゥニル」などと説明的かつ特殊な名称で現われることから、「家のニル」の範疇はヌルハチ即位前のニル編成開始時から確立していたのではなく、少し遅れて成立したと推測される。

外ニル、すなわち一般のニルの編成がどのように行なわれたかは、すでに述べたように先行研究の蓄積がある。ヌルハチの統一事業の過程で支配下に入った諸集団は、概ね従来の集団を基礎としてニルに再編された。そうしたニルの構成員がマンジュ国―清朝の一般官民であり、官人とその他の特に免除された者を除いて、国家の公課を負担する存在であった。こうした通説的見解は、史料的な裏づけにも無理がなく、確実と認めることができる。

それに対して、家のニルの編成については確たる定説がない。先行研究では、「家のニル」は「八家の王・貝勒の所属」であり「八家の王・貝勒の所有に属する」[11]とか、「皇室および貝勒王公府に服役」するものである[12]とか、「八家貝勒の私産」である[13]とか様々な定義がなされている。いずれもこうした定義に至る根拠を詳しく説明しているわけではないが、ともかくハンや諸王に直接所属するとか、ハンや諸王のために働くとか

1　八旗と八家

いった点ではほぼ一致している。「家のニル」の「家」はハンや諸王の家を指す以外に考えられず、また遅くとも康熙朝には、家のニルが「内府」「王府」所属であると示す史料を確認できるので[14]、この点は確実と見てよかろう。しかし、どのような人々をどのように編成したかは、おそらく史料の薄弱さから、ほとんど研究対象にさえされてきていない。確かに史料状況の悪さは如何ともし難い水準にあるが、この問題は本研究にとって重要なので、乏しい史料と間接的な証拠からわかる限りのことを明らかにしたい。

　まず、「家のニル」はもともと個別の王に所有されるものではなかったと考えられる。一般にニルの所属は旗かニルイエジェンの名によって示され、そのニルを「専らにした salibuha」王の名が記されるのは特別な場合だけであるが、入関前史料による限り、家のニルに関しては特定の王の所有・占有を示唆する記載が皆無である。家のニルの所属を示す用例を見ると、「諸王 beise の家のニル」「正藍の家のニル」「Yekšu 旗の家の Onggotu ニル」などと表わされている[15]。すでに引用したように、家のニルまたはその一種と見られる「シンジェクニル」「デルヘトゥニル」は、「八王の家の」「八家の」といった語を冠して表現されている。家のニルを管理する官人も、「正黄の家の備禦」などと表わされている[16]。つまり、外ニルと同様に所属の旗を示す以外に、「八家」に所属することを示す表現が見られるのである。

　前章で述べたように、「八家 jakūn boo」はハンや諸王の家が旗ごとに集まって構成する八つの大きな集団（これも名称は「家 boo」）である。八家の各家と、そこに含まれる各王・宗室の家、さらには一般人の家も、満洲語ではすべて「boo」の語で表現されるため紛らわしい。石橋崇雄は、入関後の漢文史料において、「包衣」の語が一般的な「家」でなく「booi niru」ないしは「内務府」の訳語として用いられることを指摘しているが[17]、それは同じ「boo」という満洲語で表わされていても、八家という特別な組織は一般的な家と区別するべきだと当時の漢訳者が考えた結果で

151

第3章 ニルの構成と運営

あろう[18]。

　入関後にまで観察対象を拡げれば、康熙帝の息子たち（すなわち雍正帝の兄弟）は個人で家のニルを与えられたのが確認できる[19]。しかし、これは康熙朝になってから生じた後発の例と考えられる。雍正帝が諸王の「家のニル・ホントホ[20]」について、「従前は数人の王が合同で一、二のニルを有していたが、今朕の兄弟の中には一人につき五、六のニルやホントホを有する者がある」と言っているからである[21]。このことから、家のニルは元来個々の王に分属するものではなく、数人の王が共有するものであったと考えられる。同じ家のニルを共有するのは、もちろん八家の同じ家に、即ち同旗に属する王らであったに違いない。少なくとも康熙朝以前において、家のニルは実態として八家の各々に属する「八家の」ニルであったと考えられる。従って、前述のように先行研究の多くが家のニルを「八家の王・貝勒」に属すると称しているのは、実証的見地から妥当と認められる。

　その上で、「家のニル」がどのように構成されているかは、2通りの可能性が考えられる。まず、

　（1）個々の王の家に属する人々を、八家で各々まとめてニルに編成したという可能性がある。その場合、家のニルの構成員は、各王の家とニルとの双方に所属することになる。

　そうでないとするならば、

　（2）各王の家に属する人々とは別に、八家に直属する「家のニル」が独立して存在したということになる。

　数少ない史料によって判断する限り、両者を比べれば（1）の方が妥当と考えられる。崇徳六年にアダリ Adali 郡王の母が勝手にアダリの家の者を交易に遣わしていた件で、主人のアダリだけでなく「家のニル」のジャンギンも責任を問われているが[22]、このことは当の「家の者」がアダリという王個人にも、家のニルにも所属していたことを示すからである。

　ハンや諸王・宗室の家に属する人々は、基本的に主人の家の経営下に活動していたはずである。アダリの家の者が交易に赴いたのも、主人の母が

1　八旗と八家

当然のようにその者に命令できる立場にあったことを示している。一方で、そうした人々を八家でまとめて「家のニル」に編成し、ニルの官人の管理を受けさせていたとすれば、個々の主人の家の経営外で活動させる場合もあったことを示す。その際、ニルを運営する主体として考え得るのは、家のニルが属する八家と、八家の上に位置する国家だけである。

　八家が主体となって行なう活動は、史料上に頻見される。前章で述べたように、八家には八家均分という条件の下で認められた特権があり、こうした特権を行使するための活動があった。例えば、毛皮や真珠など貴重な自然の産物は、天命八年より前には「八王家で各百男を放って」採取することになっており[23]、その後も分配方法こそ変更されたものの、八家がそれぞれ人を出して採取したことに変わりはなかった。外国との交易にも、八家はそれぞれ同じ人数と資金を出して赴かせている。八家で漁撈や果樹の栽培などを行なっていた形跡もある[24]。

　これらは八家に属する諸王・宗室の利益のために行なわれる活動であるが、活動の単位は個々の王の家ではなく八家の各家である。実際に働く人々は特定の王や宗室の家に属していたとしても、活動の主体が八家である以上、八家の各家が全体で必要な人員を選び、準備を整え、具体的な指示を出す必要がある。そのためには、個々の王・宗室の家に属する人々を、あらかじめ横断的に組織しておき、管理者を定めておいた方が都合がよい。さもなければ、必要が生じる度に、どの王の下から何人出すかといったことを一々協議する羽目になろう。家のニルが編成された理由や経緯は、史料を全く欠くため証明することができない。しかし、家のニルの必要性について言えば、八家の各家を単位とした活動を第一に挙げて間違いあるまい。

　八家は自らの利益のためだけでなく、国家のために活動する場合もある。これもやはり八家の均等負担で、各種の業務が課せられる。例えば、遠征の際の輸送や連絡などの雑用、造船や道路の修繕などの労役に、八家の者が駆り出された例が見られる[25]。外国からの来訪者を迎えて八家が回り持

第3章　ニルの構成と運営

ちで主催する歓迎宴なども[26]、この範疇に含めることができよう。もともと家のニルには国家の公課が免除されており、それが一般のニルとの違いだということはよく主張されるところである。実際、家のニルへの公課免除は史料によって確認できるし[27]、国家が家のニルに物資・人員を直接賦課した例も見られない。しかし、八家が国家のための労役負担を負っている以上、八家内部で労役賦課が行なわれたわけであり、その際に家のニルが利用されなかったはずはない。家のニルは、いわば八家を介して国家に労役を提供したのである。

　労役と並ぶ一般のニルの重要な義務である兵役に関しても同様である。家のニルの者が出征していたことは史料に見えるが[28]、国家が家のニルから直接兵士を徴している例はない[29]。「八家の……一家につき各百人の兵・各一本の纛を準備して送れ[30]」というように、兵士を出す割り当ても八家に対してなされている。つまり、労役にせよ兵役にせよ、家のニルの人々が国家のために働く場合は、必ず八家を介した動員となったと考えられるのである。従って、家のニルは国家によって直接運営されるのではなく、専ら八家によって運営されたと言うことができる。家のニルが八家の家政に属するものであった以上、当然と言えば当然である。

　以上の考察から、ニルの二大区分は次のように性格づけることができる。ニルには八旗の主体をなす一般のニル（すなわち外ニル）と、八家直属のニル（すなわち家のニル）とがある。外ニルは一般官民から成り、グサイエジェン以下の官人を通して国家が管理運営するが、家のニルはハンや諸王・宗室の家に属する人々が構成し、八家が管理運営する。運営の主体が異なる以上、両者は単に構成員の身分や公課負担の有無など個別条件に違いがあるだけでなく、組織として全く系統を別にするということになる。

　八家と八旗の大半を占める一般のニルとが別系統の組織として動くということは、従来あまり注目されてこなかった[31]。しかし、史料上の記述において、八家の活動は一般の旗の活動と区別されており、両者が並列的に扱われていることも少なくない[32]。その点が看過されてきたことは、旗の

1　八旗と八家

内部の運営について考察が進まなかった従来の研究状況をよく示している。

　八家が旗下の一般官民と組織上一線を画していたことは、戦場における活動に最も明瞭に表われる。戦場での指揮系統全般については第5章にて論じるが、ここで戦利品獲得についてだけ取り上げると、八家は八旗の一般官兵と別行動を取っていたことが明らかである。崇徳二年に朝鮮遠征から帰還した後、「フィヤング Fiyanggū 貝子は八家の人が鹵獲する時に旗の人がついて行って勝手に鹵獲した〔のを見過ごした〕[33]」「イェチェン Yecen は八家の人が鹵獲する時に旗の人がついて行って勝手に鹵獲したのを査べ出せと言っても出さなかった[34]」ということが、それぞれ処罰の対象となっている。ここでは「八家の人」と「旗の人」が明瞭に対置されている。フィヤングもイェチェンもこの時点でグサイエジェンであり、「旗の人」の行動に対して責任を問われているのであるが、「旗の人」の行動が非とされたのは、「八家の人」の権益を侵したからであった。その点は、次の史料によって一層明らかになる。崇徳元年十一月、グサイエジェンのイェクシュ Yekšu は遠征時の4つの罪によって処罰されているが、その1つは、

> 兄礼親王（ダイシャン Daišan）・多羅郡王（アダリ）、この二王の家の人の得た店に入って六箇所を奪い取っていた。橋を守って王の家の人を渡らせずにいた。駱駝の御者を打った。家の人が得た一男児を斬り殺していた。ダイスンガ Daisungga が得た二騾馬を王の家の人になぜ与えたと迫っていた。ダイスンガの得た二騾馬を彼は献上品として取っていた。

というものであった[35]。イェクシュは正紅旗のグサイエジェンであり[36]、ダイシャンとアダリは正紅の王である。ここでは、同じ旗のグサイエジェンと王の家の人とが同じ目的で別々の指揮下に動き、両者の間で利益が競合していることがはっきりとわかる。

　ここではさらに、王の家の人に橋を渡らせないといった行為が罪とされていることから、グサイエジェンの命令権が及ぶのは「旗の人」に対して

155

第 3 章　ニルの構成と運営

だけであり、「八家の人」の行動を制約するのは越権に当ったことが示される。つまり、八家とグサイエジェン率いる旗下とは、組織の上で互いに独立した存在であったことがわかるのである。

　八旗を構成するニルの二大区分は、単に性格の異なる 2 種類のニルがあったことを意味するだけではない。「八家」と「狭義の八旗」、あるいは「八家」と「八家を除いた八旗」という 2 種類の組織の分立を示すものなのである。

2　「家のニル booi niru」の構成と運営

　前述のように、八家 jakūn boo とは、ハンと諸王・宗室が近親者同士で各々の家 boo を合わせて形成した八つの大世帯である。彼らの家には、彼ら自身とその親族の他に多くの人々が属していた。このうち家の主人とその親族を除いた成人男子が、「家のニル」の構成員となり得る者である。史料に基づいて分類すると、これらの人々は、ニル編成という観点から概ね以下のように分類される。

　（1）最終的に「満洲佐領 manju niru」と呼ばれるようになるニルを形成する人々。基本的に満洲人。
　（2）最終的に「旗鼓佐領 cigu niru」と呼ばれるようになるニルを形成する人々。基本的に漢人。他に少数の「高麗佐領 solho niru」があったことから、（1）（2）と区別された朝鮮人もいた[37]。
　（3）ニルに編成されない人々。

　これらについて説明するためには、前章でも取り上げた宗室ワクダ Wakda の財産没収の史料が役に立つ[38]。ワクダが天聰九年に没収されたほぼ全財産のうち、人間については①トクソ tokso の漢人 199 男とその「戸

2 「家のニル booi niru」の構成と運営

boigon」、②バイタンガ baitangga の漢人304男とその戸、③家の奴隷 booi aha の満洲人158男とこれに属する漢人186男、モンゴル人20男とこれに属する漢人10男、④外の満洲・モンゴル・漢人のニル、となっていた。①〜④のうち八家に直接含まれるのは、④の外ニルを除いた①〜③である。ワクダは諸王なみの待遇を受けていた宗室なので、一般に諸王や有力な宗室はこの程度の数と種類の人間を有していたと見ることができる。

（1）③の満洲人奴隷が家のニルを構成していたことは、ほぼ間違いあるまい。編審時に家のニルへの編入を許す者として「財貨で買った男」すなわち購買奴隷と「新たに成長した子供たち」が挙げられているように[39]、奴隷が家のニルに入っていたのは確実である。家のニルが労役に利用されたならば、1人の宗室で100人以上も有している家の奴隷を利用しないはずがなかろう。『八旗通志初集』旗分志で「包衣満洲佐領」とされるニルは、主としてこれら満洲人奴隷によって構成されたと考えられる。一般の満洲ニルと同様、少数のモンゴル人奴隷もここに編入された可能性が高い[40]。

（2）②のバイタンガの漢人は、家のニルに編成されていたことが確実である。天命七年正月初五日には、「遼東で得た豚を飼う漢人ら、繡匠などいろいろなバイタンガの漢人らを、シンジェクニルに新たに得る五百男のうちに入れるように取れ」という命令が出されている[41]。史料上の用例を見るに、バイタンガは非農業従事者であり、特殊技能をもつ者を指すことが多かった[42]。順治初期の内務府档案にも、職人その他の特殊技能者がバイタンガとして多数記録されている[43]。前述のようにシンジェクニルは家のニルであり、直訳すれば「斗の穀物のニル」の意であるが、「ton i sin i jeku i niru 定額の斗の穀物のニル」と表現された例もある。非農業従事者が編入されたニルに「〔定額の〕斗の穀物の」と冠されているのは、そのニルの構成員が「穀物」を生産するのではなく、逆に支給されることを示すと見られる。先行研究で、「定期的に発給される口糧を食む」という意味、従って、穀物を生産せず、別の生産物やサービスを提供する代わ

りに食糧を与えられる人々から成るニルと理解されているのは[44]妥当であろう。

「sin jeku」または「辛者庫」の語は、入関後の史料では、特に罪を犯した者やその家族（漢人とは限らない）が入れられるものとして現われる[45]。従って、「シンジェクニルとはすなわちバイタンガの漢人を編成したニルである」と定義することはできない。しかし、ワクダの例に見えるように、諸王・宗室はバイタンガの漢人を多数抱えており、これらの人々をニルに編成するとすれば、管理の都合上、同じニルにまとめるのが当然であろう。従って、「主としてバイタンガの漢人から成るニルがあり、それらはシンジェクニルの少なくとも一部を成した」とみなすことはできよう。

乾隆『大清会典則例』には、「五旗王府属（即包衣）、有満洲佐領、有旗鼓佐領・管領（即辛者庫）」とあり[46]、『八旗通志初集』旗分志でも、包衣佐領は満洲佐領と旗鼓佐領に分けて記されている。どちらの史料でも旗鼓佐領は満洲佐領と対置されており、また『八旗通志初集』に旗鼓佐領の管理者として記された名に漢人名が多いことから考えても、旗鼓佐領の構成員は基本的に漢人であったと見ることができる。『八旗通志初集』に記される旗鼓佐領は、多くが国初の編立と記されている[47]。つまり、天命期にバイタンガの漢人を編成（あるいは編入）したシンジェクニルは、そのまま乾隆期の旗鼓佐領になったと考えられるのである。

（3）同じ漢人でも、バイタンガとは違って、トクソの漢人はニルに編成されなかったと見られる。祁美琴は内務府所属の「荘頭人」がニルにもホントホにも属していなかったことを指摘し、その根拠として福格の『聴雨叢談』巻一・八旗原起に「荘頭旗人は、あるいは国初に土地とともに投充し、あるいは兵丁から抜き出して屯田に充てられたもので、今はみな内務府会計司の管轄に帰し、佐領・管領の内に列していない」とあるのを示している[48]。福格の言う「国初」の「帯地投充」というのは、入関直後に盛んに行なわれた漢人の清朝諸王に対する投充を指すと思われる。実際、この時期に多数の漢人農民が旗下に入ったことはよく知られており、それ

2　「家のニル booi niru」の構成と運営

らの農民がニル・ホントホとは別に管理されたことは間違いなかろう。しかし、それ以前の遼東征服の当初から、征服地の漢人農民はニルとは別の編成によって管理されていた。

　天命六年、遼東を征服したヌルハチは、漢人たちに対して男20人に1人を徴兵することを布告し[49]、100人に1人の百長を立てて監視させるよう命じた[50]。翌七年には、男10人に1人を労役に駆り出し、百長2人が組んで1人が引率、もう1人が居残って管理するよう命じている[51]。つまり、男100人を1人の百長の下に編成したのである。その後、備禦から総兵官に至る満・漢の官人に、官位に応じて500人から4,000人ずつ分与しているが[52]、これは百長の下の100人を単位として分けたものであろう。

　分与された漢人たちは、管轄する官人らが一定の割合で自由に使役するのを認められたことから[53]、ニルに編成された一般の民とは多分に扱いを異にしたことがわかる。罪を得た総兵官が「隷民一ニル」と「漢人三千人」を並べて没収されていることからしても[54]、これらの漢人がニルに編成された民とは区別して把握されていたことは明らかである。漢人農民は通常「堡」などと呼ばれる集落に居住していたらしく、平時には堡を単位に任じられた守堡の管理を受けていたようである[55]。百長・守堡の上には都司が置かれ、彼らを管理していた[56]。つまり、彼らはニルとは全く別種の組織によって管理されていたのである。

　遼東征服以前に服属した漢人の民については、どのような形で管理されていたのかよくわからないが[57]、遼東征服以後の漢人服属民について言えば、当初ニルに編成されていたのは八家に入ったバイタンガだけであり、圧倒的多数を占める一般農民はニルに編成されていなかったと考えられる。

　天命十年の漢人虐殺の後、残った漢人たちは男13人を1組にしてトクソに編成され、満洲の諸王・官人らに分配された。上掲史料でワクダが有していた①のトクソの漢人は、このような由来をもつ人々である。諸王の家に入ったトクソの漢人が、この後に改めてニルに編成された形跡は見られない[58]。彼らはトクソイダ toksoi da によりトクソを単位として管理され

第 3 章　ニルの構成と運営

たので、さらにニルに編成する必要もなかったのではないかと思われる。順治八年に内務府が盛京の内府（この時点では両黄・正白の「家」）所属人口について行なった調査は[59]、調査対象を列挙する際、「Ajina ニルの Hunduhuren に住む……」など、あるニルの所属として書くか、「盛京の Jing El Tun に住むトクソイダ Ma El の……」などと、あるトクソイダの所属として書くか、2種類の書き方を取っている。つまり、内府所属の人々は、ニルに属する者とトクソに属する者とが区別されていたと推測されるのである。遼東居住の漢人については、入関後に大挙投充したはずがないので、これは入関以前の状態を引き継いだものと見てよかろう。このようなことから筆者は、八家のトクソで働く漢人は一貫してニルに編成されなかったと考える。

　以上、取り上げて分類した八家所属の人々は、いずれも「奴隷 aha」と位置づけられている。（1）に挙げた「家の奴隷」はもちろん、（2）のシンジェクニルに入れられたバイタンガの漢人も、やはり奴隷とみなされている[60]。（3）で取り上げたトクソの漢人も、ホンタイジ自身の言に「奴隷」として表現されている[61]。八家の諸王・宗室の家に属する者が、少なくとも大多数において「奴隷」であったことは、ほぼ通説となっている。

　それでは、八家所属の人々は諸王・宗室とその親族を除いてすべて奴隷であったかと言えば、この点に関しては定説が確立していない。一般に八家所属の人々は、その「家の人 booi niyalma」あるいは「家の booi」何某と呼ばれている。同時代史料の用例によれば、通常「家の人」と言えば「奴隷」を指したと見ることができる[62]。当時の満文史料における「奴隷 aha」の用法については、石橋秀雄の詳細な研究があるが、それによれば、aha は基本的には家の aha（booi aha）であり、家の主人 ejen に使役されるものである、という以上に語意を確定できないことが示されている[63]。筆者の見たところでも、史料上の用例からは「他人の家に属してそこで使われる人」という以上の意味は確認できない。

　石橋はさらに「aha」の概念について、「家における非血縁者をすべて

2 「家のニル booi niru」の構成と運営

aha と称していると思われる一面」さえ否定できないことを指摘している[64]。要するに、史料上の用例から帰納する限り、「aha」とは家に属する非血縁者で、家の仕事に使役される者に他ならないのである。「booi niyalma」と「aha」が完全に同義語かどうかは、石橋も結論を保留しているが[65]、「奴隷」の意味用法が以上のようなものであれば、基本的に「家の人」がみなその家の「奴隷」であっても無理ではない[66]。

しかし一方で、八家所属の使用人すべてが同列に奴隷とは言えず、一定の区別があったことを示す史料も、僅かではあるが存在する。例えば、ハンや諸王の家に属する「旗鼓 cigu」という官人がいるが[67]、ある旗鼓が管理した男の数を減らしたとして、「旗鼓をやめさせて彼の王の家で全く umesi 奴隷とした」という用例がある[68]。つまり、彼らの中でも、ただ使われるだけの「全く」の奴隷と、そうした奴隷を管理する者とは区別されており、少なくとも狭義には、前者だけが奴隷とみなされたと考えられるのである。

満洲人の間では、奴隷は決して虐げてよい存在とはみなされていなかった。ヌルハチは「奴隷は〔自ら〕耕した田地の穀物を、主人とともに同じく食べよ。主人は〔自ら〕戦って得た財貨を、奴隷とともに同じく着よ」と言い、養い方の悪い主人からは奴隷を取り上げてよく養う主人に与えるとしている[69]。当時の漂着日本人も、満洲人の主従の睦まじさを述べており[70]、一般に奴隷は主人にとって家族に近いものとして捉えられていた可能性はある。だが、ヌルハチが朝鮮に送った書に、明は朝鮮人を「明の国人より大いに卑賤にして家の奴隷のように養っているぞ[71]」と言っているように、奴隷が「卑賤 fusihūn」な身分と思われていたのは確かである。実際、罪を犯した一般の官民が、罰として諸王の家に「奴隷として」入れられているように[72]、たとえ王の家であっても、奴隷の身とされるのは明らかに不利なことだったのである[73]。

一方で逆に、犯した罪に対する罰として、諸王の家を追放されたという者もいる。天命六年、罪を犯したカサリ Kasari という者は、鞭打ちとハ

第3章　ニルの構成と運営

ンが与えたすべてのものを没収する処分に加え、「〔ハンに〕飯を食べさせることから離して、ニルに駆逐した」とされている[74]。崇徳三年、ダイシャンに仕えていたババライ Babulai は、宗室タバイ Tabai の果樹を奪ったと訴えられ[75]、死刑を免じて贖罪を命じられた上、ダイシャンに仕えるのを辞めさせて「ニルに駆逐」されたという。両者はともにハンや王の側近く仕えていたと見られる者であり、そのような者にとっては、「ニルに駆逐」することが処罰の意味をもったことがわかる[76]。また、八家の「家の人」が政府の官人に任じられることもあり、その中には相当な高官の地位に上る者もいた[77]。このような人々は、一般の民が身を落とされた奴隷と同格であったとはみなし難い。

八家に属する人々の地位や法的身分が、明確な用語・概念によって区別されていたのかどうかはわからない。「全く」の奴隷という表現は、「全く」でない奴隷の存在を示唆するので、あるいは狭義の奴隷と広義の奴隷の区別があった可能性もある。しかし、如上の実態に即して見れば、少なくとも八家所属の官人や諸王の側近く仕える者と「全く」の奴隷とは、何らかの形で一線を画していたとみなさざるを得ない。

この点を補強する史料として、雍正期まで時代が下るが、イエズス会士パランナン Parennin の書簡がある。これは有名なスヌ Sunu 一族の迫害を報告したもので、彼らが右衛の配所に至った後の状況を説明した部分に次のような一節がある[78]。

> 配所にあるこれらの公子たちに仕える奉公人のなかには二種類があります。一方はまさにその家の奴僕であり、他方は皇帝が宗室の公子たちに授与する位階の高さに応じて、数の多寡はありますが、かれらに賜与される満洲人または満洲人化された漢人であります。後者はレギュロ（王・貝勒を指す。ここではスヌのこと＝引用者注）の供廻りのものであって、普通家門の人と呼ばれています。この連中のなかには相当な役人、すなわち巡撫とか総督などがいます。かれらは前者のように奴隷ではありませんが、レギュロがその位階を維持している限り、かれの命令にはほとんど前者

2　「家のニル booi niru」の構成と運営

と同様に従います。かれらはレギュロの死後、息子たちが父と同じ位階を与えられる場合には、この息子たちに奉仕することになります。父がたまたま在世中に位階を失うことになるか、それとも臨終までこれを維持してはいたが、息子たちのだれの手にも渡らなかった際には、この種の奉公人は予備に取って置かれ、宗室の他の公子が家を起こすことを許され、同様の位階を与えられる時にかれに支給されます。

スヌは雍正帝から罪せられると同時に旗下のニルを没収され、「彼の府の佐領」すなわち家のニルだけを残された[79]。もとより、スヌの子らが旗下ニルを有していたはずはない[80]。従って、ここで取り上げられたスヌ一家の「奉公人 domestiques」とは、間違いなく彼らの家に属する者である。パランナンの前年の書簡において、「三百人ほどの両性の奉公人[81]」がスヌ一家とともに配所に向かったと記されており、また上掲書簡の続きの部分に「北京に残って家務の差配をし」たり「主人たちの土地・家屋からあがる所得を収納することを担当し」たりしていたという「家門の奉公人」[82] について言及されていることからも、スヌの家の使用人であったことがわかる。ここでは、そうした「奉公人」が奴隷とそうでない人々とにはっきりと区別され、後者は皇帝から宗室に謂わば終身貸与される存在とされている。後者は「家門の人 les gens de sa porte」と呼ばれるとしているが、その原語はまさに「booi niyalma」に適合する。

一般に「booi niyalma」は「booi aha」を含むとみなされているが、ここでの記述に従えば、奴隷を除外した者をそう呼んだということになる。つまり、ハンや諸王・宗室の家に属する人々は、単なる私有の奴隷と、奴隷ではないが謂わば宗室の共有財産のような形で身分を拘束されている「家の人」とに分けられ、呼称・概念の上で区別されていたことになる。

実際のところ、イエズス会士が伝える情報は、時として正確さを欠く。彼らが全く異質な文明世界から訪れた者であり、中国における滞在年数・知識・経験とも限られたものであったことを思えば、無理のないことであ

ろう[83]。従って、上掲史料のみによって、宗室の家に属する人々が「奴隷 aha」と「家の人 booi niyalma」とに区分されていたと断定するのは難しいかもしれない。しかし、入関前の満文史料からも窺える状態と併せて考証すれば、宗室の家に属する者が、①単なる奴隷と②むしろ一般の民より優位にある人々に分けられ、②の方は主人の「供廻り équipage」つまり側近や、八家あるいは政府の官職に就く者を出すということは、ほぼ裏づけられたと見ることができよう。

　数の上で多数を占めたに違いない①の奴隷は、トクソの漢人を除いて家のニルに編成されていたと見られるが、②の範疇に含まれる人々もおそらくニルの構成員となっていた。確証となる史料は乏しいが、乾隆初に編纂された『八旗満洲氏族通譜』に、もと鑲藍旗に所属していたダチカ Dacika が内務府に入ることを願い出て、「鑲黄の家のニルに」改隷されたという記載がある[84]。彼はヌルハチの代から仕えた官人であって、自ら願い出た結果の移籍であることから、確実に②の範疇の人であったと考えられる。彼が「家のニルに」改隷されたと明記されている以上、そうした人々は家のニルに所属したと考えるべきであろう。

　家のニルは、以上のような人々によって構成されていた。これらのニルには各々官人が任命されて、管理・運営に従事した。八家所属の官人たちは、八家の「家の人」に限られたわけではなかったが、それが望ましいとみなされていたようである[85]。家のニルを管理する官人は、最初から統一的に設置されていたかどうか疑わしい。天命期に「シンジェクニルのエジェン備禦」の呼称が見えるが[86]、家のニルに関して「ニルイエジェン」の用例は他にほとんど見えない。天聡六年には、八家のすべてに「家の備禦」と「旗鼓備禦」がいたことが確認され[87]、少なくともこの２種類の官は、八家共通の官として成立していたことがわかる。その後、「備禦」の名称の廃止に伴って「家のニルのジャンギン」の名が現われ、崇徳元年にはハンの家の旗鼓を「faidan i janggin」、親王以下の家の旗鼓を「faidan i da」と改称すると決定された[88]。

2 「家のニル booi niru」の構成と運営

　旗鼓については、天命七年に「ヨト Yoto = アゲの旗鼓」が関係した不正事件が記録されていることから[89]、この時期には諸王に属する官として存在したことがわかる。天聡期には、八家の漢人を連れて来るよう命じた際に、旗鼓がいれば旗鼓が率いて来るよう指示していたり[90]、旗鼓が自分の王のバイタンガの漢人を隠して使役したり、名目をつけて彼らから銀を取ったりといった記載が見られる[91]。これによって、旗鼓は諸王の家の漢人を管理していたと見ることができる。また、外ニルのエジェン相当の官位を付与されていることから[92]、「旗鼓佐領」ないしはその前身に当たるニルの管理者に当たったと考えられ、それとの対照から、「家の備禦」「家のニルのジャンギン」は「満洲佐領」ないしその前身に当たるニルの管理者であったと見ることができる。これより下位の官制についてはよくわからないが、家のニルの構成員は、通常その主人の家でボーイダ booi da などの指示に従って働いたと思われるので、ニルを管理する官人をあまり多く設置する必要もなかったのであろう。

　家のニルを管理する業務は、前節で述べたように、八家が主体となって行なう活動に人員を割り振り、差配することが中心であったと考えられる。具体的な業務内容は、入関前史料にはほとんど現われないが、順治初の内務府档案[93]からその一端を窺うことができる。内務府は内府すなわち両黄（後に正白も加わる）の家に関わる業務全般を担当するため、この史料に取り上げられている業務は、内府が経営する経済活動から、建物の修理・家に属する者の婚姻・ラマへの布施といった雑務まで様々である。このうち、家のニルが関わっているのは、比較的大規模な業務に人手を調達する場合である。

　例えば、順治五年には、人参採取のため「Nintaha ニルの男八人、Hūmin ニルの男二十二人、 Hūmise ニルの男二十五人、……計男二百三人」というように、13ニルから各々 6 ～25人を動員している[94]。均等な割り当てになっていないのは、ニルによって男の総人数が異なったり、手の空いた者や人参採取に慣れた者の数に差があったりしたせいであろう。

第3章　ニルの構成と運営

六・七・八年にも人参採取に人を遣わしているが、動員数やニルへの割り当て方はそれぞれ違う[95]。

それ以外にも、順治四年には、松の実を取るために「正黄の木に登る者」として14ニルから各1人、鑲黄からは3ニルの各1人を候補に挙げて選ばせている[96]。八年には、「小淩河口に住んだ魚を捕える十五男」のうち5男をやめさせて「ニルに戻らせよ」としており、また「蜂蜜を採らせるウラ Ula の猟師」として取っていた4ニルの各2～3男、計10男を「各々のニルに戻らせた」としている[97]。このように、採取・狩猟・漁撈といった八家の経済活動は、家のニルから適宜人を出させるという形で行なわれたことが窺える。綿を紡ぐ、布を織るといった仕事も、家のニルの監督下に行なわれていた[98]。綿・布などは毎年納入するべき定額が決められていたらしいので[99]、定額に不足を来たさないよう監督することも、ニルを管理する官人の任務であったろう。

家のニルの構成と運営は、おおよそ以上のようなものであったと考えられる。家のニルの構成員は、「全く」の奴隷もそうでない者も、基本的にはハンを含む八家の諸王・宗室の家のために働く使用人であった。彼らの活動は、その主人である諸王・宗室の、あるいはその旗の諸王・宗室全体の私的利益に供するものであり、少なくとも主人あるいは1旗の主人たちの意思に従って行なわれるものであった。その意味では、彼らとその主人あるいは主人たちとの関係は、主従関係と呼ぶことが可能である。ただし、この主従関係は一般官民とその奴隷との関係と同種のものであり、一方の主体が王であったとしても、それ以上の意味を見出すことはできない。

一般に、奴隷は主人の命令に従わなければならない。しかし、それは絶対服従を意味するものではない。前章までにも何度か取り上げたように、主人が罪を犯した場合、奴隷にもそれを告発することが認められ、告発者を保護する法さえ整備されていた。それは再三実際に行なわれ、諸王・宗室が告発の対象となって罰せられることも稀ではなかった。このことの根底にあるのは、たとえ奴隷であっても、主人の利益より国益の方を重んじ

2 「家のニル booi niru」の構成と運営

るべきであり、それは主人が諸王・宗室であっても変わらないとの思想である。こうした思想が前提になっていたことを思えば、本来諸王・宗室の家の使用人であったはずの「家の人」が政府の官人となり、高官の地位に就くことがあったことも納得できよう。政権としては、特定の王・宗室への忠誠のため国家に対する責務を蔑ろにすることはないと信じられたからこそ、八家のどの家の人であれ、安んじて政府の重要な官職に就けることができたのである。

　また、奴隷は自らの意思でその主人のもとを離れることが許されなかった。いわゆる逃人に対しては、政権は非常に厳しい態度を取っている。蓄財によって自らの身を購うことさえ、少々あやふやながら、雍正期に「その例なし」とされている[100]。八家に仕える者の大半は「全く」の奴隷であったはずで、彼らについては一般の奴隷と同様、その主人に拘束されると考えて間違いなかろう。「全く」の奴隷ではなくても、八家に仕える者は家の戸籍に登録されていたので、勝手に所属を変えることはできなかったはずである。しかし、ホンタイジの即位直後に、トクソの漢人を13人中8人だけ留めて残りを民とするよう命じたり[101]、天聡三年に、ハン・諸王以下、満洲・モンゴル人の家で奴隷となっていた漢人秀才を試験して「出し」たりした[102]ことに見られるように、国家の命令によって解放されることは珍しくなかった。つまり、人身の帰属に関しては、国家が認めるということが最大の要件となるのである。

　当時の満洲人が人身の帰属をどのように考えていたかについては、次の史料が示唆的である。崇徳元年八月、宗室のショトは自分の「家の婢 booi sula hehe」を不当に殺したことで罪せられ、100両の贖罪銀、3ニルとデルヘトゥニルの満洲のほかに「殺した女の代わりに法 fafun に一女を」取られた[103]。このことは、有力な宗室であっても、その家に仕える者に対して生殺与奪の権はなかったことを示すが、それ以上に注目すべきは、ショトが自分の家の女を1人殺したために、「代わりに funde」もう1人別の女を国家に没収されていることである。たとえ八家に属する人であっても、

167

単なる主人の私的所有物ではなく、不当に損なった以上は国家に償わなければならなかったのである[104]。この観点からすれば、国家が奴隷の逃亡に対して厳しい姿勢で臨んだのも、個人の所有物を守るためというよりは、むしろ国家の財産を守るためだったと見るべきであろう。

　奴隷に対する個人の所有権を、国家が積極的に擁護しているのは、兵士たちに褒賞として与えた俘虜 olji の場合だけである。こうした俘虜は兵士たちが他ならぬ国家のために「命と引き換えに自ら死んで[105]」勝ち取ったものであるから、仮に幾ばくかの政策的利益があったとしても、安易に取り上げることはおろか、処分方法に口出しすることもできなかったのである[106]。

　家のニルに属する八家所属の人々は、その主人である八家の諸王・宗室の命令に従って活動し、その活動の主な目的は主人の私的利益であった。彼らは、厳密な意味で奴隷である者もそうでない者も、基本的にその主人に身柄を拘束されていたと見ることができる。しかし、彼らは常に主人よりも国家に忠実であることを求められ、同時に国家によって主人の恣意から保護されていた。八家の諸王・宗室が実質的にその家の者に対して行使できる権力は、使用者の範囲を超えるものではなかったと考えられるのである。

3　「外ニル tulergi niru」の構成と運営

　次に、数の上で八旗の大部分を占め、実質的に八旗そのものを成すと言ってよい外ニルについて述べる。

　周知のように、ニルは「男 haha」すなわち成人男子300人を単位として編成された。『満洲実録』は、さらに5ニルに1ジャランイエジェン、5ジャランに1グサイエジェンとして、1旗を25ニルで編成したかのように

3 「外ニル tulergi niru」の構成と運営

記すが[107]、この数字は『満文老档』には（原本たる『満文原档』にも）見えない。ただ、『八旗通志初集』旗分志に「国初」の編立と記されているニルを合計すると、204ニルと35半箇ニルとなり、平均すると1旗25.5ニルと4.375半箇ニルとなるから[108]、1旗25ニルというのは実態に近い数字であったと見られる。

その後、ニルの数は漸増したようであるが、人口の増減は旗によって差があるので、旗ごとのニル数にも差が出ていった。天聡八年には、ワルカ Warka から得た俘虜を八旗に分配するに当たって、この俘虜でニル数の差をなくし、1旗30ニルに揃える措置が取られた。

> 三十ニル以上のニルがある旗は解体して三十ニルの中のどれか〔人数の〕足りないニルに処理するように。三十ニルに足りない旗は、若者らでニルを領催することができる者を見つけ出して彼の〔管理する〕男だけを率いて別の堡・村に住むように。後に〔男を〕得れば数を満たしたい[109]。

この時、俘虜の男は「男の足りない」鑲黄・正黄・正藍の3旗だけに与えられ、正黄4・鑲黄4・正藍5・正紅2・鑲紅2・正白1のニルが新設された。逆に鑲白2・鑲藍1のニルが多過ぎるために解体されたという[110]。旗ごとのニル数は後にまた差が出始めるが、長期的に見れば、できるだけニル数の少ない旗に補っていく方針が窺える[111]。

各旗のニル数は、人口増加率の違いによって自然に差がつく以外に、所属の移動によっても差がつく可能性がある。ニルを有する王や宗室が罪せられてニルを没収された例を見ると、ほとんどがすぐに返還されるか、同じ旗の別の王に与えられるかであり、別の旗に移されることは滅多にない。なるべく旗の間で移動が起こらないようにする配慮が窺えるが、稀に大規模な移動も見られる。崇徳四年にドドが罪せられた時には、ドドが1旗のニルを独占している状態であったため、同旗の他の王に与えることは不可能であった。ドドの満洲10ニル・蒙古4ニル・漢2ニルは同母兄のドルゴンとアジゲに与えられ[112]、正白旗から鑲白旗に移動させられることになっ

第3章　ニルの構成と運営

た。1旗から別の旗に10ニルもの移動が起これば、ニル数の均衡が大きく崩れてしまう。しかし実際には、この処分が決まった直後に、鑲白旗の同数のニルを「分管 fiyetehe」として、正白旗に編入するという措置が取られている[113]。つまり、諸王が有するニル数にどれだけ変動があろうと、八旗の間でニル数に差が出ないように操作されていたのである[114]。このような措置は、八旗が常に同等の規模を保つ必要があるとみなされていたことを示す。八旗を運営していくためには、ニルの数は均等でなければならなかったのである。

各旗のニル数は、こうしてほぼ均等に漸増していったが、1旗25ニルから30ニルへという定数の増加から想像されるほど八旗の規模が拡大したわけではない。上述のように、『八旗通志初集』旗分志に載せる国初編立のニルは、正規の規模をもつ「整ニル gulhun niru」204に対して、「半箇ニル hontoho niru」が35ある。半箇ニルは概ね後に人数を増して整ニルとなっていくので[115]、増えたニルの中には、半箇ニルから昇格したニルが少なくなかったと見られる。

また、1ニル当りの人数は、ある時期までむしろ減少していった。当初1ニルにつき男300人であった定額は、ホンタイジ期には200人となり、入関後はさらに減少している[116]。実数がさらに不定であったことは確実である[117]。定額よりも男の数の多いニルもあったかもしれないが、全体として不足気味であったと見るべきであろう。

ともかく、なるべく定額に近い数を目指して編成されたニルの男は、兵役・労役の負担義務者であり、帳簿に登録されていた[118]。彼らの家族である女や幼少者、登録を抹消された老人などは定額の数から外れているが[119]、これらの人々も戸籍において把握され[120]、行政の対象となることがあったので[121]、やはりニルに属すると見ることができる。標準300ないし200人の男とその家族に対して、行政上何がなされたかを考えるために、まずこれらニルの者の生活形態について見ていきたい。

前章で述べたように、入関前の満洲人は、一般の民からハン・諸王に至

3 「外ニル tulergi niru」の構成と運営

るまで、主として自家で農業を営んで生計を立てていたので、ニルに属する人々の大半は基本的に農村に住んだ。だが、各ニルとも一定数の人々は、必ず城内に住んでいた。

城内に居住したのは、まず官人として職務に携わる者が挙げられる。彼らは部 jurgan など政府各部局で働いたり、特別な任務を帯びて各地の城塞に駐していたりする。彼らの多くは主として都城に生活の拠点を置いていたと見られるが、生計の基盤である農地とそれを耕す彼らの家の者は農村に置き、彼ら自身も時々は自分の農場に赴いていたようである。

次に、都市に住まなければできない職業をもつ者がいる。

> ブライ Burai ニルの一人の黄酒・饅頭・紙などいろいろ細々と売る店の者、工匠ら、ラッパ・サルナを吹くバイタンガの者は城に居るがよい。それだけである。他はみな各々田地を耕す所に行って田地を耕せ。

と言われているように[122]、商人・職人その他のバイタンガは城居させられた。これらの人々の人数は、ニルによって違いがあったろうが、一般に少数であったと考えられる。ニルを管理する官人に下された命令を見ると、基本的にニルに属する者の生業は農耕であるということを前提としているからである。

城居するニルの構成員として、一般に最も数が多いのは兵士であったと考えられる。天命期においては、「1ニルから出ていく100人の甲士」「1ニルの100甲士」といった史料の記載から[123]、原則として1ニルの男300人のうち3分の1に当たる100人が兵士として徴用されたと見られる[124]。崇徳末には1ニルの甲士60人という数字が上げられているが[125]、これはこの時期に1ニルの定額が減少しているためであり、「男3人につき1人」という割合には変化がない[126]。遼東征服後に出された布告に「兵に立った者はハンの城に住む」とあるように[127]、徴兵されたニルの者は、外征や戍守に駆り出されなければ、都城で待機させられていたと見られる[128]。

天命六年十一月のハンの書は、「ニルの者は毎朝、ニルイエジェンたる

第3章　ニルの構成と運営

備禦の衙門に朝せよ」と言い、それから備禦以下が参将・遊撃のもとへ、参将・遊撃以下が副将のもとへ、副将以下が都堂・総兵官のもとへ、都堂・総兵官以下が各々「ホショの主たる諸王の衙門」に集まり、最後に集まったことをハンに報告するよう命じている[129]。ここで言う「ニルの者」とは、ハンや諸王の住む都城（当時は遼東城）に住む者に限られるはずである。都城に住むニルの者の中で最も数が多いのは、各ニルとも「男」の3分の1を占める兵士に違いない。

　毎朝参集を命じるのが、主として兵士を集合させることであるならば、逃亡を防ぐだけでなく、点呼を取り集団行動に慣れさせて出動に備えるという一種の軍事訓練の役割を果たしたとも考えられる。こうして日常的に接触することで、ニルイエジェンはニルの兵士たちを把握することができたはずである。それによって、ニルの兵士を率いて戦う場合はもとより、各ニルから何人の兵を出せという命令が下された時にも、適切な人選を行なうことができたろう。

　一方、農村に住む者は、ニルごとに集まって居住させられていた。彼らは都城の移転に伴って何度か集団移住させられており、その都度土地を指定して住まわされている。田地がニルごとにまとめて分配され、結果的に集まって住むことになったのはごく自然であり、管理の都合から言っても当然のことであったろう。前掲の天聰八年のニル新設を命じた史料でも、新しいニルを領催する者はそのニルの者を率いて「別の堡・村に住むように」と言われていた。実際、出征兵士の田地を「ニルの者が兼ねて耕せ」とか、農繁期に「ニルの者をすべて合わせて刈らせよ」「田地の穀物を子ら女らがみな出て耘れ。速く土寄せよ。病気であれば、ニルの者がみなで助けよ」とかいった農作業の共同を命じた史料は間々見られる[130]。こうした命令は、ニルの者が互いに近接して住んでいることが前提となる。

　一部の者に余分な田地を与え、「ニルから離れて別に住まわせた」ことで革職された官人もいる[131]ように、故もなくニルを離れて居住することは不正とみなされていた。天聰七年正月に「二、三ニルが一箇所に住んで

3 「外ニル tulergi niru」の構成と運営

いたならば、各々田地の方に分れて土塀を大いに作って家を分散させて住まわせよ」と命じられている[132]ことから、複数のニルが同一集落に住むのは例外的かつ望ましくないことであり、1ニルの者が1箇所ないし近接する複数箇所の、土塀に囲まれた集落に住むのが一般的かつ理想的であったことがわかる。

　農村に住んだ人々は、家ごとに農耕・牧畜を営んでいた。ニルの男の徴用や貧者救済に際して、兄弟や奴隷のいない者への配慮に言及した史料が見られることから[133]、一般に複数の成人男子、それにその他の家族を加え、若干の奴隷も含むかなりの人数が一つの家を成していたと推測される。しかし、兵役・労役に徴用されて男手のなくなる家も想定されていることからすれば、人数の少ない家も珍しくなかったのであろう。1つのニルの中で、「〔耕〕牛のない独り身の貧者」と「牛をもつ有力な者」が対比されているように[134]、一般にニルの中には、働き手や家畜を多くもつ者とそうでない者とが混在し、両者の違いは貧富の差に直結していた。

　ニルを管理する官人（以下「ニル官」と称する）は、こうした状況を踏まえた上で行政運営を行なう必要があった。ニル官の官制は、ニル創設の時点では「ニルに一人のエジェンを任じて、ニルイエジェンの下に〔二人の代子 daise、〕四人のジャンギン、四人の村の領催 gašan bošokū を任じ」ることとされている[135]。

　天聡八年四月に官名・職名の満洲語化が行なわれ、「備禦」の官位（= hergen。一般に「世職」の訳語が多く用いられる[136]）が「ニルイジャンギン nirui janggin」に改められると同時に、代子は「funde bošokū」、ジャンギンは「ajige bošokū」、村の領催はそのまま「gašan bošokū」とすることが定められた[137]。「備禦」は官人としての位階を示す官位名であり、職務とは別系統のものであるが、ニルイエジェンは備禦であるのが標準とされていた[138]。しかし、両者が一致しないことは間々あったので、この時には「管轄する kadalara 名はいかなる人でも官 hafan に拘らない。……ニルを管轄させるならニルイジャンギンと言う」とある[139]。「官 hafan」は「官

第3章　ニルの構成と運営

位 hergen」に対応する語であるから、「管轄する名」とは官名に対して職務の名を指すに違いない。つまり、旧「備禦」の官位と旧「ニルイエジェン」の職務は、ともに「ニルイジャンギン」と呼ばれることになったのである。

ニルイエジェン（後にニルイジャンギン。以下、煩雑を避けるため天聰八年以前の職名で呼ぶ）はニルを統轄する地位にあったが、原則として都城に居り、しばしば中央政府や軍事関係の職務を課せられていた。どちらかと言えば、ニルイエジェンはニルの統轄責任者といった立場にあったように見え、実際にニルの管理・運営を行なう場面に登場するのは、ほとんどがジャンギンや村の領催である[140]。しかし、ニルイエジェンのニルにおける地位が名目的なものであったかと言えばそうではなく、彼らも時には村に足を運んで自分のニルの実情を把握し、問題点があれば処理するよう命じられ[141]、軽微な紛争解決や属官の人事管理は彼らに任されていた[142]。また、後述するように、彼らはニル運営の全体的な良し悪しに責任を負わされていた。

ジャンギンの職務は、当初ニルごとに適宜分けていたのであろうが、天命八年には１ニルのジャンギンの１人が馬の放牧、１人が兵器製造、１人が田地をそれぞれ管理するよう命じられている[143]。その後、「田地を領催する」ジャンギンに農作業の監督を命じた例があることから[144]、少なくとも１人のジャンギンは村に常駐していたと思われる。村の領催は、文字どおり村の管理に専従していたのであろう。農村に住むニルの者を直接管理していたと見られるジャンギンと村の領催は、天命四年にヌルハチに対して以下のように誓約している[145]。

> 諸王・諸大臣の法の様々な言葉は、ニルイエジェンに下される。ニルイエジェンの下した言葉を忘れず、到着せよと言った日時を違えず到らせよう。与えたり遣わしたり仕事をしたりするところで、我らの親戚の者を、我ら自身を始めとしてまず出して与えよう。まず仕事をさせよう。まず遣わそう。

3　「外ニル tulergi niru」の構成と運営

　ニルに対する行政命令は多くが「ハンの書」などとして伝えられているが[146]、「ハンの旨により兵部の王が言うには」云々という村の領催への命令があることから[147]、命令が下される段階では担当の王や大臣から下される形になっていたことが考えられる。グサイエジェンなど八旗組織上層部からの行政上の命令は、史料上ほとんど見られない。

　ニルイエジェンを介して村のニル官らに伝えられた命令の中で、最も重要なものが物資・人員の調達であった。「一ニルにつき各六頭の強い馬を選んで、一千馬を田地の穀物に放って肥えさせよ」「丸木舟を切る〔ための〕一ニルにつき各三人を送れ」[148]というように、その時々の必要に応じて下された命令に応じるのである。徴収した物資の輸送や人員の移動を引率するのもジャンギンらの職務だったようである[149]。前掲の誓約からも窺われるように、通常、物資よりも人員の徴発の方が圧倒的に重視されている。ヌルハチが旧附の民に対して「汝らはまた諸城を造るため公課に苦しんだ」と言っているように[150]、築城が最大の苦役とされていた。ジャンギンや村の領催にとっては、日時も人数も違わず差し出すことが第一の責務であるが、同時に誰に割り当てるかを決める際、情実に囚われないことを誓約しているように、公正な割り当てにも責任を課せられていた。

　負担の割り当てに際して、私情を差し挟むことはもとより不正であるが、機械的に割り振ればよいというものでもなかった。人ではなく戸ごとに徭役を割り当てる明の制度はヌルハチが不公平と謗るところであったが[151]、さらに言えば、同じ成人男子であっても、労役に応じている間に家族や奴隷が穴埋めをして生計を支えてくれる者と、男手が失われて困窮する者、少しぐらい収穫が減っても痛痒のない者と、生活が立ち行かなくなる者とがあった。この点に配慮して割り当てることが、政権のニル官に求めるところであった。労役は貧者を避け、富裕者を見計らって当てるよう命じられており[152]、実際に自分の親戚を労役から外したり、貧者に重い労役を課したりした官人が処罰された例が見られる[153]。

　つまり、ニル官は所属の各人の家族構成や経済状況まで知った上で、誰

第3章　ニルの構成と運営

に何を割り当てるべきか判断しなければならなかったのである。同じニルに属する者が、1箇所ないし近接する複数の集落にかたまって住んでいたことは、こうした個別事情の把握のための大前提になる。この範囲内に住む300ないし200人の男（うち3分の1は恒常的に不在）とその家族であれば、数人のニル官で生活の実態を把握し、兵役・労役を割り当てることが十分可能であったろう。

　ニル官は、課役を差配するだけでなく、ニル内の貧者に対して、むしろ積極的に支援するよう期待されていた。「田地を耕さなかった、穀物のない者を、兄弟のいる者ならば、兄弟に合わせよ。兄弟のない独り身の者ならば、ニルで穀物のある富裕な者に合わせよ」「〔耕〕牛のない独り身の貧者は、牛をもつ有力な者を見て兼ねて播種させよ[154]」といった具体的な命令が出されることもあった。崇徳二年の飢饉に際しては、「一ニルにおいて富裕な財力のある者を見て」穀物を供出させるように、「それでも足りなければ、ニルの穀物のある者がニルの中で均しく売り代価を取れ。貸し出して利息を合わせて取れ」と命じている[155]。

　個々の家は独立自営しているので、同じニルの中で貧富の差が生じるのはやむを得ないが、限りあるニルの成員の中に生計を破綻させる者が出ては、国家への負担を分かち合うニルの者全体が影響を被る。貧者の救済は、ニルの正常な運営を維持するために必須であった[156]。

　もちろん、殊更に貧者が生じないように、常日頃から注意しておく必要もあった。天聰七年正月のホンタイジの諭旨に、次のようにある[157]。

> また水ばかりの所（湿地）に住んだニルならば移れ。移るのを憚ってなお住めば、穀物が損なわれ飼った家畜が死ぬのはみなニルイエジェンのせいであるぞ。今や土地を開いた。田地が悪ければ〔戸〕部の者に告げてよい所に移れ。田地を分ける時にニルイエジェン・ジャンギンが語らって近い所・よい田地を自分らが受け取り、悪い田地・遠い所を貧しい者に与えたならば、貧しい者は訴えよ。

3 「外ニル tulergi niru」の構成と運営

　各ニルの当初の人数やその他の条件に大差がないため、ニルの貧富はそのままニル官の能力や勤勉さの表われとみなされた。崇徳六年二月、ホンタイジは満洲・蒙古16旗下のニルについて貧富を調査させ、48ニルを「貧しい」と認定した上で、次のように言ったという[158]。

> これらのニルの人が貧しいのは、みなニルイエジェン[159]・ボショク bošokū[160] を始めとして〔ニル官らが〕焼酎・黄酒を飲んでニルの仕事を処理せず、朝早く酔ったら晩になるまで醒めず、晩に酔ったら翌日の昼まで起きないからであるぞ。……かの貧しいニルには漢人（奴隷）を入れるな、戦に行ったところから漢人（俘虜）を連れてくるなと、衆とは別に禁じたことがあったか。また汝らのニルに衆より余計に公課を課したか。汝らのニルを国の例外として、天が特別に苦しめて毎年雹で打ち、霜を降りさせ、洪水を出させるといったことがあるか。これらの貧しいニルのエジェン・フンデボショク（旧称代子）・アジゲボショク（旧称ジャンギン）をみなそのもとのニルから離す。実の兄弟から分れさせて別のニルに合わせる。そのニルのエジェン・ボショクの代わりに別のよい有能な者を任じる。

　ニルに属する人々が個別に独立経営を行なっている以上、「貧しい」ニルにしないためにニル官にできることは、労役の割り当てや貧者支援策を通じて、なるべく富裕者に負担を集め貧者を救済することでバランスを取り、没落する者が現われるのを防ぐといった間接的な施策だけである。政府の負担要求には間違いなく応じながら、こうしてニル全体の経済状態を良好に保つことは、決して容易ではなかったはずである[161]。実際、運営の不手際を理由にニルの管理をやめさせられた者も史料に見える[162]。

　八旗の組織上、ニル官の上にも官は置かれているので、上官がニル官を介してニルの運営に携わることも、理論上はあり得る。崇徳三年の上諭に、貧者はまず自分のニルのジャンギン（旧称ニルイエジェン）に訴え、ニルイジャンギンはグサイエジェンに告げ、グサイエジェンは調べた上で所属の

第 3 章　ニルの構成と運営

王・貝勒・貝子に告げよ、王・貝勒・貝子は必要なものを与えよとある[163]。グサイエジェンや諸王もニルの者の生活に対して責任があるということであり、他にグサイエジェンに命じて旗下の「貧窮した者を調べ見て罪を断じに送った」という例もある[164]。だが、彼らのニル運営に対する関わりは、こうした貧者の個別救済以外ほとんど現われず、諸王やグサイエジェンによる旗全体の行政運営といったものは、実質的に行なわれた例が見えない。なお、ジャランの官は、軍事と狩猟以外の業務には関係していた形跡がない。ニルの運営は実質上ニル官に一任された状態であり、ニル官は場合によってはグサイエジェンや諸王を説得することも含めて、ニルの維持を図らなければならなかったのである。

　このように重い責務が課せられる一方、ニル官がニルの者に対して合法的に行使できる権力は限られていた。まず、ニル官はニルの者を私的に使役したり財物を取ったりすることを禁止されていた[165]。現実には少々の役得ならば黙認されていたというのがありそうな話であるが、公式にはあくまでも禁止であり、告発されれば処罰の対象となった。ニルの者がニル官を告発した例はいくらでもあり、告発が認められればニル官は罰せられ告発者は保護されるので、ニル官が立場を利用してニルの者を搾取することは難しかったと見るべきである。

　ニル官の権力の限界を示すもう 1 つの重要な点として、ニルの者に対する裁判権の問題がある。天命六年に、「ニルの者の罪を法司に持ってきて告げさせなかった」として罪せられた官人がいるように[166]、ヌルハチ期からニルの者の犯罪は基本的に中央に持ち出すよう定められ、ニル官が勝手に処理することは許されていない。天聡五年に、ニル内部での軽微な犯罪や紛争は、ニルイエジェンが処理するよう定められた[167]。具体的には以下のとおりである。

　　穀物を貸したら一年で利息を取る。一年を過ぎたら元本に利息〔をつけ〕、
　　元利合計に利息をつけない。諸々の家畜を犬が噛み殺したら、肉を犬の

178

3 「外ニル tulergi niru」の構成と運営

飼い主に与え、殺した分を償わせよ。二人が殴り合ったら非のある人を定例のごとく tuhere an i[168] 打て。破れた衣服を償わせよ。死んだ家畜の肉を分配したら、犯人に定例の罰 tuhere an i weile[169] を科せ。告発者に家畜の肉を与えよ。肉のために取った値を法司に取れ。水に流された人を救い出したら、救出した人に〔助け出された人の〕半分の値を与えよ。鵞鳥・家鴨・鶏・柵に掛けた衣服・嚢中の銀・田地の作物・畑の穀物・斧・鎌・庭の〔堆積した〕草木を盗めば、定例の罰を取れ。告発者に三両与えよ。豚が田地に入ったら、三回までは飼い主に送れ。入ったごとに豚を数えて各五銭の銀を取れ。四回目にはニルイエジェンに告げて豚を取れ。駱駝・牛・馬・騾馬・驢馬が田地に入ったら、家畜を数えて各一両取れ。穀物を償え。羊・山羊が入ったら各二銭取れ。駱駝・馬・牛・騾馬・驢馬を遺失して辺外で捕えたら二両、辺内で捕えたら一両、城内で捕えたら五銭。矢に記名がなければ、拾った人が二十両取れ。この書〔にある〕罪はそれぞれニルイエジェンが即座に審問し完結せよ。これ以上大きな罪は〔刑〕部の衙門にて審問したい。

　ここで挙げられているのは、農村で起こりがちな些細な問題ばかりであるが、犯罪は規定に従って処罰することとし、褒賞や罰銀の額まで細かく定められている。本来、ニル内部で起こった問題については、内部の事情に詳しいニル官が処理するのが一番速いように思われるし、実際、もっと瑣末な日常的紛争はジャンギンや村の領催らが適宜調停していたのかもしれない。しかし、一定以上の重大な案件を裁くことや、軽微な案件であっても恣意的に刑罰や罰銀を科すことは、ニルの長たるニルイエジェンにさえ認められていない。ニルイエジェンはニル内の紛争処理について、ごく軽微な案件を委ねられただけであり、しかも裁量の余地は限定されている。このように、ニルイエジェンを始めとするニル官は、経済的・経済外的を問わず、ニルに対して強制できる範囲を厳しく規制されていたと言うべきである。

第 3 章　ニルの構成と運営

　なお、功臣やその子孫は、ニルに対して世襲的な特権を有していたことが知られている。夙に注目されてきたように、国初に民を率いて来帰した者は、その民がニルに編成されるとともに、そのニルを「管理する bošombi」ことを任され、その職務は往々にして世襲させられた。民を率いての自発的投帰は大功とみなされたためであり、戦功などそれ以外の殊勲を立てた者にも、やはり「管理する」ニルの世襲を認められることがあった。

　ニルを「管理する」ことは、従来の研究ではニルイエジェンの職を有することと同義とみなされてきたようであり[170]、筆者もそうみなしてよいと考える。前述のように、ニルイエジェンは天聰八年にニルイジャンギンと改称され、ニルイジャンギンの名称は官位としてと「ニルを管轄する kadalambi」実職としての両義に分かたれることになった。これ以後、「ニルイジャンギンを革めた」という表現と、「ニルを管理する bošoro のをやめさせた」という表現[171]が区別されて現われるようになることから、前者は官位としてのニルイジャンギンに対応し、後者は職務としてのニルイジャンギンに対応すると見ることができる。

　史料上、世襲的な特権としては専ら「ニルを管理させる bošobumbi」という表現が用いられ、「ニルイエジェン（あるいはニルイジャンギン）に任じる」または「ニルを管轄させる kadalabumbi」という表現はほとんど見えない。しかし、天聰六年正月に、

　　ブヤントゥ Buyantu は初めモーメルゲン Moo Mergen が幼いというのでニルイエジェン備禦であった。モーメルゲンが成長したのでニルを戻し与えてモーメルゲンを備禦とした。ブヤントゥは戦に行った時によかったと別の備禦とした[172]。

という史料を見れば、ニルに対する世襲的特権は、やはりニルイエジェンの実職であったと考えられる。モーメルゲンは「ニルを管理」したことが確認される人物であり[173]、上掲史料によればそれは世襲によるものであっ

3 「外ニル tulergi niru」の構成と運営

たが、彼が幼少の間は保留され、ブヤントゥが代わりに「ニルイエジェン」になっていた。モーメルゲンが成長すると、現職のブヤントゥはやめさせられて「別の備禦」になったのだから、ニルイエジェンの職はモーメルゲンに移されたと見るべきであろう。世襲の特権は一般に官位 hergen において認められており[174]、ニルイエジェンあるいは「ニルを管理する」ことは、おそらく世襲が公認された唯一の実職であろう[175]。

『八旗通志初集』旗分志に載せる「ニルを管理」した人々の系譜を見ると、他の官職、場合によってはグサイエジェンや議政大臣の地位にあった者が「ニルを管理」することさえ珍しくなかったことがわかる[176]。このような人々が、元々備禦相当に過ぎないニルイエジェンを兼官しているのは、あるいは奇異の感を与えるかもしれない。しかし、ニルイエジェンの地位は彼らにとって社会的重要性をもった可能性があり[177]、世襲によって子孫の資産になることを思えば、認められる限り兼官することに意味はあったはずである。ニル行政の実務は下僚が分担して行なっていたので、多忙な職務との兼官であっても、あまり差支えはなかったのであろう[178]。

ニルを「専管させる enculebumbi」ことは、さらに一部の功臣にのみ認められた特権としてしばしば取り上げられてきた。ニルを専管すること自体は、実職ではなく一種の権益と考えられる。ニルの専管を認められた者が自らニルの管理もしていることは珍しくないが、複数のニルの専管を認められた者などは、すべてのニルを自ら管理したとは考え難い。『八旗通志初集』旗分志でも、複数のニルを同時に管理していたと見られる例はない。また、正紅旗のホホリ Hohori が連れてきた男を編成した4ニルのうち、ホホリが娶ったドンゴ公主 Donggo Gungju に2ニル、子ホルボン Holbon に2ニルを「専管」させ、後に各々の直系または傍系子孫が「管理」させられている[179] ことからすれば、ニルを専管することは、自ら管理しなくても、その近親者に世襲的に管理させることのできる権益と見ることができる。

専管ニルもハンや諸王属下の外ニルには違いないが[180]、公課免除の特典

第3章　ニルの構成と運営

が与えられていた[181]。従来の研究において、ニルを専管することは人参採掘の権利と一体になっていたとする説があるが[182]、史料的根拠・論証過程ともに問題があり従い難い。

この説は、まず功臣たちに人参採取を認めた『太宗実録』崇徳八年七月二十七日条の上諭に見える「orhoda hūwaitabumbi」の語に対する独自の解釈が前提となっている。「orhoda hūwaitabumbi」を「人参を括らせる」と訳したのでは意味が通じないというので、漢文本の表現に従い「(壮丁ないしニルを) 掘参の人として加賜する」と訳した上で、ここで認められたのはすでに存在した特権に附加したものに過ぎず、「人参採取権は何らかの他の特権とあわせて元来付与されていた」と主張している[183]。

確かに「hūwaitabumbi」の一般的な意味は「括らせる」「繋がせる」等であるが、これで意味が通じないからといって、漢文本の対応箇所の表現だけを根拠に、「掘る人を増し与える」というほど複雑な意味を、「hūwaitabumbi」というたった１語に負わせるのは無理が感じられる。しかも、同じ『太宗実録』で、崇徳七年にシハン Sihan とノムホン Nomhon が罪せられた時、「orhoda hūwaitara be nakabufi」とあるのは、「人参を採る人を加賜されるのをやめて」などと訳すと文意が通らなくなる[184]。

康熙二十二年刊の『大清全書』には、「hūwaitambi」の訳語として「齎粮之齎賫」という表現が筆頭に挙げられている[185]。この訳語に従えば、「hūwaitambi」の使役形である「hūwaitabumbi」は、「齎させる」と訳すことができ、簡潔かつ文意の上でも全く問題がない[186]。前掲『太宗実録』崇徳八年七月二十七日条の該当部分は、次のようになる。

> 聖なるハンの旨により、「戦いにおいてすぐれた力を出し、勉め励んだ、よく見えた人に、専行して人参を齎させる。諸々の人が戦に勉め励まず力を出さずして、これを妬むならば心が悪いぞ」と、グサイエジェンら衆大臣らに旨を下して言うには、「オボイ゠バトゥル Oboi Baturu に五十九男、イルデン Ilden に三十七男、……マクトゥ Maktu に三十六男、ドンゴ

3 「外ニル tulergi niru」の構成と運営

Donggo のグルン公主の一ニル、ジェルベン Jelben 公の一ニルをして専行し人参を齎させた。……

漢文本で「加賜する」としたのは単なる誤訳と思われるが、仮に「加賜する」と訳したことに何か理由があったのだとしても、すでに「人参を齎させる」特権をもっていた人々にさらに加増を認めたという以上の意味を読み取ることはできず、「何らかの他の特権とあわせて元来付与されていた」という判断には根拠がない。

また、功臣の事蹟を記した史料に、ニルの専管と併せて「orhoda hūwaitabuha」とする記述が少なからず現われることから、「専管ニル管理者にはニル構成員を自身の「掘参の人」とする権利が与えられており、それこそが功臣の人参採取権であったとみてよい」と言うが[187]、もとよりこの根拠では、ニルを専管する権利と人参を採取する権利が一致していたことは証明されない。証明できるのは、両方の特権を併せもつ功臣が少なくなかったことだけである。

他に、前掲史料で「専行して enculeme 人参を齎させる」とあるように、「enculembi」の語が用いられていることをただちに「専管 enculehe ニル」と結びつける論者もあるが[188]、これも不適切である。「専行する enculembi」という語は、同時期の史料の中で、ニルの専管とは明らかに無関係な文脈で普通に使われている。「大軍の前に二百人の兵を放て。その二百人の兵に謀計の巧みな専行し enculeme 思慮し理解力のある二人のエジェンを任ぜよ」「〔タンタイ Tantai は〕エヘクレン Ehe Kuren に出征し専行して enculeme 村を取り人を殺した」「ホショのエルケ゠チュフル゠ベイレ Hošoi Erke Cuhur Beile（ドド Dodo のこと）を、やっと初めて専行するように enculeme 兵を委ねて送ったが、巧みに行なって敵を破ったと嘉し」というように[189]、何か特定の事柄について他者の介入なしに行なうといった意味で用いられている。むしろ、「enculembi」の語は他者を排除する意味あいがあることから、特権と結びついて使用されやすかったと見る

183

第3章　ニルの構成と運営

べきであろう。

　以上のことから、人参採取の特権はニルを専管する特権とは一体であったとみなし難いことがわかる。すでに挙げた崇徳七年のシハンとノムホンに対する処分では[190]、ニルの専管については一言も触れず、「人参を齎すのをやめて」、当該人員を鄭親王ジルガランに与えたことだけが記されている。崇徳八年に「人参を齎させ」られたのが、すべて天聰九年にニル専管を認められた者であったという指摘もあるが[191]、附け加えて言えば、これは九年にニル専管を認められた者の3分の1に満たない。「人参を齎させる」のは、おそらくニルの専管を認められる階層の功臣の中でも、さらに限られた者に与えられる特権だったのであろう。

　従って、ニルを専管する特権には、依然として「公課が免除される」ことと世襲が認められること以外、具体的な権利が附随したことを証明できないのである。ただし、公課が免除された以上、専管ニルの余剰労働力はそのニルを専管する者への奉仕に振り向けられたことは考えられる[192]。たとえば、人参採取が認められた者であれば、ニルの者を採取に遣わすことができたのであろう。『碑伝集』所載のアビダ Abida によるエイドゥ Eidu 伝[193]には、エイドゥが3ニルを与えられたこと[194]を記して、

> 上役に預かること無からしめ、公（エイドゥ）の私属と為す。田虞に供し、ならびに人参を採り薬物を備えて、以て公に奉ぜしめ、下は諸子に及ぶまで各々分瞻あり。蓋し異数なり。

とある。「上役」すなわち公課の労役を免じられた3ニルの人々がエイドゥに対して行なった奉仕の内容は、「供田虞幷採人参備薬物」とのみ記されている。「田虞」は一般的な熟語とは言えないが、この2字の組み合わせを考えれば「狩猟」ないしは「狩猟に関わるサービス」と解して間違いなかろう。狩猟や他の自然物の採取は、天命八年に獲物の分配方法が定められており、「分瞻」すなわち分け前はそれによって決められた。子どもたちにまで分け前があったことが「異数」であったとすれば、その点が

3 「外ニル tulergi niru」の構成と運営

謂わば最大限の優遇であったと見ることができる。

　つまり、ニルを専管する者は、特別な功績を認められた者およびその子孫に限り、別途与えられた特権に基づいて狩猟や自然物の採取にニルの者を動員することができたが、特筆大書すべき特権を認められたエイドゥの場合から推しても、ニルを専管する者がそのニルの人々を使ってできることは、その範囲内に止まったと考えられるのである。

　逆に、正当に認められた業務以外にニルの人々を使役することは、専管する者にもやはり許されていなかった。順治四年十二月、エイドゥの子で鑲黄旗一等侍衛であったエビルン Ebilun が、ニルの甲士6人に命じて自分の母親の家の門を見張らせたとして、ニルの者から告発されている[195]。エビルンによれば、甲士らは仕事がない時に「勝手に cisui」門を見張りに行ったのだということであり、甲士らによれば、エビルンが「生まれながらのエジェン da banjiha ejen」であるので、自分から行ったということであった。エビルンがこの時「専管していた」というニルは、エイドゥの3ニルの1つを継承したものに違いない。ニルの者にとって、原管のエイドゥの子であるエビルンは「生まれながらのエジェン」であり、奉仕するのはごく自然という感覚だったのかもしれない。しかし、エビルンも甲士たちもあくまでも自発的行為であったと弁明しているのは、それでもニルの者を私的に使うのは違法であるとの共通理解があったからに他ならない。結局、エビルンは他の行為も併せて罪とされ、罰銀100両を命じられた。エビルンの母も罰銀50両を被り、告発者たちは旗内の別のニルに移動を許された。

　政治的有力者が罪せられた他の場合と同様、この時のエビルンの処分も政治的な意味がなかったとは言い切れない[196]。しかし、やはり他の場合と同様、正当な権利であれば堂々と主張できたはずであり、公式には認められないことであったとみなさざるを得ない。自分が専管するニルの者を恣意的に使役するのは、強要したわけではないと言っても許されなかったのである。

第 3 章　ニルの構成と運営

　以上のように、ニルを管理・運営する官人たちは、純粋に職務上の権限からしても、功績による、あるいは世襲的な特権からしても、ニルを経済的に搾取したり、恣意的に権力を振るったりすることはできないように規制されていた。彼らに対する報酬は、ニルに対する支配権付与などではなく、基本的には国家から官位 hergen に応じて与えられる俸給、すなわち「男を配属して公課を免除する」ことであった[197]。ニルイエジェンは元来備禦の官位に相当したが、処罰その他の事情によって官位をもたないこともあった。しかし、崇徳元年の諭旨では、ニル官については、官位をもたないニルイジャンギンや属下のボショクにもみな一定の俸給を定めている[198]。それに加えて、特別に功績のあった者やその子孫には、上記の人参採取や狩猟の獲物の分配のような個別の利得が与えられた。彼らはニルを支配し経営することではなく、国家から与えられる所定の報酬によって、職務遂行あるいは過去の功績の見返りを受けていたのである。

　ニル編成の際、旧来の部落や氏族の首長をニルイエジェンに任じ世襲さえ認めたことは、確かに彼らを優遇した措置であったと言ってよい。しかし、それは実証なしに主張されてきたような支配権付与などと呼べるものでは到底なかった。上述のように史料に即して見る限り、彼らはむしろ職務の範囲を超える権力をもつことから注意深く遠ざけられていたと見るほかない。彼らがその地位によって行使できた権力は限られており、一方で政権からは、ニルの状態を健全に保つことに責任を負わされ、責任を果たせなかった場合はやめさせられている。たとえその地位を獲得する際に世襲的な特権が認められたとしても、彼らの権限は単なる行政官、ニルの管理者の域を出なかったと見るべきである。

小　結

　八旗の大半を占める一般のニルは、国家に必要な物資・人員を調達するべく利用され、そのための賦課・徴発がニル行政において最も重要であった。ただし、ニルの構成員が窮乏しては国家が利用することも難しくなるので、彼らの生活を維持することも重要な行政課題であった。ニル官らは自分たちよりも貧者の利益を優先させるよう命じられるなど、ニルの維持・運営に対する献身が求められた。一方でニルに対して行使できる権力は限定されていたが、民の生活を維持していくこと自体が容易でなかった入関前の情勢を思えば、ニル官が恣意的な収奪や強要によってニルを消耗させることは、政権にとっては絶対に容認できなかったはずであり、予防策が取られたのは当然である。
　功臣に対する恩賞であった「ニルを管理」する世襲的な特権でさえ、殊更に大きな実質的利益を伴っていないのは、特権層には厚い経済的利益が約束されているはずと思えば、奇異に見えるかもしれない。しかし、繰り返すが、入関前のマンジュ国―清朝は一貫して経済的困窮状態にあった。たとえ功労者であっても国力を無視して過大な特権を与えることはできず、そのことは当の功労者たちも熟知していたはずである。特権として「ニルを管理」することに附随していた利益は、当時の国力を考えれば、合理的な水準であったと見ることができる。
　一方、八家所属のニルは一般のニルと別系統の扱いを受け、国家による直接的な管理・運営を被らなかった。ハンや諸王・宗室の家内のことであるからとはいえ、一般の官民とは一線を画した措置が取られていたと言うべきである。しかし、八家所属の人々は、数的には八旗組織の中の小部分を占めるに過ぎず、全体から見れば、ハンや諸王の特権を限定的に確保し

第3章　ニルの構成と運営

たという程度の位置づけになろう。しかもその八家内部でさえ、王らが専権を振るうことは認められなかった。奴隷でさえ国家によって最低限の保護が与えられ、主人である王らよりも国家に対して忠誠を尽くすことが求められたのである。

　八旗を構成するニルは、専ら国家のために（一部は国家の支配層を成す八家のために）、効率的に活動できるよう組織・運営されていた。ニルを構成する人々は、そのようなものとして管理されることで、自らの生存を保障されていた。入関前のマンジュ国―清朝が置かれた厳しい状況に鑑みて、八旗の維持・運営には最大限の効率を追求する必要があった。ハン・諸王以下、ニルを管理する官人たちに至るまで、ニルに対して行使できる権力は厳しく制限されていたが、皆それに甘んじて従っていた。このことは、彼らが自分たちの目先の利益よりも国家全体の利益を優先しなければならない理由を理解し、納得していたためと見るべきであろう。

注

1）古くは旗田巍［1940］など。近年では劉小萌［2001］166〜177頁において、詳細な考証を行なっている。
2）この点について明瞭に述べているのは、杜家驥［1998］54、58〜59頁など。
3）支配権の実態を解明しようとした研究がないわけではないが、例えば本章第3節で取り上げる「専管ニル」に関する議論のように、実証過程に問題がある。
4）一般に「家のニル」は「内ニル dorgi niru」とも呼ばれたとされているが、増井寛也［2008］はこの両者を同一視することに異議を呈している。もっともな指摘であり、この点は通説が改められるべきであろう。
5）『八旗通志初集』巻三〜十・旗分志三〜十六。満文本では都統所属のニルを「某旗の某ジャランの管轄する」ニルと記す。なお、蒙古・漢軍には「包衣」ニルはない。
6）『上諭旗務議覆』雍正二年八月初八日奉旨条、同十二月二十一日奉旨条に引く上諭など。
7）『太宗実録』天聡三年八月十八日条。
8）「ton」は「数」の意であるが、『大清全書』巻九に「ton i bošome gaijara」を

「額徴」、「ton ci ekiyehe menggun」を「缺額銀」とするように、「定額」の意味で用いられることがあった。従って、ここは「斗で量られる一定額の穀物を支給される二ル」というぐらいの意味になろう。後述のシンジェクニルは、本来このように表現されたのであろう。順治版漢文本では、これを「包牛彔食官糧之人」と訳している。

9) 康熙版『太宗実録』天聰四年十月十六日条。
10) 『老档』太祖420、578頁〔『原档』2冊254、513頁〕。デルヘトゥニルについては用例が少なく、家のニルの一種らしいということ以外不明である。
11) 郭成康［1985］25頁。
12) 傅克東・陳佳華［1988-2］311頁。
13) 劉小萌［2001］387頁。
14) 康熙『大清会典』巻八十一・兵部・八旗甲兵に、一般のニルと区別された「内府及王貝勒貝子公等府佐領」への言及があり、これは「家のニル」の丁寧な漢語訳としか考えられない。
15) 『老档』太宗775、962、1371頁〔『原档』8冊175頁、10冊82、565頁〕。
16) 『老档』太宗808頁〔『原档』8冊203頁〕。
17) 石橋崇雄［1988］。
18) 実際、「booi niru」をきちんと漢語訳すれば、康熙『大清会典』に見えるように「内府及王貝勒貝子公等府佐領」となるので（注14）参照)、八家の各家の訳語は「内府及貝勒貝子公等府」となり、長たらしく煩瑣である。八家の各家を指す場合に限って、満洲語音写に由来する「包衣」を用いたとすれば、簡潔で概念上の区別もできたことになり合理的である。
19) 康熙十四年、恭親王・純親王に与えられたニルの中に「包衣」ニルが含まれている（『聖祖実録』康熙十四年十一月癸丑条)。
20) 「ホントホ hontoho」については、郭成康［1985］27頁を参照。『八旗通志初集』漢文本では、「hontoho niru」を「半箇佐領」と表現している。
21) 『上諭旗務議覆』雍正二年八月初八日奉旨条。
22) 『太宗実録』崇徳六年三月初八日条。
23) 『老档』太祖644頁〔『原档』3冊200頁〕。また本書117頁を参照。
24) 本書118～119頁および『老档』太祖331、332、900頁〔『原档』2冊105～106、107頁、4冊209頁〕。
25) 本書121～122頁および注225）226）参照。
26) 本書121頁および注223）参照。
27) 本書第2章注46）参照。
28) 天聰六年、明との境界近くのバイシン baising を取りに行った際、「諸王の家の

第3章　ニルの構成と運営

ニルの者」が動員されていた（『老档』太宗775頁〔『原档』8冊175頁〕）。
29) ただし、徴兵された後の措置は別である。八家のデルヘトゥニルの甲士について、配置を指示した例などがある（『老档』太祖578頁〔『原档』2冊513頁〕）。
30) 『老档』太宗573頁〔『原档』7冊489～490頁〕。
31) 八家と八旗の区別については、これまで重視されていなかったためか、一般にどのように捉えられているのかわかりにくい。しかし、例えば「八家均分」について、「ここに言う「八家」とは、八人の旗主を代表とする八旗のことである（杜家驥［1998］74頁）」というように、明らかに混同しているものもある。
32) 後述の戦利品獲得のほか、例えば交易の際に「八家の一家につき各三人、旗ごとに各一人モンゴル人を率いて」行くよう命じる（『老档』太宗1140頁〔『原档』10冊282頁〕）など。
33) 『太宗実録』崇徳二年六月二十七日条。ただし、「出して『取って来い』と言いはしなかった」との補足がある。命令したのではなく、放置したことへの監督責任を問われたのである。
34) 『太宗実録』崇徳二年六月二十七日条。
35) 『老档』太宗1379頁〔『原档』10冊573頁〕。
36) 『旧満洲档　天聡九年』137頁〔『原档』9冊180頁〕に見える。
37) 『八旗通志初集』巻四・旗分志四に正黄旗包衣第四参領所属の第二高麗佐領として挙げられたニルが「国初編立」とされ、第一高麗佐領は康熙期に第二佐領から分出したという。
38) 『旧満洲档　天聡九年』302～304頁〔『原档』9冊389～390頁〕。また本書95頁参照。
39) 康熙版『太宗実録』天聡四年十月十六日条。
40) モンゴルから来帰した者が「満洲佐領」とされている例は珍しくない。『八旗通志初集』旗分志に見える鑲黄旗満洲都統第三参領第五佐領・第四参領第十佐領（巻三）、正黄旗満洲都統第五参領第十三佐領（巻四）など。同第四参領第九佐領のように、朝鮮から来帰した者で編成されたという「満洲」佐領もあるが（巻四）、これは朝鮮領内に居住していた満洲人であろう。
41) 『老档』太祖472頁〔『原档』2冊349～350頁〕。
42) 本書95～96頁参照。
43) 『盛京内務府順治年間档冊』順治五年八月二十八日の「mukden de umesi tere niyalmai ton」から後、「ere tehe baitangga niyalmai dorgi」までの間（35～36頁。訳注56～58頁）。
44) 郭成康［1985］26頁。
45) 東洋文庫清代史研究室編『鑲紅旗档―雍正朝―』（東洋文庫、1972年）25. 列

字壱拾捌号（31頁）、『養吉斎叢録』巻一など。シンジェクニルには、技能の有無にかかわらず単なる奴隷が入れられることもあったのかもしれないし、後にそうした性格に変化したのかもしれない。

46) 乾隆『大清会典則例』巻三十二・戸部・戸口上。
47) 『八旗通志初集』旗分志三～十六。「旗鼓 cigu」は「ハンの家の旗鼓」「親王・郡王・多羅貝勒らの家の旗鼓」とされているように（『老档』太宗1034頁〔『原档』10冊166頁〕）、ハンや諸王の「家」の官人であった。また郭成康［1985］26～27頁参照。
48) 祁美琴［1998］71頁。また陳国棟［1982］に関連する指摘がある。なお、福格は咸豊～同治期に活躍した人物なので、彼の目に入関直後は十分に「国初」であったろう。
49) 『老档』太祖415、427頁〔『原档』2冊247、269頁〕。
50) 『老档』太祖432頁〔『原档』2冊279～280頁〕。
51) 『老档』太祖469頁〔『原档』2冊345頁〕。
52) 『老档』太祖471頁〔『原档』2冊348頁〕。
53) 天命七年正月初六日のハンの書に「漢官で四千人を管轄する者は二百人の兵を出せ。……他の百人を汝の意のままに私的に使え」等、満・漢の官人に管轄する人数に応じて徴兵数と任意に使役できる人数を定めている（『老档』太祖474～475頁〔『原档』2冊353～356頁〕）。
54) 『老档』太祖580頁〔『原档』2冊516～517頁〕。
55) ハンの定めた礼を「村を領催する守堡に至るまで」下したという記載から、守堡が行政命令を受けて村を管理していたことが窺える（『老档』太祖325頁〔『原档』2冊95頁〕）。また、漢人の逃亡などに対して守堡が責任を負わされていたことや（『老档』太祖407頁〔『原档』2冊233頁〕）、漢人たちの罪を審理する者として、備禦と並んで守堡が挙げられている（『老档』太祖497頁〔『原档』2冊388頁〕）ことから、守堡は基本的に漢人の民を管理する役割を担っていたと見ることができる。
56) 都司は満・漢の官人が並立され、都城やおもだった城市に駐していたようである（『老档』太祖544頁〔『原档』2冊462～463頁〕）。具体的活動としては、守堡や百長を監督して公課の牛を出させるよう命じられた例がある（『老档』太祖586頁（1224頁を挿入）〔『原档』2冊526～528頁〕）。
57) 撫順攻略後、分けるのに苦労するほど多数の俘虜を功労者に賞与した（『老档』太祖93頁〔『原档』1冊174頁〕）とか、撫順で得た漢人らを諸王に与えた（『老档』太祖472頁〔『原档』2冊349頁〕）とかいった断片的史料から、ほとんどは奴隷として分配されたのではないかと思われる。遼東征服以前に漢人の民を一括し

第3章 ニルの構成と運営

て編成・管理したとの記録はない。
58)「満洲人の家にいる漢人の男」が漢軍に編入されたと解される例はあるが(『内国史院档』天聰七年七月朔条 (96頁))、八家のトクソの漢人についてはニル編成の形跡が見られない。
59)『盛京内務府順治年間档冊』順治八年三月二十日 (67〜72頁。訳注88〜93頁)。なお、内府と内務府の関係は五旗包衣と該管辦理家務之人の関係と等値されている (『諭行旗務奏議』雍正七年閏七月十五日奉旨条)。
60) 郭成康 [1985] 26頁。入関後史料に見えるシンジェクは、専ら罪を犯した者やその家族が入れられるものとして現われ、これに所属する者を奴隷と見ることに無理はないが、最初から全構成員が奴隷であったかどうかは確証がない。
61) 本書70頁参照。
62) ある漢人備禦が敵に通じたことを「家の人が告発した」と記した上で、この告発者を「告発した奴隷」と言い換えた例がある (『老档』太祖702〜703頁〔『原档』3 冊287頁〕)。
63) 石橋秀雄 [1989] 103頁。
64) 石橋秀雄 [1989] 125頁。この引用文の直前に「aha を奴隷とのみ解釈することには問題があり、それをもし奴隷と位置づけるとするならば、その概念規定を明示する必要があろう」と述べている。
65) 石橋秀雄 [1989] 122頁。
66) 満洲語の「aha」は通常「奴隷」と訳され、筆者もこの訳語を用いている。あくまでも便宜的に採用したに過ぎないが、「奴隷」という語がかなり限定された法的身分のイメージを喚起しやすいことは認めざるを得ない。特にマルクス主義的歴史学においては、奴隷制というものが普遍的な社会関係とされたため、「奴隷」と名づけた時点でその属性が実証なしに規定されてしまう嫌いがあった。本書においては、ただ満洲語「aha」の訳語としてだけ「奴隷」の語を用いることを確認しておく。
67) 旗鼓については後述。
68)『旧満洲档 天聰九年』233〜234頁〔『原档』9 冊313頁〕。「全く奴隷として与える」という表現は一般の民に与える場合にも見られる (『老档』太宗1222頁〔『原档』10冊372頁〕)。
69)『老档』太祖267頁〔『原档』2 冊14〜15頁〕。
70) 国田兵右衛門・宇野与三郎口述『韃靼漂流記』に「主と下人との作法親と子との如くに見へ申候。召仕候者をいたはり候事、子のごとくに仕候。又主をおもひ候事、親のごとくに仕候ゆへ、上下共に親しく見へ申候」とある (園田一亀『韃靼漂流記』27頁より引用)。

71)『老档』太祖352頁〔『原档』2 冊144頁〕。
72)『老档』太祖262、442、484頁、太宗719、1114頁〔『原档』2 冊 6 、297、369頁、8 冊127頁、10冊258頁〕など。
73)「諸王の家の豚を買う者」が不当な安値で買い取ることを禁じたり(『老档』太祖104頁〔『原档』6 冊144～145頁〕)、出征先で兵士を検査する際、「諸王の家の人とて区別するな」と戒めていたりするように(『内国史院档』天聰七年十一月二十日条(185頁))、総じて諸王の「家の人」は一般の民に対して強い立場にあったが、それでも奴隷の身にされることは罰に当たったのである。
74)『老档』太祖277～279頁〔『原档』2 冊29～31頁〕。
75)『太宗実録』崇徳三年八月初七日条(516頁)。なお、原文では被害者は「Taba agu」となっているが、この名の宗室は他の史料に見えず、漢文本でも「塔拝阿格」となっているので、『老档』『原档』などにも見える「Tabai」を指すと解した。
76) また逆に、「汝バヤンタイ Bayantai は初めただの人 bai niyalma であったが、家のニルのジャンギンとした。戦死すれば継承する。病死すれば継承しない」(『老档』太宗963頁〔『原档』10冊83頁〕)という勅書の写しらしい史料から、「ただの人」にとって、家のニルの官人となることは抜擢に当たったことがわかる。
77)『八旗満洲氏族通譜』は「包衣人 booi nirui niyalma」とされる者が相当の官職に就き、かなりの高官に上ることさえ珍しくなかったことを示している。例えば、正黄旗包衣人の Lahūda の孫 Turcen は礼部侍郎に(巻六)、正白旗包衣人の Funggan の子 Munggan は副都統に(巻六)、鑲藍旗包衣人の李抜の子四十六は総兵官に(巻七十四)、正紅旗包衣人呉倫の曾孫呉興祚は両広総督に(巻七十四)、正紅旗包衣管領下人の呂成科の孫呂猶龍は浙江巡撫に(巻七十四)任じられたという。
78) *Lettres édifiantes et curieuses, écrites des Missions Étrangères. Nouvelle édition.* Vol.20. Paris, pp8-9. (矢沢利彦編訳『イエズス会士中国書簡集 2 雍正編』144～145頁に日本語訳がある。本書の引用文は矢沢訳による。)「レギュロ」の用法については、上掲矢沢訳書59頁注50を参照。なお、杉山清彦[2007]はこの同じ史料を引いて、「ここに八旗制下の主従関係が明瞭に述べられている」とするが、この解釈が錯誤であることについては、本書36～37頁を参照。
79)『世宗実録』雍正二年五月丙辰条。
80) 父スヌが罪を得て爵位も属下のニルも剥奪されていながら、同時に配流の身となったその子らが有しているはずもないが、念のため考証するなら、ほぼ同時期に「定例内、未入八分公等以下、並無掌管旗下佐領之例」として、それに抵触する宗室のニルが没収されており(『上諭旗務議覆』雍正二年十二月二十一日奉旨条)、スヌの子のうち最も高い官職に就いたレシヘン Lesihen でさえ肩書きが「宗

第 3 章　ニルの構成と運営

室 uksun」に止まり封爵の形跡がないので、旗下ニルを有していた可能性はない。
81) *Lettres édifiantes et curieuses, écrites des Missions Étrangères. Nouvelle édition.* Vol.19. Paris, p.508（矢沢利彦編訳『イエズス会士中国書簡集 2　雍正編』132頁）。
82) *Lettres édifiantes et curieuses, écrites des Missions Étrangères. Nouvelle édition.* vol.20. Paris, pp.11-12（矢沢利彦編訳『イエズス会士中国書簡集 2　雍正編』146、147頁）。
83) イエズス会士の書簡は、直接の見聞に基づいた記録が多いこと、中国史料に見えない記録を残していることなどにより、独自の史料的価値を評価されている（矢沢利彦編訳『イエズス会士中国書簡集 1　康熙編』解説298〜300頁）。一方で、矢沢自身が注において間々指摘しているように、伝聞に基づく部分などには初歩的な誤りも少なくない。史料的価値は認めるとしても、問題点もまた直視して、利用には慎重を期す必要があろう。
84) 『八旗満洲氏族通譜』巻二十八・Luksu の項。
85) 『八旗通志初集』旗分志三の鑲黄旗包衣第四参領第一旗鼓佐領の楊名昇、旗分志四の正黄旗包衣第二参領第二満洲佐領のライダク Laidakū など、家のニルやホントホを管理していた者が「包衣の籍を出た（家のニルから旗に出した）」ため職務を免じられたという例が見られる。
86) 『老档』太祖420頁〔『原档』2 冊254頁〕。
87) 『老档』太宗808頁〔『原档』8 冊203〜204頁〕。
88) 『老档』太宗1034頁〔『原档』10冊166頁〕。
89) 『老档』太祖617頁〔『原档』3 冊153頁〕。
90) 『老档』太宗573頁〔『原档』7 冊489〜490頁〕。
91) 『老档』太宗986頁〔『原档』10冊110頁〕。
92) 備禦の官位と旗鼓の職、ニルイジャンギンの官位と旗鼓の職を同時に与えた例があり（『老档』太宗201、986頁〔『原档』5 冊266〜267頁、10冊110頁〕）、備禦（後にニルイジャンギン）はもともとニルイエジェン相当の官位である。
93) 『盛京内務府順治年間档冊』。
94) 『盛京内務府順治年間档冊』順治五年閏四月二十二日（29〜30頁。訳注50〜51頁）。
95) 順治六年には盛京内務府所属の 2 ニルにまとめて割り当て（『盛京内務府順治年間档冊』順治六年五月二十日（44頁。訳注66頁））、七年には北京から「男二百八十二人・領催十五人」を遣わし、八年には正白も合わせた25ニルから領催25人と男600人（各ニルで最少 6 男、最多59男）を動員している（同順治七年五月二十日、八年五月初五日（52頁、73〜74頁。訳注74頁、94〜95頁））。
96) 『盛京内務府順治年間档冊』順治四年六月二十九日（12〜13頁。訳注30〜31頁）。
97) 『盛京内務府順治年間档冊』順治八年七月十一日（75〜76頁、76頁。訳注96頁、

97頁)。
98)『盛京内務府順治年間档冊』順治五年閏四月十六日（28頁、56頁。訳注49頁、77頁)。
99)『盛京内務府順治年間档冊』順治八年三月初五日（56頁。訳注76頁)。
100)『諭行旗務奏議』雍正三年二月二十四日奉旨条。
101)『太宗実録』天命十一年九月初八日条（順治版では日付なし。日付は乾隆版による)。
102)『太宗実録』天聡三年八月二十三日条。
103)『老档』太宗1220～1221頁〔『原档』10冊370頁〕。
104)同様に、セレ Sele は「彼の家の一人の女とニルの一人の女」を打ち殺したため、処罰された上、「打ち殺した二人の女を償いに toodame」取られている（『老档』太祖673頁〔『原档』3冊249～250頁〕)。
105)『内国史院档』崇徳三年正月十五日条（193頁)。
106)俘虜となった良家の婦女を娼家に売らせるなという漢官の奏請に対して、ホンタイジは兵士が命がけで勝ち取った俘虜を売るなとは言えないとはねつけている（『内国史院档』崇徳三年七月十六日条（444頁))。
107)『満洲実録』巻四・乙卯年十一月条（137頁)。
108)『八旗通志初集』巻三～十・旗分志三～十。なお、各旗に属する「国初」ニルの数は、最多が29ニルと4半箇ニル（鑲藍旗)、最少が19ニルと8半箇ニル（正藍旗）と大差があるが、国初から『八旗通志初集』成立の時点までに、少なからぬニルが旗の間を移動しているので、この史料をもって各旗の当初のニル数を知ることはできない。
109)『内国史院档』天聡八年九月二十一日条（302～303頁)。
110)『内国史院档』天聡八年九月二十一日条（304～305頁)。
111)光緒『大清会典事例』巻一千一百十一・八旗都統・佐領・編旗。
112)『太宗実録』崇徳四年五月二十五日条。
113)『太宗実録』崇徳四年六月初二日条。
114)最も甚だしい例としては、マングルタイが死後に告発されて、彼と弟デゲレイの子らの隷民・財産がすべて没収された時も、正藍旗がホンタイジの旗に入れられて再編されたので、同規模の八旗が並立するという外形的な構成は少しも変わっていない（『太宗実録』天聡九年十二月初三日条)。後に、戦時に7旗の王・貝勒・貝子が戦い1旗の王・貝勒・貝子がみな敗走すれば、敗走した旗を壊して隷民をすべて没収して7旗に分与するといった法令が出されているが（『内国史院档』崇徳三年八月二十二日条（570頁))、もしこの法令が本当に適用されることがあったとしても、同様に八旗の均等な体制は維持されたであろう。

第3章　ニルの構成と運営

115) 例えば旗分志三に見える鑲黄旗満洲都統第三参領第二佐領は、初め半箇ニルであったが、後に「続々と来帰する人々が増えて」整ニルにしたという。『八旗通志初集』旗分志は、半箇ニルが漸次整ニルになった様子を示すが、その時期を明示しない記載が多い。
116) 博克東・陳佳華［1988-2］321頁。
117) 劉小萌［2001］162頁など。
118) ニルの「男」は、入関前の時期について言えば、原則として奴隷を含む全成人男子であったと考えられる（本書第2章注11）を参照）。だが入関後の史料では、定額に入らない成人男子が珍しくない。雍正朝の『上諭旗務議覆』などでは「旗下家人」を一般旗人と別扱いしているし、奴隷以外にも額外人丁がおり、「滋盛余丁」の処遇が問題になっている（『上諭旗務議覆』雍正二年二月初九日奉旨条）。
119) 天聰四年の編審の際には、「確実に〔戸籍に〕入る者」は村で手続きを済ませ、「〔課役を〕解きたいという老人ら、新たに〔戸籍に〕入らせるのに疑わしい子供ら」を、瀋陽または鞍山に連れて行って検分せよと命じている（康熙版『太宗実録』天聰四年十月十六日条）。つまり、老齢のため兵役・労役を免除する者と、初めて兵役・労役に当てる少年とは、それにふさわしいかどうかを担当の官人が見て決めたのであろう。
120) 「男」だけでなく「女」を隠すことも罪に当たったことから（『太宗実録』崇徳二年五月二十五日条など）、女も登録されていたことがわかる。年少者については、天聰九年六月、新たにニルに振り分けたフルハのうち「書（帳簿）に入らない小さい子らが各二百人ばかり」いた（『旧満洲档　天聰九年』165頁〔『原档』9冊217頁〕）とあるように、幼少時には登録されず、成人して初めて登録されたのであろう。なお、戸を単位として登記されていたことは、分家の際に改めて登録していることからわかる。その際、家畜も登録したという記録もある（『盛京原档』207号（118頁））。
121) 民の娘や寡婦の婚姻についてはニルイジャンギンに問う（『旧満洲档　天聰九年』86～87頁〔『原档』9冊109頁〕）など、ニル官が管理した形跡がある。
122) 『老档』太祖298頁〔『原档』2冊60～61頁〕。
123) 『老档』太祖665、708頁〔『原档』3冊235、298頁〕。
124) 天命七年二月、遼西遠征中に下されたハンの書は「一ニルの遼東にいた男を数に入れ、三分の一が〔駐屯地に〕いるように。三分の二の男は遼東で田地を耕すように（『老档』太祖515頁〔『原档』2冊418頁〕）」と指示している。これは大規模な遠征などに際しては、1ニルの男の3分の1に当る100人より多くを徴兵する場合もあったことを示唆している。同時に「〔駐屯した兵士の〕田地をニルの者が兼ねて耕せ」と命じているのは、1ニルから3分の1の男を徴兵するとい

う体制が、政権として農家の人手不足を慮る必要のある域に入るものであったことを窺わせる。つまり、この徴兵率は、兵農一致を成り立たせるためのぎりぎりの数値であったと考えられる。

125）『太宗実録』崇徳六年四月十九日条。
126）「必ず三〔人の〕男に一甲を計って甲を着せよ。他のニルの余った甲〔士〕を足りないニルに補わない」とあるので（前注に同じ）、60人の定数より「3人に1人」の定率の方が優先されていることがわかる。
127）『老档』太祖427頁〔『原档』2冊269頁〕。
128）ジャイフィヤン築城の際、「ハンの住む家」に次いで「他の諸王・諸大臣の家、諸々の小兵士の家」を造ったとされるように（『老档』太祖157〜158頁〔『原档』1冊257〜258頁〕）、ハンと諸王・官人の他に兵士が都城の主な居住者だったのであろう。
129）『老档』太祖405頁〔『原档』2冊228〜229頁〕および『老档』太祖1105頁〔『原档』5冊136、135頁〕。この制度の起源と意義については、松浦茂［1984］参照。
130）『老档』太祖515、354、1085頁〔『原档』2冊418、148頁、5冊55頁〕。
131）『内国史院档』天聡八年十一月十七日条（368頁）。
132）『太宗実録』天聡七年正月初八日条。
133）注152）および154）。
134）『太宗実録』天聡七年正月初八日条。
135）『老档』太祖55頁〔『原档』1冊60頁〕。なお、『原档』は「juwe daise」の2語を欠く。
136）本書附論2を参照。
137）『内国史院档』天聡八年四月初九日条（115〜116頁）。
138）両者の関係については、本章注92）に述べる。
139）『内国史院档』天聡八年四月初九日条（116頁）。
140）ニルの官制を定めた際に「兵の甲冑・弓矢・腰刀・槍・大刀・鞍・轡など色々な物が悪ければ、ニルイエジェンを降す。修理した物がすべて良ければ、軍馬が肥えていれば、ニルイエジェンをまた陞す」（『老档』太祖55頁〔『原档』1冊60頁〕）とあり、兵器・軍馬の管理がニルイエジェンの職務とされたかに見えるが、天命八年四月には「一ニルの一人のジャンギンは率いて馬を放牧させよ。一人のジャンギンは兵器を監督し造らせよ」（『老档』太祖715頁〔『原档』3冊306頁〕）とあって、ジャンギンに分担させている。
141）『太宗実録』天聡七年正月初八日条。
142）紛争解決については後述。人事管理に責任を負っていたことは、ニルのジャンギン・領催の誓約の末尾に「この言を偽り言って背けば、ニルイエジェンに非

第3章　ニルの構成と運営

を知られて、諸王・諸大臣に告げて殺してもよい」とある（『老档』太祖163頁〔『原档』1冊265頁〕）ことからわかる。また、ニルの者の掠奪行為、家畜の私宰などに責任を負わされたり（『老档』太祖858頁、太宗103、324、575頁〔『原档』4冊96〜97頁、6冊143〜144、424〜425頁、7冊494〜495頁〕）、ニルの者が犯した罪に応じて賞与を削られたり（『老档』太祖960頁〔『原档』4冊258〜259頁〕）した例がある。

143)『老档』太祖715頁〔『原档』3冊306頁〕。なお、天命六年にも「ニルの甲を領催するジャンギンら」に対する言及があり（『老档』太祖391頁〔『原档』2冊208頁〕）、おおよその分業はすでに成立していたと思われる。

144)『老档』太祖770頁〔『原档』3冊371頁〕。

145)『老档』太祖163頁〔『原档』1冊265頁〕。

146) ハンの決定を満洲人に下すには「ハンの書」と言い、漢人に下すには「八王の書」と言わせた（「都堂の書」を改称）というよう定めたという（『老档』太祖855頁〔『原档』4冊92〜93頁〕）。「ハンの書」は「村の領催に至るまで」下したという記録（『老档』太祖340頁〔『原档』2冊121〜122頁〕）がある。「いろいろな売買するものの値を定めて、ニルごとに下した」（『老档』太祖327頁〔『原档』2冊97〜98頁〕）などは、部 jurgan などを介しての通達かもしれない。

147)『老档』太宗685頁〔『原档』8冊98頁〕。

148) いずれも『老档』太祖72頁〔『原档』1冊146〜147頁〕。

149) ニルの公課の穀物輸送にジャンギンが責任を負わされた例（『老档』太祖638頁〔『原档』3冊190〜191頁〕）などよる。

150)『老档』太祖399頁〔『原档』2冊220〜221頁〕。「牛荘の城を築く公課の者が苦しんだ」ために労った（『老档』太宗129頁〔『原档』6冊249頁〕）など、築城の公課が特に負担であったことを示す史料は他にもある。

151)『老档』太祖414〜415および427〜428頁〔『原档』2冊247および268〜269頁〕。

152)『太宗実録』天聰七年正月初八日条。また、兵士を戦地に駐留させる際、「兄弟のない奴隷のいない独り身の貧しい者」を留めて、後で生活に困らせるようなことがないようにとの命令も出されている（『老档』太宗349〜350頁〔『原档』7冊82頁〕）。

153) 築城の労役にニル内の親戚を免じた者（『老档』太祖281頁〔『原档』2冊34〜35頁〕）や貧者に砲を運搬する牛を出させた者（『太宗実録』崇徳四年五月十二日条）、他に負担すべき者がいるのに同じ者ばかりに馬を出させた者（『老档』太宗1013頁〔『原档』10冊141頁〕）が罪せられている。

154)『老档』太宗86頁〔『原档』6冊124頁〕、『太宗実録』天聰七年正月初八日条。

155)『太宗実録』崇徳二年閏四月初二日条。

156) 他にも、「村の領催が村の土塀の壊れた所を修理せず、賊を査べないならば、汝を賊と同じとみなす(『老档』太宗86頁〔『原档』6冊124頁〕)」というように、村全体の管理にも責任があった。
157) 『太宗実録』天聰七年正月初八日条。
158) 『太宗実録』崇徳六年二月十四日条。
159) この時期、ニルイエジェンの名称は公式には廃されていたはずであるが、通称として用いられることもあったのであろう。なお、ここは乾隆版漢文本では「牛彔章京」に改められている。
160) 後に続く文から、ここでは funde bošokū や ajige bošokū、すなわち天聰八年以前の代子やジャンギンを指すことがわかる。
161) ニルイジャンギンらが築城工事を早く終わらせようと余分な人数を労役に駆り出し、結果的に耕作が遅れたと非難された例(『旧満洲档　天聰九年』89頁〔『原档』9冊113頁〕)などから、政府の命令とニルの維持を両立させるには一定の手腕が必要であったとわかる。
162) 『旧満洲档　天聰九年』69、101頁〔『原档』9冊84、131～132頁〕など。
163) 『太宗実録』崇徳三年七月十六日条(454～455頁)。
164) 『老档』太宗841頁〔『原档』8冊244頁〕。
165) ヌルハチは「ハンの登用した官人らはハンが賞与する通常の得る物を公然と取る。下の者から密かに取らない(『老档』太祖429頁〔『原档』2冊272頁〕)」と宣言している。官人らは自分の家で作ったものとハンから賞与されるものだけで生活すると誓っている(本書93～95頁参照)。
166) 『老档』太祖280頁〔『原档』2冊34頁〕。また、家の奴隷が盗みを働いたのを法司に訴えなかったニルイエジェンが辞めさせられた例もある(『老档』太祖338頁〔『原档』2冊118～119頁〕)。
167) 『太宗実録』天聰五年七月二十一日条。これ以前、「色々な罪があった時、まず守堡・備禦にて審理する」とし、最終的に「小さい罪は八王が衆で断じて終える。大きい罪はハンに上奏する」としていた(『老档』太祖497頁〔『原档』2冊388～389頁〕)。
168) 「tuhere an i weile」というのは通常罰銀のこととされているが、語義からすれば「定まった通常の」とでもいう意味になるので(次注を参照)、ここでは「規定どおりの数や方法で」といった意味になろう。なお、漢文本では「依例」と訳している。
169) 「tuhere weile」「tuhere an i weile」の語義および用例については、張晋藩・郭成康[1988]534～542頁を参照。
170) 傅克東・陳佳華[1988-2]など。

199

第3章　ニルの構成と運営

171) 例えば『老档』太宗961、1013頁〔『原档』10冊82、141頁〕など。
172) 『老档』太宗652頁〔『原档』8冊73頁〕。
173) 『八旗通志初集』巻五・旗分志五・正白旗満洲都統第五参領第五佐領。
174) 康熙朝後半には「世襲の官を hergen という（『御製清文鑑』巻二）」と定義されるに至る。
175) ただし、世襲は自動的に行なわれるものではなく、ハンの承認を要したし、「兄弟や子で順序が存在したわけではなく、細かい規定もなかった」ことが指摘されている（綿貫哲郎［2003］22頁）。雍正・乾隆期に各ニルの由来を調査せざるを得なかったこと自体、世襲が必ずしもきちんと行なわれていなかったことを示していよう。
176) たとえば、議政大臣・グサイエジェンであった Ajigenikan は、戦病死するまでニルを管理していたし（巻五・旗分志五・正白旗満洲都統第一参領第一佐領）、Suksaha は輔政大臣に任じられて息子と交替させられるまで、ニルの管理に当てられていた（同・第二参領第二佐領）。
177) ホンタイジがグサイエジェンらに狩猟をさせた時、「この狩猟には諸王・諸大臣の子ら、ニルイエジェンらの子らが狩猟するがよい」と言った（『老档』太宗861頁〔『原档』8冊265頁〕）というように、ニルイエジェンらは諸王・諸大臣に次ぐ特権的な階層と目されていた模様である。なお、清末のことになるが、中山八郎［1935］は福島安正の『隣邦兵備略』を引いて、「佐領」すなわちニルイジャンギンが四品官ながら「旗中の栄誉」であったことを述べる。
178) もっとも、イングルダイ Ingguldai のように戸部承政の任に当たって部務が繁忙を極めたため、ニルの管理を弟の子にさせたという例もある（『八旗通志初集』巻五・旗分志五・正白旗満洲都統第一参領第四佐領）。
179) 東洋文庫蔵『正紅旗満州佐領档案』の第一件で『ere niru dade minju i da mafa hohori gungju mama gung holbon sede enculebuhe niru fujuri niru』として登録された満文档案による。
180) 崇徳二年に鄭親王ジルガランが罪せられた際、グサンタイ Gusantai とラマ Lama の専管ニルを没収されていることから（『太宗実録』崇徳二年六月二十七日条）、この点は確かである。『八旗通志初集』旗分志においては、ニルを専管させられた者も、他のすべてのニルと同様に、そのニルを「管理させた bošobuha」としか書かれていない。
181) 功臣たちにニルの専管を認めた『旧満洲档　天聰九年』の記載に「男を免じた」と記されている（40頁〔『原档』9冊51頁〕）。厳密に言えば、ニルの専管を認めたのがこの時限りとは言えないので、ニルの専管は必ず公課免除を伴ったとは決められないわけであるが、ヌルハチ期のエイドゥが専管させられたニルもや

はり公課を免除させられていたので（本章注193）所引史料）、一般に専管ニルは公課を免除されたと見てよいと考えられる。

182）上田裕之［2002］が最も詳しいので、これに沿って検討する。なお、杜家驥は『碑伝集』所載のエイドゥ伝に「給以百人廩食」とあるのを専管3ニル中の100丁を役使できることだとし、崇徳八年にエイドゥの2子に認められた人参採取の計96人がこれに当るとするが（杜家驥［1998］62～63頁）、『碑伝集』の記述は明らかに『老档』太祖915頁〔『原档』4冊99頁〕に見える「彼自身の世代、子の世代、孫の世代、この三世代に至るまで、百人の銭糧caliangを食べる」から来ており、一等備禦に10人、一等遊撃に16人等と原則上官位によって定められた「銭糧」（『老档』太祖915～932頁〔『原档』4冊99～148頁〕に見える）を指すのであり、ニルの専管とも人参採取とも結びつける根拠はない。なお、松浦茂［1984］はこの「銭糧」を免糧の特権を表わすと解釈しているが、筆者もそれは妥当と考える。

183）上田裕之［2002］25～26頁。

184）『太宗実録』崇徳七年六月十五日条。言うまでもなく「加賜されるのをやめる」では処罰の意味をなさない。また、この箇所は順治版漢文本でも「原管掘参、今革之（＝「人参を齎させるのをやめて」の字義どおりの訳）」となっており、「加賜」の意を込めた訳にはなっていない。

185）『大清全書』巻五。

186）満文老档研究会による『老档』訳注においても、天聡六年正月条に見える「orhoda hūwaitabuha」が「人参を齎させた」と訳されており（『老档』太宗636頁〔『原档』8冊611頁〕）、筆者の創見というわけではない。

187）上田裕之［2002］28頁。

188）例えば、増井寛也［2006］は、『老档』太祖645頁〔『原档』3冊202頁〕に毛皮等の採取に関して記された「専行した諸大臣enculehe ambasa」を「専管権を保有する大臣」として、ニルを専管する者と同一視しているが（23頁）、ここに見える「専行した諸大臣」は、直前に「八旗の専行した諸大臣の採った貂皮の総数……」とあるのに引き続いて現われるので、毛皮採取に関してのみ「専行」を認められた者と理解するのが自然である。少なくとも、「専管ニル」と結びつける必然性は全くない。

189）『老档』太祖739頁、太宗454頁〔『原档』3冊338頁、6冊477頁〕、『旧満洲档 天聡九年』174頁〔『原档』9冊228頁〕。

190）注184）所引。

191）杜家驥［1998］62～63頁。

192）官位に従って与えられた男について、「その男を放って捕って食べよ」と言わ

第3章　ニルの構成と運営

れていたように（第2章注14））、生計を助けるべく使役されたことが考えられる。ただし、公課免除の特権はニルを管理する者の直接的利益を保証するというより、属下への恩恵という意味が強かった可能性がある。ヌルハチはYarnaのニルの者に対して、Yarnaのお蔭で公課免除の恩恵に与かっていることを諭している（『老档』太祖950頁〔『原档』4冊174頁〕）。

193）『碑伝集』巻三「開国佐運功臣弘毅公額宜都家伝」。作者「愛必達」は巻首下「作者紀畧」によれば「愛一作阿　姓阿拉克奇特氏、蒙古正白旗人、官副都統」とあり、『八旗通志初集』巻二百十五・勲臣伝十五に伝がある。それによれば、彼は康煕十三年に三藩の乱鎮圧に出征しており、蒙古八旗とはいえ旗人であるから、彼の著作は少なくとも入関後20年以内に生まれた旗人にとって違和感のない内容であったと考えることができる。

194）エイドゥが3ニルを専管させられたことは、『老档』太祖935頁〔『原档』4冊150頁〕に見える。

195）『内国史院档』順治四年十二月二十六日条。

196）エビルンはホンタイジ逝去の際にドルゴンらと確執があり、ニル下のバヤラに武装させて自家の警護をさせたことを、翌順治五年に告発され、革職・家産の半分を没収という処分を受けた（『世祖実録』順治五年四月癸酉条）。すでにドルゴンと対立関係にあったことから、通常なら黙認されたことでも殊更に取り上げられた可能性はある。しかし、本文でも述べるように、ここで問題にすべきは、何が国家と旗人社会の認める正当な権利であったかということである。

197）本書93〜94頁参照。

198）『老档』太宗1061〜1063頁〔『原档』10冊199〜200頁〕。

第4章

軍事的背景と戦略

序

　八旗制度が果たした役割には、大きく分けて行政的側面と軍事的側面とがある。行政的側面については前章で扱ったので、次に軍事的側面について取り上げたい。ただし、八旗制度の軍事的役割について理解するためには、マンジュ国―清朝初期の軍事的背景について明らかにしておかなければならない。

　ヌルハチ政権成立に至る過程では、軍事上の対抗勢力は他の女真の諸国gurunであった。明に対しては、最終的に挙兵するまで表向きは恭順の姿勢を保ち、モンゴル諸部や朝鮮に対しても、接触はもちながら敵対には至っていない。対明挙兵以来、明と朝鮮、そして内モンゴル最大勢力のチャハルが敵となり、三方を敵対する大国に囲まれる態勢となった。軍事的に弱体であった朝鮮が屈服させられ、モンゴルが切り崩されて服属しても、明との敵対関係は変わらず、明が予期せぬ事情で倒れるまで、決着をつけるための展望は立たなかった。

　ホンタイジの治世の終わりまで、マンジュ国―清朝は、常に人口と経済

第4章　軍事的背景と戦略

力で遥かに勝り、しかも防衛の術に長けた敵を相手に戦う必要があった。彼らが恃みにできるのは軍事力だけであったが、軍事力を支える人口・経済力の乏しい国家としては、戦って勝ち続けるために内外の情況を正確に把握し、的確な戦略を立てていく必要があった。そのような戦略に沿って軍備が整えられ、軍事行動が起こされたのである。

マンジュ国―清朝にとって軍事は特に重要な問題であったにもかかわらず、先行研究においては、軍事的問題が正面から扱われることは少なく[1]、多くの場合、政治史・制度史についての議論に関連して附随的に述べられるに止まっている。一般に軍事史に対する関心が稀薄なので、軍事的な問題に関わる事柄が個別に明らかにされても、軍事史的観点から整理・論述されることがないのである。本章では、従来附随的・断片的に述べられてきた事柄も含めて、入関前のマンジュ国―清朝が置かれた軍事的状況についてまとめて提示し、そこで採られた戦略方針を明らかにして、次章で八旗の軍事的側面について考察する基礎としたい。

以下、ヌルハチ自立から入関までの時期を4期に区分して、それぞれの時代にマンジュ国―清朝が置かれていた軍事的状況と、そこから導き出された戦略について述べていく。第1節ではヌルハチの遼東征服までを扱い、この時期には都城だけを拠点として、短期間で終わる軍事行動を繰り返していればよかったことを述べる。第2節では遼東移転後を扱い、領土防衛のために兵と注意を分散させられ、山海関を境に明への侵攻が阻まれたことで、一時苦境に陥ったことを示す。第3節では天聰三年の華北侵入以後を扱い、内モンゴル経由で華北に侵入する経路を見出したことで苦境は脱するものの、明を屈服させるための足がかりは築けず、時間と労力のかかる山海関方面への攻撃を並行して行なうようになったことを示す。第4節では内モンゴル・朝鮮平定後を扱い、対明戦の最終的な戦略方針が固まり、山海関突破を目指して長期の包囲戦を行ない、成果を上げていったことを述べる。

入関までのマンジュ国―清朝は、国家の拡大とともに大規模な戦いを余

儀なくされたが、ある時期以降、兵力はあまり増えず、敵の守りと地理的条件に阻まれて苦しむことになった。この状況を打開するためには、直接的利益の乏しい長期戦に耐える必要があり、短期的な不利益を忍んでそれを遂行する方針を採ったのである。

1　ヌルハチの自立から遼東征服まで

　癸未年（1583）、ヌルハチが25歳で自立した後、最初に敵対した相手は、父祖の仇ニカン゠ワイラン Nikan Wailan であった。『満洲実録』の描写によれば、この時期のマンジュ部には、村 gašan を従え城 hoton に拠る「大人 amban」と呼ばれる小領主が群立していたが、ヌルハチやニカン゠ワイランも同様の存在であった。両者の対立に際して、ニカン゠ワイランに怨みを抱く大人らがヌルハチに附したり、明とハダ Hada がニカン゠ワイランに味方したと聞いてさらに寝返る者が現われたりするなど[2]、こうした大人らは個々の利害によって協力あるいは敵対し、有力者が現われればそれに附して保身を図っていた。彼らは互いに属下の村を掠め、敵対が嵩じれば相手の居城を攻めるという恒常的な争いの中にあった。

　こうした群小勢力の抗争と離合集散の背景には、毛皮や人参の交易をめぐる利権争いの激化があったことが夙に指摘されている[3]。だが、いずれにせよこうした情勢がすでに成立していた以上、単に生き延びていくだけのためにも、武力による争いを避けることはできなかった。ヌルハチが群小領主の間で相対的に強大化していくと、自ら民を率いて来帰する大人も現われ、戊子年（1588）にマンジュ部を統一した頃には、必ずしも戦うことなく勢力を拡大することが可能になっていた。しかし、次いでフルン Hūlun 部のハダ・ホイファ Hoifa・ウラ Ula・イェヘ Yehe といった大国と対峙するようになると、個別に交渉や取り引きを重ねながらも、結局は武力

第4章　軍事的背景と戦略

で決着をつけることになった。各国の思惑に加えて、明がヌルハチの台頭に注目して以来、ハダやイェへに肩入れして対抗させるといった介入を行なって、対立を煽っていたからである[4]。

　最終的に女真諸国はマンジュ国の下に統一されることになるが、これは近隣の対抗勢力を倒さずには終わらなかった抗争の結果である。ワルカ Warka・フルハ Hūrha など辺境に散居する国人らも、多くが武力によって強制的に服属させられているが、味方が殺されたことへの報復など、それぞれ個別の理由があった。満文档案は、統一が達成された後で、天が「同じ言語の女真 Jušen の国人は、異なる地方や遠い所に住んでいないで、みな一つ所に収めるがよい」と思って、争いの種を蒔いたとの見方を示している[5]。この見解が結果論として記されていることからも、統一が意図された目標でなかったことがわかる。女真統一を目指して戦っていたのではなく、統一に至るまで戦わざるを得なかったのである。

　武力抗争を勝ち抜くために、まず必要なのは兵力の確保・増大である。ヌルハチ自立当初の兵力が「甲十三副」であったというのは、各史料に言及されるところである[6]。被甲の兵士が13人で、甲を着けない兵士がいくらか加わる程度であったと解されるが、要するに実戦力数十人程度ということである。その年のうちに、盟約を結んだ3大人とともにニカン＝ワイランのトゥルン Turun の城を攻め取った時には、「兵一百・甲三十」あったと記されている[7]。つまり、当時のマンジュ部の大人たちの有する兵数は数十人の規模であり、数十人が100人になれば頭角を現わすという水準の争いをしていたのである。マンジュ部統一までの戦いで、ヌルハチが率いたとされる兵数は最大で500であり[8]、敵の兵数も同様の水準であった。

　フルン諸国と対決する段階では、ヌルハチの子弟や部将らが1,000ないし2,000の兵を率いて戦ったという記述が多く見え、癸丑年（1613）にウラを攻め滅ぼした際には、双方の兵数ともに3万、イェへを包囲した際には4万が出征したとされている[9]。この数字が文字通り信用できるかどうかはともかく、マンジュ部統一時と比して桁の違う数字が現われていること

1 ヌルハチの自立から遼東征服まで

から、この間にマンジュ国の兵数が飛躍的な拡大を見たことは窺われよう。このことは、自発的に従った者だけでなく、敗れて降った者も順調に兵力として取り込まれていたことを示している。

　周知のように『満洲実録』は、ヌルハチ即位に先だつ乙卯年（1615）末に、男300人で1ニル、5ニルで1ジャラン、5ジャランで1旗を定数として八旗が編成されたと記している[10]。『満文老档』には男300人で1ニルとしたことを記すのみで、ジャラン以上の定数には言及していないが[11]、他史料に見える数字との兼ね合いを考えても、1旗25ニルが当初の標準であったというのは妥当と思われる[12]。1ニル300人、1旗25ニルの定数に従えば、八旗は6万人の成人男子で構成されることになる。八旗ではなく八家に所属する者も加えれば[13]、6万を少し上回る人数が、兵として動員できる最大限であったことになる。この数字は、それ以前に現われる兵数の記載と矛盾しない[14]。

　兵として動員可能な成人男子の数が約6万であったとしても、一度に動員できる兵数がずっと少なかったことは夙に指摘されている。陸戦史研究普及会は、サルフの戦いの時点でのマンジュ国の兵力を、当時1ニルの甲士が50人であったことから、約1万人と見積っている[15]。確かに、甲士 uksin i niyalma すなわち甲冑を着け正規の武装をした兵士の数は、当初1ニル50人、遼東征服後に増やされて100人になるが[16]、甲士はニルの男の一部に過ぎない。サルフの戦いの直前にも、騎兵とは別に「一万五千の歩兵 yafahan cooha」の派遣が記され[17]、天命六年には、「甲士」と並んで「甲を持たずに来た、徒歩の末の甲士」「甲を着けない歩兵・従僕」の存在が挙げられ[18]、披甲・騎馬が原則であったらしい甲士のほかに、そうした要件を満たさない兵士がいたことも認められる。つまり、当初1万の完全装備の甲士のほかに、機動力や防備の点で劣る補助的な兵が、同時に多数出動していたのである[19]。

　こうした補助的な兵まで含めれば、遼東征服以前のマンジュ国では、重要な戦いに際して、限度いっぱいに近い人数の成人男子を動員することも

207

第4章 軍事的背景と戦略

可能であったと考えられる。なぜなら、この時期の戦いは一回一回が比較的短期間で終わったので、成人男子の大半を駆り出しても、防衛や生産活動に支障を来たすことがなかったからである。

　この時期の女真は慢性的な武力抗争の状態にあったとはいえ、大規模な攻撃にかけた日数は、出発から帰還まで短ければ数日、最長でも20日程度であったと見られる[20]。壬子年（1612）に兵3万をもってウラを攻めた時は、九月二十二日に出発、二十九日にウラ国に至り、いくつかの城を攻め取りながら進軍、穀物を焼き払い村に火を放って、ウラ国内に5泊した後、6日目に城を築いて兵1,000を残し引き上げている[21]。翌年正月に再び攻めた時には、まずウラの3つの城を攻め取り、翌日迎え撃ちに出たブジャンタイ＝ハン Bujantai Han の兵を破り、ウラの大城を占領した。国人をすべて捕え、10泊して分配し連れ帰ったという[22]。その年の九月に、逃げたブジャンタイを追ってイェへを攻めた時は、九月初六日に出発して、十日にイェへの諸城を包囲している[23]。天命四年にイェへを滅ぼした時には、八月十九日に出発して二十二日の朝に大城に至り、ただちに城攻めにかかっている[24]。日数は記録されていないが、『満文老档』（『満文原档』）の記述による限り、東西2城が攻略され、ギンタイシ＝ベイレ Gintaisi Beile 以下イェへの諸王がすべて降るまで、何日もかかったようには読み取れない。

　フルン部の大国を攻める際、ヌルハチは一度に決着をつけず、領内の諸城を破壊し、食糧をなくして弱らせる策を取ったというが[25]、そのように敵の領内を消耗させるのにかけた日数はせいぜい数日、最終的な決戦は、早ければ1日で終わったようである。俘虜分配などにかける時間を除けば、あとは片道数日（ウラで7日、イェへで3～4日）の往復だけである。この時期の女真は、敵に攻められると城に立て籠もることが多かったが、包囲態勢を取られてしまうと長くは耐えられず、『満洲実録』『満文老档』（『満文原档』）に明記されている限りでは、4日以上持ち堪えた例が見えない[26]。

　当時の女真の城は、同時代の明の本格的な城砦と比べれば、全く粗末なものであった。ヌルハチのフェアラ Fe Ala の城を例に取ると、内城・外

城の二重の城壁が築かれていたが、いずれも石積みと木材を交互に積み重ねて、上から泥を塗った高さ10尺余りの城壁に、木の板で作った城門を設けたものであった[27]。ヘトゥアラ Hetu Ala も同様で、城壁は木と石を交えて築いた高さ数丈のものであったという[28]。この程度の城であったから、城内から攻撃を受けながらでも、盾などで防ぎつつ手作業で破壊することが可能であった。女真諸国の中では堅固を誇ったイェへの二重の城も[29]、「明の煉瓦で築いた城〔壁〕を斧で切り壊」されて[30]陥落したのである。

つまり、女真統一に至るまでは、都城から比較的近い位置にある敵の城を襲い、数日戦って引き返すという短期間の戦いを繰り返していたのである。ヌルハチは、フェアラの時代から、一定数の兵士を都城の周囲に集めて常駐させていた[31]。このような都城常駐の兵士は国内の成人男子の一部であり、残りは農作業など生業に従事していたはずである。しかし、上記のように短期間で済むのであれば、ここぞという決戦の際には、臨時にもっと多くの兵士を駆り出すことも可能だったと考えられる。

また、こうした戦いの形態であれば、大軍を動かす際にも兵餉の心配をする必要がなかった。元々女真人は飢渇に対して耐久力があると言われ、行軍の際には穀物の粉末少々を水に混ぜて飲み、6～7日間で4～5升を喫するに過ぎないと言われていた[32]。行軍中の食糧は各自携帯し、別途輸送することはなかったという[33]。敵地でも、穀物を奪うのではなく、敵を苦しめるため「焼き払った」という記録があるように[34]、敵の食糧を食い尽くすほどにも長居しなかった。従って、軍の補給については、この時期には全く問題になっていない。

対外侵攻に多くの兵を駆り出すことが容易であったのと同時に、防衛に関してはごく僅かな兵数を割くだけで事足りた。領土防衛の必要がほとんどなかったからである。申忠一によれば、万暦二十三～二十四年（1595～96）、すなわちマンジュ部統一直後のヌルハチが支配していたのは、明との境界に近い西側を除き、北・東・南に3～4日程内の「各部落酋長」であったということである[35]。彼の旅程図では、フェアラ到着の6日前から

第4章　軍事的背景と戦略

農地が途切れないといい、「胡家」や「農幕」が現われる。都城フェアラを中心に、西側のみ明境まで1日程と密接しているが[36]、残りの三方に数日程内にある農村がその版図であったと見てよかろう。

　ただし、外敵から守るべき領域はもっと狭かった。申忠一の旅程図では、都城到着2日前から「煙台」「木柵」が現われる。煙台の兵士は、変事があれば木の板を打って隣台に知らせ、知らせたら逃げることになっていたという[37]。煙台はただの見張り台で、防衛施設ではないのである。都城から南・北・西各1日程には堡が設けられ（南北に各1堡、西に10堡）、都城から部将を送り込んで1年交代で駐在させ、兵士は附近の部落から10日交替で送っていたという[38]。つまり、都城を中心に半径1日程以内が、辛うじて防衛の対象となっていたことになる。ヌルハチの一族・諸将はみな都城に集住し、いざとなれば民も城に囲い込むことができたので、最低限、都城を守ってさえいればよかったのである。

　癸卯年（1603）、近くのヘトゥアラに居城を移してからも、基本的な事情は変わらない。討滅されたフルン部の旧支配層と民は、ヘトゥアラ城とその周辺に移住させられ、故地は事実上放棄された[39]。守るべき領域は都城とその周辺に限られていたので、召集した兵の大部分は都城に常駐させ、周辺の堡台に少数の兵を置く程度で十分であった[40]。都城に集結した兵は、しばしば百人単位・千人単位で各地に派遣されているが、任務を果たせば直ちに帰還しており、遠隔地に駐屯することは通常なかった。

　この時期のヌルハチは、短期間で済む戦いにまとまった数の兵を送り込み、敵が完全に打倒されない場合でも、大抵はいくらかの俘獲 olji（俘虜・戦利品）を得ていた。一方で、直接的利益を生まない防衛には兵を割く必要がなかったので、対抗勢力に対して有利に戦っている限り、右肩上りに豊かになり、兵力も増強され続けた。

　イェヘを除く女真統一を達成し、明への侵攻を開始した時点でも、ヌルハチはこの形態を維持したまま戦っていた。天命三年四月に初めて明の領内に攻め込んだ時には、十三日に出発、十五日に撫順を包囲、守将の李永

芳を投降させた。さらに中小の堡台を攻めて多くの俘獲を得た後、明の援軍を破り俘獲を整理してから、二十三日に帰還の途に就き、二十六日に都城に戻っている[41]。七月二十日に清河堡 Niowanggiyaha を攻めに行った時には「〔明の〕境内に13泊した」とある[42]。全行程十数日以内で、都城を出て敵の城堡を攻め、俘獲を得て帰還するという従前の型が踏襲されているのである。

しかし、広大な明の領土に攻め込むとなると、攻め進むほどに長い行軍を余儀なくされる。三年九月には、ヌルハチは次のような決定を下している[43]。

> 明に対して戦になって、我らがこの内奥の所にいて出兵すれば、東の端の兵士と馬は、場所が遠いので苦労する。明の方、西へ進んで、ジャイフィヤンの所に城を造って住もう。

翌年六月には実際にジャイフィヤンに移り、五年九月には近くのサルフに移転した。この時点で、ヌルハチがどこまで攻め進むつもりでいたかは不明である。四年正月には、遼東城から来た明の使者を送り返す際、境界からの明の撤兵・ヌルハチへの王号授与・勅書と財貨を要求する書を送っており[44]、従来の境界を維持したまま明と交渉しようとしていたことが窺われる。三月のサルフの戦いに勝利した後も、六月に開原、七月に鉄嶺と、明の城を攻め落としながら、その都度引き返し、五年三月には従来の境界に沿って4箇所に城を築くなど[45]、明の領内に深く侵入する意図はなかったと見られる[46]。

だが、六年三月に遼東城(遼陽)を占領すると、ヌルハチはそのまま遼東に移り住むことを決めてしまう。この時は、三月十日に境界を出てから、十三日に瀋陽を攻略、遼東から来た明の援軍も破り、5泊して俘獲を分けた後、十八日に遼東へ向かい、二十一日に城を攻め落とすという目ざましい快進撃を見た[47]。明の遼東支配の中心地を奪い、遼河以東の諸城が次々に降るという画期的な展開に遇って、この地を「捨てて」行くのが愚かな

211

第4章 軍事的背景と戦略

ことと考えられたのは[48]無理もない。ここにヌルハチは遼東を拠点とし、圧倒的多数の漢人が住む広い領域を支配することになった。

　遼東進出はマンジュ国の一大画期をなす事件であるが、これを機に軍事的にも大きな変化が訪れる。従来のように狭い領域に固まって、短期間で終わる出兵を繰り返していればよかった時代は過ぎ、住民が散在する広い領土を守りつつ、長期に亘る遠征を行なう必要が生じるのである。この変化に対応するのは決して容易ではなく、ヌルハチの生前には新しい体制を確立するに至らなかった。この点について、次に明らかにする。

2　遼東進出から山海関攻撃の挫折まで

　遼東征服後、最初に取られた軍事的措置は、新たに得た広い領土を防衛するために各地に兵を配置することであった。天命六年四月十四日、アドゥン Adun ら4人が「境沿いの諸堡に」派遣されたが[49]、五月二十三日にアドゥンに対して、兵士2,000人を「瀋陽の北から境沿いに、モンゴル兵の入る所を問うて、一堡に二、三百人ずつ適当な分を見計らって」、黄泥窪まで置くよう指令を出している[50]。大規模な侵入はなかったものの、辺境を掠めるモンゴル人の出没は無視し難いものがあったらしく、辺境の堡・台には注意を促す指令が繰り返され[51]、六月にはヤヒチャン Yahican らが、十一月にはアブタイ Abutai がいずれも兵1,000を率いてモンゴル方面の境に戍守に行っている[52]。

　遼河沿いの東昌堡には、四月十五日にムハリヤン Muhaliyan に兵士3,000人をつけて渡し場を遮りに行かせ、五月初四日には交替要員を送っている[53]。また鞍山に城を作り、海州城を修築させて備えた[54]。九月の時点で、「牛荘・海州から東、鞍山から西に、二百ニルを半分にして一ニルの各五十甲士がいる」と言われているが[55]、これは200ニルの各100甲士を半分

2 遼東進出から山海関攻撃の挫折まで

にした各50甲士、つまり10,000甲士を意味するのか、200ニルの半分に当る100ニルの各50甲士、つまり5,000甲士を意味するのか不分明である。だが、十一月には、これらに加えてバドゥリ Baduri が兵3,000を率いて海州に、アサン Asan が2,000を率いて牛荘に駐するよう命じられており[56]、さらに耀州には、行った兵士のうち2,000を連れて行き、「牛荘の所の兵に加えて二千の兵を連れて行け。海州の所の兵に加えて三千の兵が居れ[57]」と指示されていることから、いずれにせよ明との境界に10,000を越える兵が集められたことがわかる。

　南方沿岸は海を介して明と連絡が可能であり、特に朝鮮との境近くは毛文龍勢力の侵入に悩まされたので、相応の備えが必要だったはずである。だが、上記のように内陸に大きな兵力を配した後では、十分な数の兵を回し難かったようである。遼河に近い蓋州には、それでも六年七月の時点で戍守兵2,000が置かれていたのが確認できる[58]。七年三月には復州・金州に各300、黄骨島に400の満洲兵が駐するよう定められたが[59]、四月には南岸から河を遡った地点にある岫巌に満洲兵100・漢人兵1,000が、金州・黄骨島にはそれぞれ満洲兵30・漢人兵500が送られて、金州・黄骨島にそれ以前から駐していた満洲兵は、遼東に呼び戻されている[60]。

　遼東征服直後から、ヌルハチは漢人住民にも兵役を課し、新たな兵力として取り込むことを図っていた[61]。しかし、誰でも騎射に長けて、出兵となれば妻子も含めて大喜びすると言われた満洲人[62]と違い、一般の漢人農民はおそらく戦闘能力が劣り、戦闘意欲に至っては確実に低く、逆に機会があれば簡単に叛く懼れがあった。精鋭である満洲兵を明との主戦場に動員するため、やむなく当てにならない漢人兵を配置したのであろう。

　朝鮮との境に近い鎮江・湯站・険山では、六年七月二十日に住民が城主を捕えて毛文龍に降った。寛甸 Ice Hecen の遊撃趙一霍の報告[63]により、直ちに軍が差し向けられて鎮圧され、十一月にアミン Amin が兵5,000を率いて後始末に行った後[64]、鳳凰城・寛甸などに一部の兵が残留させられた[65]。また、湯站堡にも相当数の戍守兵が置かれていたのがわかってい

第4章　軍事的背景と戦略

る[66]。しかし、それらは十分でなかったらしく、七年三月には鎮江に各ニル1人ずつと砲手20人を送り、六月には鳳凰城・湯山・険山の守堡らから要求されて2,000の兵を送っている[67]。

　このように兵力を割いて周囲の敵を防ぎつつも、ヌルハチの関心は既得の領土の保護よりも新たな拡大にあった。遼東移転後の天命七年正月十八日、ヌルハチは遼河の西に向かって遠征を開始する。出発に際して、各ニル50人ずつの甲士をドビ Dobi らに委ねて遼東城を守らせ、各ニル100人ずつの甲士をヌルハチが率いて出て行った[68]。大規模遠征時の都城留守について史料に明記されるのはこの時が初めてであるが、甲士の配分を見る限り、遠征軍の半分に当る兵を留めるほど、大軍が出払った後の都城の守りに重きを置いている。これは、出征時のヌルハチの想定していた戦いが、もはや短期間の掠奪戦ではなかったことを示していよう。

　ヌルハチの戦略としては、まず広寧を奪い、広寧を新たな拠点として山海関を突破、華北に侵入するという構想であったようである。正月二十日に遼河を渡り、二十一日に沙嶺を降し、広寧から来た明軍を破って敗走させると、諸城堡は戦わずして次々と降った。ヌルハチは二十四日に広寧に無血入城し、直ちに周辺の民を安撫する布告を出した[69]。二月朔日には后妃を呼び寄せに人を遣わしていることから[70]、あるいは広寧を新たな都城とすることさえ考えていたのかもしれない。だが、同日に山海関に向かって出発し、初三日に塔山まで至ったところで、明側がすでに山海関まで撤退し、住民を関内に入れ、残った家屋を焼き払ったという知らせを受けた[71]。ヌルハチは即座に引き返して広寧に戻った後、十七日には遼東に向けて帰還の途に就いた。その際、遼河以西で降った民はみな遼東に強制移住させることとした[72]。

　しかし、これは西方への進出を断念したということではない。遼東帰還後も、少なくとも広寧は軍事拠点として維持しようとした。三月初四日には、甲士100人のうち50人は広寧に残留させ、残りは帰還させることとし、総兵官以上の者も半分は駐留、官・兵とも四月に交替させると定めた[73]。

2 遼東進出から山海関攻撃の挫折まで

実際にその後、交替で戍守要員が送り込まれ、新たに城壁を築くことさえ着手されたが[74]、翌八年三月になって城壁建設の中止が、さらに城を破壊して撤退することが命じられた[75]。理由は明記されていないが、1年間、広寧周辺で大きな動きはなく、しばらく山海関進撃の予定も立たなかったので、広寧に多くの兵を駐留させておくのは無駄と見なされたのであろう。

天命十年末まで4年近くの間、ヌルハチは明への攻撃を進めようとしなかった。遼東では領内統治の問題が深刻になり、毛文龍らのゲリラ活動にも手を焼いていたので、大規模な対外遠征に向かう余裕はなかったものと見られる。だが、十年十月の漢人虐殺によって被支配層との軋轢を強引に解消した後、十一年正月、ヌルハチは再び山海関方面に出兵した。この時に寧遠を攻めて大敗し、空しく引き返したことは、よく知られた史実である。

寧遠での敗戦は、偶然ではなかった。ヌルハチの死後、明側の反攻に危機感をもったホンタイジは、天聰元年（1627）五月に明が再建した錦州を攻めるが、やはり痛手を負って退いている。山海関はもとより、寧遠も錦州も明が軍事拠点として堅固に築いた城塞都市であり、当時そのような都市が守備態勢を固めて迎え撃った場合、力尽くで攻め落とすことは極めて困難であった[76]。ヌルハチが寧遠で紅夷砲に阻まれて敗退したように[77]、サルフの戦いのような野戦で役に立たなかった火器も、城を攻めて来る敵を撃退するには有効であった。ホンタイジは錦州城を攻めて一面を破ろうとした時、他の三面の明兵が来て「射る、砲を撃つ、石を投げる、火薬を投げる」などしたため攻めあぐね、20日ばかりしてもう一度攻めたが「城の下の濠が深く」、また「耐えられないほど暑く」なったというので引き返した[78]。その間、城から出てきた明兵は打ち破っているが、城を攻め落とすことはできなかったのである。

遼東から明の領内へ攻め込むための最短かつ最も通行の容易な経路は、渤海湾沿いの平地を通って山海関に向かう道である。これより少し内陸に入ると、山地が迫って通行が困難になるので、海沿いの道がほとんど唯一

第4章　軍事的背景と戦略

の経路と言ってもよい。その道が堅固な守りによって塞がれてしまった以上、明への侵攻は停滞を余儀なくされることになる。

　このことは、マンジュ国を維持していくこと自体にとって大きな痛手となった。前章までに述べたように、ヌルハチ晩年からホンタイジ即位当初にかけて、政権は遼東を中心とする新たな領土の中で、新たに獲得した民を支えていくことに失敗し、一時は甚だしい苦境に陥った。最も困窮した時期が去った後でも、領内では経済的自立が困難な状態が続いたが、これは入関に至るまで解決されない構造的な問題であった[79]。

　マンジュ国は国内の困窮を補うために対外掠奪戦に向かう必要があり、その対象は明以外にないわけではなかった。朝鮮に対しては、直接的には毛文龍勢力の後援を絶つという目的から、ホンタイジ即位直後の天聰元年正月、アミン Amin・ジルガラン Jirgalang らが率いる遠征軍が送られた。最大限の兵力を傾けての遠征であり、都城の瀋陽には「城に兵が少ないので、わざと威を揚げるためハンと衆諸王は境を出て遼河沿いに兵を止めた」ほどであったという[80]。正月初八日に出発して、十四日に義州、二十一日に安州を攻略し、月末頃から朝鮮側の使者と接触を始めた。二月初六日に平山に至って、江華島に逃げた朝鮮国王と本格的な交渉に入り、三月初三日に講和が成立したが、それから瀋陽に使者を立てて指示を仰いでおり、またアミンが和約に背いて掠奪を行なわせたりしていたので、鴨緑江を渡って領内に戻ったのが四月初八日になった[81]。

　正味3箇月に及ぶ従来にない大遠征となったが、経過は概ね順調であった。義州は夜のうちに「直ちに」攻め落し、安州は「一刻さえ経ず瞬時に攻め取った」。平壌は城主以下「一人残らずみな城を捨てて」逃げていたという[82]。攻め取った城で食糧を確保し、馬に飼料を与え、全体として労することなく勝利を得た。最後には収めきれないほどの俘獲を得た上、「朝鮮王李倧は一言一言〔みな〕従う[83]」という状況で有利な和議を強要することができた。しかしその後、朝鮮からは期待を満たすほどの利益が得られず、結局のところ朝鮮遠征から得たものは、一時的な困窮を凌ぐに

役立っただけということになった[84]。

　マンジュ国の周囲は、東北の黒龍江地方や沿海州は人口稀薄な生産力の低い土地であり、西北に住むモンゴル諸部は、味方につけても討って従えても、ともに経済的利益は少なかった。朝鮮から引き出せる利益にも限りがあるとすれば、やはり明に対する掠奪戦は欠かすことができなかった。マンジュ国は明に対して継続的に、経済的利益を伴う軍事侵攻を行なわなければならなかったのである。たとえ明側に争う意思がなかったとしても、満洲側は常に積極的に攻め込み、少なくとも労力を償うだけの戦果を必ず収めなければならなかった。

　朝鮮遠征の後、ホンタイジが錦州を攻めたのは、このような背景があってのことである。山海関や寧遠のさらに前哨基地と言うべき錦州を攻めて歯が立たなかったのは、差し当たり明の領内への侵攻に挫折したことを意味していよう。このままの状態が続けば、経済的困窮から、マンジュ国の国力は先細りしていったかもしれない。そうならなかったのは、別の方向から突破口が開かれたからである。

3　華北侵入の成功から内モンゴル・朝鮮の服属まで

　天命末から天聰初にかけて、マンジュ国の明への攻勢は食い止められ、明側は錦州・大凌河・小凌河を最前線とする防衛体制を再建しつつあった。この構図を突然一変させたのが、天聰三年のホンタイジの華北侵入である。山海関からではなく、内モンゴル東部から南下し、長城を越えて華北に入るという思いがけない経路を採ったのが成功したのであるが、これは必ずしも最初から計画されたものではなかった。

　この時の遠征について、『満文老档』(『満文原档』)も『太宗実録』も、共に出兵時の記事には目標を明記していない。明への道に詳しいモンゴル

第 4 章　軍事的背景と戦略

人を同行したということから[85]、状況によって明への侵攻も考えていたのかもしれないが、未確定であり、おそらくは確定できるだけの判断材料もなかったのであろう。ホンタイジは十月初二日に自ら大軍を率いて出発し、十五日にコルチンのトゥシエトゥ゠エフ Tusiyetu Efu ら帰附したモンゴル諸首長と会してから、その後の予定を協議している。

> ハンが内の（＝満洲の）諸王・諸大臣と帰附した外のモンゴルの諸王をみな集めて、明国を討とうか、モンゴルのチャハル国を討とうかと相談する時、衆諸王・諸大臣が言うには、チャハルに行くのは道が遠い、我々の人馬が疲労する、帰りたいと言ったが、外の諸王・諸大臣が言うには、ようやく一度動いた兵、合わさった力であるぞ、我々の家から出て千里も来たのだ、今しがた来た兵は漢地に入りたいと議して、大軍は明国に向かって出発した[86]。

つまり、遠征目的としては、チャハルを討つというのが第一であったことがわかる。ホンタイジは、この前年にやはりモンゴル諸首長を糾合してチャハル遠征を試みているので、この時の遠征も、主たる目標はチャハルであったと考えた方がよかろう。前掲史料の記述を見ても、チャハル討伐が叶わないので、空手で帰るよりはと明への侵攻を決めたように描かれている。しかし、すでに半月も行軍を続けた後で、さらに通ったこともない道から明に向かうのは、客観的に見て危険な企てであった。二十日になって、同行していたダイシャン Daišan とマングルタイ Manggūltai は、糧食も切れかかり馬も疲れているというのに、勝算の定かでない明への遠征に踏み切るのに危惧の念を示し、帰還を勧めたという。2 人の兄の反対に遇い、ホンタイジも一旦は諦めかけるが、ヨト Yoto ら若い王らの支持を得て、再び強く征明を主張し、ダイシャンらも折れて、前進することになった[87]。

険阻な嶺を越えて進んだ大軍は、二十七日に明の龍井関を奪って侵入した。満洲の諸王でさえ現実的と思っていなかった内モンゴルからの華北侵

3　華北侵入の成功から内モンゴル・朝鮮の服属まで

入は、結果的に完全に明側の意表を突くことになった。遠征軍は明の守備軍を蹴散らし、十一月初三日には遵化城を攻め取った。「遵化城の高く堅固なことは寧遠のよう」であったというが、四面から同時に梯子を近づけて、「一刻を過ぎないうちに直ちに登って取った」という[88]。守りの態勢が整わない間の急襲が功を奏したのであろう。十七日以降、遠征軍は戒厳下の北京に迫ったが、北京を包囲することはやめて西に向い、年明けて正月初四日に永平府を攻略した。永平は明の重要な軍事拠点の1つであり、城壁などの設備は十分であったと思われるが、この時の守備兵は1,000人と言われ、守りが手薄であった[89]。攻城戦自体は熾烈であったものの、一夜で攻め落されている[90]。この間、明の朝廷は周章狼狽を極め、内部での責任追及に明け暮れていた。

おそらくホンタイジは、朝鮮遠征の時と同様、一定の戦果を上げたところで明の皇帝と交渉し、有利な和議を結ぼうと考えていたのであろうが、明側が交渉に応じるどころか返答さえしないことに驚いている[91]。しかし、交渉が成らなくても、ホンタイジはこの機会を最大限に利用するつもりでいた。攻め取った城の多くはすぐに離反したが、永平・遵化・灤州・遷安は拠点として守ることにした。地方官を任じ、都市機能の回復を図り、周辺の農村地帯も従えて、貧民に牛を分配して耕作を指示するなど[92]、長期的な占領地経営を図っている。

最大拠点となった永平は、山海関と内地の連絡を遮断する位置にあるため、明側は山海関方面への補給の断絶を恐れているが[93]、この時点で満洲側には山海関を西側から攻撃するような意図はなかった。ホンタイジは「彼が固守した山海関・薊州を、我が兵を苦しめてどうして攻めようか」と言い、楽に取れる城を襲うことにしていた[94]。天聰四年二月、ホンタイジは軍の一部を率いて帰還したが、この時には駄載しきれないほどの戦利品を得て、しかも兵士たちに自由に持ち帰らせたため、次回の遠征に向けた士気が大いに高まったという[95]。

ホンタイジの帰還後、入れ替わりに留守をしていたアミン・ショト

第4章　軍事的背景と戦略

Šotoらが交替の兵を率いて行った。このように輪番で占領地を維持しようという計画であったが、三月二十四日に永平に着いたアミンらは、早くも五月半ばには4城を棄てて帰還してしまう[96]。ホンタイジは大いに失望を表わしているが、元々あまりにも本国から隔たった敵地の中に拠点を確保するのは無理があった。

華北に侵入したマンジュ国軍は、1ニルにつき甲士15ないし20人、交替要員が1ニルにつき甲士20人および歩兵ということであった[97]。この率であれば、他に補助的な兵が同数ついてきたとしても[98]、1万人弱ということになる。当時のマンジュ国の総兵力については後述するが、天命期と比べて減りはしても増えてはいなかったはずであり、都城留守と遼河沿い・沿海地帯・朝鮮との境などの守備に兵を残さねばならなかったことを思えば、無理のない数字である。外藩モンゴルの兵がどれだけ参加したのかは不明であるが、チャハルが相応の力を残していた時点での対明遠征に、後の天聰六年のチャハル遠征のような大動員はできなかったに違いない。仮に翌年の大凌河戦と同じくモンゴルから2万余人を動員できたとして、総計3万程度ということになる[99]。ホンタイジが遵化に留めた兵が甲士500人と無甲の兵300人、マングルタイが通州河の渡し場に率いて行った兵が3,000人[100]、他はだいたい100～500人単位で動かされている[101]ことなどからしても、まずその程度であったと見るべきであろう。

それだけの数があれば、野戦で勝利することはできても、4箇所の城を分かれて守るには十分と言えない。同じ場所に留まっているため、食糧・飼料の確保も問題になった[102]。また、交替に行ったアミンらは、瀋陽を出て永平に着くまで、間に2日の休憩を入れて15日間かかっている[103]。急を告げても援軍が来るまで1箇月もかかるようでは、拠点を守る兵は敵地に孤立したに等しい。しかも、城の住民は占領軍に対して決して好意的でないはずであるから、3万以上の明軍に順次包囲されて[104]、辛うじて脱出したものの潰走状態になった[105]のは当然である。

おそらくホンタイジ自身も、内モンゴル経由で連絡を保ちながら華北に

3 華北侵入の成功から内モンゴル・朝鮮の服属まで

拠点を維持する非現実性は理解したのであろう。翌五年になると、今度は明に対して山海関方面から攻撃を試み、前線基地の1つである大凌河を攻めた。「我が思うに、この城を天が与えれば、山海関を得る。天が与えなければ、山海関を得ないぞ」と言った[106]というように、山海関突破を目指して厚い障壁を崩していこうとしたのである。ホンタイジの親征であり、満洲八旗と蒙古二旗・漢人一旗に加え、翌春のチャハル征討のための招集をすでにかけているにもかかわらず[107]、コルチン以下モンゴル諸部の兵も動員しての大規模な出兵であった[108]。

しかし、この時には、数に任せて前回までのような強引な城攻めをすることはなかった。

> 我らが城を攻めれば、兵士が損害を被る。城の周りに壕を掘って土塀を築いて、彼が窮するのを見守ろう。彼が出れば我らは戦おう。外の兵が助けに来れば、迎えて戦おう。

と作戦を立てて、持久戦を図った[109]。城の周囲を取り囲むように壕を掘り、壕の外辺には高さ2尋の土塀を築いて銃眼を作り、そこから10尋の先にも壕を掘って、その周りに設営し、営の外にも壕を掘るという徹底した包囲で、城の内外の連絡を絶った[110]。

明の堅固な城砦を破るため、多少なりとも長期に亘る包囲戦を行なったのは、この時が初めてである。敵地を行軍している時とは違い、長期の包囲戦を行なう時には、現地調達できる物資が尽きてしまうので、補給を講じることが必要になる。この時は包囲自体が3箇月余りで終わり、その間に周囲の台を順次攻め落して、食糧についてはそこで手に入れたり掠奪したりすることで、飼料については周辺で草を刈ることで間に合ったようである[111]。火薬はかなり消耗したようで、1万斤を駅馬60頭に載せて送るよう瀋陽に伝え、兵士たちの衣服や縄のような雑貨も瀋陽から取り寄せている[112]。

八月初六日から包囲して、月末になると城内の食糧は欠乏し始め、馬は

第4章　軍事的背景と戦略

4分の3が死に、残った馬も乗れないという状態になったという[113]。九月十六日、錦州から出た明の兵がホンタイジ自身の率いる1隊を攻撃できたものの、撃破されて退いた。二十日になると城内の食糧はさらに減り、餓死者が出るようになった[114]。明側は山海関以東の兵を錦州に集め、二十四日、4万余と言われる歩騎の兵が大凌河救援に向かった。二十七日、大凌河の手前15里まで来た明軍と、ホンタイジの率いる2万足らずの軍が正面からぶつかる会戦となり、激戦の末、マンジュ国側が「明を討ち始めてからいずれの回よりその回に多く殺した」という勝利を収めた[115]。大凌河城はなお持ち堪えていたが、いよいよ食糧が尽きて、十月二十八日に総兵官祖大寿以下が投降した[116]。

　大凌河攻略は、山海関方面への進出に一歩を進めたと言えるが、山海関までは錦州を始め堅固な城砦をまだいくつも残していた。また、多大な労力をかけたのに対して経済的利益はほとんどなく、多くの漢人の投降を受け入れたことは、短期的にはむしろ負担になった。明への攻撃は、内モンゴルからにせよ山海関からにせよ、容易に進まないことが明らかになったのである。

　チャハル遠征は六年四月に開始されたが、途中でチャハル側が情報を得て逃げたため、空振りに終わる危険にさらされた[117]。一般に大軍が攻めて来た場合、漢人は籠城し、モンゴル人は逃げる。一見消極的に見えるが、わざわざ戦って得られる利益が見込めない場合、味方の損失を最小限に抑え、敵に消耗を強いる極めて有効な戦術である。明とモンゴル諸部は、籠城と逃走において熟練の極みに達しており、そのため14世紀以来、延々と敵対関係にありながら、双方の間で軍事的に決着をつけることができなかった[118]。明の城砦攻略が難しかったように、チャハルを討って滅ぼすのも容易でなかった。

　　チャハルはどうしても我らに応戦せず、我らが追えば、彼はなおも彼方
　　へ逃げる。我らの馬は痩せた。米は尽きた[119]。

3　華北侵入の成功から内モンゴル・朝鮮の服属まで

　結局、この時はチャハルを追うのを諦め、フフホト Huhu Hoton まで行ってチャハルが支配していたバイシン baising の民を奪い、なお張家口まで至ると、明がチャハルに与えていた財貨を代わりに与えるよう要求した。明の宣府巡撫沈棨らが朝廷を介さない形で交渉に応じ[120]、ホンタイジはチャハルが受け取るはずであった財貨を受け取り、互市を行なうこともできたので、財貨・俘獲を携えて引き返した。

　帰還して以来、ホンタイジは今後の方針を決めかね、考えを巡らしていたようである[121]。七年六月、彼は諸王・大臣らに今後の戦略方針について意見を徴した。その結果は、当時の軍事情勢に対する満洲諸王・大臣の見解を如実に示すものなので、以下に列記して示す[122]。

〇ジルガラン：朝鮮は盟約に従わず不愉快であるが、討つ必要はない。明は敵であるから、攻め込んで損害を負わせ、兵士に財貨を飽かせたい。ただ、明の地では天然痘が恐ろしいので、ハンは長く留まるべきでない。北京に近い数城を攻め取って兵を置き、苦しめてはどうか。また山海関から錦州までは、農耕を妨害して絶えず出兵し、兵の半分で山海関を攻め、残りの半分を関内に回り込ませて挟み討ちにすればどうか。

〇アジゲ Ajige：先に我が兵は大凌河を包囲すること4箇月に及び、ハンと諸王・大臣がよき将兵を手に入れることができたのは喜ばしいが、部下の兵士や外藩モンゴルは何も手に入らなかった。チャハル遠征の時は、黄河を渡れば掠奪でしのぐことは可能だったのだから、逃げたチャハルを追うべきであった。これから明を攻めようとしても、得るところがなければ兵士が不満をもつ。ハンは明の境外に駐し、諸王・大臣が大軍を率いて侵入し、殺し、奪い、蹂躙してから投降を呼びかければよい。ぐずぐずしていると、明の国内体制が立ち直ってしまう。

〇ドルゴン Dorgon：今春は軍備を整え、収穫期に乗じて侵入し、北京を包囲して援軍を絶ち、屯堡を蹂躙して、我が軍が長く駐屯すれば、敵はおのずから滅びるであろう。

223

第4章　軍事的背景と戦略

○ドド Dodo：我が国の兵は、欲を満たしてやらなければ闘志が湧かない。同じ苦労をするのなら、山海関以東の城を攻めるのでなく、長城を越えて侵入する方が、兵士の心を満足させられる。ぐずぐずしていると、敵は防備を固めてしまう。チャハルを討つ必要はない。朝鮮とも敢えて事を構える必要はない。どちらも明を打ち破れば何とでもなる。

○ドゥドゥ Dudu：朝鮮はすでに我らが掌握しているから、討つ必要はない。チャハルは、我らに迫れば討ち、遠ざかれば大同地方を取って馬を飼いながら様子を見、逃げれば放置して明の境内に侵入すればよい。チャハルを破れば、天下はみな震え上がるだろう。

○ヨト：時期を逸してはならない。今の機会に乗じて、明の山海関・通州・北京の3箇所のうち1箇所を取ることを図るべきである。もし長城を越えるならば、ハンとまだ天然痘に罹っていない諸王は留守すればよい。

○サハリイェン Sahaliyan：朝鮮は後回し、チャハルは見守ればよく、専ら明を討つべきである。チャハルは我らが討たずとも、いずれ自滅する。明は攻めるのが遅れれば、守備を固めてしまうだろう。今年の収穫期に乗じて、敵地で食糧を得ながら、2度に亘る侵攻を図ればよい。初回はチャハルを見張りながら軽装備で大挙侵入し、俘虜を駆り立ててすばやく帰る。2回目は一片石から入って山海関を奪うか、これまでと同様に入って北京の四方の道を遮断し、そのまま居座れば、2〜3年中に勝機が得られるだろう。

○ホーゲ Hooge：錦州や寧遠を攻めても無益である。敵は我らの攻城法を熟知しているし、これ以上失敗を重ねれば兵士の士気が下がる。錦州を攻略しても、まだ7つもの城が立ち塞がっている。長城を越えて侵入し各地を攻略して、我らは和議を望んでいるのに明の朝廷が許さないということを告示すれば、かの地の民は疲弊して自分たちの君主を怨むだろう。我が兵は欲を飽かすことができ、外藩モンゴルにも励みになるだろう。山海関の内外で挟み討ちにして、うまくいけばよし、いかなくてもかの地に留まって流賊に同盟を呼びかけてもよいし、通州を攻めてもよい。総じて、

3 華北侵入の成功から内モンゴル・朝鮮の服属まで

時期を逸しないようにしなければならない。朝鮮は、明と決着がついてから対処すればよい。チャハルは、興安嶺から2～3日程も離れれば追っても無駄である。

○アバタイ Abatai：明の辺境情勢はわかっているから、隙を突いて襲えば、関門を奪取することはできる。ハンは境外に留まり、諸王・大臣に侵入させて内地に駐留させればよい。錦州は慮るに足りない。我が兵が明境に侵入したら、投降した祖大寿に山海関から入らせ、我が軍と合わせればよい。

○ヤングリ Yangguri：ぐずぐずしていると、敵は守備を整え余裕を得るだろう。我が国は、余裕があれば1年に2回、余裕がなくても1年1回は出征するのがよい。明の内地に侵入して、城を攻略すれば、すでに天然痘に罹った諸王・大臣・兵士に駐留させ、城を得なければ、掠奪・放火させ、兵士が得たものは得た数量に応じて取ることを許せば、みな欲に駆られて士気が上がるだろう。城を得れば、諸王のみ交替で駐留し、将兵は交替させないのがよい。農繁期が終わってから出兵し、収穫は婦女子に任せれば問題はない。朝鮮・チャハルは度外視してよい。山海関外の寧遠・錦州も後回しでよい。明の内地を得れば自ずから解決する。

○レンゲリ Lenggeri：明の内地に侵入して北京の周囲を焼き払い、敵が応戦すれば殺し、作物・家畜・財物を蹂躙し、兵士が奪うに任せてから帰り、その後で山海関に攻め入ればよい。急ぐべきである。朝鮮は、明を討ち負かせば自動的に言いなりになる。

○ホショトゥ Hošotu：大凌河を得た時、ハンと諸王・大臣は喜んだが、兵士は楽しまなかった。まず城を堅固にして、それから明の辺境の様子を見て侵入し、兵士の欲を飽かせるべきである。帰還する時期は、侵入してから状況に応じて決めればよい。蓋州など南6城を築くのをやめ、田地を開きたい。瀋陽・牛荘・耀州の3城を修築した後、明に侵入し、敵の作物で馬を肥やし、兵士を休めればよい。

○イェチェン Yecen：今年こそ出征しなければ、我が国は窮乏し、馬も得難く、兵も暮せない。まず大同・宣府に行って馬を飼いながら兵を休め、

第 4 章　軍事的背景と戦略

チャハルが近くにいれば討ち、逃げていれば害はないので構わない。そこから明境に侵入し、土地を蹂躙すれば、敵は疲弊するに違いない。進んで北京を攻撃すれば、たとえ攻略できなくても我々にとって悪いことはない。もし山海関を攻めて得なければ、寧遠・錦州を得ることができないのと同様、我が方の威を損ない、敵を調子づかせるであろう。北京を攻めなければ敵は絶対に降らないのだから、同じ苦労するなら一度で済ませたい。山海関から入ろうとすれば、来帰したモンゴルもチャハルが隙を窺うのを恐れて士気が上がらず、軍備に専念すれば、兵士は得るものがなくて苦労するだろう。

○フィヤング Fiyanggū：ただちに明の境内に侵入して、蹂躙・殺戮に任せたい。積極的に行なえば、どうして成らないことがあろう。

○イルデン Ilden：山海関の外でうろうろしているよりも、ただちに内地に入った方がよい。城が取れれば取り、取れなければ殺戮・蹂躙したい。歩兵を連れて行き、攻具を携えて城を攻めたい。

○カクドゥリ Kakduri：我が国の人は出征するのがよい。じっとしていて何のよいことがあるのか。今、出征すれば必ず成功しよう。先延ばしにしていると、我らの軍備も整うが敵の軍備も整うことになる。

　以上の意見をまとめると、次のようになる。
　（1）朝鮮は当面放置しておいてよい。後で何とでもなる。
　（2）チャハルは積極的に攻撃する必要はない。近くにいれば討つという程度でよい。
　（3）明は早急に討つべきである。その場合、
　①山海関方面を攻撃するのは、防備が固く困難なので避けた方がよい。また、戦利品が見込めないので、兵士の士気も上がらない。
　②内モンゴル経由で明の内地に攻め込むのが最もよい。
　要するに、内モンゴルから長城を越えて明に攻め込むべきであるという点でほぼ一致しているのであるが、その理由は兵士らの欲を満たしてやれ

3　華北侵入の成功から内モンゴル・朝鮮の服属まで

るだけの戦利品が見込まれることに尽きる。山海関とは異なり、明の北辺にはいくらでも出入りできる場所があり、明側がそのすべてを堅固に守ることは不可能であったから、北からの侵入は比較的容易であった。この時期、明の軍備は遼東方面に重点を置いており、内地の軍は李自成・張献忠ら流賊の討伐にも追われていたので、満洲軍の侵入に遭っても対応しきれない状況にあった。そのため華北に侵入できれば、兵士らは関外とは比べものにならないほど豊かな土地で掠奪をほしいままにできた。

　実際、経済的観点からして明の内地への侵攻は最も有効であり、士気を維持するため実行せざるを得なかった。その際、ただ掠奪して帰るのではなく、長期的に有利な地歩を築いていくべきだとの考えはあるものの、具体的な戦略が立てられる者は1人もいなかったようである。せいぜい長く居座っていれば、そのうちに何とかなるという漠然とした期待に止まっている。北京と大運河を結ぶ通州の位置に注目したり、流賊の存在について知っていたりするなど、それなりに情報を集めていることはわかるが、未知のことや不確定なことが多過ぎたのであろうし、結局のところ、あまりにも本国を遠く離れた長距離遠征では、できることに限界があったのであろう。

　何とかして山海関を突破し、華北への最短ルートを確保するというのは、明に対して決定的な勝利を収めるため、おそらく唯一可能な戦略であった。前掲のジルガランやホーゲの意見にあるように、山海関を東から攻めつつ華北から回り込んで西からも攻め挟み撃ちにするという作戦も、案としては出されていた。マンジュ国に降った漢人文武官は、この案に沿って、例えば独石口や密雲などなるべく東の方から長城を破って入り、水門を奪取して城内で水が得られないようにするとか[123]、海から山海関を攻めて水陸で挟み撃ちにするとか[124]、様々な提案を行なっているが、いずれもホンタイジの採用するところとならず、むしろ安易な提言を叱責されている[125]。山海関奪取は一貫して念願ではあったのであろうが、時間と労力をかけなければできないことが理解されていたのである。

227

第4章　軍事的背景と戦略

天聡八年五月、ホンタイジは内モンゴル方面への遠征を決めて、次のように言ったという[126]。

> 今、我らの大軍は移動して大同・宣府の地に入ろう。モンゴルのチャハル国は我らが以前に出征した時に肝が震え上った。国が乱れて諸王・大臣らが叛いて来ることになった。途中で必ず会うであろう。汝ら諸王はその来帰する諸王・大臣らに着せる衣服を大いに作って持って行け。我らは一方で明国の大同の地に攻め入ろう。一方でチャハルから叛いて来る諸王・諸大臣・国の民を収め取ろう。

六年のチャハル遠征では、マンジュ国の遠征軍はチャハルに逃げられてしまったが、逃げたチャハルの方も多くの家畜を失い、離反者・脱落者を出す痛手を被っていた。リンダン゠ハンについて行かず残留した者は、10分の7～8以上であったという[127]。ホンタイジはこれらの残留者が来帰すれば受け入れ、来帰を拒めば討って俘獲を取りながら[128]、宣府の辺外まで至り、七月初八日に明の内地に攻め込んだ。山西各地を掠奪し、閏八月初七日に境外に出て帰還したが、その際、宣府・大同附近では穀物が尽き、草も残らないという状態になっていたという[129]。

九年のチャハル遠征は、すでに自壊の途にあったチャハルに、謂わば止めを刺すものであった。これによって内モンゴルは満洲のハンの下に平定され、翌十年、ホンタイジは国号を大清とし、皇帝として再即位する。改元して崇徳元年（1636）となった年末に始まる第二次朝鮮遠征は、直接的にはホンタイジを皇帝として認めることをめぐって、最後通牒を無視された形になった清側が実力行使に出たものであった。清としては体面上開戦を余儀なくされたとも言えるが、それ以前からあった細かい不満や悶着を、この機会に一掃しようという意図はあったに違いない。結果的に、朝鮮は清に完全服属し、苛酷な要求をすべて受け入れざるを得なかった。朝鮮からの帰途、アジゲの率いる1隊が朝鮮にも協力させて皮島を降し、毛文龍が殺された後も長らくゲリラ活動を行なってきた明の拠点を消滅させ

た[130]。これを機に、石城島・鹿島・獐子島など遼東半島南岸沿いの島々からも投降する者が現われ、三年二月には石城島を守っていた明の総兵官沈志祥が将兵を率いて投降した[131]。南方海岸からの脅威は、皆無になったとは言えないまでも大幅に減じた。

　崇徳二年の時点で、ホンタイジは内モンゴルを平定し朝鮮を服属させて、懸案の一部を解決したが、これらはいずれどうにでもなると思っていたことが実現したに過ぎず、明に対して継続的利益が得られるような形で軍事的決着をつけることは、何ら具体的展望が立っていなかった。ただし、これ以後は明に対する攻撃に専念できるようになったので、長期戦を覚悟の上で攻勢をかけられるようになった。

4　入関までの対明戦

　朝鮮服属の直後から、ホンタイジは遼河とその支流に沿ったドゥルビ Durbi と遼陽の城の修築を命じており[132]、遼陽をアリハ城 Aliha Hecen（藩城）、ドゥルビをダリハ城 Daliha Hecen（屏城）と名づけ[133]、ネイヘ城 Neihe Hecen（開城）と合わせて、対明戦のための基地としていた。これら3城に兵を駐屯させて、出兵時にはその大部分を率いて行き、また兵器の集積や俘獲を瀋陽に送らせる際の中継などもさせた[134]。瀋陽と遼河を結ぶ大路の整備も行なった[135]。後方支援の体制を整えて、明との戦いに本格的に臨むようになったのである。

　このような体制の下、崇徳三年から四年にかけての華北侵入は過去最大の規模となった。ヨトの率いる右翼は三年九月二十二日に密雲の東北にある墻子嶺口から、ドルゴンの率いる左翼は九月二十八日に董家口と青山関の嶺を越えて侵入した[136]。両翼は通州にて会した後、北京を通り過ぎて山西との境までの地を蹂躙してから、南下して山東方面に向かい、済南を陥

第4章　軍事的背景と戦略

れた。「一大都会」である済南が陥落し、宗室の徳王が捕えられたことは、明にとって衝撃となった[137]。その後も山東各地を荒らし回り、四年三月初七日に左翼が、同十一日に右翼が長城を出て帰還の途に就いた。

　２度目の華北侵入時以来そうであったが、この時も清軍は最初の侵入時のように拠点を作って留まることはなく、比較的守りの薄い城市を攻め落としながら絶えず移動している。内モンゴル経由で華北に侵入した場合、永続的な占領地を築くことは困難として断念し、専ら掠奪によって利益を得、同時に明の国力を消耗させる方針を採ったことがわかる。

　とはいえ、内モンゴル経由で華北に至る長期の遠征は、清側にとっても危険があり負担が大きい。崇徳元年の華北侵入では、甲士75人・ニルイジャンギン４人の戦死を伝えているが[138]、この程度の将兵の損失は常に見込んでいなければならなかったろう。三年から四年にかけての遠征でも、右翼を率いるヨトと公マジャン Majan・ホルボン Holbon が途中で天然痘に感染して死ぬなど[139]、諸王・宗室にも危険はあった。ホンタイジは諸将に対して、

　　我らが暇を出さず常に討てば、彼（明）が迫られて降るにせよ、天が愛しんで我らが勝つにせよ、甲を解いて安楽になる日があるぞ。

と言ったという[140]。彼らはいつの日か「甲を解いて安楽になる」ことを目指していたのであるが、それには明に対して決定的勝利を得、圧倒的に有利な立場に立つ必要があった。

　そのためには明の皇帝を追いつめるしかないのであるが、内モンゴル経由で侵入した遠征軍がそれを行なうのは困難とわかっていたらしく、北京攻撃がまともに試みられた様子はない。北京を包囲したり孤立させたりするには、長期に亘って北京周辺に留まる必要がある。その場合、敵地で自軍の糧餉をどのように確保するのか、首都を救いに四方から集まって来る援軍を撃退するほど兵力に余裕があるのかといった点を考えると、まず不可能と言うべきであろう。もし本気で北京を攻略することを考えるならば、

本国から兵士の交替や増強、場合によっては物資の補給も行なう必要がある。そのためには、最短の経路を確保するべく、どうしても山海関を突破しなければならなかった。

　天聡九年以来、華北遠征の際には、山海関以東の明軍が内地に救援に行けないよう、山海関外にも出兵して牽制を行なっている[141]。崇徳三年十月初九日、ヨトとドルゴンから両翼入辺の報を受け取ったホンタイジは、自ら錦州方面に兵を率いて出た。ただし、本格的に攻めるだけの余力はなかったと見え、主として漢軍二旗と孔有徳ら漢人三王に攻撃を委ね[142]、同行した外藩モンゴルの馬が痩せているとの理由で山海関に近づくこともせず[143]、十一月末には瀋陽に帰還している。

　女真統一以来、崇徳期までの間に、マンジュ国―清朝の軍事的中核をなす満洲八旗の兵数は増加したとは考え難い。フルハなどいわゆる「新満洲 ice Manju」や来降したモンゴル人などで補ってはいるものの[144]、1旗当りのニル数は30を越えないとされる一方で、1ニルの定数が男300人から200人に、甲士の定額も1ニル60人になった[145]点などからすれば、逆に減じたと見るべきであろう。この定数に従えば、満洲八旗の成人男子は約48,000人となる。順治五年（1648）に55,330人であったという数と照らし合わせても[146]、崇徳期にはせいぜい5万人程度であったと見て間違いあるまい。連年の戦争で、基本的に勝ち続けてはいるものの、死傷者も少なくなかったはずであるから、この人数は無理もない。むしろ新来の満洲・モンゴル人で、辛うじて八旗の規模を維持していたと考えられる[147]。

　モンゴル人は蒙古旗にも編成されており、天聡九年二月には蒙古八旗が成立した。だが、これは新附のカラチンの男を1,256、1,045、870、1,016、860、913、870、980人ずつ各旗に分け、旧蒙古と合わせて八旗としたもので[148]、旧蒙古旗はその前年で2旗に過ぎなかったことからすれば[149]、八旗とは言っても満洲八旗とは比べものにならないほど小規模であった。張晋藩・郭成康は、旧蒙古の成人男子数を約1万と考証し、新附のカラチンと合わせて総計18,000人という概数を導き出している[150]。つまり、八旗と

第 4 章　軍事的背景と戦略

言っても数の上では満洲の3旗相当ということになる。上記の推算によれば、天聰末の時点で満洲・蒙古旗を合わせた成人男子数は7万人を切ることになり、天命期の満洲八旗だけの約6万と比べても、大幅に増加したとは言えない。

漢軍は蒙古旗以上に数が少なく[151]、騎射も不得手であったが、得意分野を活かして砲撃に特化した軍となり、攻城戦には重要な役割を果たすようになった[152]。ただし、紅夷砲などの大砲は運搬に時間がかかるので、機動力を要する作戦には向かず、活躍できる場面は限られていた[153]。孔有徳・耿仲明・尚可喜の漢人三王が率いて来た兵数は不詳であるが、入関後の順治六年には彼らの「旧兵」を3,100、2,500、2,300としている[154]。尚可喜とともに至った人数は男1,405人、女子供2,466人であったというから[155]、投降時の兵数が上記の「旧兵」の6割程度であったとすれば、孔有徳・耿仲明が率いてきた当初の兵数は、1,860と1,500と見積もることができる。それによれば、漢人三王の兵は当初4,000～5,000、投降した明の兵などによって入関直前までに8,000弱になっていたと推算される。単純に人数で比較して、満洲旗の1旗分強ということになる。孔有徳・耿仲明の兵は天祐兵、尚可喜の兵は天助兵と名づけられ[156]、漢軍と同じく主に火器を使った攻城戦に用いられた[157]。

コルチンを始めとする外藩モンゴルは、ヌルハチの時代から漸次服属し、天聰期には軍事動員もされるようになっていた。元々外藩モンゴルがマンジュ国に服属するに際しては、共通の敵であるチャハルに対抗するのが重要な目的であったので、少なくともチャハル討伐への動員はモンゴル諸部にも当然と受け止められたに違いない。だが、天聰二年の最初のチャハル遠征の時から、ホンタイジはモンゴル諸部に対して、単なる軍事協力ではなく、戦時には完全にマンジュ国の軍令下に入ることを要求した。戦いにおいてはマンジュ国の法に従うことを認めさせ、トゥシエトゥ＝エフらコルチンの諸王が約束に反して来会せず、チャハルの辺境の数家を襲って勝手に帰ってしまったことについては、恫喝に近い厳しい譴責を行なって、

必ず命令に従うことを確約させた[158)]。天聰五年四月には、トゥシエトゥ=エフ以下主だった首長らと協議の上で、チャハルと明に対する軍事動員に応じなかった場合や遅刻した場合を始め、主な軍令違反についての罰則を定めた[159)]。

　軍令に従わせられるかどうかは、モンゴル諸部からの兵力動員の意味を大きく左右する。外藩モンゴルの兵が、単に攻撃目標を同じくして独自に動くのであれば、マンジュ国にとっては援護を期待できるというに過ぎないが、命令どおりに動かせるのであれば、自軍の戦力として作戦に組み込むことができる。マンジュ国は前述のような限られた兵力を駆使して戦っていたので、動員できる以上、ぜひとも後者を実現しなければならなかった。

　結果的に、軍事動員された外藩モンゴルは、総司令官となったマンジュ国―清朝のハンまたは王の命令を受け、ハンが授けた軍規に従って戦うことになったが、それは彼らにとって、厳しい条件下で戦うことを意味した。元々ヌルハチにせよホンタイジにせよ、やみくもに敵を攻めるなどという杜撰な用兵を行なったことはない。考え抜いた作戦指揮を自負し、それを台無しにしかねない将兵の勝手な動きには厳罰をもって対処した[160)]。マンジュ国―清朝の下で戦う外藩モンゴルの将兵も、これに準じる扱いを受けることになったのである。

　モンゴル諸部の兵は、満洲のハンや王の下で、自らの首長層の指揮する1部隊として動くこともあったが、しばしば満洲諸王・諸将の直接指揮下に入れられている。アジゲ・ショトが八旗の兵とともに「アル Aru・コルチン全員、アオハン Aohan・ナイマン Naiman の100人、バリン Barin・ジャルト Jarut の100人」を率いて駐しに行ったとか[161)]、ホンタイジ自身がバヤラ bayara 兵の他にコルチンのトゥシエトゥ=ジノンらの「兵を少し選抜して」敵の城を見に行ったとか[162)]、諸部の兵が分割または選抜されて混成部隊が編制されることもあった。モンゴル諸部の兵は、本来の集団として戦闘に参加しているというより、単に兵力を提供していたに過ぎないの

第4章 軍事的背景と戦略

である。一旦満洲のハンや王の指揮下に入れば、完全に指揮に従って戦うよう命じられた。天聰六年のチャハル遠征に際して、ホンタイジは外藩モンゴル諸王に次のような命令を下した[163]。

> 敵に出会って列んだ所で、我が言なくして妄りに入るな。入るべき所は我が指示しよう。指示した所に入らず避ければ、あらゆる避けた諸王の隷民をみな取る。隷民の場合はその身を殺し、女子供を俘虜とする。

これ以外にも様々な規則で拘束された挙句、戦って得られるものは必ずしも十分ではなかった。敵対するチャハルへの攻撃や、戦利品が見込める華北侵入であればまだしも、勝っても得るものが乏しい山海関方面への出兵は、全く歓迎されなかった[164]。4箇月近くに及ぶワルカ遠征に至っては[165]、なおさらであったに違いない。元々彼らはチャハルを避けてマンジュ国に附したに過ぎず、ホンタイジの世界戦略のための手駒にされる謂われは本来なかった。直接的利益の期待できない軍事動員には不満が窺われ、命じたとおりの兵馬を出さなかったり、勝手に引き返したりした廉で外藩モンゴルの首長が処罰される事件は再三起っている[166]。兵数は多くても規律を欠くので、敵を苦しめる所では用いない方がよいと言われた[167]のも、彼らの士気の低さを反映しているのであろう。

それでも、外藩モンゴルの兵はマンジュ国—清朝の軍の一部として多くの戦場に投入され、然るべき役割を果たしている。数を集めて大軍の威容を輝かせるには、特に役立った。天聰六年四月のチャハル遠征に際しては、マンジュ国に附したモンゴル諸部の兵が来会した後、「内外の兵すべておそらくは正に十万ある。後の人は仮にも嘘と言わないように」と記されている[168]。この時は、兵が多いので1日40〜50里しか進めなかったと言われたほど[169]稀な大軍を集めたようであるから、対外遠征のために最大限動員した数が、掛け値なしで10万だったということになる[170]。

この10万の兵は、必ずしも精鋭であったとは言えない。中核となるべき満洲・蒙古旗の兵は、天聰三〜四年の動員数に従えば1万以下、成人男子

全体の3分の1を動員したとして約2万、仮に2分の1まで動員率を引き上げたとしても約3万である[171]。残りの7〜9万を埋めるのが、信頼度の劣る外藩モンゴルであったことになる。対明遠征では外藩モンゴルの占める率はもっと下がったに違いないが、同時に絶対数も減じることになる。

　一方で明側は、必勝を期して大軍を差し向けた場合、例えば錦州来援に現われた洪承疇の軍が13万と言われている。たとえ誇称であったとしても、10万に近い数であったならば、清軍の兵数を凌駕したに違いない。清側も総力を挙げれば対抗できる数であり、実際に打ち負かしているのであるが、余裕をもって当たることができる数ではない。内モンゴルから華北に、あるいは山海関方面に、一方に全力を傾ければ十分に戦えても、両正面作戦は不可能である。従って、入関前の対明戦は、常にどちらか一方面にのみ集中して攻撃を仕掛けるしかなかった。

　四年秋以降、ホンタイジは山海関方面への攻撃に専心している。九月にはアジゲ・アバタイ・ドゥドゥらに、十月にはホーゲ・ドドに命じて錦州・寧遠方面に出征させたが、出て来た兵と戦わせるだけで城攻めはさせていない[172]。翌春、ジルガラン・ドドに命じて義州城（明の旧義州衛。朝鮮史料では伊州と表記）を修理させ、兵站を兼ねた前線基地を設けさせた[173]。義州の東西40里の田地を開墾させて、同時に明側の耕作の妨害を図り、作物の刈り取りも行なっている[174]。本格的な包囲戦に備えて、兵餉の確保を図ったのである[175]。

　この時は、朝鮮にも兵餉の供出を求めていたが、朝鮮側は五年閏正月以前に兵糧船7隻が、その後32隻が沈没したと申し出た[176]。朝鮮は清に降服した際に対明戦への派兵を義務づけられており[177]、三年十月のホンタイジの西征にも5,000の出兵を求められていたが、期日までに来なかったため[178]、清側は事実上の懲罰として、人質となっていた世子の遠征随行を命じていた[179]。輸送船沈没が意図的なサボタージュと疑われたのは当然である[180]。その後、総兵林慶業らの率いる朝鮮の兵5,000と船115艘が、米1万包を載せて輸送に向かったが、暴風に遭ったり明の襲撃に遭ったりしたと

称して、結局僅か52艘だけが蓋州に到着した[181]。ホンタイジは林慶業を恫喝し、死んでも必ず送り届けると答えた林慶業に対して、水路ではなく陸路で運ぶよう命じた[182]。陸路による兵餉輸送は、朝鮮にとって甚だしい負担となった。輸送用の車輌は貸与されたが、1回の輸送につき1,275輌の使用料として銀15,300両、駄馬2,868匹と装具の料金として概算で65,000両程度が必要となった[183]。輸送自体の労苦もひどく、春は泥濘に行き悩み、夏は雨で道を塞がれ、冬は凍死者を出すという苦役が、清側の強い圧力の下で継続させられた[184]。錦州陥落後、朝鮮が運んだ「余米」の処理について講じていることから[185]、必要を満たすだけの食糧は運ばされたと見られる。数は少ないが、対明戦への派兵も結局実現させている[186]。

　このようにして、ホンタイジは山海関方面に対する長期戦の態勢を整えた。五年六月には、ドルゴン・ホーゲらがジルガランらと交替、九月にはまたジルガラン・アジゲらが、十二月にはまたドルゴンらが交替というように[187]、将兵が輪番で出征して錦州攻略を図ったが、明側の守りは固く容易に陥落しなかった。六年三月には、錦州を包囲していたドルゴン・ホーゲらが、各ニルから3人の甲士を帰宅させた上、錦州から30里も離れた場所に営を移したということで、ホンタイジを激怒させている。この隙に敵は必ずや多くの糧草を城に運び込んだに違いないので、「いったいいつになれば早く大事を能くするのかと怒り怨み、その日は日が暮れるまでハンの怒りは納まらなかった」という[188]。

　ホンタイジは何としても錦州を攻め落とす決意を固めていたらしい。厳罰を受けて謹慎状態になったドルゴンらに替えて、ジルガランらを派遣して錦州城の各面に8営を立てさせ、その周囲に壕を掘らせた[189]。大凌河攻めの時と同様、完璧な包囲態勢を敷いて、城内の食糧が尽きるのを待つことにしたのである。錦州城内のモンゴル兵が城を囲む兵士に「我が城には二、三年食べる穀物があるから、包囲しても無駄だ」と呼びかけたのに対して、兵士が「二、三年どころか四年食べる穀物があったとしても、五年たった後には何を食べるのか」と言い返したという逸話[190]からも、その

4　入関までの対明戦

決意の浸透が窺われる。

　六年八月、明の総督洪承疇が13万の兵を率いて錦州を救援に来たと聞き、ホンタイジは自ら大軍を率いて迎え撃つことを決めた。松山に至ると、浮き足立った明軍を破り、その退路を絶って追撃して大勝を得た。洪承疇や巡撫邱民仰らは、1万余の士卒とともに松山に包囲されてしまう[191]。七年二月に至って、元々食糧備蓄が十分でないと言われた松山が、明側の副将の内応を得て陥落、洪承疇以下が捕虜となった[192]。次いで三月には、食糧も尽き、援軍の望みも絶えて進退窮まった守将祖大寿が投降し、錦州は遂に陥落した[193]。

　その後、錦州を拠点にした清軍は塔山・杏山を攻略し[194]、西に漸進して行った。一方で、十月にはアバタイらに命じて3年ぶりの華北遠征を行なわせている[195]。こちらの方は、内地を掻き乱して明を衰弱させるとともに、しばらく忍耐を余儀なくされていた兵士の欲を満たしてやるためであろう。今度も河北から山東に入り、大運河の要衝である臨清を攻略したのを始め、山東各地を掠めながら転々として、都合6箇月間を過ごした挙句、八年五月に帰還した[196]。

　ホンタイジ急死後の崇徳八年九月、おそらく動揺を見せないことを目的としたのであろう、ジルガラン・アジゲが大軍を率いて寧遠を攻めた[197]。この戦いの後、翌順治元年（1644）三月にかけて、明は山海関外の城砦をすべて放棄し、山海関に兵民を引き上げて立て籠った[198]。清としては、華北に直接至るための残る障壁が山海関だけになったわけであるが、山海関の城壁は堅固であり、守将呉三桂の下には戦闘員として4万の精兵に7～8万の遼民、数千の「夷兵」がいたという[199]。また、背後からは清軍に遮られることなく補給を受けることができるので、清としては錦州のような包囲戦に持ち込むこともできない。李自成による明朝滅亡という不測の事態を計算に入れなければ、清による山海関突破はまだ容易ではなかったはずであり、突破したとしても、その先どうなるのかは全く未知数であった。清は明に対して、なお忍耐強く攻撃を続けていく覚悟が必要だったのであ

237

第 4 章　軍事的背景と戦略

る。

小　結

　入関前のマンジュ国─清朝は、短期間の朝鮮またはモンゴルへの出兵を挟みながら、明への遠征を続けていかなければならなかった。これは経済的必然性によるものであり、国家を維持していくために不可欠なことであった。遼東征服までは、比較的単純な用兵を繰り返していればよかったが、国家が拡大し、明の内地への本格的な侵攻を始めようとすると、困難な状況に陥った。
　明を攻撃する場合、山海関方面に攻め進む方法と、内モンゴルを経由して華北に侵入する方法があったが、前者は固い守りに阻まれて突破できず、後者は長く険しい道を往復する必要があることから常に一過性の侵入に止まった。財貨掠奪のためには、華北侵入を繰り返さなければならず、明の皇帝を追いつめるためには、どうしても山海関を突破しなければならなかったので、どちらも続ける必要があったが、両方を一度に行なうだけの兵力はなかった。そのため、断続的な華北侵入で短期的利益を上げながら、直接的な見返りの乏しい山海関方面への侵攻を粘り強く進めて行く必要があったのである。
　しかし、明への攻勢が進むにつれて大規模な戦いを余儀なくされるのに対し、元々決して多くなかった八旗の兵力はむしろ消耗していた。そのため、新附の満洲・モンゴル人で八旗の兵を補い、外藩モンゴルから招集した兵を直接指揮下に入れるなど、強引に兵力を増して対明侵攻を進めていった。長期の包囲戦を行なうに当っては、戦利品の得られない状態が続くとともに、その間の兵餉を確保し戦地に届けることが必要になる。これは自力で調達を図る以外に、朝鮮に輸送を強要することによって賄った。

このように限りある人員・物資を挙げて長期の戦いに臨む以上、味方の軍、特に中核となる八旗の軍を最大限に効率的に用いなければならない。マンジュ国——清朝は、効率的に兵を組織し、運用し、無用の損失を避けるため、あらゆる手段を講じなければならなかった。そうした努力が実を結んだからこそ、戦いに勝って国を維持することができ、最終的に中国全土を征服することができたのである。次章では、この点を具体的に明らかにする。

注

1）阿南惟敬［1980］や、同じ著者の執筆に係る陸戦史研究普及会［1968］など限られた研究があるのみである。しかも前者は個別の軍事行動や軍制に関わる論文集であり、後者は（背景にも言及しているとはいえ）サルフの戦いに焦点を絞った戦史であって、清初の軍事的状況を通観したものではない。
2）『満洲実録』巻一・癸未年二月～五月条（24～26頁）。
3）三田村泰助［1965］107～282頁。
4）三田村泰助［1965］178～180頁。
5）『老档』太祖82頁〔『原档』1冊76頁〕。
6）『満洲実録』巻一・癸未年五月条（25頁）など。
7）『満洲実録』巻一・癸未年五月条（26頁）。
8）『満洲実録』巻一・甲申年九月条（39頁）。
9）『老档』太祖23、35頁〔『原档』1冊26、39頁〕。
10）『満洲実録』巻四・乙卯年十一月条（137頁）。
11）『老档』太祖55頁〔『原档』1冊60頁〕。
12）本書169頁参照。
13）本書153～154頁参照。
14）『老档』太祖86頁には、天命三年の対明挙兵に当って「八旗の十万の兵」が出征したとあるが、原本たる『原档』の該当部分（1冊79頁）には単に「cooha」とあって「jakūn gūsai juwan tumen」の語はない。撫順占領後、兵6万に俘獲を送らせ、ハンは兵4万を率いて前進した（『老档』太祖93頁〔『原档』1冊84頁〕）と記されている数に合わせたのかもしれないが、いずれにせよ誇称と見るべきであろう。八旗から10万の動員が可能であれば、組織編成の定数に反映されていないのは不自然だからである。史料の他の箇所に出てくる天命期の兵数は、最大で

第4章　軍事的背景と戦略

　　　もイェへ討伐時の4万である。
15) 陸戦史研究普及会［1968］18～19頁。
16) 天命三年四月、対明挙兵時にヌルハチが下した諭旨に「一ニルの五十甲〔士〕」の数が見え（『老档』太祖85頁〔『原档』1冊78頁〕）、遼東征服後の六年十一月に「一ニルの一百甲士」の数と「一ニルの新たに〔甲を〕着た五十甲士」に関する言及が見える（『老档』太祖411頁〔『原档』2冊240～241頁〕）。
17) 『老档』太祖118頁〔『原档』1冊206頁〕。
18) 『老档』太祖297頁〔『原档』2冊58頁〕。満文老档研究会訳注では、後者を「甲を着ない徒歩の従僕」と訳すが、『原档』の方では「niyereme yafahan」と「kutule」の間に『老档』には見られない句点があるので、「甲を着けない歩兵・従僕」と解した。『老档』太祖121頁〔『原档』1冊209頁〕に「我らの歩兵 musei yafahan」として出て来るように、「yafahan」が単独で名詞として用いられる例はある。
19) 阿南惟敬は、サルフの戦いに先んじて送られた歩兵15,000を武装していないと考えて兵力から除き、この戦いでヌルハチと諸将が率いた兵を見積って合計「約一万五千」と推定し、「これが当時の太祖が動員し得る最大の兵力と考えられる」としている（阿南惟敬［1980］162～167頁）。サルフの戦いのような機動力を要する戦いの場合、騎馬でない兵は戦力として劣ったに違いないが、この時でさえ丘の上にいた歩兵たちは「明の兵を下へ突いて一百人足らず殺した」と明記されており（『老档』太祖121頁〔『原档』1冊209頁〕）、戦力外であったと決めるのは問題があろう。
20) 天命四年六月に開原を攻めた際、ヌルハチが「この夏の六月の暑さに、我らは兵を用い往きて二十日に及んだ」ので、馬の疲労が限界に達したことを述べている（『老档』太祖157頁〔『原档』1冊257頁〕）。この史料からも、当時の満洲人にとって20日が行軍の1つの限度であったことが窺われる。ただし、同時期でも天命元年のダルハン＝ヒヤ Darhan Hiya らの黒龍江遠征は、1,400の兵が舟で、600の兵が騎馬で行き、七月十九日に出発して十一月七日に帰還したという（『老档』太祖72～74頁〔『原档』1冊147～150頁〕）。小規模な部隊の遠征については、長期に亘るものもあったようである。
21) 『老档』太祖17～23頁〔『原档』1冊18～25頁〕。
22) 『老档』太祖23～26頁〔『原档』1冊26～28頁〕。
23) 『老档』太祖35頁〔『原档』1冊38～39頁〕。
24) 『老档』太祖175頁〔『原档』1冊379、274～275頁〕。東西2城の陥落とイェへ滅亡については『老档』太祖188頁〔『原档』1冊292頁〕。
25) 『老档』太祖18～19頁〔『原档』1冊20頁〕。

注

26）甲申年にMardunの山寨を攻めた時には、3日間包囲して水を得しめず、4日目の夜に攻略し、辛亥年（1611）にフルハのJakūta城を攻めた時は3日囲んで攻め取ったという（『満洲実録』巻一・甲申年六月条（38頁）、『老档』太祖16頁〔『原档』1冊17頁〕）。
27）申忠一『建州紀程図録』（13頁）。
28）李民寏『建州聞見録』。なお、これは内城のことで、外城はサルフ戦後の時点でほとんど崩れていたという。ヌルハチがすでに籠城を想定していなかった証拠であろう。
29）イェへの城は「これほどの年をかけ自ら苦しみ国人を労して固め造った外城、天が城を造るがよいとて生まれさせた山城、二層の城」と言われた（『老档』太祖181頁〔『原档』1冊282頁〕）。
30）『老档』太祖177頁〔『原档』1冊276頁〕。
31）『建州紀程図録』には「外城中諸将及族党居之、外城外居生者皆軍人云」とある（13頁）。
32）『建州聞見録』。また「雖大風雨寒冽、達夜露処」とあり、悪天候への耐久力も称されている。「馬性則五六昼夜絶不吃草、亦能馳走」とあるように、馬も耐久性があったという。
33）『建州聞見録』には「凡有戦闘之行、絶無糧餉・軍器之運転、軍卒皆能自備而行」とある。
34）『老档』太祖18、36頁〔『原档』1冊19、40頁〕。
35）『建州紀程図録』（24頁）。
36）『建州紀程図録』（14頁）。
37）『建州紀程図録』（24頁）。
38）『建州紀程図録』（23～24頁）。
39）松浦茂［1984］［1986］。また本書52～53頁を参照。
40）天命三年九月初四日、明の兵が来襲したのを辺境の台の者が知り、牌を打って都城に知らせ、ダイシャンが都城にいた騎兵を率いて直ちに出動した（『老档』太祖108～109頁〔『原档』1冊196頁〕）というように、遼東征服以前は辺境の変事には都城の兵が直接対応していた。
41）『老档』太祖86～96頁〔『原档』1冊79～87頁〕。
42）『老档』太祖105～106頁〔『原档』1冊191～193頁〕。
43）『老档』太祖110頁〔『原档』1冊198頁〕。
44）『老档』太祖117～118頁〔『原档』1冊205～206頁〕。
45）『老档』太祖214頁〔『原档』1冊327頁〕。また六年三月朔日には「明の境に沿って台を置きに」人を遣わしている（『老档』太祖279頁〔『原档』2冊32頁〕）。

第 4 章　軍事的背景と戦略

46）明の領土を侵食した例としては、明が放棄した范河地方に八王のトクソを置きに行ったことが見える程度である（『老档』太祖277頁〔『原档』2冊28〜29頁〕）。
47）『老档』太祖283〜291頁〔『原档』2冊36〜50頁〕。なお、別の箇所には「遼東城を二十日に取った。二十一日辰刻にハン自ら城に入った」とある（『老档』太祖299頁〔『原档』2冊63頁〕）。
48）天命六年四月十一日、ヌルハチが諸王に向かって「遼河から此方、すべての地方は皆従っている。これを捨てて我らがなぜ行きたいと言うのか」と言ったという（『老档』太祖312頁〔『原档』2冊79頁〕）。
49）『老档』太祖315頁〔『原档』2冊83頁〕。
50）『老档』太祖330頁〔『原档』2冊102〜103頁〕。
51）『老档』太祖318、431頁〔『原档』2冊88〜89、277〜278頁〕など。
52）『老档』太祖339、433頁〔『原档』2冊119〜120、282頁〕。後者は前者と交替に行ったのかもしれない。
53）『老档』太祖315、318頁〔『原档』2冊83、89頁〕。
54）『老档』太祖343頁〔『原档』2冊128頁〕。
55）『老档』太祖389頁〔『原档』2冊204頁〕。
56）『老档』太祖407頁〔『原档』2冊232頁〕。
57）『老档』太祖432頁〔『原档』2冊278〜279頁〕。
58）六年七月十二日、総兵官タングダイ Tanggūdai とヤングリ Yangguri が兵2,000を率いて「戍守していた者と交替に行った」とされている（『老档』太祖367頁〔『原档』2冊175頁〕）。八月二十八日にも4人の遊撃が兵1,000を率いて行っている（『老档』太祖373頁〔『原档』2冊186頁〕。『原档』では「二十八日 orin jakūn inenggi」の「orin」がないが、『老档』にあるように補うべきである）。
59）『老档』太祖570〜571頁〔『原档』2冊501頁〕。
60）『老档』太祖597、599〜600頁〔『原档』2冊547、551〜552頁〕。
61）遼東征服後から、ヌルハチはアドゥンや李永芳らに命じて遼東の兵数・城堡の数などを調査させ（『老档』太祖305〜306頁〔『原档』2冊72頁〕）、軍事体制を再編しようとしたようである。六年七月には、男20人に1人を徴兵することを布告している（『老档』太祖356頁〔『原档』2冊154頁〕）。
62）『建州聞見録』に「女人之執鞭馳馬不異於男、十余歳児童亦能佩弓箭馳逐」、「出兵之時、無不歓躍、其妻子亦皆喜楽、惟以多得財物為願」とある。李民寏は一方で朝鮮の兵制について、「駆農民而赴矢石、豈不殆哉」と述べる。
63）二十四日に趙一鶴から第一報が入り、二十七日に詳しい報告があった（『老档』太祖360、362〜363頁〔『原档』2冊160、164〜166頁〕）。
64）『老档』太祖412〜413頁〔『原档』2冊242〜244頁〕。

65) 『老档』太祖454～455頁〔『原档』2冊318頁〕。
66) 天命六年九月初六日、湯站の守堡から戍守兵が国人を襲ったとの報告があり、調査が命じられている（『老档』太祖378頁〔『原档』2冊192頁〕）。
67) 『老档』太祖581、614頁〔『原档』2冊518頁、3冊145頁〕。
68) 『老档』太祖491～492頁〔『原档』2冊382頁〕。
69) 以上、『老档』太祖492～497頁〔『原档』2冊382～390頁〕。
70) 『老档』太祖505頁〔『原档』2冊403頁〕。
71) 『老档』太祖506、511頁〔『原档』2冊405、410～411頁〕。
72) 本書第1章第2節参照。これにより、少なくとも遼西に本拠地を移す可能性だけは皆無になったことがわかる。
73) 『老档』太祖559頁〔『原档』2冊482～483頁〕。
74) 『老档』太祖631～632頁〔『原档』3冊183頁〕。
75) 『老档』太祖678、705頁〔『原档』3冊258、291頁〕。
76) 谷井陽子［2009-2］58頁註④参照。
77) 『明熹宗実録』天啓六年二月甲戌朔条。満洲側の史料にも、「〔明側が〕砲を放ち、火薬を投げ石を落として戦う」のに対して満洲の兵は太刀打ちできなかったとある（『満洲実録』巻八・天命十一年正月二十四日条（339頁））。
78) 『老档』太宗74、84頁〔『原档』6冊108、121頁〕。
79) 本書第1章参照。
80) 『老档』太宗53頁〔『原档』6冊79頁〕。また、遠征に従軍したヨトは朝鮮国王との和議がまとまると、「家にはハンと二王がほとんど独りでいる。モンゴルと明はみな敵で、もしも事が起った時には難しいぞ」と言って即時帰還を主張したという（『老档』太宗49頁〔『原档』6冊73頁〕）。
81) 以上、『老档』太宗34～59頁〔『原档』6冊54～86頁〕。
82) 『老档』太宗34、36頁〔『原档』6冊54、56-2、57頁〕。
83) 『老档』太宗49頁〔『原档』6冊73頁〕。
84) 本書71～72頁参照。
85) 『太宗実録』天聰三年十月初二日条に、「叩頭しに来たモンゴルのカラチン国のBurgadu Taiji を、明に賞を取りに行き、進軍する道を知っているとて、道案内に連れて行った」とある。
86) 『太宗実録』天聰三年十月十五日条。また『内国史院档』にもこの引用文とほぼ同文が残っているが、「千里も来たのだ minggan ba jihebi」の後は「te manggici sunja（以下残缺）」となっている。
87) 『太宗実録』天聰三年十月二十日条。
88) 『老档』太宗244、245頁〔『原档』6冊339、333～334頁〕。

第4章　軍事的背景と戦略

89)『国榷』崇禎三年正月壬午条に「初袁崇煥留□□楊春千人守永平」とある。これに対してホンタイジは、城壁を乗り越えて戦う兵数だけでも、先登の16人の後に各旗1,000人を予定しており（康熙版『太宗実録』天聰四年正月初三日条）、数の上で大差があった。

90) 康熙版『太宗実録』天聰四年正月初三日、初四日条。『老档』太宗299頁〔『原档』6冊392～393頁〕には、激戦の模様を回想するホンタイジの言が記されている。

91) 天聰四年二月初二日、ホンタイジは降った漢官らを呼び、明の皇帝がこれほどの官兵の死に平然として、講和の申し出に一言も答えないのはなぜかと問うている（『老档』太宗309頁〔『原档』6冊404～405頁〕）。

92)『老档』太宗288、309～310、313～314頁〔『原档』7冊22、47～48、50頁〕など。

93) 崇禎三年二月初五日の御史沈猶龍疏。ただし、山海関は「五箇月兵餉なしでも持ち堪える」と言い、また陸運が途絶えても海運で補給が可能であった（『崇禎長編』崇禎三年二月乙卯条）。

94)『老档』太宗309頁〔『原档』6冊406頁〕。

95)『老档』太宗338～339頁〔『原档』6冊438～439頁〕。

96) 灤州が明に奪還されたのが五月十三日で、アミンはそれから直ちに永平・遷安の官民を殺して逃げ帰ったという（『老档』太宗414頁〔『原档』7冊279頁〕）。

97)『老档』太宗338、392頁〔『原档』6冊438～439頁、7冊217～218頁〕。後者ではホンタイジの言として１ニルにつき「各３人のバヤラ」も行かせたとするが、前者では「バヤラは送らなかった」としている。なお、この遠征には満洲八旗の他に蒙古二旗が参加している（『老档』太宗256頁〔『原档』6冊355頁〕）。

98) 天聰八年のワルカ遠征には、各ニル１甲士、総計400人で出征したというので（『内国史院档』天聰八年十二月二十一日条（393頁））、補助的な兵は甲士の３分の２程度であったことになる。従って、同数というのは多めの見積もりである。ただし、九年のチャハル遠征に「１万の兵を選んで」出兵した（『旧満洲档　天聰九年』83頁〔『原档』9冊102頁〕）というように、１万という数は当時遠方に出兵する際の標準であったとも考えられる。

99) 明側は侵入した兵数を「数万」と見積っている（『国榷』巻九十・崇禎二年十月戊寅条）。なお、明側の見積りによる最大数は、昌黎県に集結した「三万有奇」である（『崇禎長編』崇禎三年正月乙未条）。

100)『老档』太宗255、256頁〔『原档』6冊352、354頁〕。なお『原档』では遵化に留めた甲士数を、「emte emu nirui juwata」と書いたのを抹消して「sunja tanggū」と記している。

101) 明側の史料でも、一度に動いているマンジュ国軍の部隊は1,000から7,000と見

積られている（『崇禎長編』崇禎三年正月乙未条、二月癸丑条、庚辰条など）。
102）穀物の入手については『老档』太宗366頁〔『原档』7冊113頁〕、飼料の入手・手配については『老档』太宗362、372頁〔『原档』7冊100、104～105頁〕に言及されている。
103）『老档』太宗352頁〔『原档』7冊88頁〕。
104）五月初六日、4城奪回のため灤州附近に集まった明側の兵は「三万人」、これに総兵官祖大寿の率いる兵が合流したという（『国榷』巻九十一・崇禎三年五月乙酉条）。
105）灤州が攻められて城が崩れると、諸大臣は兵をまとめず我先に逃げ出し、兵士は三々五々逃げて、傷病兵は討たれたという（『老档』太宗393頁〔『原档』7冊219～220頁〕）。
106）『老档』太宗534頁〔『原档』7冊425頁〕。
107）七月初五日、コルチンのトゥシエトゥ＝ハン・アルの Sun Dureng・Dalai Cūhur 4 taiji およびアオハン・ナイマン・バリン・ジャルトの諸王、カラチンの Ombu Cūhur・Agūn Taiji（Angkūn Taiji？）・Dureng の Gumushi・Sirantu Hiya Taiji・Genggel Hiya Beile・Donoi Gunji に使者を送って、来春の青草が出る前の月の二十七日、Yangsimu の Durbi に兵を率いて集結するよう命じている（『老档』太宗518～521頁〔『原档』7冊370～375頁〕）。
108）外藩モンゴルからは、コルチン・アル・ジャルト・バリン・アオハン・ナイマン・カラチン・トゥメト Tumet の歩騎の兵2万余が動員されたという（『老档』太宗527～528頁〔『原档』7冊412～413頁〕）。マンジュ国の兵は、明との最大の会戦時に「女真 Jušen の兵が一万五千いた（『老档』太宗568頁〔『原档』7冊481頁〕。なお『原档』では「五千 sunja minggan」を後から挿入している）」とあることから、少なくとも15,000人ということになり、両者合わせて約4万となる。初め二手に分かれて進軍し、一方が2万の兵を率いて行ったとされる（『老档』太宗529頁〔『原档』7冊415頁〕）ことも、この数字と符合する。
109）『老档』太宗530頁〔『原档』7冊416～418頁〕。
110）同上。
111）飼料用の草を取ることについては、『老档』太宗531、545～546頁〔『原档』7冊418、442頁〕。人の食糧については史料に明記されていないが、十月十二日に于子章台が降った後、周囲の台の明人は投降したり逃げたりしたので「その棄てた台の穀物を、軍馬に1箇月ばかり食べさせた」との記述がある（『老档』太宗577頁〔『原档』7冊497～498頁〕）。この時は偶々多くの台が一度に手に入ったので、馬に食べさせるほど豊富な穀物が得られたのであろうが、一般に明の台に一定の穀物が備蓄されていたとすれば、順次降した台で人間が食べる程度の分は賄

えたと考えられる。掠奪して得た牛・驢馬を食用のため兵士に分与した（『老档』太宗548〜549頁〔『原档』 7 冊448頁〕）との記載もある。

112)『老档』太宗548、561、573頁〔『原档』 7 冊446、469、490頁〕。
113)『老档』太宗552〜553頁〔『原档』 7 冊455〜456頁〕。
114)『老档』太宗563〜564頁〔『原档』 7 冊472〜473頁〕。
115) 以上、『老档』太宗565〜568頁〔『原档』 7 冊475〜481頁〕。
116)『老档』太宗591頁〔『原档』 7 冊516頁〕。
117) 四月朔日に出発し（『老档』太宗729頁〔『原档』 8 冊137頁〕）、十八日に逃亡者が出てチャハルに知らせ、満洲側は「追いつけなかったので兵が大いに苦しんだ」という（『老档』太宗752頁〔『原档』 8 冊155頁〕）。
118) 谷井陽子［2009-2］。
119)『老档』太宗755頁〔『原档』 8 冊158頁〕。
120) 満洲側の史料によれば、宣府巡撫沈㮮(棨)・総兵官董(継舒) が「講和のために我が身に引き受けて」和議が成ったという（『老档』太宗803頁〔『原档』 8 冊198頁〕。なお『原档』では「受けて alifi」の後に「彼の皇帝の方に話して初八日に ini han i baru gisurefi orin jakūn de」とある）。明側では、これを沈棨の「擅和」として咎めながらも、結果的に侵入を被らずに済み、朝廷が関わらなかったため明朝の威信を損なうこともなかったとして、寛容な処分を下す方針を採り、科道官ら一般官僚にはそもそも詳細を伝えなかった（『崇禎長編』崇禎五年七月己酉条、辛亥条）。沈棨は「逮問され広東に流謫となったが恩赦によって帰郷した（乾隆『湖州府誌』巻二十一・人物・明)」といい、比較的軽い処分で済んでいることや、「風聞」によって和議を知った給事中らの弾劾が圧殺されていること（『崇禎長編』崇禎五年七月辛亥、乙卯条）などから、実際には沈棨個人の判断ではなく、事前に少なくとも輔臣には（おそらく崇禎帝自身にも）了解を取った上で行なったことであろう。
121) 天聰六年八月には、王文奎ら漢人相公 3 人を招き、前回の出兵と明との和約について意見を問うている（『老档』太宗833頁〔『原档』 8 冊230頁〕）。
122)『太宗実録』天聰七年六月十八日条。
123)『天聰朝臣工奏議』甯完我等謹陳兵機奏。
124)『天聰朝臣工奏議』周一元直陳愚見奏。
125) ホンタイジは漢人啓心郎・秀才らに向かって「汝らが我に書を奉っては、やはり海を渡って山東を取れ、固守している山海関を攻めよと上奏するのは、汝らがみな他人の苦労するのを考えないものであるぞ。海を渡って行けば水で死ぬがよい、固守している城を攻めれば兵を損なうがよいということではないか」と言って責めている（『内国史院档』天聰七年十月十日条（167頁））。

126)『内国史院档』天聡八年五月十九日条（144〜145頁）。
127)『内国史院档』天聡八年六月初七日条（168〜169頁）。
128)『内国史院档』天聡八年六月十七日条（176〜177頁）。
129)『内国史院档』天聡八年閏八月初六日条（262頁）。
130)『太宗実録』崇徳二年四月十二日条。この時、皮島には明の総兵官沈世奎の兵12,000人の他に、来援の兵合計5,090人がいたという（同四月十七日条）。朝鮮は「50隻の船の兵」を出させられていた（『内国史院档』崇徳二年二月初二日条（94頁））。
131)『太宗実録』崇徳二年六月初四日、初五日、同七月五日条、および『内国史院档』崇徳三年二月二十七日条（259頁）。
132) ドゥルビ築城は崇徳二年八月以降、本格的に行なわれた（『太宗実録』崇徳二年八月二十一日条）。遼陽築城も同時期に命じられていたらしい。三年三月には、築いた城が小さいとし、また遼陽城も城壁を高くするよう増築を命じている（『内国史院档』崇徳三年三月朔条（262〜263頁））。
133)『内国史院档』崇徳三年二月十八日条（256頁）、同四月初七日条（284頁）。
134)『内国史院档』崇徳三年十月二十六日条（648頁）、『太宗実録』崇徳四年四月初六日条、同二月十八日条。
135)『内国史院档』崇徳三年五月十一日条（369頁）。
136)『内国史院档』崇徳三年十月初八日条、初九日条（619、627頁）。
137)『国榷』崇禎十二年正月朔条。
138)『老档』太宗1275頁〔『原档』10冊440頁〕。
139)『太宗実録』崇徳四年三月初九日条および四月十五日条に軍中で病死の報が見える。死因が天然痘であったことについては、同六月初二日条。
140)『老档』太宗526頁〔『原档』7冊409頁〕。
141)『旧満洲档　天聡九年』137頁〔『原档』9冊179〜180頁〕。
142) ジルガラン・ドドらとともに満洲八旗の軍も率いているが、「鄭親王の兵力は少ない」として途中でドドに合流を命じる（『内国史院档』崇徳三年十月二十八日条（651頁））など明らかに少数で、漢三王に戚家堡・石家堡と大福堡を取らせ、漢軍二旗に李雲屯等5堡と1台を取らせ、両者合わせて五里河台を取らせるなど（『内国史院档』崇徳三年十月二十八日〜十一月初五日条（651〜663頁））、漢人の部隊に攻撃の多くを命じている。
143)『内国史院档』崇徳三年十一月二十二日（677頁）。
144) 新満洲については、『内国史院档』天聡八年九月二十一日条（302〜303頁）、『太宗実録』崇徳四年十一月初八日条、五年七月初四日条、モンゴル人については、『内国史院档』天聡八年六月十六日条（175頁）、同閏八月十二日条（269〜270頁）、

第4章　軍事的背景と戦略

　　同十六日条（272～274頁）、『旧満洲档　天聰九年』16～18頁〔『原档』9冊19～23頁〕）など。
145）1旗30ニルを定数としたのは、『内国史院档』天聰八年九月二十一日条（302～303頁）に見える。また、康熙『大清会典』巻二十三・戸部七・編審八旗壮丁に、順治元年以前に毎ニル200人と定めたとある。『太宗実録』崇徳六年四月十九日条に、毎ニル満洲人3人につき1人の披甲を許し、60人を常数としたとあり、この割合から推しても毎ニル200人が定数であったのは間違いなかろう。
146）安双成 [1983]。
147）崇徳元年の対明遠征の後、罪を得た各官から俘虜を取り上げ、「殺された者の欠額を償うため取って各々のニルに与えた」（『老档』太宗1388頁〔『原档』10冊582頁〕）とあるように、積極的に穴埋め策を講じなければならない程度に減少が生じていたのであろう。
148）『旧満洲档　天聰九年』58～60頁〔『原档』9冊72～73頁〕。
149）『内国史院档』天聰八年三月十三日条（95頁）。
150）張晋藩・郭成康 [1988] 273～284頁。李新達 [1982] は、蒙古旗も1ニル200人として計23,600人と見積るが、定数を満たしていなかった事例が多いことから、より少ない推算が妥当と考えられる。
151）天聰期に入ってから独立した1旗を立て、崇徳二年に2旗に、四年に4旗になった（『太宗実録』崇徳二年七月二十九日条、四年六月初十日条）。4旗にした際には、「一旗に十八ニルとした」とある。
152）張晋藩・郭成康 [1988] 304～305頁。
153）第二次朝鮮遠征の際には、砲や火薬を積んだ車は朝鮮降服直前の正月初十日になってようやく到着した（『内国史院档』崇徳二年正月初十日条（19頁））。その後の江華島攻めには、砲が役立っている（同正月二十二日条（60～61頁））。
154）『世祖実録』順治六年五月丁酉条。
155）『内国史院档』天聰八年二月初五日条、十六日条（60、78頁）。なお、孔有徳・耿仲明の兵を、ホンタイジは朝鮮に対して「二万」と称しているが（『内国史院档』天聰七年四月十四日条（35頁））、「万人」をもって戦い破れた（『国権』崇禎五年十一月乙巳条）敗残の孔有徳らにそれほどの兵があったはずない。
156）『内国史院档』天聰八年五月初五日条（136頁）。
157）『内国史院档』崇徳三年九月十六日条、同二十六日条（610、623頁）など。
158）楠木賢道 [2009] は、これらのことには内モンゴル諸部に対して「より強い支配力を及ぼそうとした」という政治的意図があった（117頁）とする。そのように捉えることもできるかもしれないが、第一義的には戦時における命令権の確保が目的である。

159)『老档』太宗504～505頁〔『原档』7冊354～355頁〕。この後に、平時に犯した罪に対する罰則規定が続く。

160) この点については、次章において詳述する。

161)『老档』太宗551頁〔『原档』7冊453頁〕。なお、『老档』太宗548頁〔『原档』7冊447頁〕では「アオハン・ナイマン・コルチン・アル・バリン・ジャルト、これらの兵を半分にして」遣わしたとする。

162)『内国史院档』天聰八年八月十五日条（223頁）。正確には「Korcin の Tusiyetu Jinong・Jasaktu Dureng・Konggor Mafa・Ukšan Joriktu Taiji・Manjusiri Darhan Baturu、これらの者の兵を少し選抜して」となっている。

163)『老档』太宗762頁〔『原档』8冊162～163頁〕。

164) 本章第3節のアジゲ・イェチェンの発言に見える。崇徳六年に錦州を来援に来た洪承疇と戦った時、攻撃を命じられたトゥシエトゥ親王は、指示された場所に遅刻して現われた。彼は道がわからなかったので遅れたと称したが、ホンタイジは彼が以前そこに行ったことがあり、また2箇月も錦州に駐していながら道を知らなかったはずがないと叱責している（『太宗実録』崇徳六年八月二十一日条）。

165)『太宗実録』崇徳二年五月三十日条。

166) 出兵の約会に来なかったり遅れたりした例としては、『内国史院档』天聰七年十月初七日条（163頁）、『太宗実録』崇徳四年五月十九日条、同六年八月二十一日条、兵馬の数が足りなかった例としては、崇徳四年八月初五日条、同十一月十三日条、許可なく戦線離脱したり帰国したりした例としては、『太宗実録』崇徳二年十月十七日条など。

167)『太宗実録』崇徳五年十二月二十五日条の都察院参政張存仁奏疏に見える。

168)『老档』太宗744頁〔『原档』8冊148～149頁〕。

169)『老档』太宗754頁〔『原档』8冊157頁〕。

170) この後、3年後のチャハル平定によってさらに服属者が増え、崇徳二年以降は朝鮮からも軍事動員を行なっているが、内モンゴルからはチャハル討伐以外に無制限の動員はできなかったはずなので（『老档』太宗504頁〔『原档』7冊354～355頁〕を参照）、より多数の兵が動員できるようになったとは考え難い。

171) この時点では前述のカラチンの編入が行なわれていないので、成人男子の総数を6万弱と見る。これに八家所属の男を加えた人数が、兵として動員可能な数になるはずである。ただし、本国の防衛を考えれば、これほどの動員は考えにくい。

172)『太宗実録』崇徳四年十一月朔条に、ホーゲ・ドドの戦いの様子が見える。また翌五年正月十二日に Unggadai らに命じて兵を遣わした時にも、味方の脱走と敵の侵犯に注意し、敵に遇えば戦えとのみ軍令を下している（『太宗実録』同日

第 4 章　軍事的背景と戦略

条)。
173)『太宗実録』崇徳五年三月十八日条、四月十五日条。
174) 前注所引箇所および『太宗実録』崇徳五年五月二十五日、二十七日、二十八日条。
175) その後、他の場所にも食糧収貯が命じられており(『太宗実録』崇徳五年七月初八日条)、敵の輸送中の兵餉を奪ったり攻略した城砦の備蓄を押えたりするなど(同五年八月二十六日条、六年八月二十日条)、食糧確保に意を用いた様子が窺える。
176)『太宗実録』崇徳五年三月十七日条。
177)『内国史院档』崇徳二年正月二十八日条 (80頁)。
178) 派兵要求の詳細は清側の史料には見えないが、朝鮮史料によれば「五千」である(『瀋陽状啓』戊寅年七月初十日条、同十一日条 (90、92頁))。遅延を重ねたため「催督火の如し」という厳しい督促を受けたが(同九月初三日条 (106頁))、十月初九日に朝鮮国王から正式に違約を認め罪を請う使者が到来した(『内国史院档』崇徳三年十月初九日条 (632〜633頁))。
179)『瀋陽状啓』戊寅年八月初六日条 (93頁)。世子館では「蓋出於移怒」と理解した(同初八日条 (98頁))。なお、この時は出発前に弟の鳳林大君が世子に代わって随行することを申し出、認められて行った(同十月十五日条 (116頁))。
180) ホンタイジは朝鮮国王に対して「これは必ず兵糧を遅らせる巧みな策略」と叱責している(『太宗実録』崇徳五年三月十八日条)。
181)『太宗実録』崇徳五年六月十八日条。
182)『太宗実録』崇徳五年六月十八日条。
183)『瀋陽状啓』庚辰年八月初八日条 (234頁)。
184)『瀋陽状啓』辛巳年三月二十七日条、四月十九日条、十一月二十日条 (282、291、375頁)。
185)『太宗実録』崇徳七年三月十八日条。
186) 崇徳六年三月には朝鮮の総兵に命じて兵1,000人・従僕500人・馬1,155頭を錦州に遣わし、七月には970人を交替に遣わしている(『太宗実録』崇徳六年三月二十四日条、同七月二十五日条)。
187)『太宗実録』崇徳五年六月初十五日条、九月初八日条、十二月初四日条。
188)『太宗実録』崇徳六年三月二十日条。ドルゴンらは兵士を帰宅させたのは疲弊した馬を帰すため、営を移したのは馬が周辺の青草を喰い尽くしたからと弁明したが、ホンタイジは弊馬が各ニル同数のはずはないし、草を喰い尽くしたのであれば、急ぎ上奏すべきであったと益々怒り、ドルゴンらに厳罰を科した(『太宗実録』同三月二十一日条)。

189）『太宗実録』崇徳六年三月二十六日条。
190）同上。
191）『太宗実録』崇徳六年八月十四日条より二十九日条まで。「十三万」の数は二十九日条に見える。
192）『太宗実録』崇徳七年二月二十一日条。
193）『太宗実録』崇徳七年三月初十日条。
194）『太宗実録』崇徳七年四月十二日条および同二十五日条。
195）『太宗実録』崇徳七年十月十四日条。なお、この時には俘虜の虐待や財物を得るために拷問することは禁じているが、錦州で投帰した新附のモンゴル人には好きなだけ俘獲を取らせるようにわざわざ命じている。
196）『太宗実録』崇徳八年五月十七日条。戦果については、同十一日条に報告がある。
197）『世祖実録』崇徳八年九月壬寅（十一日）条。牛車200余輌をもって砲を運んで来たことが明側の史料にも見え（『国榷』崇禎十六年十月丁卯条）、本気で攻め落とす意図はともかく、威嚇に努めたことが窺える。
198）『世祖実録』順治元年四月甲子（初七日）条に引く太祖祝文に見える。明側の史料では、同年三月十六日に寧遠を棄て山海関に入るよう命じたとある（『国榷』崇禎十七年三月甲辰条）。
199）彭孫貽『流寇志』巻十一。

第 5 章

軍隊の編制と指揮・管理

序

　入関前のマンジュ国—清朝は、国の存立自体を外征に頼っていたので、軍隊は国家の基幹をなす組織と言ってよい重要性をもっていた。八旗制度についても、行政的機能と同時に軍事的機能を有することが常に言及される。それにもかかわらず、八旗組織が実際に軍隊としてどのように動くかということは、ほとんど論じられて来なかった。「八旗は行政的・軍事的組織である」といった一般的な定義からすれば、平時の行政組織が戦時には軍隊編制として機能するような構造が思い描かれるが、それが誤りであることは、史料を一読すれば容易にわかる。八旗の軍隊編制は、行政組織としての旗やニルを基盤としながら、旗やニルを横断した様々な形態を取っている。

　八旗所属の人々から成る軍隊の編制や指揮系統については、阿南惟敬による一連の研究[1]のほか、入関前の国家制度を扱った張晋藩・郭成康の著作中に簡にして要を得た解説があり[2]、おおよその事実関係は明らかにされていると言ってよい。それにもかかわらず、こうした事実関係は八旗制

第5章　軍隊の編制と指揮・管理

度を論じる際に取り上げられることが少なく、八旗の軍事的側面を解明するのに役立てられていない。

　従来の研究の主流を成してきた「連旗制論」的観点からすれば、八旗は各々独立した軍団であり、その旗の王の命令によって動くものであって欲しいはずであるが、史料に見える軍隊の組織・運営はそれとは懸け離れた実態を示している。うまく説明をつけることができないため、八旗の軍事的側面については研究を等閑に付されることになったのであろう。

　筆者は本章で、八旗の軍隊編制や指揮・管理の系統を再検討し、八旗制度が軍隊の組織・運営にどのように結びついていたかを示す。それによって、軍隊の編制や指揮・管理が、厳格な中央統制の下で、最大の効率を上げられるよう設定されていたことを明らかにしたい。

　前章で示したように、入関前のマンジュ国—清朝は、常に限られた兵力をもって強大な敵に当る必要があった。満洲八旗の兵力はヌルハチの晩年以降むしろ目減りしており、戦線は逆に拡大していったので、ホンタイジ期には1度の対外遠征に出せる八旗の兵が1〜2万に止まった。また、攻め進むにつれて、敵地を移動しながら長く留まったり、堅固な城砦を長期に亘って包囲したりといった新しい戦い方にも対応しなければならなくなった。このような状況にあって必勝を期すためには、限られた兵力を最大限に活かす用兵を考えなければならず、それができる体制を整える必要があった。八旗の軍隊編制と指揮・管理の系統は、彼らが置かれた軍事情勢に対して最も有効な形態だったのである。

　以下、第1節では、軍隊編制の基礎となった八旗の兵制と兵の種別、およびその特性について述べる。第2節では、戦時における編制と、そこでの指揮・管理の系統について明らかにする。第3節では、諸王から兵士に至る軍隊の全構成員に課された義務と、その遂行如何に対する賞罰について述べ、軍事行動全体が中央政府の厳しい管理下にあったことを示す。結論として、マンジュ国—清朝の軍隊は、諸王や諸将が部分的に私兵化できるものではなく、完全に中央政府の統制下にあったこと、そうした体制は

1　兵制と兵種

限られた兵力で厳しい軍事情勢に対処していくのに即応したものであったことを明らかにする。

1　兵制と兵種

　入関前の軍隊編制については、前述したように張晋藩・郭成康の研究が概ね明らかにしているが、本章では八旗制との関係に即して論じるため、当該研究を参照しながら、必要な点を補足・修正しつつ、改めて逐一検討していきたい。
　軍隊を構成する兵士は、甲冑を着けた完全武装の「甲士 uksin i niyalma」を基本とした。原則として、甲士は騎馬の兵であったと考えられる。天命期には、「徒歩の末〔等〕の甲士」を一般の「甲士」と並列して記し、両者の恩賞を同じくするよう特に指示した例が見える[3]。
　甲士の定数は、遼東征服以前には1ニルにつき50人、その後は100人、天命七年（1622）の遼西出征の時には150人とされている。天聰期（1627-1636）には減少して、崇徳六年（1641）には60人とされている[4]。当初の1ニル50人の甲士数は、動員可能な人数よりも装備の不足に制約されたものであり、装備の充実とともに増加したと言われる[5]。だが、ニルを構成する成人男子の半数を甲士とするのは無理があったらしく、最終的には3人に1人の割合に落ち着いている。なお、兵士として動員されたのは甲士だけではない。「甲を着けない niyereme」補助的な兵士や、従僕 kutule などもいた[6]。後述するように、歩兵も当初はこうした補助的な兵士の範疇に入っていたと見られる。
　甲士を始め兵役に当てられる者は、ニルの官人によって逐次指定され、都城に集められた。遼東征服以前は、ほとんどの兵士が都城に集結していたが、遼東移転後は辺境各地に駐屯させられる者も増えた[7]。だが、それ

255

第 5 章　軍隊の編制と指揮・管理

ら駐防兵も基本的に都城から派遣され、随時交替させられる形を取った。都城では、兵士たちは毎朝ニルごとに集まり、ニルイエジェンが人数を確認した。それから順次その旗の上官のもとへ、さらに諸王のもとに集まり、最後に集まったことがハンに報告された[8]。このように、兵士として召集された者は、駐防兵を除いて、召集されたままにニル単位・旗単位で管理されるのが基本であったと考えられる。

　しかし、およそ軍隊が派遣される場合、ニルの兵士全体がまとめて出動させられることはなく、特定のニルだけが出動させられることもない。各ニルから甲士何人という形で抜き出し、新たな隊を編制するのが普通であった。通常、偵察や辺境の城堡への駐屯、住民の駆り立てなどには、1ニルにつき甲士1人から数人、本格的な出兵の際には1ニルにつき甲士15～20人から40～50人程度で[9]、天命の遼西出征時だけは例外的に甲士100人となっている。ただし、最大限に動員する場合でも、各ニルの甲士の一定数は必ず残すように設定されている。天命三年四月の対明出兵の際には、各ニルの甲士50人中、10人は都城に留め、40人は攻撃に当らせるとしており[10]、七年正月の遼西遠征の際には、各ニルの甲士のうち50人を留守に当て、100人をヌルハチが率いて行ったという[11]。

　甲士を基本とする軍隊の編制は、その後も一貫しているものの、天命期（1616-1626）半ば頃から、同じ甲士であっても一定の兵種と言うべき区分が現われ、軍隊の編制に反映させられるようになっている。

　まず、甲士の一部は、「バヤラ bayara」に当てられた。バヤラは一般に「精兵」と解される[12]。満文档案では、「バヤラ」の名は天命四年の時点で初めて現われ[13]、それ以前はサルフの戦いの詳細な記録にさえ見えないことから、サルフの戦い以後にできた区分ではないかと指摘されている[14]。バヤラは当初「白バヤラ」と「紅バヤラ」に区分されていたが[15]、白バヤラの方がより精鋭であったらしい以上の違いは不明である。この両者の区分が見えるのは天聰初年までで、天聰期後半には、むしろ「親随 gocika バヤラ」が一般のバヤラと区別されて現われる[16]。「gocika」は「引き寄せ

1　兵制と兵種

た」の意であり、ハンの gocika bayara とか特定の王の gocika bayara とか称されるように[17]、基本的にはハンや諸王の親兵である。また、バヤラの一部は集められて、別に「前哨 karun」の兵となった。

　バヤラ以外の甲士としては、当初「営 ing」の兵と呼ばれた兵士がいる。天命五年には総兵官エイドゥ Eidu を指して「大営の兵の長」と呼んだ例があり、七年には「黒営 sahaliyan ing」の名称が見えるが[18]、八年二月十九日には、「一ニルの出て行く百甲士」を白バヤラ・紅バヤラ・黒営に分けるよう、同年四月朔日には、1ニルの甲士100人中、10人を白バヤラ、40人を紅バヤラ、50人を黒営とするよう命令が下された[19]。この時点で1ニル100甲士が定数であれば、バヤラと営兵が半々ということになるが、これら二つの命令が出された間に当る三月初五日に、「一百五十甲〔士〕から道理として出す者」という表現を含む文書が出されているので[20]、この時期の甲士の定数は、前年の遼西出兵時の150人のままであったと考えられる。100人の甲士は、「出て行く」100甲士と言われているように、留守に当る兵を除いた出征する兵のみを指すと見るべきであろう。四月の命令で、白バヤラ・紅バヤラ・黒営の兵が各々持つべき兵器や荷物の種類と数が指定されているのも[21]、これらの兵が出征する兵であることを示していよう。そうであれば、バヤラと営兵は甲士の各3分の1、残り3分の1は都城の守備や辺境の駐防などに当るその他の兵ということになる（残りの兵がなおバヤラと営兵に分けられていた可能性はあるが）。なお、周知のように、帰附したモンゴル人の大半と漢人は別に旗を成したので、上記の満洲兵とは扱いが異なる。

　天聡八年五月には、従来からあった兵種が、次のように整理・改定された[22]。

　　天恩により集めた満洲・モンゴル・漢人の兵を、先には「騎馬の兵」「徒歩の兵」「駐防の兵」「前哨の兵」と分けて編制したけれども、名を弁別しなかったので、管理するよう委ねた大臣 amban の名を呼んで、「某大臣

第5章　軍隊の編制と指揮・管理

の管理する兵」と言っていた。今、名を弁別するよう定めた。グサイエジェンらとともに行く騎馬の兵を「騎兵 aliha cooha」と言う。行く徒歩の兵を「歩兵 beki cooha」と言う。バヤラの前哨を「前鋒 gabsihiyan cooha」と言う。盛京に駐する砲を持たせた兵を「守兵 tuwakiyara cooha」と言う。ただ駐する兵を「援兵 dara cooha」と言う。外の城に駐する兵を「境を守る兵 jecen be tuwakiyara cooha」と言う。旧蒙古は、右旗を「右翼兵 ici ergi ashan i cooha」と言い、左旗を「左翼兵 hashū ergi ashan i cooha」と言う。旧漢人の兵を「漢軍 ujen cooha」、元帥（孔有徳）の兵を「天祐兵 abkai aisilaha cooha」と言う。尚総兵官の兵を「天助兵 abkai nonggiha cooha」と言う。

　ここでは前鋒以外のバヤラには言及されていないが、バヤラはこれ以前も以後も「某旗のバヤラ」と呼ばれている。「ただ駐する兵」たる「援兵」とは、いわば予備の兵であり、「ジュル Juru に駐屯した者とワルカに行った者の代わりに、援兵の数を減らして騎兵の数を満たせ[23]」といった形で用いられている。

　以上のように定められた後、出征時には「一ニルにつき甲士何人」ではなく、「出征するのは一ニルにつき騎兵各二十、バヤラ兵各八」「バヤラはニルごとに各二、歩兵・援兵・守兵はすべて留まる[24]」、「一ニルにつき騎兵十五、歩兵十、バヤラ兵七、計三十二、アンバジャンギン石廷柱の漢軍すべて[25]」などと、同じくニルごとに、兵種を分けて割り当てた命令が見えるようになる。集められた兵は、基本的には兵種ごとに「委ねた大臣」らによって管理された。

　以下、前掲史料の区分に従い、各兵種について説明する。

　（1）「騎兵」は「営」兵から移行した兵であり、満洲八旗の軍の中核をなす。戦時には、各旗の騎兵または営兵だけを指して「旗」と呼ばれることもある。グサイエジェンが管理し、大規模かつ重要な遠征にはグサイエジェン自身が率いて行った。原則として、1旗または特定の数旗だけの出

1 兵制と兵種

征はないので、そのような場合はグサイエジェン全員が出征することになる。天命期については実証できる史料を欠くが、天聡元年の第一次朝鮮遠征の際には、八旗のグサイエジェン全員が参加していたことがわかる。三年から四年にかけての華北遠征でも、トボホイ Tobohoi を除く全グサイエジェンが参加していたと見られる[26]。このうち4人は、ホンタイジがアミン Amin らと交替するため帰国した際に同行したらしいが[27]、これは永平・遵化等の占領地を交替で守ろうとしたための措置であろう。唯一参加しなかったトボホイは、病気で出征できなかったのであり、子のダライ Dalai が「父の代理として情報を取るようにとグサイエジェンに任じ」られていた[28]。従って、この時の遠征も、実質的にグサイエジェン全員参加と言える。天聡八年と崇徳元年の華北遠征も同じであり、元年末から始まる第二次朝鮮遠征は、鑲白グサイエジェンのトゥルゲイ Turgei のみ確認できないが、他は全員参加しており、鑲白旗もトゥルゲイ自身かその代理が参加したと見るべきであろう[29]。崇徳三年から四年にかけてと七年から八年にかけての華北遠征も、おそらく同様である[30]。

　一般論として、グサイエジェンはその旗の長 ejen であり、旗人の生活全般に気を配るべきものとされた[31]。しかし、すでに述べたように、旗の内部の行政業務は、ほとんどがニルイエジェン以下のニルの官人によって行なわれ、グサイエジェンが行なう旗全体の行政運営というものは皆無に近かった[32]。行政官としてのグサイエジェンの役割には、ほとんど見るべきものがない。

　それに対して、旗の騎兵（営兵）の長としての役割は、確かに実質的機能を伴っている。彼らは自ら麾下の騎兵が戦い、建物を占拠し、戦利品を得るのを指揮し、部下の行動を監督した。天聡八年以後、彼らが時に「某旗の騎兵のグサイエジェン」と呼ばれているのは[33]、騎兵を指揮・管理することが、グサイエジェンの主要な職務とみなされたからであろう。

　一方で、天聡元年の錦州攻めには、鑲紅グサイエジェンのボルジン Borjin は当初参加していなかったらしく、途中で援軍を率いて至ってい

る³⁴⁾。五年の南海島攻めには、レンゲリ Lenggeri が右翼、カクドゥリ Kakduri が左翼の長に任じられているが、前者は正黄、後者は正白のグサイエジェンであった。六年のチャハル遠征の際、鑲白グサイエジェンのイルデン Ilden は留守を命じられ³⁵⁾、七年の旅順口攻めには、レンゲリと鑲紅グサイエジェンのイェチェン Yecen が右翼の長、イルデンが正藍の大臣アンガラ Anggara とともに左翼の長に任ぜられ、「旗ごとに各一副将」を附けたことが記される³⁶⁾。つまり、相当の規模の遠征であっても、グサイエジェンが出征しなかったり、別の任務に当てられたりすることもあった。その場合、旅順口攻めの際の「各一副将」のように、旗ごとにグサイエジェンに代わる別の部将を任じることが見られる。この時点でグサイエジェンは概ね総兵官か副将であったから³⁷⁾、ほぼ同等の官位 hergen をもつ同旗の大臣に代行させたのであろう。

（2）「歩兵」の原形としては、天命元年に黒龍江方面への遠征の際に、600の「騎馬の兵」と並んで船で水上を行った1,400の兵の存在が見える³⁸⁾。サルフの戦いの場面では、「徒歩の兵」として明記されており、単独で１部隊を成している³⁹⁾。天命五年には、「穀物を取りに」徒歩の兵を率いて、明の領内に掠奪に出た例が見られる⁴⁰⁾。ただし、この時点では、数は多いものの兵力としては二線級の扱いであった⁴¹⁾。歩兵の活躍がはっきりと示されるのは、七年の旅順口攻略戦が最初であり、「徒歩の兵の長 yafahan coohai ejen」たるバキラン Bakiran とサムシカ Samsika に率いられた部隊の功績が記録されている⁴²⁾。

張晋藩・郭成康は、天聰期に営兵が騎兵と歩兵に分化したという見解を示している⁴³⁾。騎兵・歩兵は当初未分化であったが、歩兵が独自の重要性を増した結果、前掲の天聰八年五月の命令により、営兵の中から分離されるに至ったというのである。しかし、天聰八年までの史料に見える「徒歩の兵 yafahan cooha」は、確認できる限り「甲士」や「営」の員数外である。天聰四年に永平・遵化に交替の兵を遣わした際には「〔１ニルから〕20甲士の他に徒歩〔の兵〕も行った⁴⁴⁾」と記され、七年十月の大閱兵の際にも、

「満洲の営の兵は出なかった」が「満洲の徒歩の兵は出ていた」とされている[45]。こうした点からすれば、むしろ本来営兵の数に（従って甲士の定数にも）入っていなかった徒歩の兵が地位を向上させ、天聡八年に至って、騎兵すなわち従来の営兵と並ぶ位置づけを獲得したと見るべきであろう。

徒歩の兵の長として活躍したバキランとサムシカは、いずれもその後「歩兵の長 beki cooha i ejen」とされた[46]。バキランは天聡十年に戦傷によって死ぬが、サムシカは崇徳元年の華北遠征では「歩兵のグサイエジェン」と呼ばれ、彼が率いた歩兵部隊は「サムシカ旗」として、騎兵の旗と同列に扱われている[47]。これによって、少なくともこの時期までに、歩兵部隊がグサイエジェン麾下の騎兵部隊に相当する地位を獲得したことが窺われる。ここで言う「旗」が「兵団」の意であり、「"軍政合一"の意味での"旗"とは異なる」ということは、すでに指摘されるとおりである[48]。

歩兵は、騎兵の活動が制約される島嶼での戦いや、河川を利用して長距離移動する黒龍江方面への出兵などで活躍したが、全般的には補助的な役割に止まった。

（3）「前鋒」は「バヤラの前哨 karun」とされるが、「karun」は一般に「偵察」や偵察に当たる「哨兵」を指す言葉であり、戦場での索敵から辺境警備のための見張りまで、広く用いられる言葉である。「耀州に満・漢を合わせて哨兵と砲を置け」「広寧にいる哨兵の百人を、広寧からこちらへ二十里の先に一哨兵を居らせよ[49]」などと記される「哨兵 karun」は、敵の侵入に備えて配置された守備兵の一種と見ることができよう。

それに対して、敵地を侵攻する際には、敵を見つけ出し、味方に有利な形で交戦に持ち込むのを任務とする「前哨 karun」が必ず置かれた。このような「前哨」の兵の役割は、早くから重視されていた。天命三年四月に下したヌルハチの訓示には、敵兵が少なく味方が多い場合、少数の兵を出して敵を誘い出せとある[50]。八年四月の訓示には、

およそ兵が出て行く時には、大軍の前に二百の兵を放て。その二百の兵に、

謀計が巧みで専行し思慮するのを解する二人の長 ejen を任ぜよ。二百の兵の前に満洲十人・モンゴル十人、計二十人を放て。その二十人から満洲二人・モンゴル三人が出て、その五人が前で見張るように。敵兵が見えれば、五人が導いて二十人のもとに誘き寄せるように。二十人は二百人のもとに誘き寄せるように。二百の兵の長が見て専行して破ることができるものならば、そのまま破るように。専行し破る兵でなければ、衆兵に合して思慮するように。

とある[51]。崇徳五年になっても、会戦の際には「前鋒 gabsihiyan のよい将兵を〔選んで〕、前に一隊、これの次の二隊を編して攻めさせよ」、敵が敗走すればその退路で待ち伏せ、敵が強ければ妄りに攻めさせず、味方が来るのを待てと命じており[52]、前哨の役割が確立していたことがわかる。
　天命六年三月に瀋陽方面へ攻撃に向かった際に「よい選んだ兵」が先発したとか、八年四月にジャルト Jarut のアンガ Angga を攻めた時に「先に選び出した五十ばかりのよい兵の長に任じたダイムブ Daimbu 総兵官が前に率いて馳せた」とかいうように[53]、こうした任務には精鋭の兵士が当てられた。バヤラがよく用いられたのは当然のことで[54]、親随バヤラが用いられることもあった[55]。精鋭部隊であるため、文字どおりの前哨に用いられるばかりでなく、逆に殿軍を命じられるなど[56]、困難な任務に当てられた。
　こうした部隊の長、すなわち「前に行く兵の長 juleri yabure coohai ejen[57]」には、その都度ふさわしい部将が任じられるものの、特に優秀でなければ務まらないため、要員は固定する傾向にあった。ダイムブの他にアサン Asan・ブルギ Burgi、天聰朝に入ってからはトゥルシ Turusi・ローサ Loosa・ウバイ Ubai らが、しばしばこの任務に当てられている。天聰八年以後、トゥルシ・ローサ・ウバイらは「前鋒兵の長 gabsihiyan coohai ejen」と呼ばれている[58]。前哨もしくは前鋒の長には、通常２人以上が同時に任じられている。「右手の前鋒」「左手の前鋒」というように全軍が左

右翼に分かれたり[59]、「到着した後、大臣・兵を三隊に分けよ」というように前鋒だけが複数の隊に分かれたりする時に備えたのであろう[60]。その場合、「およそ議すること、〔兵を〕遣わすことはアサンのもとに集まって議せ。アサンの言葉を拒むな」というように、あらかじめ最高の権限をもつ者が定められていることもある[61]。

（4）前鋒以外のバヤラは、基本的には旗ごとにまとまりをなし、ハンや諸王に属する形になっていた。大規模な出兵に際しては、従軍したハンや諸王が自らバヤラを率いている。天聡六年五月、宣府に向かって攻めて行ったアジゲ Ajige は、蒙古旗と外藩モンゴルの兵の他に「彼の十五ニルのバヤラの兵」を率いていたという[62]。15ニルは、アジゲがヌルハチから分与され、この時点で有していたニル数に当る[63]。つまり、各王は自分が有するニルのバヤラを直属の兵として、直接指揮することができたと推測される。すでに述べたように、諸王がニルを有することによって得られる経済的特権はごく限られたものであったが[64]、直属のバヤラをもつことは、経済以外の面で見られるほとんど唯一の特権である。

ただし、諸王が自ら有するニルのバヤラに対して、どの程度固定した指揮権をもっていたかと言えば、グサイエジェンの営兵（騎兵）に対する以上のものとは考え難い。バヤラは常にその王の指揮下にあるとは限らず、その王が従軍していない時はもちろん、従軍している時でも作戦次第で別の王や部将が指揮することはしばしばあった。また、バヤラは一部が抜き出されて、他の王や部将の指揮下に入ることが、他の兵種以上に頻繁にあった。前哨がその最たるものであるが、マングルタイ Manggūltai がホンタイジに「アサンとともに前哨として行った我らの旗のバヤラ」を取り返してよいかと尋ねているように[65]、抜き出された者は勝手に取り返すことができなかった。

バヤラの兵は、直接的には「キル kiru（＝小旗）」という単位ごとに「キルの長 kiru i ejen」によって管理された。阿南惟敬は、「一キルの各一バヤラ」が動員されたという『満文老档』の記載が『太宗実録』で「精兵

第5章　軍隊の編制と指揮・管理

三百人」となっており、当時の満洲・蒙古ニルの総数に近いことから、1ニル内のバヤラが1キルに当たると考えているが[66]、他の史料から推してもおそらく妥当であろう[67]。キルの上位の単位として「ジャラン jalan」が設定されており、「バヤラのジャランの長[68]」が管轄した。

　旗のバヤラ兵を管理する実務は、バヤラの「囊の長 tu i ejen」が統轄したようである。正黄のバヤラの囊の長に任じられていたタンタイ Tantai が「バヤラの兵に長として、バヤラの兵士のあらゆる問うこと告げることを委ねて、ハンの近くに用いていた[69]」とされていることから、囊の長はハンや王の身近に仕え、バヤラ兵に関する必要事項をハンや王に取り次ぐ任務に当っていたことがわかる。親随バヤラは一般のバヤラと明確に区別されていたはずであるが[70]、管理上どのような相違があったかは不明である。

　（5）その他の兵種について。大規模な出兵の際、都城留守および予備の兵は、ハンの親征でなければハンの下に、ハン親征の場合はその都度任じられた王・大臣の下に管理された。戦場からの報告如何によっては、一部が援軍として差し向けられることもあった。辺境に駐する兵は、各々任じられた部将の下に警備の任に就き、敵の侵入に対処する以外に、逃人を捕えることも重要な役割であった。通常、一定期間ごとに将兵とも交替させられている。

　上記のほかに、「綿甲 olbo の者」が、戦いの場面や恩賞の際に、バヤラと並んで特別扱いされていることがある[71]。城攻めなどに当って最前線で戦う綿甲を着けた兵は、危険ではあるが重要かつ名誉ある役割を担った[72]。天命八年三月の命令では、黒営が綿甲15を持つとされているだけで、綿甲を着る者は定められていない。綿甲の兵を率いる官にも特別な名称は見られず、綿甲の兵が特に区分された兵種として存在したわけではなさそうである。ただし、城攻めがすぐにも予定されている場合など、最初から綿甲の兵が集団を成して出征した例は見られる[73]。つまり、戦時には綿甲の隊が編制されることがあったということである。

1　兵制と兵種

　なお、以上の兵はすべて八旗の外（旗分）ニルに属する兵であるが、それ以外に家のニル booi niru に、すなわち八家に所属する兵もいた。「八家のデルヘトゥニルの者は、そこに各二十五甲士が居れ」などと命じられているように[74]、やはりニルごとに一定数の兵士を出したようである。家のニルとしての性格上、それらは八家の諸王に直属したと推測され、直接的には家のニルの官人に管理されたと見られる[75]。戦場では、八家の兵だけが掠奪に出るなど[76]、一般の八旗兵とは別に行動したらしい。しかし、八家の兵に関する記録は非常に少ないので、詳しいことは明らかにし難い。

　一般に、1ニルにつき1人から数人を選抜して、見張り・情報収集・使者の護衛などに当てた場合、全体を1つの小部隊として1人か2人の部将が率いる。場合によっては、さらに旗ごとに1人程度の分隊長が附くこともあるが、全体が同種の兵から成るのが普通であったと見られる。しかし、1ニルから甲士だけで数十人を動員する場合、全体で5,000から1～2万の大軍になり、各兵種の部隊を組み合わせた構成になる。

　大雑把に言えば、まず前鋒（前哨）の部隊が先発し、騎兵（営兵）を中心とする本隊が続き、攻城具などを運ぶ輜重部隊が後尾に附くというのが普通である。例えば、天聰元年の錦州攻めの際には、「よい馬のバヤラの者」を若い王らに委ねて先発させ、ハンと3人の兄らが「衆兵 geren cooha」を率いて行き、その後に「城を攻める大臣ら」と「綿甲の者」が攻城具を持ち輜重部隊を率いて続くようにさせたという[77]。天聰八年の華北遠征には、前鋒の長らと漢軍のグサイエジェンらが各々の兵を率いて前を行き、グサイエジェンに率いられた満洲八旗の騎兵と蒙古二旗および漢三王の兵が続き、ハンと諸王および超等公ヤングリ Yangguri がバヤラの矗の長・ジャランの長らとともに衆バヤラ兵を率いてさらに続いた[78]。一団となって進発するのではなく、最初から左右両翼に分かれて出ることもあった。いずれにせよ、このようにして出発した軍は、戦地では作戦に従って分割されたり再編制されたりして、実際の軍事行動を行なうことになった。

第5章　軍隊の編制と指揮・管理

2　戦時編制と指揮・管理

　ヌルハチは生涯のほとんどの重要な戦いを自ら指揮し、息子たちや部将に任せるのは小規模な遠征や反乱鎮圧などに限られていた。ホンタイジの代になると、重要な戦いの多くはやはり親征であったものの、近親の諸王に全軍の指揮を委ねて出征させることも増える。
　遼東征服までは、1回の軍事行動が時間的・地理的に限られた範囲内で行なわれていたため、ハンが諸王とともに大部分の兵を率いて出征することができた。遼東征服後は、都城と辺境の要地に相当の守備兵を置いて出る必要が生じ、特に都城の留守は然るべき人物に責任を負わせなければならなくなった。遼東征服後の最初の大規模遠征は天命七年の遼西出兵であるが、この時には遠征軍の甲士の半数に当る甲士を都城に留め、ドビ Dobi らに委ねて行った[79]。ドビはヌルハチの宗弟であり、部将としての実績があったことは窺えるし、八年には都堂の一人に挙げられている[80]。ホンタイジ期には、天聰元年の錦州攻めの際のアバタイ Abatai、三年の華北侵入の際のアミン、五年の大凌河攻めの際のドゥドゥ Dudu など、王 beile の地位と相応の戦績をもつ者を筆頭に、若い王や高位の大臣が併せて留守を命じられている。留守の諸王は、遠征軍の帰還までの間、外敵の侵入や国内統治に備えるほか、遠征軍からの連絡を受けて兵員・物資の補給を行なうこともあった。
　出征した軍においては、ハン親征の場合、随行した諸王・大臣と相談はしても、最終的にはハンの決定により作戦・指揮を行なう。親征でない場合、通常複数の王が全軍を率いて行くよう命じられ[81]、作戦・指揮は彼らと大臣らの合議によって決することになっている。しかし、最終的な決定を下す総司令官の位置にある王は、おそらく1人に定まっていた。天聰元

2　戦時編制と指揮・管理

年の第一次朝鮮遠征と四年の華北出征（ホンタイジらとの交代）の際のアミンの地位は、明らかに同行した他の王より上位にあった。朝鮮遠征の際、アミンは衆議に反して進軍を命じ、ヨトら諸王の反対を押し切って八旗の大臣らに掠奪させている[82]。ただし、これは正式に定められた権限によるというより、他の王が弟や甥であることから自然に定まった可能性が高い[83]。

だが、出征する諸王の地位にあまり差がない場合などは、あらかじめ最終的な決定を下すべき者を決めておかなければ混乱を来たす懼れがあろう。崇徳元年五月の対明遠征の際、出征するアジゲ・アバタイ・ヤングリとグサイエジェンらに下したホンタイジの諭旨には次のようにある[84]。

> 出征する王・貝勒・大臣らよ。汝らは出征した所ではよく相談し合って行け。騒ぐな。大臣らは、もし敵の壊れた城や我らが先に行った時に取った良郷・固安県などの城を攻め取りたいとなった時、攻めるべきであれば「攻めたい」、そうでなければ「攻めるべきではない」と、各々思ったことを公然と率直に言え。公然と言わず、「後日咎められはしないか」と陰でこそこそ言ったり、「我はそう言ったのに、我の言を相手にしなかった」と問題にするように言ったりする者を我は相手にしない。先にもこのようなことは確かにやめさせている。また衆人みなで相談して一致しない場合は、武英郡王 Baturu Giyūn Wang（アジゲ）の言を拒むな。

ここでは、アジゲを最終的な決定権者として指名しただけであるが、その後、遠征軍の総司令官の称号と権限が正式に定められるようになる。崇徳三年の華北遠征の際には、ドルゴン Dorgon・ホーゲ Hooge・アバタイが左翼を、ヨト Yoto・ドゥドゥが右翼を率いて行ったが、ヨトを「揚武大将軍 horon be algimbure amba coohai ejen」として勅書と印を与え、「左翼が聖旨を受けた大将軍に遇ったら、聖旨を受けた大将軍の言に従い、得策を求めて助け行なえ」と明記している[85]。

総司令官に当る王（親征の場合はハン）と他の諸王のほか、「言に入った

第5章　軍隊の編制と指揮・管理

大臣 gisun de dosika amban[86]」すなわち会議に与る大臣らがいわば司令部を構成する。会議に参与できる者とできない者が区別されていたのは間違いないが、どの範囲の大臣が参与を認められたかは詳らかでない。遠征先での司令部の過誤によって責任追及された例から見れば[87]、総兵官・副将級の者、あるいはグサイエジェン程度の地位にある者が、一応の目安として考えられる。

　出征中、ハンや総司令官の位置にある王は、基本的には主力軍に留まって、司令部を成す王や大臣らと協議しつつ、全体の作戦を立て指令を出す。出征した王が錦州など比較的近い場所を攻める場合は、都城にいるハンと連絡を取りつつ動くこともあるが、華北など遠方に出征している間は、本国との連絡がほぼ途絶するので、あらかじめ授けられた計略の域を超えることについては、独自の判断で行動するしかない。

　総司令官の位置にある王も、決して全権委任されたわけではなく、その作戦指揮に問題があったとして帰国後に問責されることもある。司令官の判断の当否が追及の対象になるかどうかは、実質的に結果論となる面がある[88]。しかし、よからぬ結果を出した場合、「衆議に諮ったかどうか」ということが重要な論点となり、王の独断、あるいは少数の者とだけ話し合ったとされれば罪が重くなった[89]。意見を無視された他の王や大臣らも、免責にはならない。諫めても聞かれなかったから仕方なく従ったという大臣の釈明に対して、ホンタイジが「もし王が敵国に叛いて行くならば、汝らもまた一緒に従って行くのか」と叱責した例がある[90]。

　作戦が定まると、各隊に命令が伝えられるが、伝達事項は「小者を遣わせば誤る」ので、「大臣らが自ら聞いて各々の隊 jalan に戻って衆人に記憶させるよう言うがよい」と命じられていた[91]。

　通常、遠征軍は前節で述べたような兵種ごとにまとまりをなしているが、各兵種の中では「隊 baksan」と呼ばれる小集団ごとに兵士が管理されている。営兵（騎兵）について言えば、最小の隊として現われるのは「ニル」であるが、これは1ニルにつき何人として駆り出された甲士とそれに

2　戦時編制と指揮・管理

随行する従僕を合わせた、少ない場合は数人、多くとも数十人規模の集団である[92]。兵士たちは、そのニルの軍旗である「纛tu」の下に集められ、「家を出た日から家に到着するまで」纛から離れず行動することを求められた[93]。行軍時にはぐれたり、勝手に掠奪に走ったりして殺されるようなことがないように、纛から離れることは厳罰をもって戒められていた[94]。

　5ニルを1隊とすることは早い段階で行なわれていたが[95]、当初は「五ニルを率いて」「五ニルのエジェン」など、単に「五ニル」と呼ばれていた。「ジャラン」が隊の名称として定着するのは天聰期以降と見られる[96]。その上の隊が「旗」であり、最大規模の隊となる。ニルイエジェン・ジャランイエジェンは、それぞれ部下の兵士を率いて上官のもとから離れないことを誓約している[97]。言うまでもなく、分散することによる危険・不利益を防ぐためであり、実際に「城から出る時、グサイエジェンから離れてジャランの者が多く殺された」として罪せられた例がある[98]。そのようにして、基本的に旗ごとに隊が結集した状態を保ち、決して多くはない兵が分散しないよう注意していた。

　ニル―ジャラン―旗という階層的組織は、行政上はあまり意味をもたず、特にジャランは行政組織として全く現われないが、戦時の部隊編制としては明らかに機能している。ニルイエジェンからグサイエジェンに至る各官は、その隊の管理に当り、兵士の行動に責任を負った[99]。出征前の軍馬や兵器の準備を監督することから戦利品の処理まで[100]、その隊に関するあらゆる業務が責任の対象になった。彼らは管轄する兵士に秩序正しい行動を教え込むよう、繰り返し命じられており[101]、違反する兵士がいれば監督責任を問われた。兵士の選抜が命じられた際に、ふさわしい者を選ぶのも彼らの任務であった[102]。

　旗は作戦行動の基本的な単位として用いられ、旗ごとに進軍したり、各旗で攻撃や守備の範囲を分担したりさせられている。戦時に旗を指揮するのも、グサイエジェン（またはそれに代わる旗の官人）の任務であり、諸王がバヤラなどを合わせた旗を率いる場合も、営兵（騎兵）は直接的にはグ

269

第5章　軍隊の編制と指揮・管理

サイエジェンの指揮下にあったと見られる。天命五年の対明戦で、「左翼一旗の長 ejen」たる王マングルタイが一方の攻撃に派遣された時、マングルタイ自身はバヤラを率いて先行したが、「その旗の大営 amba ing の兵の長」であるエイドゥが兵を率いて後を追わなかったのが問題になっているのは[103]、営兵がエイドゥの指揮に従っていたことを示している。天聰八年のチャハル遠征の際、「ホショのデゲレイ＝ベイレ Hošoi Degelei Beile、正藍纛のバヤラの兵の長ら、騎兵のグサイエジェンである覚羅のセレ Sele」が、外藩を含む他の5兵団とともに「六旗」で派遣されたというのは[104]、バヤラと合わせて正藍一旗をなし、旗が全体としてデゲレイの指揮下にあったとしても、騎兵を直接指揮するのはセレであったことを示していよう。なお、グサイエジェンの下にはメイレンイエジェンが置かれているが、「メイレン」という集団はないので、グサイエジェンを補佐する官と見るべきであろう[105]。

　城壁を壊して攻め入る時、「先に壊し終わった者は、グサイエジェンに告げに来い。等しく処々の者がみな壊し終わった後、グサイエジェンが法螺貝を吹いた後、処々の人衆はみな一斉に入れ」と言われたように[106]、グサイエジェンは1旗の営兵（騎兵）をまとまった1隊として動かしていた。天聰三年の華北侵入時のホンタイジの言葉に、

> 遵化城を取った故に、グサイエジェン、ジャランイエジェン、〔城に〕登った者にまで賞した。この賞したことはグサイエジェン自身が登ったからではない。監督し号令したのがよかった、作り備えたものが堅固だったから〔城を〕得たのだとて賞した。

とあるように[107]、グサイエジェンの指揮・統率は勝敗の決め手とみなされていた。ここでジャランイエジェンに言及されているように、旗に属する兵士は、旗全体の動きの中で、さらにジャランごとに指揮を受けて戦った。「ジャランを率いて戦った」「五ニルを率いて戦った」といった文言が功績を記す際の常套句になっているように[108]、突撃などの際にはジャランを単

2 戦時編制と指揮・管理

位とすることが多かったようである。ニルは隊としての規模が小さ過ぎるせいか、戦闘場面の記録にはほとんど現われることがない。

　歩兵は、初期の状況は不明瞭であるが、歩兵の長の下で「旗」として扱われるようになってからは、騎兵の旗と同様に管理されたものと見られる。グサイエジェンを補佐するメイレンイジャンギンがおり、ジャランごとにジャランイジャンギンが管理した[109]。

　バヤラはグサイエジェンとは別に蘴の長の下に管理され、さらにジャラン・キルなど下部の編制においても各々の長に管理された。「朝夕監督するバヤラを汝が知らないわけがない」と言って管理不行届きを咎められたジャランイジャンギンがいるように[110]、これらの長は日常的に部下のバヤラと接触して行動を管理していた。戦時には、これらの長の他にハンや諸王が直接バヤラを率いることがある。天聡七年十月に八旗で演習を行なった際、「諸王はバヤラの兵を率いて、敵に遭った後で戦う法により、大バヤラは前に、内の親随バヤラを諸王が率いて後ろに立って三度喊声を上げた」という[111]。これによれば、一般的な戦闘場面では、諸王が直接率いるのは親随バヤラだけということになる。

　バヤラは、偵察・掠奪・駐防など雑多な任務を命じられるほか、会戦や攻城戦の際の重要な局面に、つまり激戦の場に、決め手として投入されることもある。前哨（前鋒）はその最たるものであり、役割が特化して独立した兵種になったものであるが、他のバヤラも同様の役割を果たしている。上記の演習の後で、ホンタイジが「八旗のバヤラの蘴の長・ジャランイエジェン」に対して、対陣する敵と真正面から戦う時、逃げる敵を追う時、追っていて伏兵に遭った時などの心得を教えているが[112]、実際にバヤラが最前線で戦ったという記録は多い。向かってくる敵兵と激突したり伏兵を迎え撃ったりする危険な役割を、諸王が自ら担うことはできまい[113]。天聡五年の時点で、「元々敵と戦うには、諸王は止まれ、大臣らは兵を率いて入れと言っていたぞ」と言われているように[114]、諸王は親随バヤラに守られつつ後方から指揮し、最前線では蘴の長らが直接兵を率いて戦うという

第5章　軍隊の編制と指揮・管理

のが通常の形態だったのであろう[115]。

　ただし、親随バヤラも常に後方で諸王の護衛に専従しているわけではない。天聰六年のチャハル遠征の際には、各旗から5人ずつの親随バヤラを前哨の加勢として送り、さらに2人ずつを別の前哨として派遣している[116]。八年閏八月に八旗で万全左衛城を攻めた時には、正紅旗のバヤラが梯子を近づけて、同旗親随バヤラのチュクCukuらが先登の功を上げたという[117]。攻城戦の最前線で戦うという最も危険な任務にさえ、親随バヤラが投入されているのである。兵力に余裕がないのが常態であった以上、格別の危険もない諸王の身辺に多数の精兵を侍らせておくような無駄遣いはしないのが当然であろう。天聰九年にドルゴンら3王が山西地方に侵入した際、代州城から出た明の偵察隊を撃破するため、トゥルゲイが「諸王の護衛ら（＝侍衛ら hiyasa）」を率いて出たというように[118]、場合によっては王の護衛でさえ、王から離れて最前線に駆り出されている。

　一般に戦時には、出征当初の編制とは別に、新たな「隊」が編制されて派遣されることが頻繁にある。偵察をさせたり、遊撃隊として動かしたりする部隊が必要になった時、ニルやジャラン単位で派遣されることはまずない。1ニルあるいは1旗から甲士何人という形で選抜されて、新しい1隊が編制されるのが普通である。精兵たるバヤラは少数精鋭の隊を作るのに適していたのであろう、臨時編制の隊にはバヤラに限って選抜されることが少なくない。例えば、華北侵攻中の天聰四年五月に、ドゥドゥが「一旗の各五大臣と一ニルの各四バヤラ」を率いて永平に駐守に行ったとか、崇徳元年八月に、錦州方面に出征したドルゴン・ドドDodoのもとへ1旗につきバヤラのジャランイジャンギンを各1人と1ニルにつき各1バヤラ兵を増派したとかいった形で用いられている[119]。天命八年に、原則として営を率いる大臣以外の大臣らは白バヤラとともに行くことと定められたのは[120]、バヤラを中心にした臨時編制の隊が作られることが多く、その際に将となる者が必要となるのに備えたものであろう。

　臨時の編制に際して、兵士だけでなくジャランイジャンギンのような官

も割り当て動員されているのは、全体を指揮する者のほかに、ニルごとに出した兵士をいくつもの小規模な隊にまとめてそれぞれを指揮・管理する下級指揮官が必要だったからに違いない。つまり、こうした臨時編制の部隊は、いくつかの小さな隊から成る、かなりの規模をもったものが少なくなかったのである。天聰五年八月、錦州方面に明の援軍を迎え撃ちに派遣されたアジゲとショト Šoto が、1旗につき各1人の蘕の長と各50人のバヤラおよび外藩モンゴルの兵の半分を率いて行ったというように、複合的な構成をもつ部隊が作られることもあった[121]。

　このように比較的規模の大きい臨時編制の部隊を全体として率いるのは、諸王やおもだった大臣らが多い。前哨（前鋒）の長のように危険かつ卓越した技能を要する任務には、専ら能力と実績のある者を当てる必要があるが、大規模な部隊を率いて動かすのは、王やそれに次ぐ待遇を受けている宗室、高位の大臣といった地位ある者でなければならなかったようである。年齢や能力その他の様々な理由によると思われる頻度の差はあるが、諸王や高位の宗室はたいてい回り持ちでこうした役割を果たしている。特に王（wang または beile）の称号をもつ者はみなこれを担当しており、むしろ地位に伴う責務であったと考えられる。

　若い世代の王や宗室も順次この役割を担っていかねばならないので、彼らを育成する配慮もなされている。天聰九年五月には、ホンタイジが22歳のドドに「初めて専行するように兵を委ねて」、寧遠・錦州の明軍を牽制するため、1ニルにつき各2人のバヤラ兵から成る部隊の総指揮を任せたが、その際にはアイドゥリ Aiduri・ニカン Nikan・エビルン Ebilun・マジャン Majan・ボロ Bolo・ムルフ Murhu という若い世代の宗室6人に補佐させ、5人のグサイエジェン・兵部承政・前鋒の長・バヤラの長らを附けるという念入りな援護体制で送っている[122]。

　ここでドドが率いたのは500人程度の小部隊であるが、一般に諸王が戦場で行動する時には、比較的大規模な混成部隊を率いることが多い。率いて行く部隊の構成は全く様々で、規則性は見出せない。自身の旗のバヤラ

第5章　軍隊の編制と指揮・管理

を率いることは確かに多いが、他旗のバヤラを合わせて率いることもある。同じ旗のバヤラと営兵（騎兵）を率いることもあれば、いくつかの旗を束ねて行くこともある。八旗のバヤラばかり、あるいは営兵ばかりを率いることもあり、蒙古旗や漢軍、時には外藩の兵を率いることもある。1人の王が率いることもあれば、複数の王が1隊を率いることもあり、例えばダイシャン Daišan・ジルガラン Jirgalang・ドドの3王が「四旗のバヤラ全員と営の一ニルにつき各二甲士、旗ごとの各一大臣」を率いて明の堡台を攻めに行くなどという動きを見せる[123]。要するに、状況に応じてどの王（あるいは大臣）がどの兵を指揮することもあり得たのである。

　以上のように、八旗の軍は自在に編制され、随時任命された部将の下で、その都度異なる任務を果たした。各兵種のニルやジャランなど下層の隊では、基本的に同じ隊長の下で戦う兵が全体としては多かったのであろうが、状況に応じて各ニルから1人ないし数人ずつ選抜されて別の隊長の下で戦う兵もあり、さらにその上で指揮する王や大臣となると、ほぼ誰に当っても不思議はなかった。兵士とそれを率いる者との結びつきが固定しておらず、兵士はその都度選び出され組み合わされて、司令部（最終的にはハンか、総司令官の地位にある王）が定めた部将の指揮を受けることになったのである。

　常に各ニル均等に兵を出すのは、特定のニルだけ消耗することを防いだのであろう。また、状況に応じて大小様々な隊を臨時に編制し展開していくのは、限られた数の八旗の兵を最大限の効率で運用するため都合のよいやり方でもあっただろう。局面に応じて、どのような規模と特性をもつ部隊でも編制でき、無駄な兵を動かさずに済むからである。

　しかし、このようなやり方は、隊内の一体感の欠如から来る士気の低さや、慣れない指揮官の下で戦うことによる勝手の悪さなど、不利に働く面も考えられる。こうした不利を克服するためには、各兵士がどのような編制を命じられても混乱せず、常に上官の命令に従って最善を尽くすよう、よく訓練され規律が守られていることが前提となろう。当然ながら、指揮

する側の力量も、それに見合っていることが要求される。

　将兵ともに高い質を要するこうした軍を維持するため、マンジュ国―清朝では初期の頃から軍規を周知徹底し、責任の所在を定め賞罰を厳正にして規律を保つ方針を採ってきた。時代が下るにつれて、この方針は厳しい管理体制として確立した。次にこの点を明らかにしたい。

3　軍規と賞罰

　軍事的成果を上げるためには、基本的な戦略や個々の作戦もさることながら、実際に将兵がどれだけの働きを見せるかが問題となる。マンジュ国―清朝では、早くから軍功に対してふさわしい恩賞を与えることに意を用いていたが、同時に戦場での失態についても容赦ない処分を科してきた。こうした賞罰が効果を上げるには、その運用が適正であると当の将兵たちに認められていなければならない。ヌルハチ・ホンタイジ期を通じて、こうした賞罰の基準は事ある度に明示されてきている。

　論功行賞を行なう中央政府と戦場との間の距離が、地理的にも心理的にも隔絶していた明では、前線で戦う指揮官の言葉はあまり信用されず、軍功の評価は証拠主義、具体的には取った首級の数が基準となった[124]。この評価方法の問題点は、言うまでもなく戦に勝つことよりも首級を取ることの方が優先されてしまう点である。初期のヌルハチとの戦いにおいても、明側が勝っていながら途中で首級を取ることに熱中し始め、逆襲されて敗れたことがあったと伝えられている[125]。

　それに対して、満洲人は首級を取るという習慣が元来なかった。戦場において彼らが重視したのは、前に進むということであった。朝鮮の李民寏はヌルハチの賞罰について、「首級を尚ばず、ただ敢て進む者をもって功と為し、退縮する者をもって罪と為す」とし、「顔に戦傷を受けた者を上

第 5 章　軍隊の編制と指揮・管理

功とする。およそ大小の胡人（満洲人）が集まる所では、顔や首に傷跡のある者が甚だ多い。彼らがしばしば戦陣を経ていることがわかる」と注記している[126]。

　そのような満洲人の水準で「勇士 baturu」と認められる者と言えば、敵の矢で城壁に釘づけにされながら、自らその矢を刀で切り落として進んで行ったというエイドゥ[127]、永平城攻略の際に守備側から火をかけられ、火だるまになりながらも強引に城壁を乗り越えて城を攻め取ったというアサン・イェチェンと24人の勇士[128]など、文字どおりの命知らずである。こうした満洲人の戦いぶりは、「進む有るも退く無し」という評判を生み[129]、敵対勢力を恐れさせることになった。満洲人自身も、「我らを天下の者は、立った所から退かず、進んだ所から戻らないと評判していたぞ」と言い[130]、そうした評判がもたらす利点を十分に承知していた。

　従って、戦場にあっては、前に進む者を正当に評価してやることがまず必要であった。最も評価が高いのは、攻城戦の際に「先に登る juleri tafumbi」こと、すなわち城壁を最初に乗り越えて進入することである。城攻めの際は、城壁を壊すこともあるが、堅固な城壁をもつ城を攻略するには乗り越えるのが早い。厚い綿甲に身を固め、下から弓矢で援護を受けたり、四方から一斉に梯子をかけて登ったり、守備側が対応しきれないように攻撃をしかけても、乗り越える者が危険に曝されるのは間違いない。従って、先登すなわち一番乗りは最殊勲として褒賞された[131]。天聰三年に遵化城を攻略した時には、先登のサムハトゥ Samhatu は祝賀宴でハンから金盃で酒を賜り、庶人から備禦に取り立てられ、子孫に至る特典と「勇士」の称号を与えられ、さらに今後二度と城攻めをさせないようにとの命令まで得ている[132]。史料から確認される限り、城壁を乗り越えるのは、一番乗りだけでなく、最大で四番目まで手柄とされている[133]。敵が占拠する島への上陸なども、これに準じるものとして扱われている。

　当然、誰が先登の功を立てたかが問題となるので、指揮官は部下の戦いぶりを見て記憶しておき、ハンや諸王に報告しなければならない。天命四

3 軍規と賞罰

年の対明出兵に当たって、ヌルハチはニルイエジェンからグサイエジェン・ゲレンイエジェン[134]に至る諸将に対して、

> 汝らは兵士が力を出して戦うか、力を出して戦わないかをよく見よ。遠くに止まって、後ろから行って傷を負ったのを算えるな。力を出して城を壊すのに強い、仕事が巧みな、〔兵士を〕率いて行く職務にすぐれた、そのような者を上の諸王に告げよ。

と命じている[135]。

功績は原則として自己申告であるが[136]、「先に突入したのを王が知っている[137]」などと申し立てられているように、然るべき人物の証言があれば決め手となる。「我はよく戦ったと衆大臣らがハンに告げた」「城を壊して得たと諸王に告げに行ったら、諸王はよくやったと言った」などと附け加えることもある[138]。兵士の方でも、自分の働きが認められるよう誇示していたと思われる。上陸時に陸上の兵に向かって「〔我〕ヤライ Yarai が入る」と叫んで突入したとか、敵に向かって「我ジュマラが跳ぶ」と叫んで舟から岸に跳び移ったとかいうのは[139]、敵に対してより味方に対して宣言する方に実質的意味があったと考えられる。

会戦の際、敵に向かって突入するのも手柄であったが、実際にこれが手柄として認められたのは、兵士ではなく指揮官が多い。指揮官が兵士を率いて突入するのが普通だったからであろう[140]。「ジャランを率いて先頭で突入した juleri dosika」「大凌河から出た兵に二回ジャランを率いて戦った。旗から先頭で突入した」といった行動が、功績として評価されている[141]。また、「左翼が〔敵を〕避けてもジャランを率いて突入した」「ショト゠アゲを敵が取り囲んでいるのを、我は知って直ちに突入して取り囲んだ敵を退かせた[142]」など、特別な事情が記されていることもあるので、事情によっては功績が加算されたのであろう。窮地に陥った味方を救った、負傷者を救出した、味方の遺体を回収したといったことも[143]、功績の一環として特記されていることがある。

第5章　軍隊の編制と指揮・管理

　また、戦闘の後で、敵兵の死体に刺さっていた矢から、斃した者を特定して功績を認めることも行なわれたようである。エイドゥの子エビルンEbilunは、崇徳六年の松山の戦いで御営を攻めてきた敵を撃退したが、翌日矢を調べたところ、彼が10人余りを射殺していたことがわかり、ホンタイジから「勇士に生まれた子はやはり勇士ぞ」と褒賞されたという[144]。このように矢を調べた例は史料上あまり見られないが、出征時に兵士らがみな矢に印をつけるよう命じられていることからすれば、よく行なわれていた可能性がある。

　それ以外には、どれだけの傷を何箇所負ったかが、奮戦の証として評価された。戦死はその延長線上にある。天命初期には、「多くの傷には多くの礼で、少しの傷には少しの礼で[145]」褒賞する慣行が確立していたようであり、ヌルハチの諸将は、

> イルデンはウラUlaで一度突かれた、一度殴られた、一度射られたと八人〔の公課〕を免除された。トゥルゲイはウラで一度突かれた、一度殴られたと八人を免除された。ダイムブルDaimbuluはヘジゲHejigeで死んだ、ウンガダイUnggadaiはウラで二つの傷を、シュシュブŠušubuはウラで三つの傷を負ったとして各十一両の罪を免じる。

といった報酬を得ている[146]。この方針はホンタイジ期にも引き継がれ、大凌河戦の後の天聰六年正月には、改定された細かい基準が示されている[147]。

> 先にはあらゆる戦で敵に向かって行って死んでも、遠くで砲に当って死んでも、みな一様に区別せず〔褒賞を〕与えていた。従僕でも、また一般の甲士の等級で与えていた。今、新たに定めて遠近を計り従僕にはみな区別して与えた。敵に向かって行って死んだキルの長・ジャンギン・纛を持った者に各二百両与えた。一般の〔甲〕士には各一百五十両与えた。甲のない者には各一百両与えた。

　ただし、「敵が草を取らないようにと進めた楯」の下で死んだり、味方

が掘った壕で死んだりした者は地位に応じて減額、敵を避けて死んだ者は半額、いったん敵を避けた後で再び敵を破った時に死んだ者は3分の1を減じることとした。

　傷を負った者は、傷を1等から4等に分け、状況に応じてさらに区別するが、最高で50両、最低でも5両以下にはしないこととしている。ただし、先に傷を負って後で敵を避ければ先の負傷は無効、先に避けて後で戦ったなら後での負傷には賞するというように、さらに細かい規定がある。馬が死んだ者には、馬の価値を8等に分けて補償するとした。

　上級の指揮官については、隊全体の活躍も評価の対象となる。遵化攻略後の論功行賞では、正白グサイエジェンのカクドゥリ Kakduri が「梯子をよく堅固に備えた、自ら〔敵に〕近く進んで監督し攻めさせて、旗の者が先に登った」として殊勲の扱いを受けた。また、バドゥリ Baduri は「旗に筋道を指示して攻めさせたのはよい」、ホルド Holdo は「ジャランを率いて射たのがよかったので、ジャランの者が先に登った」、ソイホド Soihodo は「ジャランを率いて戦った、八旗に先んじた」として、それぞれ特別な褒賞を受けた[148]。

　積極的な指揮ぶりが功を奏すれば、もちろん殊勲となる。天聰七年の旅順口攻略戦で、舟が接岸する際、歩兵の長であったバキランが「誰であれ跳べ。跳んだ者は記憶して、ハンと王らに告げよう」と言ったので、ヨンション Yongšon・ジュマラ Jumara の2人が跳んで上陸を果たし、バキランが衆兵を率いて続いた。上陸したばかりの兵士が動揺していたのを、バキランは「一人を殺した」と叫んで鼓舞し、兵をまとめて突入したという[149]。味方が浮き足立った時に踏み止まらせる、敗走しかけた兵をまとめる、逆に味方を鼓舞して士気を上げるといった功績は特に称えられる。しかし、軍功を記録する際、「ハンの指示した道筋に背かず」突入したなどと特記されているように[150]、個人の機転よりは、あくまでも命令どおりに動いたことが重視された。ヌルハチはブサン Busan を一等総兵官とし、グサイエジェンに任じたことについて、次のように言った[151]。

第5章　軍隊の編制と指揮・管理

　　我らが優勢な所で監督し号令する者は多いが、我らが苦しむ所で監督し
　　号令する者は少ない。遼東の城を取る時、ハンの登用した衆大臣らはみ
　　な我らの兵が退いて来るのを知って、誰も出て監督し進ませず、みな家
　　の陰に逃げている。ブサンは独り出て監督し逆に兵を送り込んでいる。

　この場合、城攻めの作戦を立てて進めと命令したのに対して、苦戦にもかかわらず兵士を指揮して命令どおりに進ませたことが評価されたのであった。
　なお、特別な殊勲や重い戦傷がなくても、随所で然るべき働きを重ねていれば、後でまとめて評価されることもあった。後日活躍した時に併せて評価できるよう、公式に「紀録」する制度もあった[152]。
　このように細かい基準で論功行賞をしようとすれば、事実確認や評価に時間と労力がかかったことは間違いない。天聰三年の華北遠征から軍の一部が帰還する際、官位のある hergengge 大臣らについて、「ハンと諸王は三〔日〕休んで」功を論じたという[153]。一般兵士まで対象を広げれば、さらに時間がかかったのは確実である。場合によっては証言が食い違うこともあり、賞するべきであったのを告げなかったとして後から問題になることもある[154]。それでも、軍功の評価は着実に実施しなければならなかった。天聰九年の錦州・松山方面への出兵の後では、諸大臣が「我が先に突入した」「敵を破った」「遠くまで追って殺した」と各々功を争ったのに対して、ホンタイジは「戦の事では自分が先に突入したと偽ることが多い」と戒めつつ、「敵を攻めた、突入したというところを一々問」うたという[155]。
　論功行賞と同時に、戦場での「罪」について論じることも、同じように重要であった。一般的な軍規は、出征前に宣読され、グサイエジェン以下の諸将は管轄する兵士たちによく記憶させることを求められる。天聰六年のチャハル遠征に先んじて下された軍令は、まず行軍中に騒ぐな、騒げばその隊の長に罰贖を科し、騒いだ者を打つと定め、以下のように続ける[156]。

3 軍規と賞罰

行軍の時に纛から離れて一、二人で行く者を捕えてその者のグサイエジェンに送れ。捕えた者は三両の銀を受け取れ。下馬した所で水や薪を取りに行くには、仲間を合わせて送れ。火を失すれば死罪。また戦の道具は絆以上のものにみな印を記せ。馬の脚を固くつなげ。烙印を捺せ。絆・端綱・泥除けなどのものを盗めば、旧法のとおり。雉や兎を追いかければ、地位ある者からは十両の罰銀を取り、小者ならば打つ。家から出発する日に酒を飲むな。纛から離れて後で出発して、城門や辺門の番人に捕えられれば耳を刺す。

まるで口煩いと言いたくなるような細かい規則であるが、実際に兎を追いかけた者を鞭打ったり、火災を起こした者を殺したりするなど[157]、こうした軍規が言葉だけではなかったことがわかる。戦地ではさらに勝手な掠奪や戦利品の隠匿、俘虜の虐待などが禁じられ[158]、後から糾弾された例がしばしば見られる。当然ながら、命令どおりに攻めなかったり、任務を怠ったりすることはさらに重い罪となる[159]。

戦場においては、「逃げる burulambi」ことが最大の罪となり、原則として死罪に当る。だが、実際には「逃げた」と認定された者であっても、殺さずに再び従軍させ、その後の働きによって挽回を図らせることが多かった[160]。会戦時に敵を「避ける biyalumbi」ことも、しばしば罪として論じられる。これは天聰七年に「自分の受け持った所に突入せず避けて、他人の後尾について行ったり、自分の道を棄てて他人の道に突入したり、他人が突入するのに立ち止まっていれば、殺したり、家産を没収したり、打ったり、官位 hergen を革めたり、罰銀を取ったりするのを、罪に応じて科す」と、より詳細に定められている[161]。ただし、一斉に攻める時に少しばかり先んじた、遅れたと言い争うのは禁止し、各自が「受け持ち teisu」の敵を避けなければよいとしている。

旗ごとに持ち場を定めて攻めたり守ったりすることは初期の頃から行なわれ[162]、効率よく手分けして攻守に当るためだけでなく、どの旗が先んじ

第5章　軍隊の編制と指揮・管理

た、どの旗が敵を避けたと区別して、賞罰を分けるのにも利用された。「大凌河では正藍のバヤラが避け、錦州では同じ正藍のバヤラと営がともに〔避け〕、鑲紅は営だけが避けた[163]」というように、さらに兵種を分けて評価されることもあった。崇徳期には旗やジャランごとに指定された「受け持ち」に言及されることが増えるが、これは攻守の責任分担を明確にする方針がより固められた結果であろう。

　一方で、指示に背いて勝手に動くことは厳禁された。天聰五年の大凌河攻めの際、あらかじめ指示されていたにもかかわらず、明側の誘いに乗って突入してしまい、八旗全軍の突入を招いたトゥライ Tulai は、ホンタイジから厳しい叱責を受けた[164]。その際、ホンタイジが、

> 我の兵を我が戦わせるのを理解しないと言うのか。天の助けを当てにしているのではない。これ（明兵）は穴の中にいる雛のようなものであるぞ。どこに行こうか。天が与え、父が遺した兵を苦しめず巧みに戦わせたいと言うのであるぞ。

と言っているように、将兵の勝手な行動はせっかくの作戦を台無しにしかねないからである。

　こうした抜け駆けだけでなく、指示に背くことは常に処罰の対象となった。天命六年の遼東攻略の際、グサイエジェンであったボルジンは、ヌルハチが立てよと言った所に梯子・楯を立てず、通り過ぎて行った後で捨ててしまったというので、同旗の5ニルの長6人とともに死罪とされ、ヌルハチの命により賞与された物を取り上げられるだけで済んだ[165]。梯子などの攻具が間に合わなかった罪は、ホンタイジ期にもしばしば処罰の対象となっている[166]。

　指揮官については、指示・命令に背いたこと、功績を偽ったり過失を隠蔽したりしたことと並んでしばしば罪とされたことに、部下の行動に対する管理不行届きがある。すでに述べてきたような細かい軍規違反から、隊全体として逃げた罪に至るまで[167]、各級指揮官に責任が問われた。崇徳元

3　軍規と賞罰

年の華北遠征の後では、部下の管理が不十分であったために無駄な死者を出した指揮官が、多数処分を受けている[168]。

> フィヤング Fiyanggū の旗の歩兵のジャランイジャンギンのサイムハ Saimuha は、彼のジャランのモングルドイ Mongguldoi ニルの一人を妄りに行動させて殺されている。これのためにサイムハから五十両の罰贖を取った[169]。

などというのが典型的である。具体的な事情がわかるものとしては、「紅夷砲を送る時、1ニルから各3人を率いて行ったが、集団で行くのに長を立てなかったので1人が死んだ」「ジャランイジャンギンが率いて掠奪に行った者のうち、あるニルの7人がはぐれて2人が殺された」「グサイエジェンに問わずに掠奪に行って4人が殺された」などがある[170]。

　直接の責任者であるジャランイジャンギン・ニルイジャンギンらとは別に、「歩兵のグサイエジェンのサムシカ Samsika は彼の旗の五人を妄りに行動させて殺されている」「フィヤング貝子は旗の者を妄りに行動させて八人が殺された」など、歩兵・満洲・蒙古の計8人のグサイエジェンがさらに監督責任を問われている[171]。単なる監督不行届きだけであれば、処分は罰銀止まりであるが、何人かの兵士が不注意で死んだことに対して、グサイエジェンまで正式に処分を受けていることに違いはない。慢性的に兵力が不足していた中にあって、兵士の消耗には神経を尖らせなければならなかったのである。

　このような戦場における「罪」を追及することは、初期の頃から一貫して見られるが、ヌルハチ期については、あまり多くの具体例が史料に見えない。これは「罪」が追及されることが少なかったというよりは、特別な事例以外は史料に残らなかったためである可能性が高い。例えば、天命六年九月、ヌルハチは蓋州に駐するヤングリに対して「敵が見えれば車楯（防御用の一種の戦車）なしに行くな。ボルジン＝ヒヤは、車楯なしに二箇所で攻めて、罪を得たぞ」と書き送っているが[172]、その記録は見えず、他

第 5 章　軍隊の編制と指揮・管理

にも細かい罪の記録は残されなかったかもしれないのである。

　しかし、天聰期半ばの頃の史料を見ると、戦時の罪を論じる手続きも基準も、まだあまり固まっていなかった様子が窺える。天聰六年のチャハル遠征の際、途中に留めておいた糧米の管理を命じられたヤムブル Yambulu とドゥンサン Dungsan は、ハンの命令に背いて糧米を捨て、指示した場所に駐していなかったという罪を犯した。刑部が審理して死罪と判じたが、ホンタイジは結論を保留し、15日後に諸王・大臣以下に広く命じて再審理させた。審理の結果、死罪が適当という結論になったが、このような者を任じたこと自体が失敗であり、死罪は当然だが命だけは救えないかとする意見も一部にあった。この時、トゥルシは「ハンが衙門で宣した言葉に『敵から逃げた者は殺す』と宣言していたが、敵から逃げた者を、ハンと諸王は上下に相談して助命した〔ことがある〕ぞ」として、助命を考慮するよう提言した。ホンタイジは、トゥルシの言をよしとして、死刑を免じたという[173]。

　天聰八年の大同・宣府遠征から帰還した後には、戦で功があった者・罪を犯した者をすべて弁別し終ってから、「衆諸王・大臣ら・兵士を大衙門に集めて功罪を宣した」という[174]。この時に罪とされたのは、城に先登すると確約して梯子を登りながら跳ばなかった者、先に登った兵士の後に続かず隊伍を分断させてしまった者、軽傷でありながら引き返して来た者、逃人を攻めず逃げた者、火を失した者、王らの命令や他の者の忠告に従わず指揮を誤ったニルイジャンギンなどである。九年のチャハルと山西地方への遠征については、チャハルからの投降者を迎えたり、ホンタイジ再即位の準備をしたりといった記録が続いて、史料には何も記されていないが、同年十月に始まるワルカ遠征については、翌年の帰還後、出征兵士に賞与すると同時に、罪を犯して賞を削られた者の人数をまとめて記しているので[175]、同様に功罪の弁別が行なわれたのであろう。崇徳元年の華北遠征以降は、大規模な戦の後の論罪がほぼ恒例行事となっている。

　以上のような功罪の評価と賞罰は、天聰期までの史料による限り、主と

3 軍規と賞罰

して兵士と指揮官について行なわれている。特に罪については、高位の大臣に及ぶことは比較的少なく、諸王が罪せられることに至っては、永平・遵化からの敗走の罪を問われたアミンや、大凌河戦の際にホンタイジと口論になって刀に手をかけたマングルタイなど、特殊な場合に限られていた。しかし、アジゲを事実上の総司令官とする崇徳元年の華北遠征以降、戦場での過誤によって諸王が罪せられるのは全く尋常のこととなる。

この時の遠征は、アジゲの報告によれば12城を奪い56箇所で勝利し[176]、多くの俘獲をもたらした凱旋のはずであった。自ら出迎えたホンタイジは、苦労し窶れた弟の姿を見て落涙したという[177]。だが、1箇月余り後には、そうした温情もしくは感傷とは無関係に、アジゲ・アバタイ以下諸王・大臣らの罪が容赦なく追及されている。アジゲの罪は、

①賞するべき理由のない自分の旗の者に、衆議を経ず不当に賞した。
②タンタイ Tantai（正黄グサイエジェン）が財貨を奪い峰打ちしたと〔偽って〕言った。
③境を出る時、自ら〔殿軍として〕留まらず、後尾が取られた。

ということであり、3,000両の罰銀が科された[178]。アバタイは、

①自分が取った城で兵士に監視させなかったので、夜に敵の兵が入った。
②境を出る時、自ら留まらず、後尾が取られた。

という罪によって、1,000両の罰銀が科された[179]。

アジゲの①②の罪、すなわち勝手に賞罰を与えることと偽証することは、王であっても罪とされて当然であるが、凱旋直後に糾弾された例はそれ以前に見ない。③について、王が自ら殿軍を務めるべきだとの考えは、天聰七年の時点でも当のアジゲ・アバタイらに示されていたが、その時点では訓戒されただけで罪とはされなかった。つまり、凱旋にもかかわらず、戦場での罪が直ちに論じられているのが、それまでになかったことである。

これに続く崇徳元年から二年にかけての第二次朝鮮遠征では、ホンタイ

第5章　軍隊の編制と指揮・管理

ジ親征による圧倒的勝利の後で、従軍した諸王の大半とおもだった大臣らが軒並み論罪の対象とされた[180]。諸王の筆頭と言うべきダイシャンについては、以下のような罪が議せられている。

①制限人数20名の護衛を、12名も超過して採用した。
②護衛の超過採用について、部臣のチェルゲイがそうさせたと誣いた。
③12名の護衛に男を配属していたことについて、知らないと言った。
④羽飾りをつけた護衛を使い走りと偽った。
⑤規則に反して朝鮮の京城で馬を飼養した。
⑥京城で八家の家人を旗に収めた時、勝手に家人を造船の所へ行かせた。

①〜④は実質的に同じ問題であり、かつ実害は護衛12人と彼らに配属した男の分の労役の損失に過ぎない。⑤⑥も些細な違反と言ってよい。法司による議罪は、奪爵・罰銀1,000両などとなっていたが、実際にはハンの裁定によりすべて免罪されており、一見して政治的な示威行為とわかる。

以下、ジルガラン・ドルゴン・アジゲ・ヨト・ホーゲ・ショトと続くが、甲士でない者を随行させたとか、俘虜の女を差し出すよう要求したとか、軍規違反には違いないであろうが、重大な結果につながるとは思えない罪が続く。これらの諸王に科せられた罰は、罪に応じて異なるが、いずれも罰銀である。端的に言って低次元な罪によって、罰銀とはいえ諸王を公然と罰するようになったのは、何らかの政治的判断によると見るべきであろう。

ホンタイジの権威は、国内においてすでに確立しており、内モンゴル平定後には皇帝として再即位した。アミンが失脚し、マングルタイが死んだ後、唯一の兄王となったダイシャンに対する政治的圧迫は天聰末から始まっており、他の諸王に対しても抑圧的な動きが増えている[181]。出征時の罪に対する追及の厳しさも、こうした全般的な政治の流れと無関係ではあるまい。

また、崇徳元年の華北遠征については、やみくもに掠奪に走った秩序の

3 軍規と賞罰

なさが、後で将兵を訓戒する時に引き合いに出されている[182]。第二次朝鮮遠征についても、全軍を率いて行ったホンタイジ自ら軍中の規律が乱れていたと称していることから[183]、綱紀粛清の必要を本気で考えた可能性もある。

いずれにせよ、ここで問題にすべきは、軍事面において諸王への圧力を強化しようとした時に、諸王に対して一般の指揮官に対するのと同次元の管理を行なうようになっているということである。例えば、明初の中国においては、諸王の抑圧を図る際、何よりも兵権の回収に意を用いた。それに対してホンタイジは、諸王に軍の指揮を任せることは全く変えようとしていない。諸王の軍に対する指揮・管理を、一々取り締まろうとしているだけである。

こうした諸王への取り締まりの特徴として、1つには、前掲のダイシンらへの論罪に見えるような瑣末な規則違反の追及がある。実際にあらゆる規則への違反が常に取り上げられたかどうかはともかく、規則に反すれば王であっても処罰の対象になることは示されたのである。軍規の厳しさは、マンジュ国―清朝の軍を支えるものであった。ヌルハチは、25歳で自立して以来、「兵・甲が少なかった」が、「心聡く計略多く、兵を率いて動かすのが巧みなので」勝ち抜いてきたと言われた[184]。考え抜いた用兵によって兵力の少なさを補うためには、指示どおりに将兵が動いてくれなければならない。厳しい軍規は、そのためにこそあった。

> スレ゠クンドゥレン゠ハン Sure Kundulen Han（ヌルハチ）は、元々戦をする時にも、狩猟をする時にも、法令が固く、騒がせず、声を出させなかった。「戦で騒ぐ声が出れば、敵が覚る。狩猟で騒ぐ声が出れば、山にこだまする。獣が去る」と、いろいろな所に行く時、衆兵士にみなあらかじめ教え記憶させるように言って、……あらゆる戦に勝ち得て行った[185]。

一般兵士に対する軍規は厳しく、兵士を管理する指揮官は、その軍規違反を取り締まる責任を負わされていた。仮にも規則が定められていながら、

諸王に限って違反しても咎められないでは、将兵に対して示しがつかない。諸王の些細な罪をまとめて取り上げることは、一般将兵に対して軍規の厳しさを誇示し、諸王自身にも自覚を促す意味があったろう。

　２つ目の特徴として、軍の保全に対する責任を重く見ることがある。史料による限り、出征した諸王は、戦果が上らなかったり戦利品が少なかったりしたという理由で罪せられることは普通ないが[186]、味方に犠牲を出したことは厳しく糾弾される。天聡四年に華北から逃げ帰ったアミンらが罪せられた時には、せっかく手に入れた永平・遵化等４城を放棄したことよりも、味方を救おうとせず我勝ちに逃げたため多くの兵を失ってしまったことが非難された。ホンタイジが「取られた兵士を思って心が破れ泣いて」責めたというのは[187]、必ずしも兵士に対する温情を示すものとばかりは言えない。慢性的に数が少ない兵士は貴重であり、無駄に失うことは痛手であった。また、兵士を大切にすることは士気を上げるために必要だとは、ホンタイジ自ら諸将に語った言葉である[188]。ヌルハチは、夙に諸王・大臣らに説諭して、

> 我らの兵を苦労させずに戦に勝てば、賢い巧みな謀計であり、それこそ誠の兵の長というものである。我らの兵を苦労させて、戦に勝った、手に入れたと言っても、それは何の益があるか。戦の道では、何よりも我らのものを他人に取られず敵に勝てば、それが最高である。

と言っていた[189]。

　ホンタイジは、天聡七年の時点では、自ら殿軍を務めなかったアジゲらに対して、「汝らを我は罪としたいということではない。これ以後出兵が終わってしまうことがあるか。心に留めるがよいとて教えるのである[190]」と言っていた。それにもかかわらずアジゲは同じ過ちを犯し、しかも前回は殿軍を務めたトゥルシら前哨の隊が追撃を跳ね返したが、今回は後尾に犠牲を出したという。この点はよほどホンタイジの怒りを買ったと見え、罪に当てられた上、後になっても蒸し返されて叱責されている[191]。

3 軍規と賞罰

　一方で、王の一身上の観点からすれば、全軍の兵士の保全は自身の利害に直接関わらない。総司令官として出征する時でさえ、王が率いる兵は王自身の兵ではない。まず、厳密に言って、王に私兵はないと見るべきである。ハンと諸王の出征は「しっかりと話し合って定めて出征する」ことになっており、誰であれ勝手に兵を動かすことはできなかった[192]。ダイシャンはチャハル遠征の際に、会議での決定に反して自分だけ帰りたいと言ったことを、後に罪に問われている[193]。まして実際に、諸王が勝手に兵を動かした事例は皆無である。

　潜在的に私兵になり得たものとしては、直属の兵であるバヤラがあるが、その王が自身で、あるいは近親（息子や同母弟）と合わせて1旗のニルをすべて有していたとしても、直属のバヤラは全軍の甲士の24分の1以下となる[194]。さらに同旗のグサイエジェンと結束して、営兵（騎兵）を含む1旗の兵のほぼ全てを掌握できたとしても、全軍の8分の1に止まる。全体の8分の1の兵では、残りの全軍に対抗して自立できるには程遠いが、1旗の兵だけを大切にしたと見られれば、状況によっては疑いを抱かれる。アミンが華北から逃げ帰った際、灤州に駐留していた3旗を自ら救いに行かなかったことを糾弾され、

> 〔味方の兵が〕少なくて、敵に殺されるように、城が取られて、兵が全滅するようにと思って行かずにいたのであるぞ。彼の鑲藍旗が〔灤州に〕いれば、必ず助けて人肉の城を作るため戦いに行くところであったろう。

と決めつけられている[195]。実際には、敵に圧迫されつつある中、計画的に味方を犠牲にして自分の旗の兵だけ残すなどというのは、自殺行為もいいところであり、アミンが意図的にそのようなことをしたとは考え難い。仮に「彼の鑲藍旗」が他旗と比べて無事であったとしても、アミンは帰還後、直ちに拘束され、終身幽閉の処分を受けているのであるから、何の役にも立っていない。

　自分の旗の兵になにがしかの思い入れがあったとしても、殊更に大切に

するわけにはいかず（しても意味がなく）、全旗の兵を守りぬいたとしても、個人的に得をすることはない。そうであれば、諸王が全軍の兵を積極的に守ることは期待できまい。私兵化の惧れがないことは、その裏返しとして、兵を積極的に保護する意欲も期待できないことになる。

　この問題をさらに敷衍すれば、王の直接的な利害に関わらない事柄については、取り組みの真剣さが疑われることにもなる。崇徳六年に錦州を包囲していたドルゴンとホーゲは、駐営地の移動や一部兵士の帰還について、有害無益な命令が錦州攻略を遠ざけたとして、悪質な罪を犯したも同然の追及を受け、処罰されている[196]。

　諸王が率先して規律を正し、全軍を積極的に保全し、勝利に向けて真剣に取り組んでくれることが期待できないとなれば、それを強要するためには将兵と同様に管理の対象とするしかない。崇徳期に入って、ホンタイジが諸王に対する管理を強化したことは、諸王が軍事的脅威となる心配がない反面、責任感の方も疑わしいのに対して、一定の水準を維持させるために、ごく直接的な措置を取ったと言うべきである。

　このように、ホンタイジ期の後半には、一般兵士から諸王にまで及ぶ軍隊に対する厳しい管理体制が確立した。戦時の全行動は中央政府に、最終的にはハンによって統制・管理された。管理の厳しさに対して、表立った反発は全くと言ってよいほど見られず、清朝は軍事的成果を上げ続けている。こうした管理体制は、効率的に軍隊を動かすために有効であったと見るべきであろう。

小　結

　前章で述べたように、入関前の八旗の兵力は常に不足気味であったので、マンジュ国—清朝は限られた数の兵を可能な限り効率よく動かして、勝利

を重ねていかなければならなかった。本章で取り上げた軍隊の編制と指揮・管理の体系は、こうした目的に即応したものであったと言えよう。このような体制は、純粋に軍事的に有効であっただけでなく、政治的にも大きな意味をもった。

マンジュ国―清朝では、支配層である満洲人内部において、武力による争いは一度として起っていない。国初から、諸王・大臣が軍事的に自立する危険はほとんどなかったと言ってよい。誰もそれだけの軍事基盤をもつことができなかったからである。軍は事実上細かく分割されていた上、隊の編制は流動性が高く、全体を指揮する者はその都度定められたので、特定の王・大臣が大規模な兵団を長期に亘って掌握するのは不可能であった。

諸王が留守の軍を上回る大軍を率いて遠征に出る時は、一般的に考えれば政権にとって脅威であり、実際、アミンが指揮した第一次朝鮮遠征の時には、そのような動きがあったことが後に示唆されている[197]。しかし、その時でさえ、アミンは同行した他の王らの主張に従って早々に帰還せざるを得なかった。大軍を率いるには必ず複数の王を任じ、大臣らとともに協議の上で行動するという慣習は、特定の王の暴走を防ぐ用心とも取れる。しかし、第一次朝鮮遠征時のアミン以外にそうした形跡が全く見られないのは、そもそも諸王が自立を試みさえしなかったことを示していよう。

政権が国内の軍事的脅威に曝されなかったことは、マンジュ国―清朝の安定と発展のために極めて有利に働いたはずである。このことは、本章で述べてきたような軍事体制に規定されたものではあるが、一方で政治構造・政治思想による所も大きかったと考えられる。次章では、後者の問題について取り上げたい。

注
1）阿南惟敬［1980］にほぼ収録されている。
2）張晋藩・郭成康［1988］223〜263頁。

第5章　軍隊の編制と指揮・管理

3)『老档』太祖297頁〔『原档』2冊58頁〕。
4) 50人・100人・150人については、それぞれ『老档』太祖85、411、491〜492頁〔『原档』1冊78頁、2冊240、382頁〕。ただし、100人については同じ箇所で言及される「一ニルの新たに〔甲を〕着けた50甲士」と別と考えれば、この時点ですでに1ニル150人となる。60人については、『太宗実録』崇徳六年四月十九日条。楠木賢道［2009］は、『内国史院档』天聰五年七月二十日条に「一ニルの甲士六十名を三分して、二分率いて行く。一分を駐留させる」とあることから、天聰五年にはすでに1ニル60名が甲士の定数となっていたとする。天聰八年正月には「満洲の三人の男につき一人が甲を着ている」（『太宗実録』天聰八年正月十六日条）と言われており、1ニルの男の数が200人程度に減少した時点でこの数になったと見るべきであろう。
5) 陸戦史研究普及会［1968］19頁。
6)『老档』太祖297頁〔『原档』2冊58頁〕。おそらく、こうした兵もニルごとに割り当てられたと思われるが、不詳。
7) 本書212〜214頁参照。
8)『老档』太祖405、1105頁〔『原档』2冊228〜229頁、5冊136頁〕。
9) 遼河の橋の見張りに1ニル2甲士、北の境の偵察に1ニル6甲士、明と対峙していた広寧の駐守に1ニル50甲士（『老档』太祖298〜299、444、525頁〔『原档』2冊61、300、542頁〕）など。
10)『老档』太祖85頁〔『原档』1冊78頁〕。
11)『老档』太祖491〜492頁〔『原档』2冊382頁〕。
12)『満洲実録』漢文版の天命三年四月十四日条（155頁）「排雅喇」の注に「即精鋭内兵也」とあることが、最も直接的な根拠とされる（鴛淵一［1938］235頁など）。
13)『老档』太祖149頁〔『原档』1冊245頁〕。
14) 阿南惟敬［1980］496〜501頁。
15) 阿南惟敬［1980］503〜511頁。なお、「黄のバヤラ suwayan i bayara」（『老档』太宗261頁〔『原档』6冊363頁〕）は、阿南の指摘のとおり「黄旗のバヤラ」と解するべきである（509〜510頁）。
16) 阿南惟敬は親随バヤラを「汗ならびに貝勒が、自らバヤラの中のあるものを掌握した際、一時的に名付けたもの」とみなしているが（阿南惟敬［1980］529〜530頁）、ハンや王のもとを離れて活動していても「親随バヤラ」と呼ばれる例が少なくない点からすれば、バヤラの中の一範疇をなしたと見るべきであろう。
17)『老档』太宗557〜558頁〔『原档』7冊462頁〕。
18)『老档』太祖247、612頁〔『原档』1冊365頁、3冊137頁〕。

19)『老档』太祖665頁〔『原档』3冊235頁〕および『老档』太祖708〜709頁〔『原档』3冊298頁〕。
20)『老档』太祖685頁〔『原档』3冊265頁〕。
21) 白バヤラには砲2門・槍3本、紅バヤラには40人中の30人に砲10門・槍20本、10人に車楯2台と水を容れる背壺2個、黒営には50人中30人に砲10門・槍20本、20人に車楯2台・梯子1本・鑿2本・錐2本・鈎2本・鎌2本・斧2本・蓆4枚・叉木2本・梢子棍1本と水を容れる背壺2個、1箇月燃やす炭、綿甲15、さらに1ジャランに大砲2門を持たせると定めている(『老档』太祖708〜709頁〔『原档』3冊298頁〕)。
22)『内国史院档』天聰八年五月初五日条(135〜136頁)。
23)『太宗実録』天聰八年五月十九日条。
24)『太宗実録』天聰八年五月十九日条。
25)『老档』太宗1450頁〔『原档』10冊662頁〕。『老档』は「amaban janggin」とするが、『原档』に従い「amba janggin」に改めた。
26) Namtai・Turgei・Yungšun・Hošotu・Kakduri・Darhan Efu はホンタイジ率いる第一陣帰国の際に褒賞を受けており(『老档』太宗444〜446頁〔『原档』6冊451〜457頁〕)、Gusantai は昌黎県を攻めた時の行動が後に問題にされているので(『老档』太宗527頁〔『原档』7冊411頁〕)、当初から参加していたことは間違いない。
27) 敗走した兵が帰還した際、Hošotu・Darhan Efu・Kakduri・Gusantai が問罪に遣わされているので(『老档』太宗394頁〔『原档』7冊222〜223頁〕)、この時点では帰国していたことがわかる。
28)『老档』太宗421頁〔『原档』7冊297頁〕。
29) 出発の際、「グサイエジェンらは衆兵を率いて(『老档』太宗1477頁〔『原档』10冊697頁〕)」と補足説明なしで記されているので、代理の可能性も含めて全員参加と見るべきであろう。
30)『内国史院档』崇徳三年八月二十二日条(574頁)、『太宗実録』崇徳七年十月十四日条。
31)『太宗実録』崇徳二年四月二十二日条。なお、グサイエジェンの職務については、郭成康・劉建新・劉景憲［1982］、張晋藩・郭成康［1988］181〜187頁に詳しい。
32) 本書177〜178頁参照。
33)『内国史院档』天聰八年六月二十日条(178頁)、『旧満洲档 天聰九年』96頁〔『原档』9冊124頁〕など。後者は戦時の用例ではなく、死後に生前の肩書きとして記された例であることから、グサイエジェンが基本的に「騎兵の」グサイエジェンとみなされていたことがわかる。
34)『老档』太宗81頁〔『原档』6冊117頁〕。

第5章　軍隊の編制と指揮・管理

35)『老档』太宗729頁〔『原档』8冊137頁〕。
36)『内国史院档』天聡七年六月十九日条（88頁）。
37)『内国史院档』天聡七年正月朔条（1〜2頁）。
38)『老档』太祖72頁〔『原档』1冊69頁〕。
39)『老档』太祖118、121頁〔『原档』1冊206、209頁〕。
40)『老档』太祖236〜237頁〔『原档』1冊353頁〕。
41) 駐屯地で「徒歩の兵の耕した田地」に言及されているように（『老档』太祖807頁〔『原档』4冊33頁〕）、雑多な労役を兼ね行なう兵という位置づけであった可能性が高い。とはいえ、全く戦力外でなかったことについては、本書第4章注19)参照。
42)『内国史院档』天聡七年九月十二日条（142頁）など。「yafahan coohai ejen」の称号は、同八月二十一日条（128頁）。
43) 張晋藩・郭成康［1988］228〜231頁。
44)『老档』太宗339頁〔『原档』6冊439頁〕。
45)『内国史院档』天聡七年十月初七日条（160頁）。
46)『内国史院档』天聡八年五月十九日条（153、151頁）。
47)『老档』太宗1272、1372頁〔『原档』10冊437、565頁〕。
48) 張晋藩・郭成康［1988］230頁。
49)『老档』太祖439、507頁〔『原档』2冊291、406頁〕。
50)『老档』太祖84頁〔『原档』1冊77頁〕。
51)『老档』太祖738〜739頁〔『原档』3冊338〜339頁〕。
52)『太宗実録』崇徳五年正月十二日条。
53)『老档』太祖283、734〜735頁〔『原档』2冊37頁、3冊331〜332頁〕。
54)『老档』太宗356、745頁〔『原档』7冊179頁、8冊149〜150頁〕など。
55)『老档』太宗753頁〔『原档』8冊156頁〕、『内国史院档』天聡七年三月二十五日条（31頁）など。
56)『内国史院档』天聡七年九月十二日条（139〜140頁）。ただし、この時は前哨の兵ではなく諸王自身が殿軍を務めるべきであったとして、司令官であったアジゲらがホンタイジに叱責されている。
57)『内国史院档』天聡七年二月二十一日条（23頁）。
58)『太宗実録』天聡八年閏八月初四日条、『旧満洲档　天聡九年』252頁〔『原档』9冊334頁〕、『内国史院档』天聡八年閏八月初九日条（268頁）。
59)『老档』太宗1274頁〔『原档』10冊438頁〕。
60) なお、「前鋒兵のジャランイジャンギン」といった肩書きをもつ人物も現われるが（『旧満洲档　天聡九年』252頁〔『原档』9冊334頁〕など）、前鋒の兵が実

際にジャランのような下位の隊に分けて管理されていたのか、単に前鋒に所属する指揮官の位階を表わしているだけなのかは不明である。
61)『内国史院档』天聰八年二月十一日条（71頁）。
62)『老档』太宗768頁〔『原档』8冊169頁〕。
63)『太宗実録』崇徳四年五月二十五日条。なお、本書322頁を参照。
64) 本書第2・3章参照。
65)『老档』太宗539～540頁〔『原档』7冊431頁〕。
66) 阿南惟敬［1980］506、531頁。
67) バヤラの選抜母体としては、ジャランの下位の単位がキル・ニル混在して現われるが、指揮・管理する官は専らキルイエジェンであってニルイエジェンではないことから、1ニルのバヤラの集団をキルと呼んだのではないかと推測できる。なお、石橋崇雄［1981］は、『老档』太祖381頁〔『原档』2冊195頁〕に「二キルの二十人」とあることから1キルが10人で編制されたとするが、これをキルの定数とみなすには根拠不十分と思われる。ただし、これはその後定められた1ニルの白バヤラの数に相当し、1キルのおおよその規模を推測する手がかりになる。
68)『内国史院档』天聰八年三月初五日条（92頁）など。
69)『旧満洲档　天聰九年』236頁〔『原档』9冊317頁〕。
70)『老档』太宗711～712頁〔『原档』8冊119～120頁〕。
71)『老档』太祖296～297頁〔『原档』2冊58頁〕など。
72) 阿南惟敬［1980］202～204頁。
73)『老档』太宗68～69頁〔『原档』6冊101頁〕。なお、漢人の兵については、あらかじめ綿甲の兵が設定されていた形跡もある（『内国史院档』天聰七年七月朔条（96頁））。
74)『老档』太祖578頁〔『原档』2冊513頁〕。
75) 八家の漢人を選んで一家から100人の兵を出し、旗鼓が率いて来るようにと命じた例がある（『老档』太宗573頁〔『原档』7冊489～490頁〕）。旗鼓の地位・役割については、本書164～165頁参照。
76)『太宗実録』崇徳二年六月二十七日条など。また本書155頁参照。
77)『老档』太宗68～69頁〔『原档』6冊101頁〕。
78)『内国史院档』天聰八年五月十九～二十二日条（156～157頁）。
79)『老档』太祖491頁〔『原档』2冊382頁〕。
80)『老档』太祖141、651頁〔『原档』1冊234頁、3冊211頁〕。
81) 戊申年（1608）のウラ Ula 攻めをチュエン Cuyeng とアミンに命じるなど（『老档』太祖7頁〔『原档』1冊10頁〕）、ヌルハチの即位以前から行なわれていた。
82)『老档』太宗46、55～56頁〔『原档』6冊69、82～83頁〕。

第5章　軍隊の編制と指揮・管理

83) アミンに反対して容れられなかったヨトが「叔父の様子を知って、拒み語ることができないので」、アミンの弟ジルガランに相談したといった記述（『老档』太宗46頁〔『原档』6冊69頁〕）などから推察される。いよいよという場合には、ヨトが「汝が行くなら行けばよいが、我は我が両紅旗を率いて戻って行く。両紅が行けば、両黄・両白はおそらく我に従って行くだろう」と言ったというように（『老档』太宗404頁〔『原档』7冊249～250頁〕）、各王が自分の率いる旗に命令することも不可能ではなかったようである。ただし、これは非常事態ということで事後承認されることを前提とした仮定の行動であったと思われ、正式に定められた権限であったとは考え難い。
84) 『老档』太宗1089～1090頁〔『原档』10冊232～233頁〕。
85) 『内国史院档』崇徳三年八月二十七日条（581～583頁）。
86) 永平・遵化からの敗走の罪が問われた時、Derdeheiが「言に入った大臣でない」のに王を唆したとして鞭打ちに処せられていることから（『老档』太宗423頁〔『原档』7冊302頁〕）、会議に与る大臣の範囲は確定していたことがわかる。
87) 例えば、永平・遵化からの敗走については、総兵官のTanggūdai・Namtai、副将のBurgi・Babutai、一等総兵官にしてグサイエジェンのTurgei、参将にしてグサイエジェンのYungšun、父の代わりにグサイエジェンに任じられていたDalaiが、王を諌めなかったことで罪に問われており、それ以外の参将・遊撃・備禦らは、敵を避けたことや隊を収めずに逃げたことなど指揮レベルの過失のみを責められている（『老档』太宗419～424頁〔『原档』7冊291～304頁〕）。
88) 例えば、後述するようにアジゲが自ら殿軍を務めなかったことについて、被害を出さなかった初回と損失を被った2回目とでは処分が異なる（本書288～289頁）。
89) 例えば、アミンは永平・遵化放棄について「彼の子Hongkoto、グチュのArdai・Hūsibu・Sirin・Emungge・Derdeheiに向かって相談し、彼らの言を是と受け取って、衆大臣らの言を非として顧みず」決めて帰って来たということが、罪の1つに挙げられている（『老档』太宗415頁〔『原档』7冊280頁〕）。
90) 『老档』太宗397～398頁〔『原档』7冊232～233頁〕。
91) 『老档』太祖739頁〔『原档』3冊339頁〕。
92) 「十人に一人の長」（『老档』太祖665頁〔『原档』3冊235頁〕）を立てるのが1つの基準とされている。
93) 『老档』太祖85頁〔『原档』1冊78頁〕。ホンタイジ期にも繰り返し命じられている（『内国史院档』崇徳三年八月二十二日条（572頁）など）。
94) 『老档』太宗235、728頁〔『原档』6冊318頁、8冊135～136頁〕。
95) 『老档』太祖乙卯年（1615）条に「5ニルを1隊baksanとして」という表現が見える（50頁〔『原档』1冊54頁〕）。

96）天命期にも「jalan」の用例はあるが、単に「隊」を表わしている可能性がある（『老档』太祖739頁〔『原档』3冊339頁〕など）。
97）『老档』太祖1147～1160、1132～1145頁〔『原档』5冊407～446、367～406頁〕など。
98）『老档』太宗424頁〔『原档』7冊303～304頁〕。
99）『老档』太宗235～236、728頁〔『原档』6冊317～320頁、8冊135～136頁〕。
100）『老档』太宗1306頁〔『原档』10冊476頁〕、『内国史院档』崇徳三年七月十六日条（454頁）など。
101）『老档』太宗236、251～252、324～325、354、527頁〔『原档』6冊317～320、343～346、424～425頁、7冊91～92、411～412頁〕など。
102）『老档』太宗349～350頁〔『原档』7冊82頁〕。
103）『老档』太祖247～249頁〔『原档』1冊365～367頁〕。
104）『内国史院档』天聰八年六月二十日条（178頁）。
105）「メイレンを管理する meiren kadalambi」という表現はあるが（『老档』太宗1385頁〔『原档』10冊579頁〕）、メイレンという語が具体的な集団を指す用例は見られない。また、メイレンイジャンギンは後に漢語で「副都統」と称されるようになる。
106）『老档』太祖86頁〔『原档』1冊79頁〕。
107）『老档』太宗251頁〔『原档』6冊343～344頁〕。
108）『老档』太宗930頁〔『原档』10冊47頁〕。『内国史院档』天聰七年九月十二日条（146頁）など。
109）メイレンイジャンギンについては『老档』太宗1377頁〔『原档』10冊571頁〕、ジャランイジャンギンについては『老档』太宗1368頁〔『原档』10冊562頁〕など。
110）『内国史院档』崇徳三年十二月初三日条（696頁）。
111）『内国史院档』天聰七年十月初七日条（161頁）。
112）『内国史院档』天聰七年十月初七日条（162～163頁）。
113）ヌルハチ即位以前には、「二つの大軍が会って戦う時には、兵士を前に出して攻めないぞ。我自ら、我が養った子ら、我が登用した五大臣など、我ら自ら前に出て攻めるぞ。攻めるには、我らこの頭となった諸王・諸大臣自ら斬り込んで」との発言が見えるが（『老档』太祖25頁〔『原档』1冊27～28頁〕）、その後、特にホンタイジ期はむしろ諸王に自重を促すようになっている。
114）『老档』太宗536頁〔『原档』7冊429頁〕。
115）いずれにせよ、諸王直属のバヤラは、1人の王がそれだけを率いて前線で戦うには、あまりに数が少なく危険である。先に挙げた自身の15ニルのバヤラを率いたというアジゲの場合、仮にその時点で甲士数が60人であり、その3分の1が

第 5 章　軍隊の編制と指揮・管理

バヤラであったとして、総数300人。前哨などに取られた者がいることを思えば、実数はさらに少なかったはずである。「あらゆる所で見て、一千の兵で一隊baksan を作ると少なく見える（『太宗実録』天聰八年五月十九日条）」という言葉を基準にすれば、ごく小さな隊となる。なるほど前哨（前鋒）などは100〜200人の兵で単独行動していることもあるが、前鋒の長の戦死が珍しくなかったことを思えば、諸王がまねをするわけにいかなかったのは言うまでもない。

116)『老档』太宗753、755頁〔『原档』8 冊155〜156、158頁〕。
117)『太宗実録』天聰八年閏八月初四日条。
118)『旧満洲档　天聰九年』253頁〔『原档』9 冊335頁〕。また『老档』太宗1266頁〔『原档』10冊429頁〕には、「王の親随バヤラ、貝子のグチュら」が前線に投入された例が見える。
119)『老档』太宗383、1242〜1243頁〔『原档』7 冊204頁、10冊398頁〕。後者は宗室のGūnggadai が率いて行った。
120)『老档』太祖739頁〔『原档』3 冊339頁〕。
121)『老档』太宗548頁〔『原档』7 冊447頁〕。
122)『旧満洲档　天聰九年』137〜138頁〔『原档』9 冊179〜180頁〕。凱旋の様子は『旧満洲档　天聰九年』174頁〔『原档』9 冊227〜228頁〕に見える。
123)『老档』太宗546頁〔『原档』7 冊443頁〕。
124) 明代の軍功評価の問題点については、谷井陽子［2009-1］48〜49頁参照。
125) 李民寏『建州聞見録』。
126) 同上。なお、原文に「面頸帯搬者甚多」とある「搬」は「瘢」字に解した。
127)『老档』太宗672頁〔『原档』8 冊87頁〕。
128)『老档』太宗299頁〔『原档』6 冊392頁〕。
129)『建州聞見録』。
130)『老档』太宗1441頁〔『原档』10冊649頁〕。
131) 対明挙兵当初のヌルハチは、城に先に入った者を評価せず、城壁を壊すのに先んじた者を評価するとしているが（『老档』太祖86頁〔『原档』1 冊79頁〕）、これは比較的粗末な造りの城を攻めていた初期の頃の基準であろう。
132)『老档』太宗253〜254、306〜307頁〔『原档』6 冊348〜349、400頁〕。
133) 崇徳元年の華北遠征の報告において、昌平州と雄県の城壁乗り越えについては 4 番目まで名前が報告されている（『老档』太宗1251〜1252頁〔『原档』10冊411〜412頁〕）。具体的にどのように褒賞されたかは不明である。
134) 満文档案で天命四年頃に一時的に見られる官職名。諸王より下、グサイエジェンより上に位置づけられるが、詳細は不明であり、官職として確立に至らなかった。

135)『老档』太祖149頁〔『原档』1冊245頁〕。
136)「我は五十人のバヤラを率いて先頭で入った」「四十人を率いて我は衆の先頭で入った」(『老档』太宗647、652頁〔『原档』8冊68、72頁〕)などという表現が見える。
137)『老档』太宗638頁〔『原档』8冊62頁〕。
138)『老档』太宗636、637頁〔『原档』ともに8冊61頁〕。
139)『太宗実録』天聰七年九月十六日条。
140)隊を率いてではなく、自身が「我らの旗の先頭で入った」とする例もある(『老档』太宗648頁〔『原档』8冊69頁〕)。
141)『老档』太宗646、642頁〔『原档』8冊68、65頁〕。
142)『老档』太宗645、646頁〔『原档』8冊67、68頁〕。
143)『老档』太宗644、658、930、931頁〔『原档』8冊66、76頁、10冊47、48頁〕など。
144)『八旗通志初集』巻一百四十二・名臣列伝二・Ebilun。
145)『老档』太祖95頁〔『原档』1冊177頁〕。(『老档』太祖103頁〔『原档』1冊189頁〕にも同様の表現がある)。
146)『老档』太祖917〜918頁〔『原档』4冊105頁〕。
147)『老档』太宗664〜667頁〔『原档』8冊81〜84頁〕。
148)『老档』太宗252〜253頁〔『原档』6冊346〜348頁〕。
149)『太宗実録』天聰七年九月十六日条。
150)『老档』太宗647頁〔『原档』8冊68頁〕のIlemuの例など。他にも類似の表現は多数ある。
151)『老档』太祖704頁〔『原档』3冊289〜290頁〕。
152)本書440〜441頁参照。
153)『老档』太宗323頁〔『原档』6冊420頁〕。
154)『老档』太祖377〜378、612頁〔『原档』2冊190〜192頁、3冊136頁〕。
155)『旧満洲档 天聰九年』177〜179頁〔『原档』9冊233〜234頁〕。
156)『老档』太宗728頁〔『原档』8冊135〜136頁〕。
157)『老档』太宗752頁〔『原档』8冊155頁〕、『旧満洲档 天聰九年』134〜135頁〔『原档』9冊175頁〕など。
158)古くは対明挙兵の時から「戦で得た俘虜の着る衣服を剥ぐな。女を連れて行くな。夫婦を離すな。抵抗して死ぬ者は死ねばよいが、抵抗しない者を殺すな」と「衆〔兵〕に叫んで記憶させて言って」出兵している(『老档』太祖89頁〔『原档』1冊81〜82頁〕)。崇徳期の例としては『老档』太宗1472〜1473頁〔『原档』10冊689〜690頁〕など。

第 5 章　軍隊の編制と指揮・管理

159) 例えば、最初に城壁を乗り越えた者の後に続かなかったため先登の者が死んだ、見張りが敵を見逃し被害を受けたといった場合などに、責任者が罪せられている（『老档』太祖96、141頁〔『原档』 1 冊178～179、234～235頁〕）。
160)『老档』太祖314～315頁、太宗422頁〔『原档』 2 冊82～83頁、 7 冊298～300頁〕など。
161)『内国史院档』天聰七年十月初七日条（162頁）。また、同崇徳三年八月二十二日条（571頁）にも同内容の諭旨を載せる。
162)『老档』太祖177頁〔『原档』 1 冊277頁〕など。
163)『老档』太宗664～665頁〔『原档』 8 冊82頁〕。
164)『老档』太宗534～536頁〔『原档』 7 冊425～428頁〕。
165)『老档』太祖311頁〔『原档』 2 冊77頁〕。
166)『内国史院档』天聰八年十一月二十日条（368頁）など。
167) ニルイエジェンが戦で逃げた者を隠して告げなかった、参将・遊撃の指揮下の歩兵が敗走したとして罪に問われた例がある（『老档』太祖262、316頁〔『原档』 2 冊 6 ～ 7 、84頁〕）。
168)『老档』太宗1367～1388頁〔『原档』10冊561～582頁〕。
169)『老档』太宗1368頁〔『原档』10冊562頁〕。
170)『老档』太宗1369～1370、1370、1371頁〔『原档』10冊563、563～564、564頁〕。
171) Samsika・Fiyanggū・Hūsibu・Buyandai・Turgei・Yekšu・Baintu・Darhan Efu の 8 人（『老档』太宗1372～1373、1378～1381頁〔『原档』10冊565～567、572～575頁〕）。
172)『老档』太祖376頁〔『原档』 2 冊188～189頁〕。そのうち 1 回は注165）に見える件かもしれない。
173) 以上、『老档』太宗842～844頁〔『原档』 8 冊244～245頁〕。
174)『内国史院档』天聰八年十月初九日条（309頁）。
175)『老档』太宗995～996、1022～1023頁〔『原档』10冊120～121、150～151頁〕。
176)『老档』太宗1246～1247頁〔『原档』10冊404頁〕。
177)『老档』太宗1294頁〔『原档』10冊462頁〕。
178)『老档』太宗1382頁〔『原档』10冊576頁〕。
179)『老档』太宗1383頁〔『原档』10冊576頁〕。
180)『太宗実録』崇徳二年六月二十七日条。
181) 当時の政治的状況については、次章で取り上げる。
182)『内国史院档』崇徳三年八月二十二日条（574～575頁）に、「丙子（崇徳元）年、明国を討ちに行って昌平州を得た時に、汝ら衆大臣はみな魚を捕えるのを得意とする者が水に潜って魚を手づかみにし、両脇に挟み、口に咥えて出てくるように、財貨を貪って罪を得た者が多い」というホンタイジの言葉が見える。

注

183)『太宗実録』崇徳二年六月十七日条。
184)『老档』太祖62頁〔『原档』1冊133頁〕。
185)『老档』太祖50〜51頁〔『原档』1冊115〜116頁〕。
186) 罪せられないまでも、叱責されることはあった。朝鮮世子の随行員は、崇徳三〜四年の華北遠征の後、ホンタイジが諸将の怠慢により「至有専無所獲之営」と責めていたことを伝えている(『瀋陽状啓』己卯年四月二十日条(167頁))。
187)『老档』太宗397頁〔『原档』7冊231頁〕。
188)『老档』太宗526〜527頁〔『原档』7冊410〜412頁〕。
189)『老档』太祖84〜85頁〔『原档』1冊78頁〕。『老档』太祖719〜720頁〔『原档』3冊311〜312頁〕にも同様の言。
190)『内国史院档』天聡七年九月十二日条(139〜140頁)。
191)『内国史院档』崇徳三年正月初七日条(172頁)。
192)『旧満洲档　天聡九年』293頁〔『原档』9冊379頁〕。
193)『旧満洲档　天聡九年』293〜294頁〔『原档』9冊379〜380頁〕。
194) バヤラを甲士の3分の1と仮定し(本章257頁参照)、そこから前哨(前鋒)などを差し引いたものとして計算する。
195)『老档』太宗414頁〔『原档』7冊278頁〕。
196) 本書236頁参照。
197)『老档』太宗49〜50頁〔『原档』6冊73〜74頁〕。なお、この問題については、次章で論じる。

第6章

政治構造とエートス

序

　前章までに、経済的・行政的・軍事的側面から、八旗がハンや諸王の独自の経営対象ではなく、独自の利益を保証するものでもなく、あくまでも国家全体の利益のために、中央政府の統制・管理の下に運営されたことを述べてきた。諸王が旗を支配下に置いて国政に対する権力基盤とするには[1]、そのための物質的・制度的根拠を欠いていたのである。それでもなお、八旗を諸王の権力基盤と考えたいのであれば、残る根拠は彼らとその旗に属する官民の間の精神的な絆しかない。つまり、物質的・制度的な裏づけをもたず、ただ支配—従属関係があるべきだという規範意識によって、政治的党派が形成されていたという可能性である。

　本章では、前章までに明らかになった経済的・行政的・軍事的基礎の上にどのような政治体制が成り立っていたのか、つまり、諸王分権体制でないとするならば、具体的にどのような政治体制であったと言えるのかを示したい。そして、そのような政治体制の前提として、当時の満洲人社会において、個人的な庇護と忠誠の関係がむしろ忌避されたことを明らかにし、

第6章　政治構造とエートス

精神的なつながりにおいても、旗が諸王の政治的基盤とはなり得なかったことを述べる。

当時の政治体制は、その時代の満洲人が置かれた外的状況や歴史的経緯によって規定されていたに違いないが、最終的には当時の満洲人が意図的に創り出したものである。本章では最後に、どのような政治的意図が、ひいてはどのような精神がこの政治体制を生み出し、支えていったのかを明らかにしたい。

以下、第1節では、ヌルハチ政権の成立に至る政治的経緯を取り上げ、分裂と内紛を避けることが何よりも重んじられたことを示し、第2節では、その結果としてハンと諸王の合議による中央集権体制が成立したことを述べる。第3節では、そうした合議制が効率的に機能した第1の理由として、諸王が独自の政治的基盤をもち得ず、分裂や対立が起りにくかったことを示す。第4節では、同じく第2の理由として、当時の満洲人の間に、意思統一と決定の遵守を積極的に支えるエートスが存在し、政治的安定をもたらしたことを明らかにする。

1　ヌルハチ即位以前の女真政権の問題点

ヌルハチによる統一以前、16世紀後半の女真人の世界では、王 beile・大人 amban などと呼ばれる有力者層が、各々中小規模の民の集団を支配していた。国 gurun を形成する民は同じく「gurun」、あるいは「irgen」と呼ばれたが、王や大人に属する民としては「隷民 jušen」と呼ばれた[2]。女真有力者の間で民が争奪の対象となり、勝者のもとに集められていった経緯は、多くの先行研究で取り上げられており、前章までにも触れた。

こうした民が王や大人の家産のようにみなされ、相続されたり子弟に分与されたりする習いであったことは、ヌルハチが弟シュルガチに「国人

gurun・グチュ³⁾ gucu・勅書 ejehe・奴隷 aha」を与え、子らにも順次「国人」・牧群・勅書などを分与していった⁴⁾ことなどからわかる。シュルガチに対して「汝の生きる道 doro である国人・グチュ」と言ったり、一般論として「奴隷がいなくなれば主人はどうして暮す。隷民がいなくなれば王はどうして暮す」と言ったりしているように⁵⁾、本来、民は王や大人の生活を直接支える存在であったと見られる⁶⁾。そうであれば、王の子弟が民を分与されて独立的な小領主となり、親族で連合政権をつくるという「連旗制」的な体制の形成が、いかにも自然な流れとして予想できる。

　実際、ヌルハチ以前の女真において、そのような体制が成立していた形跡はある。たとえば、ヌルハチの祖父ギオチャンガ Giocangga とその兄弟とされる「ニングタの諸王 Ninggutai beise」すなわち「六祖 ninggun mafa」は、「六人の男子が六箇所に城を造って住んだので、それからニングタの国 Ninggutai gurun と名づけられた」と記されている⁷⁾。国家としての実質を備えていたかどうかはともかく、まとまった集団として他勢力と対抗したり争ったりしていた点からすれば⁸⁾、「国」と称し得るものだったのであろう。6人の王はそれぞれ別の地に城を構え、それらの城はギオチャンガが住んだというヘトゥアラの城を基点として、遠くて20里、近くて5里の位置にあったという⁹⁾。つまり、血縁関係にある王らが近接した地にある各自の城に住み、少なくとも対外的には結束する程度の統一を成していたのである。だが、六祖の子孫のうち第四祖の子らは豊かであったが第五祖・第六祖の子孫は困窮したと言われるように¹⁰⁾、経済的には各々独立していた。このようなニングタ六祖の「国」は、確かに独立小領主の緩やかな連合体とみなすにふさわしい。

　ほぼ同時代に台頭したイェヘのチンギャヌ Cinggiyanu・ヤンギヌ Yangginu 兄弟も、「イェヘ部をみな従えて、兄弟各々一城に住んだ」と言うように¹¹⁾、別々の城を構えて両者並立する形で1つの集団を従えている。また、ニングタ六祖と対立していたショセナ Šosena の九 uyun 男子の「ウユンタの族 Uyuntai mukūn」や、ギヤフ Giyahū の七 nadan 男子の「ナダ

第6章 政治構造とエートス

ンタ Nadanta[12]」も同様の構造をもつ集団であった可能性がある。当時の女真においては、このような近親の小領主連合と言うべきものが、統一勢力のあり方として一般的だったのであろう。

　しかし、他勢力と抗争を続けていく上で、こうした連合の形態が不利なものであることは、当時から認識されていた。ニングタの王らは、ドンゴ Donggo の国との戦に敗れるに及び、「我ら同一の祖先から生まれた、ニングタの王らは十二の村に住んで乱れたぞ。一つの村に集まって住もう」と決議したが、第三祖の子ウタイ Utai が「一つの村に集まってどうやって暮すのか。家畜を飼わずに暮すのか。一つの村に集まって住むのをやめよう。我が岳父（ハダのワン＝ハン）に我は兵を求めたい」と言って反対したため実現しなかったという[13]。

　「十二の村に住んで乱れた facuhūn」とは、分かれて住んだことが政治的混乱を招いたと言うのであろう[14]。また、敵の攻撃から守ったり兵力をまとめておいたりするためにも、1箇所に集まっている方が有利に違いない。だが、粗放な農業と牧畜を主な生業とする女真人にとって、経済的な都合を考えれば分散している方がよかった。この時、ニングタの諸王は自力で敵に対抗するべく集住に踏み切ることなく、従来の生活形態を保つため外部勢力に兵を借りたのであるが、それ以後「ニングタの諸王の暮す道は賤しくなった」という[15]。さらには、互いに貧富の差を生じたことから内部で分裂して争うに至り[16]、統一勢力としてのニングタは完全に崩壊した。

　ヌルハチが一定の勢力を成した後、弟シュルガチに「国人・グチュ・勅書・奴隷」を「〔自分と〕同様に gese」分与したというのは[17]、当時の女真社会の慣例に従って、兄弟が互いに自立しながら協力し合う体制を意図したと見ることができる。ニングタ六祖やイェへのチンギャヌ・ヤンギヌに擬えて考えれば、シュルガチがヌルハチと同等の両主として並び立つことは、むしろ慣習に適っていたと言えよう[18]。

　ただし、ヌルハチとシュルガチの関係には、すでにニングタ六祖らと決

1　ヌルハチ即位以前の女真政権の問題点

定的に異なる点があった。ヌルハチ兄弟は、別々の城に住んではいない。フェアラでは、ヌルハチは内城の中に、シュルガチは同じ城の外城の一角に、各々木柵で囲んだ家を構えていた。その他の親族や諸将も、同じ城の中に集まって住んでいた[19]。上述のように、ニングタ勢力の衰微が集まって住むのを拒んだために始まったと認識していたのであれば、同じ轍を踏まないよう意図的にこのような居住形態を取ったと見るべきであろう。

　フェアラにおけるシュルガチの地位は、甚だ中途半端なものに見える。他の親族とは明らかに一線を画する高位にありながら、住居の位置関係からすればヌルハチよりは一段低く、家の中を一瞥しただけで「凡そ百器具、その兄に及ばざること遠し[20]」と言われるような生活上の格差があった。そうした状況にあって、シュルガチは兄と対等の独立した地位を得ようと努力した形跡があり[21]、ついには別の土地に移住を図る。独立したいのであれば、離れて住むのは単純で効果的な手段であり、当時の女真の慣習からしてもむしろ尋常と言ってよいことであったが、ヌルハチはそれを断じて許さなかった。

　己酉年（1609）、シュルガチは「国人・グチュを同じように専らにさせた兄を捨てて、国人を連れ去り、別の村に住み、別の地方に行くと言ったので」、怒ったヌルハチに国人・グチュなどすべてのものを取り上げられたという[22]。ここに至る兄弟の力関係や葛藤がどのようなものであったかは、記録に残されていないため不明である[23]。確実なのは、国人を連れて別の土地に移ろうとしたのが罪悪とされ、断固阻止されたことである。その後、シュルガチは「兄なるハンがよく養ってくれたのに、〔分を〕越えて別に住みに行きたいと言った」と自分の非を認めて帰ってきたというので、許されて再び国人・グチュを与えられたという[24]。

　支配者層、特にハンと諸王が1箇所に集まって住むことは、マンジュ国＝清朝の一貫した方針であるが、これはヌルハチ政権成立の過程で、すでに決して譲れない基本方針であったことがわかる。このようなやり方は、ヌルハチ以前の女真の伝統にはむしろ反しており、抗争が激化する中でや

第 6 章　政治構造とエートス

むなく採られたものであろう。だが、この時点で、少なくともヌルハチにとっては、弟が「別に住みに行く」ことを直ちに離反とみなすほど、集まって住むことが重大な意味をもっていたのである。

　この方針は、ヌルハチの死後も堅持された。崇徳年間のホンタイジの言によれば[25]、ヌルハチの死の直後、アミン Amin は「汝ホーゲの父 Hooge ama（ホンタイジ）を、我は諸王に向かって語らいハン〔の位〕に就けよう。汝がハンに即位した後、我を別の地方に居らせよ」と申し出たという。これに対してホンタイジは、

> 汝を別の地方に居らせたら、両紅・両白・正藍がみな別の地方に行って住めば、我は国なくして誰の上にハン〔として〕居るのか。この言葉を採用した時には、国の政道を我らが壊したと言え。ハンなる父の遺した政道を盛んにしたいと言わず、先に壊したなら、それよりまた悪いことがあるか。

と言ったという。

　同じ世代でハンになれなかった者は、生涯臣下の地位に止まることになる。シュルガチと同様、隷民を率いて移住することで自立を図る者がいたというのは、無理もないことではある。だが、それを認めれば他の王もすべて自立しかねない。ホンタイジはこのことを国の分解と捉え、そのような状態になっては、ハンとして即位する意味がなくなると言っている。実際、諸王がみな自立すれば、再び独立小領主の分立状態、すなわちヌルハチ以前に戻り、「ハンなる父の遺した政道」に背くことになる。ホンタイジのこの発言は、10年以上経過してからのものであるが、彼が「追い詰められて hafirabufi[26]」もアミンの自立を肯んじなかったのは、その場合の体制崩壊の危険を、当時においても十分理解していたからと見るべきであろう。結果的に、ホンタイジは首尾良く即位したが、アミンも含めて諸王の自立は実現しなかった。

　天聰元年の第一次朝鮮遠征の際、アミンは速やかに帰ろうと言うヨト

1　ヌルハチ即位以前の女真政権の問題点

Yoto らに反対し、ドゥドゥ Dudu に向かって「我ら叔父・甥で住もう」と言ったといい、「アミン＝ベイレは戯れにかこつけて真意を表わした」と記述されている[27]。四年の永平・遵化からの敗走の後、朝鮮遠征の際の発言が正式に取り上げられ、「その異意逆心をそこで一度知った」とされた[28]。さらにはヌルハチ在世中に八旗に土地を分けて開拓させた時、条件のよい土地を捨ててヘチェム Hecemu 地方でばかり耕作させたがったことも蒸し返され、「彼が初めから住むと言ったヘチェム地方に飛び出したいと思ったものではないか」として、これも罪に数えられている[29]。ここに至ってアミンは、分かれて住もうと意図したことを正式に罪に問われたのである。

　アミン以後、諸王の謀反の罪が論じられることはあっても、分かれて住もうとしたことが問題にされたことはない。シュルガチの子であり傍系の有力な王であったアミンはまだしも、他の王となると、民とともに分離・独立するということが単なる企図としても非現実的だったのであろう。ハンと諸王が八旗を構成する民とともに集まって住むことは、揺るぎない原則として確立したのだと言えよう。

　集まって住むことは、分裂を回避するための必要条件であったのかもしれないが、それだけでは十分でない。ヌルハチは初め長子チュエン Cuyeng を後継者に予定したらしく[30]、自分が健在なうちから「政を執らせた」という。満文档案の記述によれば[31]、権力を握ったチュエンは、父の任じた五大臣と4人の弟を苦しめたというので、彼らに訴えられて父の信用を失い、重要な役目を任されなくなったという。さらに叛意を抱いた罪によって監禁されるのであるが、弟らや大臣らとの深刻な確執が明らかになった時点で、後継者として失格と断じられたのは当然と言ってよい。国の主たる者は「心を大きく広くして、国人を公平に養い暮らすものだ[32]」という理念だけの問題ではない。親族間の対立は容易に内紛に至るものであり、彼らの周囲には内紛によって自滅した勢力があまりにも多かったからである。

第6章　政治構造とエートス

　16世紀後半に台頭したハダ Hada のワン゠ハン Wang Han は、一時イェヘ Yehe・ウラ Ula・ホイファ Hoifa とマンジュ部の一部を従えたと言われ[33]、ヌルハチ以前の女真で最大の勢力を形成したが、彼の晩年にはすでに衰え始めていたという。万暦十年（1582）にワン゠ハンが死ぬと、彼の2人の子と1人の孫の間で激しい紛争が起り、明の介入にもかかわらずハダは衰亡の一途を辿った[34]。嘉靖三十八年（1559）に生まれたヌルハチにとって、ハダの栄華と没落はまさに目前で起った出来事である。ホイファのバインダリ Baindari も、7人の叔父を殺したため兄弟が叛いてイェヘに逃げ、それが発端になって周囲の国々と紛争を生じ、ヌルハチに滅ぼされてしまった[35]。ニングタの王らを苦しめたドンゴには、ヌルハチ自身がその内紛を好機と明言して攻め込んでいる[36]。女真より遥かに強大な存在であったモンゴルも、この時代には最大勢力のチャハルが、服属していた各部の離反により衰退しつつあり、四分五裂状態に陥っていた[37]。

　およそ内紛や離反の原因として、当時の満洲人が指摘する最大にしてほとんど唯一のものは、財貨に対する貪欲である。ハダのワン゠ハンは、人々の訴えを財貨によって左右し、地方に遣わした大臣らも財貨を貪ったため、民がイェヘに逃亡し、従っていた国々も離反していったのだという[38]。ニングタの王らの最終的な分裂は、第四祖の子孫が裕福であったのに対して、第五祖・第六祖の子孫が「食べるに困窮して暮した」ため、第四祖の子孫が攻撃されたことによるとされた[39]。ヌルハチのマンジュ国においても、チュエンの悪事として、父が弟らに与えた財貨や馬を父亡き後に取り上げると言ったことが、仲の悪い弟や大臣を殺すと言ったことと並んで挙げられている[40]。ヌルハチは元来チュエンとその同母弟ダイシャン Daišan に他の息子らより多く与えていたというが、「汝に与えた国人・牧群・財貨などのものが少ないとて、汝がこのように小さい心をもつのであれば、汝に専らにさせた国人・牧群などのものを皆弟らに合わせて、同じように分けよ」と処断したという[41]。

　財貨の争奪が内紛を引き起こし、内紛が滅亡に直結する。ヌルハチに

とって、この因果関係は事実によって証明された確かなものであった。晩年のヌルハチがその子らに遺した訓戒を、ここで改めて引用する[42]。

> 昔、我らの〔祖先の〕ニングタの諸王・ドンゴ・ワンギヤ Wanggiya・ハダ・イェヘ・ウラ・ホイファ・モンゴルの国人は、みな財貨を渇望して正しさを軽んじ、邪に貪ることを重んじ、兄弟の間で財貨を争って殺し合い敗れたのであるぞ。我が教えるまでもなく、汝らにも目や耳があろう。汝らはまさに見聞きしたぞ。

自分たちの祖先を始め、周辺勢力がみな陥っていた致命的な失敗を繰り返さないためには、根本的な対策を講じる必要があった。ヌルハチ政権下の政治体制は、何よりも私欲の追求による内紛と分裂を避けることを意図して形成された。

2　合議による集権体制の成立

「兄弟の間で財貨を争って殺し合い敗れ」るのを防ぐため、ヌルハチが定めたのが「八家均分」の原則であった。八家は、ヌルハチの子姪を中心として成した八つの大規模な「家」である。一般に父子・同母兄弟など近親関係にある複数の王・宗室の家が合わさったものであり、八旗に対応しているが、いわゆる旗分ニル（外ニル）から成る八旗とは別組織である[43]。八家は自分たちの取り分を何物であれ均等に得る、また逆に負担を均等に配分することとされた。八家に対応する八旗の旗分ニルも、基本的に利得と負担の均分を原則とする。

そのような原則の下に国家を運営するには、八家または八旗を代表する者が各1人出て政権を構成すると見るのがわかりやすく、従来そのように考えられてきた。ヌルハチが諸子に遺した訓戒にも、それを裏づけるかの

第6章　政治構造とエートス

ごとき表現が見られる。天命七年三月初三日、ヌルハチは自身亡き後の体制について、次のように始まる訓示を行なった[44]。

> 父を継いで国に主となる者を立てる時には、力や血気のある者を主とするな。力や血気のある者が国に主となった時、その力を恃んで暮らし、天に非とされるようになってはいけない。一人がいくら物分りよくても、衆人の議に及ぶだろうか。汝ら八子は八王となれ。八王が議を一つにして暮らせば、失敗はなかろう。

この史料の解釈としては、ヌルハチの子姪のうち、具体名は不明であるが、主な8人が「八子」であり、「八王」となったとするのが自然であり、そのように解されてきた。さらに、史料的根拠はないが、彼らは八旗をそれぞれ支配する王とされ、「八ホショの王 jakūn hošoi beile（＝八和碩貝勒）」として史料に見える者がそれであると、一般に考えられてきた。

孟森が1930年代に「一国が尽く八旗に隷して、八和碩貝勒 hošoi beile を旗主となし」「八貝勒がその国を分治する[45]」と、史料的根拠を示すことなく断じて以来、日本の学界でも「和碩貝勒とは旗 gūsa を支配し、最高政治に関与する貝勒である[46]」といった認識が通用している。だが、「八ホショの王」が実は8人とは限らず不定数であり、そもそもどの時期に誰がホショの王であったかもよくわからないことは、孟森自身がすでに指摘している[47]。

ある時点でのホショの王全員の名前がわかる数少ない例として、岡田英弘が満文档案の断簡復元によって示した天命五年九月の「アミン＝タイジ・マングルタイ＝タイジ Manggūltai Taiji・ホンタイジ Hong Taiji・デゲレイ Degelei・ヨト Yoto・ジルガラン Jirgalang・アジゲ＝アゲ Ajige Age・ドド Dodo・ドルゴン Dorgon の八王を八ホショの王に立てた」という記録がある[48]。岡田はここで「八ホショの八王が八旗を分管する制度」が成立したとし、八王と言っても9人の名が挙がっていることについて、「原文にはドドとドルゴンの間に句点がなく、またこの時ドルゴンは九歳、ドドは七

2　合議による集権体制の成立

歳の幼齢であるから、この二人で一旗を専管したのであろう」としている。

　しかし、この史料であれ他の史料であれ、「八ホショの王が八旗を分管する」という内容のことはどこにも書かれていない。また、ドルゴンとドド以外の者がすべて1旗を「専管」したとすると、天聡期には明らかに同じ旗に属しているアミンとジルガラン、マングルタイとデゲレイは、この時点で各自1旗を任されながら、いつの間にか二人で1旗に押し込められたことになるのが不可解である。特にマングルタイは、天聡五年にホンタイジから「末子デゲレイの戸にハンなる父は汝を入れて養ったぞ」と言われているので[49]、ハンの代替わりを機に弟と一緒にされたともみなし難い。この時に罪せられたダイシャンも、天命八年七月の時点では「ハンと衆弟は我をもとどおりの礼で養った」と言っているが[50]、その場合、彼と彼の旗のホショの王との関係はどうなるのか。また、同時期の朝鮮史料に、ヌルハチ自身およびマングルタイ・ホンタイジ・アミンと並んで、ドゥドゥ Dudu が1旗を「領」していたと記されている[51]のをどう考えるのかも問題になる。こうした問題点は、八ホショの王が八旗に対応するものでなかったとすれば、すべて解決する。

　天聡期には、「八ホショの王」の呼称は引き続き見えるが、8人という数も八旗との対応関係もますます疑わしくなる。八家均分の原則からして、相応の待遇を受けるべき高位の王は八旗に分散しているのが好都合であり、実際に全体としては分散しているが、1旗に2人のホショの王が同時にいることもあり、ホショの王がいなかったらしい旗もある[52]。また、天聡五年にマングルタイが罪を得た時に、「兄王 ahūn beile と言うのをやめさせて、ホショの王とした[53]」と記されているのを見ても、「ホショの王」というのは単に高位の王の称号に過ぎず、常時8人とは限らず、八旗と一々対応しているものでもなかったと考えるべきであろう。要するに確かなのは、諸王のうち一部高位の者が「ホショの王」と呼ばれたということだけなのである[54]。

　八旗をそれぞれ代表する王がいたとすれば、天聡二年にアジゲが罪せら

313

第6章　政治構造とエートス

れて「旗の王 gūsai beile」をやめさせられ、弟ドルゴンが「旗の王」となった[55]というのがそれに当たる。当時、アジゲとドルゴンは1旗のニルを同数ずつ分け合っていたはずであるが[56]、どちらか一方が「旗の王」と認定されていたことになる。このような「旗の王」の用例は他に見られないため、「旗の王」が具体的にどのような役割を果たしていたのかは不明である。ただ、「管旗貝勒」と漢訳されている「gūsa ejelehe beile」という語もあり、同じものを指す可能性が高いと考えられる[57]。動詞「ejelembi (ejilembi)」は「占拠する、掌握する」といった意味の語であるが、「管旗大臣 gūsa ejelehe amban」という語もあり、グサイエジェンについて「旗を管理させ ejilebufi」とした用例があることから[58]、旗を行政上管理する役割を指すと解するのが適当であろう。

　崇徳八年五月、前年に革爵の処分を受けていたロロホンが多羅貝勒の復爵を許された際、ホンタイジがかつて彼に「旗を管轄させた kadalabuha」こと、今再び「旗を管轄させる」ことを言い渡している[59]。「管轄する kadalambi」は「ニルを管轄する」という形でよく用いられ、ニルイエジェン（後にニルイジャンギン）がニルを管理運営することを指していた[60]。諸王が旗に対して行政業務を行なうことは、貧者の救済など、ごく限られてはいるが史料上に見える[61]。何らかの必要があって、ある旗の王が1旗全体のことを扱う場合、それを担当すべき者はいたと見るべきであろう[62]。

　いずれにしても、八ホショの王にせよ「管旗」の王にせよ、そのまま政権を担う諸王を指すわけでないことは確かである。政権に参与する王は、「執政諸王 doro jafaha beise」として史料に現われる王がそうであると考えられる。ヌルハチが長子チュエンに「政を執らせた doro jafabuha」とされるように[63]、「執政諸王」というのは「国政を動かす諸王」と解するべきであろう。執政諸王の呼称は天命四年七月には見え、そこで「ハン自身ならばよい。〔ハンの〕身に生まれた執政諸王でさえ、衆人の公の俘獲・財貨を他に勝手に与えないぞ[64]」とされているように、ハンとは一線を画するものの、ハンに次ぐ権力を認められた者とみなすことができる。

314

2　合議による集権体制の成立

　天命四年十一月、カルカ Kalka 五部の諸王と誓約を交わした際、「クンドゥレン＝ゲンギェン＝ハン（ヌルハチ）の十タタン tatan の執政諸王」「執政十王ら」が誓うという語が見える[65]。神田信夫は、この10という数字は「tatan」にかかり、カルカに対して誇称するために出した数字であって、「執政貝勒にかかるのではなかろう」とするが[66]、同じ誓約の中で「執政十王ら」とも言っている以上、単純に10人の執政諸王が誓ったと解するべきであろう。これらの王の具体名は不明である。

　執政諸王と明記されてはいないが、天命九年正月にエンゲデル＝エフ Enggeder Efu と誓約した諸王は「ダイシャン・アミン・マングルタイ・ホンタイジ・アバタイ Abatai・デゲレイ・ジャイサング Jaisanggū・ジルガラン・アジゲ・ドド・ヨト・ショト・サハリイェン Sahaliyan」であり、天聡元年七月にアオハン Aohan・ナイマン Naiman の諸王と誓約したのはハンと「ダイシャン・アミン・マングルタイ・アバタイ・デゲレイ・アジゲ・ドゥドゥ・ヨト・ショト Šoto・サハリイェン・ホーゲ Hooge」である[67]。この間、ホンタイジがハンとして即位し、ジャイサングが死亡、ホーゲが成長して公的な活動を始めている。前者に見える「ドド」は天命九年にはまだ11歳で、「ドゥドゥ」の誤記であった可能性がある[68]。ジルガランの名が後者に見えない理由だけが不明であるが、それを除けば前者と後者の間では自然な世代交替以外に増減がないと見ることができる。

　天聡四年七月の劉氏兄弟との誓約で、執政諸王として名が挙げられているのは「ダイシャン・マングルタイ・アバタイ・デゲレイ・ジルガラン・アジゲ・ドルゴン・ドド・ドゥドゥ・ヨト・サハリイェン・ホーゲ」である[69]。アミンとショトの名が見えないのは、天聡四年六月に永平・遵化からの敗走の罪によりアミンは幽閉、ショトも厳罰を科されたため当然のことである。ドルゴンとドドは各々16歳・14歳となったので、おそらく成人したとみなされて参加を許されたのであろう。五年十月の祖大寿らとの誓約に名を連ねた執政諸王は、「ダイシャン・マングルタイ・アバタイ・デゲレイ・ジルガラン・アジゲ・ドルゴン・ドド・ヨト」となっている[70]。

315

第6章　政治構造とエートス

　この誓約は大凌河出兵時に交わされたものであり、この時ドゥドゥ・サハリイェン・ホーゲは都城留守を命じられていたので、実際には執政諸王の名は四年七月と変わりがなかったと見られる[71]。
　これらを見ると、天命九年正月から天聰五年十月までの約8年間に、執政諸王あるいはハンとともにマンジュ国の政権を代表した諸王は、常時10人強の人数で、成長と死亡および政治的失脚を除けばほとんど出入りがないことがわかる。これらの王名の中に、史料上一度でもホショの王とされた者の名はすべて見えるが、逆に一度もホショの王とされた形跡のないアバタイ・ドゥドゥらの名も入っている。つまり、「ホショの王」やそれ以上に格の高い「兄王」の称号をもつ最高位の王らに、やや格下の若干名を加えたものが、政権に参加できた諸王と見ることができる。
　執政諸王は、ハンの子姪あるいはその子であり、かつ生母が然るべき地位にあったこと、一定の年齢に達していたことが共通の条件として挙げられるが、正確な基準は不明瞭である。アバタイのように、父ハンの生前にはエンゲデル゠エフが来た時にもトゥシエトゥ゠エフ Tusiyetu Efu が来た時にも「四大王と我を同じように会わせた」と主張しながら、「汝を最初は五大臣の等級にさえ居らせなかった。デゲレイ゠タイジ・ジルガラン゠タイジ・ドゥドゥ゠タイジ・ヨト゠タイジ・ショト゠タイジらを先に言に入らせていた」と僭越を責められた例もある[72]。
　ここで「言に入らせた gisun de dosimbuha」というのは、アミンの子ホンコト Hongkoto が不相応にも父に進言していたことについて「汝を議〔政〕の言に hebei gisun de いつ入れた dosimbuha」と責められたように[73]、議政すなわち国政上の意思決定を行なう会議に参加を認められたことを指すと考えられる。「入らせた」という表現や、「言に入れた」かどうかがはっきりしていることからわかるように、議政への参加は許可が必要であり、許可された者とされていない者は明瞭に区別されていた。
　五大臣の等級にさえいなかったというアバタイは、「弟に合することになってしばらくして、六ニルの隷民を得た。諸王の等級に入った」とされ

ている[74]。一定数の隷民を有することが王の地位を得る前提条件となり、王の地位にあることが議政に加わる前提条件となったことが一応推測される。隷民の分与は家産分与に相当する基準に基づいて行なわれ、比較的多くの宗室が少なくはあっても隷民を与えられていた。中でも「入八分」の宗室は、八家の分配に与ることができ、宗室の中で比較的高位にあったと見られる[75]。例えば、天聰六年に5ニルを与えられたマングルタイの子のエビルン Ebilun がこれに当る[76]。しかし、天聰九年に定められた縁組の際の贈与に関する規則では、「八ホショの王・政に入った doro de dosika 諸王」と「八分に入った諸タイジ」で差等を設けていることから[77]、数ニルを有する「入八分」の宗室でも執政に加わることは難しかったとわかる。

バイントゥ Baintu の父すなわちバヤラ Bayara はヌルハチの実弟 banjiha deo であったが、「〔彼の〕心は分別がないので諸王の等級とせずにいた」といい[78]、上述のホンコトは明らかに隷民を有しているものの[79]、諸王の列にあったかどうかは不明であり、議政参加は認められていなかった。ホンコトに対して、「汝が誠に賢明であれば、ハンなる父（ヌルハチ）は汝をおそらく登用していただろう」と言われているように[80]、諸王の等級に入ること、さらには議政に加わることは、最終的には本人の資質が考慮されたものと考えられる。入関後になって、「太宗の時には、宗室の王・貝勒・貝子・公はいずれもその才徳を見て封じた」と言われたことも[81]、それを裏づけていよう。要するに、政権参加を認められたのは、ハンと「先に言に入った」諸王がそれにふさわしいとみなした者であったということである。民を分与された王・宗室は比較的多くいるものの、国政に参加できる者はせいぜい10人余りであり、ごく一部の選ばれた者であったと言える。

八ホショの王を八旗の代表として各旗に一致させようとする論者でさえ、執政あるいは議政諸王が八旗均等に出されていないことは認めている。天聰半ばの正紅・鑲紅・正藍旗は各2人の執政王を出していたが、逆に天聰初年の正白旗は、実質的に1人も出していなかったと考えられる。全旗に

第6章　政治構造とエートス

相当するニルを有していたドド[82]が、まだ公的活動を始めていない少年であり、議政に参加できなかったか、形式的に参加しても発言力はなかったと見られるからである。つまり、マンジュ国—清朝の政権は、八旗の代表者連合ではなく、また民を分与された宗室の多くが政権から排除されていた点からすれば、民を有する領主連合でもなく、ハンと特権的な一部の諸王から成るとしか認定できないのである。

なお、国家の重要事項を審議する会議には、執政諸王のほかに、いわゆる「議政大臣」として任じられた者が参加する。天命期の五大臣、天聰初に改めて任じられた8グサイエジェンがそれであるとされ[83]、崇徳二年に至ってさらに24人を増したが[84]、その後は個別に任じられたり罷免されたりしており、定数が存したかどうかは不明である。執政諸王より格下の宗室の中には、議政大臣として政治参加を認められた者もいた。これは血統よりも資質・能力が問われ、かつ「議〔政〕の言を諸王に附いて居り聞くように[85]」、「王・貝勒の前で事を議す[86]」と言われるように、決定に参加するというより、議論を聞いて参考意見を述べるなど、決定を助ける役割を負わされていたようである。

前掲ホンコトの例に見えるように、議政参加を認められていない者は、国政上の重要事項決定に口出しすることを戒められていた。議政に参加する諸王は、「ハンのもとで政の言を語らった」のを、「妻・政に入らなかった doro de dosikakū 大臣ら・小家丁ら」「妻・言に入らなかった小グチュら」に告げたり、彼らと話し合ったりしないことを誓っている[87]。

ハンと執政諸王が、それではどのように国家を運営していくのかといえば、前掲の天命七年三月初三日のヌルハチの訓示は、続けて次のように言う[88]。

> 八王が議を一つにして emu hebei 暮せば、失敗はなかろう。汝ら八王の言葉を拒まない者を見て、汝らは父を継いで国に主とせよ。汝らの言葉を取り上げず、よい道理を行なわなければ、汝ら八王の任じたハンを汝

2　合議による集権体制の成立

らが替え、汝らの言葉を拒まないよい者を選んで任ぜよ。その替える時に、笑い合って話し合いで hebei 処理して替えさせず、拒んで顔色を変える者がいれば、その悪い者の意のままにしようか。そうなれば、悪い者で替えることになるぞ。汝ら八王のうちで、何事によらず国政を治める時、一人が思いついて言えば、他の七人はそれを発展させよ。物が分らず、分らないままでおり、他人の分ったことを発展もさせず、徒らに黙っていれば、その者を替えて下の弟や養った子を王とせよ。その替える時に、笑い合って話し合いで hebei 処理し替えさせず、拒んで顔色を変える者がいれば、その悪い者の意のままにしようか。そうなれば、悪い者で替えることになるぞ。何かの用事に行くには、衆人と話し合って hebdeme 告げて行け。話し合わずに hebe akū 行くな。汝ら八王の任じた国の主のもとに集まるには、一人二人で集まるな。衆人が皆集まって会議で hebe 話し合って hebdeme 国を治めよ。事を処理せよ。家内神を祭ったり、神杆を祀ったり、何かの用事があれば、衆人に告げて行け。……

　従来、この史料は八旗を支配する八王の分権体制を定めたものとみなされ、八王にはハンの廃立さえ可能な権力があったとして注目されてきた。ここに言う八王が八旗を支配し代表するという前提に問題があることはすでに述べたが、少なくともここでヌルハチが何を言おうとしているかに注目すれば、それが八王の独立性や権利の擁護でないことは明らかであろう。ヌルハチが強調しているのは、ハンとなる者も含めて有力諸王が互いに協調し、争うことなく、話し合って国を治めていけということである。諸王の反対を押し切って独断専行するハンを交替させよというのも、交替させる時は平和的に和やかに行なえというのも、最も懼れていた事態が内紛であったことを示していよう。
　「hebe（話し合い）」「hebdeme（話し合って）」という言葉がくどいほど繰り返されていることからわかるように、ここでは合議の重要性が強調されている。何事も合議による意思統一によって、「議を一つにして」行なう

319

第6章 政治構造とエートス

よう教え論されている。わざわざ言うまでもないが、合議制は分権制とは違う。各王は政治的に独立した領分をもたず、その地位さえ保証されていない。彼らの地位も含めて、重要なことはすべて合議により定められ、合議の結果が絶対とされる。従来、この史料はおそらく皇帝独裁体制と対置されて読まれ、ハンでさえ諸王によって廃立され得るという点にのみ目を奪われていたように思われる。確かに、ここではハンの権力も相対化されている。しかし、だからと言って、個々の王の権力が認められているわけでもない。認められているのは、合議の結果がもつ強制力である。合議の結果には、何人も逆らうことはできないということである。

総員による合意を重んじる余り、個々の王の自立的な動きはむしろ厳しく制限されている。何かの用事で出かける時には衆人に告げて行け、一部の者だけで集まらず衆人が集まって話し合えというのは、政治的活動のみならず、全般的な言動の自由にも影響を及ぼすことになる[89]。そこまでの制約を課してでも求めるものは、「議を一つにして暮す」こと、すなわち分裂の回避である。

このような政治体制は、ヌルハチが自分の死後に行なうべきこととして示したものであり、実際に行なわれていたことを記したものではない。ヌルハチの教えと、その教えが守られたかどうかは自ずから別である。それでは実際にどのようになったのかと言えば、少なくともホンタイジ期の史料において、決定の手続きが確認できる限り、重要事項はすべて諸王・大臣の会議に付せられ、最後にハンの裁断によって決められている。決定後も反対論が尾を曳いた例はほとんど見られず、諸王・大臣に対する処罰など特定の者に不利な決定であっても、逆らうことなく受け入れられている。重要な国事は合議によって決定し、合議の結果にはすべての者が従うという点については、非常によく遵守されたと評価することができる。天聰八年にヌルハチを祭った際、ホンタイジが「御身の八旗を管した子ら孫らは、一つの議 emu hebe 一つの心で」努めてきたと告げたのは[90]、この点を念頭に置いて見れば、単なる美辞麗句とは言えない。

このような会議がどのように進められたかは、史料がほとんど残されていないため、明らかにできない。しかし、重要な問題に関して意見が分かれた時にはハンの決定に従ったこと、またハンが強く希望した場合にはそちらを優先したことなど、総じてハンの意向を尊重する傾向が認められる。通説において示唆されているような、ハン権力を牽制するといった動きは、実際には全くと言っていいほど見られない。これには、諸王の方でそのように行動すべき理由があったと見るべきであろう。その理由としては、消極的なもの、すなわち諸王の方で妥協せざるを得ない事情があったことと、積極的なもの、すなわち諸王が進んで折り合っていこうとする背景があったことが考えられる。まず、前者の理由から考察していきたい。

3　諸王の政治的基盤の不在

　従来の通説では、八旗は諸王の所領とみなされ、各旗に属する官人や民はその旗の王との間に君臣関係あるいは主従関係をもつと考えられてきた。ここでまず検討すべきは、「その旗の王」と「君臣関係」「主従関係」の具体的内容である。
　諸王・宗室に民を分与することは、「専らにさせる salibumbi」と表現される。民を与えられた諸王は、「隷民 jušen」を「専らにする salimbi」ことになる。通説に基づく説明を一読しただけでは誤解しかねないことであるが、1旗全体に相当する民を「専らにして」いた王は稀な存在である。天命期について見ると、ダイシャンとその子ら、アミンとジルガラン、マングルタイとデゲレイのように、大抵の有力諸王には、同じ旗に属していたに違いない有力な子弟があり、これらの子弟もやはり民を「専らにして」いた。天命五年に、ダイシャンはその子らへの民の分与の仕方が不当であるとヌルハチから責められているし、同時期にジルガラン・デゲレ

第 6 章　政治構造とエートス

イ・ヨトも民を与えられていたのはほぼ間違いない[91]。他にもタングダイ Tanggūdai など、諸王の列に入らない宗室でもニル単位の民を与えられていた者がある[92]。

　天聰元年十二月、アバタイ Abatai が罪せられた時に見える「アジゲ゠アゲ・ドルゴン゠アゲ・ドド゠アゲはみなハンなる父の全旗を専らにさせた han ama i gulhun gūsa be salibuha 子らであるぞ」という一文を取り上げて、アジゲ・ドルゴン・ドドの3人が各1旗を与えられたとする見方があるが[93]、これは誤りである。崇徳四年五月、ホンタイジが罪を得たドドを諭して言った言葉に、次のような一節がある[94]。

> 太祖（ヌルハチ）は子らに隷民を専らにさせる時、武英郡王（アジゲ）に十五ニル、睿親王（ドルゴン）に十五ニル、汝（ドド）に十五ニル、太祖自身に十五ニルを割り当てたのであった。太祖が崩じた後、武英郡王・睿親王が言うに、「太祖の十五ニルを我々三人が各五ニル取りたい」と言ったが、いくら太祖の言葉で決まっていなかったとはいえ、末子が専らにするのが道理であると、我は〔二王の願いに〕従わず、汝に専らにさせた。

　天聰期に定められた標準ニル数が30ニルであることから、ここに見える計60ニルは、ヌルハチ自身が保持していた両黄旗の全ニル（つまり「ハンなる父の全旗」）に当ると考えられる。これらのニルを、ヌルハチは年少の3子とともに4等分し、各15ニルを持ち分としたわけである。

　父の死後、ヌルハチ自身に残されていた15ニルは、末子として優遇されたドドに与えられたので、ドドだけは確かに1旗全体に相当する30ニルを専らにしたことになる。ただし、これは例外的であり、他の旗は一般に数人の王・宗室によって分けられていたはずであるから、有力な諸王が「専らにして」いたのもせいぜい十数ニル、他の王や宗室は数ニルまでが普通であったことになる。八旗の民は、その程度に細分されて「専らにさせ」られていたのである。

　1ニルの成人男子は、ヌルハチ期で300人、ホンタイジ期で200人とされ

3 諸王の政治的基盤の不在

るので、1人の王・宗室が「専らにし」た民は、成人男子数百人から数千人となる。女真内部で群小勢力が争っていた時代であればいざ知らず、明のような大国と全面対決に至った状況にあって、1人の王がこの程度の数の民を擁して分離・独立することは、今さら不可能だったはずである。ヌルハチの遺訓を俟つまでもなく、諸王・宗室にとって互いに結束していることは必須であった。

　現国家を維持していくことを前提として、それでは国内政治的に、このように民を「専らにして」いることがどのような意味をもったのであろうか。従来の研究では、このように配分された民の数ないし比率を、無条件に政治的影響力と直結させる考え方が目立つ[95]。上記のように民が細分されていたことを思えば、どの王にせよ政治的影響力に結びつくほど民を有していたのかという疑いも起るが、その点は措いても、民を「専らにする」ことが王・宗室の政治的な拠り所となるためには、これらの民がハンを中心とした政権に対するよりも、所属の王・宗室に対して忠誠を尽くすものでなければなるまい。具体的根拠がないにもかかわらず、「各旗の者がそれぞれの所属する旗の王だけに忠誠を尽くす」という排他的主従関係の存在が主張されてきたのは[96]、そのような意味があったはずである。だが、当時の史料による限り、排他的主従関係どころか、およそ民が所属の王に対して果たすべきだとみなされた義務はごく限られたものであり、完全に国法の統制下にあったことがわかる。

　従来の研究において、諸王とその属下の民との間の主従関係を証するとされた根拠がいずれも成り立っていないことは、筆者がすでにまとめて述べたところである[97]。

　そもそも、旗に属する一般の民は、所属の王と接触すること自体が少なく、忠誠を尽くすべき場面そのものがほとんどなかった。入関前の八旗の民は、農村で自家経営に携わるのを常態とし、成人男子の一定数ずつが輪番で労役・兵役に当たったが、労役は大部分が国家に対するものであり、兵役も少なくとも半数はグサイエジェン麾下に入るものであった。遅くと

第 6 章　政治構造とエートス

も天聰初年には、一般の民から諸王への供役に制限が課せられ、その制限も強化の方向にあったことがわかる[98]。雍正初年の上諭によれば、「旧例」では諸王は旗分（旗下）ニルから「護衛 hiya・散騎郎 sula janggin・典儀 faidan i hafan・親軍校 gocika bayarai juwan i da・親軍 gocika bayara」だけを取ることになっていたというから[99]、最終的にこうした儀礼的な官と身辺を守る将兵だけを使役に当ててよいことになったのであろう。

護衛（侍衛）hiya の数は、崇徳二年に 1 旗20人までとする規則が見え、この人数を超過したダイシャンが罪せられている[100]。康熙版『大清会典』によれば、散騎郎は「旗ごとに設ける」として定員なし、典儀は親王の 6 人から公の 3 人までとなっている。同じく親軍は、満洲・蒙古の各ニルにつき 2 名となっているので、多くて数十人ということになる。もちろん時期によって人数に変動があっただろうし、初期の段階では人数制限が課されていなかったことも考えられるが、成人男子の数そのものが限られていたことを思えば、王・宗室の身辺に割ける人数は自ずから限度があったはずであり[101]、上記の人数は入関前についてもおおよその目安として用いることができよう。それによれば、1 人の王・宗室につき、多くて数十人から100人弱が配属されていたことになる[102]。

これらの人員は旗分ニルから採用が可能であり、正式に職務を与えられて国家から報酬を受け、帳簿に名前が記載されていた[103]。それとは別に、王・宗室の「家」に属する「家の人 booi niyalma」が、王・宗室の身辺に仕えていたことも間違いない。宗室タバイ Tabai の果樹園を奪ったことで罪せられたバブライ Babulai は、ダイシャンが幼い頃から「召し使った takūraha」者であったが、罰として「礼親王（ダイシャン）のもとで行動させる yabubure のをやめてニルに追いやった」という[104]。「ニルに追いやった」以上、それまでは王の家に属していたと見るべきであろう。また、ホンタイジが自分の侍衛の出自の 1 つとして「我が家の子ら」を挙げているように[105]、旗分ニルからの採用が公認された侍衛（護衛）にも「家の人」を当てることがあったので、王や宗室の家の人が、正規の人員としてその

3 諸王の政治的基盤の不在

主人の身辺に仕えていた可能性もある。

　こうした人々の少なくとも一部は、王や宗室の腹心の者として、特別な位置づけを与えられていた。史料上、「グチュ gucu」として現われる場合もあるが、「諸王に近くいる者[106]」とか、単に「〔誰それ〕の人」と記されていることもあり、これらが一致するかどうかも明らかでない。「グチュ」は正式な官職名ではなく、グチュに関する規則の類も見られない。ヌルハチが当初、弟や子らに彼らの「生きる道」として、国人と並んでグチュを与えたということから、もともと貴人には必須のものであり、「奴隷」と並列された用例から見て奴隷とは身分や任務を異にしたことが窺われる。「従者」と漢語訳されることがあるのが、多くの用例に最も合致するように思われる[107]。

　諸王・宗室は、このような側近の者に対しては一定の恩顧を与えることができ、逆に一定の忠誠を期待することができたと推測される。側近の者が「家の人」であれば、もとよりその王・宗室の家計内において養われる身である。旗下ニル所属の者は自活が原則であり、バヤラや護衛には崇徳年間に国家から俸給代わりの男の配属が定められたが[108]、王・宗室からも衣食その他の給付を期待できた形跡がある[109]。つまり、王・宗室は側近の者に対して、何がしか恩を売る機会があったのであり、日常的な接触の中で互いに信頼関係を築くこともできたはずである。実際、諸王・宗室とその側近の者の間に、恩情に基づく結びつきが認められないことはない。しかし、こうした結びつきも、自然な人情としてあり得たというだけであり、法や倫理規範に裏づけられたものではなかった。つまるところ、旗人は「ただ身体が王らの属下にある」ために、「掣肘を受けたり力を分散させられる」ことがあるという[110]、地位の上下・立場の強弱に基づく圧力ないし影響力を受けるに止まったのである。

　一般に諸王・宗室に対して、その個人的な側近であれ、軍務や行政など職務上の部下であれ、忠実に仕えることは是認されていた。ただし、それは王に盲従することであってはならず、王に非があった場合は「諫める

第6章　政治構造とエートス

tafulambi」ことが義務とされた。諸王が罪せられる時には、しばしばその部下や側近が「なぜ諫めなかった」と罰せられている[111]。諫めても聴かれなかった場合は、ハンに訴え出なければならない[112]。

マンジュ国—清朝では、部下と上司、奴隷と主人など直接的な統属・従属関係にある下位の者が上位の者を訴えた時に、告発者が後で不利を被らないよう、訴えられた者から離して別の上司または主人の下へ移す制度があった。いわゆる「離主条例」として知られるものであり[113]、天聰五年七月および六年三月に規則化して布告されている[114]。前者は特に、諸王の殺人、隷民の妻に対する姦淫、戦功の隠匿不報、告発の妨害といった諸王の隷民に対する侵害への処罰と、その際の「離主」を明記している。実際に当時の史料には、諸王を含む高位の者を、それに仕える立場にある者が訴えた例が数多く見られ、「離主」の処分が行なわれた例も、遅くとも天命八年五月には見える[115]。

逆に下位の者に一定以上の重い罪があった場合、職務上の部下であれ、管轄する民であれ、勝手に処罰することは禁じられていた。諸王に対するその属下の大臣の誹謗や不服従が処罰の対象になったことを取り上げて、私的従属関係の証しとする説は、審判と処罰の主体が当事者たる王ではなかったという点を看過している[116]。こうした罪はすべて諸王・大臣の議にかけられ、双方の言い分を聞いた上で判断が下され、最終的にハンによって処分が決定された。

諸王・宗室は、大臣どころか家の奴隷に非があった場合でさえ、勝手に殺すことはできなかった。家の中での私的懲罰そのものを禁止した形跡は見られないが、私的懲罰による傷害致死は、実刑こそ免れても罪には当った[117]。意図的に殺したり過度に虐待したりしたことが明らかになれば、さらに重い罪とされた[118]。ショトが家の婢の罪を責めて打ったところ死んでしまったと法司に届け出て、調べてみると「口を塞ぐため殺したのであった」ことが明らかになり、罰贖と隷民・奴隷の没収を科せられたように[119]、有力な宗室でさえ例外ではなかった。

3 諸王の政治的基盤の不在

　このような制度下にあって、諸王の側近といえども、その王に対する忠誠を国家に優先させることが許されなかったのは無理もあるまい。崇徳三年正月、饒餘郡王アバタイが新満洲のエムトゥ Emtu と狩猟の獲物を争った際、アバタイの2人のグチュが王の主張に口裏を合わせたため、「汝らの王を庇った」と罪せられた[120]。このことは、王と一介の新参者の主張が同等に扱われたことを示すとともに、側近の者がその王のためにしたのであっても偽証は許されなかったことを示している。
　崇徳五年十二月、安平貝勒ドゥドゥは側近の5人の者から訴えられた[121]。この5人は「多羅安平貝勒のジョンタイ Jontai・フラタ Fulata・イェシ Yesi・シライ Sirai・ニマン Niman」と記され、具体的にどのような地位にあったのかは明記されていない。彼らが訴えたドゥドゥの罪過は、以下のようなものである。

①自分は数々の功を立てたのに報われず、罪を得た故ヨトとその子ロロホン Lolohon、ろくな功のないジルガランの方が優遇されているなどと、外でも家でも絶えず口にする。
②グルン公主に贈り物を送る際、これは公課同然だと言い、公主が受け取らず返すと、どうせ送らなかったといってまた罪せられるのだろうと言った。
③自分が〔親王・郡王より下の〕貝勒の地位にあることに不満を表わした。
④自分が〔礼〕部の王に任じられたことを、重んじられたからではなく楽をさせないために任じられたのだと言った。
⑤朝鮮国王の子が門前を通り過ぎた時、天を怨む言葉を漏らした。

　要するに、自分の不遇について身辺に仕える者に愚痴をこぼしたというに過ぎない。このようなことを、側近の者らがなぜ訴え出たのかといえば、彼らが言うには、

第6章　政治構造とエートス

　　安平貝勒の下で暮すのに、ジョンタイ・イェシ・シライ・フラタ・ニマ
　　ンこと我ら五人は〔貝勒から与えられて〕乗ったり着たりしているにせよ、
　　先に〔貝勒が〕上を謗って語ったところは重大である。〔我らが〕言って
　　も聞き入れず、我らが公然と問題にしても、証人がいないと言って我ら
　　が罪に当てられれば殺される。別の人が聞いて問題にすれば、「汝らは
　　〔貝勒の〕母の兄弟の子らで、〔貝勒の〕側近く暮していながらこのよう
　　な罪を知らないはずがあるか」と言って殺される。総じて死ぬことは〔確
　　実で〕十に一つも拠り所がないと、上なる主（ハン）に奏聞したい。我ら
　　を傷なく殺してほしい。

ということであった。ジョンタイら5人はドゥドゥの母方の親戚で、ドゥ
ドゥの側近く仕え、ある程度の物的恩恵を受けていたことも窺われる。彼
らはドゥドゥの不穏な発言に対して、諫めたが聞き入れられなかったとし
た上で、訴え出て信用されなかった場合の危険と、訴えずにいて他人に告
発された場合の危険を秤にかけ、殺される覚悟でハンに訴えたとしている。
　この訴えは、王・貝勒・グサイエジェン・議政大臣らの会議によって審
理され、すべて事実と認められた。会議はドゥドゥ夫婦を監禁、奴隷・隷
民・財物を没収するとしたほか、父を諫めなかった3人の子と、問題と
なった発言を聞きながら黙っていた2人の者も罪に当てたが、ハンの旨に
より、ドゥドゥには1万両の罰贖のみ、3人の子は罪を免じることとし、
主人の罪を免じた以上、下の者を罪することはできないとして、黙ってい
た2人も放免した。罰贖の額は大きいが、全体としては穏便に解決され、
訴えた5人はドゥドゥから離れることを許され、彼らを含む1ニルと50人
の男子が粛親王ホーゲの下に移動した。
　後述するように、ホンタイジの治世の後半には、諸王が罪せられる事件
が頻繁に起っており、この事件も同じ政治的動きの一環と捉えられないこ
ともない。ジョンタイらの訴えの意図も、あるいは史料上に表われない他
の事情によるところがあったのかもしれない。しかし、王とその側近の関

3　諸王の政治的基盤の不在

係一般を考える上で重要なのは、上記の訴えの中に、自ら仕える王を告発することを道義に反するとみなす言辞が全くないことである。「乗ったり着たり」するものを与えてくれた貝勒を訴えるのに何がしかの抵抗感があったことは窺えるが、ドゥドゥの「上を謗」る発言という重大な罪を隠すほどではない。その非を告発するのが困難なのは、道義的な理由からではなく、告発が信用されないかもしれないからなのである。ここには、国家に対する忠誠と直接の主君に対する忠誠のジレンマは見られない[122]。

　直接仕える者に対する忠誠の軽視は、法として定められた規則や裁判の判決に関する限り、政権によって一方的に設定されたものと考えることも可能であろう。だが、たとえ一部の政権担当者が決めたことであっても、国人全体の常識的な倫理観と懸け離れたものであるとは考え難い。仮にそうした規則を強引に押し付けたとしても、反発を招かないわけにはいくまい。当時の史料全体を通して、側近や官人にとっての王にせよ、奴隷にとっての主人にせよ、直接仕える者に対する告発が道義的見地から非難された例はない。この点は、チンギス=ハンが、自分の主人を捕えて引き渡してきた敵のノコル nökör を憎んで斬らせたという話[123]などと比べると、彼らの価値観が根本的に異なっていたことがわかる。直接仕える者への忠誠を重んじないことは、単なる上からの強要ではなく、当時の満洲人全体の内面的価値観によって支持されていたものと見るべきであろう。

　本来、グチュがその主君と生死をともにするほど忠誠を尽くすべき者であったことは、夙に指摘されてきた。父の信用を失ったチュエンがその4人のグチュに「王たる汝が死ねば、我らも汝に従って死ぬ」との誓約を取りつけ、ともに父ハンや弟らを呪ったことや、イェへの滅亡時、追い詰められたギンタイシ=ベイレ Gintaisi Beile にそのグチュらが最後まで従っていたことなどは、その例として適切であろう[124]。しかし、このような記述はヌルハチの女真統一とともに完全に後を絶つ。蓋し直属の主君への忠誠は、直接仕える王や大人が唯一最高の君主であった時代の倫理である。ハンによる統一国家の成立は、より高次の政治的権威の出現を人々に知らし

め、かつその直接的恩恵に与からしめた。満洲人の忠誠の対象が変化したとしても無理はあるまい。

　民を「専らにする」ことが許されていても、その民はおろか側近の者からさえ全面的な支持が期待できないとなると、諸王・宗室には制度的・慣習的に保証された政治的基盤が存在しないことになる。彼らは特定の集団の後ろ盾をもつことなく、政権参加することを余儀なくされる。政権内における彼らの地位は、民を「専らにして」いることではなく、議政に参加できることによって保証される。特定集団の利害を代弁する責任がない一方で、議政から排除されてしまえば政治的立場を失うことになる。議政に参加した諸王・宗室が、自分の意見に固執するよりは、主流となる意見に合わせ、それに従おうとする傾向を生じたのは、無理のないところであろう。

　しかし、一方で彼らは積極的に合意形成に努め、時には一身上の不利益を忍んでも、ハンを中心とする政権の決定に忠実に従っている。そのような行動は、何がしかの規範意識に基づくものと見なければなるまい。この点について、次に明らかにしたい。

4　満洲政権を支えたエートス

　ヌルハチの即位以後、マンジュ国―清朝の官人にせよ民にせよ、その所属の王に対して個人的忠誠を誓った証拠は皆無である。その一方で、官人たちはその所属の旗を問わず、ハンに対して誓詞を書いている[125]。たとえば、ヌルハチに提出された誓詞を例に挙げると、以下のようなものが典型的である。

　　○ハンの委ねた職務を、我フシブ Hūsibu は務めて正しく尽くそう。ハン

の与える賞、家で飼った家畜、耕した田地の穀物だけ〔で生活する〕。邪悪な心で賊盗となれば、身の悪により降るがよい[126]。
○遊撃ヤムブル Yambulu は、ハンの牌を受け取って、我が管理する一ジャランの五ニルの兵を〔率いて〕副将から離れない。副将から離れた時は、我ヤムブルを殺すがよい。離れなければ、副将は離れなかったとハンに上奏せよ。ハンの法度で正しく管理する。善悪については顔を立てず、親戚とて庇わず、仇敵とて抑圧せず、善を善、悪を悪とハンに告げる。そのように正しく統制せず邪悪なやり方をすれば、ハンに非を知られて、罪を得て家は貧するがよい、身は死ぬがよい。ハンの教えた正しい法度に背かず暮せば、我が子孫らは代々ハンに愛しまれ貴く暮すがよい[127]。

　つまり、ハンが委ねた職務について、ハンが定めた法に従い、不正を犯さず務めることを誓ったものである。ヌルハチ政権が官人たちに要求したのは、ハン個人に対する忠誠ではなく、ハンすなわち政権が与えた職務を「正しく」遂行することであった。
　この場合、「正しく」とは何を意味するのかといえば、まずはハンに与えられたものと自家生産したものだけで暮す、つまり職務を利用して不正な利益を得ないということが挙がっている。「財貨を貪る」ことを諸悪の根源のごとくみなす当時の満洲人の考えからすれば、当然の発想であろう[128]。もう1つ挙げられているのは、「善悪については顔を立てず、親戚とて庇わず、仇敵とて抑圧せず、善を善、悪を悪とハンに告げる」こと、つまり、職務に個人的情誼を反映させないということである[129]。
　統一後のマンジュ国—清朝においては、公的な問題に個人的情誼を差し挟むことが厳しく指弾された。統一以前においては、丁未年（1607）にチャンシュ Cangšu・ナチブ Nacibu の2大臣が死罪とされた時、シュルガチが「この二大臣を殺せば、我自身もまた死んだと同然であるぞ」と命乞いしたので死刑を免じたという記録があるように[130]、単に個人的情誼によって下の者を庇うことも許されている。しかし、その後の史料にこのよ

第6章　政治構造とエートス

うな記録は一切見えず、逆に他人を「庇う」という行為そのものが明瞭に嫌忌されるようになっている。

　「庇う haršambi」という語は満文史料にしばしば見えるが、常に悪い意味合いで用いられており、罪ある者を「庇った」と言う場合、庇った方も不正な行為を犯したとされる。この点は、同時代の朝鮮人の記述にも見える。崇徳四年正月、人質として瀋陽にいた朝鮮世子の随員鄭雷卿が清朝当局から罪に問われ、何とか救ってやりたいと思った世子は、自らホンタイジのもとに出向いてとりなそうとした。この時、他の随員らは「此の国の習い、もし罪人を伸救せば、則ち輒りに其の同参を疑う」と言って止めたという[131]。他人の罪を庇い立てするのは、不正な結託を暗示することだったのである。

　罪を犯した者を庇うことは、不正を見逃すことになるだけでなく、庇う方が庇われる方に恩を売ったり負い目があったりするなど、私的に結託している可能性が警戒された。ホンタイジの時代には、一般に私恩を売ったとみなされる行為が疑いの目で見られ、時にはそれだけで罪として糾弾されている。崇徳元年八月、成親王ヨトと粛親王ホーゲが罪せられているが、まずヨトについては、いくつかある罪状のうち特に長文を費やして記録されているのは以下のようなものである[132]。

　　鄭親王（ジルガラン）の下のチョトゥン Cotung が、馬に乗って馳せて死んだのを、成親王は「傷のせいで死んだのか」と問うて、「鄭親王がそうだと言うならそうなのだろう」と言っている。これを直ちに傷のせいで死んだことにして上奏したことは、あるいは鄭親王が彼の下の者を庇ったとハンが思うようにということ、あるいはハンと鄭親王が仲違いするようにと上奏したのである。瀋州から逃げ帰った罪の故に、ショト Šoto = アゲの奴隷・隷民を取り上げていたが、後にショト゠アゲに顔を立てて奴隷・隷民を返したいと、ヒルゲン Hirgen[133] をしてハンに問わせた。またショト゠アゲが婢の口を塞ぐため殺した時、法司で審理して、デルヘトゥ゠ニルの二族と三ニルを取り上げていたが、彼の部（兵部）の啓心郎ムチェ

ンゲ Mucengge をしてハンに上奏し、「子らの母らを返そう」と、罪を得たショト゠アゲに顔を立ててハンに上奏している。返さなければハンを悪く言うようにと問うたのである。粛親王（ホーゲ）が「我が何か言うとイチェンゲ Icengge が奸細となり、汝が何か言うとムチェンゲが奸細となってハンに上奏する」と言ったと〔正黄〕グサイエジェンのナムタイ Namtai に告げて、ナムタイにも口止めし、「この言をハンに上奏するな」と言った。またさらにデゲレイ貝勒と鄭親王に、粛親王がこのように言うと告げに行っている。デゲレイ貝勒は「ハンに上奏するな」と言い、鄭親王は「ハンに上奏せよ」と言っている。粛親王が答えるには、「そうではない。ソホン Sohon の妻と我が寝たと汝（ヨト）の妻に汝が告げ、汝の妻がゲンシュ Genšu に告げている。ゲンシュが我に告げた。我が言ったのは、この度はイチェンゲ夫妻が我に対して変心したのである。イチェンゲ夫妻があるいは誣いて告げたのではあるまいかと、我はこのように言ったのである」と言う。この言について汝（ヨト）は直ちに粛親王を罵り責めることなく、ハンにも上奏しなかった。父と子らを離間させよう、大ごとになるがよいとて告げずにいたのであるぞ。鄭親王とデゲレイ貝勒に告げたのは、同悪を求めて告げたのであるぞ。粛親王が誠にその言を汝に告げたのが事実であれば、汝は直ちにハンに上奏せず、特にハンを悪く思って外に同類を求め相談したのであった。

　誰が何を言ったとか言わないとかいう込み入った話の連続であるが、要するにヨトの罪は、「ジルガランが部下を庶ったとハンに思われるように、あるいはハンと仲違いするように謀った」ということ、「ショトが没収された隷民と奴隷について、返還されれば自分が感謝されるように、返還されなければハンが怨まれるように仕組んだ」ということ、「ホーゲの不適切な発言を責めず、ハンに上奏もせず、ジルガランとデゲレイに相談して、事が大袈裟になり確執が生じるよう企んだ」ということである。

　ホーゲの罪状も、これと同類のものである。上述のイチェンゲに関する発言については、「それならば汝ホーゲは直ちにハンになぜ上奏しない。

第6章　政治構造とエートス

汝はハンを悪く思うようになって、成親王に相談して告げたのであるぞ」とされ、ヨトの子の婚姻に際して男60人を与えたいと戸部に申し入れがあったことについて、「部の職務を受けた王である汝は不適切な所を直ちにやめさせるのが道理であるぞ。知っていながら汝が手引きしてハンに上奏したのは、与えれば汝がヨトに顔を立てたい、与えなければハンを悪く思うようにと〔図って〕言ったのではないか。汝の悪をヨトに覚られて顔を立てたのである」とされた[134]。やはり他人に「顔を立て」、「ハンを悪く思うように」行なったことが罪とされているのである。

　ここに記された事実関係による限り、すべて悪意なく行なわれたことに対して、殊更に陰険な意図を邪推したと見ることが十分に可能である。そもそもそれ以前に、こうした類のことがハン以下諸王・大臣の真剣に取り上げるべき問題かという疑問も生じる。だが、このように「自分だけよく思われるように」「誰か（特にハン）が悪く思われるように」行動したという非難は、当時の満文史料に他にも現われ、いずれも大まじめに取り上げられて記録に残されている[135]。上述のヨトとホーゲの罪は、4親王と安平貝勒および衆大臣の議にかけられ、半数の者が死罪、半数の者が監禁などの刑に断じたが、ホンタイジは寛大なところを見せて、両者とも親王から貝勒に降格、各1,000両の罰贖だけで許すことにしたという[136]。さらにホンタイジは、ショトの隷民と奴隷について、「彼（ヨト）がいい顔をするのならば、我もまた一度逆にいい顔をしたい」と言って、ショトに返還することを命じたという[137]。

　この事件全体を通じて読み取れるのは、私恩を売ること、あるいはその裏返しとして他人（特にハン）が怨みを買うように仕向けることが、実に素朴な敵意をもって指弾され、それが受け入れられているということである。この事件については、ホンタイジが諸王を抑圧して自身の権威を高めようとしたなど、背景に政治的意図を想定することも可能である。しかし、王が私恩を売ろうと立ち回ったなどということが、仮にも大事件として扱われたのは、ともかく私恩を売るのが悪いことだという意識が浸透してい

4　満洲政権を支えたエートス

たことを示していよう。個人的情誼を公務に持ち込むことが不正の最たるものと捉えられていた以上、殊更に個人的情誼を生み出そうとする行為が指弾されるのは理に適っている。

　上記の各事件において、ヨト・ホーゲがどのように行動すべきであったかといえば、すべてありのままに公言すればよかったということになる。ヌルハチの遺訓においては、用事があって出かける時は衆人に告げて行け、一部の者だけで集まらず衆人で集まって話し合えと言い、諸王の言動が互いに公開されていることを命じていた[138]。ホンタイジは、何か言いたいことがあれば「各々思ったことを公然と率直に言え」と命じ、「公然と言わず、『後日咎められはしないか』と陰でこそこそ言ったり、『我はそう言ったのに、我が言を相手にしなかった』と問題にするように言ったり」することは禁じていた[139]。入関後でも、グサイエジェンのトゥライ Tulai が摂政王となったドルゴンを難詰して口論になった後、ドルゴンが、言葉が過ぎたとはいえ「我が背後から」言ったわけではなく、正しいことを言ってくれたのだと放免したように[140]、陰口を叩くよりは公然と批判する方がよいという考えは受け継がれている。

　一部の者が余人の与り知らぬところで話し合い結託していれば、それは目に見えない党派結成につながり、総員の結束を損なうことになる。ホンタイジは、ダイシャンに仕えていたバブライ Babulai が宗室のタバイ Tabai の果樹園を奪ったという事件[141]を取り上げて、

> タバイが「我が園をバブライが取った」と和碩睿親王（ドルゴン）に告げ、汝（バブライ）らがまた和碩礼親王（ダイシャン）に告げ、互いに同時に事を大きくするならば、国を滅ぼす罪ではないか。ハダの人は一牝豚のために兄弟が反目して、互いに同時に乱を起こしてハダの国は滅んだではないか。

と諭している[142]。一部の者同士で結びつくことは、直ちに国の分裂・滅亡につなげて考えられていたのである。

第6章　政治構造とエートス

　総員の結束はヌルハチが最も強調した教えであるが、モンゴル人に向かって「汝らのモンゴル国のように父子・兄弟とて差別しないぞ。我らの八家は一家であるぞ」と言ったように[143]、実際に仲睦まじく結束しているのが自分たちの強みであると思っていたようである。

　実際のところ、ハン以下諸王・宗室およびおもだった大臣らは、終始集まって住んで日常的に接していただけに、諍いや揉め事は絶えなかった。諸王が罪せられる事件も、天聰期半ば以降、特に増えている。天聰三年の華北侵入の成功と四年の永平・遵化放棄によるアミンの失脚以来、ホンタイジは諸王に対して権威的な態度で接するようになっていく。五年にマングルタイが罪に問われたのは、ハンとの口論の末に腰刀に手をかけたからであるが、九年にダイシャンが罪せられたのは、それまで見逃されていたいくつもの罪が蒸し返されたものである[144]。九年にはダイシャンと同時にサハリイェンも罪せられ、故人となっていたマングルタイとその弟デゲレイが不軌を図っていたと告発され、名誉剥奪されている[145]。崇徳元年には、上記のヨト・ホーゲとアジゲ、アバタイ、四年にドド、五年にドゥドゥ、六年にドルゴンとホーゲが厳しく罪に問われている[146]。いずれも抗弁の余地がありそうな罪ばかりであるが、すべて諸王・大臣の議において死罪やそれに近い重罪に当るとされ、多くがハンによって寛恕される結果となっている。

　諸王は罪を認めれば死刑は免れるのが慣例であり、認めなければ重大な結果を招くことになった[147]。そのため、罪せられた諸王はみな大人しく処罰を受け入れているが、マングルタイが罪に問われた際には、ヨトなどは同情的な態度でホンタイジにとりなそうとしたといい、マングルタイの子エビルンは、自分がいたらハンに斬りつけていたのにと言ったという[148]。水面下で不満が渦巻いていたことは、十分にあり得たことである。しかし、表立って反発した例はほとんどなく、まして内紛につながるような深刻な亀裂は一切生じていない。

　分裂しようにも、そのための基盤がなかったことは、すでに述べたとお

りである。だが、諸王が罪せられたすべての事件において、当事者を除く諸王・大臣の議が厳しい結論を出しているのは、ともかくもそうした場合には、その王を罪して収めるのが適当とみなしたということである。おそらくはそのような規範が成り立っていたので、自分が当事者となった時にも、甘んじて受け入れたのであろう。錦州包囲の不手際によってホンタイジの怒りを買ったドルゴンとホーゲが、自ら相応しい罰を考えよと言われ、死刑を申し出ているのは[149]、罪せられた時には逆らわないことが諸王のあるべき行動として定着していたことを窺わせる。ホンタイジ期には、最終的に諸王の大半が一度は吊るし上げに等しい問罪を受けているのであるが、いずれも処罰を甘受して政権を支え続けている。そこには、何がしか積極的にそうするべきだという意思が働いたと見るべきであろう。

　決して分裂しないことを前提とするならば、話し合いの度に必ず合意に至る必要がある。その合意がハンの意向に沿って決まる傾向にあったことは、すでに述べたとおりである。諸王の中の誰かがハンを差し措いて会議を主導するならば、ハンの地位を、ひいては政権の安定を危うくするであろうし、私的な結びつきが極度に警戒されていた状況にあって、一部の王らが党派を形成することも不可能であったろう。そうであれば、合意形成の核となるのは、もともと突出した存在であることが公認されているハン以外にはあるまい。

　「連旗制」論的観点からは低く見積られがちであるが、ヌルハチ・ホンタイジの時代から、ハンは一貫して特権的な存在であることが許されている。実際、ホンタイジが

> 我が新旧すべての人を常に変わらず忘れず愛しみ、民を養い毎日違わず与え食べさせ、〔よその〕国人を招き従わせる道に努めることは、身が疲れず倦まないことではない。国と民のためである。

などと主張しているように[150]、ハンとしての責務を果たし、誰に対しても公正であれば、特別な扱いを受けるのはむしろ当然だったはずである。何

第6章 政治構造とエートス

事も諸王・大臣と話し合って決めていたとしても、政権の施行したことが君主たるハンの行為と受け止められるのは自然であり、「ハンが愛しみ養うにより」という官人の誓詞の常套句に見られるように[151]、ハンについてはその恩恵を称え感謝することが憚りなく行なわれていた。それどころか、ハンに限っては、その個人的恩恵を受けた者が見返りとしての個人的忠誠に基づく政治的主張を行なって、容認された例さえある。ホンタイジの死後、その後継者を決めかねていた諸王に対して、「帝(ホンタイジ)の手下の将領の輩、剣を佩して前みて曰く、『吾が属、帝に食し帝に衣る。養育の恩、天と同じく大なり。もし帝の子を立てずんば、則ち寧ろ死して帝に地下に従わんのみ』」と言ったと伝えられている[152]。これはよほど特殊な場合であるが、他に全くと言ってよいほど表われない類の行動であるだけに、ハンの特別な地位が窺われる。

従って、常に合意に至ることが必要とみなされていたのであれば、ハンの意向に合わせる傾向を生じたのはごく自然なことであり、そうであったからこそ、政治的紛糾を生じることがほとんどなかったのであろう。これはハン自身の権威や指導力よりも、合意に至ろうという諸王の努力に多くを負っていたと思われる。そのことは、最も顕著な例として、天聡三年十月に始まる遠征の計画変更をめぐる意思決定の過程に見ることができる。

第4章でも紹介したように、この遠征は本来チャハルを主敵と想定して始められたらしいが、チャハルが逃げ、食糧も乏しくなったため、諸王・大臣の間では帰還を望む声が有力になった。だが、後から合流したモンゴル諸首長はそのまま帰るのを嫌って明への侵攻を望み、いったん明に攻め込むことが決まった。その後、ホンタイジの2人の兄王、ダイシャンとマングルタイが、相談の上ホンタイジを説得し、明への侵攻を断念して帰還することとした。以下は、その後の経緯に関する記録である[153]。

　その後、ヨト・ジルガラン・サハリィェン・アバタイ・ドゥドゥ・アジゲ・ホーゲら衆諸王がハンのもとへ入って見ると、ハンは心が破れたよ

4 満洲政権を支えたエートス

うに顔を赤くして声を出さず坐っていた。ヨト゠ベイレが上奏して言うに「ハンは二兄と何を相談したのか、我らに告げてはどうか。兵を率いる衆大臣らはみな外に集まり、ハンの法度を聞きたいと一箇所にいて待っているぞ」と言ったので、その言にハンは憮然として言うに「大臣らに各々宿営地に帰れと言え。相談はもはや終ってしまったのに何を待っていた」と言って、「書記らに与えた法度の書を伝えるのをやめよ」と止めた。ヨト・ジルガランが答えて「どのような事情でこのようになった」〔と問うと〕、ハンが密かに旨を下して言うに、「二王がよくないぞ。『我々は今回深い所に兵を入らせ、なお行き着かないぞ。明の辺を得ることができなければ、米はみな尽き、馬たちはみな痩せてしまったのに、どうして行き着くだろう。たとえ辺を得て入ったとしても、明の各所の兵がみな会同して入りきらぬほど来て囲んだらどうする。また我らの入った辺の口を後方で囲んで出る所をなくすれば、家にどうして帰るのか』とこのように言っていけない。汝らはこのように言うのならば、我を家から何のために連れて来た」と怨み、旨を下したので、ヨト・ジルガランと衆諸王は、ハンに向かって提言して大軍が〔明の辺を〕入る計略を画策し定めるよう語らって、八旗のグサイエジェンらを二王に遣わした後、二王が言うに「我らが画策したことはそうであったが、今汝らの言を聞けばまたもっともである。総じてハンの欲する所であるぞ」と答えた。その夜、子の刻に議が定まって、前進して兵を入らせるよう定まったので、ハンは旨の書を八旗の兵のエジェンらに持たせて伝え、旨を下して言うに、……。

この時期、ホンタイジの個人的権威はまだ確立しておらず、兄王らの反対を押し切ることはできなかった。また、兄王らの反対には十分な理由があり、ホンタイジの方に勝利を請け合うだけの根拠はなかった。それにもかかわらず、ヨトら衆諸王が２王を説得するための使者を派遣したのは、ホンタイジの意向に沿うべく積極的に動いたと言うべきであり、２王も最終的には「総じてハンの欲するところであるぞ」と譲歩している。とりわ

第6章　政治構造とエートス

け注目すべきは、2王の態度である。自分たち全員の命運がかかった重要な決定に、自分たちが強く主張していた意見を曲げてまで、ハンの意向に従っている。このような状況下でも分裂することなく、ともかく合意の上で一致団結して行動しようという意識が共有されていたのである。後にダイシャンがホンタイジに向かって、「兄弟ら子らがみな一致した心で政のために努める時、天が愛しみ助ける」と言ったというのは[154]、実際の行動に即した発言と称してよかろう。

　結果的に、この時の対明侵攻が目覚しい成功を収めたことで、ホンタイジのハンとしての権威が確立したものと見られ、これ以後、ホンタイジは諸王に対して強い態度に出ることが多くなる。しかし、上記のように、それ以前から諸王はホンタイジをハンとして盛り立て、その意向に折り合う方向で合意形成に努めていたのである。

　諸王が不満を忍んででも合意の形成に努め、その結果を尊重する姿勢が徹底していたことは、合意の核となるべきハンの不在という危機にあっても混乱がなかったことに表われている。すでに死後のことまで話題に上っていたヌルハチと違い、血管系の持病はあったらしいものの、普段は至って壮健であったホンタイジの死は全く突然で[155]、後継者の選定は紛糾した。最終的にホンタイジの幼子フリン Fulin を立て、ドルゴンとジルガランが輔政を行なうと決めて「天に誓った」が、フリンがまだ6歳の幼児であったことから、不満をもった宗室のアダリ Adali とショトが撤回を求めて策動を始めた。しかし、ショトの父でアダリの祖父に当る最長老の王ダイシャンは、密かに相談をもちかけられて、すでに「天に誓った」以上は変えられないとして峻拒し、ドルゴンとドドも相手にしなかった。なおも画策を続ける2人を、結局ダイシャンが告発し、2人は王や地位の高い宗室には珍しい誅殺を被ることとなった[156]。この時のハンの代替わりを挟んで、清朝は一瞬も隙を見せず山海関方面への進攻を継続した。諸王の協力による政局の安定が、危機的な状況を乗り切らせたと言うべきである。

　ホンタイジの死の直後のこの時期は、マンジュ国―清朝にとって未曾有

4　満洲政権を支えたエートス

の不安定な政治状況にあったと思われる。それにもかかわらず、ともかくも決議に至り、動揺を来たさなかったことは、この過渡的な政権を支えていた諸王の政治意識の高さを物語っていよう。決議撤回の動きに加わらなかった諸王・宗室の中にも、フリンすなわち順治帝の即位に不満を燻らせる者はいた。鎮国公アイドゥリ Aiduri は、「二王（ドルゴンとジルガラン）が強いて誓えと言うので、我アイドゥリは言葉・表面では従うけれども、心・意志は従わない。ハンは小さく我が内心では不満に思う」との文言を密かに誓詞にしたためたといい[157]、アジゲは順治帝を指して「小さいハン」「小児」と呼び軽んじたことで糾弾されている[158]。それでも、公然と反抗するより決定に従う道を選んだのは、何があっても分裂だけは避けるべきだという大前提に揺るぎがなかったからであろう。

　マンジュ国—清朝においては、ハン以下諸王・大臣から、おそらく一般の民に至るまで、自分たちの国が置かれている状況について、危機感と希望を共有していたものと思われる。ホンタイジは対明戦に際して諸大臣に向かって「我らが暇を置かず常に討てば、彼（明）が迫られて降っても、天が愛しんで我らが勝っても、甲を解いて安楽になる日があるぞ」と言い、そのために必要な心掛けについて諄々と諭している[159]。ここには自分たちの力量や国の将来に対する幻想は見られない。彼らは自分たちが一致団結し、智恵と力の限りを尽くして、ようやく国を存続させていることを自覚していた。そして、国が存続し発展していく限りにおいて、自分たちの生活が豊かになっていく見込みがあることを知っていた。だからこそ、一人一人が目先の利害に囚われることなく、国の存続と発展のために努力することができたのである。

　ヌルハチが戍守に向かう者に「労するぞ」と声をかけた時、その者が「ハンが苦しむ際に、我らが苦しんでもよい。ハンが楽しめば、我らが楽しむ日もあるだろう」と言ったという話は[160]、当時のマンジュ国において、一介の兵士に至るまで、ハンと一体となって国を支える当事者意識が浸透していたことを示していよう。

第 6 章　政治構造とエートス

小　結

　入関前のマンジュ国―清朝においては、厳しい対外情勢・国内情勢に加えて、政権内部でも紛争の種に事欠かなかったにもかかわらず、一貫して政治的安定が維持されてきた。分裂を回避し一致団結すること自体が、ヌルハチ以来の謂わば国是とされてきた上に、分裂が起りにくい政治的背景があったからである。ハンとともに政権を構成する諸王は、固有の政治的基盤が薄弱であったため、分裂しようにもできない状況にあったが、他方で彼らはハンを中心として積極的に一致団結しようとしていた。
　ヌルハチの遺訓では、ハンを含む諸王が協力し合うようにとしか命じておらず、ハンの絶対的優位を主張する類の言説は、当時の史料に一切見られないが、現実には終始ハンを尊重する形で団結しようとする傾向にあった。一般の官民の忠誠も、所属する王ではなくむしろハンに対して向けられている。諸王にせよ一般の官民にせよ、本来支えるべきはハン個人ではなく国家であったはずであるが、国家というものが目に見えず、彼らにはその概念さえ定かでなかったことを思えば、具体的に目に見える最高位の存在であるハンが支えるべき対象と認識されたのは、ごく自然なことであったと言えよう。
　周辺諸国に対して国力で劣る新興国家が存続・発展していくために、このような政治体制と政治意識が極めて有効に働いたことは間違いあるまい。むしろ、こうした体制と意識に支えられてこそ、家父長的指導者であったヌルハチの死後にも、マンジュ国―清朝の存続・発展が可能であったと考えられる。筆者はさらに、マンジュ国―清朝のこのような求心力の強さが、明やモンゴルなど既存の強大な勢力を取り込んで、東アジア世界に新しい秩序を構築するために、決定的な意味をもったと考えている。次章ではこ

の点について論じ、本研究全体の結論を提示したい。

注

注

1) ここで言う「権力」とは、旗下の民を支配する王として公的に認められた権力を指す。本書序章部分の雑誌掲載後に示された意見として、「分権」の定義如何によって諸王分権制は存在したとする見解があるが、そこで示されている「旗王」と旗人の主従関係なるものの根拠は、「旗王」が旗人に対して不当な搾取・使役を行なっていたといった、いわば今日のパワーハラスメントに属するような性格のものである（本書序章附記参照）。ここでは、諸王の旗人に対する単なる立場上の力関係に基づく不当な権力行使は考慮の対象外とする。国政における権力のあり方を論じる上で、このような矮小な次元の権力を問題にすることは意味がないと考えるからである。
2) 石橋秀雄［1964-1］［1964-2］。
3) グチュについては後述する。先行研究も当該箇所を参照。
4) 『老档』太祖10、32頁〔『原档』1冊11、33頁〕。
5) 『老档』太祖10、19頁〔『原档』1冊12、20頁〕。
6) 少なくとも八旗制度成立以後の時代において、諸王・宗室の生活が民の直接的な賦役・貢納によって成り立っていなかったことについては、本書第2章参照。
7) 中国第一歴史档案館蔵『満文国史院档』巻号001・冊号2（松村潤［2001］に訳注を載録。該当箇所は53頁）。なお、『満洲実録』巻一にも同内容の記載があるが（8頁）、「Ninggutai gurun」の語は見えない。
8) ギオチャンガがニングタの王らを率いてウユンタ Uyunta やギヤフ Giyahū の子らを討ったこと（『満洲実録』巻一（9頁））、ドンゴ Donggo のケチェ＝バヤン Kece Bayan とニングタの王らの対立（同10～11頁）など。
9) 『満洲実録』巻一原注（8頁）。
10) 『満文国史院档』巻号001・冊号2（松村潤［2001］72頁）。
11) 『満洲実録』巻一（18頁）。
12) 『満洲実録』巻一（9頁）。
13) 『満文国史院档』巻号001・冊号2（松村潤［2001］61頁）。
14) 「facuhūn」とは、大臣が管轄するニルをよく取り締まらなかった（『老档』太祖52頁〔『原档』1冊55頁〕）、サルフから勝手に遼東に来た（『老档』太祖304頁〔『原档』2冊70頁〕）、講和に反する行ないをした（『老档』太宗853頁〔『原档』8冊258頁〕）など、法度に反し秩序を乱す行為について用いられる語である。

第6章　政治構造とエートス

15) 『満文国史院档』巻号001・冊号2（松村潤［2001］62頁）。
16) 『満文国史院档』巻号001・冊号2（松村潤［2001］72頁）。
17) 『老档』太祖10頁〔『原档』1冊11頁〕。
18) 鴛淵一［1932］以来、両者は一時同等に近い勢力を有したと見られている。
19) 申忠一『建州紀程図録』（13頁）。
20) 『建州紀程図録』（16頁）。
21) 万暦二十三年の朝鮮使節に対して、シュルガチが「若有送礼、則不可高下於我兄弟」と言ったということ（『建州紀程図録』（28頁））など。
22) 『老档』太祖11頁〔『原档』1冊12〜13頁〕。
23) この点については、鴛淵一［1932］、三田村泰助［1963・1964］など夙に研究がなされているが、なお推測の域に止まると言うべきである。
24) 『老档』太祖11頁〔『原档』1冊13頁〕。
25) 『太宗実録』崇徳四年八月二十六日条。
26) 前注史料においてホンタイジが引用したフルダン Furdan の発言に見える表現。
27) 『老档』太宗50頁〔『原档』6冊74頁〕。
28) 『老档』太宗403〜404頁〔『原档』7冊247〜250頁〕。
29) 『老档』太宗408〜409頁〔『原档』7冊259〜263頁〕。
30) 後継者に指名したと明記されてはいないが、「兄を差し措いて、跳び越えて弟にどうして〔政を〕執らせよう」と言ったというので（『老档』太祖28頁〔『原档』1冊30頁〕）、長子が優先的に政権を執るべきだと考えていたと見てよいだろう。
31) 『老档』太祖28〜34頁〔『原档』1冊30〜37頁〕。
32) 『老档』太祖30頁〔『原档』1冊32〜33頁〕。
33) 『満洲実録』巻一（17頁）。
34) 瞿九思『万暦武功録』巻十一・王台列伝、虎児罕赤・猛骨孛羅・康古六・歹商・温姐列伝。
35) 『老档』太祖5〜7頁〔『原档』1冊7〜10頁〕。
36) 『満洲実録』巻一・甲申年六月条（39頁）。
37) モンゴルの分裂に対する満洲人の見解については、本書126頁参照。
38) 『満洲実録』巻一（17頁）。
39) 『満文国史院档』巻号001・冊号2（松村潤［2001］72頁）。
40) 『老档』太祖28〜31頁〔『原档』1冊30〜34頁〕。
41) 『老档』太祖31頁〔『原档』1冊34頁〕。
42) 『満洲実録』天命十一年六月二十四日条（354頁）。本書124頁にすでに引用した。
43) 本書第3章第1節参照。

44)『老档』太祖554頁〔『原档』2冊475〜476頁〕。「王 wang」が『原档』の方では「wangsa」と複数形になっている。

45) 孟森［1959］218頁。なお、本論文の初出は孟森［1936］。

46) 神田信夫［2005］40頁。

47) 孟森［1959］222頁。

48) 岡田英弘［1972］。史料の該当箇所は、『原档』5冊511頁（上半分）と505頁（下半分）。

49)『老档』太宗541頁〔『原档』7冊433頁〕。

50)『老档』太祖860頁〔『原档』5冊19頁〕。

51)『光海君日記』（『朝鮮王朝実録』所収）十三年九月戊申条。

52) 例えば、天聰九年の時点でホショの王の称号をもつ者のうち（『旧満洲档　天聰九年』〔『原档』9冊〕による）、ダイシャンとサハリイェンはともに正紅旗であり、天聰六年六月にホーゲがホショの王に昇格させられるまで（『老档』太宗811頁〔『原档』8冊207頁〕）、両黄旗にホショの王がいた形跡がない。

53)『老档』太宗579頁〔『原档』7冊500頁〕。

54) 八という数は「四方四隅」（『老档』太祖67頁〔『原档』1冊141頁〕）に対応するきりのいい数であり、「八角 jakūn hošonggo 衙門」（『老档』太祖738頁〔『原档』3冊338頁〕など）に見られるように、満洲人に好まれた数であったらしいので、吉数として採用されたのかもしれない。

55)『老档』太宗128頁〔『原档』6冊246頁〕。

56) 本書322頁参照。

57)『老档』太宗727頁〔『原档』8冊134頁〕に見える。「ejelehe」の語は、『原档』の方では「ejilehe」となっている。同じ箇所に「不管旗の執政諸王 gūsa ejelehekū beile」の語も見えることから、執政諸王であっても「管旗」でないことがあったとわかり、「管旗貝勒」はより限られた王を指すと考えられる。語義からしても、このような王が1旗に複数いると見るのは不自然であるから、1旗を代表する王と見るべきであり、そうであれば上記の「旗の王」と同じとみなすのが順当であろう。

なお、細谷良夫は「旗を領有する」王として「旗王」という語を用いるが、一方で「旗王」ではあっても全旗を領有するのでなく、一定数のニルを領有するだけの者もあったとする。また、「八旗の全佐領は各々が旗王の下に分割領有されている」といった表現もあることからすれば、ニルを領有する宗室はすべて「旗王」と呼ぶことにしているようである（細谷良夫［1968］）。そうであれば、「旗王」とは注55) 所引史料に見えるような1旗を代表する王としての「旗の王」とは別のものということになる。いずれ概念規定さえ明確であれば、どのような語

第6章　政治構造とエートス

をどのような意味で用いても構わないが、1旗を代表する王と僅かな数のニルを領有する宗室とを混同しかねない用語を用いるのは、誤解を生む懼れがあると思うので、本書ではこの語を用いない。

58)「国の満・漢・蒙の旗を管理した ejelehe 大臣」という表現があり（『老档』太宗870頁〔『原档』8冊277頁〕）、グサイエジェンであった Hošotu は「旗を管理させて ejilebufi」と記されている（『内国史院档』天聡七年七月15日条（104頁））。なお、一般にニルや隷民を有することは「専らにする salimbi」と言い、ニルを管理することは「bošombi」または「kadalambi」と言い、管見の限りこの語を用いた例を見ない。

59)『太宗実録』崇徳八年五月初四日条。

60) 本書180頁参照。

61) 本書177～178頁参照。

62)「管旗貝勒」あるいは諸王による「管旗」の用例は稀であり、具体的な意味や位置づけを確定するのは難しい。張晋藩・郭成康 [1988] は、この語を「主旗貝勒」として、「八家家族長」と「八旗世襲最高軍政首長」の意があるとする（167頁）。前者すなわち八家の各家を代表する王という位置づけは可能であり、そのような王が定まっていたとすれば、確かにこの「管旗貝勒」以外に考えられない。具体的な役割は不明であるが、この位置づけは蓋然性が高いと筆者は考える。後者は「国家の統一的命令に従って本旗旗分ニルの披甲・壮丁を徴発し、糧賦を徴収し、本旗の軍政事務を管理する」役割を世襲の権利として担うことを指すと言う。このような役割を、旗を代表する王が担っていたとする史料的根拠はなく、むしろグサイエジェンやニルイエジェンの役割であったと見られるので（本書第3・5章を参照）、こちらの位置づけには従い難い。

63)『老档』太祖28頁〔『原档』1冊30頁〕。

64)『老档』太祖172頁〔『原档』1冊273頁〕。

65)『老档』太祖196～197頁〔『原档』1冊302～303頁〕。「ハンのタタンの諸王」の呼称は同時期の史料の別の箇所にも現われるが（『老档』太祖119頁〔『原档』1冊207頁〕）、意味は未詳。

66) 神田信夫 [2005] 48頁。なお、同書は諸王の名称と位置づけについてひととおり述べているが、筆者が賛同しない箇所もあるため、改めて史料を引用しつつ検討することとする。

67)『老档』太祖884、太宗91頁〔『原档』5冊23頁、6冊131頁〕。

68) この時期の無圏点満文は、まだ正書法が確立しておらず、語頭形・語中形とも「do」と「du」は区別されていないことが多い。「Dudu」については、「Dūdū」と表記していることもあるが、完全に書き分けていたのかどうかは疑わしい。なお、

本書100頁および第2章注64) を参照。
69) 『老档』太宗426頁〔『原档』 8 冊24頁〕。
70) 『老档』太宗591頁〔『原档』 7 冊516頁〕。
71) 神田 [2005] 49頁。
72) 『老档』太宗108〜110頁〔『原档』 6 冊151〜154頁〕。アバタイは側妃の子であり、タングダイら庶妃の子とは一線を画するものの、嫡出の子とは差をつけられていた。彼は天命六年に一等都堂に任じられている (『老档』太祖333頁〔『原档』 2 冊108頁〕)。この点からすれば、ヌルハチの生前には大臣として最高位の格で待遇されていたと言うべきであろう。
73) 『老档』太宗415頁〔『原档』 7 冊280〜281頁〕。
74) 『老档』太宗110頁〔『原档』 6 冊153頁〕。
75) 本書101〜102頁参照。
76) 『老档』太宗714〜715頁〔『原档』 8 冊122〜123頁〕。なお、本書101〜102頁参照。
77) 『旧満洲档　天聰九年』15〜16頁〔『原档』 9 冊17〜19頁〕。
78) 『内国史院档』天聰八年四月二十日条 (124頁)。バヤラの母はヌルハチの継母であるから、彼はヌルハチの同母弟ではないが、嫡出の弟に当たるので、血統から言えば王の地位に就くことも可能だったのであろう。
79) ホンコトに対する処分として、「隷民・家の奴隷・財貨・家畜」をみな没収してジルガランに与えたとされる (『老档』太宗416頁〔『原档』 7 冊283頁〕)。
80) 『老档』太宗415頁〔『原档』 7 冊281頁〕。
81) 『世祖実録』順治九年正月乙酉条。
82) ドドが有していたニルの数については、本章322頁参照。
83) 神田信夫 [2005] 60〜61頁。
84) 『太宗実録』崇徳二年四月二十八日条。
85) ホンタイジの即位とともに、8 グサイエジェンを任じた際に見える語 (『太宗実録』天命十一年九月朔条)。これらのグサイエジェンに附け加える形で議政大臣が設置されたことについては、神田 [2005] 60〜61頁参照。
86) 『太宗実録』崇徳二年四月二十八日条。
87) 『旧満洲档　天聰九年』376〜381頁〔『原档』 9 冊478〜484頁〕。
88) 『老档』太祖554〜555頁〔『原档』 2 冊476〜478頁〕。なお「王 wang」は『原档』の方ではすべて「wangsa」となっている。
89) 本章332〜335頁参照。
90) 『内国史院档』天聰八年十月二十七日条 (332頁)。
91) 『原档』 1 冊377頁。岡田英弘 [1972] 所引。なお、天命八年六月にデゲレイ・ジルガラン・ヨトが各々1〜2ニルの隷民を取り上げられていることから (『老

第6章　政治構造とエートス

档』太祖792頁〔『原档』5冊18頁〕)、この時点までに彼らが民を専らにしていたのは確実である。

92)『老档』太祖347頁〔『原档』2冊134頁〕。
93) 神田信夫［2005］43〜44頁。
94)『太宗実録』崇徳四年五月二十五日条。
95) 孟森［1936］以来、大方の「連旗制」論的理解を採る論者は、明記するとしないとにかかわらず、この考え方に基づいて議論している。
96) 本書序章および附記を参照。なお、引用文は本書18頁所引の1文に基づく。
97) 本書序章第1節および附記。
98) 本書97〜98頁参照。
99)『上諭八旗』雍正元年七月十六日上諭。
100) 本書122〜123頁参照。
101) 崇徳二年にダイシャンの護衛の数が問題になった時のホンタイジの発言によれば、そもそも兵役や労役に当てるべき者を無駄遣いしないための人数制限であった（『太宗実録』崇徳二年七月初五日条。本書122〜123頁も参照）。
102) ただし、親軍（gocika bayara）や侍衛・護衛（hiya）は、所属の王のもとを離れて使われることもしばしばあった（本書272頁）。
103) 報酬については、本章注108）。登記については、『太宗実録』崇徳二年七月初五日条に、ホンタイジが自らの侍衛の実数について、「黄旗の档案を調べてみればわかる」と言ったとある。
104)『内国史院档』崇徳三年八月初七日条（516頁）。
105)『太宗実録』崇徳二年七月初五日条。
106) 「諸王に近くいる者」は、戦にあっては率先して戦い指揮をし、宴会では諸王に近く坐って飲食するものとされている（『老档』太祖662頁〔『原档』3冊230頁〕）。
107) グチュに関する専論としては、増井寛也［2001］がある。
108)『老档』太宗1062頁〔『原档』10冊200頁〕、『内国史院档』崇徳三年九月十八日条。
109) 一般に諸王は旗下の者から求められれば与えるべきだとされていた（『老档』太祖749〜750頁〔『原档』3冊350頁〕）ので、側近の者についてはその機会が多かったと見るべきであろう。また、本章327〜328頁に引くドゥドゥの側近らも、彼らの王から「乗ったり着たり」するものを得ていた。
110) 雍正元年八月十七日監察御史ハンギル Hanggilu 奏疏（中国第一歴史档案館蔵『宮中全宗雍正朝満文硃批奏摺』所収。『雍正朝満文硃批奏摺全訳』（黄山出版社、1998年）292〜293頁に訳文がある）。鈴木真［2007］は、この史料を引用して「雍

正朝において皇帝の一元的支配が八旗全体に及んでおらず、旗王による旗人支配が弊害を生み出していたことが確認できる」とするが（20頁）、筆者は旗人が特定の王に所属すること自体によって「掣肘を受けたり力を分散させられること」を「旗王による旗人支配」と評価するのは無理があると考える（本書35〜36頁参照）。筆者はむしろ、雍正朝においてはこのような次元の権力関係さえ問題として取り上げられている点に、政治史的意味があると考える。

111) シュルガチを「諫めなかった tafulahakū」として宗室のアシブ Asibu なる者を殺したというように（『老档』太祖11頁〔『原档』1冊13頁〕）、「諫めなかった」ことで諸王の部下が罪せられることはヌルハチの即位以前からあった。

112) 例えば、六部の啓心郎は、その部の王の非を2、3度言っても聴き入れられなかったら、ハンに上奏するよう命じられている（『内国史院档』天聡七年十月十日条（168頁））。

113) 例えば、劉小萌［2001］383〜392頁、姚念慈［2008］142〜157頁などに詳しい。

114) 『太宗実録』天聡五年七月初八日条、『老档』太宗725〜726頁〔『原档』8冊132〜133頁〕。

115) 『老档』太祖752〜753頁〔『原档』3冊353〜354頁〕。

116) 本書12頁参照。

117) 些細な罪で家の者（おそらく奴隷）に折檻を加えて死なせてしまい、自ら法司に届け出て、死罪相当の罰贖を命じられた例がある（『太宗実録』崇徳六年八月十日条）。

118) シラナ Sirana という大臣の弟の妻は、家の婢を虐待したことで罪せられたが、その際、被害者である奴隷女は「是であるのに汝はなぜ逃げた」と、こちらも罰せられている（『老档』太祖616〜617頁〔『原档』3冊151頁〕）。主人に非があれば、奴隷も逃げるよりは訴え出るべきだったのである。

119) 『老档』太宗1220〜1221頁〔『原档』10冊370頁〕。

120) 『内国史院档』崇徳三年正月二十日条（201〜204頁）。

121) 以下、『太宗実録』崇徳五年十二月初四日条。

122) おそらく当時の満洲人に「国家」という概念はなく、最高君主たるハンにその体現を見ていたと思われる。ジョンタイらの言う「上」とは、ハン個人というより、政権を代表する存在たるハンであると見られるので、ここでは「国家に対する忠誠」と表現した。

123) 『元朝秘史』巻八。

124) 三田村泰助［1965］123〜124頁など。なお引用史料は『老档』太祖32、184頁〔『原档』1冊34〜35、286頁〕。

125) ヌルハチは、天命四年七月初八日に村の領催以上のすべての官人に誓詞を書

第 6 章　政治構造とエートス

くよう命じている（『老档』太祖162頁〔『原档』1 冊264頁〕）。
126) 『老档』太祖1122頁〔『原档』5 冊339頁〕。なお、フシブは鑲藍旗人。
127) 『老档』太祖1141～1142頁〔『原档』5 冊395～396頁〕。なお、ヤムブルは正藍旗人。
128) ヌルハチは「得ることを貪るな。正しさを貪れ」と子らに教えていたという（『老档』太祖60頁〔『原档』1 冊66頁〕）。
129) ヌルハチ自身も「よいことを示した者は仇敵と思わず功として陞せていた。罪を犯した者は親戚と思わず殺していた」ことを、「正しくよい tondo sain」として称賛されている（『老档』太祖64頁〔『原档』1 冊136頁〕）。
130) 『老档』太祖 3 ～ 4 頁〔『原档』1 冊 5 ～ 6 頁〕。
131) 『瀋陽状啓』己卯年正月二十八日条（140頁）。
132) 『満文老档』太宗1223～1226頁［10-375～378］。
133) この名は『老档』では「Hergen」となっており、訳注本でも「hergen」と翻字されているが、『原档』では明らかに「hirgen」と記されており、ホンタイジの側近を務めた人物の名とも一致するので、「Hirgen」とした。
134) 『老档』太宗1226～1227頁〔『原档』10冊378～380頁〕。
135) たとえば、ホンタイジはダイシャンを責めて、「我によく見えた者には悪くし、悪く見えた者にはよくする」ことで離間を唆したとしたり、元来仲の悪かった Manggūji Gege を、ホンタイジと諍い始めた途端にもてなしたことに底意があったと示唆したりしている（『旧満洲档　天聰九年』288、291および296頁〔『原档』9 冊374、377および382頁〕）。
136) 『老档』太宗1227～1229頁〔『原档』10冊380～382頁〕。
137) 『老档』太宗1229頁〔『原档』10冊382頁〕。
138) 本章319頁所引史料。
139) 『老档』太宗1089～1090頁〔『原档』10冊232～233頁〕。ここで、「先にもこのようなことは確かにやめさせている」と言っている。
140) 『内国史院档』順治三年正月十三日条。
141) 『太宗実録』崇徳三年八月初七日条（516頁）。本章324頁でも引用した。
142) 『太宗実録』崇徳四年六月二十一日条。
143) 『老档』太祖588頁〔『原档』2 冊532頁〕。
144) 『老档』太宗579頁〔『原档』7 冊500～501頁〕、『旧満洲档　天聰九年』293～296頁〔『原档』9 冊379～382頁〕。
145) 『太宗実録』天聰九年十二月初五日条。
146) アジゲについては本書285頁、アバタイについては『老档』太宗1032～1034頁〔『原档』10冊164～165頁〕、ドドについては『太宗実録』崇徳四年五月二十五日条、

ドゥドゥについては本章327〜328頁、ドルゴンとホーゲについては本書236頁。
147) シュルガチは自らの非を認めたため許されたが、チュエンは非を認めなかったために監禁されたという（『老档』太祖33〜34頁〔『原档』1冊36〜37頁〕）。また、アバタイは罪せられて抗告したため、2倍の罪を科せられている（『内国史院档』崇徳三年正月十一日条（183頁））。
148) 『老档』太宗1223頁〔『原档』10冊375頁〕、『太宗実録』天聰九年十二月初五日条。
149) 『太宗実録』崇徳六年三月二十一日条。
150) 『旧満洲档　天聰九年』188頁〔『原档』9冊247〜248頁〕。
151) 『老档』太祖1109頁〔『原档』5冊299頁〕以下の諸誓詞などに見える。
152) 『瀋陽状啓』癸未年八月二十六日条（601頁）。
153) 『太宗実録』天聰三年十月二十日条。
154) 『内国史院档』天聰八年十月二十五日条（330頁）。
155) 突然の死であったことは、『太宗実録』（崇徳八年八月初九日条）にも、朝鮮人による『瀋陽状啓』（癸未年八月二十六日条（596頁））にも等しく記されている。
156) 以上、『瀋陽状啓』癸未年八月二十六日条（601〜602頁）。
157) 『内国史院档』順治元年六月二十七日条。
158) 『内国史院档』順治二年八月二十八日条。
159) 『老档』太宗525〜527頁〔『原档』7冊407〜412頁〕。
160) 『老档』太祖727頁〔『原档』3冊321〜322頁〕。

第7章

新しい秩序の創出

序

　八旗制度をどのような制度と捉えるかは、17世紀の東アジアに覇を唱えた清朝を歴史上どのように位置づけるかという問題と不可分である。八旗制度を諸王分権体制の表われとする見方は、背後にある歴史観に差はあれ、初期清朝を内陸アジア遊牧国家の系譜上に位置づけようとするか、同じ類型の国家とみなそうとしている。少なくとも、中国の伝統的な皇帝独裁体制と対置させることによって、「中国的でない」体制を強調し、結果的に同じ「北方民族」が建てた国家の体制に引き寄せて理解しようとする傾向があった。

　1930年代に「連旗制」を論じた孟森は、ヌルハチの「夷法」による統治体制が、後に「漢族伝統の統治体制」「儒家の五倫の説」によって圧倒されたとし[1]、清朝本来の体制が中国的伝統と対立するものであったと述べるのみで、遊牧国家の伝統と結びつけてはいない。60年代前半には、三田村泰助がヌルハチ政権の統治形態を論じる上で、女真社会とモンゴル社会を比較して、両者がともに「狩猟遊牧社会」に属し、「氏族制末期或は封

第7章　新しい秩序の創出

建制への過渡期」に当ったことから、モンゴル社会の文化が女真社会に受容されたとした[2]。つまり、社会類型と発展段階論から、両者の共通性と関連を説明したのである。社会の発展段階論は80年代に入って支持を失っていくが、女真社会を遊牧社会と類似のものとし、その類似性を強調することでマンジュ国―清朝の成り立ちや構造を把握しようとする動きは、むしろ強まっていったと言える。近年においては、国家の正統性や広域・多民族支配の形態などから、清朝とモンゴル帝国との連続性を主張する議論が有力であり、マンジュ国―清朝初期の社会・制度も、殊更にモンゴル的、あるいは「中央ユーラシア的」なものとして捉えようとする傾向がある[3]。

　マンジュ国成立当時の女真人の社会を「遊牧社会」ではないにせよ、同様の「部族制」社会であるとする考えはより一般的である。八旗制成立の段階で既存の集団や社会関係が保持されたこと、その後も特に旧首長層の支配権が保護されたことは、夙に重要な点として強調されてきた[4]。そのようにして、旧来の「族制的」な集団が再編され[5]、新たな部族制と言うべき八旗制が成立するという見通しがなされるのである。こうした見通しも、モンゴルの千戸制に見られる「新部族制」的な体制をモデルとして生まれたものではないかと思われるが[6]、いずれにせよ既存の政治的・社会的体制の継承・再編と捉える方向性に違いはあるまい。

　筆者は前章までに、マンジュ国―清朝においては当初から諸王分権体制が成り立っていなかったこと、逆に一貫して中央政府による強力な管理・統制が行なわれていたことを述べてきた。本章では最後に、八旗制度が生まれた政治的・社会的背景を検討し、八旗制度に見られる清朝の高度に集権的な体制の出現が、女真―満洲社会において、ひいては17世紀初頭の東アジアにおいて、どのような歴史的意義をもつことになったかを考察したい。

　筆者の見るところ、16世紀末から17世紀初めの女真社会においては、統一国家の規範となるべき政治的・社会的伝統が極めて稀薄であった。八旗の母体となった各集団やその首長層は、新生マンジュ国において特に尊重

されるほどの力も権威もなく、ハンや諸王・大臣の役割や位置づけについてはほぼ白紙の状態であった。そのような状態で新しい国家を組織・運営していくのは、一面では既存の秩序に縛られない創建の余地に恵まれ、一面では新たな原理を明瞭に打ち出していく必要に迫られるものであった。既存の秩序との連続性を強調する従来の研究と異なり、筆者はむしろ新しい秩序を創出する可能性に恵まれていたことが、マンジュ国—清朝の発展を支えたと考える。

　以下、第1節では、ヌルハチによる統一の時点で女真人の社会組織が極めて小規模かつ脆弱なものであったため、首長層の既得権や伝統的政治形態に顧慮する必要が少なく、新しい統治制度を創設する自由度が高かったことを示す。第2節では、ハンから一般官人に至るまで、新しい統治組織を成す人々に、各々国家を支えるため献身する義務があるとの思想が徹底し、それに基づく人事制度が成り立っていたことを述べる。第3節では、そうした義務を果たすために依るべき基準が「法度」として明確に提示され、その権威が確立していたこと、そしてそのことが、明やモンゴルを支配下に入れ統治していく上でも有効であったことを明らかにする。

　筆者の見通しによれば、17世紀初頭の東アジア世界は、従来にない社会変動により、二大勢力たる明とモンゴルの伝統的政治体制が機能不全に陥っていた。ここに新しい統一的な秩序を導入したのが清朝であると、筆者は考えている。本研究全体の結びとして、満洲人が創出した新秩序が、当時の東アジア世界を再編する原理となり得た所以を考察したい。

1　「出自を見るな」「系統を見るな」

　唯物史観に基づく発展段階論においては、16世紀の女真社会は概ね氏族制社会の末期に当ると考えられた。その理由は、血縁関係に基づく集団が

第 7 章　新しい秩序の創出

存在した形跡は見られるものの、その組織や機能は薄弱であったからである。

　16世紀の女真社会に見られた血縁集団としては、「ハラ hala（姓）」「ムクン mukūn（氏）」「ウクスン uksun（族）」「ボー boo（家）」が知られている。劉小萌の整理・検討によれば[7]、ハラは「野人」と呼ばれた東北辺境の女真以外では血縁組織として機能しておらず、ハラが分岐してできたとおぼしいムクンも[8]、族外婚の単位をなすなど一定の機能は残していたものの、居住地拡散によって分解していく趨勢にあり、より小規模な血縁集団であるウクスンやボーが重要な役割を果たしていた。ウクスンは特に狩猟の単位として機能したというが、1人の族長が「十数戸」を率いる規模のものであり、ボーすなわち「家」は一般に夫婦と独立前の子を中心とする「小家庭」であったという。つまり、ヌルハチによる統一の頃の女真においては、大規模かつ強力な社会的機能をもつ血縁組織は存在していなかったのである。

　血縁のみならず地縁集団についても同様である。当時の女真の集落は、1つのウクスンから成る場合もあれば、複数のウクスンの者が混住していることもあった[9]。最も一般的な集落は「ガシャン gašan（村）」であるが、その規模については『魯山君日記』（『端宗実録』）所載の李思俊の調査報告に基づく研究が有名である[10]。それによれば、15世紀半ばの女真の集落は、1戸平均2名の壮丁（成人男子）を含む戸が10戸未満から数十戸であり、壮丁100人を超す集落もあるが、50人未満が大多数であった。16世紀末の申忠一の記録によれば、勃興期のヌルハチの領内においても、1つの集落が10戸未満から最大で100余戸であったが、大部分は30戸未満であったという。初期の満文档案にも、癸丑年（1613）にイェヘを攻めて「大小十九村」を取り「三百戸」として連れ帰ったとの記載があり[11]、これは1村平均15〜16戸という計算になる。

　初期の満文史料において、社会集団の基本単位として現われるのは、主としてウクスンとガシャンであるが、それらはやがて再編される八旗制下

1　「出自を見るな」「系統を見るな」

のニルよりもずっと小さかったのである[12]。元々狩猟・採集民であり、後に粗放な農耕と若干の牧畜を生業とするようになった女真人は、多人数で集まって住むのに適さず、人口が増えれば分散する傾向にあった。分散して居住すると、それまでの紐帯も稀薄化していくことが指摘されている[13]。

ヌルハチの祖父の世代に当るニングタ Ningguta 六祖に関する記録は、こうした事情をよく表わしている。ニングタの諸王 beise は 6 人の兄弟であったと伝えられるから、いわゆる「ニングタの国 Ninggutai gurun」は血縁の紐帯で結ばれた集団であったと見るべきであろう。彼らは一時繁栄したが、「十二の村に住んで乱れた」という。つまり、統一された君主を戴くでもなく、並立する 6 人の首長が率いる集団が、12の集落に分かれて居住し、統制が取れなくなったというのである。彼らはこの状態を危惧して 1 箇所に集まって住もうと決議しながら、家畜を飼うのに不都合との理由で実行せず、ついには互いに争い衰微したという[14]。

16世紀までの女真社会は、このような分散傾向にあり、全体としての人口の少なさとも相俟って、大規模な統一集団の形成が阻まれてきたと見られる。すでにニングタ六祖の時代に分散状態が不利と認識されていたように、統一が求められる趨勢にあったことは間違いあるまい。女真の間で抗争が激しくなり、ハダ Hada のワン゠ハン Wang Han が初めて統一勢力に近いものを形成するのが16世紀半ばのことである。つまり、分散していた女真の群小集団に統一の兆しが現われるのは、ヌルハチのせいぜい 1 ～ 2 世代前のことであり、統一しかけた勢力も、すぐにまた分裂していった[15]。ヌルハチによる統一の過程で併合されていった諸集団は、いずれも分散状態にあるか、ごく脆弱な統合をなす小集団だったのである。

ヌルハチは初め数十人程度の兵力を有する零細集団の首長に過ぎず、彼が対抗した周辺の女真集団も大差はなかった。ヌルハチが勝ち残るにつれて、自発的に帰附する集団も増えていくが、それらも大部分がごく小規模な集団であったと見られる。統一期における自発的来帰は非常に歓迎され、集団を率いて来た大人 amban の功績は高く評価されたので、満文档案に

第 7 章　新しい秩序の創出

見える功績の記録や、それらに基づく『八旗通志初集』列伝などには、その点を取り上げたものが数多い。それらの大半は、単に「衆 geren を率いて来帰した[16]」などと記されているに過ぎないが、率いてきた人数が明記されていることもある。

それによれば、少ないもので「男四十人・眷属九十人を率いて、長白山を越えて来帰した」というバスカ Baska[17]のほか、「一村の五十五人を率いて」「男五十人を率いて」「男四十人を率いて」「父母・諸弟と男四十人を率いて」など[18]、成人男子だけで数十人の規模であり、全体としては成人男子100人から300人程度を率いてきたというものが多い。最も多いものとしては、スワン Suwan 部の大人であったソルゴ゠マファ Solgo Mafa が「軍民五百戸を率いて来帰した」、代々ドンゴ Donggo 部の長であったというルムブ Lumbu が、まず族子のホホリ Hohori に兵500人を率いて来帰させ、ついで自身も男400人を率いて来帰した、東海地方に住んでいたミンガトゥ゠バヤン Minggatu Bayan が「子弟家属ならびに男千余人を率いて来帰した」などがある[19]。戸数と人数の表記が入り混じっているが、前述の1戸につき壮丁が平均2人という数と、ニングタに住んでいたナリン Narin とチルゲシェン Cirgešen の兄弟が「四十余戸・男百余人を率いて来帰した[20]」という記録を照らし合わせると、1戸当り2～3人の成人男子を含むと推定される。それによれば、500戸は成人男子1,000人余りと見ることができる。

来帰した集団の人数から察するに、これらを率いて来たのは、小規模な血縁集団か、1箇所あるいは数箇所の村を統轄する大人であったと見られる。「宗族 mukūn を率いて[21]」「族人を率いて」来帰したという表現はよくあるが、具体的人数としては「兄弟三十戸」「親族の男百人」「宗族百七十人」など[22]であり、自らの血縁を率いてきたのみであれば、成人男子100人前後の規模に止まったと考えられる。もっと人数の多い集団は、複数の血縁集団を含む何箇所もの村から成ったものであろう。「宗族 mukūn i urse および七村 gašan の人を率いて来帰した[23]」といった記述か

1 「出自を見るな」「系統を見るな」

ら、それを窺うことができる。

　何箇所もの村を従え、成人男子だけで1,000人に上る規模をもった集団は、当時の女真としては大勢力であったろうが、「十二の村」から成った「ニングタの国」がそうであったように、統一体としては脆いものであった。たとえばドンゴ部は、『八旗通志初集』の中で、ルムブを7代に及ぶ「代々のドンゴの地の長 ejen」とする一方、同じ史料の別の箇所で、ホホリの祖父ケチェ゠バヤン Kece Bayan・父エルギイェン゠ワルカ Elgiyan Warka を「代々ドンゴの地の部長 aiman i da であった」とする[24]。両者の関係は明らかでないが、ホホリとルムブが別々に来帰しているところから見て、もともとドンゴもニングタと同様、確固たる統一体ではなく、複数の長を戴く集団の緩やかな連合体だったのであろう。

　ヌルハチに帰附したこれらの集団は、その後ニルに編成され、多くの場合、その集団を率いてきた者か、その親族がニルの管理に任じられている。もっとも、成人男子100人程度の小集団であれば、1ニルを編成するにも満たない。実際、シャジ Šaji 地方から来帰したワンタシ Wantasi の族衆に「別姓」の者を加えて「半ニル」とし、後に来帰してきた者を次々と加えてようやく「整ニル」としたとか、ジャクム Jakūmu から来帰した人々を「半ニル」とし、後に「男五十人」を加えて「整ニル」としたとか[25]、複数の集団を寄せ集めて編成したことがわかるニルもある。成人男子1000人を超したと見られる集団の場合は、逆に分割されて複数のニルに編成された上で、率いてきた者の親族が各ニルの管理に当てられた。たとえば、国初にスワンからの来帰者によって編成されたニルのうち、少なくとも4ニルがソルゴの族人の管理に委ねられているし、バドゥリ Baduri が弟モンガトゥ Monggatu とともに率いてきた人々は、2ニルに編成されて兄弟が各1ニルを管理したという[26]。

　こうした措置は、従来のほとんどの研究において、「旧首長層の支配権を認めた」と解釈されてきた[27]。だが、前章までに明らかにしたように、ニルイエジェンらニルを管理する官人には、「支配」と呼べる程の権限は

第7章　新しい秩序の創出

認められていない。彼らはニルの民を私的に使役することも、民から財物を取ることも禁じられており、軽微な犯罪や紛争を除いては裁判権も与えられていなかった。彼らの多くはニルの管理者としての地位を世襲することが認められたが、あくまでも国家の官人として地位を与えられ、その地位に対する報酬を得て、職務としてニルを管理したのである[28]。

　集団を率いて来帰した者が、元来その集団に対してどの程度の権力をもっていたかを考えれば、こうしたことは特に異とするに足りない。彼らは元来、属下を経済的に搾取する存在ではなかったはずである。当時の女真人の生産力は低く、ヌルハチ政権は租税を徴収することさえ儘ならなかった[29]。まして成人男子100人単位の小集団では、搾取する余地はほとんどなかったに違いない。集団の首長は、狩猟や戦争の際の指導者として動くことが最も重要な役割であったと見られるが、その際に獲物や戦利品の中のよい物を多く取っていたのであろう。また、明への朝貢のための勅書が争奪の対象となっていたように、交易の利益を享受していたと考えられる。だが、狩猟・採取や戦争・交易とそこで得られる利益については、来帰後の国家が一元的に統制した上で、一定以上の地位にある官人や功労者には然るべき取り分を保証してくれた[30]。来帰した集団の首長であった者は、その集団の「支配」が認められなかったからといって、損をしたとは考えられないのである。

　政権の側からすれば、来帰した集団をニルに編成した後、その集団を率いてきた者にそのニルの管理を委ねることで、不都合な点は何もなかった。彼らはその集団の指導者であったのだから、集団内部の事情を熟知し、指揮することに慣れている。イェヘ・ウラなどヌルハチに滅ぼされた国の遺民を編成したニルでは、来帰の功とは無関係に、その地の出身者が管理を任されていることがある[31]。彼らが国家のため適正にニルを運営していく限り、国家としては何の支障もなかった。実際のところ、単にニルの管理を任せたことについて言えば、特別な優遇とはみなし難い。ヌルハチ政権としては、来帰した集団の長に対して、何らかの形でその功績に報いる必

要はあっても、既得権に配慮する必要はなかった。既得権自体が何ほどのものでもなかったからである。

　首長層の血統や門地の高さといった伝統的権威は、さらに配慮する必要のないものであった[32]。前述のように、そもそも女真社会の分散傾向からして、強い勢力を保持する名門家系が形成されにくかったと考えられるが、特に16世紀前半には、建州三衛など代々明に朝貢してきた有力家系が没落し、新興勢力が台頭したことが知られている[33]。ヌルハチの時代では、前掲のルムブの家系が代々「ドンゴ部の長」であったなどというのは例外的であり、何代も遡って在地の有力者であったことを記された者は稀である[34]。例外的に由緒を明記されたドンゴ部の長の家系にしても、優遇されたのは最初期にまとまった人口を率いて投帰したためであり、血統の故ではない。

　ヌルハチに敵対して破れたフルン部の首長層は、やはり新興勢力ながら、女真の間では大国とみなされる勢力を従えていた。国が滅亡した後、彼らの多くは服従を誓えば助命され、登用さえされたが、特別扱いはされなかった。しかし、天聰八年になって、ホンタイジは「ハダ・ウラこの二国の後裔をどうして完全に絶とうか」と言って、無官であったハダのケシネ Kesine を副将に、備禦であったウラのバヤン Bayan を三等副将にし[35]、同じ年に、イェヘの王の1人であり、落城の際に降服して助命されていたブルハング Burhanggū も「軍功がないとはいえ、元々は王であった」という理由で三等副将を授けられている[36]。

　「軍功がない」ことにわざわざ言及されているように、功績もない女真―満洲人が血統を理由に官位 hergen を与えられるのは稀有のことであり、フルン部の王の血統が授官の理由になったということは、そうした血統を重んじる思想がなかったわけではないことを意味する。しかし、問題は天聰八年という時期である。この時には、ハダ滅亡から30年以上、ウラ滅亡から22年、イェヘ滅亡からでも15年が経過している。彼らの血統を無視できなかったための特別措置とすれば、あまりにも遅すぎよう。しかもその

第 7 章　新しい秩序の創出

間、マンジュ国は危機を潜り抜け、ホンタイジ自身の権力も安定し、とうの昔に滅亡したフルン諸国の末裔に対して、いかなる脅威を抱く理由もなかった。ホンタイジは同じ年に、ヌルハチの庶子や六祖の子孫に当る者に対しても優遇措置を行なっている[37]。国家の基礎も自身の権力もまずは安定した状態になって、恩をばら撒く余裕が生じた結果と見るべきであろう。逆に言えば、滅んだ大国の「後裔」に特別な功績も才能も認められなければ、その時期まで放置しておいても何の問題もなかったのである。

　そもそもヌルハチ自身の家系が、祖父ギオチャンガより以前が不明瞭な新興勢力であったことは、夙に指摘されてきた。アイシンギョロ Aisin Gioro の姓も偽作説さえあり、ヌルハチ自身も当初は佟姓を称していた。アイシンギョロを称するようになった時期や意図については諸説あるが、ヌルハチが創業の意図に燃え、あるいは昔日の金国の再現を成し遂げた成果に鑑みて、金の後継者という意味を込めて創始したという説がある一方で[38]、ヌルハチが自らの血統を女真の「貴族種」に結びつけるため、その姓を採用したという説もある[39]。しかしながら、史料に残るヌルハチやその一族の言動には、自らの血統を誇ろうとした様子は一切見えない。唯一の例と言ってよいのが、壬子年（1612）のウラ攻撃の際にヌルハチが「天から降ったアイシンギョロ姓の者に手が及んだ例を出してみよ」と大見得を切ったという逸話であるが[40]、神田信夫は年代の考証によって、この話を記述者エルデニ Erdeni の潤色としている[41]。他でほとんど言及していない「アイシンギョロ」をここだけ 3 度も繰り返している不自然さのみを取っても、これは妥当な説と考えられる。

　有名な三仙女に関する始祖説話も、実は天聰九年に服属した東海フルハの伝承を流用したものであることは、今日よく知られている[42]。この時点で得られた他の氏族の伝承を、修史に当って始祖の話としてそっくり流用してしまった点からすると、それまでヌルハチの家系には、祖先に関して誇示するほどの伝承がなく、そのことを特に誰も気にしていなかったものと見られる。金朝の系譜と結びつけようとしていた可能性も指摘されてい

1　「出自を見るな」「系統を見るな」

るが[43]、少なくとも当時そのような主張が公に行なわれた記録はなく、むしろ

> 大明の皇帝は、宋の皇帝の親戚ではなく、我らもまた先の金の皇帝の親戚ではない。彼も一時、此も一時であるぞ。

と言っており[44]、金朝との系譜上のつながりを自ら否定している。「いくら元来貧しくても貴い才徳があれば、その人は天子となる。いくら元来帝王であっても才徳がなければ、小人となる[45]」との見解によれば、正統性を主張するために祖先を問題にする必要など、どこにもなかった。

アイシンギョロに限らず、ヌルハチ以前の女真に関する話は、入関前の満文史料において、反面教師として以外ほとんど現われない。金朝の栄華はあまりに遠く、満洲人は満文訳された『金史』を通じて新たにその事蹟を学ばねばならなかった[46]。満文档案の記述から窺い得る限り、当時の女真―満洲人の記憶に過去の栄光はない。天命末年の時点で、彼らの過去と現在は以下のように対比されている[47]。

> 昔、女真人と漢人は、太平の時に、商売しに行く時、漢人の官人の妻らばかりでなく、小者の妻らさえも女真人に見せず、女真の大人らを見下し、侮り凌ぎ拳で打ち、門にさえ立たせずにいた。漢人の下級官人らや庶人が女真人の所に行った時には、諸王・大臣らの家に妄りに入り、対等に坐って酒宴するほど敬われていた。〔女真人が〕遼東を得た後、漢人の気位はすべて失われた。

女真人にとって、過去はみじめで屈辱的なものであり、尊崇するに足るものではなかった。過去に属するものが軽視されたとしても、無理はないと言うべきである。

八旗制度の成立に当って旧来の血縁的・地縁的集団が基礎とされたことは、旧来の支配関係も保持されているはずという推測を容易に生み、往々にしてそれが確認されるまでもなく事実と信じられてきた。そうした仮説

第7章　新しい秩序の創出

の暗黙の前提となったのは、旧来の集団が首長層の強固な支配の下にあり、結束を保っていたという仮定である。しかし、すでに述べたように、統一以前の女真の社会集団は結束そのものが弱く、従って首長層の権力も強力ではあり得なかった。

　ヌルハチが統合したのは、このように伝統的秩序が稀薄な社会であった。強固な結束をもつ基層集団が存在しなかったため、統治に際して基層集団の指導者に頼る必要がなく、彼らの権益を保護する必要もなかった。ヌルハチは即位に先だって、大臣らに次のように言ったという[48]。

> 古来の仏神の書に、万種の言を述べているのは、ただ心が正しく寛いのを上として述べているのだ。我が考えるに、人が生きるのに寛く正しい心より上のものは、また全くないぞ。汝ら諸大臣は自分の親戚を差し措いて他の抜きん出た者をどうして登用しようかなどと考えるな。出自 fulehe を見るな、心が寛く正しいのを見て登用したいのだ。系統 giran を見るな。才能を見て大臣としたいのだ。

　ヌルハチは、新しい国家の成立に当って、血統ではなく本人の資質によって人を評価し登用すると言明したのである。この時点で「大臣」となっていた人々を優遇して、彼らに由来する「出自」「系統」を重視した人材登用を行なってもよかったのであろうが、ヌルハチはそれを否定した。実際、後述するように、それらは登用の基準とされず、人事において配慮すべき点としてもほとんど論じられない[49]。人材登用が個人の資質によるべきことは、この時点において基本原則として確立したと言えよう。

　既存の有力者層に配慮する必要がなかったことは、新しい統治組織を作る上で自由度が高かったことを意味する。前章までに再三述べてきたように、人的・物的資源が圧倒的に乏しく、最大限に効率的な国家運営をしなければならなかったマンジュ国にとっては、これは有利な条件であった。

　しかし裏を返せば、新生マンジュ国はよほど強力な統治原理を打ち立てなければ、統治自体が成り立たない危険があったことになる。従って、統

一を成したヌルハチは、国家の成員すべてに理解しやすく従いやすい行動原理を打ち出していかなければならなかった。こうした行動原理について、次に取り上げたい。

2　「功」を上げる義務

零細集団の首長から身を興したヌルハチは、生き延びるため軍事力・生産力となる民を増やす必要があった。滅ぼした敵の遺民や遠方に散在する小集団を自領内に強制移住させて、やがて八旗に編成（あるいは編入）しているが、自発的に服属してくれるのが最も望ましかったのは言うまでもない。従って、自発的来帰は歓迎され、大きな「功 gung」とされた。ヌルハチは、次のように言っている[50]。

> 汝ら、我を慕い求めて来た者は、才能のあるよい者ならば、才能 erdemu の功で養おう。才能のない者ならば、来た功でよく養うぞ。

一般に、来帰した人々は当座の食糧・衣類その他の必需品を与えられ、その中には奴隷や家畜も含まれていたので、身一つで来てもその後の生活を立てていくことはできた[51]。「来た功」に報いる待遇は、人や状況によって差異があったようである。ヌルハチは庚戌年（1610）に東海ウェジ Weji 部の諸大人を武力で脅して服属させたが[52]、その時に民とともに来帰したミンガトゥ＝バヤンの子チョホノ Cohono は、

> 初めにハンを慕い求めて来る時、他の者は泣きながら来たが、我（チョホノ）は、身は小さくても心は大きいので喜んで来た。そのように来たのをハンは嘉して大功として、特に人参を齎させた。

という[53]。人参の採取は一部の功臣のみに与えられる特権であり[54]、「喜ん

第7章　新しい秩序の創出

で来た」ことが高く評価されたことを示している。

　このように、来帰しただけでも功として扱われたが、来帰した以上はさらに「才能」を発揮して国家のために功を上げること、特に戦場で役立つことが期待された。自発的に来帰した人々、特に集団を率いてきた者やその子弟は、多くが「本地を捨ててきた功により」官位を与えられ[55]、官人として登用された。その中でも見込まれた者は、高位の大臣として抜擢された。ヌルハチの自立から5年後、戊子年（1588）という早い時期に民を率いて来帰したというスワン部のソルゴ゠マファの子フィオンドンやドンゴ部のホホリ、ヤルグ Yargū の村のフラフ Hūlahū の子フルガン Hūrgan らは、「一等大臣 uju jergi amban」として重用された[56]。

　これらの大臣は、ヌルハチの子姪とともに重要事の相談、いわゆる「議政」に与ったほか[57]、部将としても活躍している。たとえば、フィオンドンは戊戌年（1598）のワルカ遠征、丁未年（1607）のウラとの戦いと東海ウェジ部への遠征、辛亥年（1611）のウェジ部遠征、癸丑年（1613）のウラ討伐、天命三年（1618）の撫順戦、四年のサルフ戦とイェヘ討伐などで功績を上げた。特に撫順戦では、明側の砲声に馬が驚き味方が進まなくなった時、軍を指揮して突入し、ヌルハチを感嘆させたといい、イェヘ城攻略戦では、城側の激しい抵抗を受け2度の退却命令を聞きながら「我が兵は城の下に取り着き終った」「我が場所をすべて取ったのにどうして〔退却しようか〕」と言って退かず、遂に城を陥落させたという。「常に自ら官・兵に先んじて突入し」敵を破った猛将とされている[58]。ホホリは戊申年（1608）のウラ出征、辛亥年（1611）のフルハ遠征、天命六年（1621）の遼東征服戦などで活躍し、フィオンドンほどではないが武勲を立てており、天命七年の遼西遠征では占領地の管理に責任を負わされている[59]。フルガンことダルハン゠ヒヤ Darhan Hiya は丁未年のウラとの戦い、同年と己酉年（1609）のウェジ部への遠征、辛亥年のフルハ遠征、天命元年の黒龍江地方への遠征、四年のサルフ戦などで功績を上げた[60]。

　フィオンドンとホホリはヌルハチの親族の女性を娶わせられてエフ（額

2 「功」を上げる義務

駙）efu となり、ダルハン＝ヒヤはヌルハチの子として養われ、当初から目をかけられ特別待遇を受けているが、同時に実戦力となることを期待され、第一線に立たされたのである。この3人と並んで「五大臣」と称されたエイドゥとションコロ＝バトゥル Šongkoro Baturu ことアン＝フィヤング An Fiyanggū は、ヌルハチの自立当初から従っていた文字どおりの股肱の臣であり、数え切れないほどの戦いにおいて目覚しい功績を立てていた。この2人は「若い時から戦に行って老いるまで、戦えば直ちに前に立ち、退却すれば常に後尾となり、しばしば重傷を受け、幾多の功を立てた」と言われる[61]。

「来た功」が顕著な者であっても、大臣としての地位を確保しているのは、才能を買われて登用され、さらに功績を立てることで、その地位に見合った働きを示した者のみである。「来た功」なくして取り立てられ大臣となった者は、一層華々しい功績を立ててその地位を保っている。「来た功」がないどころか敗れて降った者は、幸いにも登用されたならば、さらに努力して功を積み重ねる必要があった。しかし逆に言えば、敗残の投降者であっても、能力と努力次第で相当な地位が得られたのである。

元々ヌルハチは、自分を殺しかけた敵でも能力があれば登用するなど[62]、前歴によって差別しない方針を採っていた。前節で取り上げたハダ・ウラ・イェヘの王の子孫は、ホンタイジが滅んだ国々に敬意を表する気になるまで放置されていたが、これはあくまでも服属後に見るべき功がなく、才能も見込まれなかった者についてのことである。同じイェヘの王家の出身であっても、ギンタイシ＝ベイレ Gintaisi Beile の族子であり、イェヘ滅亡後に来帰したアシダルハン Asidarhan は、服属後まもなく対明戦に参加し、遼東城攻略時には先登の功を立て、一等参将を授けられている[63]。その後、彼はモンゴルや明との交渉に活躍し、天聡九年にはイェヘ出身者によって新たに編成されたニルの管理を委ねられ、崇徳三年には都察院承政に任じられている[64]。ヌルハチ・ホンタイジ期は、連年戦争が続き、国家が概ね拡大の趨勢にあったので、新たに功を立てる機会はいくらでもあっ

第7章　新しい秩序の創出

た。

　しかし、功績顕著であるとして高位の大臣になった者でも、罪を犯せば容赦なく処断された。たとえばダルハン＝ヒヤは、財貨を取ったこと、敵の消息を窺いに行きながらきちんと調べなかったことなどで、「心が変わって悖逆に」なった、「彼の功を彼が壊した」とされ、降格されて議政から外された[65]。エイドゥは、戦場でハンの子マングルタイを見守るよう命じられていながら、マングルタイが敵を追って行くのを放置した罪で死罪に擬せられ、「旧功を調べ話し合って、殺すのをやめて」、隷民を取り上げて功を破棄せられた[66]。罪と言っても叛逆などの深刻な罪ではなく、むしろ過失・怠慢に近いものであり、実際それゆえに深刻な罰を被るには至っていないが、それまでの数々の功によってようやく許されるという厳しい扱いを受けている。

　この点は、同じように服属した時の事情からエフとなり特別待遇を受けた漢人の李永芳や佟養性、イェヘから来帰したスナ Suna やグサンタイ Gusantai についても同様である。李永芳は追い詰められて降ったものの、初めて服属した明の官人だというので優遇されたが、その後は漢人統治のために休む間もなく奔走させられている[67]。特に遼西の住民を強制移住させた時に、佟養性・劉興祚とともに命じられた監督の任務は困難を極めたと思われるが、「汝ら自身は苦しむなら苦しむがよい[68]」と断言されている。スナは功績を立てて副将まで陞ったものの、罪を得て降され、最前線で奮戦してまた少しずつ取り戻すといった経歴を経ており、グサンタイも遼西遠征の際に先陣を切って敵に当り、数箇所の傷を受けてなお戦うという奮闘ぶりを見せ、グサイエジェンに任じられているが、戦死者の屍を引き摺って回収したのを責められて解任され、なお従軍を続けさせられている[69]。

　功臣の子孫は父祖の官位 hergen や管理するニルの継承が認められたが、継承の可否や方法には細かい基準があり、功臣の子孫だからといって無条件に官職や特権を与えられるわけでもなかった。官位の継承は、大功の

2 「功」を上げる義務

あった一部の大臣については「子々孫々」受け継ぐことを認めているものの[70]、それ以外は厳密に言えば「世襲」ではなく、各人の功に応じて認められ、やがて功の大きさに応じて「三度継承する」「九度継承する」などと、あらかじめ限度を設けて認めるようになった。各人に認められた継承回数は記録に残され、その後さらに功を立てれば「二度加えて十三度継承する」などと加算された[71]。こうした継承の方式は、一度に定められたわけではなく、個別の例が蓄積されて、徐々に規則化されていったようである。

　生前に継承を認めていない一般の官人でも、戦死ならば継承を認めるという場合があり[72]、立てた功への報いはできるだけ与えてやろうという方針は確かにあった。一方で、一度認められた継承の特権も、罪を犯せば削除される可能性があった。また、継承を認められる子は原則として1人であり、その子が罪を犯せば別の子に継承させた。たとえば、天命六年に死んだエイドゥの功は、初め「年長の子らに与えた」が、彼らが次々に罪を得たので「末子エビルン Ebilun に与えた」とされ[73]、天聡六年にエビルンが一等総兵官を引き継いだ。紛れもない功臣の子であっても、継承の条件は厳しく適用されたのである。

　継承の恩典に与った功臣の子も、その後、重要な職務に当てられるかどうかは本人の能力次第であり、功を立てれば陞せられ、罪を犯せば罰せられた。罪を犯せば継承した官位を剥奪されることもあったが、しかしその後、奮起して新たな功を立てれば、再び挽回する機会はあった。上記エイドゥの「年長の子ら」すなわちチェルゲイ Cergei・トゥルゲイ Turgei らは、罪を犯して父の官位継承を撤回されたものの、なお官人として軍事・行政上の要職に就いている。一般に、罪を得て官位を免じられたり要職を外されたりした者が、ただちに引退するということはなく、無官のまま様々な職務をこなし、そこで功を立てれば再び陞せられるようになっていた。人的資源は常に欠乏していたので、免官・免職された者でも利用しないわけにはいかなかったのであるが、同時に再起を図って一層努力することを期

第7章 新しい秩序の創出

待したものであろう。

　トゥルゲイは、天聡四年の永平・遵化放棄によって罪を得、官位を革められ、グサイエジェンを辞めさせられていたが、翌年には吏部承政に用いられ、崇徳元年には弟イルデン Ilden に代わって再びグサイエジェンに任じられた。ホンタイジは、

> トゥルゲイよ、汝の兄弟三人をグサイエジェンに任じて、みな罪を得ている。今、汝をグサイエジェンに任じるのは、汝の兄弟を考慮して任じたのではない。汝に能力があるとて任じた。これ以後よく勤めないならば、他の者を任じる。

と言ったという[74]。鑲白旗グサイエジェンは、チェルゲイ・トゥルゲイ・イルデンと、エイドゥの子らの間で引き継がれており[75]、再びトゥルゲイを起用するのは、一見して縁故による任用を思わせるが、ホンタイジは敢えてその点を否定している[76]。彼はあくまでも父の功を「罪として革め」られた身であり[77]、縁故によって地位が保証されているわけではないことを確認しようとしたのであろう。

　原則として、官位が与えられるのは功を立てたり引き継いだりした場合であり、すでに功績が上がっているのが前提となるが、何らかの職務に当てるため登用するのは、功のない者であっても構わない[78]。ただし、実職を与えるのは、役立つことが期待できる者でなければならなかった。ヌルハチの庶子タングダイ Tanggūdai は、諸王級の扱いを受けたことはないとはいえ[79]、当初は高位の大臣として用いられている。だが、彼が司令官の1人として永平・遵化放棄の罪に問われた時には、次のように言われている[80]。

> 汝はハンの子ではないか。汝に能力があってよいとて官位を与えたのであろうか。このような所で役に立つようにと総兵官の官位を与えたのであるぞ。

2 「功」を上げる義務

　ヌルハチの実子であるがゆえに期待されて登用されたものの、期待に反して役に立たなかった以上、無位無官の身になるのはやむを得なかった[81]。

　出自によらず能力が見込まれれば登用し、功を立てれば官位を与え重く用いる。特に戦功については、政権の方でも意を用い、各人の功を厳密に検証するとともに、できるだけ客観的な基準を明らかにするよう努めている[82]。罪を犯せば、宗室であれ功臣の子であれ厳格に処罰する。地位の上下を問わず、罪に当てられ処罰の対象となる者は多かったが、それが士気に影響したようには見えない。これは、政権による功罪の適用が、全体として総員に納得のいくものであったことを示していよう。ヌルハチが「よいところを示した者は仇敵〔であっても仇敵〕と思わず功として陞せていた。罪を犯した者は親戚〔であっても親戚〕と思わず殺していた[83]」というのは、このような信賞必罰主義を表わしているのであり、それはヌルハチが「正しくよい tondo sain」証左とされ、全面的に是認されていた。

　このような体制の下で官人として登用された以上、どのような功であれ大功を立てたから安泰ということはなく、誰の子孫であっても努力せずに地位を保つことはあり得ない。健在でいる限り、身を粉にして働き続けなければならなかった。ダルハン＝ヒヤが罪を得た時に言われたように、大臣でありながら職務をなおざりにすることは、「政を身に引き受けず、自分に何の関係があるかとてそうしたのであるぞ[84]」ということになり、大臣の待遇を受けるに相応しくないとみなされるのである。

　このように官人たちが不断の努力を要求されるのは、1つにはハンの「恩情 baili」あるいは「恩 kesi」に報いる義務があるという考えからである。「ハンが登用して愛しみ養う恩を思い、〔我〕カクドゥリ Kakduri は担当した仕事にできる限り尽くそう」といった誓詞の決まり文句に見えるように[85]、官人たちはみなハンが登用し「養う ujire」ことに対して、正しく勤めることを誓っている。特に敗れて降服してから登用された者は、「ハンの助命した ujihe 恩情を思い、正しい心でできる限り勤め」ることが必要であった[86]。官人の人事はハンと諸王・大臣による合議で定められると

第7章　新しい秩序の創出

はいえ、任命するのはハンであり、登用し養う恩はハンのみに帰せられた。史料上、「baili」「kesi」ともに、ハン以外の人間について用いられた例は皆無と言ってよく[87]、逆に「ハンの恩情」「ハンの恩」はしばしば見られる表現である。こうした恩に正しく報いない場合、

> ハンの委ねた職分の仕事を正しく思い勤めて尽くさず、外の他人の財貨を取り、他人の穀物を食べて暮らす者が、他人の財貨のために偏って事を正しく断じなければ、ハンが天に非を知られるようにと訴いるものであるぞ。そのような者は、ハンを侵害する悪賊、ハンを滅ぼす悪鬼であるぞ。

ということになる[88]。ハンが委ねた職務において不正をなせば、それは突き詰めればハンを陥れる行為とみなされるのである。

しかし、官人たちが正しく勤め、ハンのために尽くすことは、単にハンとの間の「御恩と奉公」の関係、すなわち君臣関係に基づく個人的道義の問題に止まらない。ヌルハチはまた、罪を断じる大臣らに「正しい心をもって」断じるよう命じて、次のように言っている[89]。

> ハダ・イェへ・ウラ・ホイファの国の大臣らは、正しい心をもたず、不和・邪悪で貪欲なので国が滅んだ。彼らの身も死んだぞ。天が定めて暮させた各々の国には、各々の大臣らがいるぞ。正しいことを天が嘉してハンに福となれば、大臣らにも福であるぞ。天に非とされて邪心をもって、ハンに福がなければ、汝らにも福はないぞ。

つまり、ハンと大臣らは一種の運命共同体なのであり、大臣らが正しく勤めることは国の存亡に直結しているのである。官人たちの方でそこまでの責任がもてないのであれば、むしろ職務を辞退すべきだとされた。ヌルハチは、

> 五ニルのエジェン、ニルのエジェンなど、いずれの者でも様々な事を任

2 「功」を上げる義務

じられる時、自分ができるなら、任じられる事を引き受けよ。できないならば、「我はできない」と言って任じられる事を引き受けるな。汝ができないのに引き受ければ、汝の一身だけの事ではないぞ。百人を管理する者ならば、百人の事が遅滞する。千人を管理する者ならば、千人の事が遅滞するぞ。その事というのは、みなハンの大事であるぞ。

と言っている[90]。

　職務に対するこうした厳格な姿勢は、ハンの近親の諸王にも及ぶ。なるほど、彼らはその生まれによって、功なくして最初から高位に就くことができた。しかし、その上で各自の立場を確立するためには、国家に対して貢献していると認められなければならなかった。ヌルハチの遺訓で、会議で意見を出さない王は他の者と交替させよと言われているように[91]、王も国のために役立たなければならないと考えられていた。軍を率いて出征するのは実質的な義務であり、その際の失敗や不手際は処罰の対象となった[92]。

　崇徳三年八月、和碩親王から奉国将軍に至る宗室の等級を定めた際には、各級宗室が功を立てれば１等ずつ昇格させ、罪を得れば１等ずつ降格させるとし、「和碩親王以下、非常な大功を立てれば、等級を計らず功の大きさを見て〔等級を〕跳び越えて昇格させる。非常な大罪を得れば、罪の大きさを見て〔等級を〕跳び越えて降格させる」としている。封爵を受けていない閑散宗室であっても、「宗室が功を立てれば、功の大きさを見て、奉国将軍から和碩親王に至るまで昇格させる」としており、諸王・宗室も功罪によってその地位を得るという原則が明瞭に示されている[93]。

　諸王の賞罰となれば、その王の宗室内での立場や、とりわけハンとの関係によって左右される度合いは大きかったと思われる。前章で取り上げたように、崇徳五年十二月に訴えられた安平貝勒ドゥドゥは、宗室内での待遇の不公平をかこっていた。それによれば[94]、彼は遵化において単独で敵を破った、朝鮮平定時に少数の兵で多くの紅夷砲を運ばせた、ドルゴンと

第7章　新しい秩序の創出

ともに江華島を攻略した、崇徳三〜四年の華北遠征でヨトを助けて牆子嶺の城を取った、敵将2人を捕えて殺した、済南府攻略に力を尽くした、明の盧軍門（象昇）と戦う時にヨトは止まったが自分は兵を率いて戦った、ヨトが亡くなった夜に来襲した敵を追って撃破した、撤退する時に殿後を務め犠牲を出さなかった、という数々の「功」を立てたのを評価されなかったという。それに対して、克勤郡王ヨトは死後に罪を得ながらも郡王号を残され、ヨトの子ロロホンも多羅貝勒の爵を得た。鄭親王ジルガランは「功を得るための書に書いたことが、ただ元来ハンに忠実であったというだけの事情で鄭親王となしたぞ[95]」ということであった。

　ドゥドゥは父チュエンがヌルハチに幽閉死させられており、その他の人間関係もあって[96]、実際に「功」の割には不遇であった可能性がある。逆にジルガランは、実兄アミンがやはり失脚して幽閉されながらも、元々兄とは不仲でホンタイジとの関係の方が良好であったためか、むしろ兄に取って替わる地位を得ており、確かに目立つ功績を上げたとは言い難いが、罰を受けることもほとんどなく、親王の地位を確保している。「功」を立てることでなく「罪」を犯さないのが重要だというなら、なるほど功績は顕著であるが、崇徳元年と死後と2度に亘って大きな罪を得たヨトが王号を失わないのは不当だという意見にも一理ある。だが、このような待遇の差を不公平と認識するのは、宗室・諸王といえどもあくまでもどれだけ「功」を上げたか（あるいは「罪」を犯さなかったか）によって評価されるべきだとの前提が確かにあったからである。

　実際、アミンやマングルタイ（死後）のような完全な失脚は別として、諸王の地位が功罪によって大きく変化することは少ない。だが、たとえばアジゲは軍功も上げていながら譴責を受けることも多く、血統では条件の等しい弟ドルゴンと地位を逆転させてしまっているし、天命末から天聡初年にかけて執政諸王の列にあったと見られるショトは、永平・遵化放棄の罪を得た後で、功を上げながら罪も重ね、一時は公まで降格された。客観的妥当性はともかく、特権的な諸王もその業績によって地位を保つことに

2 「功」を上げる義務

なっていたのである。

　それでは、諸王以下すべての国人の上に立つハンはどうかと言えば、ヌルハチは、

> 我が思い暮すことには、天の任じた大国の事を大いに立派に処理したい。盗賊をなくし、悪逆をやめさせたい。貧しく苦しむ者をみな養い尽くしたい。このように天の心に合わせ、貧しく苦しむ者を養い、国を安らかに平和にできれば、それはかえって天に大功、身に大福であろうと思うぞ。

と言ったという[97]。ヌルハチが自分の成功を天の加護に帰す素朴な天命思想をもっていたことは、周知のことと言ってよかろう。だが彼は、こうした天の加護が決して無条件に与えられるとは考えていない。「天が任じた」ハンは、天に対して「功」を立てなければならない。その「功」とは、大帝国建設といった気宇壮大なものでも、精神的・道徳的なものでもなく、国をよく治めること、特に「貧しく苦しむ者を養う」ことと考えられている。ヌルハチ即位時の称号が「天が諸々の国人を養うようにと任じた聡明なるハン」であったように[98]、ハンの使命は「国人を養う」ことなのである[99]。

　ヌルハチ時代の記録者であったエルデニ Erdeni は、ヌルハチが毎日2、3度眠ると言って横になりながら実は眠らず、誰かが貧しく苦しんではいまいか考えを巡らし、起きた後で「その者に妻を与えよ、その者に奴隷を与えよ、その者に馬を与えよ、その者に牛を与えよ、その者に衣服を与えよ、その者に穀物を与えよ」と指示していた様子を描いている[100]。ホンタイジも「審問を聴く、国事を処理する、下の者に衣服・財貨・家畜を惜しまず与える、客の礼で酒宴をして食べさせることに倦むことを知らない」「下の輩を一日に必ず三度家に入らせて客の礼で食べさせる。賞与することに限りがない」と称され、狩猟や戦に出る時は民に負担をかけないよう、いくら寒くても村に泊らず野営したという[101]。「国人を養う」というのは、貧しい者に直接的に衣食を与えることから始まって、国人がよく生活して

第 7 章　新しい秩序の創出

いけるように具体的な行動を起こすことなのである。
　ハン自身からして、このように努力を怠らない姿を見せつけている以上、諸王・大臣以下、国人がみなそれに倣わざるを得なかったのは無理もあるまい。天命四年に官人たちがなした誓いの言葉に、次のようなものがある[102]。

> ハンを正しいと天は嘉して愛しむ。我らはみなハンに倣って正しく暮らそう。戦で攻めれば正しく攻めよう。知ったところを正しく告げよう。得た俘獲をみな衆人に合わせるよう送ろう。衆人がみな得れば同等に、得なくても同等に、正しく取ろう。この言葉に背き、一小物をも別に隠匿して取れば、天が非として罪が及んで死んでもよい。

　ヌルハチ・ホンタイジの治世には、国を成り立たせていくために、とりわけ戦争に勝ち続けるために、ハン・諸王から一般の民に至るまで、多くの人々が才能と努力の限りを尽くす必要があった。出自や血統に恵まれた者を甘やかす余裕はなく、能力のある者は昨日までの敵であっても活用すべきであった。信賞必罰は、決して揺るがせにすることができない基本方針であった。しかし、単に賞を願い罰を恐れるだけではなく、職務遂行に努めることを一種の義務とみなす通念もあったのである。
　崇徳期に入る頃ともなると、ホンタイジは国人が以前と比べて怠惰になったことを歎き、叱咤激励している。昔は戦争や狩猟があると聞けば喜んで行き、連れて行ってもらえない者は泣いて我慢したものを、今やあれこれと託けて逃れようとするという[103]。確かに、食べることに困らなくなった階層で、安逸の風が生じるのはやむを得ないことであったろう。しかし一方、同じ頃に中堅部将層の戦場での極端な奮戦の様子も少なからず伝えられている[104]。国人全体の中で、積極的に命令に従い、功を立てようとする風紀が健在であったことを示していよう。
　国人たちの勤勉さを無駄にしないためには、彼らに行動の基準を明確に示しておく必要があった。次に、この点について考察したい。

3 「法度」による支配

癸丑年（1613）、ヌルハチは「彼の子らと登用した衆大臣らに向かって」次のように言ったという[105]。

> 国人の暮らす政道 doro において何が堅い〔のがよいか〕と言えば、議 hebe が堅く、法度 fafun šajin が固いのがよいぞ。堅い議を破り、作った固い法度 šajin fafun を蔑ろにする者、それは政道に役立たず、国にとって鬼であるぞ。

「議」については前章で取り上げたが、「法度」はおそらくそれ以上に当時の満洲人に重視された政治上の概念である[106]。上掲史料では「fafun」と「šajin」が順不同で並記されているが、どちらか単独で用いられるのが普通である。後に「仏法」の意味合いのある「šajin」を避けて、「我が国の言葉」で「fafun」と称するよう定めて布告されるが[107]、それまでは史料に見える限りほぼ区別なく用いられている。

ヌルハチが「戦争する時でも、狩猟する時でも、法度 fafun が固く、騒がせず、声を出させない」、「兵の甲冑・弓矢・刀槍・大刀・鞍・轡などの物が悪ければ、ニルイエジェンを降す、修理した様々な物がみなよく、軍馬が肥えていれば、ニルイエジェンをまた陞すと＜定め＞、何事にもあらかじめ法度 šajin を定め、心に会得させて暮させた」というように[108]、「法度」の語は国人の集団を管理・運営するための具体的な規則として、初期の満文史料からよく用いられている。当初は戦闘や狩猟の際に集団行動を徹底させるための命令が中心だったのであろうが、およそハンが定めた取り締まり規則一切が「法度」と総称され[109]、それらに対する違反を審理する「法官」「法司」も同じ語で呼ばれた。

第 7 章　新しい秩序の創出

「法度」はそうした具体的な法令・規則であると同時に、「天地の間はどれほど遠くても、正しく法度 šajin が堅いので、四季を違えず、風雨・日月を運行し、道が永久なのであるぞ[110]」というように、自然の秩序を成す法則としても用いられた。だが、当時の満文史料においては、個別具体的な法令としての「法度」も天が司る「法度」も、別次元のものとは捉えられていない。天命四年七月、ヌルハチが官人らに下した言葉には次のようにある[111]。

> ハンの任じた諸大臣、ゲレンイエジェン以下、ニルイエジェン以上の者よ、汝らは各々担当した義務を畏れ敬い、法度 šajin fafun を堅く持して強力に管理してほしい。この度の戦に、開原の馬はみな盗まれ乗って行かれたが、〔汝らの〕ある者は中途で空しく〔馬を返すように〕催促し、ある者は家に到着してから催促している。他の国の法度は明らかでも堅くもないので、天は非として、国の人の心をみな乱しているぞ。天が我らを愛しんだのに、管理せよと任じられた者がなぜ詳らかに調べ管理しないのか。

「法度」が堅く明らかであることが天に嘉せられ、そうでなければ天に非とされるという考えは、当時の史料によく見られるが[112]、どのような状態をもって「法度が堅い」と言うのかといえば、盗まれた馬を取り返すといった職務がきちんと遂行されていること、すなわち個別具体的な規則がよく守られていることなのである。官人たちの誓詞に「ハンの法度で正しく管理する」「ハンの教えた正しい法度に背かず暮らせば、我が子々孫々代々ハンに愛しまれ貴く暮すように」、官人たちの功を記した勅書に「委ねた仕事をよくし、指示した条理に背かない」という定型句がそれぞれあるように[113]、規則や命令どおりに職務を遂行するのは官人の基本的義務であった。逆に、どのような規則にせよ、規則が守られないのは秩序そのものに対する侵犯であり、「乱 facuhūn」とみなされた。

上記のヌルハチの発言は、最後に官人たちに向かって、「正しい心を持

3 「法度」による支配

して国人に記憶させ悟らせ、教え管理してほしい[114]」と締めくくっている。つまり、官人たち自身が与えられた任務を果たすだけでなく、国人たち全体に規則を周知徹底させ、守らせることを求めるのである。ヌルハチは戦争や狩猟の際の規則について「あらゆる所に行く時に、衆兵士みなにあらかじめ教え記憶させるよう言って」いたといい、「物のわからない愚かな者が勝ち得たと、悪い驕った言葉を語らないように」と、「衆に叫んで記憶させ教えて言っていた」といい、また「各々管理する者に礼を記憶させよ」と命じていた[115]。規則を読み聞かせて「記憶させる」ことは、ホンタイジ期にも継続的に行なわれている。違反者への罰が厳正に下されたことは、言うに及ばない。このように、大臣たちから国人全体に至るまで「法度」をよく教え守らせることで、「法度が堅い」と言える状態を作り出そうとしていたのである。

　こうした「法度」を成す規則や法令は、何ら体系的に出てきたものではなかった。16世紀末の女真においては、国家形成の伝統が事実上失われ、モデルとなる体制を知る機会もなかったため、ヌルハチが国家を作り上げる過程では、諸制度を一から構築していかなければならなかった。「元来マンジュ国では、昔の例 kooli や道義を全く知らず、最初から心で行なっていた」と言うゆえんである[116]。

　エルデニは、乙卯年（1615）末の記録において、ヌルハチが創設した主な制度や規則を列挙している[117]。戦争や狩猟の際の編制と分担を定めたこと、森を切り開き沼地を排水し、橋を架けて交通を便利にしたこと、見張り台や関所を置いたこと、8大臣・40断事官 beidesi を選び、5日ごとに諸王・諸大臣を会議させる「常例」を作ったこと、ニルを編成し官を置いたこと、穀物の公課を取らず耕作の労役に代えたこと、穀物の倉を作り管理させたこと、拾得物の処分法を定めたことなどである。差し当って必要なことについて一つ一つやり方を決め、徐々に制度を充実させていった様子が窺われる。これらについて、エルデニは「例のない例を彼の心で作った」と記している[118]。

第 7 章　新しい秩序の創出

　もちろん、すべてが完全に彼の創意によるものかどうかは明らかでなく、意識されない習慣や間接的に得た知識が影響していなかったとは言えない。しかし、少なくとも当時の満洲人には、それらがヌルハチによる創出と信じられており、功績はヌルハチ 1 人に帰せられた。ホンタイジが「これほどの政体、国・民のあらゆるものは、みなハンなる父が自ら一人で最初に立てたもの[119]」と言ったとおりである。このことを逆に言えば、新たに始めた一切のことは、ヌルハチ 1 人の権威の下に、一々周知させて守らせなければならなかったということである。

　ヌルハチの「法度」、特に戦時における厳しい規律が軍事的成功を導き、その成功がヌルハチの権威を支えたことは間違いあるまい。だが、そうした「法度」は当初から国人に相当の負担を強いるものであった。特に一定の成功を見た後で、なお厳しい「法度」を課していくのは、容易いことではなかったろう。遼東を征服した後、ヌルハチは旧来の国人である満洲人たちに対して、新附の漢人たちから物を奪い取らないよう布告して、次のように言っている[120]。

　　汝らが奪い盗んで罪を犯せば、汝らの顔を立てて、我が天に嘉せられた元来抱いていた正しい心を我はやめるだろうか。〔我は〕法度 šajin によって殺す者を殺し、罪する者を罪するぞ。

　同じ布告の中で、「天は我が政法 doro šajin の明らかで正しいことを嘉して、明の皇帝の〔遼〕河の東の遼東の地を我に与えた」とも言っているように[121]、「法度」は単に実利的観点から便宜的に用いられるべきものではなく、それ自体に天に嘉せられる価値があった。むしろ、「〔今の〕新しい機会には苦しむだろうが、ハンの政法は明らかであるぞ。いつかは安んじるだろう」というように[122]、「法度」が公正かつ堅固であるからこそ、最終的な成功と安寧があるはずだと考えなければならなかった。従って、早期に服属した者の功はそれとして報いるものの、彼らに「顔を立てて」、すなわち依怙贔屓して法を枉げるのは論外であった。

3 「法度」による支配

　「法度」の扱いは、漢人に対する満洲人、あるいは新附の者に対する旧附の者だけでなく、一般官民に対する諸王、奴隷に対する主人といった身分上優位にある者にも、事の是非に関しては平等であるのが原則であった。下の者が上の者を訴えることが許されたばかりか、実際に当然のごとく行なわれ、両者の言い分が公平に聴かれ、訴えた側が不利益を被らないように保護する法まで定められていたことは、前章で述べたとおりである。「法度」は誰であれ一部の者を故なく利することに否定的であり、むしろ特権階層の逸脱を取り締まる方針を取った。元々人も物も乏しい中で相対的な平等を余儀なくされていたマンジュ国にあっては、やむを得ない方針であったとも言えようが、同時にそれに対する異議が全く見えないことから、満洲人全般に公正な方針と受け取られていたことがわかる。
　ハン以下の当時の満洲人にとって、こうした「法度」によって秩序づけられる体制は、彼らが知る他の国の体制、とりわけ明やモンゴルの体制と比べても優れたものであった。明について言えば、彼らが見るところ、古典的な制度に有意義な部分もなくはないが、当時の明の体制は致命的な欠陥を抱えていた。明の万暦帝は「政法が明らかでなく、皇帝自身が太監（宦官）を任じて国人から財貨を取るようになって、官人がみな皇帝に倣い、財貨を取り国人を苦しめ」、さらに他国のことに干渉したので、「天が非とし」たのだという[123]。
　確かに、当時の明の国内輿論では、江南の織造や各種の採辦など宦官による御用調達の弊害が指弾されており、また地方官による住民からの不正な取り立ては、当時と言わず常に問題になっていた。これらは構造的な問題もあり、簡単に原因を特定できるものではなかったが、満洲人にとっては、皇帝を始め上に立つ者の貪欲に起因すると単純に理解できることであった。貪欲を諸悪の根源のごとくみなした当時の満洲人にとって、こうした明の体制は腐敗の極みであり、「政法が明らか」な自分たちの体制に及ぶものではなかった。遼東征服後、ヌルハチは漢人に対する布告の中で、次のように言っている[124]。

第 7 章　新しい秩序の創出

　〔我が国では〕汝らの国のように、〔大臣らが〕管理する下の者から財貨を取らず、〔下の者が〕上の大臣らに財貨を与えず、〔罪を〕正しく断じる。下の者から取って上の者に与えるよりも、正しく断じてハンが嘉して賞して与えた財貨、それこそ実に永久に身につくだろう。

　同じように、「我らの国の行なう政法は、罪の是非を正しく断じる。下の者から財貨を取らない。心の正しいよい者を見て陞せる。悪く邪で罪を偏って断じる〔者〕、財貨に貪欲な者を降す」とも言っている[125]。上の者が下の者から財貨を取って法を枉げるというのが、明の悪政を代表すると考えられていたのであろう。課税方法についても、明は「門を数えて」、すなわち戸を単位としていたが、これは大人数を抱える富戸に有利な悪法であり、「男を数えて」、すなわち成人男子を単位とする満洲人の課税の方が公平であるとした。「このようにいろいろな政法が明らかなので、天が我を愛しむ」とし、「何者でも漢人の官の下にいないで、満洲人に頼って暮したいと言う者がいれば頼って来い」と言っている[126]。

　ヌルハチ・ホンタイジを始めとする当時の満洲人の多くは、政治制度を含む漢人の文化全般に対して、畏敬の念を抱いていなかった。そもそも漢文化に対する素養がなく、理解が及んでいなかったからである。ダハイ Dahai ら漢文化に造詣の深い一部の満洲人は、漢人の風俗・制度を取り入れるよう頻りに提言したが退けられたという[127]。漢人に対する不信感の抜けなかったヌルハチと異なり、ホンタイジは漢官にも積極的に意見を徴し、有益とみなした提言は取り入れたが、あくまでも個別の提案を採用したに過ぎず、採用した件数も多くない。自分たちの基準に照らして納得できないことは、勧められても取り入れようとはしなかった。それだけ自分たちの判断基準に自信をもっていたということである[128]。

　順治元年（1644）以降、中国本土を征服して北京に本拠地を移すと、主要な領土となった中国を統治するために、明の制度を基本的に踏襲せざるを得なくなった。だが、その際にも満洲人にとって納得できなければ採用

3 「法度」による支配

せず、何よりも自分たち自身で統治するという姿勢を崩していない。明の制度の根本的な部分で、満洲人が合理的とみなした形に改変されたところもある。結果として、明代からすでに弊害が明らかであった無駄な制度や財政支出が大幅に削られ、清の支配下においては明代よりも整理された行財政が施行されることになった。また、慣例化していた特権階層の租税滞納に厳しい処分を断行するなど、社会的な不公平に対しても厳格な態度で臨み、一定の成果を上げた。入関前の満洲政権が抱いていた自信は、あながち的外れでなかったことが示されたと言うべきであろう。

モンゴルについて言えば、満洲人の見解はもっとあからさまなものである。満洲人の目に、当時のモンゴルは無秩序そのものであった。

> 汝らのモンゴル国の者は、手に数珠を持って数えながら、別のことを思い、盗賊を貴しとして暮すのを、天が非として、汝らの諸王の心をみな乱して、国人が苦しむのであるぞ。

というヌルハチの言葉は[129]、彼らのモンゴル観を示す典型的な例である。当時の満文史料を見ると、モンゴル人の間では「盗賊」が横行しているというのが通念となっていたようである。ヌルハチは、来帰したモンゴルの諸王に次のように言っている[130]。

> 諸王はグチュラに言って盗みを永久にやめさせよ。汝らのモンゴル国は互いに盗んだままに家畜がみな尽きた。国人は貧窮したぞ。〔我は〕汝らが来たのを思って着るもの食べるものを愛しむ（与える）だろうが、法を破る者は国の政を破る鬼であるぞ。法・政を破る鬼をなお愛しむことができようか。

モンゴル人のこの習慣は、「堅く厳しい akdun cira」法によって律する必要があった[131]。しかし、満洲人の見るところ、当時のモンゴルではこうした最低限の秩序を守る公権力が全く機能していなかった。内モンゴル最大勢力であったチャハルのリンダン＝ハン Lingdan Han（＝ Ligdan Qayan）は、

383

「兄弟を殺す。国人を養わず悪い」と言われた[132]。彼の暗愚について、満文史料は様々に記述しているが、要は貪欲なことと、身近な者ばかり優遇することが致命的な欠点であり、服属していた諸部の離反を招いているとされた。だが、チャハルから逃げても、モンゴル諸部の中に頼るに足る他の勢力があるわけではなかった。カルカ Kalka のバリン Barin 部の諸首長は、初めノン Non のコルチン Korcin のもとへ逃れたが、「コルチンの諸王が常に苦しめ搾取するので」、天聡二年にホンタイジのもとへ投帰したという[133]。最初にコルチンに身を寄せ、その後同じ理由でマンジュ国に逃れて来たモンゴルの首長は他にもいた[134]。コルチンも元々「兄弟の間で財貨・家畜を争い乱れて苦しんだ」とされており[135]、その意味ではチャハルと大差なかった。

マンジュ国の台頭に伴い、チャハルから離反する者は益々増え、その多くはマンジュ国に服属した。天聡六年、ホンタイジの攻撃を受けたリンダン＝ハンは民を連れて西に逃亡したが、大臣や国人の多くは同行を拒んで残留し、その結果、「食べる物がなくなって人を殺して肉を食べ、互いに殺し合って財貨・家畜を奪い取り、離散する者は離散した」という[136]。自滅が確実視されるまでに衰退したチャハルは[137]、九年には止めを刺される形で平定された。結局、離散した者も討たれて投降した者もホンタイジに服属し、彼をハンとして戴くに至るが、この時点で他の選択肢はほぼなくなっていたと言えよう。

ヌルハチの時代から、国内に来帰したモンゴル人に対しては、満洲人と同様に「堅く厳しい」法によって取り締まる方針を示しているが、天聡期には次々と来帰して来るモンゴル旧首長層の「乱れ facuhūn」が問題となっており、民と分けて管理するという対策を講じている[138]。最終的に、内附したモンゴル人の一部は満洲八旗に取りこまれ、残りは蒙古八旗に編成されて、八旗制の下に統治されることになる。

服属しても直轄支配を受けない外藩モンゴルについては、ヌルハチの時代には、彼らの間でハンを立て、互いに争わず和合して暮すよう忠告する

3 「法度」による支配

に止まっている[139]。みなで「議を一つにして」、どこへでも揃って遊牧し、どんな罪でも断事官に委ねて審判を下すようにし、各自が自分を「庇う」者をよしとしないようにという忠告は、ヌルハチ自身が最善と信じる国政のあり方を示したものである[140]。

ホンタイジの代になると、共同で軍事行動を行なう際の軍令のほかに、天聰二年にはアオハン Aohan・ナイマン Naiman・バリン・ジャルト Jarut の諸王に対して、諸王あるいはその属下が外部からの逃亡者を殺した場合の罰則を定めて通告するなど[141]、外藩を直接の統制対象とする法令を出し始めた。五年には、ノンおよびアバガ Abaga コルチンの諸王と「法度 fafun を議して」、人や家畜を奪わないなどのほか、牧地を割り当てて、そこを出ないことを誓約させ、同様にチャハルや明に対する軍事動員の細かい取り決めや、盗みがあった場合の罰則や審問の手続きも定めた[142]。六年には、マンジュ国からジルガランとサハリィエンの2王を遣わして、外藩諸王の「遊牧する所を分け与え指示しに、また政・法を定めに」行かせている[143]。盗みや牧地争いなど、モンゴル人の紛争の種となる問題について、マンジュ国のハンが法を立てて解決を図るようになったのである。八年正月には、外藩モンゴル対して「彼らの乱れた法をやめさせ、我らの法で定めて」禁令を出しており、同年十月には外藩モンゴル諸王を集めて大会盟を行ない、牧地指定と犯罪の審判を実施した[144]。九年にはカラチン Karacin の人口調査と旗の編成を行なわせるなど、外藩の組織再編にまで着手している[145]。

このように、内モンゴル平定を待たず、外藩モンゴルは満洲のハンが主導する「法度」の支配下に置かれるようになっていた。再即位後の崇徳元年十月、ホンタイジは都察院承政アシダルハンらを遣わし、外藩モンゴルを対象に大規模な人口調査を行ない、ニルに編成した[146]。こうして内モンゴル諸部は清朝によって再編成され、居住地を指定され、間接統治には違いないものの、清朝の「法度」によって統治されるようになるのである。

ホンタイジによる外藩モンゴル支配の強化は、個別の離反や違背はある

第7章　新しい秩序の創出

ものの、大きな抵抗もなく進んでいる。大きな抵抗ができるほどの勢力がなかったこともあるが、外部の手を借りてでも形成された秩序に意義があったのであろう。満文史料が伝える当時のモンゴルの情勢に誇張や偏向はあったとしても、実際に長年に亘る絶えざる紛争がモンゴル諸部を消耗させていたことは確実だからである。

　ヌルハチがささやかな国家を形成する過程で、目の前の問題に対処するため一つ一つ作り出していった「法度」は、不備もあったにせよ明確であり、その運用が厳格であった。寄せ集めの集団によって急造された国家を運営していくために、こうした明確な基準は不可欠であったろう。それが的確に示されていったことが、マンジュ国―清朝の求心力を維持し、発展を促したのであろう。漢人やモンゴル人に対してもこの「法度」が有効であったことは、歴史的状況にうまく合致したことによる。この点については、また別に論じる必要があるが、ともかく満洲の単純明快な「法度」は、漢人やモンゴル人の政治が解決できなかった積年の問題に対して効力をもった。清朝の東アジア制覇を可能にした直接的要因が軍事力にあったにせよ、その安定的な支配の最大要因となったのは、こうした明確かつ厳格な「法度」であったと考えられる。

結　語

　筆者は、マンジュ国―清朝の体制が、既存の政治的伝統の上に成立したのではなく、むしろ伝統から自由であったところに成立し、それによって成功を見たと考えている。東アジア世界において、16世紀末まで取るに足りない弱小勢力であった女真を、その中でもさらに零細勢力に過ぎなかったヌルハチが統一し発展させていくには、限られた力をひたすら効率的に用いていく必要があった。本研究において、筆者は八旗制度を中心とする

マンジュ国―清朝の体制が、いかにこうした効率重視の方針に沿って構築されていたかを述べてきた。それらは「例のない例」を創り出すものであったため、困難もあったには違いないが、実質的効果と効率に目的を絞って設定できるという大きな利点もあった。おそらく、ヌルハチ・ホンタイジら当時の満洲人は、眼前の問題を解決するために努力し続けただけであったのが、結果的に予想を遥かに上回る成果を上げるに至ったのであろう。だが、意図したとしないとにかかわらず、結果として生じた清朝の支配確立は、そうなるべき理由を有していたと見なければなるまい。

女真―満洲人を中心とし、八旗に編成されたマンジュ国の成立と発展は、主としてヌルハチの明快かつ的確な政治的・軍事的指導によるものと言えようが、彼の指導が有効であったのは、それを阻害する内部要因が極小であったことによるところが大であったと考えられる。具体的には、指導者に異を唱えられるだけの他の勢力が皆無であり、そのことが内部の争いに消耗する余裕のない弱小国家にとって有利に働いたということである。

翻って、当時の東アジアでは、明とモンゴルという旧来の二大勢力が、過去の栄光と実績に支えられた政治的伝統を有していながら、新興の満洲国家の前に何ら有利に活かすことができなかった。むしろ、単純極まる指針を掲げた外来の新勢力に、易々と支配されるに至っている。彼らが自ら解決できず混迷に陥るに至っていた問題点を、清朝がとりあえず解決し、秩序と安定を与えることに成功したからである。

筆者の見るところ、こうした事態は、15世紀以降の東アジア世界に起っていた構造的な変化に、両勢力とも対処できなかった点に主たる原因がある。ただし、この問題は本研究で扱う範囲を超えるため、ここで詳細に論じることはできない。ここでは、八旗制度を中核として成立した清朝の体制が、17世紀の東アジア世界において有効な政治的指針を示すことができ、それによって帝国を建設することができたとの展望を述べて、本研究を締めくくることにしたい。

第 7 章　新しい秩序の創出

注

1）孟森［1959］218～219頁。
2）三田村泰助［1965］210～213頁。ただし「終始狩猟民」であった女真社会はモンゴル社会に対して「異質性」も呈するという（214～216頁）。
3）こうした捉え方の指針を示したものとして、岡田英弘［2009］［2010］などがある。国家体制の連続性については、実はほとんど根拠を挙げて論じられていないが、清朝の皇帝は「部族長会議の議長」（［2009］65頁）であり、「国政に関する重大事項の決定は、かならず各旗を代表するこれら諸王の会議で行われなければならなかった」（［2010］89頁）とするなど、多分に遊牧国家的な部族連合を想定した理解が見られる。また、本書序章を参照。
4）鴛淵一・戸田茂喜［1939］、旗田巍［1940］など、八旗制に関する最初期の研究テーマの一つである。
5）「族制的」という表現は、細谷良夫［1968］が「北方民族に特徴的」として述べた表現によるが、「氏族制」「部族制」などの語を用いて、北方遊牧民の社会との共通性を明示あるいは暗示した研究は数多い。
6）既存の諸部族の再編と「新部族」の創出としての千戸制については、本田実信［1991］第 1 章参照。
7）劉小萌［2001］21～48頁。
8）『老档』太祖巻七十九～八十一（1173～1220頁〔『原档』5 冊161～241頁〕）のいわゆる「族籍表」に見えるムクンは、初期のヌルハチ政権において人為的に組織されたものであり（三田村泰助［1963・1964］）、自然発生的な血縁集団としてのムクンとは異なる。
9）劉小萌［2001］49～56頁。
10）旗田巍［1940］。なお、ガシャンの形態については、江嶋壽雄［1944］に詳しい。
11）『老档』太祖36頁〔『原档』1 冊40頁〕。
12）旗田巍［1940］87頁。
13）三田村泰助［1965］は、15世紀半ばの建州三衛が人口増加によって分散居住し、そのため領主の統制力が緩慢になったことを指摘している（248～249頁）。また、劉小萌［2001］32頁参照。
14）本書305～306頁参照。なお、三田村泰助［1965］はニングタについて詳論しているが（24～35頁）、あまりに推論を重ねた議論であり、依拠し難い。
15）本書310～311頁参照。
16）たとえば『八旗通志初集』巻百五十五・Baduri など。なお、周遠廉［1982］は衆を率いて来帰した人物の表を載せる。
17）『八旗通志初集』巻百四十五・Baska。

18)『八旗通志初集』巻百四十三・Yahican Jargūci、巻二百二十一・Sulhio、巻百五十五・Jenjuken、巻百六十二・Hūngniyaka。
19)『八旗通志初集』巻百四十一・Fiongdon Jargūci、巻百五十六・Ošo、巻百六十三・Cohono。
20)『八旗通志初集』巻百六十・Cirgešen。
21)『八旗通志初集』所載の伝では「mukūn」を率いてきたという表現が少なからず見えるが、档案史料にはほとんど見えないことから、実体のある血縁組織を指したのではなく、単に「同族から成る集団」を指すために後から採用された表現ではないかと思われる。
22)『八旗通志初集』巻百五十五・Ginggulda、巻二百四・Yabka、巻百六十一・Gestei。
23)『八旗通志初集』巻百五十七・Yekšu。
24)『八旗通志初集』巻百五十六・Ošo、巻百五十七・Hohori Efu。
25)『八旗通志初集』巻三・鑲黄旗第三参領第二佐領、巻五・正白旗第一参領第四佐領。
26)『八旗通志初集』巻三・鑲黄旗第二参領第七佐領、第八佐領、第十二佐領、巻七・鑲白旗第五参領第四佐領、同巻百五十五・Baduri。
27) この点を明記したものとしては、劉小萌［2001］167頁などがあるが、旗田巍［1940］など旧首長層とその属下の間の関係が一定期間保持されたことを示唆する研究は早くから見える。
28) 本書174～186頁。専管ニルについては、ニルの余剰労働力を使役できた可能性があるが、それも限定されたものであったと見られる（同184頁）。
29)『老档』太祖27および55頁〔『原档』1冊29および61頁〕に、穀物の公課を課すと民が苦しむので、労役をもって代えたことが記されている。
30) 本書117～120頁参照。
31)『八旗通志初集』巻六・正紅旗第五参領第九佐領の Ubahai など。こうした事実をもって「支配」あるいは「主従」関係の継承と見る向きもあるが（杉山清彦［2001-2］など）、従い難い。すでに述べたように、ニルの「管理」は「支配」とは程遠いからである。
32) この点について、三田村泰助は当時の女真社会が「尊貴なるギラン giran（骨種）とフレヘ fulehe（門地）によって秩序づけられ」ていたことを頻りに主張するが（三田村泰助［1965］18頁。62頁にも同趣旨の記述が見える）、その史料的根拠として示されているのは『満洲実録』巻四との注記だけであり（62頁および注⑩）、史料の該当箇所を見ると、実は本書364頁に引く『老档』太祖56～57頁〔『原档』1冊62頁〕に相当する記事に他ならないことがわかる。この史料にいう「giran」「fulehe」は「尊貴な」血統ではなく、新たに権力を得た大臣らの血縁を

第7章　新しい秩序の創出

指すと見るべきである。しかも、この史料においては今後の人事においてそれらを度外視するよう命じているのであり、この時点で大臣らの「giran」「fulehe」が考慮されるべき可能性をもっていたとしても、ヌルハチによって明白に否定されたことを示している。実際、これ以後の人事において「giran」「fulehe」が言及された例を見ない。また、満洲人の門閥意識について取り上げた他の史料（62〜63頁所引）は、清朝の体制が確立・固定した後世の状況を示したものであり、「女真社会の伝統」を論じるには不適切である。総じて、これらが女真社会を秩序づけるものであったとする説は、根拠がないと言うべきである。

33）河内良弘［1992］第二十一章。
34）来帰した女真人が代々在地の支配者であったことを示す記録は、筆者が見出した限り、前掲のルムブとホホリの家系のほか、Kangguri と Dumin だけである。（『八旗通志初集』巻百五十二・Kangguri Efu、巻百六十四・Dumin）。しかも Kangguri の家系は「代々 Suifun の地の村の長 gašan i da であった」というように、有力者と言っても「村」を代表する程度のものであった。
35）『内国史院档』天聰八年四月初六日条（109〜110頁）。
36）『八旗通志初集』巻二百六・Carki。
37）『内国史院档』天聰八年四月初六日条（109頁）、同正月初六日条（13〜17頁）。この頃の一般宗室は、「汝らはいくら貧しくても盗みの罪を始めるな」と説く必要があるほど（『内国史院档』天聰八年五月初八日条（138頁））全般的に困窮していたので、こうした措置は優遇というより救済とみなすべきかもしれない。
38）神田信夫［1990］は、先行研究を総括した上でこの問題を論じている。
39）三田村泰助［1951］。
40）『老档』太祖19〜21頁〔『原档』1冊21〜23頁〕。
41）神田信夫［1990］。
42）松村潤［1972］。
43）松村潤［2008］236頁。ただし、ここで根拠とされる天聰七年九月十四日の朝鮮国王への返書の言葉は、『太宗実録』同十二日条による限り、朝鮮国内に居住するワルカについて、「ワルカと我々」は元々「金皇帝の親戚 hūncihin」であるから、モンゴル系のブジャンタイの下にいた人々とは区別して、一概にマンジュ国に帰属すると主張し、それを証明するため「我々の祖先らが次々に暮してきたのを明白に告げて遣わそう」と言っているのである。「ワルカ」も「我々」も「金皇帝」と同族だから「一国」であると言っているのであって、ホンタイジの家系が金の皇帝の末裔に当ると言っているわけではない。まして、系譜を作成していたと読み取るのは無理があろう。
44）『老档』太宗544〜545頁〔『原档』7冊440頁〕。

45)『老档』太宗1005頁〔『原档』10冊129頁〕。
46) ホンタイジは『金史』世宗本紀について「我はこの書を翻訳して満洲語で書いて読み上げて以来」云々と言っており（『老档』太宗1439頁〔『原档』10冊647頁〕）、翻訳書によって知識を得ていたことがわかる。
47)『老档』太祖954頁〔『原档』4冊244頁〕。
48)『老档』太祖56～57頁〔『原档』1冊62頁〕。増井寛也［2006］はこの史料を引用して、「太祖の公正な態度を強調する『老档』編者の意図とは裏腹に、この文章は血縁と姻縁によって結合する門閥エリート集団が、当時すでに揺るぎない地位を確立し、ギランとフレヘを抜きにしてマンジュ国／アイシン国政権の中枢人事は語り得なかったことを示唆する」とするが、この史料から「門閥エリート集団」が「揺るぎない地位を確立」していたとは到底読み取れないし、その後「ギランとフレヘ」が人事において言及された例はほぼ皆無である。むしろ、「ギランとフレヘ」を見ないことを「公正な態度」とする常識が確立していたことこそ注目すべきであろう。
49) 筆者が見出した限りでは、戦死した覚羅の Baisan 遊撃に対して「諸王の系統 giran の人」であるからとして「人・馬・牛をすべて六十与えた」（『老档』太宗83頁〔『原档』6冊120頁〕）というのを除き、人事を論じる上で「fulehe」「giran」に言及された例はない。
50)『老档』太祖535頁〔『原档』2冊449頁〕。
51) 本書112頁参照。
52)『満洲実録』巻三・庚戌年十一月条（105頁）。
53)『老档』太宗636頁〔『原档』8冊61頁〕。
54) 本書184頁参照。
55)『老档』太祖1000～1015頁〔『原档』4冊350～360、364～372頁〕に見える勅書の記録に頻見される表現。
56) フラフについては『八旗通志初集』巻百五十二・Darhan Hiya に「十子および所属の民を率いて来帰した」とある。
57)『満洲実録』巻三・癸丑年正月十八日条（116頁）。
58)『八旗通志初集』巻百四十一・Fiongdon Jarguci。
59)『八旗通志初集』巻百五十七・Hohori Efu、『老档』太祖514～515頁〔『原档』2冊416～417頁〕。
60)『八旗通志初集』巻百五十二・Darhan Hiya。
61)『八旗通志初集』巻百六十七・Šongkoro Baturu An Fuyanggū。
62) 甲申年九月の戦いでヌルハチに重傷を負わせた Orgoni と Loko を登用した例がある（『満文国史院档』巻号001・冊号2（松村潤［2001］83～84頁））。

第7章　新しい秩序の創出

63）『八旗通志初集』巻百五十四・Asidarhan。
64）『八旗通志初集』巻五・正白旗満洲都統第二参領第四佐領、『内国史院档』崇徳三年七月二十五日条（486頁）。アシダルハンが対外交渉に用いられて功績を上げたのは、彼がモンゴル系のイェヘ出身であり、モンゴル語が通じたためかもしれない。
65）『老档』太祖692〜694、893、894〜895頁〔『原档』3冊274〜277頁、4冊204、202頁〕。引用箇所は『老档』太祖893、894頁〔『原档』4冊204、202頁〕。
66）『老档』太祖247〜250頁〔『原档』1冊365〜367頁。末尾が欠落〕。
67）投降後の李永芳の多忙については、本書482〜484頁を参照。
68）『老档』太祖516頁〔『原档』2冊419頁〕。
69）スナについては『八旗通志初集』巻百五十四・Suna Efu および本書447頁、グサンタイについては『八旗通志初集』巻百六十八・Gusantai および『老档』太宗527頁〔『原档』7冊411頁〕。
70）たとえば、ヤングリ Yangguri は「すべての戦いに頭となって行った功により、一等総兵官の官位を与え、子々孫々代々この官位を絶やさない」とされている（『老档』太祖751〜752頁〔『原档』3冊353頁〕）。
71）本書444頁参照。
72）『老档』太宗930〜931頁に見える Barai Sanjin の例など。
73）『老档』太宗676頁〔『原档』8冊91頁〕。
74）『老档』太宗1086頁〔『原档』10冊228頁〕。
75）阿南惟敬［1980］251頁。
76）実際この間、トゥルゲイは吏部における仕事振りを評価されている（『内国史院档』天聰八年十一月十三日条（356頁））。
77）引用は『老档』太宗676頁〔『原档』8冊91頁〕。他に『八旗通志初集』巻百四十二・Turgei。
78）あるいは、前掲（注50））のヌルハチの言葉を借りれば「才能の功」のある者ということになるかもしれない。
79）ただし、初期の档案史料には「王 beile」として記されていることもある（『老档』太祖155頁〔『原档』1冊254頁〕）。
80）『老档』太宗419頁〔『原档』7冊291頁〕。
81）タングダイは天聰八年にヌルハチの庶子への優遇策（本章362頁）が行なわれた際、無官から三等副将に陞せられている。
82）本書第5章第3節参照。
83）『老档』太祖64頁〔『原档』1冊136頁〕。
84）『老档』太祖894頁〔『原档』4冊202頁〕。

85) 『老档』太祖1109頁〔『原档』5冊300頁〕。他にも類例（『老档』太祖1113頁〔『原档』5冊311頁〕に見える Unege の誓詞など）は多い。
86) 『老档』太祖622頁〔『原档』3冊184頁〕。
87) それ以外の用例として見出せるのは、「天の恩 kesi」程度である。
88) 『老档』太祖488～489頁〔『原档』2冊377～378頁〕。
89) 『老档』太祖751頁〔『原档』3冊352頁〕。
90) 『老档』太祖85～86頁〔『原档』1冊79頁〕。その後、同じ言葉を確認している（『老档』太祖96～97頁〔『原档』1冊179頁〕）。
91) 本書319頁参照。
92) 本書285～290頁参照。
93) 『内国史院档』崇徳三年八年初五日条（509～512頁）。
94) 『太宗実録』崇徳五年十二月初四日条。
95) 同上。なお、引用文中「ハンに忠実であった」と訳した原文は「han be seme gūniha（ハンをと思った）」である。
96) ドゥドゥ自身は自分の不当な待遇の理由として、「ヒルゲン Hirgen を敬わなかった」ことと、「紅旗に配属された」ことを挙げている（同上）。ヒルゲンはホンタイジから信任を得ていた大臣であり（『八旗通志初集』巻百五十・Hirgen）、彼によって妨害を受けたと言いたいのであろう。紅旗云々については不明であるが、すでにダイシャンの子らが占めていた旗に後から押し込まれたため待遇が悪くなったと言いたいのかもしれない。
97) 『老档』太祖59頁〔『原档』1冊128～129頁〕。
98) 本書56頁。
99) ホンタイジもチャハルに対する勝報を得た後、天に愛しまれたならば天意に適うよう、益々「政を治め国人を養うのに努める」べきだとの考えを示している（『旧満洲档　天聰九年』157頁〔『原档』9冊207頁〕）。
100) 『老档』太祖65～66頁〔『原档』1冊138～139頁〕。
101) 『旧満洲档　天聰九年』7、192頁〔『原档』9冊8、251頁〕。
102) 『老档』太祖163～164頁〔『原档』1冊265～266頁〕。
103) 『老档』太宗1211～1212頁〔『原档』10冊357～358頁〕。
104) Baduri、Turusi の奮戦の様子など（『内国史院档』天聰八年八月二十一日条（239頁）、同閏八月初二日条（252頁））。
105) 『老档』太祖27頁〔『原档』1冊28～29頁〕。
106) 谷井俊仁［2005］は、ヌルハチが法を重視したことと、その所以について述べる。
107) 『老档』太宗1110頁〔『原档』10冊253頁〕。

第 7 章　新しい秩序の創出

108)『老档』太祖50、55頁〔『原档』1冊53、60～61頁〕。引用文中に＜定め＞とあるのは原文「sajilame (šajilame)」で、『老档』にない語を『原档』により補った。
109) たとえば、ハンの印なしに関門を通過しようとした者が「ハンの法度 šajin fafun に汝らはなぜ背いた」と咎められている（『老档』太祖158頁〔『原档』1冊258頁〕）。
110)『老档』太祖243～244頁〔『原档』1冊361頁〕。
111)『老档』太祖161頁〔『原档』1冊262～263頁〕。
112)『老档』太祖398、428～429頁〔『原档』2冊219～220、271～272頁〕など。
113)『老档』太祖1131～1172、1001～1014頁〔『原档』5冊363～446、458～492頁、4冊354～372頁〕など。
114)『老档』太祖162頁〔『原档』1冊263頁〕。
115)『老档』太祖50、63、325頁〔『原档』1冊53～54、135頁、2冊95頁〕。
116)『老档』太宗825頁〔『原档』8冊223頁〕。
117)『老档』太祖50～56頁〔『原档』1冊53～62頁〕。
118)『老档』太祖56頁〔『原档』1冊61～62頁〕。
119)『老档』太宗688頁〔『原档』8冊101頁〕。
120)『老档』太祖399頁〔『原档』2冊220頁〕。
121)『老档』太祖398頁〔『原档』2冊219～220頁〕。
122)『老档』太祖449頁〔『原档』2冊307頁〕。
123)『老档』太祖398頁〔『原档』2冊219～220頁〕。
124)『老档』太祖305頁〔『原档』2冊71頁〕。
125)『老档』太祖497頁〔『原档』2冊388頁〕。
126)『老档』太祖414～416頁〔『原档』2冊247～251頁〕。
127)『老档』太宗1440頁〔『原档』10冊648頁〕。
128) 以上、本書附論3を参照。
129)『老档』太祖535頁〔『原档』2冊449頁〕。
130)『老档』太祖589頁〔『原档』2冊532～533頁〕。
131) 同上。
132) 天聡二年に来帰したアオハンの Dureng の言（『老档』太宗129頁〔『原档』6冊247頁〕）。
133)『老档』太宗129頁〔『原档』6冊250頁〕。
134)『老档』太宗191～192頁〔『原档』6冊296～297頁〕。
135)『老档』太祖775頁〔『原档』3冊456頁〕。
136)『太宗実録』天聡八年六月初七日条に「先の申年」のこととして記す。
137) 本書224頁所引のサハリィエンの言など。

注

138）『老档』太宗848〜849頁〔『原档』8冊250〜251頁〕。
139）天命八年五月三十日、コルチンの諸王に送った書の言（『老档』太祖775〜777頁〔『原档』3冊456〜459〕）。
140）本書第6章参照。
141）『老档』太宗180頁〔『原档』6冊280頁〕。
142）『老档』太宗500〜501、504〜508、508〜509頁〔『原档』7冊351〜352、354〜357、358〜360頁〕。
143）『老档』太宗859頁〔『原档』8冊263頁〕。
144）『内国史院档』天聰八年正月初三日、十一月十日条（12〜13、349〜356頁）。
145）『旧満洲档　天聰九年』56〜58頁〔『原档』9冊70〜71頁〕。
146）『老档』太宗1389〜1412頁〔『原档』10冊583〜608頁〕。

附論1

入関後における八旗制度の変化

序

　順治元年（1644）の入関後、中国本土に移住した八旗は、新たに拡大した清朝国家の中で、紛れもない少数集団となった。
　明朝滅亡に乗じたとはいえ、住民感情が決して好意的ではない土地を本拠地とすることは、危険と困難が予想されたに違いない。それでも、この機会に中国本土を主領土として確保することは、清朝にとって絶対に必要であった。本論において再三述べたように、中国の富を安定的に得ることこそが、国家の安泰に至る唯一の道だったからである。中国本土を円滑に統治するためには、遼東においてさえ試行錯誤の途中であった清朝独自の制度ではなく、明朝の制度を継承するのが現実的であった。実際に北京遷都の後、ただちに明朝の法制と行政制度を踏襲する方針が打ち出された。
　八旗の組織を維持したまま、中国本土の住民を従来どおりの州県制によって統治したことで、国家における八旗の位置づけは大きく変化した。州県制下にある圧倒的多数の住民と区別された八旗は、もはや国人の編成とは言えなくなった。清朝は臣民に対する一視同仁を標榜したが、八旗を

附論1　入関後における八旗制度の変化

勲旧の臣（およびその子孫）として優遇し、国家を支える中核となるよう期待した。満洲王朝と支配集団の武力的保障として、なくてはならない存在であったのも確かであろう。

結果として、八旗は国内における特権的な集団となった。もはや八旗は積極的に拡大させられることはなく、世襲的な少数集団として保護される存在となった。入関後の清朝は、国内の要地に八旗を布置し、八旗の生活基盤を築くため、多分に強権的な手段に訴えた。だが、今や八旗以外の民も清朝の臣民であったので、彼らを疲弊させることは清朝にとって不都合であった。入関後の体制が定まった後は、できる限り国家に負担がかからない形で八旗を維持していくことが、清朝にとっての課題となった。

本章では、中国支配による国家体制の大規模な変化に伴って、八旗の役割と運営形態がどのように変化したかを述べる。本論の補論としての性格上、入関後の清朝の体制が確立するまでを中心とした概説となることを、あらかじめ断わっておく。まず第1節で入関後の政治体制について取り上げ、入関前の政治体制が最終的に皇帝独裁という形で完成されることを示す。第2節で八旗の組織と役割の変化について、第3節で八旗の経済基盤の設定について述べ、入関後の八旗の性格と位置づけを示す。その上で、八旗制度が入関後の新たな体制に適応するべく改変されはしたものの、厳しい管理統制を特徴とする入関前の方針は引き継がれ、全体としては自己抑制的で安定した特権集団が成立したことを述べる。

1　議政のゆくえ

ホンタイジは後継者未定のまま急死したため、次代のハンは諸王の話し合いによって急遽選定しなければならなかった。順治帝フリンの即位は、辛うじて成り立った合意の上に実現したものであり、即位直後の政局は緊

1　議政のゆくえ

迫した状況にあった。幼いフリンに代わって、ドルゴンとジルガランの2人が摂政に当たることになっていたが、ヌルハチ以来の短い王朝の歴史の中で、このような体制はもちろん前例がなく、摂政なる者がどのように振る舞うべきかという規範もなかった。ハンが最終的な意思決定を行なうという従来の体制からすれば、それを代行するのが摂政の役割となろうが、最終的な意思決定者が複数いるのは無理があった。順治元年（1644）正月には、摂政王への啓上は2人のうちドルゴンの方を先にするよう定められ[1]、すでに序列がつけられていた。

　こうしてドルゴンを実質的な最高指導者とする政権が発足し、ホンタイジ時代の方針を引き継いで、山海関方面への軍事侵攻を再開した。明朝はすでに関外の地を放棄していたが、山海関の守りはなお堅く、突破は容易でないはずであった。だが、四月初九日に出発したドルゴン率いる遠征軍が、李自成に迫られていた呉三桂の投降に遇い、事態は急転した。あれほど攻めあぐねた山海関を無事通過し、李自成の軍を破ると、清軍は易々と北京に到達し、五月初二日には主を失った城内に迎え入れられる。まるで待っていたかのように馳せ参じた漢人たちの協力を得て[2]、ドルゴンは明朝の統治機構を継承することができた。

　六月十一日、ドルゴンは同行の諸王・大臣らと北京遷都を決め、瀋陽に使者を送った。十八日には、摂政和碩睿親王の名で北京内外の軍民に清朝の遷都を布告している。幼い順治帝はもちろん、留守の王らにも諮らない一方的な決定というべきであるが、反対するべき積極的な理由をもつ者もいなかった。「功最高[3]」と認めるほかない成果を上げたドルゴンは、ここで政治的求心力を確立したと見られる。十月朔日、フリンは北京において再即位し、ドルゴンは「功をもって」叔父摂政王の称号を得た。ジルガランは改めて信義輔政叔王に封じられ、摂政王と輔政王以下の諸王とを区別する儀礼上の規定によって[4]、ドルゴンの突出した地位は明確なものとなった。

　その後、ドルゴンは憚りなく最高権力者として振る舞い、李自成や明朝

附論1　入関後における八旗制度の変化

残存勢力の討伐・八旗の布置と生活基盤の設定・国内輸送網の再建・占領地の民生安定など、中国統治体制の構築に努めた[5]。その治績を見る限り、清朝の中国支配の基礎固めを成したと言うべきであろう。一方で、ホンタイジの後継者選定の際の対立は確執となって残り、五年三月には有力な後継者候補であったホーゲの失脚・幽閉、ドルゴンと対立していたエビルンEbilunらの処分という目立つ形で表われる。

　しかし、この前後を通して、諸王・大臣は少なくとも表面的には摂政王に逆らう姿勢を一切見せていない。ホーゲの処分でさえ、諸王・大臣らの会議によって罪を定め死罪に擬したのを「旨」によって、つまり実質的にドルゴンの指示によって死を免じ幽閉するという手順を踏んでいる。これに先立つジルガランの一時降格や、程度は軽いがドドやアジゲの処分なども、やはり会議による重い擬罪を「旨」によって軽減する形を取り、ホンタイジ期の諸王の処分と同様の経緯を辿っている。諸王・大臣の会議が基本的にハンを翼賛し続けた入関前の状況が、摂政王の下でも継続したと見ることができる。水面下で不満が燻っていたことは間違いないが、中国全土の平定という重大な局面にあって、諸王・大臣はやはり最高権力者を支えていこうとしていたことが看取される。

　七年末にドルゴンが死に、年明けて14歳のフリンが親政を開始すると、ドルゴンは叛意があったと弾劾され、称号と宗室の地位を剥奪される。その一党とされた大臣たちも、軒並み断罪された[6]。この一連の反動にあっても、当事者以外の諸王・大臣の大部分は格別の動きを見せず、皇帝を中心とする新しい体制に適応している。諸王・大臣の間に確執は存在し、機会を見ての告発、有力な王・大臣の失脚は続いたが、時の最高権力者を支える体制は少しも揺らいだ様子が見えない。

　従来の研究では、順治朝の政局について、ドルゴンの専権と死後の断罪、ドルゴン派の大臣らの粛清、正白旗の皇帝直轄化といった事象が注目を集め、「分権的体制から集権体制へ」という常套的な図式と相俟って、皇帝が諸王を抑えて集権体制を確立する過程と捉えるのが一般的である[7]。し

かし、筆者の見るところ、摂政期のホーゲやドルゴン死後のアジゲのように政争に直接関わった者を別にすれば、順治朝の諸王は入関前に比して大きな抑圧を受けてはいない。むしろ諸王の地位は尊重され、子孫への地位継承にも配慮されている。

　順治九年正月の吏部題奏によれば、ホンタイジ期には「宗室の王・貝勒・貝子・公は、ともにその才徳を見て封爵を賜った」が、入関後は「例を定めて」、和碩親王は1子が親王を承襲して他の子は郡王に封じられ、郡王は1子が郡王を承襲して他の子は貝勒に封じられ、貝勒以下は、貝勒の子は貝子に、貝子の子は鎮国公にと、段階的に下位の爵を与えられることになった[8]。実際には、入関以前から血統による特別扱いはあり、有力諸王の後継者とみなされた子、たとえばサハリィェンの子アダリ Adali やヨトの子ロロホン Lolohon らは、父の死後、その後を継ぐ形で王・貝勒の称号を得ている。しかし、入関後には爵の承襲が規則化され、公式に認められるようになった。親王を承襲すべき嗣子については、「世子」の称号も新たに設けられた[9]。

　入関前には見られないことであるが、順治朝になると、王号をもちながら、成人しても軍事・行政上の要職に当たった形跡のない宗室が現われる。このことは、上記の規則によって諸王の子孫の地位が安定した証左であるとともに、実力本位であったという入関前の原則が、あながち誇張でもなかったことを示していよう。一方で、入関後には実力のある宗室が上昇を阻まれたのかと言えば、そうではない。出自による待遇の差はあっても[10]、才能を見込まれて登用され、功績によって父を超える封爵を受けることも可能であった[11]。

　摂政期・親政期を通じて順治朝には、むしろ若い世代の諸王を実戦力として育成する動きが見られる。入関前から、諸王や高位の宗室は交替で軍を率いて出征し、軍功によってその地位を確保していた。表1は順治期に出征を命じられた諸王・宗室の一覧であるが、前半にはドルゴン・アジゲ・ドド・ホーゲ・ジルガランら入関前から地位と実績を備えていた王や、

附論2　清朝入関以前のハン権力と官位（hergen）制

年　月	出征した宗室	目　標
元年四月	Dorgon（大将軍）・Hooge・Dodo・Ajige・Lolohon・Nikan・Bolo・Mandahai・Tunciha・Bohoto・Hoto	山海関方面
十月	Ajige（靖遠大将軍）・Lolohon・Mandahai・Bohoto・Tunciha	流寇
	Dodo（定国大将軍）・Šose・Bolo・Nikan・Tunci・Hoto・Šangšan・Durhu・Terhu・Dunun・Baintu・Handai	陝西→南京
十二月以前	Hooge	不明
二年正月	Abatai	山東（Hoogeと交代）
閏六月	Bolo・Baintu	浙江
七月　九月に増援	Lekdehun（平南大将軍）・Kanggadai・Babutai・Fulehe・Jahana・Unggu・Fulata・Subutu・Sabi	江南（Dodoと交代）
三年正月	Hooge（靖遠大将軍）・Lolohon・Nikan・Tunciha・Mandahai・Kalcuhūn・Yolo・Nusai	四川
二月	Bolo（征南大将軍）・Hoto	福建・浙江
五月	Dodo（揚威大将軍）・Šose・Wakda・Bohoto	モンゴル
四年正月	Kanggadai	宣府
五年閏四月	Tunci（平西大将軍）・Handai	陝西
八月	Ajige・Šose・Nikan・Šangšan・Yolo	天津土寇
九月	Jirgalang（定遠大将軍）・Subutu・Gunggan・Lekdehun・Durhu・Gūlmahūn・Fulata	湖広
十一月	Ajige（平西大将軍）・Bolo・Šose・Baintu・Fulehe・Yolo	戍守大同
十二月	Wakda・Šangšan・Tunci・Jahana・Handai	大同（Ajigeの軍前に）
六年正月	Nikan（定西大将軍）・Kalcuhūn・Murhu	太原
二月	Dorgon	大同
四月	Udahai・Tunciha・Babutai	大同（Ajigeらと交代）
	Bolo（定西大将軍）	汾州府
	Nikan	大同
七月	Dorgon	大同
	Mandahai（征西大将軍）・Wakda（十月より征西大将軍として山西へ）・Sabi・Baintu・Handai	朔州・寧武
八月	Ajige・Kanggadai	大同
十月	Dorgon	モンゴル
九年七月	Nikan（定遠大将軍）・Bashan・Tunci・Jahana・Murhu・Handai	湖南・貴州
十年正月	Tunci（定遠大将軍）・Bashan・Jahana・Murhu・Handai	湖南（Nikanの死による再命令）
七月	Yolo（宣威大将軍）	駐防帰化城
十一年十二月	Jidu（定遠大将軍）・Balcuhūn・Udahai	鄭成功
十四年四月	Loto（寧南靖南大将軍）	駐防荊州→湖広・貴州
十五年正月	Doni（安遠靖寇大将軍）・Lokodo・Šangšan・Dulan	雲南
十七年八月	Loto（安南将軍）	鄭成功

表1　順治朝に出征した主な宗室（『世祖実録』に見えるもの）

1　議政のゆくえ

死亡年	死亡の時点で公以上であった宗室（爵・没時の年齢）	政治的理由によるもの
順治元年		Aiduri（35歳・処死）
二年		
三年	Hūse（鎮国公・19歳）、Abatai（郡王・58歳）、Lolohon（郡王・24歳）、Hoto（貝子・28歳）	
四年	Unggu（Bohoto 第1子・輔国公・21歳）	
五年	Bohoto（貝子・39歳）、Dunun（輔国公・23歳）、Daišan（親王・66歳）、Subutu（貝子・24歳）、Gunggan（Amin 第4子・輔国公・26歳）	Hooge（40歳・自尽）
六年	Dodo（親王・36歳）、Boni（輔国公・5歳）、Jingji（郡王・6歳）、錦柱（輔国公・22歳）	
七年	Nusai（貝子・23歳）、Dorgon（摂政王・39歳）	
八年	Fuldun（世子・19歳）、G'olai（鎮国公・22歳）、Kalcuhūn（貝勒・24歳）、Kiyangdu（貝子・22歳）、Šunggutu（輔国公・20歳）、Sibsilun（輔国公・23歳）	Ajige（47歳・自尽）
九年	Mandahai（親王・31歳）、Bolo（親王・40歳）、Lekdehun（郡王・24歳）、Hūribu（貝勒・18歳）、Wakda（郡王・47歳）、Nikan（親王・43歳）	Kanggadai（47歳・処死）、Sihan（43歳・処死）
十年		
十一年	Šose（親王・27歳）	
十二年	Balcuhūn（貝勒・26歳）、Babutai（鎮国公・64歳）、Sabi（貝子・28歳）、Durhu（貝勒・41歳）、Hailan（輔国公・34歳）、Jirgalang（親王・57歳）、Udahai（貝子・55歳）、Ledu（郡王・20歳）	
十三年	Bombogor（親王・16歳）	
十四年	Unggo（G'olai 第1子・輔国公・11歳）、Fekejiku（貝子・25歳）、Tarna（郡王・15歳）、Masan（鎮国公・24歳）	
十五年	Terhu（貝子・40歳）、Sengge（鎮国公・27歳）、Unciha（鎮国公・21歳）、Gunai（鎮国公・6歳）、Martu（鎮国公・28歳）	
十六年	Jahana（輔国公品級・49歳）	
十七年	Baduhai（輔国公・39歳）、Jidu（親王・28歳）、Mandu（輔国公・3歳）、Lasita（輔国公・44歳）、Nisha（親王・10歳）、G'ag'ai（鎮国公・32歳）、Laduhū（鎮国公・13歳）	
十八年	Doni（郡王・26歳）、Ciksin（貝勒・12歳）	

表2　順治年間に死亡した公以上の宗室（『愛新覚羅宗譜』に基づき、『世祖実録』等により修補）

附論1　入関後における八旗制度の変化

ボロ Bolo・ニカン Nikan・トゥンチ Tunci ら実績を積みつつあった中堅の宗室に加えて、サハリィェンの子レクデフン Lekdehun やダイシャンの子マンダハイ Mandahai、後半になるとジルガランの子ジドゥ Jidu やドドの子ドニ Doni ら有力諸王の後継者の地位にあった若手の諸王が、大将軍号を帯びて出征している。彼らは何度か従軍経験を重ねた上で、大軍を率いる総司令官に任じられ、名実ともに次世代を担うことを期待されたと見られる。

若手の諸王・宗室は、軍事的な役割だけでなく、国政を審議する「議政」への参加も進められている。『八旗通志初集』宗室王公列伝で拾い得た限りでも、七年にレクデフン、ウダハイ Udahai、ハンダイ Handai、八年にワクダ、ショセ Šose、九年にジドゥ、レドゥ Ledu、ヨロ Yolo、ドニ Doni、ドゥルフ Durhu、シャンシャン Šangšan が議政に任じられている。このうち、レドゥとドニ（ともに郡王）は「議政王」、ハンダイ・ドゥルフ（ともに輔国公）・シャンシャン（貝勒）は「議政大臣」と明記されている。他の例から推しても、貝勒以下の宗室は議政王ではなく議政大臣の扱いになったようである[12]。いくらか実績を積んだ王は、六部などの行政実務にも充てられた[13]。

このように、若い世代を中心とした諸王・宗室の登用が進んでいるのは、清朝が依然として「軍国の大事」に彼らの力を必要とし、世代交替を進めつつ彼らを中心とした政権を形成しようとしていたことを窺わせる。それにもかかわらず、順治末年には諸王や高位の宗室の存在が霞んでしまっているのは事実である。それは「皇帝が諸王を抑えた」などという政治的な理由によるものではない。順治年間に有力な諸王・宗室が相次いで死去し、地位と実績を兼ね備えた者がいなくなっていたからである（表2）。

順治期のうちに、王と貝子以上の宗室でホンタイジと同世代の者は死に絶えているが、これは単に世代交替が進んだに過ぎない。次の世代の年長者で、そろそろ長老格になりかけていたボロやワクダ・ニカンが40歳代で死んでいるのも、当時としては異とするに足りない。だが、血統からして

1　議政のゆくえ

も政権を支える中核となることが予想され、然るべく実績を積まされてきたロロホン・レクデフン・マンダハイ・ショセ・ジドゥ・ドニといった諸王が20～30歳代で次々と死んだのは想定外であったに違いない。順治年間には、ホーゲ以外の順治帝の兄弟2人に加え、ヨトの5子（1郡王・4貝勒）・ジルガランの3子（世子および1親王・1郡王）・ドゥドゥの5子（1貝勒・3貝子・1輔国公）・アバタイの2子（1親王・1貝子）と7孫（1郡王・1貝勒・3貝子・2輔国公）を始め、有力諸王の家系の若い世代に多くの死者を出している。戦地での死もあるが、多くは自然死であり、おそらく天然痘の流行と無関係ではあるまい[14]。

　順治九年にマンダハイ・ボロ・レクデフン・ワクダ・ニカンと働き盛りの諸王がばたばたと死んだ直後は、25歳のショセと、すでに第一線を退いていたジルガランを除いて、軍の総司令官や六部の管理を経験していた王はいなくなっていた。ショセは十一年、ジルガランは十二年に死んでいる。さすがに順治帝もこうした事態の進行を座視していたわけでなく、次々と若い宗室を封爵するとともに、十年にはヨロ、十一年にはジドゥ、十五年にはドニに大将軍号を与えて、業績を積ませるべく出征させている。ヨロの任務は帰化城への駐防だけであったが、明の残存勢力の討伐に遣わされたジドゥとドニは、戦歴豊富な中堅以下の地位の宗室やグサイエジェン、御前侍衛・諸王の護衛で守りを固めた上での出征であり、経験の浅い王を育成する配慮が見られる[15]。

　それだけでなく、順治期には罪によって退けられていた宗室も積極的に登用されている。兄アダリの罪に連座して宗室を廃されていたレクデフンは、1年もたたずに許されて貝勒に封じられているし[16]、ダイシャンの子ワクダは、ホンタイジ期から何度も罪せられた挙句、順治初年には宗室を廃されていたが、順治三年正月に三等鎮国将軍として復帰させられ、軍功を上げて最終的には郡王にまで上っている[17]。父の罪に連座して庶人に落とされていたアミンの子らでさえ、順治五年にグルマフン Gūlmahūn が輔国公、グンガン Gunggan が鎮国公、ゴガイ G'og'ai が二等鎮国将軍にそれ

405

附論1　入関後における八旗制度の変化

ぞれ取り立てられた[18]。彼らはすぐに従軍させられ、グンガンは湖広遠征中に死んだが、その後グルマフンは貝子に、ゴガイは鎮国公に昇格している。ジルガランの兄ジャイサンの子に当たるロト Loto は、崇徳末年に重罪に問われ[19]、貝子を削爵されて退けられたが、順治十三年になって三等鎮国将軍・鑲藍旗グサイエジェンとして登用された。ロトは崇徳期には議政大臣・都察院承政を務め、軍功もあったので、「かつて大罪を犯した」とはいえ、「今、国家が人材を要する時に当たり、久しく閑居させておくのは、深く惜しむべきである」として再起用されたのである[20]。

　順治期の清朝は、まだ中国全土平定の途上にあった。李自成や弘光政権を倒した後も、残存勢力や一度降って再び離反した勢力の討伐に明け暮れ、連年各地に出兵していた。鄭成功の反攻に遭って鎮江府が陥落し、江南が危機に瀕したのは順治十六年のことである。清朝としては、軍の司令官を務めるべき諸王・宗室に有為の人材が必要であった。実力のある諸王・宗室は、わざわざ抑圧するどころか逆に育成しなければならなかったのであり、実際に育成・登用に努めている。

　だが、封爵を受けたばかりの若い宗室は往々にして実務経験が浅く、幼少で実務に携われない場合もあった。処罰や連坐で一旦退けられた宗室は、復帰してもすぐに高位に昇ることは難しい。結果的に、順治帝が死んだ時には、地位と実績を兼ね備えた宗室は1人もいなくなっていた。

　表3は、順治帝の死の時点で存命であった輔国公以上の宗室一覧である。ヨロ・フシェオ Fušeo・ボゴド Bogodo・ギイェシュ Giyešu の4親王とロコド Lokodo・レルギイェン Lergiyen・モンゴ Monggo の3郡王のうち、ヨロを除く全員が22歳以下である。当時の満洲人のライフサイクルを考えれば、10代後半から20代前半は十分に成人とみなされる年齢ではある。だが、彼らはまだ全くと言っていいほど実績がなかった。これは決して不思議なことではない。ヌルハチの末子として大切に育成されていたドドが、「初めて専行するように兵を委ねて」出征させられたのは、22歳の時であった。ドドは10代の頃から兄らに附いて従軍経験を積んでいたが、一軍の司令官

1　議政のゆくえ

爵	名前（没時の年齢）
親王	Yolo（37歳）、Fušeo（19歳）、Giyešu（17歳）、Bogodo（12歳）
郡王	Lokodo（22歳）、Monggo（19歳）、Lergiyen（11歳）
多羅貝勒	Dulan（29歳）、Cani（21歳）、Neni（20歳）、Canggadai（19歳）、Dolbo（19歳）、Ciksin（12歳・順治帝の2日後に死亡）、Keki（11歳）
固山貝子	Gūlmahūn（47歳）、Šangšan（41歳）、Unci（27歳）、Jangtai（26歳）、Dunda（19歳）
鎮国公	Siteku（50歳）、Tunci（48歳）、Toktohoi（29歳）、Sunu（14歳）、Yanlin（14歳）
輔国公	Gabula（52歳）、Tahai（50歳）、Hūsita（47歳）、Bamburšan（45歳）、Mucen（42歳）、Laihū（37歳）、Fulata（37歳）、Gunggan（Abai第6子・33歳）、Yenggeri（29歳）、Yeggei（28歳）、Hoošan（28歳）、G'aose（25歳）、Fase（15歳）

表3　順治帝崩御時に存命の公以上の宗室（『愛新覚羅宗譜』による）

が何とか務まるとみなされるには、この年齢まで待つ必要があったのである。前掲のジドゥとドニが大将軍号を帯びて出征したのも、ともに22歳の時であった。

　ヨロだけは年齢も高く、ホーゲの四川遠征に従うなど何度か従軍した後、順治十年には宣威大将軍の称号を得て出征しており、工部の管理や宗人府宗正を務めるなど、実務経験もある程度あった。しかし、十年の出征は帰化城への駐防のみであり、戦って軍功を上げたわけではなく、十四年に親王に晋封された時にも、「性行端良、事に沱んで敬慎」と、功績ではなくまじめな性格や働きぶりを評価されていた[21]。実兄ボロが王号を得た時に軍功が強調されたことを考えれば[22]、父の爵位を超える親王への昇格理由としては地味に過ぎる。この時期の状況を鑑みるに、親王が若輩者ばかりになってしまったのを慮って、破格に昇格させられたのではないかと思われる。いずれにせよ、ヨロも実績はこの程度であり、それを補うほど高い評価を順治帝や他の宗室・大臣らから受けていた形跡も見られない。王ではなく「大臣」の扱いになる貝勒以下まで見渡しても、諸王に取って代わるほどの実力者はいない。

　従って、臨終の順治帝が幼い息子を帝位に即けるに当たって、諸王・宗

附論1　入関後における八旗制度の変化

室の中から摂政あるいは輔政に当たる者を選ばず、ホンタイジの時代から信任されていた4人の大臣を指名したのは、諸王・宗室の力量を量ればごく自然な判断であったと言えよう。ヌルハチ以来の伝統からして、皇帝もしくはそれを代行する者は、実際に諸王・大臣らを指導する能力が必要だったからである。

　周知のように、4大臣による輔政は、すぐにオボイ Oboi 1人の専権と化した。「集議」を重んじながらも、ただ1人のハンが会議を主導し、最終的な決定はハン自身が下すというヌルハチ・ホンタイジ期の体制からすれば、決定を下すべき立場にある者が複数いるというのは不都合であったから、その意味では当然の成り行きである。ドルゴン摂政期も同様であるが、国家の基盤がまだ不安定で、確固たる指導力を必要としていた時期にあっては、意思決定の核が揺らぐのは政権の命取りになりかねなかった。諸王以下がこぞってドルゴンやオボイに「阿り[23]」、その専権を許したのは、仮に直接的な理由が怯懦や保身であったとしても、政局を安定させ団結を守るという目的からすれば誤ってはいない。そもそも後から「専権」と断じられるのは、真の権威である皇帝が同時に別に存在し、本人には正統的な権威がなかったからに過ぎない。順治帝即位から康熙帝親政まで、一見すれば清朝の政治体制は変動しているように見える。だが、常に一人の最高権力者が実権を握り、他がそれを支持し服従するという点を捉えれば、清朝の政治体制は入関前後を通じて一貫しているのである[24]。

　順治帝が辛うじて親政可能になった時期にドルゴンが死んだのは偶然であるが、康熙帝が親政開始からほどなくしてオボイを退けたのは、理由のないことではない。諸王以下がただ1人の最高権力者を支持するという従来の伝統からすれば、康熙帝親政後は帝かオボイかどちらか一方を支持しなければならず、正統性の観点からして支持するべきは康熙帝に決まっていたからである。

　親政を始めた康熙帝は、積極的に政務を執り、自ら国政を主導する姿勢を見せた。本来ともに政権を担うはずの諸王が相変わらず非力であり、

「年幼諸王」に至っては教育さえしなければならなかったことも[25]、帝自身の責任を重くしたに違いない。康煕帝が20歳を目前にした頃には、諸王の議政参加はすでに形骸化しかけていたらしい。康煕十一年十二月初四日、裕親王フチョワン Fuciowan が議政を辞して許され、次いで十一日にはボゴド・ボンゴノ Bonggono・モンゴの3王が同じく議政を辞して許された[26]。フチョワンは康煕帝の兄、ボゴドら3人はホーゲの1子2孫であり、いずれも帝と近い血縁ながら、目立った活動が見られない王である[27]。この動きを見て、十八日にはギイェシュ・ヨロ・レルギイェンの3王とチャニ Cani・ドンゲ Dongge・シャンシャンの3貝勒が議政を辞しているが、これは許されていない[28]。ギイェシュらはいずれもこの直後に三藩鎮圧のため司令官として出征させられており、実務に堪えるとみなされていたことがわかる。この時点では、康煕帝はまだ議政王の存在自体は不要とみなしておらず、議政の権威も失われてはいなかったのであろう。

議政の存在意義が揺らぐのは、三藩の乱が1つの契機となったと考えられる。10年におよぶ乱終結の直後には、

> 先に三藩の撤廃を議した時、議政王・大臣らに会議させたところ、撤廃すべきでないと言う者が甚だ多く、撤廃した方がよいと言う者は甚だ少なかった。朕は撤藩を決意し、そのため呉三桂が叛いて、各所の駅が騒然とし、兵民が困苦することになった。

と言って自らを責める姿勢を示した康煕帝も[29]、清朝の統治が安定に向かうと、

> 朕は国家の政務において、力を尽くして追求し、是非を自らに任じ、臣下に委ねることはない。たとえば逆賊呉三桂を遷移させたことについて、ソンゴト Songgoto は建議した人を処刑すべしと上奏したが、朕は独断を堅持して、必ず遷移させることにした。かの時には十三省で兵を戦わせること数年に及んだが、みな朕が一人で責任を負った。かつて汝らに押

附論1　入関後における八旗制度の変化

し付けたことがあったか。

として、むしろ自らの意思によって決定し、自らその結果に責任を負ったことを誇るようになっている[30]。ここへ来て、議政王・大臣は意思決定に関わるのではなく、単に諮問に応じるだけという位置づけが定まった。

単なる諮問機関としては、議政王・大臣は専門性を欠き、入関後の行政の複雑さに対応しきれない部分があった。すでに順治朝から、議政王・大臣に九卿・科道を加えて審議を命じることが多くなっていたが、康熙二十四年には、満洲・蒙古八旗の都統（グサイエジェン）は武勇によって地位を得たため、事務に練達していない者が多いとの理由で、兵事を議する時を除いて彼らを議政から外すよう上諭が下されている[31]。議政王・大臣の議は、対外関係や宗室・大臣の処分など政治的判断を要する問題に限られていくが、一方で政治的判断に関しては、諸王・大臣を問わず、康熙帝に一目置かせるだけの存在がいなくなっていた。

即位40年を迎える頃には、康熙帝は誰よりも豊かな経験と実績をもつ政治家になっていた。親政以来「毎晨聴政」を誇る帝は、3〜4日に1度でもよいのではないかとの進言も退け[32]、政務に励んだ結果、「朕は政を聴くこと四十年余り、およそ〔臣下が〕条奏した事に少しでも私意があれば、断じて朕を欺くことはできない[33]」と豪語するようになっていた。実際、それだけの治績を上げてきたことは誰にも否定できないところであり、臣下が殊更に苦言を呈する必要もなかった[34]。

諸王・大臣は実務能力を、あるいは実務的見地からの意見を求められた。従って、実務能力のない王は政治の場において不要とされた。『聖祖実録』を見ると、康熙三十年頃から「議政王・大臣等」ではなく「議政大臣等」に審議を命じる事例が増え、三十七年頃を最後に「議政王」の記載がなくなる[35]。議政王を廃したのではなく、議政に任じるべき王がいないとみなされたのであろう[36]。すでに述べたように、入関後の諸王は、何の実績もない幼少の者が王号を継ぐことを許されるなど、王の系統は保護・尊

重された[37]。だが一方で、恵郡王ボンゴノが「庸懦」を理由に王爵を剥奪されたり、温郡王ヤンシェオ Yanšeo が「行止不端」を理由に貝勒に降格されたりしたように[38]、諸王といえども無能や不品行によって地位を追われることはあった。貝勒以下の宗室については言うまでもない。

　順治期には、親王から奉恩将軍に至る宗室の子は、15歳になれば封爵に与るようになっていたが、康熙二十七年には、「賢否を問わず」封爵を認めては、彼らが「激勧を知るなし」との理由から、20歳になるのを待って「文芸・騎射」に優れた者を、引見の上で封爵することとした[39]。諸王や高位の宗室も、あくまでも努力してその地位を得、保たねばならないという方針である。能力を認められた宗室は、重要な職務に任じられ、功績を上げれば優遇された。たとえば、安平貝勒ドゥドゥの孫で初め鎮国公に封じられたスヌ Sunu は、ドゥドゥの爵を継ぐ直系ではなかったが、康熙帝に取り立てられ、十六年に鑲紅旗蒙古都統、十八年に満洲都統に任じられ、ガルダン討伐の最先鋒の指揮に当たるなど功績を上げた。三十七年には貝子に、康熙帝の死の直後には祖父と同じ貝勒にまで上せられ、雍正帝に罪せられて失脚するまでは輝かしい経歴を誇った[40]。

　雍正帝も、諸王・宗室を決して無用とはみなしていなかった。即位に先立って、貝勒允禩・十三阿哥允祥・大学士マチ Maci・尚書ロンコド Longkodo に「総理事務」を命じ、あらゆる啓奏はこの4大臣に送り、諭旨は4大臣を経由して出すことを命じた。允禩・允祥はともに直後に親王に封じられ、以後3年ばかり「総理事務王・大臣」が皇帝を補佐することになった。議政大臣はなお存在し、新たに諸王を加えて「議政王・大臣」として重要事の審議に与っている。だが、当の議政諸王自身が「議政大臣和碩怡親王允祥」「議政大臣多羅順承郡王臣錫保[41]」などと称しているように、彼らは実質的に王でない大臣と役割に相違がなかった。国政を審議する最高機関が軍機処に移行するのは、全く無理のない状態に至っていたと言えよう。

　雍正帝の死に際して、荘親王允禄・果親王允礼・大学士オルタイ

附論1　入関後における八旗制度の変化

Ortai・張廷玉が「輔政」に任じられ、やはり総理事務王・大臣となった上で「兼理軍機処事務」を命じられた[42]。乾隆二年十一月に彼らが解職され、辦理軍機処が復設されると、オルタイと張廷玉は復帰するが2親王はしていない。こうして諸王の政治上の役割は漸次低下するに至るが[43]、咸豊・同治朝の恭親王奕訢のように、政治情勢によっては重要な役割を果たす王も後に現われ、彼が「議政王」に任じられているように、議政も決して否定されたわけではない。諸王が皇帝を助けて国政に参与するべき存在だという位置づけは、終始変わっていないのである。

2　八旗の組織と役割の変化

次に、八旗の組織と役割の変化について述べる。入関以前から、八旗に属する壮丁（成人男子）はすべて登録され、兵役・労役の義務を課されていたが、入関後もその点に変化はなかった。これらの壮丁の役割として最も重要なのが、兵士、特に軍の主力となる「披甲」すなわち「甲士」を出すことであった。

入関以前、崇徳六年の時点では、満洲壮丁3人に1人を甲士とし、1ニル60人を標準と定めていた。だが、順治年間には満洲・蒙古の甲士が1ニル「三十四」（漢軍は「壮丁四名につき甲士一」）であったとする史料がある[44]。また順治三年には、甲士選抜の際に満洲・蒙古ニルで壮丁が不足した場合、旧附の漢人およびその子孫や各官に分給されたモンゴル人で補ってもよいとされていることから、順治期には34人を定数とし、実数はその定数に対しても不足気味であったことが窺える。康熙二十一年には、満洲・蒙古ニル下の甲士数を「四十を過ぎてはならない」としている[45]。

崇徳朝と比べると1ニル当りの甲士の定数は大きく減少して見えるが、入関後の史料に言う「甲士」は、実は騎兵（馬兵）のみを指したようであ

る。康熙十三年には、1ニルの壮丁のうち、満洲・蒙古は前鋒2名・親軍2名・護軍17名・撥什庫 bošokū 6名・馬兵40名（うち弓匠1名）・歩軍撥什庫2名・歩兵18名・鉄匠2名、計89名を、漢軍は撥什庫4名・馬兵30名・歩軍撥什庫1名・歩兵12名、計47名を出すことになっていた[46]。「甲士」が「馬兵 aliha cooha」を指すものとすれば、40名を過ぎないとする規定に合致する。

崇徳六年の規定では3人に1人を甲士として定数60人とするので、その時点での1ニルの壮丁数全体は180人程度であったということになる。天聡末から入関までの間にニル数が若干増えて、満洲ニルだけで309ニルと半ニル18になり[47]、順治五年の満洲男丁数が55,330人であった[48]という数字によれば、順治初年には1ニル180人をやや下回るものの、ほぼそれに近い人数であったことになる。康熙十二年末には、八旗のニルを壮丁130～140名で編成し、余った壮丁は集めて別のニルを編成するよう命じている[49]。

康熙十二年に定められた1ニル当り壮丁数と兵額を基準にすれば、満洲・蒙古は1ニルの壮丁のうち馬兵として約3割、それ以上の精鋭である前鋒・親軍・護軍と管理者たるボショクとして約2割、馬兵より格下の扱いの歩兵・鉄匠として約1.5割を出すことになった。残りの3〜4割の壮丁のうち、各種の官職に就いた者以外が「閑散」「余丁」であり、必要な時には無給で各種雑役に使われることになった。入関前の「甲士」が前鋒や護軍も含んだとすれば、徴兵率は上昇したことになる。

順治朝から康熙朝半ば頃までは、国内平定のための戦いが絶えなかったので、前鋒や護軍はもとより、兵士の中核をなす甲士は数と質の確保が重要課題であった。康熙朝には八旗の人口が増加していったため、ニルの増設が相次いだ。康熙六十年には、満洲八旗の壮丁数154,117人に対してニル数は666と半ニル4、1ニルの壮丁数は平均約230人となり、ニル増設が人口増加に追いついていないほどである[50]。

だが、雍正年間に入ると、ニルを増設して甲士や護軍の数を増やせば支

附論1　入関後における八旗制度の変化

給するべき米石が足りなくなるため[51]、ニルの増設に歯止めがかかり、乾隆朝を最後に増設されなくなった。満洲八旗の最終的なニル数は、鑲黄84と半ニル2・正黄92と半ニル1・正白86・正紅74・鑲白84・鑲紅86・正藍83と半ニル1・鑲藍87と半ニル1、合計676ニルと半ニル5となっている。蒙古ニルも原定117と半ニル5から204に、漢軍も157と半ニル5から265と半ニル1に増えている[52]。ニルの数だけを取って言えば、入関から乾隆朝までの間に約2倍になったことになる。兵額はニルごとに定数があるので、正規兵の数は約2倍の純増となる。雍正朝には、ニルの増設を控える代わりに、満洲・蒙古・漢軍から計4,800人を選んで「教養兵」とし、米石を支給せず3両の銭糧だけを与えるという策も講じている[53]。

　一方で、平和になるにつれて、兵士の質の低下は避け難いものがあった。すでに康熙二十年代には、八旗官の騎射の「庸劣」が指摘され[54]、若者に騎射の習得が奨励されていたが[55]、雍正初年には精兵であるはずの護軍にも矢を射ることのできない者がいたと言われている[56]。雍正元年には、「馬甲」を選ぶには満洲壮丁の中から騎射のできる者を選び、数が足りなければ「開档満洲」「戸下満洲」「家下旧人」のうちから選ぶよう、満洲語ができない者は3年の期限を切って学習させ、もしできなければ馬甲に選ばないよう命じている[57]。

　「開档」とは「開戸養子」とも言い、嗣子がなく老齢や障害で兵役に就けず財産もない満洲壮丁が、銭糧を得るために養育した者を指す[58]。「另戸档」「另戸満洲冊」などという別種の戸籍に登記されていたらしい[59]。「戸下」とは「戸籍内人」というのと同じで、壮丁の家に附属する人、主として奴隷を指すと考えられる[60]。「家下旧人[61]」はよくわからないが、「家下奴僕」という語もあり、長く仕えて満洲化した漢人奴隷などを指すのかもしれない。いずれもその来歴が奴隷や養った漢人など本来の満洲の子弟でない者らしく、「正戸」すなわち正規の壮丁とは別扱いを受け[62]、一時期までは護軍やボショクにしないなどといった差別待遇があったようである[63]。

2　八旗の組織と役割の変化

　つまり、正規の満洲壮丁によって、その3割程度の甲士を確保することが必ずしも容易でなかったということである。ニルによって閑散壮丁の数に差があり、少ないニルでは領催や甲士を選ぶのに苦労するとも言われていることから[64]、壮丁人口そのものが不足しているニルもあったようであるが、人口は増加傾向にあったので、より問題なのは騎兵たる甲士に必須の騎射に未熟な壮丁が増えていたことであろう。

　中国本土を征服した後、清朝は対外戦争の継続からは解放されたが、守るべき領域は圧倒的に拡大していた。兵数は増えたといっても、前掲の定額に基づいて計算すると、ボーイニル（「家のニル」）所属の兵を除く[65]八旗の正規兵は約9万、教養兵を入れても10万に足りない。たとえすべての兵が精鋭であったとしても、この兵数で全土を守るのは不可能であるし、あまり広く薄く配置しては役に立たない。そこで、八旗は主として北京とその周辺に集められ、首都を守るほか、直隷各地と山海関・古北口・喜峰口・張家口など長城線上の要地および熱河に駐防兵が置かれた。それ以外は、盛京を始め関外の故地を守る奉天駐防兵と、山西・陝西・四川・広東・湖広・江南・浙江・福建・山東・河南の要地に駐屯兵が置かれ、残りの各地の治安維持には専ら緑営が当てられた[66]。

　在京の兵士は、入関前からの制度を引き継ぎ、都統（グサイエジェン）に直属する驍騎営（騎兵）、左右両翼に分かれた前鋒営、満洲各旗に分設された護軍営（バヤラ）、満・蒙・漢各旗に分設された歩軍営（歩兵）などに配属されたが、康熙三十年には銃砲を専門とする火器営が、雍正二年には円明園の周囲を守護する円明園護軍営が、乾隆十四年には攻城戦に備えた健鋭営が新設されるなど、特別な目的をもった軍団も設置されている[67]。

　紫禁城と皇帝自身は、最も手厚く守られた。皇帝親近の官兵の増加は、入関後の八旗組織における最大の変化の1つである。まず、入関直後に侍衛の定数が激増した。皇帝（ハン）の「侍衛」と諸王・宗室の「護衛」は、入関前にはともに「ヒヤ hiya」と呼ばれ、崇徳二年の時点で、各旗20人に制限されていた。ホンタイジは自身の侍衛が2旗40人の定数を1人たりと

415

附論1　入関後における八旗制度の変化

も超えていないばかりか逆に下回っていたことを、衆人の前で誇示していた[68]。それが順治初年には、一等侍衛60人・二等侍衛150人・三等侍衛270人・藍翎侍衛90人、合計570人という額に定められた[69]。康熙『大清会典』では、一等・二等・三等侍衛と藍翎の定額が毎旗30人・50人・120人・50人となっており、上三旗で合計750人となる[70]。いずれにせよ、崇徳朝と比べると十数倍の増加である。順治元年十一月には諸王・宗室の護衛の定額が定められているが[71]、こちらは摂政王30人・輔政王23人・親王20人・郡王15人・貝勒10人・貝子6人・公4人という数で、入関前の水準に近い。つまり、皇帝の侍衛のみ、極端に数が増えるのである。

　この変化は、第一義的にはおそらく警備環境の変化によるものであろう。瀋陽の小規模な宮殿から北京の広大な紫禁城に移り住み、昨日までの敵地を本拠地とするようになった時点で、皇帝の身辺警護に要する人数は、桁違いに増えたはずだからである。実際、文字どおり皇帝の身辺に侍る御前侍衛のほかに、3旗の侍衛が各6班に分かれて宮門の警備を行なったという。そのうち内班侍衛は乾清門と内左右門を守り、外班侍衛は親軍とともに太和門と中和殿に詰めて警備を行なった[72]。

　侍衛が500人を超す集団となった時点で、管理者が必要になったのは当然である。入関後には内大臣、特に領侍衛内大臣 hiya kadalara dorgi amban が侍衛を統括する官職として現われる。「内大臣 dorgi amban」の語は入関前から見られるが、その起源は不明であり、当初は官職と呼べるものであったかどうかもはっきりしない。筆者が確認した限りでは、『内国史院档』崇徳三年二月二十七日条に、ウジュムチン Ujumucin 部のセチェン゠ジノン Secen Jinu(o)ng がホンタイジに謁見する際、「内大臣ら dorgi ambasa」が諸王・大臣の整列完了を上奏したとあるのが初出である[73]。崇徳元年五月、諸王・大臣の頂子と帯の等級を定めた時には、内大臣に言及がなく、同月に吏部が定めた官人の等級にも内大臣は入っていないが[74]、三年八月、頂子と帯の等級を再び定めた際には、内大臣は輔国将軍やメイレンイジャンギン・六部参政などと同格とされている[75]。つまり、

2　八旗の組織と役割の変化

崇徳元年五月から三年八月までの間に、内大臣が（官職かどうかはともかく）公式の地位として認められたことがわかる。

しかし、崇徳元年四月に病死したエンゲデル＝エフは、『太宗実録』崇徳八年八月初七日条に「内大臣」として言及されている[76]。彼はモンゴルから早期に集団を率いて来帰したため優遇されて総兵官の官位 hergen を与えられ、戦時には兵を率いて戦っているが、特定の官職に任じられた形跡はない。ただ、宴会の席でホンタイジと客人の仲介をするなど、ホンタイジの身近に侍っていた様子は窺える。『太宗実録』では、崇徳四年以降、内大臣に関する記述が増えるが、外部との間を取り次ぐ、使者に立つ、宗室の祭祀に当たる、ハンの命令を直接受けて戦うなど[77]、ハンの身辺に仕えていることを示唆する役割が多い[78]。こうしたハンの親近の大臣は、おそらく崇徳期以前からいたのであろうが、確たる職掌がないこともあり、正規の官職とみなされていなかったのではないかと考えられる[79]。

内大臣が正規の官職となったことが確認されるのは、順治二年閏六月、入関前から引き継いだ文武官の品級を定めた時である[80]。「御前内大臣」はグサイエジェンや六部尚書と並んで一品とされ、崇徳三年の時点よりも格上に位置づけられた。順治十年七月、宦官衙門を設立する際、「我が朝では〔皇帝の〕左右には内大臣・侍衛が随従し、〔帝室の〕内務は包衣の大人・ジャンギンが管理する」と言われたように[81]、内大臣の基本的な職務は皇帝に随侍することであった。随侍の大臣である内大臣が侍衛を管理するようになったのは、ごく自然なことであろう[82]。領侍衛内大臣・内大臣は常に数人ずついるが、他の職務を兼任することが多かったので、不都合があれば侍衛を管理する役割は他の内大臣や散秩大臣が選ばれて代理を行なった[83]。

このように皇帝随従の官職が拡充するとともに、宮中警護の官兵も増えた。紫禁城内の警備は上三旗の護軍が毎旗2班に分かれて交替で行なったが、勤務が繁忙に過ぎて訓練の時間がないというので、後に馬甲も用いることとしている[84]。雍正五年の時点で、紫禁城内の護軍・馬甲が看守すべ

附論1　入関後における八旗制度の変化

き場所は67箇所、毎日697人が勤務していたという[85]。下五旗にも紫禁城外や宗室の府第を警備する任務はあったが、上三旗とは比べものにならなかった。雍正朝には、下五旗の公中ニルを上三旗において使役するようにさせており[86]、上三旗で使用できる兵は見かけより多かったのであるが、それでも不均衡だというので、雍正七年には大清門・天安門・端門の警備を下五旗の護軍に命じることとしている[87]。

　入関前には、ハン直属の旗とその他の旗の間に役割の違いはほとんど見られないが、ここへ来て上三旗と下五旗の間には、役割の上で明らかな差異が生じている。上三旗は単に皇帝に直属する旗ではなく、皇帝に奉仕する旗という性格を強めるのである。一方で下五旗の方は、諸王・宗室に仕えるという役割を強化した様子が見られない。従来の通説では、上三旗と下五旗の問題も専ら皇帝への権力集中と結びつけて説明されるが、本論で再三述べたように、旗が皇帝（ハン）や諸王の政治基盤となったことが認められない以上、そうした議論は成り立たない。筆者はむしろ、重要なのは上三旗と下五旗の間で役割の違いが生じたことであり、そのことは入関を境とした清朝皇帝の地位の変化と関係があると考える。

　皇帝とその住居の警備にこれほどの精兵を割くことは、入関前にはとても考えられなかった。入関前の清朝は、毎年のように外征を行なって戦果を上げ続けなければならず、そのために可能な限りの兵力を注ぎ込まなければならなかったので、後方の警備のために兵を無駄遣いすることはできなかったからである。それに対して入関後には、すでに築いた帝国を守ることが軍備の主要目的になっていった。それと同時に、中国本土を主領土とする大帝国を築き、王朝がそれにふさわしい威儀を備えなければならなくなった。こうした変化を考えれば、帝国の中枢に当たる皇帝の身を厳重に守るとともに、皇帝に外形的な重みを加えなければならず、そのためには皇帝の身辺にこそ信頼できる多数の官兵を配するのが必要になったのであろう。皇帝の警護については、直属の旗の官兵が行なうという入関前の慣例が踏襲されたため、結果的に上三旗が特殊な性格、すなわち皇帝の身

辺に仕えるために多くの人員を割くという特徴をもつことになったのである。

　ここに至って、八旗が均等に人員を出すという入関前の重要な原則は崩れたと言わざるを得ない。だが、そのことが特に問題になった形跡がないのは、皇帝が突出した奉仕を受けて当然という通念が成立したこともあろうが、何よりも八旗の間の均等があまり意味をもたなくなったことを示していよう。実際、入関後の国内では、八旗の間の区別などより八旗と一般民人との区別の方が遥かに大きな意味を持った。上三旗と下五旗とを問わず、八旗は清朝を守るという特別な役割を負うことで、一般民人と異なる存在意義を持ち続けることになった。そのことは、城内での集住や職業・通婚の制限などと相俟って、八旗を王朝と結びついた特殊な少数集団として存立させる基礎を成した[88]。

　入関後の八旗は強いて拡大させられることはなかったので、終始国内人口の一小部分に止まった。限りある八旗の人員を有効に利用することは、依然として清朝にとって重要な課題であった。入関前と同様に八旗の兵は首都（とその周辺）に集められたが、入関前は外征のための兵を集結させておくという意味が大きかったのに対して、入関後は皇帝個人に代表される王朝を守ることが主になった。八旗は戦力として役立つことよりも、軍事的保障として存在することが重要になったので、然るべき規模の軍団を維持していけばよいことになった。ただし、八旗の軍団は体制存続に必須の存在であったから、清朝は八旗が全体として破綻しないよう保護していかなければならなかった。そのためには、八旗所属の人々に経済的基盤を与えることが必要であった。

附論1　入関後における八旗制度の変化

3　新しい経済的基盤の設定

　北京遷都が決まり、皇帝・諸王以下、八旗所属人員の大部分が遼東から移住して来ることになった時点で、清朝政府は彼らのために新しい生計手段を講じなければならなくなった。
　摂政王から輔国公に至る諸王・宗室については、北京遷都直後に逸早く俸禄の制が定められた[89]。銀立てで、摂政王3万両・輔政王1万5千両を始めとして、親王の1万両から鎮国公・輔国公の625両まで爵位が下るごとに半減していく規定になっている。俸銀とは別に、俸米の制も定められた[90]。このような俸禄の制度は、清朝では初めて定められたものである。爵位によって額は大きく異なるが、少なくとも諸王について言えば、入関前の水準からすれば莫大な額である。豊かで安定した生活を営むための念願であった中国支配が現実化して、まず政権中枢にあった摂政王以下が利得を確保しようとしたのであろう。
　諸王から公までの宗室は、山海関外にあった荘田の整理を命じられるとともに、北京周辺に新たな荘田が設定され、所属壮丁のための土地も発給された。順治五年以降には、上記の宗室に加えて公主から県君に至る宗室の女性と、鎮国将軍から奉恩将軍に至る比較的下位の宗室まで、爵位に応じて園地を与える制度が整えられた[91]。俸禄とは別に、従来同様自家経営によって収入を得る手段も与えられたのである。
　ただし、このように優遇される宗室は、あくまでも爵を有する者に限られた。爵のない宗室（閑散宗室）は、当初は定まった給付が一切なく、官職に就いていなければ一般旗人と異なる所がなかった。順治五年には戸部に対して、「宗室・覚羅の中に貧乏で生活できない者がいれば、不時に奏聞せよ」との諭旨が下っているが[92]、これは場合に応じて個別対応すると

3　新しい経済的基盤の設定

いうに止まる。康熙十年に、閑散宗室の子弟で18歳以上の者と父のいない者に「披甲の例に照らして」銀・米を支給するよう命じられ[93]、ようやく一定の給付が制度化されるが、披甲すなわち兵士と同等という扱いであった。従って、その後も時として、閑散宗室子弟の救済策が講じられなければならなかった[94]。

　官職に対する俸禄は、順治元年八月という早い時点で「在京文武官員」について定められているが[95]、これは清朝に降った漢人の官僚たちを安心させるためであったろう。明制を引き継ぐものであったため、正一品文官の俸銀が215両5銭1分2厘という水準に設定されている。明とそれを引き継いだ清の官僚の俸給が、現実に生活を支えられないほど低額であったことはよく知られているが、明の財政制度を継承した以上、明代の俸給体系を大きく上回る額の給与は出せなかったに違いない。三年正月に、摂政王以下の宗室と一等公以下驍騎校・護軍校らに至る八旗の大臣・官員の俸給が改めて定められたが[96]、一等アンバジャンギンが銀250両という水準は、ほぼ一般文武官の俸給に準じて定められたと考えられる。すなわち、決して高額の給与が約束されたわけではない。しかし、入関前には官員に対する俸給というものがなかったのだから、それが与えられるようになったのは大きな変化である。清朝はようやく、明のように俸禄を支給することができるようになったのである。

　また、入関前から引き継いだ官位 hergen は、条件附きとはいえ世襲されるのが原則となり、名実ともに漢訳語の「世職」に相当するものとなるが、この世職に対しても俸禄が与えられることになった。こちらは、一等公の歳支銀700両・米350石以下、一般の八旗官に比べて格段に高く設定されている[97]。雍正年間には、満洲都統から歩軍総尉に至る八旗官の各6名から1名の親丁に対して、毎月銀（1両から3両の間で変動）が支給されるようになり[98]、養廉銀の制度も定められた。

　宗室はもとより八旗の官員はみな出征を命じられることがあったので、その時には別に手当が支給された。順治十年には、親王の月給銀200両以

附論1　入関後における八旗制度の変化

下、筆帖式の3両に至る給付が定められている[99]。爵位・官職に応じた行糧と、同じく爵位・官職によって数を決められた馬に対する草料も支給されることになった[100]。

　以上のような給付を与えられる地位にある者は、もちろん八旗全体の中では一部に過ぎない。八旗の大部分を占める一般旗人の生計基盤を確立することが、政権にとってはより重要な問題であった。周知のように、そのために定められたのが、北京周辺の土地を大々的に接収して八旗に分配すること、すなわち圏地による旗地の設定である。かつて遼東移転の際に遼陽周辺の土地を接収したのと同じことを、北京周辺で行なうことにしたのである。遼東での経験からしても、北京周辺での土地の再分配が容易でないことはわかっていたに違いないが、それまで八旗所属の官民はみな田地の耕作を生計基盤としてきたのであり、入関後もそれ以外の方法は考えられなかったのだろう。

　旗地の設定については夙に研究が重ねられており[101]、ここで詳述するまでもないが、要するに、何度かの段階を経て、最終的に直隷（明の北直隷）の田地の過半を占めるほど広大な土地を接収し、原則として八旗の壮丁1人につき5晌、宗室や官職を有する者には各々差等を設けてさらに土地を給付したのである。旗地は旗人の生計手段として与えられたので、一般の民地と違って非課税であり、売買は禁止された。旗地設定のための土地接収に際しては、まず旧皇荘や勲戚・宦官らの土地と無主の荒地を没収し、次に所有者が現存する土地を有償で接収する方針を採った。実際にはまともな補償がなされないことが多かったにせよ、できる限り軋轢を避けようとしたことは窺われる。順治四年の大規模な圏地に際しては、今後はこのような土地接収を行なわないと言明し、実際にその後の圏地は補足的な域に止まる。清朝としては、自分たちに跳ね返って来る不利益を承知の上で現地の住民を犠牲にしながら、八旗の官民に自活していけるだけの生計手段を与えたはずであった。

　しかし、八旗の生計は当初から安定してはいなかった。そもそも八旗壮

3 新しい経済的基盤の設定

丁への土地分配自体に不備や不公平があった上に[102]、彼らが得た土地をうまく経営できたとは限らないからである。八旗所属の壮丁には兵役・労役の義務があり、入関直後は四方への遠征が絶えなかったので、家族や奴隷の少ない家では、一家の壮丁が出征している間に（その場合、従者も連れて行く）耕し手がいなくなることもあった[103]。諸王・宗室のもとへは不必要なほどの投充人口があっても、一般旗人はむしろ奴隷の逃亡増加によって働き手を失うこともあり得た。

八旗の兵士に対しては、旗地の分配とは別に定期的な給与の制度も始められた。順治元年に、「前鋒 gabsihiyan・護軍 bayara・撥什庫 bošokû・甲兵（馬兵）」に毎月銀2両、「匠役」に銀1両を支給することとしていたが[104]、九年三月には護軍・前鋒の月餉銀を1両ずつ増して3両とし、十年には撥什庫も同じく3両とした。康熙年間には前鋒・護軍・撥什庫および甲兵と弓匠についてさらに各1両増額されており、歩兵はやや少なかった可能性があるものの、概ね毎月銀3～4両が支給されることになっている[105]。これとは別に、米の支給も順治初から行なわれていたらしく[106]、康熙二十四年には、前鋒・護軍・撥什庫・馬兵に毎歳餉米46斛、歩兵に22斛を給し、春秋2回に分けて支給すると定めている[107]。

出征時には、食糧と馬匹のための草料が支給された。順治十二年には、親王から甲士・人役に至る出征中の行糧の額が定められている[108]。当初は、出征中は行糧があるからという理由で月糧を半額にされていたが、十三年には全額が支給されることになった[109]。草料については、十一年に出征時と平時の支給額が、春冬と夏秋の2期に分けて定められた[110]。

こうした給与は、本来旗地によって自給すべき兵士たちに対する特別手当のようなものであったはずであるが、康熙九年三月の上諭は[111]、「八旗の甲兵は、馬匹を牧養し、器械を整備し[112]、費用は繁多であるのに、月給のほかに生計の手立てがなく、妻子・家人を養うに足りない（月餉外更無生理、不足以贍養妻子家口）」としている。これより前の順治十三年にも、「甲士らのあらゆる家人は、すべて月糧に頼って養われている」と言われ

423

附論1　入関後における八旗制度の変化

ているし[113]、十八年には「八旗の兵士で、老齢や病気で退役した者は、もしその家に甲士として任務に当たる人がいなければ、月に米1斛の支給を認める」と定められ[114]、やはり甲士の月給が生計の支えであったことが示唆される。だが、甲士は壮丁の一部であるから、甲士でなく他の官職もない残りの壮丁（いわゆる「閑散人」）は旗地をうまく経営できなければたちまち窮することになった。甲士以外の壮丁も労役に駆り出されることはあったので、働き手がなく貧窮する可能性は常にあった。老人や女・子供だけの家は言うまでもない。

　従って、旗地の分配が終わり旗人の生計基盤が概ね定まった頃から、旗人の貧困は問題になっていた。順治十一年正月には、兵丁の旗地経営が順調でなく、ひとたび災害に遭えば戸部に「口糧」を仰がねばならないと言われている[115]。「昔兵は盛京にあって餉なくして富み、今京師にあって餉ありて貧す[116]」という表現は誇張に過ぎようが、入関後10年で、八旗の兵士が明瞭に「貧しい」と認識されているのは注目に値しよう。

　もとより八旗の兵士は「国家の根本[117]」であったから、災害時には特別に救済し、戦死・戦傷には手厚く見舞った上に[118]、時には内帑を発して八旗の貧民や出征兵士の家人に給付することもあった[119]。康熙三年には、旗地が使用に堪えないという5旗26,450名の壮丁に対して、順天府・保定府などで圏出した土地との交換を認め、毎丁各5晌、計132,250晌の再給付を定め[120]、オボイの主張による鑲黄旗と正白旗の地土交換に際しては、不足を補うためさらに民地が接収されることになった。こうした新たな圏地は社会不安を招くので、康熙帝はオボイを退けた直後に圏地の「永行停止」を命じている[121]。

　こうした措置にもかかわらず、康熙十二年には「近頃見るに、貧しくて負債のある満洲が多い」と言われている。これに対しては、賭博の禁止や婚葬の際の出費を控えるなど「節倹」が命じられる程度であった。二十二年には、議政王・大臣に命じて改めて「八旗貧兵」の救済策を講じさせているが、婚娶の費用や住居を与える、土地のない者には戸部が保管してい

る田地を発給するなど、対象療法的な案しか出ていない[122]。

そもそも旗地や銭糧は「兵」や「壮丁」を単位として支給されるので、編審の際に壮丁として登録されていない者[123]や老幼・婦女は壮丁に依存せざるを得ず、頼るべき壮丁がいない場合はさらに窮することになった。康熙二十九年には、「八旗の養うことができない荘屯人口および窮官・護軍・撥什庫・兵等の荘屯人口」が22,428人、「家族のない寡婦・退役した護軍・撥什庫および馬兵でなく1両の銭糧を支給されているだけの者の家人」である荘屯人口が63,719人と数えられている。つまり、壮丁ごとに与えられた旗地だけでは養いきれない人々が、9万人弱と算定されていたのである[124]。これらの人々には1人につき米1石を支給するよう定められたことから、政権としては八旗所属の人々に最低限の生活保障をするつもりがあったとわかる。

この時期の上諭によれば、入関当初はすべての満洲兵丁に土地・家屋を給付したので、みな生計を立てられたが、今は子孫が増えて土地・家屋のない者が多く、また順治年間以来の出征により債務を負って返せないため、窮迫しているということであった[125]。入関当初の八旗が生活に困らなかったという認識は、前掲史料によれば事実に反するが、旗地の分配が人口増加に対応できるよう設定されていなかったことは確かである。康熙年間には、既存のニルの「滋生余丁」による新たなニルの編成がしばしば行なわれているが、これら新たに認定された壮丁には、もちろん新たな旗地が必要になる。

康熙・雍正朝には、土地のない旗人のために口外の土地の発給を試みているが[126]、もとより北京からあまりに離れては旗地として不適であり、都合のよい土地がうまく入手できたかどうかは不明である。旗地に関する規定を見ると、新たに支給する旗地の来源は、主として他の旗人の退還した土地などの「旗下余田」が想定されている[127]。こうした旗地の回収は容易ではなく[128]、必要なだけの退還地が確保できたとは考え難い。また、禁を犯して旗地を典売する者もあり、一方で違法な圏地も繰り返され、旗地は

附論1　入関後における八旗制度の変化

紛争と訴訟の絶えない土地となっていく。

　旗人の負債については、康熙三十年に、戸部が旗人の債務の肩代わりを命じられ、再び負債を重ねることがないように、八旗に帑銀を与え、公庫を作って貸し付けさせ、毎月の銭糧から天引きして返済させることとした[129]。この制度は康熙末年に廃止されていることから、うまく運営できなかったことが窺われる。負債の元凶としては、飲酒・賭博や奢侈のほか、やむを得ないものとして軍備にかかる費用と婚礼・葬祭の費用が挙げられたので、手当の拡充や特別給付の制度が講じられたが、根本的な解決には結びついていない。

　雍正朝になると、八旗の生計問題は解決困難な積年の課題となっていた。雍正帝の上諭に「天下の銭糧には定額があり、兵丁が貧乏だからといって、どの項目の銭糧をもって、この百千万金の賞賚に当てればよいのか」とあるように、国庫の支出で兵丁を救済するのは限度があり、康熙帝が兵丁のために「しばしば賞賚を加え、負欠を代償し、また公庫を設立して利をもってこれを済った」のが捗々しい効果を挙げなかったことも認めざるを得ないところであった。だが、これらに代わる策として提示しているのは、大臣らに命じて兵丁を厳しく管理させることだけである[130]。

　旗人が民地を購入することは禁じられていなかったので、官職に就いて得た貯えで民地を買い、旗地に頼ることなく生活できる豊かな旗人もいた。反面、安定した生計手段を得られず困窮する旗人が現われるのは防ぎようがなかった。困窮した旗人は、武器を質に入れたり、支給された米石を米価高騰時に売ったり、住居として貸与された官房の空き部屋を又貸ししたり、政府としても問題視せざるを得ない様々な手段で糊口を凌いだが、最後は国家に救済してもらえるという期待があったのであろう。雍正三年に八旗の大臣に命じて兵丁の生計について会議させた時には、外部で「毎旗銀百万両の賞与がある」という風説が立ったという[131]。100万両は過大であったにせよ、実際にこの時にも八旗に計8万両が賞与されており、「貧乏の人」に実恵があるよう指示されている。政権としては、八旗の生計破

3 新しい経済的基盤の設定

綻を見過ごすことはできなかったので、結局のところ、なし崩しに貧窮化する旗人を最低限の線で支えていくことになった。

支配集団である八旗に対する清朝の財政措置は、総じて抑制的であると言ってよかろう。宗室に対する俸禄1つを取っても、明代と比べて額自体が決して多くない上に、禄を支給される宗室の数が格段に少なく、また数が増えないように爵位を逓降する制度があったので、特権階層に対する給付が膨れ上がることはなかった。雍正朝には、官員全体に対して養廉銀の制度が創始されるが、それはやむを得ない不透明な所得をなくして給与だけで生活できるようにするという意図からであり、然るべき財源を確保した上で実施された[132]。貧困旗人をやむなく救済する際にも、それで旗人が放恣に流れるのを懼れ、最小限に抑えようとする態度が窺える。

従って、一般旗人はもとより諸王や大臣も、決して特権の上に安穏としていることはできなかった。爵を奪われたり降格されたりすることは珍しくなく、職務上の罪過によって罰銀ないし罰俸を受けることも頻繁にあった。財務に関わった場合、欠損を出して莫大な賠償を科せられることもあった。無事に一生を終える見込みがあっても、世代を追って特権を失っていく子孫の行く末は不透明であった。

嘉慶朝の『嘯亭雑録』によれば、康熙帝の孫に当たる恒恪親王弘晊は、奢侈に走る諸王を尻目に質素を貴び、俸禄は生活費以外すべて倹約して田地・家屋の購入に当て、収益を得ていた。吝嗇を笑われた王は、宗室には俸禄以外に収入がないのだから、余裕がある時に貯めておかなければ、子孫が増えた時に分ける財産がないではないかと言ったという。その後、他の王家は落ちぶれて「飯も炊けない者があるようになった」が、王の子孫は相変わらず豊かであったという[133]。この時期には、武功による封爵以外は、親王以下すべて代替わりごとに降格していくことになっていた。王といえども堅実に家計を運営していかなければ、子孫は貧窮するはめになる。まして一般旗人は、なおさらであった。

康熙朝に中国支配を確立し、乾隆朝に内陸アジアまで含めた安定的支配

附論 1　入関後における八旗制度の変化

を成立させた清朝は、もはや拡大の必要もなく経済的には繁栄を誇った。そのため、旗地と俸禄・銭糧の支給によって、諸王から一般旗人まで養うことができるようになったが、あくまでも財政状況を睨んだ節倹の姿勢を崩そうとはしなかった。八旗は清朝成立の基礎であり、最も信頼する臣民団であったが、その経済的特権は極力抑えられていたと見ることができる。

結　語

　中国征服を境にして、清朝の国家としての性格は大きく変わった。まだ歴史の浅い小国であった清朝は、当時の東アジアで最も豊かな地域を含む広大な領域を支配することになった。入関前には国家そのものであると言ってもよかった八旗は、王朝と強いつながりをもつ特殊な小集団となった。こうした激変に遇った清朝が、それでも全体として順調に大帝国の統治体制を整えていったことは、衆目の一致するところであろう。

　清朝の統治を成功に導いた要因は、1つに決められるものではあるまい。だが、入関前の国家を運営していくために採用された政治・経済・行政・軍事の各方針が、入関後も基本的に変わらず維持されたことは、間違いなく有利に働いたと考えられる。政権は求心性を維持し、諸王・宗室の政治参加も不安定要因とはならなかった。軍隊は強いて拡大させられず、要所を押さえるに止められた。清朝を守る特別な集団となった八旗は、経済的に保護を受けながらも、財政上の限度を超えて守られることはなかった。本論で述べたように、入関前の体制は、ハンや諸王から一般人に至るまで、忍耐の継続を求めるものであった。そうした謂わば禁欲的な体制は、清朝が大帝国を築き八旗が特権的少数集団となってからも、基本的には変わらなかった。

　そうした体制が広大な支配領域を統治するのにどのように有効であった

かは、ここで論じられることではないが、少なくとも八旗制度についてだけ言えば、世襲的特権階層と軍隊という、政府と社会にとって特に重荷になりやすい集団を統制し続けたことで、国家の長期安定に大きく寄与したことは確かであろう。

注───────────

1)『世祖実録』順治元年正月己亥条。
2)たとえば、五月に召し出されて直ちに参じた天啓朝の大学士馮銓は(『世祖実録』順治元年五月辛丑条)、札つきの閹党として崇禎期には完全に政治生命を絶たれており、清朝による徴取は起死回生の好機であった。明の国内ではもともと官職に就くための競争が激しく、党争の激化もあって不遇をかこつ官僚・士人が多数存在した。そうした人々がむしろ進んで満洲王朝に協力したため、清朝は入関当初から中国統治に必要な人材に事欠かなかった。
3)『世祖実録』順治元年十月丁巳条。宗室の地位を「功」によって上下するとした崇徳三年の規定(本書373頁)に照せば、ドルゴンは突出した地位を占める資格を得たと言える。
4)『世祖実録』順治元年十月戊寅条および甲申条。
5)清朝入関後の中国統治体制樹立の迅速さと効率性については、谷井陽子［1996］に述べる。
6)杜家驥は、この一連の反動をもって、「両白旗ドルゴン兄弟」と「帝系勢力」の争いに「帝系勢力」が勝利した結果と見る(杜家驥［1998］184頁)。
7)本書序章参照。
8)『世祖実録』順治九年正月乙酉条。
9)順治八年にはジルガランの子フルドゥン Fuldun が世子に封じられており(『世祖実録』順治八年閏二月庚戌条)、世子の官属も定められている(同九月癸巳条)。
10)順治五年三月、ショセ・ボロ・ニカンがともに親王に封じられた時には、「爾等向不在寵貴之列、以同係太祖孫加錫王爵、至於位次俸禄、則不得与大藩等」と言われている(『世祖実録』順治五年三月辛未条)。
11)たとえば、饒餘郡王アバタイの子ボロは和碩端重親王に封じられており、没時に輔国公であったフィヤングの子シャンシャンとフラタ Fulata は父の追封以前に多羅貝勒と固山貝子に封じられている。
12)ニカンとロトは貝子で、チャニ Cani は貝勒でそれぞれ議政大臣に任じられて

附論1　入関後における八旗制度の変化

いる。
13) 各部の上奏を必要としない事務をマンダハイ・ボロ・ニカンに委ね（『世祖実録』順治七年二月辛亥条）、「理政三王」と呼んでいる（同十二月乙巳条）。諸王の管理部務は、順治帝即位後に廃され、親政とともに復活して、すぐまた廃されており、入関後の実施期間は短い（同崇徳八年十二月乙亥条、順治八年三月癸未条、九年三月丙戌条）。
14) 李中清・郭松義［1994］。
15) 『世祖実録』順治十一年十二月壬申条、十五年正月丙午条。若き日のドドが初めて軍を「専行する」際に同様の配慮を受けていたことは、本書273頁で触れた。
16) 『世祖実録』順治元年十一月庚戌条。
17) 『世祖実録』順治三年正月丙子条、八年二月庚辰条。
18) 『世祖実録』順治五年閏四月戊午条、十一月丙子条。『八旗通志初集』巻一百三十七・宗室王公列伝九。
19) 『太宗実録』崇徳八年八月初五日条。
20) 『世祖実録』順治十三年五月己亥条。
21) 『世祖実録』順治十四年十一月丙午条。
22) 『世祖実録』順治四年六月己丑条。
23) ドルゴンは、政権掌握後に諸王・大臣らに対して「予に媚びるばかりで、皇上を尊崇する者がいない」ことを戒め、自分が敢えてフリンを立てたこと、それを変えるつもりがないことを強調している（『世祖実録』順治二年十二月癸卯条）。
24) アミンにせよマングルタイにせよドルゴンにせよ、諸王の叛意とされるものが、常に「実行されなかった陰謀」としてのみ存在したことは示唆的である。有力諸王が実際に政権を脅かす行動に出たことは、実は一度もないのである。
25) 『聖祖実録』康熙十年三月朔条。
26) 『聖祖実録』康熙十一年十二月乙巳条、壬子条。
27) フチョワンは議政辞退の18年後（康熙二十九年）にガルダン討伐の司令官の1人に任じられている（『聖祖実録』康熙二十九年七月辛卯条）。
28) 『聖祖実録』康熙十一年十二月己未条。
29) 『聖祖実録』康熙二十年十二月戊子条。
30) 『聖祖実録』康熙二十九年正月辛丑条。同じく四十五年三月丙寅条にも「朕之生平、豈有一事推諉臣下者乎」との発言が見える。
31) 『聖祖実録』康熙二十四年三月乙丑条。
32) 『聖祖実録』康熙二十九年十月壬戌条および三十二年十二月癸酉条。
33) 『聖祖実録』康熙四十年三月丁酉条、四十一年閏六月辛卯条。
34) ガルダンの討滅後、康熙帝は「衆皆勧阻」しながら「朕の独断」によって敢行

した親征が当を得ていたことを誇示している(『聖祖実録』康熙三十六年五月丙申条)。
35) 管見の限り最後の例は『聖祖実録』康熙三十七年八月朔条。
36) 康熙四十年に、侍郎・前鋒統領・護軍統領からも議政大臣を抜擢するよう慣例を改めるなど(『聖祖実録』康熙四十年十月甲子条)、議政大臣にはむしろ人材補充を図っている。
37) アジゲの孫チョクト Cokto は盛京将軍として職務怠慢であったことを理由に公爵を革去されたが、もし承襲を許さなければ英王の一支が絶えてしまうとの理由で、その子に襲封を認めている(『聖祖実録』康熙三十七年十一月癸巳条)。
38) 『聖祖実録』康熙二十三年五月癸未条、三十七年四月己巳条。
39) 『聖祖実録』康熙二十七年二月壬子条、同甲子条。
40) スヌの経歴は『清史稿』巻一百六十二・皇子世表にまとめられている。
41) 『雍正朝漢文諭旨滙編』第一冊二八九附録、四〇一附録。
42) 『世宗実録』雍正十三年八月戊子条。
43) 嘉慶四年正月から十月までの間、成親王永瑆が軍機処に入直を命じられており(『仁宗実録』嘉慶四年正月丁卯条および十月丁未条)、政権中枢における諸王の役割が絶無になったわけではない。
44) 康熙『大清会典』巻一百五・兵部二十五・軍令に「順治間題准」と見える。
45) 以上、康熙『大清会典』巻一百五・兵部二十五・軍令。
46) 康熙『大清会典』巻八十一・兵部一・八旗甲兵。
47) 光緒『大清会典事例』巻一千一百十一・八旗都統・佐領・満洲佐領によれば、八旗満洲ニルは「原定」の数が鑲黄33と半ニル3・正黄42と半ニル3・正白48と半ニル1・正紅30・鑲白50・鑲紅31と半ニル2・正藍42と半ニル4・鑲藍33と半ニル5となっている。「原定」がいつの時点を指すのか不明であるが、その後に順治年間以降の増設について記述されていることから単純に解釈すれば、入関の時点を指すと推測される。天聡八年の時点で1旗30ニルを定数としていたことからすれば、約10年間で不均衡に増えたことになる。
48) 安双成［1983］に引く雍正朝奏本による。
49) 『聖祖実録』康熙十二年十二月辛丑条。
50) 八旗壮丁の人口については安双成［1983］、ニル数については光緒『大清会典事例』巻一千一百十一・八旗都統・佐領・満洲佐領。
51) 『上諭旗務議覆』雍正二年二月初九日奉旨条。
52) 光緒『大清会典事例』巻一千一百十一・八旗都統・佐領・満洲佐領、同・蒙古佐領、同・漢軍佐領。
53) 『上諭旗務議覆』雍正二年二月初九日奉旨条。

附論1　入関後における八旗制度の変化

54）『聖祖実録』康熙二十三年三月壬辰条。
55）『聖祖実録』康熙二十八年三月丁亥条、三十二年三月己酉条。
56）『上諭八旗』雍正元年十月初六日上諭。
57）『諭行旗務奏議』雍正元年九月二十六日奉旨条。
58）『諭行旗務奏議』雍正二年十月十四日奉旨条。なお、「開戸」と次に挙げる「戸下」については、陳文石［1991］553～578頁に詳しい。
59）『上諭八旗』雍正七年六月初二日条、『諭行旗務奏議』雍正十二年七月二十五日条。
60）『世祖実録』順治八年九月甲申条の戸部への諭旨に「家下奴僕」とある語を、康熙『大清会典』は「戸籍内人」と書き換えている。
61）『上諭旗務議覆』雍正十年八月二十日奉旨条に「家下陳人」の語が見える。
62）『諭行旗務奏議』雍正二年十月十四日奉旨条。
63）『諭行旗務奏議』雍正四年正月十二日奉旨条。
64）『諭行旗務奏議』雍正七年八月二十六日奉旨条。
65）ボーイニルの甲士は「多寡不等」ということで（康熙『大清会典』巻八十一・兵部一・八旗甲兵）、総数を推算できない。
66）康熙『大清会典』巻八十二・兵部二・駐防甲兵による。これ以外に、少数の守陵兵が置かれた。
67）光緒『大清会典事例』巻一千一百二十一・八旗都統・兵制・旗営建置。
68）本書122～123頁。なお侍衛（ヒヤ）についての専論として、陳文石［1991］623～649頁・杉山清彦［2003］がある。
69）光緒『大清会典事例』巻一千一百六・侍衛処・建置・設官。
70）康熙『大清会典』巻八十一・兵部一・八旗官制。
71）『世祖実録』順治元年十一月甲午条。
72）光緒『大清会典事例』巻一千一百七・侍衛処・宿衛・宮門宿衛。
73）『内国史院档』崇徳三年二月二十七日条（244頁）。
74）『満文老档』太宗1058～1060、1073～1074頁〔『原档』10冊195～197、213～214頁〕。
75）『内国史院档』崇徳三年八月初五日条（507頁）。
76）「gurun i dorgi amban hošoi efu Enggeder」と記されている。なお乾隆本では、この日を己巳（初八日）とする。
77）『太宗実録』崇徳四年九月十一日条、五年四月朔条、五月十六日条、七月二十七日条、五年五月二十二日条。
78）「内二旗下内大臣」という表現や、ホンタイジの死後「内大臣・侍衛・御前人等」は長く服喪を命じられていることからも察せられるように（『世祖実録』崇

徳八年九月壬子条、八月丁亥条)、ハン直属の旗に属し、ハンの個人的恩顧を被る位置にあったことも確かであろう。

79) 上述のように、崇徳三年には内大臣が正式な地位として認められていたとわかるが、崇徳朝の間は内大臣を「任命した」という記録がない。事改めて任じるというよりは、ハンの身辺に侍ることを許された大臣級の者を内大臣と呼ぶ習慣になっていたのではないかと推測される。

80) 『世祖実録』順治二年閏六月壬辰条。明制を引き継いだ官については、ここでは定めていない。なお、ここでは「摂政王下内大臣」も二品に設定されている。

81) 『世祖実録』順治十年七月丁酉条。

82) 入関前の崇徳六年に、内大臣のイルデン Ilden が侍衛を率いて戦ったという記録がある(『太宗実録』崇徳六年七月十一日条)。なお、『八旗通志初集』八旗内大臣等年表は順治元年から始まり、元年から七年までの領侍衛内大臣をイルデンとソニン Sonin の二人としているが、実際にこの時期から領侍衛内大臣という官職が正式に存在したのかどうかはわからない。順治九年四月にオボイが特に「総管侍衛」を命じられていることから、ある時期まで侍衛を領する官職が確立していなかった可能性があると思うからである。

83) 光緒『大清会典事例』巻一千一百六・侍衛処・建置・設官。

84) 『上諭旗務議覆』雍正二年八月十三日奉旨条。

85) 『上諭旗務議覆』雍正五年十一月二十八日奉旨条。

86) 『上諭旗務議覆』雍正元年九月二十五日奉旨条。

87) 『上諭旗務議覆』雍正七年十月初三日奉旨条。

88) 入関後の八旗については、王朝と密接に結びついたエスニックな少数集団として取り上げる研究が目立つが(Elliot [2001]、劉小萌 [2001]、定宜庄・郭松義・李中清・康文林 [2004] など)、おそらくそれが入関後の八旗の基本的な性格というべきであろう。

89) 『世祖実録』順治元年十月辛未条。なお、順治十年に多羅貝勒以下の俸禄が更定されている(同順治十年正月癸巳条)。

90) 『世祖実録』順治七年正月癸酉条。「更定」とあることから、これ以前に定められていたことがわかる。

91) 光緒『大清会典事例』巻一千一百十七・八旗都統・田宅・宗室荘田。

92) 『世祖実録』順治五年七月乙丑条。

93) 『聖祖実録』康熙十年四月乙酉条。

94) 『聖祖実録』康熙三十六年十月己酉条など。

95) 『世祖実録』順治元年八月己巳条。

96) 『世祖実録』順治三年正月丁丑条。

附論 1　入関後における八旗制度の変化

97)『大清会典』巻三十六・戸部二十・廩禄・額駙世職官員俸禄。
98)『八旗通志初集』巻四十五・職官志十二・旗員養廉及親丁銭糧。時期により米石も支給した。
99)『世祖実録』順治十年七月乙卯条。
100) 康熙『大清会典』巻三十七・兵部二十一・兵餉・在京兵餉。馬匹の額数は『世祖実録』順治十五年正月癸丑条。
101) 劉家駒［1964］、細谷良夫［1967］、烏廷玉・衣保中・陳玉峰・李帆［1992］、趙令志［2001］など。
102)『世祖実録』順治十六年八月壬辰条に見える翰林院掌院学士 Jekune 密陳四事の一など。
103) 同上。
104) 康熙『大清会典』巻三十七・戸部二十一・兵餉・在京兵餉による。雍正『大清会典』は「甲兵」を「馬兵」とする。なお、康熙『大清会典』でも「六年定、歩兵月給餉銀一両」としているので、もとは馬兵だけに与えられ歩兵には与えられなかった可能性が高い。
105) 康熙『大清会典』巻三十七・戸部二十一・兵餉・在京兵餉。
106) 康熙『大清会典』巻三十七・戸部二十一・兵餉・在京兵餉に「順治二年定、満洲・蒙古甲兵、月給餉米有差」とある。
107) 康熙『大清会典』巻三十七・戸部二十一・兵餉・在京兵餉。
108) 同上。
109)『世祖実録』順治十三年三月甲午条。
110) 康熙『大清会典』巻三十七・戸部二十一・兵餉・在京兵餉。
111)『聖祖実録』康熙九年三月丁丑条。
112) 甲冑と武器は支給された（康熙『大清会典』巻一百六・兵部二十六・軍器）。
113)『世祖実録』順治十三年三月甲午条。
114) 康熙『大清会典』巻三十七・戸部二十一・兵餉・在京兵餉。
115)『世祖実録』順治十一年正月乙卯条。そこで、壮丁4名以下の家は土地を返還させて、専ら銭糧を支給するよう提議がなされているが、実施された形跡はない。
116) 順治十一年二月甲子（初三日）の吏科給事中林起龍の上奏に見える（『世祖実録』同日条）。
117)『聖祖実録』康熙三十年二月癸酉条など、しばしば見られる表現。
118)『世祖実録』順治十年十一月丁酉条、十二年二月己巳条、十三年二月乙卯条、および十一年十二月戊午条など。
119)『世祖実録』十四年八月丁酉条、十月癸巳条、十五年九月癸亥条など。
120)『聖祖実録』康熙三年正月甲戌条。

注

121)『聖祖実録』康熙八年六月戊寅条。
122)『聖祖実録』康熙十二年十二月辛丑条、二十二年八月甲寅条。
123) 前節に挙げた「開档」「戸下」など。
124)『聖祖実録』康熙二十九年二月己巳条。
125)『聖祖実録』康熙二十九年十月庚申条。
126) 光緒『大清会典事例』巻一千一百十七・八旗都統・田宅・官兵荘田に列記する。
127)『聖祖実録』康熙二十四年四月戊戌条。
128) 光緒『大清会典事例』巻一千一百十七・八旗都統・田宅・官兵荘田に引く雍正十二年題准など。
129)『聖祖実録』康熙三十年二月癸酉条。
130)『上諭八旗』雍正元年十月二十五日。なお、八旗生計の悪化については劉小萌［2008］717～737頁にひととおりの問題を取り上げる。
131)『上諭八旗』雍正三年七月二十八日。
132) 宮崎市定［1950］および［1958］。
133) 昭槤『嘯亭雑録』巻六・恒王置産。

附論2

清朝入関以前のハン権力と官位（hergen）制

序

　入関以前のマンジュ国―清朝初期の体制を論じる際、最も注目されてきたのは八旗制である。八旗の特徴としては、ニルから旗に至る階層的組織をなすことと、各旗が諸王を頭として連合体的結びつきをなすことが強調されてきた。清初の政治史は、こうした分権的傾向の中から、ハンではあっても旗を有する王の第一人者にすぎなかったホンタイジが独裁権を確立し、八旗制組織の頂点に立つという流れを中心に描かれてきた。社会・制度に関しても、八旗的な階層組織に即して論じられるのが一般的であった。入関以前においては、国家の全構成員が八旗とその延長線上にある階層組織に編成されていたとも言えるので、その重要性自体は疑いを容れない。
　しかし一方で、同時代の記録に基づく満文档案などの史料を見ると、官職任免や賞罰などの形で、ハンと八旗所属の将士の間に、一対一の関係が頻繁に成り立っていたことがわかる。上は諸王から下は一介の兵士や書生、場合によっては奴隷に至るまで、文武を問わず国家に貢献する者、あるい

附論 2　清朝入関以前のハン権力と官位（hergen）制

はそれが期待できる者は、ハンから直接の恩恵を施される形で見返りを受ける。こうした階層的組織によらないハンと臣下の直接的な関係については、従来あまり顧られていない[1]。

　入関以前におけるハンと臣下の関係、言い換えれば政権と個人の関係を端的に規定するものとして、本章では官位の体系を取り上げる。本書で「官位」と称するのは、満洲語で「hergen」と記されるものである。この「hergen」は、世襲化された後の漢訳に従って「世職」と呼ぶのが一般的であり、松浦茂が専論を著しているほか、劉小萌が「武官制度」としてこれを補う論述を行なっており[2]、制度としての基本的事実は明らかにされている。本章は、これらの先行研究を踏まえて、官位制度に結晶化されるハン権力の集権性が、入関以前における国家運営の基礎をなしていたことを論じる。

　以下、第1節では、官位の体系がハンから付与された、国家における個人の地位を示すものであり、官位の授与と黜陟に際しては、功過に基づく客観的明瞭性が極端なまでに志向されたことを述べる。第2節では、官位に基づく特典と賞罰が官位保持者の生計維持に深く関わっていたこと、同じ原理による賞罰が官位を保持しない者の生活をも左右するものであったことを明らかにする。第3節では、そのような形で個人の経済生活を成り立たせる体制がどのような環境によって生じたのか、その体制が政権を握るハンにどのような責務を課したのかを述べて、官位を機軸とする厳格な管理制度が、国家とそれを支える個々人の存続を保障するものとして成り立っていたことを論じる。最終的には、そうした独特の集権的国家運営が、入関後の中国においても、統治機構の運営原則を決定するほどの普遍性を有したとの見通しを示す。

1　官位の体系とその特質

　天聰八年以前のマンジュ国では、漢語起源の官名が広く用いられていた[3]。史料中に最もよく見られ、序列が明確なのは、総兵官―副将―参将―遊撃―備禦である。総兵官から遊撃まではそれぞれ一等から三等に分けられる。備禦の下には千総が設けられているほか、把総・守堡といった更に下位の官名も見られるが[4]、備禦以上とは一線を画する扱いを受けている。「総兵官以下備禦以上」は、儀式や褒賞、あるいはハンから公式の叱責を受ける際[5]など、該当者の範囲として指定されていることが多く、一定の重要性をもつ階層であったと見ることができる。従来、「世職」あるいは「武官」として具体的に挙げられているのも、総兵官から備禦までである。これら以外にも、総兵官より高位の扱いを受けている「都堂[6]」や、どちらかと言えば低位に位置づけられたらしい「都司」「通判」「吏目」といった官名がある[7]。官名の総数は確認できず、全体としてどのような体系をなすのかも不明である。

　おそらく、当時の官制は不安定であり、短期的にも完全な官名表を作ることができるほど固定したものでなかった可能性が高い。しかし、以上の官名はいずれも「hergen」と呼ばれ、後述するような同じ性格の取り扱いを受けている。史料中に見える「hergen」の語義用法は、明確であり一貫している。本書では、これを便宜的に「官位」と呼ぶことにする。「世職」は後世の呼称であって、必ずしも世襲でなかった当時の運用状況にそぐわないし、「武官」は『満洲実録』に見えるものの[8]、一次史料である満文档案に見えず、すでに指摘されるように、文職にも与えられているし[9]、職人や婦人にも与えられている[10]ことから、「武」と限定する用語はふさわしくないと考えるからである。

附論2　清朝入関以前のハン権力と官位 (hergen) 制

　本書に言う「官位」に関する記述の初見は、中国第一歴史档案館蔵『満文国史院档』の太祖朝部分、甲申年（1584）の条である。ヌルハチが自分を殺そうとしたオルゴニ Orgoni とロコ Loko を助命した際、「備禦の官位 hergen を与えて、各三百男の上に主 ejen として任じて養った」とある[11]。これは他の用例から懸け離れて早い用例であり、あるいは後の時代の制度を遡って当て嵌めたものかもしれない。だが、遅くとも天命元年の時点では、こうした官名が存在し、論功行賞によって授けられていたことが実証されている[12]。

　官位の制度に関するまとまった記述は、『満洲実録』および『清太祖実録』の天命五年三月朔日条に初めて現れる。『満洲実録』は[13]、

> マンジュ国の太祖ゲンギイェン・ハンは、諸々の大人らの功を計って武官とし、第一等・第二等・第三等の三等級の総兵官、三等の副将、三等の参将、三等の遊撃、諸々のニルのエジェンらを備禦官とした。各ニルに四人ずつの千総を置いた。

とする。これらの官位がこの時初めて定められたとは書かれていないが、現職のニルイエジェンに一括して備禦を授けるとか、各ニルに4人の千総を置くとかいうことは、この時点で新たに行なわれたのかもしれない。これ以降、史料におけるこれらの官名への言及は急速に増える。五年以前には満洲人の名前にこれらの官位を附して呼称とする例は稀であるが[14]、五年以後には一般的になる。五年以前には、賞与の際にも「功 gung」に応じて、あるいは臨時に設定したと思われる「等級 jergi」に応じて分配されていたのが、五年以後は「官位 hergen」に応じて行なったとされる例が増える[15]。天命五年を境に、制度上重要な意味をもつようになったのは間違いない。

　すでに指摘されているように、これらの官位は八旗制とは別個の体系をなすが、組織を形成するわけではなく、純然たる位階である[16]。毎朝ニルの人々が各旗の王の下に集まるのに、備禦から順次高位の者の所へ集まっ

1 官位の体系とその特質

て行く形を取れという天命六年十一月の命令も[17]、要するにニルイエジェンが備禦であるという前提の下に、八旗組織に基づく参集の経路に官位の序列を当て嵌めているだけである。官位は、階層あるいは序列をなしてはいても、独自の組織をなしてはいないと見るべきである。

官位の付与・陞格に当っては、「天命により時（運）を受けたハンが言うには…」で始まり、「某を、命じた仕事を能くする、指示した事柄に背かないと、備禦とした」云々などと記された勅書 ejehe を与えられた[18]。崇徳期の事例によれば、こうした勅書はハンの御前において儀礼的に授与された[19]。官位はハンが直接与え、ハンだけが与え得るものであった。官位はそれをもつ者の国家における公式の格付けをなし、服飾や朝会の席次などで目に見える形に表わされた。もっと実利的な意味としては、経済的な恩典の基準をなす。官位に応じて生産人口たる「男 haha」の占有が認められ、戦利品など財貨の分配が行なわれる[20]。八旗制が個人を階層的組織に編成するのに対して、官位は政権と個人との間の一対一の関係を規定するのである。

官位を授与したり黜陟したりする際には、原則としてその理由が明示され、当人に与える勅書にも政府に残す文書にも記された。官位を与える理由は、単に自ら投帰したことでも、父兄の功績でもよかったが、とにかく「基準となるべき功 temgetu gung」「功を得る所 gung bahara ba」を確かに有していることが必要であった[21]。授官・陞官の勅書には、どの戦いでどのように奮闘したか、どこにいくつ戦傷を負ったか、どれだけ俘虜や逃人を捕えたかといった功績が具体的に記されている。陞官を希望する者は自らの功績を書いて申告し、審査の上で認められれば勅書が与えられるというのが一般的な手続きであったようである[22]。申告に偽りがあれば、もちろん厳罰を食らうが、事実であっても陞官させる程ではないと判定されることもある。その場合、単に切り捨ててしまうのではなく、「もう一箇所で見て陞せよう」「もう一箇所で見てよかった後に備禦を授けよう[23]」などとして「紀録する ni gaimbi」ことがあった。

附論2　清朝入関以前のハン権力と官位（hergen）制

　紀録の内容は、勅書と同様、あるいは勅書以上に具体的な功績の記述であって、その具体的事実が後日の功績と合わせて勘案される。元来は、中途半端な功績に対する「暫く様子を見たい。もう一度よい点が知られた時に遊撃を与えたい[24]」といった判断についての備忘録に過ぎなかったのかもしれないが、ともかく公の文書に「功を書く」ことは天命三年までには慣行化しており[25]、時々見直して陞官させていたようである[26]。天聡期には「一紀録を記した emu ni ejeme gaiha」という表現も見られる[27]ことから、紀録すること自体がある程度計数可能な得点となっていたようである。少なくとも、「紀録する」ことが単に記録に残すことではなく、経歴上の得点を意味するようになっていたことは間違いない。陞官は認められなかったが賞与はなされた小さい功績が、「紀録しなかった」ことを明記した上で記録に留められているからである[28]。こうしたことからわかるように、政権による人事管理は、すでに官位を与えられた者だけでなく、国家に対して功績を上げる者全般に及ぶのである[29]。

　功績に対する報酬としては、賞与―紀録―授官・陞官の順に高くなると位置づけられよう。大功を認められた結果である官位は、紀録よりさらに得点としての性格が強い。特に備禦は、上述したように一種の起点をなす官位であったためか、しばしば得点の単位として扱われている。天聡六年（1632）正月、遊撃のフシム Hūsimu は逃人を追わなかった廉で「一備禦 emu beiguwan を革め」られており、二月には同じく遊撃のバイチュカ Baicuka とスイホトゥ Suihotu が、「一備禦」を革められた上で、「一備禦」は他の功績に免じて残されている[30]。つまり、2単位の備禦で1遊撃という計算になっているのである。同様に1備禦はさらに半分ずつに分けられ、半分しか持分のない「半備禦 hontoho beiguwan」と持分の完全な「全備禦 gulhun beiguwan」があって、前者から後者に陞官したり、後者の半分を革めて半分を残すという処分が見られたりする[31]。また、天聡四年二月には、ヤングリ゠エフ Yangguri Efu とホショトゥ゠エフ Hošotu Efu の2人の一等総兵官が、戦功によって「陞せて一備禦を加えた」とされる[32]。一

1 官位の体系とその特質

等総兵官はこの官位の体系の中では最高位なので、さらに功績を上げた場合は、基本単位たる備禦を加算することになったらしい。天聰六年三月には、官位をもつ者の死亡時にハンから賜与される礼を定めて、「五備禦の総兵官」―総兵官―副将―参将―遊撃―備禦の順に差等を設けている[33]。上記の例と考え合わせれば、五備禦の総兵官とは、参将・遊撃を二備禦、副将を三備禦、総兵官を四備禦として、四備禦にさらに一備禦を加えた総兵官を指すと考えられる。

このように、官位は八旗や中央政府の職務とは別の独立した体系であるが、一方で前掲『満洲実録』のように、ニルのエジェンに備禦を授けるという原則が示されていることもある。少なくとも当初の段階で、官位と八旗の職務との間にある程度の対応関係があったのは確かであろうし、対応しているのが望ましかったはずである。官位をもつ者の多くは八旗所属の軍人なので、互いの上下関係に矛盾がない方がよいに違いないからである。天聰八年四月初九日に公布された改革は[34]、こうした矛盾の解消が目的の一部であったと考えられる。

この時の改革は、まず漢語による官名を満洲語の官名に置き換え、五備禦の総兵官は一等公に、一～三等総兵官は一～三等アンバジャンギンに、一～三等副将は一～三等メイレンイジャンギンに、一等・二等参将は一・二等ジャランイジャンギンに、遊撃は三等ジャランイジャンギンに、備禦はニルイジャンギンに改めるとした。同時に、官位に拘らず、旗を管理する者はグサイエジェン、メイレンを管理するものはメイレンイジャンギン、ジャランを管理する者はジャランイジャンギン、ニルを管理する者はニルイジャンギンとすることになった。つまり、メイレンイジャンギンからニルイジャンギンに至る名称は、官位の名称として設定される一方で、八旗制内の職名としても並列して存在することになった[35]。

この改革が行なわれた時点では、八旗制内で職務を有する人々については、職務上の地位と官位の序列とが、一時的に対応させられたのかもしれない。しかし、八旗制内の職務は曲がりなりにも適材適所を目指す必要が

443

附論 2　清朝入関以前のハン権力と官位 (hergen) 制

あるので、職務に合った能力を重視しなければならない。ヌルハチは五ニルのエジェン・ニルイエジェンなど諸々の職務について「自分ができるなら、ハンの命じる仕事を引き受けよ。できないならば、引き受けるな」と言い渡していたという[36]。それに対して官位は、「いくら無能であっても、この功によって愛しみ参将とし……[37]」などという文言に明示されるように、実際に行なわれた功過に基づく褒賞もしくは処罰であり、操作する原理が異なる。従って、官位と職務上の地位のずれは不可避である。むしろ、八旗制に対応した名称になっただけ、余計に紛らわしくなったように見える。その後2、3年の間に、ジャランイジャンギンにしてニルを管理していたとか、無官でニルの管理をしていたが、功績を立てたのでニルの半ジャンギンを与えたとか[38]いった、当初の規定からのずれが確認される。

ただし、主な職務がどの官位に対応するかということを一応決めておくと、好都合な点はある。公式の序列がはっきり現われる行事の場で、然るべき職務を有する者の体面を守るのに役立つからである。崇徳元年 (1636) 五月十四日の諭旨は、朝廷での儀礼における官人たちの席次を次のように定める[39]。

> あらゆる官 hafan のない者・官の小さい者は、旗を管理しているのであれ、メイレン・ジャラン・ニルを管理しているのであれ、部院 jurgan に職を得ているのであれ、座ったり立ったりする等級は、任じた職務 jurgan の等級に従う。官が大きく、任じた職務が低ければ、またその官位 hergen の等級に従う。職務のない官人は、その官位の等級を計る。

官位をもつ者 (hergengge niyalma) は、基本的に官人 (hafan) と認識されているので[40]、ここでは「官 hafan」は「官位 hergen」と同意と解される。つまり、序列の基準となるのは官位であるが、それなりの職務に就いている者は、たまたま処分を受けて低い官位しかもっていなくても、公式の場では職務相応の位置を与えられるということになる。同月二十五日には、都察院承政以下、天聰八年の段階で定められていない19の職務について対

応する官位を定め、「彼の官が大きければ、官の等級にせよ。官が小さくても、官が全然なくても、ここで設定した〔官位の〕等級にせよ」としている[41]。この時点で一致させた職務と官位も、時間がたつにつれてずれを生じるはずである。それでも先の諭旨に基づけば、公式の場では、これらの有職者が最低限の位置を保証されることになるのである。

　官位の独立性と、それが一種の得点制であるという原理は、こうした改革の後も変らない。天聰八年以後も、ニルの半ジャンギンにもう半ジャンギン加えてニルイジャンギンにするとか、ニルの一ジャンギン半にもう半分加えて三等ジャランイジャンギンにするとか[42]いった事例が当り前のように現われる。官位に附随して、子弟への継承の可否も、功績に応じて個別に定められていたが、これもある時期から一種の得点制をなしている。元来、継承を認める・認めないという待遇差はあり、認める場合には、功績によって得た官位だからとか、異国から投帰したからとか、戦死であったからとかいった[43]基準が見られる。認めるかどうかが生前から言明されていた者もいる。だが、遅くとも天聰九年以降の史料には、陞官の際に「九度継承する」「三度継承する」などと回数を明記して継承の承認を与えている例が頻見され、「二度加えて十三度継承する」というように、加算（おそらく削減も）可能な点数扱いがなされるようになっている[44]。こうした特典の体系は沿革が不明確であるが、現存する史料による限り、それ以前はむしろ死罪を免除する回数の方が、功績に対する得点としてよく用いられている。

　このように細かい計算が行なわれるのは、功過に対して少しずつであれ厳密に応じる方針の表われである。実際の例からすると、陞官については、少しずつしか応じてやらないのが実情だったようである。既に述べたように、少々の功績では官位を陞せることは難しかった。それに対して、官位の剥奪はかなり容易に行なわれている。何か罪を犯した場合や軍令違反、過失、意図的な怠慢などだけでなく、働きが十分でないと判断されただけでも官位を奪われることがあった。例えば、天聰六年に官位を革められた

附論2　清朝入関以前のハン権力と官位（hergen）制

地方駐屯の3人の備禦の場合[45]、次のような処分が記録されている。

> マンゴ Manggo 備禦を革めた理由。こちらから出て行く逃人十一人、よそから来た六人、計十六人と船一艘を捕えた。三年間〔駐屯して〕いた。
> ヤムブル Yambulu 備禦を革めた理由。こちらから出て行く逃人六人を捕らえた。三年間いた。
> シュキオ Šukio 備禦を革めた理由。こちらから出て行く逃人、十五人の漢人と一人の満洲人 jušen を捕らえた。二年間いた。以上の三人はみな城を修理した〔結果が〕末〔等〕。

つまり、別に過失があったわけではなく、一応成果を上げてはいるわけであるが、この程度では功績どころか官位を維持するにも足りず、逆に処分の対象となるのである[46]。イェヘ Yehe を征服した後、当面の優遇策として、「官位のある者は三年間従前の官位を革めない[47]」としたのは、官位というものは度々革められて当然と認識されていたからであろう。

官位を剝奪せず、「罪を取る weile baimbi」こと、すなわち贖罪で代替させることもある。「贖 weile を催促するのが遅滞した」として責任者がさらに贖罪を命じられている[48]ように、銀建ての贖罪は現銀で納めるのが原則であった。だが、官位授与の勅書にあらかじめ「二千四百両の罪を免じる」「一千二百五十両の罪を免じる」など[49]と贖罪の免除が記されていることもあり、そのような場合、例えば「ダルハン゠ヒヤ Darhan Hiya の勅書は百両、カングリ Kanggūri の勅書は五十両、アンバ゠エフ Amba Efu の勅書は二十五両、インダフチ Indahūci の勅書は三十両、功を削った[50]」というように、勅書の数字が差し引かれた。『満文老档』太祖巻六十二・六十三には、戦傷を主たる基準とする功績に対して、銀二両から二十五両まで細かく区分された額の罪を免じるとした大量の記録が残されており、「ドゥムバイ Dumbai には九両あった。一両五銭削った。〔現在〕七両五銭ある。ウナハライ Unahalai は十一両あった。四両削った。〔現在〕七両ある[51]」といった細かい差し引き計算がなされている。贖罪免除は決して一

1　官位の体系とその特質

部高位の者の特権ではなく、功績を立てた者に広く薄く適用されていたのである。

　死罪の免除回数と同じく、こうした特典は、功績を立てた人物が将来的には何度も罪に問われるであろうことを当然の前提としている。実際、贖罪に相当する罪は、当時の史料に現われるほとんどの人物が、一度や二度は問われている。太祖期末から史料に現われる「tuhere weile[52]」は、贖罪の処理があまりに日常的な業務であったため、定例として整備されたものと見られる。日常的に問われ、淡々と差し引き計算される「罪」とは、官人としての資質に関わるような性格のものではあり得ない。誰でも犯し得る過失や違法行為が、細かく減点の対象となっていたことを示していよう。

　これまでに引いた例からも明らかなように、官位がなくても職務は与えられるが、例えば「逃人を捕えた数が少ない、城を修理した〔結果が〕悪いとして、〔しかし〕官位がないので鞭五十ずつに相当する贖罪を科した[53]」などとあるように、剥奪すべき官位がなければ、刑罰の範疇に属する処分を受けることになる。官位を剥奪された後、再び功績を立てて改めて官位を授与された者は数多い。例えば、ダハイ Dahai は満漢の書に通じていることで重用されたが、天命七年に一度罪を得て、耳鼻を矢で刺すという刑を受けた上、遊撃を革められている。しかし、その後もバクシ baksi として継続して用いられ、重要な任務を果して功績を上げ、天聰四年には再び遊撃を授けられている[54]。罪を得た者でも、再起の余地は十分に残されていたと言えよう。しかし、それは要するに、地位を確保するべく不断の努力を強いる体制になっていたということである。

　これまで取り上げてきた官位保持者は、八旗所属の将士や文官といった国家運営の主力となる人々である。もちろん、最上層の大臣たちと一兵卒あがりの備禦との間には甚だしい地位の懸隔がある。功績が厳しく審査されるとはいえ、出自や縁故によって扱いが異なることは珍しくない。従って、単に官位保持者というだけで一括りにし、平等に扱われていたと主張することはできない。しかし、注目すべきは次の２点である。

附論2　清朝入関以前のハン権力と官位 (hergen) 制

　1つは、上は一等公から下はニルイジャンギンまで、平等ではないまでも、少なくとも同じ原理によって人事管理される同質の集団として取り扱われていることである。例えば、スナ＝エフ Suna Efu の場合[55]。彼は天命四年（1619）、イェヘからその滅亡以前に来帰して、エフ（額駙）となった。戦功を立てて副将にまで陞せられたが、「罪を得て」官位を剥奪された。天聰五年、大凌河と錦州の戦いで功績を上げ、その働きを認められて備禦を授けられた。その後、三等ジャランイジャンギンとなったが、天聰九年に働き手となる男を隠していた廉で革められた。最終的にはグサイエジェンに至っている。彼の場合、官位を剥奪された際にも、一兵卒とは程遠い立場にあったことは確実である。実際、大凌河では5ニルを率い、錦州ではモンゴルの4ジャランを率いていたという。職務の上ではあくまでも身分と経歴が考慮されていたと言えよう。しかし、官位を再授与される際には、自ら第一線で戦って敵を破り、数箇所に及ぶ傷を負い、倒れた味方を担いで戻るという奮闘を認められて、なおかつ備禦から出直しをさせられている。この点に関しては、新附の一兵卒と変らない人事上の取り扱いを受けているのである。このような人事が行なわれたように、官位の高い者と低い者は決して別世界の住人ではない。官位の体系は、在地の有力武将であった「アンバン amban」たちを「官僚化」する目的で設定され、また出自や縁故に関わりなく人材を登用する道を開いたとの指摘がなされているが[56]、実際に異なる階層・集団の出身者を、一元的な基準の下に統制する役割を果たしたことは間違いあるまい。

　2つ目は、授官・陞官や、とりわけ処罰の免除に際して、縁故や父祖の功績、本人の経歴などその時々の功過以外の事柄が考慮された例はしばしば見られるものの、それらがわざわざ記録に残されているということである。「彼の父の功により官位を革めなかった」「太平の時に来帰した功により〔革めるのを〕やめた[57]」などというのは、信賞必罰の観点からすれば不公平に見えるかもしれない。だが、そのことを明記するのは、然るべき理由があって特に恩恵が施されたのであり、情実その他不透明な理由によ

るものでないことを確認することになる。そうした姿勢は「父祖の功」「来帰の功」を客観化することにつながり、どのような功績であれば子孫をどの程度救えるか、どのような状況で来帰すればどれだけの恩恵が与えられるかといった点に基準を生じさせることになろう。高い出自によって高官を得ることも、現実に当然の如く行なわれたにせよ、一種の特別な恩恵であって本人の価値によるものでないことは、機会があればあからさまに指摘された。ヌルハチの庶子タングダイ Tanggūdai が、永平放棄の際の責任を問われて総兵官を革められた際には、

> 汝はハンの子ではないか。汝が有能でよいとして官位を与えたのであるか。このような場で役に立つようにと総兵官の官位を与えたのであるぞ。

と責められたことが記録されている[58]。実際問題として、官位黜陟には史料の表面からは窺い知れない複雑な政治的力学も作用したことであろう。しかし、表面的にせよ理由を明記するという記録の姿勢は、黜陟基準の明確さが重大な意味をもったことを示す。官位は人々の切実な関心の的であり、だからこそ官位の付与・黜陟は厳正に行なわれなければならず、不正を感じさせるものであってはならなかったのである。

　こうした官位の操作は、ハンの下に一元的に行なわれた。実際、ヌルハチは「官位を与えた者の書」を見て自分で判断を下していたことが史料に見える[59]。その意味では、官位授与はハンの恩恵である。だが同時に、官位は意識的に客観化された基準に基づき、功績と罪過の点数化・差し引き計算といった明瞭な規則性に則って運営された。こうした運営形態は、国家に貢献する人々が厳格かつ正当に評価されることを明示するものであり、運営主体であるハンの権威を支えることになったに違いない。

附論2　清朝入関以前のハン権力と官位（hergen）制

2　分配の基準

　官位が重要な意味をもった理由としては、前節で強調したように、新生国家の中での個人の位置づけに関わるということが一半を占めると思われるが、もう1つ重視すべきは、それが経済的利得の基準となったことである。マンジュ国の主要な産業は、農業と人参・毛皮などの採取であったが、後者は一部特権階層の利権となっていた。一般の民を含む満洲人の主な生業は農業であったが、農業を営むべき土地は、個人の経済的利得には入らない。政権が個人に対して土地を分与するのに不熱心であっただけでなく、人々の側でもそれを求めた形跡が見られない。国家と個人、個人相互の間でも、土地をめぐる紛争は稀である[60]。マンジュ国成立以前の女真人について指摘される「土地所有における執着の薄さ、及び農耕労働手段を含めて、広く生産的人間の所有にのみ関心を持つところ[61]」は、入関前の時期を通じてほぼ妥当する。当時における経済的利得とは、まず人間、家畜、そして銀を始めとする財貨であった。

　すでに指摘されるように、官位は人間を分与される基準となっている[62]。この点について、従来の研究に拠りつつ、本章の趣旨に従って若干の補足を行ないながら以下に概述する。遼東征服後の天命七年正月、征服地の漢人農民の男 haha が、都堂・総兵官に3,000人、副将に1,700人、参将・遊撃に1,000人、備禦に500人与えられた。これだけであれば一回性の賜与とも考えられるが、八年四月には功績を立てて参将を授けられた人物が「千五百人の漢人」を、備禦を授けられた4人が各々「五百人の漢人」を与えられているし、同年三月には遊撃から備禦に降格された人物が与えられていた「千五百人の漢人」のうち1,000人を取り上げられて、500人を兄弟共有として与えられている[63]ことから、その後も同じ官位を得た者には

2　分配の基準

同数与え、官位の黜陟に伴って増減させるのを原則としたと考えられる。

　与えられた男たちは、私有の奴隷とは扱いが異なったと見られる。遼東征服後に支配下に入った漢人たちは「養う ujimbi」対象として表現されており[64]、ホンタイジ期にニルイジャンギン佟養功が、「養えと言って与えた」漢人を売り飛ばしたことで罪に問われている[65]ように、勝手に売却することはできなかったと考えられる。それでは彼らからどのように収入を得ることが認められていたのかは、明確には史料に表われない。参考になる史料として、天命八年二月、ヌルハチがエンゲデル＝エフに送った書に、命令に従ったならば「汝に与えた千人の男から一年間に取った六十六両の銀・百十石の穀物を、もとどおり汝に与えよう」、命令に背けば「千人の男から取った公課の銀・穀物を与えるどころか、汝の使者も往来させない」といった言葉がある[66]。官位保持者の例ではないが、「与え」られた男たちが「公課の銀・穀物」を納め、それらの公課が男たちを占有[67]する者の収入となったことがわかる。同年三月には、「満洲 jušen・漢人の官人らに、各々割り当てられた漢人が何か送ってきた時には、魚・雉・野鴨・果実は受け取れ、牛・羊・山羊・豚・財貨・銀・草・穀物は受け取るな。取れば罪となる」とのハンの命令が出ている[68]ので、少なくとも建前としては、好きなだけ収奪してよい対象ではなかったはずである。おそらく、従来どおりの経営をさせながら一定の公課を課し、その公課の一部または全部が占有者の収入として認められていたのであろう。

　しかし、当時において、一定の公課だけにせよ漢人農民からどれだけ収奪可能であったかは疑わしい。戦乱による荒廃に加えて、漢人の抵抗もあり、公課の徴収も容易でなかったはずである。公課の督促に行くのに護衛の兵をつけて、「兵がいなければ誰かが殴打するかもしれない」と言い、壮丁の数を調査するのに「漢人に食物に毒を盛られるかもしれない。腰刀に頼るな。腰刀は棍棒に敵わないぞ。弓矢を身から離すな」と注意するなど[69]、怯え警戒しながらの収奪が効率的であったとは考えられない。周知のように、こうした漢人との軋轢が天命十年の漢人大量虐殺につながった

附論2　清朝入関以前のハン権力と官位（hergen）制

のであるから、500人・1,000人という数の大盤振る舞いは、数に見合うだけの実質的利益を占有者にもたらしていなかったものと見られる。

　漢人の大規模殺戮が終った後、残った農民は13男と7牛から成るトクソtoksoに編成された[70]。トクソは通常「荘田」「荘園」と翻訳されることから、訳語に引きつけられて、土地の賜与とみなす向きもあろうが、トクソの規模を言う場合には必ず人と耕牛の数が挙げられ、面積への言及はあることもないこともある。トクソはむしろ人・役畜およびそれらが耕作し得る土地がセットになった経営単位と見るべきであろう。天命十年十月、総兵官以下備禦以上に、1備禦につき各1トクソすなわち13人の男が与えられたが、翌年のホンタイジ即位後には、13人から各5人を引き抜いて、1備禦につき各8男のみを留めた。従って、官位に対して与えられる男は、備禦が8人、遊撃が16人、参将が24人、副将が32人、総兵官が40人となった。この数字は、崇徳元年五月十四日の諭旨に見える超品一等公が48人、三等公が40人、アンバジャンギンが32人、メイレンイジャンギンが24人、ジャランイジャンギンが16人、ニルイジャンギンが8人という数とも即応する[71]。天聰六年正月に、大凌河で降った祖可法ら新附の官らに分与した漢人の男は、副将に20人から50人、参将に10人から15人、遊撃に2人から10人であり[72]、多少変則的な扱いは見られるものの大きな差異はなく、給付数はこの水準に落ち着いたものと思われる。

　天命十年のトクソ編成の際、漢人たちに向って、1トクソに与える100晌の田地のうち「二十晌は公課のもの、八十晌は汝ら自身が食べるもの[73]」と言っていることから、ほぼ収穫の2割が公課として課せられたことがわかる。とりあえず、これが妥当な課税率だったとみなすことができる。天聰八年正月十六日の上奏および崇徳元年五月十四日の諭旨中に「公課の穀物だけ免じ」ていたとある[74]ことから、それらの公課はそのまま占有者の収入となったと考えられる。崇徳元年の諭旨以前には、官位に従って与えられた農民は公課の労役を課せられていたが、皇帝への再即位を機に労役も免除された[75]。従って、労役も占有者のために提供されるように

2 分配の基準

なったかもしれない。数人から数十人の専従農民が生産する穀物の2割程度と若干の労役、これが官位に従って政権から与えられる安定的な収入源と推測される。

　しかし、他の形態でも人が与えられることがある。主として戦いの後の俘虜分配という形で、不定期に不定数の人が賞与されることがあり、その際に官位が基準になることがあった。例えば天命五年八月には、明との戦いで獲た俘虜8,000人を「大小の官位を計り、大功の者には多く賞与した。小功の者には少なく賞与した」としている[76]。天聡六年六月にチャハルの下にあったバイシン baising を取った時には、俘虜を旗ごとに分け、「また官位のある者に備禦〔を単位として〕計って、一備禦に一人ずつ与えよ」と命じている[77]。天聡二年二月にチャハルのドロト Dolot 国を討った際には、捕らえた11,200人のうちモンゴル人・漢人の男1,400人を戸 boigon とし、残りを俘虜 olji として「官人・兵士」「戦って傷を負った者」に「等級 jergi を計って賞与した」という[78]。賞与の際の等級は、「備禦の等級 jergi で与えたもの[79]」というように官位で区分されることもあり、その時々の功績に従って区分されることもある。どちらかと言えば、戦利品たる俘虜は、官位にかかわらず功績に応じて分配されたようである。「獲て連れてきた俘虜を官人・兵士に功を計って賞与した」「獲た俘虜を官人・兵士に力を尽くした功を計って賞与した[80]」などと史料に見える。

　このようにして個人に賞与された俘虜は、基本的に奴隷 aha とされた[81]。トクソに所属する漢人も奴隷ではあるが、それとは区別された「家の奴隷 booi aha」があり[82]、こちらは好きなように使役できる私有の対象であったと考えられる。彼らは家内労働のほか、農作業などの生産活動にも従事させられた[83]。天命六年には、モンゴルから逃げてきた漢人2人を「自分の家で田地を耕させた」として遊撃から備禦に降されている者がいる[84]ように、自ら農地を経営して人を働かせることがあったとわかる。天聡九年には「鷹狩をする九十人の男」を隠匿していた罪を告発された者がいる[85]。隠匿された男たちは、奴隷とは扱いが異なった可能性もあるが、いずれに

453

附論 2　清朝入関以前のハン権力と官位（hergen）制

せよ同じように人を使役して利益を生むことができたのは間違いあるまい。労働力としての性格上、俘虜となった人間は、家畜と同列に分配されている。天聡元年四月には、朝鮮での戦功に対する褒賞として、レンゲリ Lenggeri 三等総兵官を一等総兵官に陞し「人・馬・牛五十を賞与した」のを始め、おもだった功労者に陞官と「人・馬・牛」の賞与を行なっている[86]。実際、「olji」という語は、人も家畜も同列に含めて用いられているのである[87]。

また、与えられた俘虜は売却・換金も可能であった。当時、奴隷売買は一般的であったが、俘虜売却について事情が最も明らかなのは、朝鮮人俘虜についてである。朝鮮人俘虜が故国に逃げ帰った場合、朝鮮側で捕えて引き渡せということを、マンジュ国—清朝では一貫して要求している。すでに天聡元年の第一次侵攻の後、家族と引き離すに忍びないとする朝鮮側に対して、俘虜の親族が所有者と個別に交渉して買い戻してもよいことを、ホンタイジが朝鮮国王宛の書簡で認めている[88]。崇徳二年に朝鮮が降伏した後は、逃人の送還と俘虜の買戻しが、両国間の懸案となる。

買戻しを求める人々が瀋陽に着いて交渉すると、往々にして法外な値段を提示された。「士族や各人の父母・妻子らに至っては、付け値の高いこと数百千両に至った」という[89]。親戚のいない者などは、「公家の贖還」つまり政府による買い戻しを待つしかなかった。朝鮮側の記録によれば、銀百数十両から数百両の値が提示されるのが普通だったようである。買い戻す側も、そのような大金は出せないので、切羽詰って知り合いの満洲人から銀を借り、買い戻して帰国した後は返済しようとしない。貸した満洲人は、人質となって瀋陽にいる朝鮮世子の館に行って返済を迫るということが度々あった[90]。世子館では、そのような私債には関知しないとの姿勢を取るが、「使臣が乗ってきた駅馬まで奪い取ろうとする」ような厳しい督促に耐えかねて、往々にして支払っている[91]。また、諸王など有力者が買い取りを望んだ場合には、応じないわけにはいかなかった[92]。

朝鮮世子館では、特に清朝側の担当者であるイングルダイ Ingguldai か

ら、何度か俘虜買い取りを求められ、立場上やむを得ず応じている[93]。崇徳五年六月には「西方への遠征のために装備を整えたいから」馬1匹を60両、男1人を110両で、さらに「兄が死んだため葬儀に用いたい」ので「過重な値段だと知らないわけではない」が、人1人を200両で買い取らせている。その後も何度か事実上の買い取り強要を行なっているが、「家計が逼迫しているから」「戦死した息子の完斂を行ないたいから」といった理由が示されている[94]。この当時、イングルダイは礼部承政を務めており、官位は崇徳八年に三等メイレンイジャンギンから三等アンバジャンギンに陞っている。政府の中ではかなりの地位にある高官と言えよう。そうした人物が一種の押し売りを行なうのは、上に挙げたように現銀を必要とする様々な理由があるからである。

　ニルや旗には各々幾ばくかの公的な財物があったし[95]、装備の一部は支給されることもあったが、出征費用は基本的に自弁である。出征は国人の義務であり[96]、富を得る手段でもある。そのための費用は、言わば生計を成り立たせるための必要経費であり、ぜひとも捻出しなければならない。絶えず戦争を行なっている以上、親族の戦死は誰にとっても日常茶飯事であり、死ねば相応の葬儀を営む必要がある。当時の瀋陽では、身分のある者が死ぬと、高価な紙を大量に用いて紙銭を焼き、盛大な葬式を行なったらしい[97]。こうした出費がある以上、官位も職務も順調に保っている官人でさえ、奴隷を切り売りして家計を救わねばならない場面があり得たのである。

　官位に応じて与えられる家畜や銀・織物類などの財物[98]も同様に、蓄積されるよりは回転させられていったと思われる。特に馬は、軍馬として不可欠であったが、消耗も激しかったので、維持することは容易でなかったはずである。論功行賞に際しては、馬に対する補償が与えられることもあった[99]。妻を娶るために財貨を与えられる者もいたし[100]、戦利品が貧窮者に与えられることもあり[101]、政権が何の援助もしなかったわけではない。だが、基本的には各自が、変動の多い不安定な家計の中で、遣り繰りして

附論2　清朝入関以前のハン権力と官位（hergen）制

いかねばならなかった。

　官位保持者のみならず、一般兵士も事情は同じなので、戦争による利得への欲求は大きかった。天聰六年六月、甯完我・范文程・馬国柱は連名で上奏して、「我らの兵士の様子を見れば、大小みな漢人の財を貪り、必ず進入して欲しいという心がある[102]」が、むやみに攻め入ってもしかたがない、きちんと戦略を立てよと提言している。将兵らが利得を求めて参戦している以上、それを無視するわけにはいかず、現に崇徳期に入っても、兵士たちの得た物を妄りに取り上げるなと諸将に注意している[103]ほどである。だが、戦略を重視するならば、兵士への管理は厳しくならざるを得ない。天聰六年、出征前に示された軍規には、大臣らの命令なくして略奪すれば、その者の俘虜を削るとか、針・糸以上のものは合わせてから分配するとかいった規則が見える[104]。

　目先の利得に制限を加える以上、後で納得のいく分配が行なわれねばならない。この時期の史料には、細かく設定された分配の規準が見られる。天聰六年六月に張家口で得た財物の分配の際には、五備禦の総兵官から2人で1人分の備禦まで細ごまと分け、八家の取り分を取った後、甲士単位で兵士らに分配したというが、さらに、病気や私用で出征しなかった大臣らには与えない、ハンが職務を与えて残留させた大臣らには与える、奪いに行った財貨を取り散らしてしまった責任者らや、奪った家畜をこっそり殺して食べた者らは賞与を減らす、といった補足規定も示されている[105]。

　官位保持者に対しては備禦単位、兵士に対しては甲士単位というのが分配の標準になったようであるが[106]、もちろん戦場での働きによって差がつけられる。天聰六年正月に定められた褒賞規定は次のように言う[107]。まず戦死者は、敵に近づいて行って死んだ者と遠くで砲弾に当って死んだ者とを区別し、それぞれ身分によって差をつける。死んだ場所が味方の掘った壕の内か外かでも区別する。敵を避けた場合、その場で死んだ者と、一旦逃れてから改めて打ち破って死んだ者とで、褒賞の割り引き方に差をつける。戦傷については、敵を避けたか避けなかったかでまず区別し、前者の

2 分配の基準

場合、避ける前の傷はすべて無効、避けた後で戦って受けた傷なら褒賞対象とする。後者の場合、どのような傷かで4等級に分け、50両から5両までの値をつける。馬が死んだ者は8等級に分けて、馬か毛青布・緞子などで補償する。戦いぶりを直接褒賞と結びつけることで、兵士たちの不公平感をなくし、同時に奮闘を余儀なくさせる意図が窺われる。

その時々の功績をいちいち評価され、賞罰の対象とされたのは、上は諸王に至るまで例外ではなかった。彼らは日頃から経済的にも別格の優遇を受け、その処遇は政治的な意味をもったが、個人的な働きが期待され、不十分と判断されれば、経済的にも相応の制裁を科された。永平放棄後のアミンの失脚は、大損失とみなされた事件に伴うものであり、それ以前からの問題も合わせた政治的処分の色彩が強いが、大事に至らなかった問題であっても看過されるわけではない。崇徳六年三月には、錦州包囲態勢の拙劣さを叱責されて、和碩睿親王ドルゴンが郡王に降された上、罰銀10,000両を科されて2ニルを奪われ、和碩粛親王ホーゲが同じく郡王に降された上、罰銀8,000両、1ニルを奪われたほか、諸王・大臣らが各々50両から2,000両の罰銀を科されている[108]。ハンを除けば最高位にある和碩親王であっても、自らの過失によって、官位ならぬ爵位の降格と経済罰を免れなかったのである。

この処分が決定した翌月、朝鮮世子館に対して、訳官の鄭命寿（守）がドルゴンからの要求を伝えてきた。ドルゴンは、崇徳二年に朝鮮から帰国する際、2頭の馬を紛失し、朝鮮側に捜索を求めたのであるが、この問題が突然蒸し返され、督促が始まったのである。実は、朝鮮側は崇徳二年の段階で代わりの馬2頭を納めたと言うのであるが、ドルゴンの側は、もとの馬と違う、もとの馬はどちらも「獞馬[109]（ママ）」であったから獞馬の代金を送れと要求したのである。この要求は「毎日来言」するという執拗さであった。朝鮮側の担当者は、「再納」する謂われはないと再三抗弁したが、ドルゴンの代弁をする鄭命寿は、もとの馬を返せないのなら、1頭につき100両、計200両を送らせよ、もしこの銀を惜しむなら、人を遣わして倍額

附論2　清朝入関以前のハン権力と官位（hergen）制

を徴収すると突っぱねた。彼は朝鮮側の言い分に一切耳を貸さず、「私の意向ではない。九王（ドルゴン）は非常に怒っておられるので、私は伝えることができない」「九王は今赴陣されているが、ひたすら催促なさっている」と言ったという。結局、朝鮮側は諦めて、本国から銀200両を取り寄せている[110]。4年も前に紛失した馬の賠償を、出征中に突然言い出し、矢のように催促するというのは、あまり尋常ではない。前月に決まった10,000両の罰銀と無関係ではあるまい。

　元来、女真人は有農狩猟民であるが、16世紀になって辛うじて富を得られるようになったのは、毛皮や人参の交易によってである。明からの貿易停止がヌルハチの旗揚げを促したことは夙に指摘されているが[111]、その後、明・朝鮮の双方から貿易封鎖を受けるようになった[112]。満洲人は、生産性の低い農耕と自給的な狩猟・漁撈を経済基盤としなければならなくなった。農業生産による収益は国家的に管理され、官位の体系に従って配分された。唯一巨額の富を得る機会が対外戦争であり、対外戦争で得た富の分配、賞罰を通した再分配は、官位と個人の働きに応じて行なわれていた。官位はハンが一元的に授与するものであるが、個人の働きに対する報酬も、ハンが一元的に定めた規則に従って与えられる。マンジュ国—清朝では、諸王から将兵に至る謂わば政権を支える人々が、その個人的な経済生活を、ハンが与える経済的処遇によって左右されていたことになる。ヌルハチに対する官人たちの誓約の言葉に、「ハンの与える賞、家で飼った家畜、耕した穀物だけ[113]」を我が物とするという文言があるのは、その点を端的に表現したものと言えよう。

3　政権の責務

　以上述べてきた諸制度は、マンジュ国—清朝の成立・発展に歩調を合わ

3 政権の責務

せて形成されていったものである。これらは、国家の規模と性格が短期間で飛躍的に変化したのに伴って、随時変更が加えられている。だが、ハンが功績に基づいて個人の人事管理を行ない、それが経済的処遇と密接に結びついているという基本的な決まり事は、天命期にはすでに確立し、ホンタイジの代にはより堅固なものとなっている。それは、諸王を含む官人・将兵層に対して、苛酷にも見える厳しい管理体制として具現しているのであるが、ともかくも彼らによって受け容れられている。ハンが強い権力をもちながらも、議政という形で少なくとも諸王・大臣の意見は反映されたはずの政治体制にあって、このような制度が受け容れられていたのは、総体的に納得できる制度とみなされていたことを意味しよう。政治的統一の伝統が絶えて久しい中、新生国家で新たに立てられた制度が、これだけ厳しいものでありながら甘受されたのは、やむを得ないと思われるだけの状況にあったためと見るべきである。

ヌルハチの挙兵以来、マンジュ国―清朝は、一貫して軍事的拡大とそれによる利得を存立の基盤とし続けた。遼東獲得以後、新領土の経営に難渋し、一時的にやや後退を余儀なくされているものの、全体としては戦争による領土または勢力圏の拡大が、国家の安定的存立と、国家に奉仕する人々の経済的利益を支えてきた。ヌルハチ・ホンタイジ政権の第一の責務は、対外戦争に勝利し続けることであった。

戦略的な誤りが許されないことは言うまでもないが、極めて小規模の軍事国家として誕生したマンジュ国は、ハン自ら軍隊の指揮・管理にまで指導力を発揮しなければならなかった。ヌルハチ自身、陣頭指揮を執るのみならず、軍隊の編制と戦術を自ら工夫して行なわせたという[114]。直接目の届かない現場についても、指揮官らを介して兵士の働きがよく把握され、報いられるよう意を用いている。ニルイエジェンからゲレンイエジェンに至る各級指揮官に、兵士たちが力を尽すかどうかよく見て報告せよと言い、

ワンシャン Wangšan・マンサカ Mangsaka・ナリン Narin のように相談尽く

附論2　清朝入関以前のハン権力と官位（hergen）制

> で互いに偽り称揚するな。チャングナ Cangguna のように戦わなかった者を戦ったと偽るな。〔汝ら〕管轄せよと命じた者が公正なことを告げず、汝らの親戚の者や汝らに別の所でよく見えた者を、チャングナのように偽るな。

と諭している[115]。具体的人名を挙げるのは、各指揮官とその行動をよく把握していることを誇示するものであろう。ヌルハチの代には、国内に対抗するだけの権威もなく、国家は名実ともに彼の個人運営に委ねられていたと言えよう。

だが、ヌルハチの晩年には、遼東獲得後の漢人政策の失敗によって、一時撤退を余儀なくされる状況に陥っていた。軍事的後退はまだしも、天命十年の漢人大量殺戮は、満洲人自身からも国家にとっての重大な損害として省みられている[116]。殺戮は漢人のせいとするヌルハチの宣言にもかかわらず、その直後から「これはみな過ぎたことであり、また天の導いたこと」と評する上書が行なわれているのは[117]、決して芳しいことでなかったという大勢の認識を反映していよう。ホンタイジがハン位を継承したのは、マンジュ国が建国以来とりわけ厳しい状況にあった時期である。継承当時のホンタイジは、まだ兄王らに遠慮する様子が見られたが、天聰三年から四年にかけての華北遠征成功によって個人的権威を確立すると、ヌルハチに劣らぬ強い指導力を発揮するようになる。

ホンタイジにおいても、その軍事的指導力は、前線での将兵の行動を細部に亙って自ら指図しようとするような直接的な形で表われている。天聰六年、チャハル遠征を前にしたハンの命令などは、城門を出たら騒ぐな、1人2人で勝手に行動するな、すべての持ち物に印をつけろ、兎や雉を追いかけるな[118]という水準に至る細かさである。戦闘を支える軍馬の消耗には特に神経質で、無駄遣いすることを厳しく咎めた。「汝らの馬をよく肥やせ。乗るな」「安全を求めに来るのをやめよ。騸馬の力が損なわれる」「普通の罪ある輩は牛や駱駝に乗れ。騸馬の力を損なうな[119]」などと

3　政権の責務

折に触れて命じている。

　まして、戦争全体の失敗や失敗につながりかねない行動には、容赦ない叱責の表現が見られる。アミンらの永平放棄の報を得た時には、衙門に出て「衆に〔向かって〕怨み叫んだ」上、戻ってきた総兵官以下備禦以上の大臣らをみな縛って坐らせ、「泣いて」責めたという[120]。命令に反して抜け駆けした者を罵倒し、その見舞いに行った者の顔に唾を吐いた[121]という逸話もある。崇徳四年四月に帰還した対明遠征軍は、一応戦利品ももたらし、凱旋の扱いを受けているが、朝鮮史料によれば、朝会の後の普段なら冗談まじりの雑談になるお茶の時間に、今回の諸将が死を畏れて進まず、兵卒の苦労を思わず、役立たずであったことについて、ホンタイジが「はっきりと詰責を加え、坐っている諸将もまた縮こまって罪を謝している様子であった」という[122]。

　戦利品をもたらさず、味方の犠牲のみ大きい戦いは、国全体にとって深刻な打撃となる。崇徳五年三月から四月にかけて、錦州方面への出征軍が浅からぬ被害を受けて帰ってきた時には、瀋陽では街行く人々も慌しく楽しまぬ様子で、郊外では巷に泣き叫ぶ声が聞かれたという[123]。逆に、勝利と財物の獲得は、国全体の喜びである。捷報が伝わった時には、「老少の人民を大衙門の庭に召集し、バクシらを階段の上に立たせて、獲得した人・物・牛・馬・騾・驢や撃破した城塞など記録した冊子を大声で読み上げさせた[124]」。諸将がハンに献上した高価な戦利品は、大衙門（大政殿）の前に高脚つきの台を設けて陳列し、誇示された[125]。編纂史料である『満文老档』の多くの部分が戦利品・献上品のリストで埋まっているのも、単に残っていた档案を機械的に書き写したというよりも、財貨の品目と数量が大きな意味をもって捉えられていたことを反映していると見るべきであろう。国全体に直接的な利益をもたらす対外戦争を勝利に導くのがハンの役割であり、ハンがその務めを果たしていることは、事ある度に示されねばならなかった。

　マンジュ国―清朝の軍事的拡大は、総じて見れば順調に進んでいるが、

附論2　清朝入関以前のハン権力と官位 (hergen) 制

その過程では危機的な状況も生じている。何より問題なのは、急速に増大した国家の成員を支え、更なる軍事行動を続けるだけの物的資源、特に食糧の不足、あるいはそれを調達する態勢が追いつかないことであった。遼東の漢人政策失敗を受けたホンタイジの即位後は、食糧不足が度々深刻な問題となっており、常に食糧確保を目指して画策していると言ってよい状況にあった。天聰元年末には、第一次侵攻後に和議を結んでいた朝鮮に、穀物を送るよう要求している。

> 今年、我々の国の穀物は、我々だけで食べれば足りるはずであった。モンゴルのハンが悪いと言って、モンゴルの諸王・国人が一緒に引きも切らず叛いて来るのは、汝らも聞いたであろう。その求めて来た国人を養うため、穀物が足りない。毛文龍を、汝らは七年間穀物を与えて養ったぞ。我々はそのように故なく持って来いとは言わない。今年だけ買いたい。穀物を出せ[126]。

朝鮮側は、自分たちも戦争と災害で困窮していることを述べたてながらも、3,000石の穀物の供出を承諾している[127]。崇徳二年に降伏した後、朝鮮は毎年「米一万包(＝石[128])」を、金銀などと共に歳幣として課されたが[129]、無理があったのであろう、五年十一月には、大赦として9割減の1,000包に改められている[130]。しかし、崇徳七年に祖大寿が投降し、万余と言われる士卒とその家属に当座の食糧を与える必要に迫られると、1,000石の歳幣米を向こう5年分1度に送れと命じ[131]、それ以外に、無理強いはしない、いくらでもいいから「好意をもって助けろ」と「扶助米」を要求している[132]。来降者への支援は臨時のものであり、落ち着けば耕地を与えて自活させるようにしているが[133]、新たな投降が続く間は、新たな支援の要請も続く。長期に亘る包囲戦を行なうようになると、包囲軍への食糧供給が必要になるので、やはり朝鮮に圧力をかけて、錦州など前線地帯にまで食糧輸送を強要している[134]。

国内に物資が行き渡るよう、このように無理を押して運営している以上、

3 政権の責務

生え抜きの満洲人たちも経済的な統制を免れない。崇徳元年には、食べる以上の余剰の穀物をすべて売り出すよう布告し、手本とするため八家から各100石ずつ売り出させている[135]。田地の管理を怠った官人が罰せられ、狩猟でさえ、遊びではなく本気で食糧を得るためなのだからと言って、手を抜く者を打っている[136]。貪欲を憎み[137]、ハン自身も強欲と見られることを恐れて、献上品をむやみに受け取らず、注意深く返却している[138]。

このように、あらゆる手段を尽くして軍隊から俘虜に至る国内の人々を養っていくのは、最大の富であり、生産の手段である人間を維持するためである。管理していた人間を増やした官人は褒賞の対象とされ、逃がしたり死なせたりすることは罪に当る。人が死ぬのは公の損失なので、罪過に対して俘虜を取り上げ、殺された者の出た各ニルに埋め合わせとして与えている例もある[139]。人口保持を重視することは、私有の奴隷にも及んでいる。崇徳三年正月十五日、都察院承政祖可法・張存仁らは、奴隷となっている者の中から有能な者を選抜して用いたいと上奏した。これに対して、ホンタイジは次のように回答している[140]。遼東獲得後、その地の民を殺したり、思うままに奴隷にしたりしたので、それを憐れんで、これまでに解放して民としたり、書に通じる者を登用したりしたことはあった。

> 今の満洲人 manju の家にいる者は、以前のように妄りに取り妄りに入れた者ではない。みな〔兵士が〕自ら死んで城塞を攻め〔それによって〕取って一人二人得た〔もので、その中に〕秀才 šusai もいるかもしれない。その俘虜はみな兵士が生命と引き換えに自ら死んで攻め取ったものである。攻める時に死んだ兵士に身代わりに値を定めて与えたものである。

それを罪なくして取り上げることなどできないし、誰かを代償に奴隷として与えたら、その者も憐れである。「汝らはただ漢人の秀才を憐れむのを知っていただけだ。満洲の兵士・功績ある人・奴隷として代わりに与える人を憐れむのを知らない」と決めつける。

ホンタイジのこの姿勢は、満洲人の財産である奴隷に対する政権の方針

463

附論2　清朝入関以前のハン権力と官位（hergen）制

を端的に示していよう。元々満洲人にとって、奴隷の身分は良民や官人身分と必ずしも断絶したものではなかった[141]。しかし、誰かがある奴隷を正当に所有しているのなら、故なくして奪われることがあってはならない。まして、その奴隷が功績によって与えられたものであるなら、なおさらである。逃亡奴隷、いわゆる「逃人」の捕捉と返還が国家の業務として行なわれているのは、このような奴隷の所有を政権が保護しようとしている表われである。

　一部の朝鮮人俘虜のように一種の身代金を取れる場合は別として、入関前のマンジュ国—清朝において、奴隷の市価はそれほど高くなかったようである。銀は豊富であったが物資が乏しく、物価が極めて高いと言われた瀋陽で、崇徳七年五月の時点で農夫1人の価が15〜16両程度と言われていた[142]。その2年前の物価と比較すれば、羊3頭程度の値段であり、牛や馬よりは遥かに安い[143]。しかし、その人間の逃亡は、家畜とは比べものにならないほど重大に扱われ、逃亡を防ぐために組織的な対応がなされている。

　逃人問題は、入関後の中国におけるものがよく知られるが、朝鮮との間でも一貫して懸案となっている。故郷に逃げ帰った朝鮮人俘虜を捕えて送還するよう、朝鮮国王にかけ続けられた圧力は、その回数と執拗さにおいて他の問題を圧している。「走回人」は、崇徳三年の時点で日に100人をもって数えると言われる多さであったが[144]、きちんと名簿にして朝鮮側に送られ[145]、厳しい督促が行なわれている。

　この厳しさは、相手が属国だからというわけではない。自国の官人に対しては、逃人問題への取り組みを、もっと厳しく課している。各地に駐屯する軍人は、逃人が出たと報告を受ければ、追跡・捕捉する責務があった。報告を受けながら追わなかった場合、官位をもっていれば一部革められ、もっていなければ鞭打たれる程度の罪になった[146]。崇徳四年には、メイレンイジャンギンが逃人を見つけながら捕えずに引き返したと罪に問われ、官位を剥奪されて職務を解かれ、家産の半分を没収するという処分を受けている[147]。奴隷の逃亡が日常茶飯事であったことを思えば、むしろ不経済

とも言えるほどの労力を注ぎ込むことが強要されている。このことは、たとえ個人所有の奴隷であっても、奴隷の所有を守ることが国家の役割とみなされていたことを意味する。国家に対する功績の証しとして与えられた奴隷は、それを保持することも国家によって保障されるのである。

こうした点を見ると、国内のほとんどすべての人々に厳しい統制を行なうことによって、少なくとも政権を支える階層の全体としての利益を守ることが、政権に課された責務であったと考えることができる。この責務が果されている以上、直接・間接に利益を得る国内の人々は、自分たち個々人が受ける厳格な管理を、曲がりなりにもその公平さが信頼できる限り、安んじて受け容れたであろう。この強権的な政権が不断の努力によって辛うじて守り得ている利益を、強権的な政権なしで守っていくことは、およそ考えられなかったに違いないからである。

結　語

入関後、清朝をめぐる政治的・経済的情勢は激変する。短期間に中国全土が支配下に入ったため、明の統治機構をそっくり流用した部分が、清朝の統治機構の大部分を占めることになった。そのため、八旗組織は国制全体の中の局限された一部になってしまう。また、入関して来た八旗所属の人々は、旗地によって生計を立てることになったので、経済的基盤においても一般の漢人と切り離された立場に置かれた。八旗所属の満洲人・モンゴル人およびいわゆる漢軍は、人口の大半を占める漢人と、行政的扱いを異にするようになった。入関前から引き継がれた制度の多くは、エスニックで特権的な一部集団のための制度に変化する。本章で取り上げた官位の体系も同じである。順治四年には、官位の名称がさらに変更された。降って乾隆元年には、満洲語の官名に漢訳名が付けられ、一部が五等爵に組み

附論2 　清朝入関以前のハン権力と官位（hergen）制

込まれた[148]。だが、名称以上に大きな変化は、こうした官位が特定の出自の人々だけに与えられる世襲の称号、文字どおりの「世職」と化したことであろう。その意味で、この制度がもった意味は、入関を境に断絶がある。

　しかし、本章で取り上げたような人事管理制度の運用形態は、入関後にむしろ新たな発展を見る。順治朝の間に個別規定を重ね、康熙朝に入って確立する官僚の「処分則例」には、入関前の人事管理制度の特質が色濃く反映されている。点数化され差し引き計算の対象となる加級・紀録の制度、陞級の際の功績優先、功績となる基準の具体化・明確化など、明制の枠組みに則りながらも、入関前の清朝では重視されて明朝では問題にならなかったような要素が随処に見られる。入関後の官僚制は、純然たる位階ではなく実職を伴うので、行政環境の違いを別にしても、入関前の官位と全く同じ運営をするわけにはいかない。だが、仮にも人事運営を行なうのに、根拠が不明瞭であってはならないという基本的発想は引き継がれ、客観的規定の集積へと方向性を定める役割を果したと考えられる。

　さらに、一定以上の高官に限られるにせよ、官僚の人事管理に皇帝が直接関わろうとするのも、明と比較した場合の清の特徴である。こうした姿勢は、官僚を任命する際の引見や、奏摺を介した地方大官との直接対話などの制度に結晶化される。

　入関後のこうした清朝的な制度が、入関前の制度を継承して生まれる過程は、本書では明らかにし得ない。だが、明朝治下ではあり得なかった統治制度の質的変化が、清朝治下の中国で起こったことは確かであり、そこに入関前清朝の顕著な特徴が表われている以上、入関前の制度的特質が入関後の統治体制に発展的に継承されたと仮定することは、無理ではないと考える。

注
1）石橋秀雄は、太祖期における女真の社会関係について、（1）han-irgen、（2）

beile,ambam-jušen、(3) ejen-aha という3類型を提示するが、(1)については、時代とともに(2)と一体化して、han-beile-amban, hafan-irgen, jušen という関係が成立するという階層制発展の方向性を強調し〔石橋秀雄［1964-1］［1964-2］［1968］［1977］［1984］）、ハンとその臣下という一種の一君万民的関係の継続についてはあまり追究しない。筆者は、むしろこの関係の中に、入関後の清朝体制において一層発展する特質があると見る。

2）松浦茂［1984］、劉小萌［2001］245〜252頁。
3）これらの官名が採用された理由は不明であるが、明の官人と交渉する上で、対応する彼我の官人の地位を明らかにする必要が生じたことと関係があるのではないか。明から投帰した武官が明に仕えていた時の官に基づいて新しい官位を与えられるなど（『老档』太宗196〜199頁〔『原档』5冊250〜262頁〕）など)、対応関係が認められ利用されていたのは間違いない。
4）『老档』太祖917頁〔『原档』4冊105頁〕など。なお、守堡については、本書480頁に示したように、主として漢人住民を管理する実職を指したと見られる。
5）『老档』太祖349頁〔『原档』2冊136頁〕、太宗396〜397頁〔『原档』7冊230〜231頁〕など。
6）劉小萌［2001］252〜261頁、姚念慈［2008］97〜110頁。劉小萌は「武官制度」と「都堂」を並列して取り上げている。
7）順に『老档』太宗200頁、太祖274頁、太宗340頁〔『原档』5冊264頁、2冊23頁、7冊67頁〕など。都司については、本書480頁を参照。
8）本章注13）参照。
9）バクシ baksi に官位が与えられるのは通例である（『老档』太宗824頁〔『原档』8冊222頁〕の Dahai、『老档』太宗942頁〔『原档』10冊60頁〕の甯完我など)。
10）松浦茂［1984］118頁。
11）『満文国史院档』巻号001・冊号2（松村潤［2001］84頁)。
12）松浦茂［1984］120〜123頁。
13）『満洲実録』巻六・天命五年三月朔条（242〜243頁)。「武官 coohai hafan」は、同一箇所を漢文版では「序爵｣、蒙文版では「cola soyurhal un（官品を授与された)」としており、満文版以外は武職という含意を示さない。
14）松浦茂［1984］112頁。なお、天命五年三月初八日に死んだフィオンドン Fiongdon は、『老档』同日条では「左方の総兵官 hergen の一等大臣 amban」と書かれているが、九月十九日条には「右翼の uhereme da ejen、一等大臣」とある（『老档』太祖213、250〜251頁〔『原档』1冊325、368頁〕）ことから、彼は死亡当時、2種類の称号を有したことがわかる。もしもこれが通例であったならば、天命五年以前には満洲語官名を常用し、漢語官名はあっても表に出さないのが一

附論 2　清朝入関以前のハン権力と官位 (hergen) 制

般的だったのではないかと思われる。

15) 前者については『老档』太祖93、158～159頁〔『原档』1冊84、259頁〕など、後者については『老档』太祖250頁〔『原档』は1冊367頁と368頁の間（原文書に附されたシリアルナンバーは367頁が「557」、368頁が「559」で「558」を欠いている）で、『老档』249頁14行「han eidu i fe gung …」から250頁9行「… hoošan jiha dagilafi」までに相当する部分が欠落している〕など。

16) 松浦茂［1984］は、それまで混同されていた世職（本書に言う官位）の体系と八旗官制とを概念的に分離した点で重要な意義をもつが、官位の性格をどのように捉えているのか、少々わかりにくい。八旗官制と「並存する二つの組織（106頁）」とし、「武官の中には八旗官を兼務する者もいる（112頁）」などとする表現（下線は引用者による）から考えれば、「武官」が固有の実職を伴うものであり、その主たる職務が「それぞれグサの兵、ガラ（翼）の兵、ジャランの五ニルの兵、およびニルの兵をひきい」ること、「下位のものを監視し統率」することであったとみなすかのように解することもできる。だが一方で、「階級に従って」序列化されたとの表現（117頁）や、「軍事以外の部門にたずさわっていたものもいる」との指摘（117頁）などから、実職を伴わない単なる位階の体系とみなしているとも取れる。最終的には、明らかに実職のない入関後の世職に連続する体系として一元的に扱っていることから、後者の立場を取っているものと理解したい。また劉小萌［2001］は「これらの官員は、……みな武官の品級に応じて得意とする仕事に任じられ、後に虚銜となる世職とは異なるところがあった（250～251頁）」としており、「虚銜」の世職と同じでないとの指摘に注目すれば、実職を伴ったとみなす如くであるが、一方で武官の「品級」による待遇差に多くの字数を割き、国家の軍政・行政に関わるあらゆる職務に携わったことを指摘している（251～252頁）点からすれば、固有の職務は伴わないものとの立場を取ると解するべきであろう。ただし、松浦・劉とも明言しているわけではないので、一応ここに筆者の理解する官位の性格を確認しておく。

17) 松浦茂［1984］118頁。なお、松浦はこれを「世職の上位者が下位のものを監視し統率していた」とするが、原史料では出欠確認が命じられているのは「ニルのエジェン（である）備禦」と「旗のベイレ」の下に集まった時であるから、筆者はむしろ八旗組織に基づく監視・統率と見るべきであると考える。

18) 『老档』太祖999～1065頁（巻六十七～七十）〔『原档』4冊349～427頁（413頁あたりまでは塗改の跡が非常に多い）〕などにまとめて見られる。

19) 『瀋陽状啓』己卯年八月十一日条（186頁）に、崇徳四年八月、対明遠征の論功行賞が行なわれた際には、「九王以下五王、則賜衣、溺下貝勒以下二十九人、則次次呼名入跪、宣読勅命後各各頒給、又招入次将以下七十余名、頒給黄紙告身」

という儀礼が行なわれたという。
20) 劉小萌［2001］247～248頁、および上田裕之［2003］。
21) 『老档』太宗333～334、701頁〔『原档』7冊59～60、8冊111頁〕。
22) 『老档』太祖331頁〔『原档』2冊104頁〕に見える Yasun の例など。
23) 『老档』太宗655、649頁〔『原档』8冊73、70頁〕。
24) 『老档』太祖910頁〔『原档』4冊232頁〕。
25) 『老档』太祖86頁〔『原档』1冊79頁〕に、抜け駆けで敵の城内に入った者は「功を書かない」と宣言していることから、功績を一々記録するのが通例になっていたことがわかる。
26) 『老档』太祖333頁〔『原档』2冊108頁〕に「档子 dangse を改めて見て」異動を行なったことが見える。
27) 『老档』太宗334頁〔『原档』7冊60頁〕。
28) 『老档』太宗662頁〔『原档』8冊79頁〕。
29) 天聰四年三月には、投降した村々の「大人 amban・秀才 šusai・賢者 saisa niyalma」に呼びかけて、出頭すれば「档子に書き記し記録する。後日、国が太平となった後に、それはみな功となるぞ」と布告している（『老档』太宗343頁〔『原档』7冊71～72頁〕）。
30) 『老档』太宗682、716頁〔『原档』8冊96、124～125頁〕。
31) 『老档』太宗652～653、717頁〔『原档』8冊73、125頁〕。
32) 『老档』太宗443～444頁〔『原档』6冊451～453頁〕。
33) 『老档』太宗726～727頁〔『原档』8冊133～134頁〕。
34) 『内国史院档』天聰八年四月初九日条（114～116頁）。
35) 松浦茂［1984］114～115頁。
36) 『老档』太祖96～97頁〔『原档』1冊179頁〕。『原档』では「できないならば」の後に「私にはできないと言って、命じる仕事を bi muterakū seme afabure weile be」と、より詳しく書かれていたのを塗抹・節略してある。
37) 『老档』太祖920頁〔『原档』4冊110頁〕。
38) 『老档』太宗1013～1014頁〔『原档』10冊141頁〕、『旧満洲档　天聰九年』195頁〔『原档』9冊255頁〕。
39) 『老档』太宗1052頁〔『原档』10冊186～187頁〕。
40) 例えば「官位のない小者 hergen akū buya niyalma」が「hafasa」と対置されていたり（『老档』太祖405～406頁〔『原档』2冊230頁〕）、hergen を剥奪された者と hafan を辞めさせられた者がともに「bai niyalma」になったと表現されたり（『老档』太祖485、824頁〔『原档』2冊370頁、4冊57頁〕）、hafan がないと不満をもって逃げ、再投帰した者に副将の hergen を与えた（『老档』太宗135～136頁

附論2　清朝入関以前のハン権力と官位（hergen）制

　　　『原档』6冊259〜260頁〕。『原档』では「hergen」を「hafan」と書き換えている）といった用例がある。
41）『老档』太宗1073〜1074頁〔『原档』10冊213〜214頁〕。
42）『旧満洲档　天聡九年』129、126頁〔『原档』9冊167、163〜164頁〕。
43）『老档』太宗635〜643頁〔『原档』8冊60〜66頁〕など。
44）『旧満洲档　天聡九年』14頁〔『原档』9冊17頁〕、『老档』太宗886、919頁〔『原档』10冊2、37頁〕。
45）『老档』太宗708頁〔『原档』8冊116頁〕。
46）崇徳元年にやはり3年目の考課を受けた海州河口駐屯のイレシェン Irešen は、「船二十七艘と逃人一百七人を捕らえた」功績によって一等ジャランイジャンギンから三等メイレンイジャンギンに陞され、継承回数も加算されている（『老档』太宗1021〜1022頁〔『原档』10冊150頁〕）。船や逃人の捕獲で功績とみなされるには、この水準の数が要求されるのである。
47）『老档』太祖265〜266頁〔『原档』2冊12頁〕。
48）『老档』太祖404頁〔『原档』2冊227頁〕。
49）『満文老档』太祖705、752頁〔『原档』3冊290、353頁〕。前者は細谷良夫［1991］において詳しく紹介されている。
50）『老档』太祖382頁〔『原档』2冊197頁〕。劉小萌［2001］298頁に紹介されている。
51）『老档』太祖951頁〔『原档』4冊175頁〕。
52）張晋藩・郭成康［1988］は「tuhere weile」の初出を『老档』天命八年二月十九日条（太祖665頁〔『原档』3冊234〜235頁〕）とする。
53）『老档』太宗707頁〔『原档』8冊116頁〕。
54）『老档』太祖484頁〔『原档』2冊369頁〕、『八旗通志初集』巻二百三十六・儒林伝上・Dahai Baksi。
55）『老档』太祖1008頁、太宗651〜652頁〔『原档』4冊365、8冊71〜72頁〕、『旧満洲档　天聡九年』11頁〔『原档』9冊12頁〕、『八旗通志初集』巻百五十四・名臣列伝十四・Suna Efu。
56）松浦茂［1984］118頁。
57）『老档』太宗267、847頁〔『原档』6冊372、8冊249頁〕。
58）『老档』太宗419頁〔『原档』7冊291頁〕。
59）『老档』太祖638〜639頁〔『原档』3冊191〜193頁〕。
60）『老档』太宗408〜409頁〔『原档』7冊260〜263頁〕には、アミンの旗が越境して耕作したとして責められたことを記すが、これは政治的野心のために「よい田地」を棄てたという話である。

61）三田村泰助［1965］243頁。
62）劉小萌［2001］247～248頁は、「占有壮丁」「免糧」「分財」の特権としてまとめる。上田裕之［2003］は、官位に基づく農民付与の過程を詳細かつ長期に亘って跡づけている。
63）前注参照。なお、引用は『老档』太祖471、686、719頁〔『原档』2冊348、3冊265～266、310頁〕。
64）『老档』太祖992頁〔『原档』4冊330頁〕など。なお、「養う」ことについては本書第2章第3節に述べる。
65）『旧満洲档 天聰九年』206～207頁〔『原档』9冊274頁〕。
66）『老档』太祖657頁〔『原档』3冊221頁〕。なお、同じ書に、命令に従い戻って来た場合に彼と公主・弟・3子に与える男の数とともに、それらの男から1年に徴するべきものの数量が明記されている（『老档』太祖658～659頁〔『原档』3冊224～225頁〕）。
67）「占有」の語は劉小萌［2001］の表現に倣った。
68）『老档』太祖707頁〔『原档』3冊295頁〕。
69）『老档』太祖442、443頁〔『原档』2冊297、299～300頁〕。
70）この時の漢人選別とトクソ編成について、上田裕之［2003］は「諸王やその他の旗人に私属していた者をも検別した点」に注目し、「建前上旗人による漢人農民の所有は一旦清算され、ハン・諸王以外の旗人には世職の等級に応じて漢人農民を再分配することとなった」とする。筆者は本章を単行論文として発表した際、諸王以下の満洲人の私有奴隷となっていた漢人まで没収・再分配の対象となったと見るのは不適切とする見解を注記しておいた。漢人殺戮の目的は国家の脅威となる漢人の排除であり、無害な漢人を正当な私的所有者から取り上げる謂われはないと考えたからである。しかし、ホンタイジが漢人の待遇改善の訴えを聞いて言った言葉に、ヌルハチが遼東の漢人を処理して「満洲・漢人の諸官は一等の功ある人に百男、それ以下は功・官位を計って専らにさせていた」とあり、それがきちんと実施されていたら「満洲・漢人の諸官の家の奴隷は一様であるべきであった」とあるのを見れば（『太宗実録』天聰八年正月十六日条）、諸官の「家の奴隷」は一度すべて網にかけられ、殺されなかった者が再配分されたと見る方が妥当だと考え直した。この点について、前説を改めることを附記しておく。
71）上田裕之［2003］24～28頁参照。特に「holbombi」の語を「配属する」と解釈するのは適切と思われる。
72）『老档』太宗670～672頁〔『原档』8冊85～87頁〕。
73）『老档』太祖993頁〔『原档』4冊332～333頁〕。
74）上田裕之［2003］26～27頁所引。

附論2　清朝入関以前のハン権力と官位（hergen）制

75)　上田裕之［2003］27〜28頁所引。
76)　『老档』太祖250頁〔『原档』の該当部分については注15）参照〕。
77)　『老档』太宗775頁〔『原档』8冊175頁〕。
78)　『老档』太宗123〜124頁〔『原档』6冊240〜241頁〕。
79)　『老档』太宗664頁〔『原档』8冊81頁〕。
80)　『老档』太宗138、178頁〔『原档』6冊262、277頁〕。
81)　石橋秀雄［1968］［1984］参照。
82)　天聰九年、宗室ワクダ Wakda から取り上げたものを処分する際、「二十三トクソ、これに属する漢人百九十九男」と「漢人奴隷百八十六男」とを別々に扱っている（『旧満洲档　天聰九年』303頁〔『原档』9冊390頁〕）ほか、官位保持者に与えたものとして「奴隷、トクソ」が並列して挙げられていることがある（『老档』太宗942、1011頁〔『原档』10冊60、135頁〕など）。
83)　石橋秀雄［1968］参照。
84)　『老档』太祖332頁〔『原档』2冊106頁〕。
85)　『旧満洲档　天聰九年』206〜207頁〔『原档』9冊274頁〕。彼は「広寧の二十人の男」も隠匿していたという。
86)　『老档』太宗63〜64頁〔『原档』6冊93〜95頁〕。
87)　例えば「獲た俘虜 olji：タンタイ旗の馬・騾馬一千九百八十八、驢馬・牛五千三百九十九、人六千三百二十、全て一万八千二百七」（『老档』太宗1267頁〔『原档』10冊430頁〕）といった表現が間々見られる。また、松浦茂［1986］参照。
88)　『老档』太宗97、106頁〔『原档』6冊138（および138-1）、147頁〕。
89)　『瀋陽状啓』丁丑年五月二十四日条（22頁）。
90)　『瀋陽状啓』己卯年正月初八日条（130頁）。
91)　『瀋陽状啓』己卯年正月初八日、五月十四日条（130、171頁）。
92)　崇徳六年八月、朝鮮世子館はダイシャンが買い取りを求めた婢の親族の使者に、200両を貸している。「大王亦非尋常将官之比、若一向違拒、則必有生事之患」との判断による（『瀋陽状啓』辛巳年八月二十八日条（325頁））。
93)　イングルダイと同じ立場にあったマンダルガン Mandargan にも同様の行為が見られる（『瀋陽状啓』辛巳年六月二十五日条（309頁））。
94)　『瀋陽状啓』庚辰年六月二十日条、壬午年六月十二日条、八月初十日条（219〜220、460、475頁）。
95)　本書108頁参照。
96)　崇徳元年七月には、故なく出征を規避した者がニルのジャンギンを革めて民とされている（『老档』太宗1201頁〔『原档』10冊348頁〕）。
97)　崇徳六年の宸妃の完斂には、紙銭等に費やした紙だけでも銀2万両に至ると噂

注

かれたという(『瀋陽状啓』辛巳年十一月初二日条(364〜365頁))。

98)『老档』太祖368、420〜421頁、太宗266、782、997頁〔『原档』2冊176〜177、254〜255、6冊370〜371、8冊181、10冊121頁〕など。

99)『老档』太宗666頁〔『原档』8冊83頁〕。

100)『老档』太宗689、723頁〔『原档』8冊102、129〜130頁〕など。

101)『老档』太宗779〜780頁〔『原档』8冊179頁〕。

102)『老档』太宗776頁〔『原档』8冊176頁〕。

103)『老档』太宗1090頁〔『原档』10冊233〜234頁〕。

104)『老档』太宗763頁〔『原档』8冊164頁〕。

105)『老档』太宗810頁〔『原档』8冊205〜206頁〕。

106)『老档』太宗774、782頁〔『原档』8冊174、181頁〕など。

107)『老档』太宗664〜667頁〔『原档』8冊81〜84頁〕。

108)『太宗実録』崇徳六年三月二十日条。『瀋陽状啓』辛巳年三月二十三日条(281頁)にもその情報を載せる。

109)『瀋陽状啓』では「其獞子男女多数擄来」など、おそらく「韃」に「獞」字を当てる。

110)『瀋陽状啓』辛巳年四月十九日条、五月二十五日条、七月初七日条、七月二十四日条、九月二十五日条(290、302、312、316、350頁)。なお、前年に蒙古馬1頭を70両で買ったという記載があり、だいたいの値がわかる(219頁)。

111)三田村泰助〔1963・1964〕。

112)朝鮮とは天聰元年の和議により貿易を再開する。対明貿易としては、例外的に行われたのが、天聰六年六月に張家口で行なわれた明の現地の官人らとの交渉による臨時の交易であるが(本書223頁参照)、この時の交易の価格は交戦状態に入る前の水準に近いものであったという(『老档』太宗799頁〔『原档』8冊195頁〕)。

113)『老档』太祖1113頁〔『原档』5冊313頁〕に見えるAsanの誓詞など。他の誓詞にも見える常套句である。

114)『老档』太祖50〜53頁〔『原档』1冊115〜120頁〕など。

115)『老档』太祖149頁〔『原档』1冊245頁〕。

116)天聰六年正月のヨトの上奏は、それまでの漢人殺戮の悪評を償うため漢官優遇策を提案している(『老档』太宗630〜633頁〔『原档』8冊58〜59頁〕)。また、本書70頁所引のホンタイジの言を参照。

117)『老档』太祖1068〔『原档』5冊37頁〕。

118)『老档』太宗728頁〔『原档』8冊135〜136頁〕。

119)『老档』太宗231、604、616頁〔『原档』6冊308、7冊386、399〜400頁〕。な

附論 2　清朝入関以前のハン権力と官位（hergen）制

お後 2 者は『原档』では蒙文。
120)『老档』太宗396〜397頁〔『原档』7 冊320〜321頁〕。
121)『老档』太宗535〜536頁〔『原档』7 冊427〜428頁〕。
122)『瀋陽状啓』己卯年四月二十日条（167頁）。
123)『瀋陽状啓』庚辰年四月二十二日条（205頁）。
124)『瀋陽状啓』己卯年三月二十日条（157〜158頁）。
125)『老档』太宗1307頁〔『原档』10冊477頁〕、『瀋陽状啓』己卯年五月初四日条（168頁）など。
126)『老档』太宗111頁〔『原档』6 冊155頁〕。
127)『老档』太宗116〜118頁〔『原档』6 冊230〜233頁〕。
128)『瀋陽状啓』庚辰年七月二十日条（229頁）に「幣米一万石」の語が見える。
129)『内国史院档』崇徳二年正月二十八条（83〜84頁）。
130)『太宗実録』崇徳五年十一月朔条。
131)『瀋陽状啓』壬午年三月十九日条（420頁）。
132)『瀋陽状啓』壬午年三月十九日条、六月二十六日条（425、462頁）。
133) 本書113頁参照。
134) 穀物の輸送強要とその圧力については、『瀋陽状啓』に逃人問題と並んで頻繁に言及されている。
135)『老档』太宗1362〜1363頁〔『原档』10冊551〜552頁〕。
136)『老档』太宗824頁〔『原档』8 冊222頁〕。
137)『老档』太宗182頁〔『原档』6 冊283頁〕に見えるトゥシエトゥ＝ハン Tusiyetu Han に対する非難、『老档』太宗1107頁〔『原档』10冊251頁〕に見える前鋒の将スダラ Sudala への訓戒など。
138)『老档』（『原档』）にしばしば見られる記述であるが、『瀋陽状啓』壬午年五月初十日条（448頁）に、投降した祖大寿が献じた財貨について、ホンタイジがバクシに「祖将財貨、今若受、則彼必侮我」と言って大半を返却したと伝えることから、その意図が理解できる。
139)『老档』太宗1388頁〔『原档』10冊582頁〕。
140)『内国史院档』崇徳三年正月十五日条（192〜193頁）。
141) 石橋秀雄［1968］［1984］参照。
142)『瀋陽状啓』壬午年正月二十八日条（402頁）、実際には25〜30両で買っている（同二月二十二日条（409頁））。
143)『瀋陽状啓』庚辰年五月初七日条（207頁）によれば、羊 1 頭は 5〜6 両を下らず、牛は40両近いという。
144)『瀋陽状啓』戊寅年九月二十八日条（113頁）。

145)『瀋陽状啓』己卯年七月初二日条（182頁）。
146)『老档』太宗682頁〔『原档』8冊96頁〕、『盛京原档』226号（176、177頁）、229号（183〜184頁）など。
147)『盛京原档』225号（172頁〜173頁）、『太宗実録』崇徳四年八月二十六日条。
148) 松浦茂［1984］115頁。

附論 3

清朝入関以前における漢人官僚の対政治的影響

序

　マンジュ国―清朝は満洲人が建てた国家であるが、建国当初から満洲人以外に多くの漢人・モンゴル人を含んでいた。特に漢人は人口が多く、総人口の少なさが弱点であった入関前には、それだけで国家にとって重要な存在であった。漢人農民の労働力は、貧しい遼東の地で対外戦争に明け暮れる国家を支えるために不可欠であった。
　だが、一般に漢人の待遇は悪く、官職を与えられた漢人は、数も少なく地位も概して低かった。これは別に民族差別ではなく、漢人の大半が満洲軍の攻撃を受けてやむなく服属したからである。人口が乏しく味方が少なかったマンジュ国―清朝にとって、民を率いて自発的に投帰してくれる者ほどありがたい者はなく、それだけで大功を立てたとして優遇された。反対に、抵抗して打ち負かされてから降った者は、命を救われただけでも感謝すべきであり、その上で官職を与えられたのであれば、破格の恩恵を被ったとみなされた。ホンタイジが自発的に来帰した孔有徳・耿仲明・尚可喜らに最初から別格の厚遇を与えたのに対して、追い詰められて投降し

附論3　清朝入関以前における漢人官僚の対政治的影響

た漢官らの地位が全般に低かったのは、やむを得ないところであった。

　漢官の地位の低さは、政府内での発言力の無さにつながる。それにもかかわらず、彼らが政治的に無力であったと言い切れないのは、彼らが地位の高下にかかわらずハンの諮問に与ったり建言を行なったりして、国政に影響を与えることができたからである。従来の研究では、彼らは伝統的な漢文化と発達した政治制度を満洲人に伝え、明に倣った国家機構を整備することに寄与したと言われている[1]。

　しかし筆者の見るところ、ヌルハチ・ホンタイジら満洲人為政者は、明の政治体制を決して高く評価しておらず、明の制度や文化の導入にも積極的な姿勢を見せていない。彼らは自分たちの価値観と判断力に自信をもち、漢人の伝統文化の権威に臆することはなかった。史料に残る漢官の提言は数多いが、必ずしも採用されたものばかりではない。漢官が政策決定に影響を与えることができたとすれば、それは満洲人為政者を納得させることができた場合に限られ、漢官にとって正当極まることであっても、満洲人為政者が納得するとは限らなかった。当時の漢官の政治的影響力は、なお検討を要する問題である。

　本章は、入関前のマンジュ国―清朝の政治に対して、漢官がどのような影響を、どの程度与えたかを検証する試みである。なお、入関前のマンジュ国―清朝では、明のような文武官の区別がなく、また正規の官職を得ていない「秀才 šusai」らは厳密には官 hafan ではないが、本章ではマンジュ国―清朝に仕えた漢人はすべて「漢官」として扱う。

1　ヌルハチ期における漢官の役割

　ヌルハチの即位以前から、彼に帰附して用いられる漢人はいたが[2]、数も少なく目立った活動も見られない。漢官の存在が重要な意味をもつよう

1　ヌルハチ期における漢官の役割

になるのは、遼東征服以降である。国内における漢人人口が急増し、満洲人とは言語・習慣の異なる彼らを統治するため、漢人の行政官が必要になったからである。

遼東征服後、新たに服属した漢人の成人男子（haha＝男）は、満洲人の都堂・総兵官に3,000人、副将に1,700人、参将・遊撃に1,000人、備禦に500人、漢人の総兵官に4,000人、副将に3,000人、参将・遊撃に2,000人ずつ分与され所属させられたが[3]、実際に彼らを管理したのは下級の漢官であった。

漢人を直接管理する行政組織の末端に位置したのが、百長と守堡である。両者は並列して置かれ、統属関係はない。百長 bejang は漢人100男につき１人置かれ、20男に１人の兵役、10男に１人の労役を徴発する責任を負わされた[4]。守堡 šeo pu は「処の主 ba i ejen」「村を管理する守堡 gašan bošoro šeo pu」などと表現されるように[5]、集落を単位として置かれた。政府からの命令を布告したり軽微な犯罪を審理したりするほか、農作業の監督・逃亡の防止など雑多な行政業務を行なっている[6]。一定の数の成人男子に課した兵役・労役を確保するためには、一定の人数を単位に官を置いて管理させるのが好都合だったのであろうが、漢人たちは大小の村や城堡に集まって住んでいたので、行政全般に関しては集落を単位に官を置く必要があったのであろう。百長・守堡は漢民と密接に関わる業務に携わるため、言語・習慣に通じた現地の漢人でなければ難しかったはずである。

同じく漢人を管理した官として、都司が挙げられる。都司 dusy には満官も漢官もあったが、史料に現われる都司は漢官が多い[7]。漢人に綿花を摘み取らせる、居住地を指定して住まわせるなど[8]、直接民を管理する職務のほかに、百長・守堡を監督することを命じられている例もある。天命七年三月二十五日の「都堂の書」は、百長・守堡が公課の牛の徴発を怠った場合、都司が捕えて拘束するよう命じている[9]。ただし、この命令は臨時のものであり、都司が恒常的に特定の百長・守堡を監督する職務を負っていたとは限らない。都司は百長・守堡より高位にあり、一般により広い

附論 3　清朝入関以前における漢人官僚の対政治的影響

領域を対象とする任務を担当したことは間違いないが[10]、百長・守堡との間に正式な統属関係があったかどうかは不明である。

　以上のほかに、漢人を管理する官の範疇として「遊撃 iogi」があった。一般に遊撃は当時の官位 hergen の 1 つであり、特定の職務と結びつくものではない。しかし、遼東征服後の一時期、漢人「遊撃」は明らかに漢人の統治に責任をもつ官職として言及されている。遼東征服の直後、天命六年四月初三日の「ハンの書」は「漢人の衆遊撃官ら」に対して、「汝ら遊撃官らは正しく暮せ。いろいろな法度をもとどおり勤め管轄せよ」と命じている[11]。つまり、これらの遊撃は明朝の下で民を統治する立場にあり、ヌルハチに投降した後、引き続き漢民の管理を委ねられたのである。その後、「八遊撃・都司・大小すべての官人ら」「八遊撃および李都司に言って」等の表現[12]に見えるように、特定の遊撃が都司その他の官と並立する官として扱われている。これらの遊撃と都司以下との統属関係も、やはり不明である。

　「八遊撃」が具体的に誰を指したのかはわからないが、同時期の史料に個人名の見える漢人遊撃は、「蓋州の楊遊撃」「瀋陽の遊撃劉尤寛」「鎮江城の主佟遊撃[13]」など、主要な城堡の名を冠して記されていることが多いので、あるいは重要な城堡に 1 人ずつ置かれていたのかもしれない。こうした遊撃は、自ら駐する城堡を中心とした行政業務を担当していた。具体的には、住民の強制移住・築城・逃人の追捕などである[14]。大勢の漢民に直接関わる困難な業務を含み、漢民の事情に詳しい者でなければ務まらなかったというのが、明から投降した漢官を用いた主な理由であろう[15]。

　しかし、漢人遊撃が地方の漢民統治の責任者として用いられた理由は他にもある。天命六年五月、ヌルハチは都堂に下した書の中で、井戸に毒を投げ込んだ漢人の審理を命じて、「真に罪を犯していた時、我らの手で殺すな。我らが殺せば、助命した者をみな殺したと風評が立つ。八遊撃に殺させよ」と言っている[16]。被支配民である漢人の反抗に対して、支配者たる満洲人が直接弾圧を加えるのを避け、反発を吸収させるため、漢官を利

1 ヌルハチ期における漢官の役割

用しようとした意図が看取される。

以上のような大小の官とは別に、特別な地位を与えられた漢官がいた。李永芳・佟養性・劉興祚の3人である。

李永芳は、明の撫順所遊撃であり、天命三年四月、ヌルハチの撫順攻略の際に投降した[17]。明の辺将の投帰は初めてであったため、ヌルハチが喜んで宗室の女を嫁した[18]ことは有名である。以来、「撫西エフ Fusi Efu」の名で呼ばれ、漢官の中の第一人者として扱われた。天命七年と九年の元旦の朝会では、佟養性とともに漢官を率いて参賀を行なったのが確認される[19]。

佟養性は、もと撫順に住む商人であり、本来は満洲族の血統であったという。撫順攻略以前にヌルハチに投じたことにより、早くから重用された。やはり宗女を与えられ、「シ=ウリ=エフ Si Uli Efu」の名で呼ばれるようになった[20]。

劉興祚は、もと開原に住む庶民であったが、乙巳年(1605)にヌルハチに投帰し、官人として登用されたという。遼東征服後の行政に功績を認められ、取り立てられた[21]。満洲人からは、通常「アイタ Aita」の名で呼ばれていた。

以上の3人は、天命期の漢官の中では最も重用されたが、同時に酷使されてもいる。特に遼東征服後は、漢人統治のための任務を次々と命じられ、席の温まる間もないほど奔走させられた。試みに李永芳を取り上げ、天命六年四月から八年五月までに命じられた任務を見ると、

天命六年四月初三日　都堂アドゥン Adun や漢人遊撃らとともに明の旧例や遼東の兵数・城堡数・諸人口数の調査を命じられた。
　　　　　　　　　　　　　　　　　　（『老档』太祖305〜306頁〔『原档』2冊72頁〕）

　　　四月十四日　辺境の諸堡に官を任じ、台を設けて哨探を置くために出かけた。　（『老档』太祖315頁〔『原档』2冊83頁〕）

　　　五月初五日　鎮江の者が降らないので、ウルグダイ Urgūdai ととも

附論 3　清朝入関以前における漢人官僚の対政治的影響

　　　　　　　　　　に兵をするよう率いて調査をするよう命じられた。
　　　　　　　　　　　　　　　　　（『老档』太祖319頁〔『原档』2冊89〜90頁〕）
　　　五月二十五日　鎮江を降し、俘虜を連れて帰還した。
　　　　　　　　　　　　　　　　（『老档』太祖332〜333頁〔『原档』2冊107〜108頁〕）
　　　八月十二日　鎮江で得た俘虜を漢官に分け与えるのを監督した。
　　　　　　　　　　　　　　　　　　（『老档』太祖368頁〔『原档』2冊177頁〕）
　　　九月初七日　辺境の村を収め、既に収めた村々を視察する人の派
　　　　　　　　　遣を命じられた。
　　　　　　　　　　　　　　　（『老档』太祖379〜380頁〔『原档』2冊194頁〕）
　　　九月十九日　銀をもって金を買い取ることを命じられた。
　　　　　　　　　　　　　　　　　　（『老档』太祖392頁〔『原档』2冊210頁〕）
　　　九月二十四日　朝鮮国王の使者の出迎えに参加した。
　　　　　　　　　　　　　　　　　　（『老档』太祖394頁〔『原档』2冊212頁〕）
　　　十一月十三日　「朝鮮に出征する」と吹聴しに行った。
　　　　　　　　　　　　　　　（『老档』太祖408〜409頁〔『原档』2冊236頁〕）
　　　十一月中から十二月初八日まで　鎮江の民を移住させに行った。
　　　　　　　　　（『老档』太祖433〜434、439頁〔『原档』2冊282、292〜293頁〕）
　　天命七年正月　ヌルハチの遼西遠征に従軍。
　　　　　　　　　　　　　　　　（『老档』太祖502頁〔『原档』2冊398頁〕[22])
　　　二月初四日　広寧の民の一部を瀋陽に移すことを命じられた。
　　　　　　　　　　　　　　　（『老档』太祖511〜512頁〔『原档』2冊411〜412頁〕）
　　　二月十一日　船を修理して遼河の渡し場へ送るよう命じられた。
　　　　　　　　　　　　　　　　　　（『老档』太祖528頁〔『原档』2冊438頁〕）
　　　二月十八日　ハンの帰還を出迎えた。
　　　　　　　　　　　　　　　　　　（『老档』太祖537頁〔『原档』2冊451頁〕）
　　　二月二十四日以前　漢人の牛車で遼西の穀物を運ぶのを委ねられ
　　　　　　　　　　た。　（『老档』太祖545〜546頁〔『原档』2冊465頁〕）
　　　三月初九日　広寧からの徙民・穀物輸送について追加指令を出さ
　　　　　　　　　れた。　（『老档』太祖564〜565頁〔『原档』2冊492〜493頁〕）

1　ヌルハチ期における漢官の役割

＜七月〜十二月分　史料を欠く＞
天命八年正月　南海沿いの戸を移しに行った。
　　　　　　　　　　　　　　　（『老档』太祖621〜622頁〔『原档』3冊162〜164頁〕）
　　　　　　漢官らへ逃人の調査を厳しくするようにとの命令を通達。
　　　　　　　　　　　　　　　（『老档』太祖622〜623頁〔『原档』3冊164頁〕）
二月初七日　金州からハンに上奏。果樹の数・その地に留める職
　　　　　　人の数を報告。
　　　　　　　　　　　　　　　（『老档』太祖649〜650頁〔『原档』3冊208〜210頁〕）
三月初五日　清河堡 Niowanggiyaha の方へ田地を処理しに行った。
　　　　　　　　　　　　　　　（『老档』太祖685頁〔『原档』3冊264頁〕）
三月初十日　上記命令を撤回される。引き返す。
　　　　　　　　　　　　　　　（『老档』太祖688頁〔『原档』3冊268頁〕）
四月十二日　漢人に対する布告文を持って復州・蓋州へ行った。
　　　　　　　　　　　　　　　（『老档』太祖717〜718頁〔『原档』3冊308〜309頁〕）
四月二十三日　穀物・家畜を納めない者を李永芳に訴えるよう布
　　　　　　告。（『老档』太祖727頁〔『原档』3冊322頁〕）
四月二十四日　離反する者がいるとの報を受け調査を命じられた。
　　　　　　　　　　　　　　　（『老档』太祖729〜730頁〔『原档』3冊324〜326頁〕）
四月二十八日　復州―岫巌間に食物を売る店を出し、蒙古人に買
　　　　　　いに行かせるよう命じられた。
　　　　　　　　　　　　　　　（『老档』太祖737頁〔『原档』3冊336頁〕）
五月朔日　四月二十四日の調査命令に対する報告。
　　　　　　　　　　　　　　　（『老档』太祖742〜743頁〔『原档』3冊344頁〕）
五月初二日　帰還命令を受けた。
　　　　　　　　　　　　　　　（『老档』太祖743頁〔『原档』3冊345頁〕）

　李永芳が命じられているのは、離反した漢人の鎮圧、遼西から遼東への徙民・穀物輸送といった大規模な任務が中心である。だが、彼の受けた命令を見ると、1つの任務を遂行中に、細かい具体的な指令が何度も出され、

附論3　清朝入関以前における漢人官僚の対政治的影響

あるいは撤回され、あるいは中途で別の任務を課せられている。また遂行状況は、派遣先から書簡で報告を行なっていることから窺われるように、経過報告を課せられていた。つまり、1つの任務を最初から最後まで一任されるのではなく、細かく連絡を取り合いながら中央の管理下で遂行することが要求されていたのである。

　このような形で使役されていたのは、佟養性や劉興祚も同様である。彼らはヌルハチら満洲人支配層にとって意のままに動かせる道具に他ならず、それ以外のものであってはならなかった。命令によらない勝手な行動が嫌われ規制されたのは、漢官だけでなく満官も同じであったが、漢官については殊に唯々諾々と命令に従い、何でも報告することが求められていたように見える。たとえば劉興祚は、管理していた綿花・穀物・草の処理について、ヌルハチから「兵士に与えたのか、兵士に与えたのなら、ここに余さずなぜ〔全部〕与えたのか。汝の与えた兵の数はいくらか、明らかに文書に書いて送れ。何事でも上に告げてほしい。告げずになぜ済ませるのか」と詰問されている[23]。

　ヌルハチの時代の漢官は、積極的に意見を求められた形跡が見えない。天命八年五月、復州の住民が叛くという報が入り、ヌルハチは出兵を命じるが、李永芳は「復州の所の者が叛くというのは無実であろう」と上言してヌルハチの怒りを買った[24]。ヌルハチは李永芳が「汝等の明の皇帝は永遠であり、我は一時であるように思って、……明の味方となって我を惑わすために諫めるのだ」と決めつけている。根底にあるのは、漢人である李永芳が満洲政権の未来を信じておらず、機会があれば裏切るのではないかという疑念である。

　それに加えて、ヌルハチは漢官の廉潔にも疑いを抱いていた。天命七年正月、ヌルハチは漢官らに向かって、彼らが兵役・労役に応じる者を十分に集めないことを責め、「河東のこれほどの万々人を、みな汝らが財貨を取って免れさせたのでなければどうしたのか」と言った[25]。その上で、次のように続けた。

1 ヌルハチ期における漢官の役割

撫西エフ（李永芳）・シ＝ウリ＝エフ（佟養性）よ、汝らは我が子であり婿であると思い養ったぞ。諸王の家の庭にさえ草があるか。汝らの家の庭にそれほどの草を積んだのは、みな公課を免れさせて取ったものでなければどうしたというのか。草は外に積んで見えるだろうが、金銀は見えるか。汝らを養ったハンに恩を返そうと思わず、事をはっきりと処理しないのは、財を取ってそうするのでなければ何か。汝ら漢人を我らは今や信じない。

ハン自身がこのように言っている以上、漢官の地位が不安定であったのは無理もない。七年六月、劉興祚が漢人を虐げる満洲人を制止しようとした時、その満洲人は「アイタがどうして大臣なものか」と言って命令を無視したという[26]。元々満洲人には漢人から蔑視されていたという記憶がある上[27]、漢人の村に少人数で行って殺される満洲人もいたため[28]、漢人に不信感を抱く満洲人は少なくなかったに違いない。

天命末年には、漢官の立場は非常に苦しいものになっていた。李永芳は、ヌルハチの叱責に遭いながらも、国外への聞こえを憚って罪せられることはなかったが、一時期は罪人に近い扱いを受けていた[29]。劉興祚もこの時期には同様の立場にあったと見られる。十年十月の漢人殺戮に当たって、漢官らは各々「近い親戚」を引き取ることだけを認められ[30]、辛うじて官人としての地位を全うして生き延びることができた。

天命年間の漢官は、漢人を統治するために最大限に利用された。李永芳・佟養性・劉興祚の3人が遼西からの徙民の監督を命じられた際、「汝ら自身は苦しむなら苦しむがよい」と言われたように[31]、困難な仕事を休みなく課せられ、それらを成し遂げることを要求された。ヌルハチ政権から見た彼らの利用価値は、漢語を解し漢人の民と意思疎通しやすいこと、漢人の扱いに慣れていること、満洲の漢人支配に対する反感を吸収させられることなど、要するに漢人であることそれ自体であった。ヌルハチは彼らが命令どおりに動いてくれることだけを求め、国政運営に主体的に参加してくれることまで期待した様子はない。彼らが真に満洲政権のために尽

附論3　清朝入関以前における漢人官僚の対政治的影響

くしてくれることを信じていなかったのであろう。

そのような状況で漢官らにできたのは、ひたすらヌルハチに従順であることだけである。彼らがヌルハチに働きかけ、その政策に影響を与えることは、まずなかったと考えられる。

2　ホンタイジの漢官に対する方針

　ヌルハチが死んでホンタイジが即位すると、ヌルハチ晩年の極端な政策を是正する動きが始まった。奴隷の身になった漢人農民の一部を解放して民としたり、試験をして秀才を選抜したりするなど[32]、漢人に対する抑圧は一部緩和された。漢官らの立場の悪さも幾分改善されたと思われるが、天聰初の時点では、まだ潜在的反満分子と疑われる危険は去っていなかった。天聰元年三月、秀才岳起鸞が明に俘虜を返還して講和せよと上書したのに対して、ホンタイジ自身はただ却下しただけであったのに、漢官らが怒って殺してしまったというのは[33]、彼らが満洲政権に対して忠誠心を誇示しようとした結果であろう。

　天聰三年から四年にかけての華北侵入と、五年の大凌河攻略は、マンジュ国にとって新たな政治的局面を開く契機となったが、漢官らの置かれた状況も、これによって大きく変わった。三年十月に始まる華北侵入は、天命末以降の対明戦の行き詰まりを打破し、関内への侵入と城郭都市の占領という画期的な成果を上げた。五年九月の大凌河の戦いは、明の前線基地を攻略し、「明を討ち始めて以来、いずれの時よりその時に多く殺した[34]」という大勝利を得た。対明戦の展望が開けるとともに、これらの戦いによって、マンジュ国は再び新附の漢人の数を増した。従来同様、明で官職をもっていた者や才能を認められた者は、官人として登用された[35]。漢官の数は増え、遼東・広寧以来の官はむしろ古参の者として相対的に安

2 ホンタイジの漢官に対する方針

定した立場を得た[36]。一方で、新附と旧附とを問わず、漢官は以前と比べて政権から重んじられるようになった。

まず、ホンタイジ政権は政治宣伝の手段として漢官優遇を図った。天聰六年正月、ヨトは新附の漢人について、「先の殺戮をいかに巧みに弁解しても人が信じないので、今天はこれを我らに与えて養わせて人に知らせようとするのであるぞ。愚かな我の考えでは、もしこれを大事にしたならば、敵の半数は戦っても半数は降るだろうと思う」と言い、遼東や永平・灤州での殺戮による悪評を挽回するため、漢人優遇策を取るよう上奏した。彼は漢官には諸王・大臣の女を財貨とともに与え、トクソも与えることを提案している[37]。当時のマンジュ国は貧しかったので、実際には漢官らは困窮することになったが[38]、少なくとも政権として漢官を優遇する姿勢は見せた。

次に、ホンタイジはヌルハチと違い、漢官をただ命令して動かすだけでなく、彼らの意見を積極的に聞いた。特に天聰三年の華北侵入以降、この点は顕著に見られる。華北侵入は、方法次第でマンジュ国が明朝を追い詰めることが可能だと明らかにした。そのため、それ以後はただやみくもに攻め込むのではなく、長期的な戦略を立てて攻めていくことが課題となった。対明戦略を立てるために、ホンタイジは明側の事情を知る漢官の意見に期待したようである。

ホンタイジは自分から質問して漢官に意見を求めることも珍しくなかったし、漢官の上書もしばしば受けつけている。何度か試験を行なって秀才を選抜したり薦挙を募ったりして[39]、漢人知識人を登用し書房などに用いたのも[40]、漢人の知識・見解を利用しようという方針の表われであろう。

満洲人にとって、明朝は少なからず不可解であり、疑問を解消するために漢官の説明が求められた。例えば、華北侵入後のホンタイジは、何度か明廷に講和を呼びかけたが、何の反応もないのに驚いている。天聰四年二月、彼は新たに降った麻登雲ら5人の漢官を自分の天幕に招き、「明の皇帝がこれほどの将兵が死ぬのを草木のように思って、ひたすら死にに行け

附論3　清朝入関以前における漢人官僚の対政治的影響

と送ること、また我が講和したいとひたすら遣わしても、一言も応答しないことはなぜか」と訊ねた。麻総兵官は、「明の皇帝は幼少であり、政権を握る大臣らは不正でみな各自の身の危険を憚り、講和しようという言を恐れて上達させない。上達させてその言を受け容れられればよいが、受け容れられなければ、子孫一族を誅滅されるとて建議しないのである」と答えたという[41]。講和自体がタブーであるなどということも、明の国内事情を知る者でなければわからないことである。

　また、ホンタイジは明に対する具体的な作戦についても、漢官らに意見を求めている。天聡六年に内モンゴル遠征から転じて明境に向かった際、甯完我・范文程・馬国柱の３人は、ホンタイジの下問に答えて明に侵入すべきかどうかを議している[42]。彼らが言うには、満洲人は上下ともに明の財貨を貪るために侵入したがる傾向があるが、侵入するならするで、明確な方針を立てるべきである。その上で、侵入した際に実利も得、名目も立てるための具体的方策をいくつか提案している。結局、この時は明の辺官と取り引きして、明がチャハルに与えるはずであった財貨を受け、交易を行なって引き返している。帰った後、ホンタイジは王文奎ら３人の相公を招いて、明との講和をどうするべきか訊ねている[43]。３人の回答を総合すると、明との講和は極度に難しいということであり、３人中２人まではむしろ軍事征服を目指すよう示唆している[44]。

　対明戦略に限らず、天聡中期以降は、漢官らからホンタイジに対して多くの意見具申がなされた。当時の史料には、漢官の奏疏もホンタイジが漢官の上書を見たという記録も多く残る[45]。羅振玉が漢文奏疏簿から編集した『天聡朝臣工奏議』は、天聡六年から九年までの奏疏97件を集めており、入関前の漢人知識人の活動を知るための史料として名高い。実際、まとまった分量をもつこの史料は、当時の漢官や漢人秀才がおよそどのような上書を行なっていたかを知るのに好適である。内容は、対明戦略を論じたものと内政に関する各種提案とに大別される。

　しかし、これらの奏疏の議論自体は、全体に単調で鋭さを欠く。対明戦

2 ホンタイジの漢官に対する方針

略については、山海関を水陸両面から攻めて関内に突入し北京を討てというのが大半で、どれも似たりよったりである[46]。内政については、書房や新設六部の事務手続き改善など、組織運営上の細ごまとした提案が多く[47]、政策立案と呼べる域に達しているものはほとんどない。

これらの奏疏の低調さについて、当時の漢官を責めるのは酷である。彼らの大部分は、元々好んで満洲王朝に仕え始めたわけではない。いきなり昨日までの敵のために謀れと言われても、難しかったのは当然である。しかも彼らはほとんど満洲語に通じていなかったため[48]、国政について詳しく知るのは困難であった。刑部承政に任じられた高鴻中は、天聰六年正月の奏疏で部務に関するいくつかの提案をしているが、最後に「臣は満洲語に通ぜず、別部にあればまだしも、刑部は時に諸王・大人と是非曲直を計議するのに、臣は一語もわからず、真に木偶と同じく、名ばかりの存在で、いてもいないようなものである」と述べて、自分の代わりに他官を立てるよう請うている[49]。このような漢官が核心を突いた建議をすることは難しく、ありきたりな議論を繰り返すか、たまたま目についた細かい問題を指摘するのが精一杯であったろう。

一方で、鑲紅旗下に配属された胡貢明のように、何度も繰り返し長文の奏疏を上し、挑発的な語句を並べながら、結局自分を養い方の悪い王から離して欲しいと要求しているだけという者もいる[50]。胡貢明は、奏疏が長過ぎることについて、ホンタイジからバクシを通じて個人的に叱責され、「王の養いがよくなければ、直接窮苦を訴えればよかろう」とはっきり指摘されている[51]。

ホンタイジは漢官の奏疏を逐一検討しており、いいと思ったものは認めているが、多くの奏疏は彼を失望させた。天聰七年十月、彼は次のように言った[52]。

> 漢人の啓心郎・秀才よ。汝らが我に書を奉っては「海を渡って山東を取れ、固守している山海関を攻めよ」と奏するのは、汝らみな他人の苦しみを

附論 3　清朝入関以前における漢人官僚の対政治的影響

考えないものであるぞ。海を渡って行って水に溺れるがよい、固守している城を攻めて兵を損なうがよい、ということではないのか。天の計らいで作り上げた兵を損なったならば、この先どうするのか。このようなことを議する者は、敵の側に立って我が兵を損なわせるものだ。いたずらに空虚な書をもって、他人の兵に肩入れするようなことを議するでは、汝の一書に何のなすところがあるか。

　ホンタイジが上書する者に期待するのは、ホンタイジ自身の政治の不適切な点や過誤・遺漏、六部の行政の不公平、大臣らの不正などを指摘すること、自分自身の暮しが立ち行かなくなった場合に正直に訴えることであり[53]、「無罪の者を不当に殺したり、政治に過失があったり、不義を行なったり、何でも間違った所に気がつけば、これのここが間違っている、こうするべきであるとはっきり指摘して直ちに諫め」ることであった[54]。不正を発見して直言することを求め、「いたずらにあれやこれやと加えて文を飾り、結局は汝自身のために言葉を大いに書くならば、我は見るのも煩わしい」と言っている[55]。

　また、彼が気にかけていたのは「国人を安堵して大兵が出動した時、明の皇帝が北京を棄てて逃げれば追った方がよいか、追わずに北京を攻めた方がよいか、包囲して見守る方がよいか、明の皇帝が講和したいと言えばただちに講和した方がよいか、講和しない方がよいか、北京を包囲されて困窮して講和したいと言えばまたどうするのか、天恩を受けて北京を得た時、民をどうして安堵させようか、我が国の諸王以下、諸姑・格格らは財に貪欲な者が多いが、どうして貪欲を止めるべきか」といったことであり、こうした問題について謀るよう命じている[56]。

　つまり、この時期の漢官の上奏は、概ねホンタイジが関心をもつ問題を扱っておらず、期待はずれだったのである。おざなりな上書、あるいは私利を図るだけの上書が失望を買ったのはしかたがないが、おそらく漢官が真に正論だと信じて上奏したことであっても、認められないことはいくら

2 ホンタイジの漢官に対する方針

でもあった。例えば、敵の妄殺を戒めるといった仁義に適っているはずの議論はかえって反発を招き、「我が兵が出た時に人を殺すのは、殺すのが面白くて好きこのんで殺すのであろうか」と切り返された[57]。政府の規模を整えるため、内閣・六科・通政司・中書などの制度を設けるようにといった多くの提案も[58]、ほとんどが受け容れられていない。

ホンタイジを始めとする満洲人支配層は、漢人知識人とは異なる価値観をもって生きており、必要とあらば漢人の知恵に学ぶ用意はあっても、漢人の価値観に従うつもりはなかった。天聰九年五月、ホンタイジは文官らを集めて、「我が漢文の書を見ると、空虚で虚偽の言が多い。尽く見たとて無用である」と言った。彼が見たいのは、遼・金・宋・元の政治の得失に関する正確な記録であり、それ以外は関心がなかった[59]。ホンタイジや彼の世代の諸王・大臣は、概ね漢人の学問・文化に対して理解がなく[60]、理解しようともしていなかった。ホンタイジが漢人に対して積極的に意見を求めたとしても、それは実利的な提案に期待したからであり、漢人の文化的背景に敬意を抱いたからではない。伝統的な学問を多少なりとも身につけた漢官にとって、「大体を識らず、書史を知らず」、大功を立てたとさえ思えない孔有徳のような武官が優遇され、自分たちが軽く扱われるのは間違ったことであったろうが、ホンタイジにとっては全く正当なことであり、堂々とその旨を主張している[61]。

天聰七年八月初九日の漢官甯完我の奏疏に「参漢酌金」を方針とし、「徐々に中国の制に就く（漸就中国之制）」ことを目標とするよう記されているのは有名であり、これをもって当時の満洲政権の政策方針とみなす説もある[62]。しかし実際、この奏疏に対してはいかなる反応も記録されておらず、採用どころか注目された形跡さえない。当時もその後も、ホンタイジや満洲諸王・大臣が「中国の制」に就くべきことに言及した史料は皆無である。これらの語は満洲政権の方針を代弁したものではなく、単に甯完我ら漢官がホンタイジに取らせたがっていた方針と見るべきである[63]。

漢官の様々な提言に対して、ホンタイジはあくまでも彼なりの基準に基

づいて判断し、意に適った提言だけを採用した。天聰期の漢官の奏疏は比較的多く残っているが、採用されたものはおそらく多くない。残された奏疏に基づいて、漢官がマンジュ国―清朝の政治に与えた影響を評価することはできないのである。

　それでは正確に見積って、当時の漢官はどれだけの政治的影響を与えたと言えるのか。この点を次に検討したい。

3　入関以前の政治に対する漢官の影響

　入関前の満洲政権に身を投じて登用された漢官のうち、軍事的方面に用いられた者は、転身後の葛藤が比較的少なかったのではないかと思われる。戦うという一点に関しては、明・清どちらの陣営にあっても大差なく、騎射が不得手などという欠点は、銃砲の充実に尽力するなど漢人の特技を活かすことで埋め合わせができた[64]。

　一方、秀才・相公などの名称で書房の文書管理などに用いられた漢人知識人は、自らの立場や役割をどのように捉えるべきかという点からして不安定な状態にあった。明の制度に擬えれば、皇帝のために文書を作成し、奏疏を取り次ぐという点で、書房は内閣であり通政司であった[65]。しかし、実際に書房で行なわれていたのは、単なる胥吏の仕事に近い。明とマンジュ国―清朝とでは、政府の組織と機能に甚だしい懸隔があった。明の体制下に生きて、一定の伝統的教育を受けていた彼らにとって、あるべき政府の姿は明のそれ以外になく、満洲政権の下にあっても、政府の組織・機能は明のようなものでなければならないというのは、ごく自然な発想であったに違いない。彼らは明に近い政府機構を作るべく、熱心に上書を繰り返した。

　もとより、満洲人支配層にとってそのような発想は自然でも何でもなく、

3　入関以前の政治に対する漢官の影響

入関以前の時期を通じて、積極的に明朝に倣った政府を作ろうとはしていない。それにもかかわらず、結果的に多分に明朝に近い組織や制度が作られたこともまた事実である。

最も顕著な例として、天聰五年七月に設置された六部 ninggun jurgan を取り上げることができる。一般に、六部は明制に倣って設立されたと言われており[66]、六部の構成と分業から見れば、この点は明らかである。しかし一方で、六部の設置は満洲人が創出した制度の延長線上にもある。

成立直後のマンジュ国では、各種の行政業務はそれぞれ適当な官にその都度割り当てられていた[67]。およそどのような行政業務が必要かわかってくると、主な行政業務全体がいくつかの「類 jurgan」に分けられて、特定の大臣たちに委ねられるようになった。だが、行政業務をどのように分類するかは、大規模な行政を始めたばかりの満洲人にとって難問であった。天命七年六月初七日、ヌルハチは総兵官ダルハン゠ヒヤ Darhan Hiya 以下16名に「国人の種々の罪を断じること」を委ね、副将ムンガトゥ Munggatu 以下 8 名に「倉の穀物を記録する、分給する、新来の人口を数える、家や田を与える、所を移す、この一類の仕事」等各「類 jurgan」の仕事を委ねた[68]。その他の「類」の仕事は、また別の官人に委ねている[69]。原档に残欠があるが、残っている部分だけを見れば、すべての仕事が「類」に含まれているわけでもない[70]。従って、当時の政府の仕事全体が「類」に分けられていたのか、そうだとすればいくつの類に分けられていたのかはわからない。だが、まだ専門の行政官庁がなかった時代に、すでに行政上必要な仕事がいくつかの範疇に分けられ、責任者を定めて処理されていたことがわかる。

八年三月十三日には、「七類の仕事をやめさせ、改めて五類とした」といい、仕事の分類が列記されている[71]。しかし十年七月十日には、「七類をやめさせて、三類とした」とあり[72]、この頃の仕事の分類の沿革については不明確なところがある。なお、三類が各々どのような仕事かは記されていないが、天聰四年五月十一日のホンタイジの言に「田土・甲冑・断罪、

493

附論 3　清朝入関以前における漢人官僚の対政治的影響

この三類の者」とあるので[73]、あるいはこの 3 種の仕事に代表される 3 分類であったのかもしれない。つまり、六部が設置されるまで、政府が行なうべき行政業務はどのような分類に従うべきか、ヌルハチやホンタイジにも定見がなく、試行錯誤を繰り返していたのである。

　天聡五年七月初八日、六部が設立されると[74]、それ以後はこの 6 分類が動くことはない。六部の「部」は「類」と同じ「jurgan」であり、要するに天命期以来様々に分けられてきた行政業務の「jurgan」が、最終的に中国の伝統的な六部に合わせて確定されたのである。六部制を採用することになった経緯は、史料に記されていないのでわからない。だが、中国で約千年を生き延びてきた六部の分業には相応の合理性があり、ホンタイジや満洲諸王・大臣も納得することができたのであろう。その後改編されることがなかったのも、六部の分業の妥当性を示している。

　六部設立と同時に官制も定められ、各部に担当の王 beile 1 人、満・蒙・漢の承政 aliha amban 各 1〜2 人、参政 ashan i amban 8 人（工部のみ12人）、啓心郎 mujilen bahabukū 1 人（工部のみ 3 人）、および事務量に応じた数の筆帖式 bithesi が任じられた[75]。次いで六部の衙門も建てられる[76]。六部は単なる分業ではなく、6 つの独立官庁になるのである。王が長官格に任じられるのを始め、六部の官制は明と全く異なるが、官制を定めること自体は明に倣ったのであろうし、各「jurgan」を官庁にするという点もそうであろう。これによって、各類の仕事はそれを担当する常設の組織をもち、より効率的に、連続性をもって運営されるようになったはずである。

　統一国家を運営する伝統のなかった満洲人には、積極的に模範とするべき制度がなかった。エルデニ゠バクシ Erdeni Baksi がヌルハチについて「例のない例を彼の心で作った」と評したのは[77]、一から制度を創出したことを賞賛したものである。しかし、必要に応じて新しい制度を創り出すのは、実際には効率が悪い。上述の「jurgan」の変遷のように、試行錯誤の段階が長くなりやすいからである。どの国の制度であれ、模範とできるものがあれば、それを採用する方が効率がよい。明の体制下にいた漢官は、

3 入関以前の政治に対する漢官の影響

模範として提供できる制度を多く知っており、いくらでも提示することができた。そのような提案の中で、満洲のハンを納得させられたものだけが選ばれ採用されたのである。

ヌルハチはともかく、ホンタイジは明の制度に倣うことを憚ってはいなかった。しかし、積極的に倣おうともしていなかったので、漢官が明に倣った制度を提言する場合、かなり周到な説明・説得が必要であったと思われる。天聰期の漢官は、言官の設置を口々に訴えているが[78]、すぐには実現していない。七年正月十九日の書房秀才馬国柱の奏疏は、次のように訴えている[79]。

> 臣は先ごろ高〔鴻中〕・鮑〔承先〕・甯〔完我〕・范〔文程〕ら諸臣とともに上疏して、言官を立てるべきことを申し上げました。ハンはこれに応じて「なぜ言官を立てる必要があるのか。我が国では誰でも進言することができるのに、もし言官を立てれば、言路を狭めてしまうことになる」と仰いました。ハンのご見解はもっともではありますが、言官を立てない弊害というものをご覧になっていないようですので、詳しく申し上げたいと思います。……

すでに述べたように、元々ホンタイジは、彼自身の誤りを含む政治上の問題点や大臣らの不正などを直言することを求めていたが、それは広く一般の官民に向けた要求であった。専門の官が必要であるという考えには、当初なじみにくいものがあったに違いない。都察院が設置されたのは、崇徳元年二月から五月までの間と推測されているが[80]、おそらくそれまでの間、漢官らの粘り強い説得工作があってようやく実現したものと思われる。

漢官が特に言官設置を強く訴えていたのは、おそらく彼ら自身の立場の強化と無関係ではあるまい。崇徳五年正月の都察院承政祖可法・張存仁らの奏疏は、次のように言う[81]。

> 窃かに思いますに、国家を有する者は必ず大計を有し、大計が定まって

附論3　清朝入関以前における漢人官僚の対政治的影響

　　　然る後に措置が神明となり、措置が神明となって然る後に成果を収める
　　　ことができます。いわゆる大計とは、百官が与聞することはできず、た
　　　だ帷幄諫議の臣だけが謀議に与るものです。臣等はすでにこの職にあり
　　　ますので、その心を尽くさねばなりません。

　この当時、ハンと「大計」を謀る立場にあったのは、言うまでもなく議
政王・大臣らであり、彼らを差し措いて都察院官が謀議に与るというのは、
清初の国制において根拠がなかったはずである。おそらく、彼らは自らを
「帷幄諫議の臣」であると位置づけることによって、国政について謀る立
場を主張しようとしていたのである。
　そうした立場が公式に認められたかどうかはともかく、崇徳年間におい
て、彼らは積極的に国政に関わる上奏を行なっている。常に認められると
は限らず、漢人同士で庇護し合っていると疑われた時などは、叱責を受け
ることもあった[82]。しかし、全体として彼らの上奏はしばしば嘉納され、
崇徳六年には錦州包囲戦において罪を獲た諸王・貝勒・大臣の宥恕を請う
て認められるなど[83]、満洲有力者の処遇に関する問題にまで発言を許され
ている。結果的に、都察院は漢官が国政に影響を与え得る１つの経路を形
成することができたと認められよう。
　都察院の漢官の提言も、自ずから明の制度を参考にする場合が多かった。
例えば、崇徳六年の凶作に際して祖可法・張存仁らが上奏した対策は、沽
酒の禁・囲積の禁と並んで、洪水を起こしやすい水路の浚渫・贖罪の納粟・
一般人の輸粟に褒賞を与えることなどを挙げ、いずれも認可されている[84]。
災害予防の観点からの河渠浚渫・倉穀備蓄を確保するための贖罪や捐納と
いった施策は、いずれも高度に発達した行政制度の長い歴史の中で生まれ
てきたものである。知っている者にとってはどうということのない知識で
も、知らない者が思いつくことは難しい。こうした知識が必要に応じて提
示されることは、試行錯誤の段階を省くことができて、非常に好都合であ
る。

清の行政規模が拡大し、必要な業務が増加していくと、様々な新しい問題に直面することになり、その都度対応を考えなければならなくなる。そうした場合に参考にできる明の例をいくらでも知っている漢官の意見は、時間がたつにつれ政権にとって有用性を増していったことであろう。

　このようにして、様々な面で明に近い制度が取り入れられることになるのであるが、満洲政権が必要とみなした場合に必要と認めたものだけを取り入れる形を取ったため、入関前における明制の導入は、ごく部分的かつ非体系的に行なわれた。従って、それらを提言した漢官の役割も、国家の行政制度全体の企画・構成に与るといった性格のものではなく、個別の政策立案の次元に止まる。対明戦略に関しても、彼らの役割は同様のものであったと見られる。

　しかし、入関前の漢官の果たした役割がそのように限定的なものであったということは、彼らが与えた政治的影響を低めるものではない。部分的にせよ取りいれられた漢官の意見は、マンジュ国—清朝の急速な対外発展や、特に行政制度の急速な発達に寄与したと考えられるからである。漢官の意見を取り入れることがなくても、清はいずれ大規模な行政にふさわしい独自の組織と制度を創り出すことができたかもしれない。だが、それにはおそらく長い時間と労力を要したはずである。入関前の満洲政権には、それだけの時間と労力を新制度の創出にかけている余裕はなかった。

　ヌルハチ・ホンタイジが支配した領域は、領内の人口を辛うじて支える程度の生産力しかない貧しい土地であり、順次従えていった朝鮮や内モンゴルも、十分な収奪対象となり得るほどには豊かでなかった。崇徳末年に至るまで、国内は慢性的な食糧不足に悩まされ、常に飢餓と隣り合わせの状態にあった。何としても明を打ち負かして富を得る必要があったのは、そのためである。明に対抗できるだけのしっかりとした国家体制を作り、明に決定的な打撃を与えることは、できる限り急ぐ必要があった。さもなければ、国内の経済状況によって、国家そのものの存立が危うくなりかねなかったからである。だからこそ、ホンタイジは漢官を含むあらゆる人々

の意見を聞きたがり、有効と思われた施策は何でも試してみたのである。このような状況にあって、満洲政権が要した時間と労力の短縮に寄与した漢官の役割は、正当に評価する必要があろう。

結　語

　清朝勃興期における漢人の役割は、漢人自身の偏見を反映した記録や近代以降のナショナリズムの影響によって、過大評価されがちである。しかし一方で、当初から政府内で一定の位置を占めていた漢人の役割を、全く無視するということはできない。本章は、入関前のマンジュ国―清朝において漢人官僚が果たし得た役割を、具体的活動に即して評価しようとしたものである。
　ヌルハチ挙兵以前の満漢関係からすれば当然と言ってよかろうが、満洲人為政者にとって、漢人は警戒心を解けない存在であった。投降の見返りや一部特殊な任務に当てるため官職を与えたとしても、その利用価値はあまり高くなかった。天聰期後半から六部や都察院に漢官が常設され、内院にも漢官が欠かせなかったとはいえ、それらは漢人住民の統治や明・朝鮮との外交の必要に応じることが第一の目的であったはずである。ホンタイジの顧問集団と呼べるほどの重要性は認められず、まして意思決定に関わる議政への参加は一切許されていない。
　一方の漢人たちは、大多数が不本意ながら服属したとはいえ、一旦服属した以上は簡単に明に復帰することもできず、マンジュ国―清朝の国家と命運を共にせざるを得なかった。彼らは実際に国家にとって有用であろう提言を行ない、同時に自分たちの地位を築いていくために努力した。入関前の時点では、なお重みを欠く存在ではあったが、着実に地歩を固め、漢人が得意とする分野で役立つ働きをしつつあったと言えよう。

漢官が本格的に国政に関与するのは、中国を主領土として支配するようになってからのことである。入関以前とは比べものにならないほど多数の漢人を統治するため、行政官の数を必要としただけでなく、政策決定の過程にも漢官が参与させられるようになった。順治朝には、九卿・科道官が議政王・大臣とともに政策決定に関わる会議を命じられた例が多く見られる。順治帝は臨終の際に、満洲諸臣を信任せず漢官を重用し過ぎたことを自らの罪としたというが[85]、漢官を政府の重要な構成員とする体制は、もはや動かし難いものになっていた。

注——————————————

1) 例えば張晋藩・郭成康［1988］99〜119頁など。宮崎市定［1947］は入関前の漢官の役割をより限定的なものと評価する。

2) 最も早い例として、万暦二十三年から二十四年にかけてヌルハチのもとへ使者に立った申忠一は、「歪乃」なる人物がヌルハチに仕えていたことを記し、「歪乃本　上国人、来于奴酋処、掌文書云、而文理不通。此人之外、更無解文者、且無学習者」と言う（『建州紀程図録』15頁）。実際、この時にヌルハチが出したという「回帖」も、口語の混じった拙い漢文で書かれている（同20〜21頁）。

3) 『老档』太祖471頁〔『原档』2冊348頁〕。

4) 『老档』太祖432、469頁〔『原档』2冊279〜280、345頁〕。ヌルハチは、明の百長は必ずしも100人に1人置かれていないが、「我は過不足なく百人に百長を任じる」としている（『老档』太祖440頁〔『原档』2冊293頁〕）。

5) 前者は『満文老档』太祖407、470頁〔『原档』2冊233、347頁〕、後者は『老档』太祖325、354、420頁〔『原档』2冊95、148、254頁〕など。いずれも定型的に用いられている。

6) 『老档』太祖325、497、354、407頁〔『原档』2冊95、388〜389、148、233頁〕。

7) 天命七年二月、牛を徴発するのに、遼東城と牛荘に各々「満洲の一都司、漢人の一都司」が止まって処理するよう命じられている（『老档』太祖544〜545頁〔『原档』2冊462〜463頁〕）。都司の名で史料に見える人物は、「Lii」（『老档』太祖381頁〔『原档』2冊196頁〕など）、「Lio」（『老档』太祖461頁〔『原档』2冊331頁〕など）、「Tung」（『老档』太祖788頁〔『原档』5冊13頁〕など）、「T'soo」（『老档』太祖363頁〔『原档』2冊166頁では「Soo」〕）など、いずれも漢人名であ

附論3　清朝入関以前における漢人官僚の対政治的影響

る。
8）『老档』太祖818〜819頁〔『原档』4冊51頁〕。
9）『老档』太祖586頁（1224頁を挿入）〔『原档』2冊526〜528頁〕。
10）たとえば、徴発した牛を処理するのに、満・漢の各1都司が、遼東城では遼東・瀋陽・清河堡の牛を、牛荘では海州・蓋州・金州・復州の牛を担当している（『老档』太祖544〜545頁〔『原档』2冊462〜463頁〕）。
11）『老档』太祖305頁〔『原档』2冊71頁〕。
12）『老档』太祖386、389頁〔『原档』2冊202、203頁〕。
13）『老档』太祖349、437、360頁〔『原档』2冊138、288、160頁〕。
14）『老档』太祖422、437、598、339、755頁〔『原档』2冊257〜258、288〜289、549、119、3冊355頁〕。
15）天命六年十一月に漢人に対して下された布告では、「汝ら新しい民が言語を悟らず苦労するといけないとて、漢官らに管理させていた」と言っている。その後、漢官が民を搾取するので、満・漢の官人に分けて管理させると言い、「何者であれ漢官の下におらず満洲人に頼って暮らしたいという者がいれば、早く頼りに来い」と言っているが（『老档』太祖429〜431頁〔『原档』2冊273〜277頁〕）、その結果は不明である。
16）『老档』太祖334頁〔『原档』2冊110頁〕。
17）『老档』太祖92頁〔『原档』1冊171〜172頁〕。
18）『老档』太祖100〜101頁〔『原档』1冊186頁〕。
19）『老档』太祖465、881頁〔『原档』2冊336、4冊178頁〕。
20）『老档』太宗195頁〔『原档』5冊246頁〕。族人佟国綱によれば、佟氏一族は元々満洲の血統であり、明の領内に遷居していたのだという（『八旗通志初集』巻一百四十三・名臣列伝三・佟養正）。
21）『老档』太祖344頁〔『原档』2冊129〜134頁〕および『老档』太宗195頁〔『原档』5冊248頁〕。
22）広寧とその周辺の城堡が降った後、賞賜を受けた人数に入っている。この遠征に従ったこと自体は、その後の行動からも明らかである。
23）『老档』太祖441頁〔『原档』2冊295〜296頁〕。
24）『老档』太祖759頁〔『原档』5冊4〜6頁〕。
25）『老档』太祖466頁〔『原档』2冊338〜339頁〕。
26）『老档』太祖609〜610頁〔『原档』3冊109〜111頁〕。
27）本書363頁参照。
28）本書66頁参照。
29）李永芳の子らや劉興祚の族人が捕縛されていた形跡が見える（『老档』太祖770

頁〔『原档』5冊7頁〕)。
30) 『老档』太祖993頁〔『原档』4冊333頁〕。
31) 『老档』太祖516頁〔『原档』2冊419頁〕。
32) トクソの漢人を一部解放したことについては、『太宗実録』天命十一年九月丁丑条(順治本は日付なし。日付は乾隆本による)、秀才を選抜したことについては、『太宗実録』天聰三年九月朔条など。後者によれば、天命十年の虐殺を逃れた秀才は300人ばかりおり、初回の試験で約200人を選び出したという。後にホンタイジは、遼東の民を殺したり奴隷にしたりした後、一部を「出して民とした」こと、「また二、三度秀才を試験して、やや文を解していることに事寄りて、ただちに出して秀才とした」ことを恩恵として述べている(『内国史院档』崇徳三年正月十五日条 (192頁))。
33) 『老档』太宗15頁〔『原档』6冊21〜22頁〕。
34) 『老档』太宗568頁〔『原档』7冊481頁〕。
35) 天聰三〜四年の華北侵入の際には、投降した明の武官を登用したほか、現地の文官を半ば強制的に地方官として用いた(灤州の知州が辞めたいと言っているのを「辞めさせるな」と命じている(『老档』太宗301頁〔『原档』7冊42頁〕)ことなど)。これら投降した漢官の多くは、満洲軍が去ると再び反したが、馬光遠・孟喬芳ら、その後も満洲王朝に仕えて重用された者もいる。大凌河で投降した漢官は、『老档』太宗670〜672頁〔『原档』8冊86〜87頁〕に計35人の名が見える。この中には、祖可法・張存仁ら、後に高位に昇った者もいる。
36) 佟養性は、大凌河戦の際には漢兵を統べており、その軍団は「シ＝ウリ＝エフ旗」の名で呼ばれている(『老档』太宗552頁〔『原档』7冊455頁〕など)。天聰六年正月には、彼を含む大凌河で戦った漢官らが賞を受けている(『老档』太宗679〜682頁〔『原档』8冊93〜95頁〕)。佟養性・石廷柱らは「旧漢官ら」として新附の漢官と区別されている(『内国史院档』天聰七年正月朔条 (2頁))。
37) 『老档』太宗630〜632頁〔『原档』8冊58〜59頁〕。
38) 大凌河の漢官の苦労については、『旧満洲档 天聰九年』51〜52頁〔『原档』9冊65頁〕。
39) 秀才の選抜については、注32)を参照。『内国史院档』天聰八年三月二十九日条 (109頁)にも見える。天聰八年四月二十六日には、満・漢・蒙文の各試験をして挙人を選出している(『内国史院档』同日条 (128頁))。また九年二月には、満・漢・蒙の大臣らに新附・旧附を問わず人材を推挙するよう命じている(『旧満洲档 天聰九年』(50〜51頁)〔『原档』9冊64頁〕)。
40) 李棲鳳は天聰六年九月の時点で「臣得侍書房、已幾七年」と述べていることから(『天聰朝臣工奏議』李棲鳳尽進忠言奏)、ホンタイジ即位の直後に登用された

附論 3　清朝入関以前における漢人官僚の対政治的影響

ものと見られる。
41)『老档』太宗309頁〔『原档』6冊405～406頁〕。
42)『老档』太宗776～779頁〔『原档』8冊175～178頁〕。
43)『老档』太宗833～838頁〔『原档』8冊230～234頁〕。
44) 王文奎の回答は、講和もやり方次第では不可能でなく、満洲側にとって好都合に展開することもあり得るが、戦っても黄河以北を攻め取ることは可能というもの。孫応時の回答は、講和を達成するのは実に容易でないが、講和は両国に利益があるので考慮されたいというもの。江雲の回答は、講和は七分どおり見込みがないが、こちらから働きかけて明側が応じなければ、攻め込む時に名が立つし、攻め込んで天下を取ることもできるというものである（『老档』太宗833～838頁〔『原档』8冊230～234頁〕）。
45)『天聰朝臣工奏議』に載録されたもの以外に、『老档』太宗383～385、687～688、776～779頁〔『原档』7冊205～211、8冊100～101、175～178頁〕など。
46) たとえば、六年正月の張弘謨等請乗時進取奏、三月二十日の甯完我請急図山海奏、八月の江雲深議決和成否奏、九月の李棲鳳尽進忠言奏、七年四月の佟整請亟奪水路奏など。
47) たとえば、六年九月の王文奎条陳時宜奏、十一月の李棲鳳請示書房時宜奏、馬光遠敬献愚忠奏など。
48) 次に示す高鴻中の他にも、「金語」に通じていないことに言及した例はある（『天聰朝臣工奏議』張文衡請勿失時機奏など）。甯完我は六部に通事を置き、ハンの左右にも通事を常設することを建議している（同・甯完我請変通大明会典設六部通事奏）。
49)『天聰朝臣工奏議』高鴻中陳刑部時宜奏。
50)『天聰朝臣工奏議』胡貢明陳言図報奏、胡貢明謹陳時宜奏、胡貢明五進狂瞽奏、胡貢明請用才納諫奏。従来、胡貢明五進狂瞽奏の「雖有一汗之虚名、実無異整黄旗一貝勒也」の一文のみ、上奏文全体の趣旨から切り離してむやみに強調されてきたことについては、本書29～30頁を参照。なお、馬国柱が胡貢明の上奏文を引いて「養人旧例宜更」と請うているように、胡貢明の意図が漢人の待遇改善にあることは、当時の人の目に明らかであった（『天聰朝臣工奏議』馬国柱請更養人旧例及設言官奏）。
51)『天聰朝臣工奏議』胡貢明請用才納諫奏。
52)『内国史院档』天聰七年十月十日条（167頁）。
53)『内国史院档』天聰七年六月二十七日条（91～92頁）。
54)『旧満洲档　天聰九年』63頁〔『原档』9冊76頁〕。
55)『内国史院档』天聰七年六月二十七日条（91～92頁）。

56) 『旧満洲档　天聰九年』63～64頁〔『原档』9冊76～77頁〕。
57) 『旧満洲档　天聰九年』61頁〔『原档』9冊74頁〕。
58) 『天聰朝臣工奏議』馬光遠献愚忠奏、馬光遠請設六科奏、劉学成請立壇郊社及設通政司奏、許世昌敬陳四事奏など。
59) 『旧満洲档　天聰九年』144～145頁〔『原档』9冊190～191頁〕。
60) 八旗の子弟に漢文を教えることは、ヌルハチの時代から行なわれているが（天聰六年十月二十一日、Llo秀才らの言に、4人の秀才が2旗の子らを教えて12年になったこと、天命十年に秀才らが虐殺された時、彼らが漢文を教えるようにと選ばれて助命されたことが記される（『老档』太宗860頁〔『原档』8冊264頁〕）、当時の現役世代の満洲人は、ほとんど漢文の素養がなかったと思われる。天聰六年の時点で、書房には漢字に通じるバクシが皆無で、翻訳担当の筆帖式でも文理に通じる者は1人しかいなかったという（『天聰朝臣工奏議』王文奎条陳時宜奏）。まして、それ以外の満洲人は推して知るべしであろう。
61) 『天聰朝臣工奏議』鮑承先請重名器奏に奏疏の原文、『旧満洲档　天聰九年』45～47頁〔『原档』9冊56～59頁〕にその満文訳とホンタイジの回答を載せる。
62) 『天聰朝臣工奏議』甯完我請変通大明会典設六部通事奏。たとえば、張晋藩・郭成康［1988］は、甯完我の上奏に現われるこの2句を「清初政治改革」の「根本方針」と位置づけている（108～109頁）。
63) ただし、甯完我がさりげなく附け加えている「必如此、庶日後得了蛮子地方、不至手忙脚乱」の1文は注意を要する。もし将来、中国を統治することがあるとすれば、特に不都合がない限り中国の制度に合わせておいた方が便利である。六部制が採用された背景には、いずれ中国を支配・統治するという目標があったのかもしれない。
64) 漢人の兵が銃砲を扱う「重兵 ujen cooha」として組織される過程については、張晋藩・郭成康［1988］302～311頁に詳しい。佟養性や馬光遠が火器の増強や保全管理について上奏しているように（『天聰朝臣工奏議』佟養性謹陳末議奏・（馬光遠）又請整飭総要奏）、漢官自身も銃砲を重視するよう政権に働きかけている。
65) 漢官らは「書房実六部之咽喉也」「夫今日之書房、雖無名色、而其実出納章奏、即南朝之通政司也」（『天聰朝臣工奏議』楊方興条陳時政奏、王文奎条陳時宜奏）などと称している。
66) たとえば、張晋藩・郭成康［1988］は注62）所引の甯完我の上奏を引いて、「明王朝の政治体制が満洲の六部を創建する青写真となり、降附した漢官が重要な媒介の役割を果したことがわかる」とする（52頁）。
67) たとえば、狩猟の際に4人の大臣 amban に10ニルの者を監視させた、穀物の倉を作った時に穀物の出納を担当する16人の大臣と8人のバクシを任命したなど

(『老档』太祖51〜52、55〜56頁〔『原档』1冊55、61頁〕)。
68) 趙志強［2007］は、天聰五年の六部設立以前の史料に見える「jurgan」も、「類」「条」ではなく、すべて「部・院」の「部」と訳すべきだと主張している（174〜175頁）。「太祖朝無年月档」に「doroi jurgan」「usin i jurgan」の「専有名詞」があって後の礼部・戸部と同類であり、また「beidere jurgan」の名もあって「後の刑部の呼称と全く同じである」ということ、また順治六年所撰の「皇父摂政王敕立英俄爾岱公石碑」にイングルダイが太祖朝に「辦理戸部事務」とされていることが、その根拠とされている。だが、「太祖朝無年月档」には他にも「jurgan」の用例が多く、それも衆臣がヌルハチに誓約した書を集めた部分に集中して見え、おおむね「ハンの委ねた jurgan（han i afabuha jurgan）」に対して正しく勤めることを誓約したものである。これらはいずれも「職務」ないし「職務の部類」と解せない例はなく、逆に「部・院」とは解し難い例がある。例えば、「tucifi yabure de, dain i jurgan be sambi（出て行く時、戦の jurgan を熟知する）」、「ai ai afabuha jurgan be ……gingguleme gūnimbi（各種の委ねた jurgan を……謹しんで思う）」など。「doroi jurgan」「beidere jurgan」などの用例も、これらと同様の文脈で用いられていることから、同じように「礼儀の職務」「裁判の職務」などと訳すのが適当と思われる。順治年間の碑文の用例は、六部の制が確立して久しい時期に書かれたものであり、これをもって太祖朝に「戸部」があったという証拠とすることはできないと考える。ヌルハチによる建国以前、満洲人は部・院に相当する機関をもたなかったので、本来「jurgan」に「部・院」の意味はなかったはずである。天聰五年の六部設立の際、各部の官制を定め、次いで各部の衙門を建設し、明確に政府機関としての体裁を整えることになるので、この時期以降、「jurgan」が「部」を指して用いられることも間違いない。だが、それ以前の時期については、特定の「職務」を指す用法は確立していたとしても、「機関」を指す用法が成立していた証拠はない。職務の分類はあり、同じ職務を担当する官人による連携はあったかもしれないが、政府内の機関としての「jurgan」があったとは断定できないと考える。以上の理由から、筆者は六部設立以前の政府の「jurgan」については、従来の説に従い、「類」の語を使用する。
69) 『老档』太祖607〜608頁〔『原档』3冊114〜118頁〕。
70) たとえば、官人の功の記録などはこれらに含まれていない。
71) 『老档』太祖689頁〔『原档』3冊270頁〕。
72) 『老档』太祖979頁〔『原档』4冊300頁〕。
73) 『老档』太宗381頁〔『原档』7冊200頁〕。
74) 『太宗実録』天聰五年七月初八日条。
75) 前注に同じ。

76) 六部衙門の竣工が報告されたのは、天聰六年八月初八日のことである（『老档』太宗838頁〔『原档』8冊234頁〕）。
77) 『老档』太祖56頁〔『原档』1冊61〜62頁〕。
78) 『天聰朝臣工奏議』馬光遠敬献愚忠奏、扈応元条陳七事奏、徐明遠条陳時事奏、許世昌敬陳四事奏、仇震条陳五事奏など。
79) 『天聰朝臣工奏議』馬国柱請更養人旧例及設言官奏。
80) 張晋藩・郭成康［1988］55頁。
81) 『太宗実録』崇徳五年正月二十日条。
82) たとえば、祖可法・張存仁が奴隷となっている漢人を再度考試して登用するよう建議した上奏は、漢人秀才の立場のみ考えるものとして退けられている（『内国史院档』崇徳三年正月十五日条（189〜193頁））。
83) 『太宗実録』崇徳五年四月十五日条。
84) 『太宗実録』崇徳六年十一月初六日条。
85) 『世祖実録』順治十八年正月丁巳条。

参考文献

史　料

【満文】

『内閣蔵本満文老档』（遼寧民族出版社、2009年）

『満文原档』（国立故宮博物院影印、2006年）

『満文国史院档』（中国第一歴史档案館蔵）＊諸訳注においては一般に『内国史院档』の名称で呼ばれる。

『満洲実録』（中華書局影印『清実録』所収、1986年）

順治版満文『太宗実録』（中国第一歴史档案館蔵）

『盛京原档』（中国第一歴史档案館蔵）

『盛京内務府順治年間档冊』（満洲帝国国立中央図書館籌備処、1943年）

『鑲紅旗档案』（東洋文庫蔵）

『正紅旗満洲佐領档案』（東洋文庫蔵）

満文『八旗満洲氏族通譜』（雍正13年序刊本）

満文『上諭八旗』（刊本）

満文『上諭旗務議覆』（刊本）

満文『諭行旗務奏議』（刊本）

満文『八旗通志』（乾隆4年序刊本）＊嘉慶朝の『欽定八旗通志』と区別するため一般に『八旗通志初集』と呼ばれる。

【漢文】 朝鮮史料を含む

申忠一『建州紀程図録』（台聯国風出版社影印）

瞿九思『万暦武功録』（藝文印書館影印、1980年）

李民寏『建州聞見録』（『朝鮮学報』第64輯影印、1972年）

参考文献

『朝鮮王朝実録』(国史編纂委員会影印、1969年)
『備辺司謄録』(国史編纂委員会影印、1959年)
順治版漢文『太宗実録』(故宮博物院蔵)
藤田亮策・田川孝三校訂『瀋陽状啓』(京城帝国大学法文学部、1935年。後に台聯国風出版社より影印出版)
羅振玉編『天聰朝臣工奏議』(旅順庫籍整理処刊行『史料叢編』所収、1935年)
談遷『国榷』(中華書局、1958年)
『崇禎長編』(中央研究院歴史語言研究所校印『明実録』附録、1967年)
彭孫貽『流寇志』(浙江人民出版社、1983年)
『世祖実録』(中華書局影印『清実録』所収、1986年)
『聖祖実録』(中華書局影印『清実録』所収、1986年)
康熙『大清会典』(康熙29年勅撰、内府刊本)
『上諭八旗』(中国第一歴史档案館編『雍正朝漢文諭旨滙編』所収、1999年)
『上諭旗務議覆』(台湾学生書局影印、1976年)
『諭行旗務奏議』(台湾学生書局影印、1976年)
中国第一歴史档案館編『雍正朝漢文諭旨滙編』(広西師範大学出版社影印、1999年)
『世宗実録』(中華書局影印『清実録』所収、1986年)
鄂爾泰等編『八旗通志』(東北師範大学出版社、1985年) ＊嘉慶朝の『欽定八旗通志』と区別するため一般に『八旗通志初集』と呼ばれる。
乾隆『大清会典則例』(乾隆29年勅撰、内府刊本)
李堂纂修『湖州府誌』(乾隆23年刊本)
昭槤『嘯亭雑録』(中華書局、1980年)
呉振棫『養吉斎叢録』(浙江古籍出版社、1985年)
弘昼等編『八旗満洲氏族通譜』(遼海出版社影印、2002年)
『碑伝集』(江蘇書局刊本、光緒19年)

光緒『大清会典事例』（新文豊出版公司影印）

【和文】
園田一亀『韃靼漂流記』（平凡社、1991年）

【欧文】
Lettres édifiantes et curieuses, écrites des Missions Étrangères. Nouvelle édition. Paris.
P. Adrien Greslon; Histoire de la Chine sous la domination des Tartares. Ou l'on verra les choses les plus remarquables qui sont arrivées dans ce grant Empire, depuis l'année 1651, qu'ils ont achevé de le conquerir, jusqu'en 1669. Paris, 1671.

辞書
『大清全書』（遼寧民族出版社、2008年）
『御製清文鑑』（暁星女子大学出版部影印、1978年）

史料訳注
小澤重男訳『元朝秘史』（岩波書店、1997年）
満文老档研究会訳注『満文老档』（東洋文庫、1955～1963年）
神田信夫・松村潤・岡田英弘訳注『旧満洲档　天聰九年』（東洋文庫、1975年）
今西春秋訳『満和蒙和対訳満洲実録』（刀水書房、1992年）
中国第一歴史档案館『清初内国史院満文档案訳編』（光明日報出版社、1989年）
東洋文庫清代史研究委員会訳注『内国史院档　天聰七年』（東洋文庫、2003年）
東洋文庫清代史研究委員会訳注『内国史院档　天聰八年』（東洋文庫、2009年）
河内良弘訳註・編著『内国史院満文档案訳註』（松香堂書店、2010年）

参考文献

中国人民大学清史研究所・中国第一歴史档案館訳『盛京刑部原档』（群衆出版社、1985年）
『旧盛京内務府蔵順治年間档』（満洲帝国国立中央図書館籌備処、1943年）
矢沢利彦編訳『イエズス会士中国書簡集1　康熙編』（平凡社、1970年）
矢沢利彦編訳『イエズス会士中国書簡集2　雍正編』（平凡社、1971年）
矢沢利彦訳『東西暦法の対立—清朝初期中国史—』（平河出版社、1986年）
東洋文庫清代史研究室編『鑲紅旗档—雍正朝—』（東洋文庫、1972年）
中国第一歴史档案館編訳『雍正朝満文硃批奏摺全訳』（黄山書社、1998年）

研究論著

【和文】

阿南惟敬［1961］「清初の甲士に関する一考察」（『歴史教育』9-12、1961年。阿南惟敬［1980］に収録）
阿南惟敬［1962］「清初の甲士の身分について」（『歴史教育』10-11、1962年。阿南惟敬［1980］に収録）
阿南惟敬［1980］『清初軍事史論考』（甲陽書房、1980年）。
安部健夫［1942-1］「八旗満洲ニルの研究（一）」（『東亜人文学報』1-4、1942年。安部健夫［1971］に収録）
安部健夫［1942-2］「八旗満洲ニルの研究（二）」（『東亜人文学報』2-2、1942年。安部健夫［1971］に収録）
安部健夫［1951］「八旗満洲ニルの研究—とくに天命初期のニルにおける上部人的構造—甲士の篇—」（『東方学報』京都20、1951年。安部健夫［1971］に収録）
安部健夫［1971］『清代史の研究』（創文社、1971年）
天野元之助［1979］『中国農業の地域的展開』（龍渓書舎、1979年）
石橋崇雄［1981］「清初バヤラの形成過程—天命期を中心として—」（『中国近代史研究』1、1981年）
石橋崇雄［1988］「清初ハン（Han）権の形成過程」（『榎博士頌寿記念東

洋史論叢』汲古書院、1988年）

石橋崇雄［1997］「マンジュ（manju、満洲）王朝論―清朝国家論序説」（『明清時代史の基本問題』汲古書院、1997年）

石橋秀雄［1961-1］「清太祖の遼東進出前後に関する一考察」（『和田清博士古稀記念東洋史論叢』講談社、1961年。石橋秀雄［1989］に収録）

石橋秀雄［1961-2］「清初の対漢人対策―とくに太祖の遼東進出時代を中心として」（『史艸』2、1961年。石橋秀雄［1989］に収録）

石橋秀雄［1964-1］「清初のイルゲン（irgen）―特に天命期を中心として」（『日本女子大学紀要』文学部13、1964年。石橋秀雄［1989］に収録）

石橋秀雄［1964-2］「清初のジュシェン（jušen）―特に天命期までを中心として」（『史艸』5、1964年。石橋秀雄［1989］に収録）

石橋秀雄［1968］「清初のアハ（aha）―特に天命期を中心として」（『史苑』28-2、1968年。石橋秀雄［1989］に収録）

石橋秀雄［1977］「清初の社会―とくにジュシェンについて」（『江上波夫教授古稀記念論集歴史篇』山川出版社、1977年。石橋秀雄［1989］に収録）

石橋秀雄［1984］「清初のアハ（aha）―太宗天聰期を中心に」（『盈虚集』創刊号、1984年。石橋秀雄［1989］に収録）

石橋秀雄［1989］『清代史研究』（緑蔭書房、1989年）

上田裕之［2002］「清初の人参採取とハン・王公・功臣―人参採取権保有を中心に―」（『社会文化史学』第43号、2002年）

上田裕之［2003］「八旗俸禄制度の成立過程」（『満族史研究』2、2003年）。

江嶋壽雄［1944］「明末満洲におけるガシャンの諸形態」（『史淵』第32輯、1944年。江嶋壽雄［1999］に収録）

江嶋壽雄［1999］『明代清初の女直史研究』中国書店、1999年）

岡田英弘［1972］「清の太宗嗣立の事情」（『山本達郎博士還暦記念東洋史論叢』山川出版社、1972年。岡田英弘［2010］に収録）

参考文献

岡田英弘編［2009］『清朝とは何か』（藤原書店、2009年）
岡田英弘［2010］『モンゴル帝国から大清帝国へ』（藤原書店、2010年）
鴛淵一［1932］「舒爾哈斉の死に就いて」（『史林』17－3、1932年）
鴛淵一［1938］「清初擺牙喇考」（『稲葉博士還暦記念満鮮史論叢』稲葉博士還暦記念会、1938年）
鴛淵一・戸田茂喜［1939］「ジュセンの一考察」（『東洋史研究』5－1、1939年）
河内良弘［1992］『明代女真史の研究』（同朋舎出版、1992年）
神田信夫［1990］「愛新覚羅考」（『東方学』第80輯、1990年。神田信夫［2005］に収録）
神田信夫［2005］『清朝史論考』（山川出版社、2005年）
北村敬直［1949］「清初における政治と社会（一）―入関前における八旗と漢人問題―」（『東洋史研究』10－4、1949年）
楠木賢道［2006］「天聰八年のチャハル部・華北遠征とマンジュ国の構造」（『清朝における満・蒙・漢の政治統合と文化変容』科学研究費補助金成果報告書、2006年）
楠木賢道［2009］『清初対モンゴル政策史の研究』（汲古書院、2009年）
杉山清彦［1998］「清初正藍旗考―姻戚関係よりみた旗王権力の基礎構造―」（『史学雑誌』107－7、1998年）
杉山清彦［2001-1］「清初八旗における最有力軍団―太祖ヌルハチから摂政王ドルゴンへ―」（『内陸アジア史研究』16、2001年）
杉山清彦［2001-2］「八旗旗王制の成立」（『東洋学報』83－1、2001年）
杉山清彦［2003］「ヌルハチ時代のヒヤ制―清初侍衛考序説―」（『東洋史研究』62－1、2003年）
杉山清彦［2007］「大清帝国支配構造試論：八旗制からみた」（桃木至朗編『近代世界システム以前の諸地域システムと広域ネットワーク』（大阪大学文学研究科、2007年））
杉山清彦［2008］「大清帝国史研究の現在―日本における概況と展望―」

(『東洋文化研究』第10号、2008年)

鈴木真［2001］「雍正初年の戸部銀庫虧空事件からみた清朝支配構造の特質」(『東洋学報』83－3、2001年)

鈴木真［2007］「清朝入関後、旗王によるニル支配の構造―康熙・雍正朝を中心に―」(『歴史学研究』第830号、2007年)

周藤吉之［1944］『清代満洲土地政策の研究』(河出書房、1944年)

谷井俊仁［2005］「一心一徳考―清朝における政治的正当性の論理―」(『東洋史研究』63－4、2005年)

谷井陽子［1996］「清朝漢地征服考」(小野和子編『明末清初の社会と文化』京都大学人文科学研究所、1996年)

谷井陽子［2009－1］「辺境と朝廷― 一六世紀中国の北辺問題と中央政界」(前川和也編著『空間と移動の社会史』ミネルヴァ書房、2009年)

谷井陽子［2009－2］「明初における対モンゴル軍事政策とその帰結」(『史林』92－3、2009年)

中国史研究会編［1983］『中国史像の再構成　国家と農民』(文理閣、1983年)

中山八郎［1935］「明末女直と八旗的統制に関する素描」(『歴史学研究』5－2、1935年)

旗田巍［1935］「吾都里族の部落構成―史料の紹介を中心として―」『歴史学研究』5－2、1935年)

旗田巍［1940］「満洲八旗の成立過程に関する一考察―特に牛彔の成立について―」(『東亜論叢』2、1940年)

細谷良夫［1967］「畿輔旗地の成立と性格」(『一関工業高等専門学校研究紀要』1号、1967年)

細谷良夫［1968］「清朝における八旗制度の推移」(『東洋学報』51－1、1968年)

細谷良夫［1991］「「満文原档」「黄字档」について―その塗改の検討―」(『東洋史研究』49－4、1991年)

参考文献

本田実信［1991］『モンゴル時代史研究』（東京大学出版会、1991年）
増井寛也［2001］「グチュgucu考―ヌルハチ時代を中心として―」（『立命館文学』572号、2001年）
増井寛也［2006］「専管権から見たアイシン国の功臣集団とその構成」（『立命館文学』594号、2006年）
増井寛也［2008］「清初ニル類別考」（『立命館文学』608号、2008年）
松浦茂［1984］「天命年間の世職制度について」（『東洋史研究』42－4、1984年）
松浦茂［1986］「ヌルハチ（清・太祖）の徙民政策」（『東洋学報』67－3・4、1986年）
松村潤［1972］「清初の開国説話について」（『山本博士還暦記念東洋史論叢』山川出版社、1972年。松村潤［2008］に収録）
松村潤［2001］『清太祖実録の研究』（東北アジア文献研究会、2001年）
松村潤［2008］『明清史論考』（山川出版社、2008年）
三田村泰助［1941］「清の太宗の即位事情とその君主権確立」（『東洋史研究』6－2、1941年）
三田村泰助［1942］「再び清の太宗の即位事情に就いて」（『東洋史研究』7－1、1942年）
三田村泰助［1951］「清朝の開国伝説とその世系」（『立命館創立五十周年記念論文集』、1951年。三田村泰助［1965］に収録）
三田村泰助［1963・1964］「ムクン・タタン制の研究―満洲社会の基礎的構造としての―」（『明代満蒙史研究』京都大学文学部、1963年、および『立命館文学』223号、1964年。三田村泰助［1965］に収録）
三田村泰助［1965］『清朝前史の研究』（東洋史研究会、1965年）
宮崎市定［1947］「清朝における国語問題の一面」（『東方史論叢』1、1947年。『宮崎市定全集』14（岩波書店、1991年）に収録）
宮崎市定［1950］『雍正帝』（岩波書店、1950年。『アジア史論考』下（朝日新聞社、1976年）および『宮崎市定全集』14（岩波書店、1991年）に

収録）

宮崎市定［1958］「清代の胥吏と幕友」（『東洋史研究』16－4、1958年。『宮崎市定全集』14（岩波書店、1991年）に収録）

陸戦史研究普及会編［1968］『明と清の決戦』（原書房、1968年）

臨時台湾旧慣調査会編［1914］『清国行政法』（臨時台湾旧慣調査会、1914年）

綿貫哲郎［2003］「「六条例」の成立―乾隆期八旗制度の一断面―」（『社会文化史学』45、2003年）

【中文】

安双成［1983］「順康雍三朝八旗丁額浅析」（『歴史档案』1983－2）

陳国棟［1982］「清代内務府包衣三旗人員的分類及其旗下組織」（『食貨』12－9、1982年）

陳文石［1991］『明清政治社会史論』（台湾学生書局、1991年）

定宜庄［2003］『清代八旗駐防研究』（遼寧民族出版社、2003年）

定宜庄・郭松義・李中清・康文林［2004］『遼東移民中的旗人社会』（上海社会科学院出版社、2004年）

杜家驥［1998］『清皇族与国政関係研究』（五南図書出版、1998年）

杜家驥［2008］『八旗与清朝政治論稿』（人民出版社、2008年）

傅克東・陳佳華［1988-1］「八旗建立前満洲牛彔和人口初探」（王鍾翰主編『満族史研究集』中国社会科学出版社、1988年）

傅克東・陳佳華［1988-2］「佐領述略」（王鍾翰主編『満族史研究集』中国社会科学出版社、1988年）

郭成康・劉建新・劉景憲［1982］「清入関前満洲八旗的固山額真」（『清史論叢』4、1982年）

郭成康［1985］「清初牛彔的類別」（『史学集刊』1985－4）

李新達［1982］「入関前的八旗兵数問題」（『清史論叢』3、1982年）

李中清・郭松義［1994］『清代皇族人口行為和社会環境』（北京大学出版社、

1994年）

劉家駒［1964］『清朝初期的八旗圏地』（文史哲出版社、1964年）

劉小萌［2001］『満族従部落到国家的発展』（遼寧民族出版社、2001年）

劉小萌［2008］『清代北京旗人社会』（中国社会科学出版社、2008年）

孟森［1936］「八旗制度考実」（『歴史語言研究所集刊』 6－4、1936年）

孟森［1959］『明清史論著集刊』（中華書局、1959年）

祁美琴［1998］『清代内務府』（中国人民大学出版社、1998年）

譚其驤主編［1987］『中国歴史地図集』 7（地図出版社、1987年）

王鍾翰［2004］『王鍾翰清史論集』（中華書局、2004年）

烏廷玉・衣保中・陳玉峰・李帆［1992］『清代満洲土地制度研究』（吉林文史出版社、1992年）

姚念慈［2008］『清初政治史探微』（遼寧民族出版社、2008年）

趙令志［2001］『清前期八旗土地制度研究』（民族出版社、2001年）

張晋藩・郭成康［1988］『清入関前国家法律制度史』（遼寧人民出版社、1988年）

趙志強［2007］『清代中央決策機構研究』（科学出版社、2007年）

周遠廉［1980］「後金八和碩貝勒"共治国政"論」（『清史論叢』 2、1980年）

周遠廉［1981］『清朝開国史研究』（遼寧人民出版社、1981年）

周遠廉［1982］「関於八旗制度的幾個問題」（『清史論叢』 3、1982年）

【欧文】

Elliot, Mark C.［2001］*The Manchu Way*. Stanford: Stanford University Press, 2001.

あとがき

　私が満洲史の研究を始めたのは、10年余り前のことになります。院生時代から明清時代中国の制度史に関する論文を書き続けていたのですが、1997～99年度に夫馬進先生を研究代表者とする科学研究費補助金研究「中国明清地方档案の研究」に参加させていただいた時に、清代中国の制度を理解するには満洲史の研究が欠かせないと気づいたからです。

　一般に、清朝は中国を支配すると、明代の法や制度をそっくり踏襲して、より整理された形に改めたと考えられており、私もそう思っておりました。ですから、明代の裁判の公式記録がどのような書式で書かれているかを調べた後、清代の裁判記録も同様の書式になっているだろうと予想して調査したところ、全く違う形式に切り替わっていたことに気づいて驚きました。なおも調べてみると、清代の裁判記録の書式は、明代の書式よりも、むしろ清朝入関以前の満洲語による裁判の記録に似ていることがわかりました。

　入関前の満洲語による文書行政が、せいぜい30年ほどの歴史しかもたないことを思えば、2000年もの歴史をもつ中国の文書行政に大きな変更をもたらしたというのは意外なことでした。けれども、どこがどのように変わったかをよく調べてみると、漢人とは違う満洲人ならではの認識や価値観が関わっているらしいことがわかりました。満洲人が文書に記録して政府上層部に報告するべきだと考えた内容は、漢人が考えたそれとは違っており、満洲人はその点を揺るがせにしようとはしなかったのです。

　このこと自体は小さな発見でしたが、私にとっては、明代史と清代史の断絶、満洲的政治文化の歴史的意義、さらには東アジア史上における清朝の位置づけといった問題に目を開くきっかけになりました。それから本格

的に満文史料を読み始め、2004年に京都大学人文科学研究所の岩井茂樹先生を班長とする共同研究班「中国近世社会の秩序形成」の研究成果として発表させていただいた論文が、本書に載せる研究の中で最初に公表したものとなります。

　その後、本書の主要部分を成す一連の研究を構想し、『天理大学学報』に連載の形で発表させていただきました。その間、2010年8月には、北京の中国社会科学院近代史研究所で開催された清代満漢関係史国際学術研討会に参加させていただき、入関前の満洲人と漢人の関係という、『学報』掲載論文で扱えなかった問題を考え、発表する機会を与えられました。『学報』掲載論文は、2012年度末に京都大学に博士論文として提出させていただきましたが、口頭試問の際に、試験官に当たられた夫馬先生・岩井先生および中砂明徳先生から、「八旗制度の研究」である以上は、入関前だけでなく入関後の八旗についても、見通しだけでも述べておくべきだとのご指摘を受けました。そこで、本書をまとめるに当たって、書下ろし部分を附け加えることにいたしました。

　本書は以上の研究成果をもとにして、一部に加筆訂正を加えたものです。各章のもとになった論文の初出は、以下のとおりです。

　　序　章　「八旗制度再考（一）―連旗制論批判―」（『天理大学学報』第208輯、2005年）
　　第1章　「八旗制度再考（二）―経済的背景―」（『天理大学学報』第211輯、2006年）
　　第2章　「八旗制度再考（三）―財政構造―」（『天理大学学報』第216輯、2007年）
　　第3章　「八旗制度再考（四）―ニルの構成と運営―」（『天理大学学報』第223輯、2010年）
　　第4章　「八旗制度再考（五）―軍事的背景と戦略―」（『天理大学学報』第228輯、2011年）

第5章 「八旗制度再考（六）―軍隊の編制と指揮・管理」（『天理大学学報』第229輯、2012年）

第6章 「八旗制度再考（七）―政治構造とエートス―」（『天理大学学報』第231輯、2012年）

第7章 「八旗制度再考（八・完）―新しい秩序の創出―」（『天理大学学報』第232輯、2013年）

附論第1章　書下ろし

附論第2章　「清朝入関以前のハン権力と官位制」（岩井茂樹編『中国近世社会の秩序形成』京都大学人文科学研究所、2004年）

附論第3章　「清入関前漢人官僚対其政治的影響」（中国社会科学院近代史研究所政治史研究室編『清代満漢関係研究』社会科学文献出版社、2011年）

　ここで一つの課題に区切りをつけ、ただちに書籍の形で公刊させていただけることになりましたのは、実に幸運なことでした。人の一生に限りがあり、研究者の寿命がさらに短いことを思えば、約10年で一応の結果を出すことができましたのは、とりわけ喜ぶべきことと思われます。こうして本書を刊行できる運びになりましたことは、多くの方々のご指導・ご支援によるものと深く感謝いたしております。

　京都大学文学部でご指導いただいた故谷川道雄先生・河内良弘先生・竺沙雅章先生、京都大学人文科学研究所で助手を務めさせていただいた小野和子先生には、文献史料に基づく実証的研究の方法について教育していただきました。身につけられたかどうかはともかく、若い頃にきちんとした基礎教育を受ける機会が得られたのは幸いであったと思います。特に河内先生には、満洲語の初級から始めて満洲史全般についてお教えいただき、本研究を始めるための基本を授けていただきました。本書のもとになった諸論文の執筆と発表に際しましては、すでにお名前を挙げた夫馬先生・岩井先生・中砂先生のほかに、満洲史・清朝史を専門とする方々から様々な

ご意見・ご厚意を賜りました。特に、松村潤先生・加藤直人先生には、私が入手できていなかった満洲語史料の閲覧に便宜を図っていただきましたこと、中国社会科学院近代史研究所の劉小萌先生には、北京の学会での報告と論文発表の機会を与えていただきましたことを、ここに改めて記してお礼申し上げます。また、8回に及ぶ連載を認められた天理大学学術研究会、本書に対して平成26年度科学研究費補助金（研究成果公開促進費）を与えられた日本学術振興会、および編集と刊行に当っていただいた京都大学学術出版会と編集者の國方栄二さんにも謝意を述べさせていただきます。

最後に、2007年6月に逝去した亡夫谷井俊仁に、この場を借りて感謝の意を表したいと思います。長年に亘る彼の励ましと啓発がなければ、本書だけでなく、私の書いたものは1行たりとも存在しませんでした。

2015年1月14日

谷井　陽子

中文提要

序章 批判"聯旗制"論

關於八旗制度的基本性質問題，1936年孟森發表的見解，已經成為現今學者的一般共識。根據他的理解，八旗是由汗和被稱作和碩貝勒的諸王所分有的，各旗的屬人與領有該旗的諸王之間有着主從關係。而且八旗幾乎是相互獨立的組織，共同形成了分權的聯合政權。根據這樣的看法，孟森把努爾哈赤所建立的滿洲國家（金國）體制，仿照"聯邦制"一詞，將其稱為"聯旗制"。從此之後，有關八旗制度的主要論著，都沿襲了如上的見解。但是，這一學說其實并沒有確鑿的史料根據，而且已經有學者指出存在與此矛盾的事實。

本書正是要批判這種"聯旗制"論的見解，重新考查八旗制度的性質，嘗試闡明八旗並不是封建的、分權的政治體制之表現，而是具有中央集權的政治體制統一管理的性格。序章，作為本書整體的序言部分，論證了一直以來都被認為是證據的諸多論點都無法成立，論述了長期以來這種見解會被接受的原因，並且說明了重新研究這個問題的必要性。

第一章 經濟背景

當努爾哈赤即位時，金國正被敵對的明朝、朝鮮與察哈爾所包圍。一方面，金國要在軍事上對抗外國，另一方面則要在自己的領域內實現自給自足。因此，為了確保生產力和兵力，就需要增長人口，并要確保支撐人口的糧食供應，這成了金國政權所面臨的最大課題。

為達到這個目的，隨著勢力的擴大，努爾哈赤便把被征服的人民強制遷徙到他的領地內。這一政策雖然在統一女真時發揮了效用，但是在佔領遼東之後，更大規模的遷徙政策造成了嚴重的糧食匱乏和社會動蕩問題，結果導致大量的漢族居民被屠殺。

不過，後繼的皇太極，基本上也不得不延續努爾哈赤的方針，通過對外戰爭來獲得人口、財物和糧食，以此來勉強地維持著領域內的經濟。直至1644年的清朝入關為止，一直都沒能看到可以改善這一狀況的希望。正是這種經濟狀況，決定了八旗制度的財政基礎。

中文要旨

第二章 財政構造

在入關之前的金國-清朝,從汗和諸王直到一般人民,基本上都是靠農業、畜牧等個體經營為生。汗與諸王大臣雖然享有經濟特權,但是并非直接徵收人民的財物,而且他們對於勞役的使用也受到嚴格限制。包括汗在內的支配階層的生計,并不是依靠對一般人民的剝削而成立的。此外,官僚的報酬都是由國家發放。因此,除了對窮人的臨時援助外,諸王也不需要扶養他們的屬人。所以,一般的官民,在經濟上並不依賴諸王。可以說,在階層之間,沒有任何直接徵納的關係。

國家的財政,是由汗和諸王大臣所主持的中央政府來統一管理的。政府自己有着與汗和諸王的家產相區分開來的"公"的財政收支。但是,"公"的財政不夠支持所有的國家業務的需求,因此,政府還會命令國內的富裕階層代行國家需要的業務。

由於國家的經濟基礎十分薄弱,經濟上有富餘的人也都免不了沉重的負擔。所以,利益與負擔的分配必須公平。而保證利益與負擔之公平的,就是"八家均分"原則。從努爾哈赤時代開始,就已經按照這一原則來設立和發展分配制度了。在財政方面,八旗制度也起了到均分利益與負擔的作用。

第三章 牛彔的構成與經營

牛彔是八旗的基層組織。在入關之前,金國-清朝的行政都以牛彔為單位而營運。大部分的牛彔是由一般官民所組成的"外牛彔",不過,也有由汗以及諸王、宗室等"八家"的家內用人所組成的"包衣牛彔"。兩種牛彔的組織系統完全不同。

管理"外牛彔"的官僚,其主要任務是提供國家所需要的物資和勞力,特別是要負責兵役、勞役的分配。另一方面,他們也有防止牛彔衰蔽的義務。汗對於他們的管理水平要求很高,同時又限制了他們職務上的權力,以免他們謀取私利。而屬於"包衣牛彔"的人,基本上是為"八家"服務的,在"八家"自家的經營下工作。但是,雖然他們屬於"八家"的王與宗室,但并不允許王與宗室對"包衣"人行使無限的權力,而是要受到國法的一定的限制。

可以說,金國-清朝的政府,一方面是通過牛彔的管理與調節,以完成國家所必須的"公"的事務與維持民生的穩定。但在同時,為了防止產生對國家

而言不必要的權力關係，因此還要嚴厲地限制王、宗室與官僚的權力。

第四章 軍事背景與戰略

入關之前的金國-清朝，除了與朝鮮和察哈爾敵對以外，為了能維持國內的經濟，還必須不斷地侵入明朝領土。在征服遼東以前，努爾哈赤只需要不斷地重複進行在一定的時間、地理範圍內軍事行動便足夠了。因為當時并不需要保衛領土，也不需要對遠征軍補給物資，因此他的用兵行動是比較容易的。

但是，在征服遼東之後，金國-清朝便不得不分出相當的兵力來防衛邊境，再加上向山海關方面的進犯被明朝阻止了，因此一時間陷入困境。雖然經內蒙古侵入華北的戰略打開了一個突破口，但是這一戰略無法建立征服據點，而僅能實施一時性的掠奪戰爭。為了國家的安定存續，金國-清朝需要取得對明朝的決定性勝利。不過，為此必須突破防備嚴密的山海關。

由於金國-清朝的兵力不多，為了實現這一目標，皇太極採用的方針是：一邊通過掠奪華北而獲得的短期利益來維持國內經濟與兵民士氣，一邊不惜時間與兵力向山海關方面發動進攻。這樣的軍事背景與戰略方針，決定了八旗的軍事組織與軍事性質。

第五章 軍隊的編制與指揮、管理

八旗軍隊是從各個牛彔中召集兵丁，區分兵種而編制成的。在戰時，每個兵種分別從各個牛彔中均等地召集兵丁，編制成新的"隊"。把這些"隊"按照情況加以編組，或者抽出部分兵丁而編制別的"隊"，最終形成了不是按牛彔或旗的垂直關係劃分、而是具有各種各樣的規模和性質的部隊。在出征的諸王和大臣之中，任何人都可能擔任其指揮官，統帥這樣臨時編制的"隊"或組合了幾個"隊"而成部隊。

為了使這種臨時編制的"隊"或部隊能夠有序地戰鬥，因此必須制定嚴格的軍規，明確地通告賞罰的基準，甚至連諸王也被紀律拘束著。可以說，組成軍隊的全體人員都要在嚴厲的控制下戰鬥。

由於金國-清朝需要用不多的兵力與大國持續作戰，因此必須把所有的兵力最大限度地有效利用。而他們的軍隊編制與管理體制，確實在實現這一目的的過程中發揮了效果。

中文要旨

第六章 政治結構與社會倫理

　　入關前的金國-清朝，最懼怕的是國家分裂與內部糾紛，因此建立了一項重要的政治體制，即由汗和執政諸王的協議來決定國政上的重大事項。一般認為，這一體制就是諸王分權的統治體制。不過，因為任何事項都要通過協議來決定，所以不管是汗還是諸王，都不能違抗協議的結果。從這一點來看，更應該將其看作是由協議來維持的中央集權體制。而且在實際上，這一協議在很大程度上是遵循著汗的意向來決定的，諸王在政治上並不對汗構成牽制，相反還發揮著支持汗的作用。雖然中央政府是由汗和執政諸王組成的，但對於一般官民來說，代表中央政府的就是汗本身，他們對於國家的忠誠即是被理解是為對於汗的忠誠。

　　儘管當時國家面臨著困難的狀況，而且諸王還要忍受各種私人的損失，但是這個體制卻有效地發揮了作用，維持了政治的穩定。這一體制之所以能很好地發揮作用，其中一個原因便是諸王無法擁有獨自的政治基礎，因此不容易發生內部分裂。但是，更積極的理由是，自諸王直至一般人民，都有著拒斥導致分裂的黨派活動而保持團結的政治觀念。

第七章 新秩序的創立

　　在八旗制度成立的17世紀初期，女真-滿洲社會在構建國家的問題上缺乏有效的政治與社會傳統。以往的部族首長階層沒有能夠保持既得權利的權威與實力，因此努爾哈赤的金國可以從頭開始構建全新的秩序。

　　為了國家的維持與發展，從汗到一般官民的全體成員，都把為國家立"功"視為一種義務，依靠"功"還能夠確保地位。他們必須遵守的行為準則，也在具體的"法度"中得到了明確地規定，違反"法度"的人則要受到嚴厲懲罰。

　　這種的簡單明快的方針，為新成立不久的國家帶來了秩序與方向，成為了金國-清朝得以發展的原動力。同時，對於中國和蒙古地區的統治，這一方針也十分有效。當時，明朝與蒙古的統治機構都功能不全，無法維持國內秩序與政治的統一。清朝所帶來的新秩序，對於中國和蒙古地區統治機構的重建發揮了作用，支撐起了17世紀時清朝在東亞地區的霸權。

　　八旗制度，雖然是為維持弱小勢力（即女真-滿洲人的國家）的存續而產生

的，但是，這一制度原理的後果卻導致了整個東亞世界的重構。

附論第1章　入關後八旗制度的演變

皇太極的突然去世，在繼承人的選定問題上引起了糾紛，并在諸王、大臣之間留下禍根。不過，諸王、大臣還是基本上服從攝政王多爾袞，實現了對中國全國的征服。多爾袞死後，還很年輕的世祖開始親政。世祖死後，輔政大臣鰲拜開始專權。在這期間，諸王、大臣大都是服從於當時的掌權者而保持團結，并沒有動搖清朝政權。長大成人的聖祖開始積極主導政治，確立了新的體制。在這一體制中，議政王、大臣不能參與政治上的決定，而只能提出意見供參考。在此，明確的皇帝獨裁體制確立了，皇帝既是大帝國的中心，又是至高的存在。入關後的八旗，便成為了支撐這樣的清朝體制的少數人集團。八旗的任務變成以防衛為主，特別是增強了對皇帝身邊與皇宮的保衛。

附論第2章　清朝入關前的汗權力與官銜（hergen）制度

努爾哈赤建國後，便將官銜（hergen）授予屬下的文武官。他所採用的官銜，是來自明朝的武官職銜，并形成了從備禦（或千總）到總兵官的階層體系。官銜是由汗直接授予屬下的，并只有汗一個人能授予。原則上是根據功績授予官銜，並且在授予時明示理由。授予的官銜，根據此後的功績或罪過，還可能加以升級或者降級，甚至取消。官銜作為國家的正式身份等級起作用，同時也成為經濟的分配基準。這樣的官銜體系，構成了入關之前的金國-清朝的中央集權人事管理制度的基礎。

附論第3章　清朝入關前漢人官僚對其政治的影響

在入關前的金國-清朝做官的漢人，大部分是被逼投降的人。努爾哈赤主要是為了統治漢人居民而利用他們，但并沒有信任他們。皇太極雖然積極地徵求漢人官僚的意見，但並沒有意圖要建立中國式的國家，而只是採納對他自己的價值觀而言恰當的建議。這是由於當時的滿洲人沒有中國傳統文化的素養，並不看重中國的文物與制度。在這樣的狀況下，漢人官僚耐心地向汗不斷進言，為行政制度的充實做出了貢獻，同時也鞏固了他們自己的地位。

人名索引

＊ヌルハチ Nurhaci とホンタイジ Hong Taiji は参照箇所を特定し難いので載録しない。

ア

アイドゥリ Aiduri……273, 341
アグン=タイジ Agūn Taiji……245
アサン Asan……21, 213, 262, 263, 276, 473
アシダルハン Asidarhan……367, 385, 392
アシブ Asibu……349
アジゲ Ajige……9, 43, 44, 133, 142, 143, 169, 223, 228, 233, 235~237, 249, 263, 267, 273, 285, 286, 288, 294, 296, 297, 312~315, 322, 336, 338, 341, 350, 374, 400, 401, 431
アジゲニカン Ajigenikan……200
アダハイ Adahai……44
アダリ Adali……152, 155, 340, 401, 405
アドゥン Adun……212, 242, 481
アバタイ Abatai……24, 115, 140, 143, 225, 235, 237, 266, 267, 285, 315, 316, 322, 327, 336, 338, 347, 350, 351, 405, 429
アビダ Abida……184
アブタイ Abutai……212
アミン Amin……8, 71, 100, 123, 131, 133, 137, 213, 216, 220, 244, 259, 266, 267, 285, 286, 288, 289, 291, 295, 296, 308, 309, 312, 313, 315, 316, 321, 336, 374, 405, 430, 457, 461, 470
アライ Arai……44
アルダイ Ardai……296
アンガ Angga……262
アンガラ Anggara……21, 22, 260
アンバ=エフ Amba Efu……446
アン=フィヤング An Fiyanggū……367
イェクシュ Yekšu……44, 143, 151, 155, 300

イェグデ Yegude……21, 128
イェシ Yesi……327, 328
イェチェン Yecen……155, 225, 249, 260, 276
イキナ Ikina……21
イチェンゲ Icengge……333
イルデン Ilden……182, 226, 260, 278, 370, 433
イレシェン Irešen……470
イレム Ilemu……299
イングルダイ Inggūldai……23, 200, 454, 455, 472, 504
允禵……411
允祥……411
インダフチ Indahūci……446
允礼……411
允禄……411
ウクシャン=ジョリクトゥ=タイジ Ukšan Joriktu Taiji……249
ウタイ Utai……306
ウダハイ Udahai……404
ウナハライ Unahalai……446
ウネゲ Unege……393
ウバイ Ubai……262
ウルグダイ Urgūdai……481
ウンガダイ Unggadai……249, 278
永琪……431
エイドゥ Eidu……184, 185, 200~202, 257, 270, 276, 278, 367~370
エクシンゲ Eksingge……21
エビルン（エイドゥの子） Ebilun……185, 202, 278, 369, 400
エビルン（マングルタイの子） Ebilun……101, 102, 134, 273, 317, 336
エムトゥ Emtu……327

人名索引

エムンゲ Emungge······296
エルギイェン゠ワルカ Elgiyan Warka······359
エルデニ Erdeni······362, 375, 379, 494
エンゲデル゠エフ Enggeder Efu······113, 135, 315, 316, 417, 451
王文奎······87, 246, 488, 502, 503
オーバ Ooba···145→トゥシエトゥ゠エフ
オボイ Oboi······182, 408, 424, 433
オボホイ Obohoi······21
オムブ゠チュフル Ombu Cūhur······245
オルゴニ Orgoni······391, 440
オルタイ Ortai······411, 412
オンゴトゥ Onggotu······151

カ

カクドゥリ Kakduri···226, 260, 279, 293, 371
カサリ Kasari······161
カングリ Kangguri······390, 446
岳起鸞······486
ガハ Gaha······135
ガブラ Gabula······142
ガルダン Galdan······411, 430
恭親王（奕訢）······412
恭親王（常寧）······189
ギイェシュ Giyešu······406, 409
ギオチャンガ Giocangga······305, 343, 362
ギンタイシ Gintaisi······208, 329, 367
グサンタイ Gusantai······200, 293, 368, 392
グムシヒ Gumushi······245
グルマフン Gūlmahūn······405, 406
グレロン Greslon······38
グワングン Guwanggun······101, 102
グンガダイ Gūnggadai······298
グンガン Gunggan······405, 406
ケシネ Kesine······361
ケチェ゠バヤン Kece Bayan······343, 359
ゲンゲル゠ヒヤ゠ベイレ Genggel Hiya Beile······245
ゲンシュ Genšu······333

江雲······502
康熙帝······408〜411, 424, 426, 427, 431
高鴻中······489, 495, 502
弘旺······427
洪承疇······235, 237, 249
高太監（高淮）······66
耿仲明······73, 107, 232, 248, 477
孔有徳······73, 231, 232, 248, 258, 477, 491
胡貢明······14, 29, 30, 42, 45, 113, 139, 140, 489, 502
コンゴル゠マファ Konggor Mafa······249
ゴガイ G'og'ai······405, 406
呉興祚······193
呉三桂······237, 399, 409
呉倫······193

サ

サイムハ Saimuha······11, 42, 283
サハリイェン Sahaliyan······133, 224, 315, 316, 336, 338, 345, 385, 394, 401, 404
サムシカ Samsika······260, 261, 283, 300
サムハトゥ Samhatu······276
四十六······193
シハン Sihan······182, 184
錫保······411
シャンシャン Šangšan······404, 409, 429
シュキオ Šukio······446
シュシュブ Šušubu······278
シュルガチ Šurgaci······7, 304〜309, 331, 344, 349, 351
尚可喜······73, 86, 125, 232, 258, 477
ショセ Šose······404, 405, 429
ショト Šoto··41, 100, 115, 131, 132, 138, 167, 220, 233, 273, 277, 286, 315, 316, 326, 332〜334, 340, 374
シライ Sirai······327, 328
シラナ Sirana······349
シラントゥ゠ヒヤ゠タイジ Sirantu Hiya Taiji······245

528

シリン Sirin……21, 45, 296
沈棨……223, 246
沈志祥……144, 229
沈世奎……247
シンタイ Sintai……142
申忠一……78, 209, 210, 241, 344, 356, 499
沈猶龍……244
ジェルベン Jelben……183
ジドゥ Jidu……404, 405, 407
ジャイサング Jaisanggū……100, 115, 133, 315, 406
ジャサクトゥ=ドゥレン Jasaktu Dureng……249
ジュマラ Jumara……277, 279
純親王（隆禧）……189
順治帝……341, 398, 399, 405〜408, 430, 499
ジョンタイ Jontai……327, 328, 349
ジルガラン Jirgalang……115, 133, 184, 200, 216, 223, 227, 235〜237, 247, 274, 286, 296, 312, 313, 315, 316, 321, 327, 332, 333, 338〜341, 347, 374, 385, 399〜401, 404〜406, 429
スイホトゥ Suihotu……442
スクサハ Suksaha……200
スダラ Sudala……474
スナ Suna……368, 392, 448
スヌ Sunu……36, 37, 162, 163, 193, 411, 431
スン=ドゥレン Sun Dureng……245
石廷柱……11, 258, 501
セチェン=ジノン Secen Jinu(o)ng……416
セレ Sele……21, 22, 195, 270
ソイホド Soihodo……279
ソーハイ Soohai……21
祖可法……75, 452, 463, 495, 496, 501, 505
祖大寿……74, 144, 222, 225, 237, 245, 315, 462, 474
ソホン Sohon……333
ソニン Sonin……433
ソルゴ=マファ Solgo Mafa……358, 366

ソンゴト Songgoto……409
孫応時……502
孫得功……111, 138

タ

タイスン Taisun 公主……145
タバイ Tabai……162, 193, 324, 335
タングダイ Tanggūdai……21, 242, 296, 322, 347, 370, 392, 449
タンタイ Tantai……183, 264, 285, 472
ダイシャン Daišan……7, 8, 15, 16, 23, 41, 43, 95, 100, 114, 115, 122, 123, 133, 143, 145, 155, 162, 218, 241, 274, 286, 287, 289, 310, 313, 315, 321, 324, 335, 336, 338, 340, 345, 348, 350, 393, 404, 405, 472
ダイスンガ Daisungga……155
ダイムブ Daimbu……262
ダイムブル Daimbulu……278
ダチカ Dacika……164
ダハイ Dahai……382, 447, 467
ダライ Dalai……142, 259, 296
ダライ=チュフル Dalai Cūhur……245
ダルハン=エフ Darhan Efu……101, 293, 300
ダルハン=ヒヤ Darhan Hiya……115, 240, 366〜368, 371, 446, 493
チェルゲイ Cergei……43, 286, 369, 370
チャニ Cani……409, 429
チャングナ Cangguna……460
チャンシュ Cangšu……331
チャンジュ Cangju……134
チュエン Cuyeng……7, 295, 309, 310, 314, 329, 351, 374
チュク Cuku……272
趙一霍……213, 242
張献忠……227
朝鮮国王（仁祖・李倧）……216, 243, 250, 327, 390, 454, 464, 482
朝鮮世子（昭顕世子・李淐）……17, 74, 113,

人名索引

301, 332, 454, 457, 472
張存仁 …………75, 249, 463, 495, 496, 501, 505
張廷玉 ……………………………………412
チョクト Cokto ………………………431
チョトゥン Cotung ………………332
チョホノ Cohono ……………………365
チルゲシェン Cirgešen ………………358
チンギス゠ハン Cinggis Han（Činggis Qayan）…………………………329
チンギャヌ Cinggiyanu …………305, 306
鄭成功 …………………………………406
鄭命寿 ……………………………145, 457
鄭雷卿 …………………………………332
デゲレイ Degelei ……16, 107, 133, 195, 270, 312, 313, 315, 316, 321, 333, 336, 347
デルデヘイ Derdehei …………………296
デンシク Dengsiku …………………101
董継舒 …………………………………246
佟国綱 …………………………………500
トゥシエトゥ゠エフ Tusiyetu Efu（Ooba）
………105, 126, 218, 232, 233, 316, 474
トゥシエトゥ゠ジノン Tusiyetu Jinong（Badari）………………105, 233, 249
トゥメイ Tumei ………………………113
佟養功 …………………………………451
佟養性 Si Uli Efu……62, 64, 73, 86, 368, 481, 484, 485, 501, 503
トゥライ Tulai ……………………282, 335
トゥルゲイ Turgei ……21, 259, 272, 278, 293, 296, 300, 369, 370, 392
トゥルシ Turusi ……………262, 284, 288
トゥルチェン Turcen …………………193
トゥンチ Tunci ………………………404
徳王（朱由枢）………………………230
トボホイ Tobohoi ……………21, 22, 259
ドゥドゥ Dudu ……100, 133, 224, 235, 266, 267, 272, 309, 313, 315, 316, 327〜329, 336, 338, 348, 351, 373, 374, 393, 405, 411

ドゥムバイ Dumbai …………………446
ドゥミン Dumin ………………………390
ドゥルフ Durhu ………………………404
ドゥンサン Dungsan …………………284
ドド Dodo ……9, 10, 41, 100, 133, 169, 183, 224, 235, 247, 249, 272〜274, 312, 313, 315, 318, 322, 336, 340, 347, 350, 400, 401, 404, 406, 430
ドニ Doni ……………………404, 405, 407
ドノイ゠グンジ Donoi Gunji …………245
ドビ Dobi ………………………214, 266
ドルゴン Dorgon ……9, 43, 133, 169, 202, 223, 229, 231, 236, 250, 267, 272, 286, 290, 312〜315, 322, 335〜337, 340, 341, 351, 373, 374, 399〜401, 408, 429, 430, 457, 458
ドルジ゠エフ Dorji Efu ………………125
ドンゲ Dongge ………………………409
ドンゴ Donggo 公主 ……………181, 182

ナ

ナチブ Nacibu …………………………331
ナチン Nacin …………………………138
ナムタイ Namtai ………………293, 296, 333
ナリン Narin ……………………358, 459
ナンジラン Nanjilan …………………21, 22
ニカリ Nikari …………………………21
ニカン Nikan ……100, 133, 273, 404, 405, 429, 430
ニカン゠ワイラン Nikan Wailan ……205, 206
ニマン Niman …………………327, 328
ニンタハ Nintaha ……………………165
ノムホン Nomhon ………………182, 184
甯完我 ……456, 467, 488, 491, 495, 502, 503

ハ

ハハナ Hahana …………………………21
ハンギル Hanggilu ………………35, 348
ハンダイ Handai ………………………404

范文程 ……………………… 456, 488, 495
バイサン Baisan ……………………… 391
バイチュカ Baicuka ……………………… 442
バインダリ Baindari ……………………… 310
バイントゥ Baintu ……………………… 300, 317
バキラン Bakiran ……………… 22, 260, 261, 279
馬光遠 ……………………… 114, 501〜503, 505
馬国柱 ……………… 75, 456, 488, 495, 502, 505
バスカ Baska ……………………… 358
バダ Bada ……………………… 134
バドゥリ Baduri ……………… 21, 213, 279, 359
バブタイ Babutai ……………………… 142, 296
バブライ Babulai ……………………… 162, 324, 335
バヤラ Bayara ……………………… 317, 347
バヤン Bayan ……………………… 361
バヤンタイ Bayantai ……………………… 193
バライ゠サンジン Barai Sanjin ……………… 392
バンス Bangsu ……………………… 21
万暦帝 ……………………… 66, 381
パランナン Parennin ……………… 36, 37, 162, 163
ヒルゲン Hirgen ……………………… 332, 350, 393
ビラシ゠エフ Birasi Efu ……………………… 115
フィオンドン゠ジャルグチ Fiongdon Jargūci ……………………… 119, 366, 467
フィヤング Fiyanggū ……………… 155, 226, 283, 300, 429
馮銓 ……………………… 429
フクチャ Fukca ……………………… 21
フシブ Hūsibu ……………… 21, 296, 300, 330, 350
フシム Hūsimu ……………………… 442
フシェオ Fušeo ……………………… 406
フチョワン Fuciowan ……………………… 409, 430
フミセ Hūmise ……………………… 165
フミン Hūmin ……………………… 165
フラタ Fulata ……………………… 327, 328, 429
フラフ Hūlahū ……………………… 366, 391
フリン Fulin ……… 340, 341, 399, 400, 430 →順治帝
フルガン Hūrgan ……… 366 →ダルハン゠ヒヤ
フルダン Furdan ……………………… 344
フルドゥン Fuldun ……………………… 429
フンタ Hūnta ……………………… 43
フンニヤカ Hūngniyaka ……………………… 22
ブサン Busan ……………………… 279, 280
ブジャンタイ Bujantai ……………… 52, 53, 208, 390
ブヤンダイ Buyandai ……………………… 300
ブヤントゥ Buyantu ……………………… 180, 181
ブライ Burai ……………………… 171
ブルガドゥ゠タイジ Burgadu Taiji ……………… 243
ブルギ Burgi ……………………… 262, 296
ブルハング Burhanggū ……………………… 361
鮑承先 ……………………… 137, 495
鳳林大君（孝宗・李淏）……………………… 250
ホーゲ Hooge …… 133, 224, 227, 235, 236, 249, 267, 286, 290, 308, 315, 316, 328, 332〜338, 345, 351, 400, 401, 405, 407, 409, 457
ホショトゥ Hošotu ……………… 225, 293, 346, 442
ホホリ Hohori ……………… 181, 358, 359, 366, 390
ホルド Holdo ……………………… 279
ホルボン Holbon ……………………… 181, 230
ホンコト Hongkoto ……………… 296, 316〜318, 347
ボゴド Bogodo ……………………… 406, 409
ボジリ Bojiri ……………………… 53
ボルジン Borjin ……………… 115, 259, 282, 283
ボロ Bolo …… 140, 273, 404, 405, 407, 429, 430
ボンゴノ Bonggono ……………………… 409, 411

マ

マイダリ Maidari ……………………… 101, 102
マジャン Majan ……………………… 230, 273
マクトゥ Maktu ……………………… 182
マチ Maci ……………………… 411
麻登雲 ……………………… 487, 488
マングジ゠ゲゲ Manggūji Gege ……………… 350
マングルタイ Manggūltai …… 8, 16, 41, 44, 101, 102, 133, 134, 195, 218, 220, 263, 270, 285, 286, 312, 313, 315, 317, 321,

人名索引

336, 338, 368, 374, 430
マンゴ Manggo······446
マンサカ Mangsaka······459
マンジュシリ゠ダルハン゠バトゥル Manjusiri Darhan Baturu······249
マンダハイ Mandahai······404, 405, 430
マンダルガン Mandargan······472
ミンガトゥ゠バヤン Minggatu Bayan······358, 365
ムチェンゲ Mucegge······333
ムハリヤン Muhaliyan······212
ムルフ Murhu······273
ムンガトゥ Munggatu······58, 59, 62, 81, 105, 135, 493
ムンガン Munggan······21, 193
ムング Munggu······135
ムンタン Mungtan······21
孟喬芳······501
毛文龍······63, 71, 80, 82, 213, 215, 216, 228, 462
モーバリ Moobari······21
モーメルゲン Moo Mergen······180, 181
モンガトゥ Monggatu······359
モングルドイ Monggūldoi······283
モンゴ Monggo······406

ヤ

ヤスン Yasun······118, 469
ヤヒチャン Yahican······212
ヤフ Yahū······22
ヤンブル Yambulu······21, 284, 331, 350, 446
ヤライ Yarai······277
ヤルナ Yarna······134, 202
ヤンギヌ Yangginu······305, 306
ヤングリ Yangguri······142, 225, 242, 265, 267, 283, 392, 442
ヤンシェオ Yanšeo······411
ユンシュン Yungšun······293, 296
雍正帝······1, 35, 37, 39, 152, 163, 411, 426

楊名昇······194
ヨト Yoto······8, 41, 69, 85, 105, 133, 165, 218, 224, 229〜231, 243, 267, 286, 296, 308, 312, 315, 316, 321, 327, 332〜336, 338, 339, 347, 374, 401, 405, 473, 487
ヨロ Yolo······404〜407, 409
ヨンション Yongšon······279

ラ

雷興······75
ライダク Laidakū······194
ラフダ Lahūda······193
ラマ Lama······200
李永芳 Fusi Efu······62, 66, 67, 81, 82, 210, 242, 368, 392, 481, 483〜485, 500
李自成······227, 237, 399, 406
李棲鳳······501, 502
李成梁······49
李抜······193
李民寏······51, 78, 79, 241, 242, 275, 298
劉興祚 Aita······62, 64, 139, 368, 481, 484, 485, 500
劉尤寛······480
林起龍······434
林慶業······235
リンダン゠ハン（リグダン゠ハーン）Lingdan Han（Ligdan Qayan）······126, 228, 383, 384
ルムブ Lumbu······358, 359, 361, 390
レクデフン Lekdehun······404, 405
レシヘン Lesihen······193
レドゥ Ledu······404
レルギイェン Lergiyen······406, 409
レンゲリ Lenggeri······225, 260, 454
ローサ Loosa······262
ロコ Loko······391, 440
ロコド Lokodo······406
呂成科······193
ロト Loto······406, 429

呂猶龍 ································· 193
ロロホン Lolohon ······· 314, 327, 374, 401, 405
ロンコド Longkodo ·························· 411

ワ

歪乃 ······································· 499
ワクダ Wakda ············· 95, 107, 130, 156〜159,
　　　404, 405, 472
ワンシャン Wangšan ························ 459
ワン゠ハン Wang Han ············ 306, 310, 357

地名・国 gurun 名索引

ア

アオハン Aohan·········233, 245, 249, 315, 385, 394
アバガ Abaga·········385
アル Aru·········105, 126, 233, 245, 249
鞍山·········196, 212
安州·········216
イェヘ Yehe·········52, 55, 56, 77, 84, 124, 205, 206, 208～210, 240, 241, 305, 306, 310, 311, 329, 356, 360, 361, 366～368, 372, 392, 446, 448
威寧営·········60, 61
一片石·········224
懿路·········63
右衛·········162
于子章台·········245
ウェジ Weji·········365, 366
ウジュムチン Ujumucin·········416
右屯衛·········61, 62, 64
ウユンタ Uyunta·········305, 343
ウラ Ula·········52, 113, 124, 166, 205, 206, 208, 278, 295, 310, 311, 360～362, 366, 367, 372
永平·········219, 220, 244, 259, 260, 272, 276, 285, 288, 296, 309, 315, 336, 370, 374, 449, 457, 461, 487
エヘクレン Ehe Kuren·········183
鴨緑江·········216

カ

開原·········77, 211, 240, 378, 481
海州··58, 59, 63～65, 67, 79, 83, 84, 212, 213, 470, 500
華北·········78, 137, 204, 214, 217, 218, 220, 227, 229～231, 234, 235, 237, 238, 259, 261, 265～268, 270, 272, 280, 283～286, 288, 289, 298, 301, 336, 374, 460, 486, 487, 501
カラチン Karacin·········141, 231, 231, 243, 245, 249, 385
カルカ Kalka·········71, 315, 384
寛甸 Ice Hecen·········213
蓋州·········61, 63～67, 79, 82, 113, 213, 225, 236, 283, 480, 483, 500
帰化城（フフホト Huhu Hoton）·········223, 405, 407
喜峰口·········415
杏山·········237
金州·········61, 63, 64, 82, 83, 213, 483, 500
錦州·········61, 62, 64, 72, 74, 80, 86, 215, 217, 222～226, 231, 235～237, 249～251, 259, 265, 266, 268, 272, 273, 280, 282, 290, 337, 448, 457, 461, 462, 496
魏家嶺·········62
義州（朝鮮）·········71, 216
義州（明）·········61, 62, 81, 235
ギダンガ Gidangga·········53
ギヤフ Giyahū·········305, 343
牛荘·········499, 500
グワルチャ Gūwalca·········139
薊州·········219
険山·········80, 213, 214
建州三衛·········361, 388
固安·········267
興安嶺·········225
江華島·········121, 216, 248, 374
黄河·········223, 502
黄骨島·········213
黄泥窪·········212

地名・国 gurun 名索引

江南 ················ 381, 406, 415
広寧 ················ 61, 62, 64, 65, 80, 81, 130, 214, 215, 261, 292, 472, 482, 486, 500
黒龍江 ············· 217, 240, 260, 261, 366
古北口 ············· 415
コルチン Korcin ··· 105, 126, 130, 145, 218, 221, 232, 233, 245, 249, 384, 385, 395
五里河台 ··········· 247

サ

殺胡堡 ·············· 108
左屯衛 ·············· 62
サルフ Sarhū ····· 57, 60, 80, 211, 241, 343, 366
沙嶺 ················ 214
山海関 ············· 61, 204, 212, 214, 215, 217, 219, 221〜227, 231〜238, 244, 246, 251, 340, 399, 415, 420, 489
山西 ················ 228, 229, 272, 284, 415
山東 ················ 37, 229, 237, 246, 415, 489
紫禁城 ············· 415〜418
シャンギヤン＝ハダ Šanggiyan Hada ··· 62
ジャイフィヤン Jaifiyan ··········· 57, 197, 211
ジャクタ Jakūta 城 ··· 241
ジャクム Jakūmu ··· 359
ジャルト Jarut ····· 52, 233, 245, 249, 262, 385
ジャン Jang ········ 53
岫巌 ················ 67, 80, 83, 213, 483
遵化 ················ 219, 220, 244, 259, 260, 270, 276, 279, 285, 288, 296, 309, 315, 336, 370, 373, 374
順天府 ············· 424
ジュル Juru ········ 258
松山 ················ 237, 278, 280
獐子島 ············· 229
墻子嶺口 ·········· 229
昌平州 ············· 298, 300
尚陽堡 ············· 111, 137, 138
小凌河 ············· 64, 86, 166, 217
昌黎県 ············· 244, 293

ショセナ Šosena ··· 305
娘娘宮 ············· 84
瀋陽（盛京）····· 60, 61, 63〜65, 72, 74, 75, 121, 160, 196, 211, 212, 216, 220, 221, 225, 229, 231, 262, 332, 399, 416, 454, 455, 461, 464, 480, 482, 500
スイフン Suifun ··· 390
スワン Suwan ····· 358, 359, 366
静安堡 ············· 111
清河堡 Niowanggiyaha ··· 211, 483, 500
青山関 ············· 229
済南 ················ 229, 374
石河 ················ 81
石家堡 ············· 247
戚家堡 ············· 247
石城島 ············· 229
遷安 ················ 219, 244
宣府 ················ 223, 225, 228, 246, 263, 284
双台 ················ 62

タ

代州 ················ 272
大同 ················ 224, 225, 228, 284
大福堡 ············· 247
大凌河 ············· 64, 86, 108, 111, 113, 114, 136, 139, 144, 217, 220, 221〜223, 225, 236, 266, 277, 278, 282, 285, 316, 448, 452, 486, 501
チャハル Cahar ··· 54, 72, 73, 105, 123, 126, 137, 145, 203, 218, 220〜226, 228, 232〜234, 244, 246, 249, 260, 270, 272, 280, 284, 289, 310, 338, 383〜385, 393, 453, 460, 488
張家口 ············· 223, 415, 456, 473
鎮安堡 ············· 61, 62, 81
鎮江 ················ 60, 80, 143, 213, 214, 480〜482
鎮江府 ············· 406
鎮静堡 ············· 61
通州 ················ 220, 224, 227, 229

535

地名・国 gurun 名索引

鉄嶺⋯⋯⋯⋯⋯⋯⋯⋯⋯⋯⋯⋯⋯211
董家口⋯⋯⋯⋯⋯⋯⋯⋯⋯⋯⋯⋯229
東京⋯⋯⋯⋯⋯⋯⋯⋯⋯65, 75, 79, 84
塔山⋯⋯⋯⋯⋯⋯⋯⋯⋯⋯⋯214, 237
東昌堡⋯⋯⋯⋯⋯⋯⋯⋯⋯⋯⋯⋯212
湯站⋯⋯⋯⋯⋯⋯⋯⋯⋯80, 213, 243
独石口⋯⋯⋯⋯⋯⋯⋯⋯⋯⋯⋯⋯227
トゥメト Tumet⋯⋯⋯⋯⋯⋯⋯⋯245
トゥルン Turun⋯⋯⋯⋯⋯⋯⋯⋯206
ドゥルビ Durbi（ダリハ城 Daliha Hecen）
⋯⋯⋯⋯⋯⋯⋯⋯⋯⋯⋯⋯⋯229, 247
ドゥン Dung⋯⋯⋯⋯⋯⋯⋯⋯⋯⋯63
ドロト Dolot⋯⋯⋯⋯⋯⋯⋯⋯⋯453
ドンゴ Donggo⋯⋯⋯124, 306, 310, 311, 343,
358, 359, 361, 366

ナ

ナイマン Naiman⋯⋯233, 245, 249, 315, 385
ナダンタ Nadanta⋯⋯⋯⋯⋯⋯⋯305
日本⋯⋯⋯⋯⋯⋯⋯⋯⋯⋯⋯⋯⋯161
ニングタ Ningguta⋯⋯⋯⋯124, 305〜307, 310,
311, 343, 357〜359, 388
寧遠⋯⋯⋯215, 217, 219, 224〜226, 235, 237,
251, 273
ネイヘ城 Neihe Hecen（開城）⋯⋯⋯⋯229
熱河⋯⋯⋯⋯⋯⋯⋯⋯⋯⋯⋯⋯⋯415
ノン Non⋯⋯⋯⋯⋯⋯⋯⋯⋯384, 385

ハ

白土廠⋯⋯⋯⋯⋯⋯⋯⋯⋯⋯⋯61, 62
ハダ Hada⋯⋯⋯52, 56, 77, 84, 124, 205, 206,
306, 310, 311, 335, 357, 361, 367, 372
范河⋯⋯⋯⋯⋯⋯⋯⋯⋯⋯⋯⋯63, 242
バリン Barin⋯⋯⋯⋯233, 245, 249, 384, 385
万全左衛⋯⋯⋯⋯⋯⋯⋯⋯⋯⋯⋯272
皮島⋯⋯⋯⋯⋯⋯⋯⋯⋯⋯75, 229, 247
復州⋯⋯⋯61, 63, 64, 66, 67, 82, 83, 113, 138, 213, 483, 484, 500
撫順（撫西）⋯⋯63, 191, 210, 239, 366, 481,
485
平山⋯⋯⋯⋯⋯⋯⋯⋯⋯⋯⋯⋯⋯216
平壤⋯⋯⋯⋯⋯⋯⋯⋯⋯⋯⋯⋯⋯216
ビ=イェン Bi Yen⋯⋯⋯⋯⋯⋯⋯⋯62
フェアラ Fe Ala⋯⋯⋯⋯135, 208, 209, 307
フルハ Hūrha⋯⋯52, 53, 78, 112, 125, 139, 140, 196, 206, 231, 241, 362, 366
フルン Hūlun⋯⋯205, 206, 208, 210, 361, 362
ヘジゲ Hejige⋯⋯⋯⋯⋯⋯⋯⋯⋯278
ヘチェム Hecemu⋯⋯⋯⋯⋯⋯⋯309
ヘトゥアラ Hetu Ala⋯⋯⋯209, 210, 305
北京⋯⋯⋯144, 163, 194, 219, 223〜227, 230, 231, 382, 397, 399, 415, 416, 420, 422, 425, 489, 491
ホイファ Hoifa⋯⋯52, 124, 205, 310, 311, 372
奉集堡⋯⋯⋯⋯⋯⋯⋯⋯⋯⋯⋯60〜62
鳳凰城⋯⋯⋯⋯⋯⋯⋯⋯⋯⋯⋯213, 214
蒲河⋯⋯⋯⋯⋯⋯⋯⋯⋯⋯⋯⋯63, 80
保定府⋯⋯⋯⋯⋯⋯⋯⋯⋯⋯⋯⋯424

マ

マルドゥン Mardun⋯⋯⋯⋯⋯⋯⋯241
密雲⋯⋯⋯⋯⋯⋯⋯⋯⋯⋯⋯227, 229

ヤ

ヤルグ Yargū⋯⋯⋯⋯⋯⋯⋯⋯⋯366
雄県⋯⋯⋯⋯⋯⋯⋯⋯⋯⋯⋯⋯⋯298
熊島⋯⋯⋯⋯⋯⋯⋯⋯⋯⋯⋯⋯⋯107
耀州⋯⋯⋯⋯⋯59, 65, 67, 79, 213, 225, 261

ラ

瀋州⋯⋯⋯219, 244, 245, 289, 332, 487, 501
李雲屯⋯⋯⋯⋯⋯⋯⋯⋯⋯⋯⋯⋯247
龍井関⋯⋯⋯⋯⋯⋯⋯⋯⋯⋯⋯⋯218
旅順口⋯⋯⋯⋯⋯⋯⋯⋯⋯63, 260, 279
良郷⋯⋯⋯⋯⋯⋯⋯⋯⋯⋯⋯⋯⋯267
遼河⋯⋯⋯57, 61, 62, 64, 67, 71, 82, 121, 211〜214, 216, 220, 229, 242, 292, 482
遼西⋯⋯⋯59, 61〜64, 71, 72, 74, 81, 110, 196,

地名・国 gurun 名索引

243, 255〜257, 266, 366, 368, 482, 483, 485
遼東………49, 50, 56〜64, 66, 68〜70, 81, 82, 84, 92, 93, 104, 110, 128, 131, 134, 135, 157, 159, 160, 171, 191, 196, 204, 207, 211〜216, 227, 229, 238, 240〜242, 255, 266, 280, 282, 343, 363, 366, 380, 381, 397, 420, 422, 450, 451, 459, 460, 462, 463, 471, 477, 479〜481, 483, 486, 487, 500, 501
遼東城（遼陽・藩城・アリハ城 Aliha Hecen）……57, 59 , 60, 79, 128, 172, 211, 214, 229, 242, 247, 367, 422, 499, 500
臨清……………………………………………237
鹿島……………………………………………229

ワ

ワルカ Warka…42, 52, 53, 143, 169, 206, 234, 244, 258, 284, 366, 390
ワンギヤ Wanggiya……………………124, 311

事項索引

ア

アイシンギョロ Aisin Gioro……362
アジゲボショク ajige bošokū………173, 177, 179, 199
兄王 ahūn beile………313, 316
アンバジャンギン amba janggin………20, 258, 421, 443, 452, 455
家 boo………51, 63, 91, 110, 114, 128, 151, 156, 356
―のニル booi niru………96, 97, 149〜154, 156, 157, 163〜166, 168, 188, 189, 193, 265
―の人 booi niyalma………37, 143, 160, 161, 163, 164, 324
諫める tafulambi………140, 325, 326, 349
一等公………421, 443, 448
一等大臣………142, 366, 467
ウクスン（族）uksun………31, 356
受け持ち teisu………281, 282
右翼兵（蒙古旗）………258
営 ing………257〜261, 263〜265, 268〜270, 274, 282, 289, 293
援兵 dara cooha………258
恩 kesi………371, 393
恩情 baili………371

カ

開档………414, 435
家下旧人………414
火器営………415
下五旗………13, 36, 418, 419
庇う haršambi………23, 24, 332, 385
官位 hergen………20〜22, 93, 94, 118, 119, 129, 143, 173, 174, 180, 181, 280, 281, 361, 366, 368〜371, 392, 437〜453

漢軍 ujen cooha………188, 231, 232, 247, 258, 265, 412〜414, 431, 465
管旗貝勒 gūsa ejelehe beile………314, 345, 346
間（閑）散（宗室）………373, 420, 421
間（閑）散（壮丁）………413, 415, 424
管轄（管理）する kadalambi………180, 297, 314, 346
管理する bošombi………180, 346
管理する ejelembi………314, 345, 346
ガシャン（村）gašan………31, 356, 388
旗王………2, 18, 29, 40, 345
旗鼓 cigu………161, 164, 165, 191, 194, 295
旗鼓佐領 cigu niru………156, 158, 165
旗地………422〜426, 428
旗の王 gūsai beile………40, 314
旗分（旗下）ニル（佐領）gūsai niru……149, 163, 194, 265, 311, 324, 325→外ニル
騎兵 morin（moringga）cooha………207, 241, 257, 260
騎兵（馬兵）aliha cooha………258〜261, 263, 265, 268〜270, 274, 289, 293, 412, 413, 415, 423
九卿・科道………410, 499
弓匠………13, 413, 423
教養兵………414, 415
キル kiru………263, 264, 271, 278, 295
紀録 ni………280, 441, 442, 466
『金史』………363, 391
金朝………7, 362, 363
議政………316〜318, 330, 366, 368, 409, 410, 499
議政王………100, 317, 318, 404, 411, 412, 424
議政大臣………140, 181, 200, 318, 328, 347, 404, 406, 411, 412, 424, 429, 431
驍騎営………415

538

銀匠 92, 98
グサイエジェン gūsai ejen（官職）......... 168, 298, 417, 443
グサイエジェン（職務）......... 15, 17, 23, 108, 120, 128, 141, 143, 175, 177, 178, 181, 258, 259, 265, 267〜270, 277, 280, 281, 283, 293, 314, 328, 339, 410, 415
グサイエジェン（人物）......... 143, 155, 259〜261, 282, 285, 296, 318, 333, 335, 368, 370, 406, 448
グチュ gucu .... 32, 45, 296, 298, 305〜307, 318, 325, 327, 329, 348, 383
啓心郎 246, 332, 349, 489, 494
毛皮 49, 51, 117, 132, 143, 153, 205
ゲレンイエジェン geren i ejen 277, 378, 459
健鋭営 415
献上品 deji .... 120, 137, 138, 141〜144, 155
圏地 422, 424, 425
言官 495
戸 boigon 52, 95, 96, 110, 133, 156
公 siden .... 70, 103〜109, 111, 135〜137, 141
功 gung .... 365, 367, 371, 373〜376, 440
公課 alban .... 54, 61, 64, 66, 80, 92〜95, 103, 105, 109, 113, 122, 123, 128〜130, 134, 135, 141, 150, 154, 175, 177, 181, 184, 186, 191, 198, 200, 201, 379, 451, 452
甲士 .... 94, 121, 135, 171, 185, 207, 213, 214, 220, 230, 236, 240, 244, 245, 255〜257, 265, 268, 274, 278, 286, 292, 412, 413, 415, 423, 424, 432, 456
　　─の定数 231, 255, 257, 292, 412
高麗佐領 solho niru 156
戸下 414, 432, 435
護軍営 415
五大臣 297, 309, 367
五備禦の総兵官 443, 456

サ

境を守る兵 jecen be tuwakiyara cooha 258
避ける biyalumbi 281, 282
左翼兵（蒙古旗）258
サルフの戦い 51, 207, 211, 215, 239
散騎郎 sula janggin 324
参将 ts'angjiyang 20, 44, 81, 172, 296, 300, 367, 439, 440, 443, 444, 450, 452, 481
参政 75, 416, 494
三藩の乱 202, 409
侍衛・護衛 hiya .... 13, 122, 125, 134, 185, 265, 272, 286, 324, 325, 348, 405, 415〜417, 432, 433, 451
滋生余丁 425
執政諸王（執政の王ら）......... 17, 119, 314〜316, 318, 345, 374
自発的来帰 112, 139, 357, 365, 477
ジャランイエジェン jalan i ejen .... 128, 168, 269〜271
ジャランイジャンギン jalan i janggin ..... 118, 271, 272, 283, 297, 443〜445, 448, 452, 470
ジャンギン（ニルの属官）janggin .... 106, 173〜177, 197, 199
秀才 šusai 463, 469, 478
守兵 tuwakiyara cooha 258
守堡 šeo pu 80, 159, 191, 199, 214, 243, 439, 467, 479
商税 19, 106, 109
承政 107, 200, 273, 370, 455, 489, 494
上三旗 .... 13, 36, 416〜419
書房 487, 489, 492, 495, 501, 503
シンジェク（イ）ニル sun jeku（i）niru 97, 131, 150, 151, 157, 158, 160, 164, 189, 191
真珠 106, 117, 120, 132, 143, 153
親随バヤラ（親軍）gocika bayara 256,

事項索引

262, 264, 271, 272, 292, 298, 324, 348, 413, 416
新満洲 ice manju ……… 112, 231, 247, 327
誓詞 ……… 21, 22, 24, 44, 45, 51, 77, 93, 129, 142, 330, 338, 341, 349, 351, 371, 378, 393, 473
整ニル gulhūn niru ……… 170, 196, 359
世職 ……… 20, 173, 421, 434, 438, 439, 466, 468, 471→官位
摂政 ……… 335, 399〜401, 408, 416, 420, 421, 433, 504
専管する（させる）encule(bu)mbi ……… 181, 183
専管ニル enculehe niru ……… 43, 181, 183, 184, 188, 200, 201, 389
前哨 karun ……… 257, 258, 261〜263, 265, 271〜273, 288, 294, 298, 301
千総 ciyangdzung ……… 118, 134, 439, 440
先登 ……… 244, 272, 276, 284, 300, 367
全備禦 ……… 442
前鋒 gabsihiyan cooha ……… 258, 261〜263, 265, 271, 273, 294, 295, 298, 301, 413, 423, 431, 474
前鋒営 ……… 415
戦利品の分配 ……… 92, 119〜121
総兵官 dzung bing guwan ……… 20, 68, 93, 112, 118, 159, 172, 193, 214, 258, 260, 262, 268, 279, 296, 369, 370, 392, 417, 439, 440, 442, 443, 449, 450, 452, 454, 461, 467, 479, 488
外ニル tulergi niru ……… 96〜98, 102, 149〜151, 154, 157, 165, 168, 181

タ

隊 baksan ……… 268, 272, 296, 298
第一次朝鮮遠征 ……… 71, 259, 267, 291, 308
代子 daise ……… 106, 173, 177, 199
大将軍 ……… 267, 404, 405, 407
大人 amban ……… 205, 304, 357, 448, 469

第二次朝鮮遠征 ……… 74, 228, 248, 259, 285, 287
断事官 beidesi ……… 106, 379, 385
駐防 ……… 256, 257, 271, 405, 407, 415, 432
散らす facabumbi ……… 67, 83, 84
定例の罰 tuhere weile ……… 179, 199, 447
鉄匠 ……… 92, 98, 413
デルヘトゥニル delhetu niru ……… 150, 151, 189, 190, 265
典儀 faidan i hafan ……… 324
天助兵 ……… 232, 258
天然痘 ……… 223〜225, 230, 247, 405
天祐兵 ……… 232, 258
等級 jergi ……… 94, 440, 453
投充 ……… 47, 158, 160, 423
纛 tu ……… 154, 264, 265, 269〜271, 273, 278, 281
トクソ tokso ……… 70, 93〜96, 102, 107, 109, 121, 129, 131, 135, 138, 144, 156, 158〜160, 164, 167, 192, 242, 452, 453, 471, 472, 487, 501
都察院 ……… 495, 496
都司 dusy ……… 159, 191, 439, 467, 479, 480, 499, 500
都統 ……… 149, 188, 410, 411, 415, 421→グサイエジェン
都堂 du tang ……… 61, 93, 112, 118, 138, 172, 198, 266, 347, 439, 450, 467, 479, 480
奴隷 aha ……… 51, 68, 70, 92〜97, 111, 112, 128, 160〜164, 192, 305, 453

ナ

内大臣 dorgi amban ……… 416, 417, 432, 433
内務府 ……… 151, 157, 158, 160, 165, 192, 195
逃げる burulambi ……… 281
ニルイエジェン nirui ejen（官職）……… 31, 151, 164, 171, 173, 180, 181, 186, 200, 359, 440
ニルイエジェン（職務）……… 20, 106, 108,

128, 137, 172, 174〜179, 197, 199, 256, 259, 269, 277, 300, 314, 346, 377, 378, 459
ニルイジャンギン nirui janggin（官職）
……20, 93, 173, 174, 177, 180, 186, 196, 199, 230, 283, 284
ニルイジャンギン（職務）……194, 200, 443, 445, 448, 452
ニルの男の定数……………………170, 413
ニルの数……………169, 195, 413, 414, 431
人参………49, 51, 117, 143, 165, 182〜184, 201, 205, 365, 446

ハ

バイシン baising………………189, 223, 453
バイタンガ baitangga………95〜98, 102, 107, 131, 132, 134, 157〜160, 165, 171
バクシ baksi………55, 104, 140, 447, 461, 467, 474, 489, 494, 503
八王………6, 24〜26, 41, 68, 86, 99, 117, 120, 122, 125, 131, 132, 143, 149〜151, 153, 198, 199, 242, 312, 318, 319
八家 jakūn boo……13, 30, 98〜102, 107, 140, 141, 143〜145, 150〜156, 160, 166, 168, 189, 207, 265
一均分………17, 117, 121〜124, 126, 311, 313
八旗の人口……………………78, 231, 232, 413
―の生計問題…………………………426, 435
―の兵数……207, 231, 232, 234, 235, 240, 415
八分…………2, 4, 25, 98〜102, 117, 120, 124, 132, 133, 193, 317
八遊撃………………………………………482
話し合い・会議 hebe……41, 268, 289, 296, 316, 318〜321, 328, 337, 373, 377, 379, 400, 408, 409, 426, 499
話し合う hebdembi……………………………319
バヤラ（護軍）bayara………202, 233, 244, 256〜258, 261〜265, 269〜274, 282, 289, 292, 293, 295, 297〜299, 301, 325,
413〜415, 417, 418, 421, 423, 425, 431
ハラ（姓）hala………………………………356
半備禦………………………………………442
備禦 beiguwan………20, 44, 68, 93, 112, 118, 120, 129, 141, 144, 151, 159, 164, 165, 172〜174, 180, 181, 186, 191, 192, 194, 199, 201, 276, 296, 361, 439〜443, 446〜448, 450, 452, 453, 456, 468, 479
百長 bejang………………159, 191, 479, 499
副将 fujiyang………20, 22, 44, 135, 172, 237, 260, 268, 296, 331, 361, 368, 392, 439, 440, 443, 448, 450, 452, 469, 479
俘虜（俘獲・獲物）olji………42, 51, 52, 71, 74, 77, 78, 85, 111, 131, 138, 139, 168, 169, 210, 234, 248, 251, 281, 453〜455, 472
分 ubu……………………102, 120, 134, 143
分管 fiyetehe……………………………101, 170
フンデボショク funde bošokū………173, 177, 199
編審…………………97, 129, 150, 157, 196, 425
法（法度）fafun………106, 136, 167, 377, 378, 385, 394
法（法度）šajin………106, 136, 377, 378, 380, 394
ボーイニル……………………19, 96, 149, 415, 432→家のニル
封爵………………373, 401, 405, 406, 411, 427
俸禄………93, 420, 421, 427〜429, 433, 434
補給………209, 219, 221, 231, 237, 244, 266
歩軍営………………………………………415
和碩貝勒（ホショイベイレ）hošoi beile
………5, 6, 19, 41, 42, 99, 100, 133, 312〜314, 317, 345
輔政………200, 340, 399, 408, 412, 416, 420
歩兵 beki cooha………258, 260, 261, 270, 283
歩兵（徒歩の兵）yafahan cooha………207, 240, 257, 260, 261, 294
ホントホ（半ニル・半箇ニル）hontoho

541

事項索引

............152, 158, 159, 169, 170, 189, 194, 196, 359, 413, 414, 431

マ

満洲佐領 manju niru............156〜158, 165, 190, 194, 431

ムクン（氏・宗族）mukūn......356, 358, 389

村の領催 gašan i bošokū............142, 173〜175, 179, 198, 199, 349

メイレンイジャンギン meiren i janggin
............111, 138, 271, 297, 416, 443, 455, 464, 470

メイレンイエジェン meiren i ejen............270

綿甲 olbo............264, 265, 276, 293, 295

蒙古八旗............202, 231, 384, 410

専らにさせる salibumbi............9, 10, 41, 133, 151, 321, 322

ヤ

養う ujimbi............14, 56, 110, 117, 139, 144, 371, 375, 451

遊撃 iogi............20, 44, 65, 81, 84, 134, 172, 201, 242, 272, 296, 300, 439, 440, 442, 443, 447, 450, 452, 453, 479〜481

勇士 baturu............276, 278

ラ

乱（乱れた）facuhūn............67, 71, 306, 343, 378, 384

六部 ninggun jurgan............20, 27, 94, 107, 349, 404, 405, 416, 417, 489, 490, 493, 494, 498, 502〜504

離主............107, 149, 326

領侍衛内大臣............416, 417, 433

緑営............415

類・条理・部（院）jurgan............22, 105, 134, 171, 198, 444, 493, 494, 503, 504

留守............71, 214, 220, 224, 256, 257, 260, 264, 266, 291, 316, 399

例 kooli............98, 122, 134, 141, 144, 379

隷民 jušen............16, 54, 56, 101, 115, 124, 130, 159, 195, 234, 304, 305, 316, 317, 321, 322, 326, 328, 332〜334, 346〜348, 368

著者略歴

谷井　陽子（たにい　ようこ）
　　天理大学文学部教授
1962年生まれ
1985年　京都大学文学部卒業
1991年　京都大学大学院博士後期課程退学。京都大学研修員。京都大学人文科学研究所助手。
1999年　天理大学文学部講師、助(准)教授を経て、2012年より現職。

主要論文
「明律運用の統一過程」（『東洋史研究』第58巻第2号、1999年）、「明初の対モンゴル軍事政策とその帰結」（『史林』第92巻第3号、2009年）など。

東洋史研究叢刊之七十九（新装版　17）

八旗制度の研究
（はっきせいど の けんきゅう）

2015年2月27日　初版第一刷発行

著　者　　谷井　陽子（たに　い　よう　こ）
発行者　　檜山　爲次郎
発行所　　京都大学学術出版会
　　606-8305　京都市左京区吉田近衛町69　京都大学吉田南構内
　　　　　　　電話 075(761)6182　FAX 075(761)6190
　　URL　　http://www.kyoto-up.or.jp/
印刷所　　亜細亜印刷　株式会社

ⓒYoko Tanii, 2015　　　　　　　Printed in Japan
　　　　　　　　　　　定価はカバーに表示してあります

ISBN978-4-87698-537-1　C3322

ORIENTAL RESEARCH SERIES No.79

A Study of the Eight Banner System of Manchu

by

TANII Yoko

Kyoto University Press

2015